DIREITO PÚBLICO NO MERCOSUL

INTERVENÇÃO ESTATAL, DIREITOS FUNDAMENTAIS E SUSTENTABILIDADE

ROMEU FELIPE BACELLAR FILHO
DANIEL WUNDER HACHEM
Coordenadores

Irmgard Elena Lepenies
Prefácio

DIREITO PÚBLICO NO MERCOSUL
INTERVENÇÃO ESTATAL, DIREITOS FUNDAMENTAIS E SUSTENTABILIDADE

Anais do VI Congresso da Associação de Direito Público do Mercosul
Homenagem ao Professor Jorge Luis Salomoni

Belo Horizonte

2013

© 2013 Editora Fórum Ltda.

É proibida a reprodução total ou parcial desta obra, por qualquer meio eletrônico, inclusive por processos xerográficos, sem autorização expressa do Editor.

Conselho Editorial

Adilson Abreu Dallari
Alécia Paolucci Nogueira Bicalho
Alexandre Coutinho Pagliarini
André Ramos Tavares
Carlos Ayres Britto
Carlos Mário da Silva Velloso
Cármen Lúcia Antunes Rocha
Cesar Augusto Guimarães Pereira
Clovis Beznos
Cristiana Fortini
Dinorá Adelaide Musetti Grotti
Diogo de Figueiredo Moreira Neto
Egon Bockmann Moreira
Emerson Gabardo
Fabrício Motta
Fernando Rossi

Flávio Henrique Unes Pereira
Floriano de Azevedo Marques Neto
Gustavo Justino de Oliveira
Inês Virgínia Prado Soares
Jorge Ulisses Jacoby Fernandes
Juarez Freitas
Luciano Ferraz
Lúcio Delfino
Marcia Carla Pereira Ribeiro
Márcio Cammarosano
Maria Sylvia Zanella Di Pietro
Ney José de Freitas
Oswaldo Othon de Pontes Saraiva Filho
Paulo Modesto
Romeu Felipe Bacellar Filho
Sérgio Guerra

Luís Cláudio Rodrigues Ferreira
Presidente e Editor

Supervisão editorial: Marcelo Belico
Revisão: Lourdes Nascimento
Marilane Casorla
Patrícia Falcão
Bibliotecário: Ricardo Neto – CRB 2752 – 6ª Região
Capa e projeto gráfico: Walter Santos
Diagramação: Reginaldo César de Sousa Pedrosa

Av. Afonso Pena, 2770 – 16º andar – Funcionários – CEP 30130-007
Belo Horizonte – Minas Gerais – Tel.: (31) 2121.4900 / 2121.4949
www.editoraforum.com.br – editoraforum@editoraforum.com.br

D598   Direito público no Mercosul: intervenção estatal, direitos fundamentais e sustentabilidade: anais do VI Congresso da Associação de Direito Público do Mercosul: homenagem ao Professor Jorge Luis Salomoni / Coordenação Romeu Felipe Bacellar Filho ; Daniel Wunder Hachem ; prefácio Irmgard Elena Lepenies. – Belo Horizonte : Fórum, 2013.

557 p.
ISBN 978-85-7700-713-4

1. Direito administrativo. 2. Direito público. 3. Direito constitucional. I. Bacellar Filho, Romeu Felipe. II. Hachem, Daniel Wunder. III. Lepenies, Irmgard Elena.

CDD: 342.06
CDU: 342.9

Informação bibliográfica deste livro, conforme a NBR 6023:2002 da Associação Brasileira de Normas Técnicas (ABNT):

BACELLAR FILHO, Romeu Felipe; HACHEM, Daniel Wunder (Coord.). *Direito público no Mercosul:* intervenção estatal, direitos fundamentais e sustentabilidade: anais do VI Congresso da Associação de Direito Público do Mercosul: homenagem ao Professor Jorge Luis Salomoni. Belo Horizonte: Fórum, 2013. 557 p. ISBN 978-85-7700-713-4.

... a dimensão cultural é [...] um dos mais importantes problemas da integração: sem cultura comum não há real integração. Então porque o direito é cultura, o grande desafio da hora atual para os juristas da América do Sul constitui-se, sem dúvida alguma, no estabelecimento de um torrencial e fluido intercâmbio de ideias que permitam, em prévio contraste com a realidade, o assentamento das bases jurídicas em geral e do Mercosul em particular.

(Jorge Luis Salomoni)

AGRADECIMENTOS

A promoção de um congresso internacional, envolvendo a participação de mais de cinquenta professores de cinco países diferentes — Argentina, Brasil, Paraguai, Uruguai e Itália — e, entre os nacionais, de seis estados da federação — Paraná, São Paulo, Minas Gerais, Goiás, Rio Grande do Sul e Santa Catarina —, reclama uma imensa somatória de esforços. A exitosa realização do *VI Congresso da Associação de Direito Público do Mercosul – Homenagem ao Professor Jorge Luis Salomoni*, nos dias 7, 8 e 9 de junho de 2012 em Foz do Iguaçu-PR, só foi possível em virtude da atuação conjunta de uma série de pessoas e instituições pautadas em uma preocupação comum: o intercâmbio científico e cultural de estudantes, docentes e profissionais dos Estados integrantes do Mercosul, voltado ao debate de preocupações comuns e relevantes questões de Direito Público que nos afetam contemporaneamente.

A presente obra — *Direito Público no Mercosul: intervenção estatal, direitos fundamentais e sustentabilidade* — congrega as contribuições dos professores convidados e estudantes participantes do Congresso, constituindo os Anais do aludido evento. O conclave foi realizado em homenagem ao destacado jurista argentino Jorge Luis Salomoni, um dos fundadores da Associação de Direito Público do Mercosul, que precocemente nos deixou, e graças a quem foi possível o frutífero florescimento da instituição e o estreitamento dos laços entre os publicistas dos diversos países que compõem a entidade.

Por ocasião da publicação deste livro, cumpre-nos agradecer efusivamente a todos aqueles que tornaram possível a concretização do Congresso. Às entidades promotoras do evento: Associação de Direito Público do Mercosul, Itaipu Binacional, Pontifícia Universidade Católica do Paraná e Instituto de Direito Romeu Felipe Bacellar; aos integrantes da Equipe de Coordenação e Organização do evento, notadamente à Isabelle Bacellar e aos professores Emerson Gabardo e Alexandre Godoy Dotta; à Celebra Eventos, nas pessoas de Kássia Gomes, Nyara Gomes e Andres Ribeiro; aos nossos patrocinadores América Latina Logística (ALL), Sanepar, Agência de Fomento do Paraná, Ecocataratas, Companhia de Habitação do Paraná (COHAPAR), Editora Fórum, Bonnjur e JML Eventos; às instituições apoiadoras do Congresso: Faculdades Dom Bosco, Universidade Federal do Paraná, NUPESUL-Núcleo de Pesquisa em Direito Público do Mercosul da UFPR, NINC-Núcleo de Investigações Constitucionais da UFPR, Instituto de Direito Administrativo de Goiás, Instituto de Direito Administrativo Paulista, UniBrasil, Università del Salento, Bourbon Hotéis & Resorts, com especial destaque para a UniFoz, que nos brindou com a participação maciça de seus estudantes, mercê da inestimável contribuição dos professores Guilherme Martins Hoffmann e Luiz Francisco Barletta Marchioratto; e a todos os professores convidados, estudantes de graduação e pós-graduação e profissionais que nos honraram com suas presenças.

À eminente jurista argentina Irmgard Elena Lepenies, Professora Titular de Direito Administrativo da prestigiada Universidade Nacional del Litoral e ex-Presidente da Associação Argentina de Direito Administrativo, eleita no Congresso a nova Presidente da Associação de Direito Público do Mercosul, agradecemos pelo lindo prefácio que emoldura a presente coletânea e pelo permanente esforço em manter acesa a candente chama da amizade que impulsiona e serve de combustível à continuidade dessa instituição, prenunciando com toda a certeza o absoluto sucesso da sua gestão.

À equipe da Editora Fórum, na pessoa de seu Presidente Luís Cláudio Rodrigues Ferreira, dedicamos o especial agradecimento por oportunizar a publicação destes Anais, permitindo com isso registrar na história do Mercosul os valorosos resultados desse evento, marcado por discussões de alta qualidade sobre temas da mais alta indagação na área do Direito Público.

Romeu Felipe Bacellar Filho
Presidente do VI Congresso da Associação de
Direito Público do Mercosul.

Daniel Wunder Hachem
Coordenador-Geral do VI Congresso da Associação
de Direito Público do Mercosul.

SUMÁRIO

PREFÁCIO
Irmgard Elena Lepenies 19

HOMENAGENS AO PROFESSOR JORGE LUIS SALOMONI
Juan Francisco Salomoni, Jorge Luis Salomoni (h) 21
Ana María Bezzi 22

PARTE I
INTERVENÇÃO ESTATAL

LA INVERVENCIÓN ESTATAL EN LA ECONOMÍA Y EL DERECHO AL
MEDIOAMBIENTE
Alfonso Buteler 25
1   Introducción 25
2   La intervención estatal en la Constitución Argentina 25
3   Reflexiones sobre desarrollo económico, medioambiente e intervención estatal 31

CORRUPCIÓN Y FUNCIÓN PÚBLICA
Augusto Durán Martínez 35

O NEOCOLONIALISMO E AS NOVAS TENDÊNCIAS DO DIREITO
ADMINISTRATIVO NA AMERICA LATINA
Celso Antônio Bandeira de Mello 51

INTENSIDAD DEL CONTROL JUDICIAL DE LOS ACTOS POLÍTICOS:
EL NÚCLEO POLÍTICO DISCRECIONAL EXCLUIDO
Domingo Juan Sesin 55
1   Introducción 55
2   Tres derivaciones esenciales de la subordinación de los poderes públicos
al orden jurídico 56
3   El acto político dentro del orden jurídico 58
4   El control judicial del acto político 59
5   Equilibrio entre lo que puede y no puede controlar el juez 60
6   Un requisito imprescindible: la acreditación de la legitimación y el agravio
concreto 61
7   El llamado acto institucional que directamente no agravia situaciones jurídicas
subjetivas 65
8   El acto institucional que puede ser sólo controlado en su aplicación concretizada:
la mentada devaluación 65
9   Los avances de la jurisprudencia 66
10   Conclusión 70

AUTONOMÍA E INTERVENCIÓN EN LA VIDA PRIVADA EN LA CONSTITUCIÓN
URUGUAYA: ¿DILEMA FALSO O VERDADERO?
Juan Pablo Cajarville Peluffo 73
I   Introducción: agradecimiento y homenaje 73

II	Las "acciones privadas" en la Constitución uruguaya	73
III	Las razones del sometimiento a la autoridad	75
IV	Perjuicio a un tercero	75
V	Ataque al orden público: interés público	75
VI	Coherencia sustancial del sistema constitucional	77
VII	Insuficiencia del control jurisdiccional	77
VIII	Conclusión	78

A REGULAÇÃO DO ESTADO BRASILEIRO E A CONTRATUALIZAÇÃO ADMINISTRATIVA
Luciano Elias Reis 81

EFICIÊNCIA E GESTÃO: DO AGIR AO CONTROLE NA ATIVIDADE INTERVENTIVA ECONÔMICA ESTATAL
Marcia Carla Pereira Ribeiro, Cristiane Schwanka 93

1	Introdução	93
2	Estrutura organizacional do Estado e eficiência	94
3	Administração e eficiência	96
4	A opção societária	99
5	Do agir ao controle	102
6	Por um novo modelo de gestão	103
7	Primeiros apontamentos conclusivos	106
	Referências	107

IL DIRITTO COMPARATO DELLE INTEGRAZIONI REGIONALI NEL CONTESTO EUROAMERICANO
Michele Carducci 109

1	"Spazio iberoamericano" e "idelatipo" europeo	109
2	Le diverse identità/modalità di integrazione	112
3	L'applicabilità latinoamericana dell' "idealtipo" europeo	115
4	"Idealtipo" europeo e complessità operativa delle integrazioni	119
5	Logica latinoamericana del *Pick and Choose* e capacità europea di "scomposizione" dei problemi di integrazione	121
6	Ma allora copiare è sbagliato? Le tesi di Gordon e Neves	122
7	Oppure gli errori sono utili? La tesi di López Medina	124
8	Evitare un nuovo costituzionalismo apparente	125
	Referenze bibliografiche	126

A INTERVENÇÃO ESTATAL DIANTE DA CRISE SOCIOAMBIENTAL: EXIGÊNCIA DE AÇÕES SUSTENTÁVEIS
Nelton Miguel Friedrich, Tatyana Scheila Friedrich 131

A SOCIEDADE DE RISCO E OS CRIMES CONTRA A ADMINISTRAÇÃO PÚBLICA
Renato Cardoso de Almeida Andrade 137

1	Apresentação	137
2	A Administração Pública	138
3	A Administração Pública e o Direito Penal	139
4	Os crimes contra a Administração Pública, seus sujeitos e objeto jurídico	140
5	A sociedade de risco	142
6	A sociedade de risco e a resposta penal	143
7	Os crimes corporativos contra a Administração Pública	146
8	Conclusão	149

MÉTODO COMPARATIVO E DIREITO ADMINISTRATIVO: BREVES REFLEXÕES POR OCASIÃO DA CRIAÇÃO DA ASSOCIAÇÃO BRASILEIRA DE DIREITO PÚBLICO COMPARADO

Thiago Marrara 151

1 Introdução: por que falar de comparatística? 151
2 Comparatística ou direito estrangeiro? Resgate do método 153
3 Etapas e tipos de comparação 155
4 A função dos metaconceitos na comparatística jurídica 157
5 Conclusão 159
Referências 159

PARTE II
DIREITOS FUNDAMENTAIS

SERVIÇO PÚBLICO: UM INSTRUMENTO DE CONCRETIZAÇÃO DE DIREITOS FUNDAMENTAIS

Ana Cláudia Finger 163

1 Considerações introdutórias 163
2 Constituição e os direitos fundamentais 165
2.1 Classificação dos direitos fundamentais 167
2.2 A Constituição Federal de 1988 e os direitos fundamentais 169
3 A especial problemática dos direitos fundamentais sociais 176
3.1 Ilegitimidade democrática e princípio da separação dos poderes – Obstáculos à justicialização dos direitos fundamentais sociais? 176
3.2 A legitimação judicial na concretização dos direitos fundamentais ... 179
4 Serviço público – Um direito fundamental 181
4.1 Estado Social, neoliberalismo e direitos fundamentais 181
4.2 O direito fundamental ao serviço público 183
5 Conclusões 187

DESAFIOS DO DIREITO PÚBLICO EM RELAÇÃO À SAÚDE E À EDUCAÇÃO

Carlos Ari Sundfeld, Liandro Domingos 189

1 Introdução 189
2 Desafios da estruturação das organizações de saúde e educação 190
3 Desafios para garantir direitos individuais em saúde e educação 198

MÍNIMO EXISTENCIAL E DIREITOS FUNDAMENTAIS ECONÔMICOS E SOCIAIS: DISTINÇÕES E PONTOS DE CONTATO À LUZ DA DOUTRINA E JURISPRUDÊNCIA BRASILEIRAS

Daniel Wunder Hachem 205

1 Considerações iniciais: o mínimo existencial e a jusfundamentalidade dos direitos econômicos e sociais 205
2 Origens, conceito e fundamentos jurídicos do mínimo existencial ... 208
3 Conteúdo do mínimo existencial, relação com direitos fundamentais econômicos e sociais e utilização como critério de justiciabilidade 213
4 O mínimo existencial e as manifestações da jurisprudência brasileira ... 231
Referências 237

ADMINISTRAÇÃO PÚBLICA E SEUS FUNDAMENTOS DE GESTÃO: EFICIÊNCIA, INTERESSE PÚBLICO, DIREITOS FUNDAMENTAIS E DESENVOLVIMENTO

Emerson Gabardo, Eneida Desiree Salgado 241

1 A eficiência como critério de decisão 241

2	A proposta gerencial da década de 1990: aquém de princípios e deveres	242
3	A eficiência como princípio jurídico	244
4	A questão da escolha pública: entre interesse público e direitos fundamentais	245
5	Razões públicas e desenvolvimento com sustentabilidade	247
	Referências	250

CORRUPCIÓN ADMINISTRATIVA, DEMOCRACIA Y DERECHOS HUMANOS
José Luis Said 253

1	Introducción: *excursus* sobre la interpretación económica del Derecho	253
2	Aproximación conceptual a la corrupción	255
3	Corrupción y Democracia	256
4	Corrupción y Derechos Humanos	258
5	Insuficiencia de la IED para considerar la corrupción	260

EL PROCEDIMIENTO ADMINISTRATIVO MULTIDIMENSIONAL COMO TÉCNICA REGULATORIA EN MATERIA AMBIENTAL, DE PATRIMONIO CULTURAL Y DE PUEBLOS ORIGINARIOS
Justo José Reyna 263

1	Marco teórico: el Derecho Administrativo Multidimensional	263
2	El procedimiento administrativo multidimensional	265
2.1	Noción básica: el procedimiento administrativo multidimensional es una técnica administrativa del derecho administrativo multidimensional	265
2.2	El concepto del procedimiento administrativo multidimensional	265
2.2.1	El procedimiento administrativo multidimensional como técnica de articulación del imperativo jurídico de actuación conjunta para la tutela de derechos fundamentales en los casos concretos	266
2.2.2	El procedimiento administrativo multidimensional como técnica regulatoria de una relación jurídica intersistémica	268
2.2.3	El procedimiento administrativo multidimensional como selección de los componentes claves del orden jurídico, destinados a la regulación intersistémica: los ejes para el armado de la red interadministrativa	268
2.2.4	El procedimiento administrativo multidimensional como técnica administrativa que cierra del sistema jurídico "ad hoc" para la determinación y tutela del derecho fundamental	277
3	Los portales dimensionales del medio ambiente, el patrimonio cultural y los pueblos originarios	279
3.1	Medio ambiente	279
3.1.1	La sentencia de la causa Mendoza	280
3.1.2	El espacio multidimensional y la administración sincronizada de la causa Mendoza	281
3.2	Patrimonio cultural	282
3.2.1	Los inmuebles de valor cultural: la "Estación Belgrano" y el "Correo Central"	283
3.2.2	El espacio multidimensional de la Estación Belgrano y del Correo Central	285
3.3	Pueblos originarios	287
3.3.1	El caso Como Caia	287
3.3.2	La relación horizontal entre el Estado Nacional, las provincias y los órdenes locales con los pueblos originarios	288
3.3.3	El espacio multidimensional	289
4	Conclusión	290

CIUDADANÍA SOCIAL
Pablo Angel Gutiérrez Colantuono 291

1	Palabras dedicadas al Profesor Jorge Luis Salomoni	291
2	Ciudadanía social	291

3	El rol del ciudadano	292
4	El control de las políticas públicas en materia económica, social y cultural	294
5	Reflexiones finales	295

GOVERNABILIDADE E DIREITOS FUNDAMENTAIS
Rafael Valim ... 297

I	Introdução	297
II	Governabilidade: uma mirada histórica	297
III	Por uma nova governabilidade	300
	Referências	301

DIREITO À INFORMAÇÃO E A APLICAÇÃO DA LEI Nº 12.527/11 ÀS ORGANIZAÇÕES SOCIAIS
Romeu Felipe Bacellar Filho, Adriana da Costa Ricardo Schier ... 303

1	Considerações iniciais	303
2	O regime jurídico das Organizações Sociais	304
3	O regime da Lei nº 12.527/11 e a sua aplicação às Organizações Sociais	309
4	O Decreto nº 7.724, de 16 de maio de 2012, e sua aplicação às Organizações Sociais	314
5	Considerações finais	317

O REGIME JURÍDICO DOS PARTIDOS POLÍTICOS NO BRASIL
Tarso Cabral Violin ... 319

1	Dos partidos políticos	319
2	História dos partidos políticos	322
3	O regime jurídico dos partidos políticos	324
3.1	Os partidos políticos na Constituição de 1988	326
3.2	Outros mandamentos constitucionais sobre os partidos políticos	327
4	O Código Eleitoral e a Lei dos Partidos Políticos	328
5	Da natureza jurídica dos partidos políticos	331
6	Da obtenção do apoiamento	333
7	Resolução nº 23.282 do TSE, que disciplina a criação, fusão, incorporação e extinção dos partidos políticos	334
8	Das conclusões	334
	Referências	336

PRINCÍPIOS INFORMADORES DA LEI DE ACESSO À INFORMAÇÃO
Weida Zancaner ... 339

PARTE III
SUSTENTABILIDADE

LICITAÇÕES NOS ESTADOS DO MERCOSUL: É POSSÍVEL SER ISONÔMICO E SUSTENTÁVEL AO MESMO TEMPO?
Clóvis Beznos ... 345

PROMOVENDO O DESENVOLVIMENTO SUSTENTÁVEL, NO MERCOSUL E NO BRASIL, PELA VIA DAS LICITAÇÕES E DOS CONTRATOS ADMINISTRATIVOS
Daniel Ferreira ... 349

	Considerações prévias	349
	Introdução	349

Compreendendo o desenvolvimento como necessariamente sustentável.....................350
O porquê do desenvolvimento, para quê e para quem 352
Uso do *poder de compra estatal* no Mercosul rumo ao desenvolvimento sustentável 356
O uso do *poder de compra estatal* no Brasil rumo ao desenvolvimento sustentável,
nacional e regional..357
Considerações finais..358
Referências...359

LICITAÇÃO E POLÍTICAS PÚBLICAS: INSTRUMENTOS PARA A CONCRETIZAÇÃO DO DESENVOLVIMENTO NACIONAL SUSTENTÁVEL
Edgar Guimarães, Caroline da Rocha Franco 361

1   Introdução 361
2   Finalidades do processo licitatório 361
3   Desenvolvimento sustentável: um conceito controverso 364
4   Licitações e políticas públicas..366
5   Decreto nº 7.746/2012 367
6   Decreto nº 7.546/2011 369
7   Considerações finais..371
    Referências...371

LICITAÇÕES SUSTENTÁVEIS: CONCEITO E DESAFIOS
Juarez Freitas...373

1   Introdução 373
2   Sustentabilidade e licitações públicas 374
2.1   Princípio constitucional da sustentabilidade ou do desenvolvimento sustentável é
norma de aplicabilidade direta e obrigatória nas licitações e contratações públicas
brasileiras...374
2.2   Nas licitações e contratações, o Estado-Administração tem de ser suficiente e
eficaz na proteção ativa dos direitos fundamentais das gerações presentes e
futuras...377
2.3   Licitações e contratações: a proposta mais vantajosa é aquela que se encontra
alinhada com políticas públicas sustentáveis 380
2.4   Só as lentes da sustentabilidade permitem enxergar os novos critérios a serem
observados, nas respectivas etapas do certame licitatório 381
3   Conclusões...384

ASPECTOS DA MOBILIDADE URBANA: UMA ANÁLISE SOBRE AS DEFINIÇÕES DA POLÍTICA NACIONAL E O DIREITO À CIDADE
Ligia Maria Silva Melo de Casimiro 387

1   Introdução 387
2   O direito à cidade no sistema jurídico brasileiro 388
3   A importância da Lei nº 12.587/2012 para a realização do direito à cidade..............389
    Referências...394

REGULAÇÃO FINANCEIRA E SUSTENTABILIDADE
Luciane Moessa de Souza..395

1   Introdução 395
2   Objetivos da regulação financeira no que concerne à sustentabilidade...................396
3   Normas e padrões voluntários já existentes no âmbito internacional......................397
4   Padrões voluntários (autorregulação) no âmbito interno 399
5   Normas já existentes no plano interno 400
6   A questão da responsabilidade civil e criminal das instituições financeiras 403

7	A observância de normas e padrões voluntários na prática das instituições financeiras	405
8	As minutas de normas do Banco Central do Brasil submetidas a processo de consulta pública	407
9	Propostas de critérios a serem incluídos na norma reguladora brasileira	409
9.1	Respeito à legislação ambiental e urbanística	409
9.2	Respeito à legislação trabalhista e previdenciária	410
9.3	Respeito ao consumidor e à legislação concorrencial	410
9.4	Respeito a populações tradicionais	410
9.5	Respeito a normas regulatórias específicas	411
9.6	Respeito à legislação tributária e existência de passivos junto a entes públicos	411
9.7	Esfera criminal	411
9.8	Critérios positivos	411
10	Conclusões	412
	Referências	412

ENERGIA ELÉTRICA: PRODUÇÃO, CONSUMO E SUSTENTABILIDADE
Luiz Alberto Blanchet 415

1	Introdução	415
2	Energia e Direito da Energia	415
3	Energia, princípio do empreendedorismo, consumo e sustentabilidade	416
4	Energia e desenvolvimento	418
5	Empreendimentos energéticos e sustentabilidade	419
6	Financiamento, investimento e sustentabilidade	421
7	Geração de energia e o mito das hidrelétricas como produtoras de energia limpa	422
	Referências	423

RESPONSABILIDADE DO ESTADO POR DANO AMBIENTAL
Regina Maria Macedo Nery Ferrari 425

1	Introdução	425
2	Dano ao meio ambiente	426
3	Responsabilidade por dano ambiental	428
4	Responsabilidade do Estado por dano ambiental	430

LA EFICIENCIA ECONÓMICA DE LAS ASOCIACIONES PÚBLICO-PRIVADAS Y DEL FINANCIAMIENTO DE PROYECTOS (*PROJECT FINANCE*) COMO MECANISMO PARA EL DESARROLLO DE INFRAESTRUCTURA ESTATAL
Rodrigo Pironti Aguirre de Castro 439

1	Introducción	439
2	Los contractos de asociación público-privada y el desarrollo de la infraestructura estatal	440
2.1	Las APP's como especie de los contractos relacionales	441
2.2	Las APP's y el financiamiento de proyectos (*project finance*)	443
3	La eficiencia económica de las asociaciones público-privadas como mecanismo para el desarrollo de infraestructura estatal	446
	Referéncias bibliográficas	449

MOBILIDADE URBANA E RESPONSABILIDADE SOCIAL
Rogério Gesta Leal 451

1	Notas introdutórias	451

2	A natureza condicionada da política nacional de mobilidade urbana em face do Estatuto da Cidade no Brasil	451
3	A participação social no âmbito da mobilidade urbana no Brasil	455
	Referências	460

PARTE IV
ARTIGOS VENCEDORES DO PRÊMIO JORGE LUIS SALOMONI

CONTROLE JUDICIAL DO DIREITO À SAÚDE E A CONSTRUÇÃO DO CONCEITO DE DEMOCRACIA DELIBERATIVA COMO PRINCÍPIO INTERPRETATIVO
Saulo Lindorfer Pivetta 465

1	Introdução	465
2	O direito fundamental à saúde e o contemporâneo entendimento do Supremo Tribunal Federal	466
2.1	O regime jurídico-constitucional do direito à saúde	466
2.2	O entendimento do STF em relação ao direito à saúde	468
2.2.1	Delineamento do direito à saúde	469
2.2.2	Critérios de concessão da tutela judicial	471
3	A identificação do paradigma de controle judicial	472
3.1	Três paradigmas de controle judicial	473
3.2	Os paradigmas de controle judicial e o entendimento do STF	475
4	O direito à saúde e a busca por um princípio de interpretação da Constituição	478
4.1	A necessidade de definição de um princípio interpretativo	478
4.2	Construindo um critério de delimitação do direito à saúde	481
4.2.1	Fixação de um princípio interpretativo: a democracia deliberativa	481
4.2.2	A concessão da tutela judicial a partir do princípio da democracia deliberativa	484
5	Conclusão	487
	Referências	487

GLOBALIZACIÓN JURÍDICA: LA AUTONOMÍA ESTATAL EN EL MARCO DE LA ECONOMÍA DE MERCADO. REFERENCIA ESPECÍFICA A LA REGULACIÓN DE LAS COMPRAS PÚBLICAS
Susana Galera Rodrigo 489

1	Derecho Global: la función de las organizaciones internacionales y las áreas de integración en la armonización jurídica	489
2	El caso de la contratación pública	490
2.1	Armonizaciones en ámbitos multilaterales	491
2.1.1	Uncitral	491
2.1.2	OMC: el Acuerdo de Compras Públicas ACP	492
2.2	Armonizaciones en organizaciones de integración regional	494
2.2.1	La Unión Europea	494
2.2.2	El Mercosur	496
3	El Brasil	497
3.1	El Brasil en el contexto global	497
3.2	Brasil en el contexto de la contratación pública	498
4	Conclusión	500
	Referencias bibliograficas	501

PARTE V
RESUMOS EXPANDIDOS DAS COMUNICAÇÕES CIENTÍFICAS APRESENTADAS

SUSTENTABILIDADE E RESPONSABILIDADE CIVIL DO ESTADO
POR OMISSÃO
André Luiz Arnt Ramos......505

RESPONSABILIDADE PENAL DAS PESSOAS JURÍDICAS NOS CRIMES
AMBIENTAIS
Annyellen Desirrè Cabral Menon......509

ADMINISTRAÇÃO PÚBLICA E O TERCEIRO SETOR: ANÁLISE A PARTIR DAS
ORGANIZAÇÕES SOCIAIS DE SAÚDE DE SÃO PAULO
Caroline da Rocha Franco, Saulo Lindorfer Pivetta......513

O COMBATE À IMPROBIDADE ADMINISTRATIVA E SUA RELAÇÃO COM OS
PRINCÍPIOS SUPRACONSTITUCIONAIS
Cíntia Veiga de Oliveira Santos, Talita Ferreira Alves Machado......517

O PAPEL DO DIREITO INTERNACIONAL AMBIENTAL NA GARANTIA DE UM
MEIO AMBIENTE SADIO E EQUILIBRADO
Diogo Andreola Serraglio......521

POLÍTICA PÚBLICA DE REDUÇÃO DE DANOS NO TRATAMENTO DE
USUÁRIO DE DROGAS: A CONCILIAÇÃO ENTRE A INTERVENÇÃO
ESTATAL E A AUTONOMIA DO INDIVÍDUO
Fábio de Oliveira Machado......525

DESENVOLVIMENTO ECONÔMICO, REGULAÇÃO E CONTROLE JUDICIAL
DOS CONTRATOS DE CONCESSÃO DE SERVIÇO PÚBLICO
Felipe Tadeu Ribeiro Morettini......529

ENERGIAS RENOVÁVEIS NO BRASIL E NA ITÁLIA: DIREITO PÚBLICO
COMPARADO ENTRE SUSTENTABILIDADE E NECESSIDADE
Guilherme Amintas Pazinato da Silva......533

O PODER DE INGERÊNCIA DO TRIBUNAL PENAL INTERNACIONAL EM
PAÍSES NÃO SIGNATÁRIOS DO ESTATUTO DE ROMA EM VIRTUDE DA
PROTEÇÃO DOS DIREITOS HUMANOS
Gustavo Bussmann Ferreira......537

AS IMPLICAÇÕES DA EXPROPRIAÇÃO DA PETROLÍFERA YPF NA
ARGENTINA
Tatyana Scheila Friedrich, Rosicler Santos......541

POR UM NOVO GESTO DE LEITURA DA RELAÇÃO ENTRE OS PODERES
CONSTITUÍDOS
Ulisses da Silva Gomes......545

SOBRE OS COORDENADORES......549

SOBRE OS AUTORES DE ARTIGOS......551

SOBRE OS AUTORES DE RESUMOS EXPANDIDOS......557

PREFÁCIO

Casi 15 años han transcurrido desde que en Argentina, profesores de Brasil, Paraguay, Uruguay, Chile y Argentina — entre ellos los invitados a este evento Celso Antônio Bandeira de Mello, Carlos Ari Sundfeld, Juan Carlos Cajarville Peluffo, Luis Enrique Chase Plate, Pascual Caiella, Claudio Viale, Justo Reyna, José Said, el homenajeado Jorge Luis Salomoni, y su Presidente, profesor Romeu Felipe Bacellar Filho — y el Maestro italiano Sabino Cassese (designado Presidente honorario), acordamos crear la Asociación de Derecho Público del Mercosur, movidos por la convicción de que el proceso de integración denominado Mercado Común del Sur era irreversible y constituía un proceso cultural en el que es fundamental el intercambio de experiencias nacionales, la investigación conjunta, el estudio y conocimiento de los ordenamientos jurídicos públicos de los países que lo compongan, y promover un Ordenamiento Jurídico Público Comunitario.

De Guillermo Muñoz partió no solo la idea de constituir la nueva entidad sino que su Presidente fuera Romeu Felipe Bacellar Filho, en un gesto que éste califica de generoso, pero que estimo demuestra la inteligencia y esa especial capacidad que nuestro siempre presente amigo tenía para conocer en profundidad el alma humana, ya que sabía que este magnífico Presidente cumpliría con la ardua tarea de hacer crecer y desarrollar la Asociación en consonancia con los relevantes valores enraizados en su persona, de lo cual nuevamente lo realizado en este VI Congreso es evidencia indiscutible.

También lo es su suprema generosidad al impulsar y concretar no sólo el emocionante homenaje que en el año 2009 se brindó en el V Congreso al querido maestro — no sólo del Derecho, sino de la vida — que fue Guillermo Muñoz, sino el que en esta oportunidad se brinda a otro querido argentino, el destacado profesor Jorge Luis Salomoni, quien preocupado por encontrar el rol del Estado y sus fundamentos de legitimidad en el Siglo XXI, estudió lo relativo a servicios públicos, y fue un apasionado expositor del impacto de los tratados internacionales, especialmente el de los Derechos Humanos, incisivo polemista que instaba a revisar el origen argentino y latinoamericano del Derecho Administrativo, a repensarlo desde nuestras culturas, comprometido con los procesos de integración y que por ello apostó a fortalecer los vínculos y al intercambio académico en nuestra Latinoamérica, a la activa participación de los jóvenes para lograr la transformación de nuestra ciencia y de las instituciones públicas, y con un profundo sentido de la amistad, de dar y compartir y de disfrutar el vivir.

El profesor Romeu y sus colaboradores elaboraron un temario de excelencia, y los diversos expositores han disertado acerca de la responsabilidad social de las empresas estatales; sobre Estado y regulación; actuación conjunta de administraciones públicas; la contratación y el empleo público. Y reflexionado acerca del paradigma del constitucionalismo liberal antropocentrista que privilegió al individuo como único sujeto de derechos y obligaciones, y la necesidad de mirar al hombre en el eco sistema; de generar productividad sostenible dirigida no sólo a las presentes generaciones sino a las futuras; de un urbanismo humano sustentable, no economicista; de la posibilidad de disfrute de los servicios públicos por todos; de la participación social; del principio de publicidad, su necesidad y alcance; de los principios de prevención y precaución; de la problemática de la sustentabilidad en todos sus aspectos, incluyendo ese principio en las contrataciones públicas; de los desafíos que implica universalizar los servicios de educación, de salud y otros que requieren ingentes recursos; del vínculo hombre y economía, y de tantos aspectos que requieren estructurar Estados y sociedades compatibles con los objetivos a lograr.

Cierto es que consolidar el Mercosur no es tarea sencilla, y el Profesor Emerson Gabardo así lo puso de manifiesto al prologar los Anales del V Congreso de la Asociación; máxime cuando se pretende acentuar su dimensión social, hacia la que esos espacios integrados deben evolucionar, mirando a las personas no sólo como agentes de procesos económicos, sino generando herramientas para el desarrollo de los derechos, la mejora en las condiciones de vida y el pleno goce de los derechos humanos en su más amplia concepción.

Y si bien el Mercosur contiene en su propio nombre una dimensión cuyo eje es fuertemente económico — el mercado — que mantiene con la dimensión de solidaridad e inclusión social una geometría asincrónica, el Preámbulo del Tratado enfatiza respecto a la búsqueda de mejores condiciones de vida para los pueblos con justicia social y se han adoptado y adoptan decisiones en esa dirección.

El lector podrá así acceder — gracias al esfuerzo de Daniel Wunder Hachem y de Editora Fórum — a lo debatido por reconocidos profesores y profesoras de Brasil, Paraguay, Uruguay y Argentina, y por las y los talentosos jóvenes que participaron en este VI Congreso, brillantemente cerrado con la conferencia del querido y respetado Maestro Celso Antônio Bandeira de Mello acerca del "Neocolonialismo y las nuevas tendencias del Derecho Administrativo en América Latina", en un encuentro signado por la sinceridad en la exposición de las diferentes ideas y realidades pero, especialmente, en la confraternidad y la amistad, sustanciales para cumplir con los ideales de los pueblos latinoamericanos.

Irmgard Elena Lepenies
Presidenta electa de la Asociación
de Derecho Público del Mercosur.

HOMENAGENS AO PROFESSOR
JORGE LUIS SALOMONI

Juan Francisco Salomoni
Jorge Luis Salomoni (h)

Hijos de Jorge Luis Salomoni

Distinguidos Profesores *brasileiros*, argentinos, uruguayos y paraguayos. Alumnos de Derecho. Señoras, señores:

Nos complace enormemente estar aquí presentes para celebrar la vida y obra de nuestro padre, que tanto amamos y seguiremos amando hasta el fin de nuestros días. Sentimos un orgullo inconmensurable de estar aquí presentes y ser testigos privilegiados de este merecido homenaje a quien fuera una persona que dedicara su vida entera al estudio y desarrollo de la ciencia jurídica y, por sobre todo, a la lucha por la unión de pueblos hermanos, como son los que conforman el Mercosur.

A su entrañable amigo, Romeu Felipe Bacellar Filho, va nuestro más profundo agradecimiento y respeto, por ser el principal gestor de este reconocimiento y de nuestra presencia hoy aquí.

Mucho hemos escuchado sobre nuestro padre a lo largo de todo el Congreso. Palabras justas, sabias, dignas de ser atendidas y procesadas. A aquellos que las han pronunciado, también les decimos gracias en nombre de él y, por supuesto, en nuestro nombre.

Por último, felicitamos a los ganadores del Premio Jorge Luis Salomoni y esperamos que les resulte un incentivo más que importante para continuar investigando y aportando nuevas ideas al Derecho Público latinoamericano.

Ana María Bezzi

*Integrante de la Comisión de Derecho Ambiental de la
Asociación Argentina de Derecho Administrativo*

Agradezco sentida y profundamente el merecido homenaje a Jorge Luis Salomoni, quien fuera mi marido y compañero al momento de su fallecimiento, particularmente en la persona del querido amigo Romeu Bacellar Filho. Asimismo, a la Asociación de Derecho Público del Mercosur, al Instituto de Derecho Romeu Felipe Bacellar, a la PUCPR y a Itaipu Binacional, organizadores del VI Congreso.

Ha sido Jorge fundamentalmente una gran persona. A ello se agregan sus cualidades de hombre lúcido, dotado de una gran inteligencia, gran visionario en el Derecho, y brillante jurista.

Se conjugaban en él tales cualidades intelectuales, con una extraordinaria capacidad para concebir múltiples proyectos, que fructificaron en el ámbito académico, y que siempre concretaba magistralmente.

Quedan sus obras, transportadas por sus amigos y discípulos, con el recuerdo de su figura cálida y espontánea, y su vigorosa y definida personalidad.

PARTE I

INTERVENÇÃO ESTATAL

LA INVERVENCIÓN ESTATAL EN LA ECONOMÍA Y EL DERECHO AL MEDIOAMBIENTE

ALFONSO BUTELER

1 Introducción

El presente trabajo tendrá por objeto poner de resalto algunas observaciones acerca de la intervención estatal en la economía y analizar las particularidades que presenta la protección ambiental desde el punto de vista de la regulación.

Por tales motivos luego de hacer un breve recorrido por la evolución de dicha temática en la República Argentina, plantearemos algunas ideas que consideramos deben ser tenidas en cuenta para compatibilizar el desarrollo económico con el respecto al medio ambiente.

2 La intervención estatal en la Constitución Argentina

Luego de la Revolución Industrial (1680) y el progreso de los intereses económicos se produce una concentración del poder. A partir de entonces el llamado Estado Absolutista — entendido no como un poder ilimitado sino por la amplitud de la regulación económica en la sociedad — interviene mediante la policía para asegurar su poder y llevar adelante ciertos cometidos.

Una vez acontecida la Revolución Francesa (1789), con la sumisión de la administración pública a la ley (que aparece como la expresión de la voluntad popular) y la Declaración de los derechos del Hombre, el Estado ya no puede intervenir de la misma manera sino que no va ser posible su avance en el reducto constituido por los derechos individuales de las personas dando paso al denominado Estado Liberal.

En esta etapa el Estado interviene siempre y cuando respete la esfera protectoria de los derechos — básicamente, los patrimoniales — creada por la ley. Es decir, que asume una actitud predominantemente abstencionista y negativa respecto de la sociedad. Desde lo económico tienen preeminencia el pensamiento liberal (Adam Smith) que ve posible la autorregulación del mercado en base a sus propias reglas.

La Constitución de 1853-60 de la República Argentina se inserta dentro de este marco brevemente descripto. Como muestra de ello pueden traerse a colación los arts. 14,[1] 17[2] y 19.[3] Esto se halla reforzado por el art. 1197 del Código Civil en lo que hace a la autonomía de la voluntad.

Por lo general, suele sostenerse que nuestra Carta Magna trasluce el liberalismo puro marcado por la influencia de Adam Smith sobre Juan Bautista Alberdi. Sin embargo, entendemos que el aludido art. 14 debe ser interpretado conjuntamente con el art. 28[4] que al establecer la garantía de la razonabilidad,[5] permiten una regulación amplia de los derechos. Además, existen otras cláusulas como la del progreso (art. 75 inc. 18) o la institución de la expropiación o requisición (art. 17) que contrabalancean esa tendencia de carácter liberal.

Es discutido, también, si nuestra Ley Fundamental contiene un plan económico. Si bien para algunos[6] se puede hablar de neutralidad en este plano en nuestra opinión ello no es posible ya que, de alguna manera, todas las constituciones poseen un plan económico, pues si no hacen expresa alusión al papel estatal en la economía es justamente porque han decidido adoptar una postura no intervencionista.

Como muestra de ello, pueden traerse a colación las constituciones de México y China. Así, el art. 25 de la Constitución mejicana dispone que "El Estado planeará, conducirá, coordinará y orientará la actividad económica nacional, y llevará al cabo la regulación y fomento de las actividades que demande el interés general en el marco de libertades que otorga esta Constitución. Al desarrollo económico nacional concurrirán, con responsabilidad social, el sector público, el sector social y el sector privado, sin menoscabo de otras formas de actividad económica que contribuyan al desarrollo de la Nación". Por su parte la Ley Fundamental china prescribe en el art. 142 que "La economía nacional debe basarse sobre el Principio del Bienestar del Pueblo y tratar de efectuar una equitativa distribución de la tierra y una restricción del capital privado, con vista a lograr un desarrollo equilibrado de la economía nacional para el bienestar del pueblo" y en el art. 144 que "Todos los servicios públicos y otras empresas de carácter

---

[1] Esa cláusula dispone que "Todos los habitantes de la Nación gozan de los siguientes derechos conforme a las leyes que reglamenten su ejercicio; a saber: de trabajar y ejercer toda industria lícita; de navegar y comerciar; de peticionar a las autoridades; de entrar, permanecer, transitar y salir del territorio argentino; de publicar sus ideas por la prensa sin censura previa; de usar y disponer de su propiedad; de asociarse con fines útiles; de profesar libremente su culto; de enseñar y aprender".

[2] Allí, se prescribe que "La propiedad es inviolable, y ningún habitante de la Nación puede ser privado de ella, sino en virtud de sentencia fundada en ley. La expropiación por causa de utilidad pública, debe ser calificada por ley y previamente indemnizada. Sólo el Congreso impone las contribuciones que se expresan en el Artículo 4º. Ningún servicio personal es exigible, sino en virtud de ley o de sentencia fundada en ley. Todo autor o inventor es propietario exclusivo de su obra, invento o descubrimiento, por el término que le acuerde la ley. La confiscación de bienes queda borrada para siempre del Código Penal argentino. Ningún cuerpo armado puede hacer requisiciones, ni exigir auxilios de ninguna especie".

[3] Esa disposición indica que "Las acciones privadas de los hombres que de ningún modo ofendan al orden y a la moral pública, ni perjudiquen a un tercero, están sólo reservadas a Dios, y exentas de la autoridad de los magistrados. Ningún habitante de la Nación será obligado a hacer lo que no manda la ley, ni privado de lo que ella no prohíbe".

[4] Según esa norma "Los principios, garantías y derechos reconocidos en los anteriores artículos, no podrán ser alterados por las leyes que reglamenten su ejercicio".

[5] Sobre el origen y evolución se esa cláusula constitucional puede consultarse: MANOVIL, Ezequiel, "*Razonabilidad de las leyes: ¿Un principio "Supraconstitucional"?*, L.L., 06.09.2006.

[6] Cfr. USLENGHI, Alejandro, "El servicio público como categoría constitucional" en AA.VV, *Servicio público y policía*, Buenos Aires, El Derecho, 2006, p. 25.

de monopolio deben estar, en principio, bajo la administración pública. En los casos permitidos por la ley, pueden ser operados por ciudadanos privados".

Como corolario de lo expuesto, a partir de la lectura del Texto Constitucional en la versión original de 1853-60, se ha sostenido que el mismo fue neutro en lo relativo a la titularidad de los servicios públicos al no hacer aseveración alguna acerca de si los mismos eran de propiedad del Estado o de los particulares.[7]

En contra de la aludida neutralidad, se ha manifestado el profesor Comadira para quien el art. 14 de la Ley Fundamental al asegurar el derecho al ejercicio de industria lícita, de trabajar y comerciar, ha consagrado la regla de que las actividades pertenecen en principio a los particulares y excepcionalmente al Estado, en aquellos supuestos en que se encuentre comprometido el interés público.[8]

Más allá de la interpretación que se haga de la Carta Magna, la realidad indica que el periodo que media entre la vigencia de la Constitución Nacional y la mitad del siglo XX, aproximadamente, puede ser caracterizado como una etapa marcada por la prestación privada de los servicios públicos a través concesiones, permisos y licencias.

En lo que hace al poder de policía se admitió durante esta etapa la visión restringida, es decir, la limitación de derechos por razones de seguridad, moralidad y salubridad. Como muestra de ello puede traerse a colación lo decidido por la Corte Suprema en la causa "Plaza de Toros".[9]

No debemos pasar por alto que nuestra C.N. — en la versión de 1953/60 — no abordó el tema de la emergencia de manera específica. Solo se reguló en el art. 4º la posibilidad de acudir a empréstitos públicos frente a situaciones de urgencia de la Nación. En el art. 23, a su vez, se previó la posibilidad de la declaración de estado de sitio y la consiguiente la suspensión de las garantías individuales frente al supuesto de conmoción interior o ataque exterior.

En el Siglo XX la influencia del mercantilismo, del liberalismo y las dos guerras mundiales determinó un cambio de paradigmas en diferentes frentes: el constitucionalismo social, la economía intervencionista (Keynes) y el crecimiento de la funciones del Estado que va a asumir el papel de asegurador de las prestaciones que requieren los ciudadanos: Estado Social o de bienestar. Se advierte claramente el fenómeno de la "economización" de las relaciones estatales. A partir de ello, en esta etapa, para asegurar las prestaciones a favor del ciudadano el Estado debe intervenir en la economía y la regulación de los derechos — poder de policía — puede hacerse por motivos de bienestar general. Así, en 1922 al dictar sentencia en la causa "Ercolano",[10] la Corte Suprema nacional adoptó un criterio amplio en cuanto al concepto de poder de policía admitiendo que las restricciones a los derechos constitucionales puedan ser más intensas en épocas de emergencia. En el caso se cuestionaba una ley que congelaba por dos años los precios de los contratos de locación. Allí, se convalidó la decisión legislativa y se recordó que es el órgano legisferante quien se encuentra autorizado para reglamentar los derechos de los particulares. Es importante destacar que, en esa sentencia, el Alto

---

[7] *Ibidem.*

[8] COMADIRA, Julio Rodolfo, "El derecho administrativo como régimen exorbitante en el servicio público", en AA.VV, *Servicio público, policía y fomento*, Jornadas organizadas por la Universidad Austral, Facultad de Derecho, Buenos Aires, RAP, 2005, 2ª Ed., p. 29/30.

[9] Fallos, 7:150 (1869).

[10] Fallos, 136:161 (1923).

Tribunal hizo expresa alusión a la jurisprudencia estadounidense y más precisamente al caso *"Munn vs. Illinois"* de 1877.[11]

Luego de la tercera década del Siglo XX, pero sobre todo con la Reforma constitucional de 1949 y por las influencias del constitucionalismo social, se produce un marcado proceso de estatización,[12] asumiendo el Estado la titularidad de los servicios públicos y la prestación de los mismos a través de diferentes formas jurídicas como empresas y sociedades estatales, imponiéndose de ese modo el sistema francés.[13]

En tal sentido, el artículo 40 disponía que "Los servicios públicos pertenecen originariamente al Estado y bajo ningún concepto podrán ser enajenados o concedidos para su explotación. Los que se hallaren en poder de particulares serán transferidos al Estado, mediante compra o expropiación con indemnización previa, cuando una ley nacional lo determine".

Dicha modificación introducida al texto constitucional, como se sabe, fue dejada sin efecto 1956 por el gobierno militar.[14] Sin embargo, ello no fue un óbice para que la prestación de los principales servicios de carácter nacional se mantuvieran en manos del Estado durante varias décadas.

Ese modelo de prestación pública que estuvo marcado por la ineficiencia en algunos sectores, por gestiones deficitarias de varios servicios y por falta de inversión y renovación tecnológica, se extenderá hasta fines de la década del ochenta; momento a partir del cual se dicta la Ley de Reforma del Estado Nº 23.696.[15]

De esta manera, se deja atrás aquel modelo de prestación directa por el Estado de los servicios públicos fundamentales, trasladando la responsabilidad de su cobertura a empresas privadas, en su gran mayoría de carácter extranjero[16] que se vincularon a la administración a través de la figura del contrato administrativo.

La privatización de los servicios, determinó entonces, el desplazamiento de las potestades regulatorias y de control de las arcas estatales a entes reguladores especializados[17] que se crearon para fiscalizar la prestación privada de cada uno de esos servicios

---

[11] Allí, se impugnó una ley de estado de Illinois que imponía a los propietarios de elevadores de granos obtener una licencia estatal para operarlos y autorizaba la fijación de precios máximos por el almacenaje de granos en los lugares de depósito en Chicago y otros sitios de menos de cien mil habitantes, todo ello para paliar los efectos de la grave crisis producida en 1870 producida por la baja de los precios de los productos agrícolas. Esta ley cuya constitucionalidad fue aceptada por la Suprema Corte dio nacimiento a la admisión de una concepción amplia del poder de policía que admitía la regulación de los derechos fundada en el interés general (MALJAR, Daniel E., "Antecedentes jurisprudenciales de la CS sobre el derecho de emergencia. El principio de razonabilidad utilizado como límite", ED, 197:799, esp. p. 810).

[12] Cfr. ALTAMIRA GIGENA, Julio I., *Lecciones de derecho administrativo*, Córdoba, Advocatus, 2005, p. 255.

[13] Cfr. SESIN, Domingo, "La función del servicio público en la etapa posprivatizadora", L.L., 2000-C, 1197.

[14] Cfr. GELLI, María Angélica, *Constitución de la Nación Argentina, comentada y concordada*, Buenos Aires, La Ley, 2003, 2ª edición ampliada y actualizada, p. 134.

[15] Adla. XLIX-C, 2444.

[16] Cfr. PEREZ HUALDE, Alejandro, "Tarifas y renegociación de contratos", en AA.VV., *El contrato administrativo en la actualidad*, (Agustín Gordillo, Dir.), Buenos Aires, La Ley, 2004, p. 54.

[17] Sobre el tema puede verse: COMADIRA, Julio R., Derecho administrativo, Buenos Aires, Lexis Nexis, 2003, 2ª Ed. actualizada y ampliada, p. 637 y ss.; CASSAGNE, Juan Carlos, "Los nuevos entes regulatorios", Revista de Derecho Administrativo, nº 14, p. 485 y ss.; TAWIL, Guido Santiago, "El procedimiento administrativo ante los entes reguladores", AA.VV., Procedimiento administrativo, Jornadas Organizadas por la Universidad Austral, Facultad de Derecho, Buenos Aires, Ed. Ciencias de la Administración, 1998, p. 253 y ss.; AGUILAR VALDEZ, Oscar, "Entes reguladores de servicios públicos: apuntes sobre su funcionamiento", en VI Jornadas Internacionales de Derecho Administrativo "Allan Randolph Brewer Carías", Caracas, Fundación Estudios de Derecho Administrativo, 2002, p. 11 y ss.; BARRA, Rodolfo C., "La regulación y el control, aspectos técnicos y legales en horizontes variados", Córdoba, El Foro, Suplemento de Derecho Administrativo y Constitucional, Año I, Nº 2-2000, p. 39 y ss.

esenciales en el aspecto tarifario,[18] en la calidad del servicio, la protección a los usuarios y en el cumplimiento de los planes de inversión fijados por vía contractual.

La Reforma Constitucional de 1994 tuvo como resultado la inclusión de muchas disposiciones de carácter social que mitigaron aún más el carácter liberal de la versión original. También, estableció pautas bien claras sobre los medios de intervención estatal.

En lo que hace a los servicios públicos, a diferencia de lo acontecido con el texto de 1853-60, con la modificación de la Carta Magna se hizo expresa mención del servicio público en el art. 42. En tal sentido, se dispuso que "Las autoridades proveerán a la protección de esos derechos, a la educación para el consumo, a la defensa de la competencia contra toda forma de distorsión de los mercados, al control de los monopolios naturales y legales, al de la calidad y eficiencia de los servicios públicos".

Desde la doctrina, a partir del contenido de la cláusula transcripta, algunos autores han colegido que nuestro sistema constitucional federal adhiere al sistema de titularidad estatal de los servicios públicos,[19] aunque debe destacarse que para otros, el texto continúa siendo neutral en tal aspecto[20] dejando en manos del legislador la solución de esa problemática e imponiendo al Estado la obligatoriedad de dictar los marcos regulatorios.[21]

Según nuestra opinión, no puede desprenderse sin más del contenido del nuevo art. 42 que el Estado sea el titular de los servicios públicos aunque, como lo destaca Bianchi,[22] su inclusión en el texto de la Ley Fundamenta exige sin dudas mayor atención interpretativa. En cambio, no puede desconocerse que la norma constitucional le impone el control de los mismos a la administración pública.

Con relación a otros medios de intervención estatal distintos al servicio público, la Reforma innova en la temática del fomento. Pues, en el. 75 inc. 19 se dispone que corresponde al Congreso Nacional "*Proveer lo conducente al desarrollo humano, al progreso económico con justicia social, a la productividad de la economía nacional, a la generación de empleo, a la formación profesional de los trabajadores, a la defensa del valor de la moneda, a la investigación y al desarrollo científico y tecnológico, su difusión y aprovechamiento. Proveer al crecimiento armónico de la Nación y al poblamiento de su territorio; promover políticas diferenciadas que tiendan a equilibrar el desigual desarrollo relativo de provincias y regiones*". Asimismo, se regla el criterio de la solidaridad para el fomento de las provincias en lo que tiene que ver con la coparticipación impositiva (art. 75 inc. 2).

En lo concerniente al poder de policía, en 1994 se autorizó la posibilidad de la delegación legislativa del Congreso Nacional en el Poder Ejecutivo en materia de emergencia pública y de administración (art. 76) bajo el cumplimiento de ciertos recaudos[23]

---

[18] Sobre el tema de las tarifas puede consultarse: KAUFMAN, Gustavo Ariel, "Tarifas de servicios públicos", E.D., 127:919; VILLAR ROJAS, Francisco José, *Privatización de servicios públicos*, La Laguna, Tecnos, p. 160 y ss.; SACRISTÁN, Estela, "La experiencia argentina en materia de tarifas reguladas por el sistema de *Price Caps*", E.D. Suplemento de Derecho Administrativo del 30 de junio de 2003, p. 4 y ss.; CAPLAN, Ariel, "A propósito de un reciente fallo: pesificación, devaluación y tarifas", en Suplemento de Jurisprudencia de Derecho Administrativo, L.L., 41.02.2003, p. 1 y ss.

[19] USLENGHI, A., *op. cit.*, p. 25.

[20] Cfr. BIANCHI, Alberto B., "Una noción restringida del servicio público (Aportes para su cuarta etapa)" en AA.VV, *Servicio público y policía, op. cit.*, p. 83.

[21] Cfr. SESIN, Domingo, "La función del servicio público...", *op. cit.*, p. 1197.

[22] BIANCHI, Alberto B., "Una noción restringida...", *op. cit.*, p. 83.

[23] Debe fijarse un plazo para el ejercicio de la delegación y el Congreso Nacional debe establecer sus bases.

y se hizo una recepción expresa de los estados de excepción por vía art. 75 inc. 22 C.N. al incorporarse con jerarquía constitucional el Pacto Internacional de Derechos Civiles y Políticos[24] y la Convención Americana sobre Derechos Humanos.[25] Este último instrumento dispone que las restricciones pueden fundarse en razones de interés general (art. 30).

La crisis económica producida a comienzos del nuevo milenio, cuyo punto culmine se alcanzó a fines del año 2001, empujó al gobierno nacional a sancionar la Ley de Emergencia N° 25.561.[26] En lo concerniente a los servicios públicos ese cuerpo normativo eliminó la posibilidad de calcular las tarifas en moneda estadounidense y de convertir las tarifas a pesos al tipo fijo de cambio de un dólar por peso. Esa ley, además, autorizó al gobierno nacional a devaluar el peso, cuyo nuevo tipo de cambio se fijó en 1,40 pesos por dólar. A su vez, se decidió dar origen proceso de renegociación de los contratos de servicios públicos afectados por las aludidas modificaciones.

Luego de sancionada la mentada legislación y, sobre todo, a partir de la llegada del presidente Néstor Kirchner ha comenzado a avizorarse un nuevo periodo marcado por una tendencia a la reestatación de los servicios o con una fuerte participación estatal en los mismos más allá del aspecto regulatorio.

Como muestra de ello, puede citarse el Decreto 798/04[27] por cuyo intermedio se rescindió una concesión otorgada en materia de trasporte ferroviario, el Decreto 1075/03[28] norma por la cual el correo retornó a manos estatales, ley 25.943[29] que se creó una empresa estatal de energía (ENARSA) y la reincorporación de Aerolíneas Argentinas e YPF mediante la ley 26.741.

A ello se suma que algunos entes reguladores han sido intervenidos[30] con lo cual tiende a desaparecer aquella diferenciación de roles que asumió el Estado en a partir de las privatizaciones entre quien otorgaba el título habilitante para desarrollar la actividad y quien controlaba el servicio.

En ese "renacimiento" han vuelto a recobrar fuerzas las sociedades del Estado como el medio en que éste va a hacerse cargo de muchos cometidos estatales. Con

---

[24] El art. 4.1 dispone que "En situaciones excepcionales que pongan en peligro la vida de la nación y cuya existencia haya sido proclamada oficialmente, los Estados Partes en el presente Pacto podrán adoptar disposiciones que, en la medida estrictamente limitada a las exigencias de la situación, suspendan las obligaciones contraídas en virtud de este Pacto, siempre que tales disposiciones no sean incompatibles con las demás obligaciones que les impone el derecho internacional y no entrañen discriminación alguna fundada únicamente en motivos de raza, color, sexo, idioma, religión u origen social".

[25] El art. 27.1 dispone que "En caso de guerra, de peligro público o de otra emergencia que amenace la independencia o seguridad del Estado parte, éste podrá adoptar disposiciones que, en la medida y por el tiempo estrictamente limitadas a las exigencias de la situación, suspendan las obligaciones contraídas en virtud de esta Convención, siempre que tales disposiciones no sean incompatibles con las demás obligaciones que les impone el derecho internacional y no entrañen discriminación alguna fundada en motivos de raza, color, sexo, idioma, religión u origen social".
Luego en el punto 2 se dispone que lo señalado en el párrafo anterior "no autoriza la suspensión de los derechos determinados en los siguientes artículos: 3 (Derecho al Reconocimiento de la Personalidad Jurídica); 4 (Derecho a la Vida); 5 (Derecho a la Integridad Personal); 6 (Prohibición de la Esclavitud y Servidumbre); 9 (Principio de Legalidad y de Retroactividad); 12 (Libertad de Conciencia y de Religión); 17 (Protección a la Familia); 18 (Derecho al Nombre); 19 (Derechos del Niño); 20 (Derecho a la Nacionalidad), y 23 (Derechos Políticos), ni de las garantías judiciales indispensables para la protección de tales derechos".

[26] B.O. 07.01.2000.

[27] B.O. 25.06.04.

[28] B.O. 20.11.03.

[29] B.O. 03.11.04.

[30] Como ejemplo puede traerse a colación el Decreto 571/2007 por el cual se dispone la intervención del ENARGAS.

ello, ha vuelto a plantearse la discusión acerca de la naturaleza de sus decisiones y los alcances de la revisión de sus decisiones en sede administrativa y judicial.

A este respecto no puede soslayarse que estas sociedades pertenecen al Estado. Según Balbín son entes no autárquicos que integran la organización administrativa y que realizan en la actualidad actividad comercial o la prestación de servicios públicos que se consideran sociablemente relevantes y que persiguen un interés colectivo.[31] En contra se ha expedido Mata para quien tales sociedades no integran la organización administrativa ya que ésta — según entiende-tiene como límite la personalidad pública estatal y por ende si tales sociedades son de carácter privado (y anónimas) están fuera.[32]

3 Reflexiones sobre desarrollo económico, medioambiente e intervención estatal

Teniendo en cuenta el papel del Estado en la cuestión económica y las variantes que pueden darse, el objetivo principal — y nada sencillo — es compatibilizar el desarrollo económico de la sociedad con el respeto medioambiente, entendido éste como "el conjunto de los elementos naturales o trasformados por el hombre y creados por él — la cultura, en suma — que permiten el nacimiento y desarrollo de organismos vivos".[33] Por otra parte, el desarrollo económico es una variante a la que todo Estado a través de medidas regulatorias debe propender en la medida en que ello traiga aparejado un mejoramiento en la calidad de vida de una comunidad.

Evidentemente, que en este tema — como en muchos otros — las posturas extremistas no son aconsejables. Por tal motivo, un crecimiento económico desenfrenado que pase por alto los efectos nocivos provocados al medioambiente termina siendo contrario a los intereses del hombre si concebimos al Planeta Tierra como su "casa" y donde aquel debe desarrollarse en toda su dimensión personal.

Es decir, que resulta es imposible desatender las consecuencias sobre la naturaleza que genera la intervención humana lo que pone de resalto la necesidad de intervención estatal para ponerle coto. Es por ello que una visión del ambiente como recurso pone en peligro la base material para el propio desarrollo humano.

Lamentablemente, esto es lo que ha ocurrido durante el último tiempo en donde "prevalece una concepción reductiva que entiende el mundo en clave natural y el desarrollo en clave consumista. El primado atribuido al hacer y al tener más que al ser, es causa de graves formas de alienación humana".[34]

Así como es equivocada una mirada que solo ponga en acento en el crecimiento económico y desatienda otros factores como el cuidado del medioambiente, tampoco es incorrecto un enfoque absolutista del medioambiente; resulta inaceptable poner en pie de igualdad al resto de los seres vivos con la persona humana.

Por tales movimos, una de las maneras de compatibilizar el desarrollo económico con el respeto al medioambiente es incluir dentro de los costos económicos de la

---

[31] BALBIN, Carlos F., *Curso de derecho administrativo*, La Ley 2008, T. 1, p. 674/5 y 685.

[32] MATA, Ismael, "Los actos de las empresas y sociedades del Estado", en AA.VV. *Cuestiones de acto administrativo, reglamento y otras fuentes del derecho administrativo*, Jornadas organizadas por la Universidad Austral, Buenos Aires, RAP, 2009, p. 35.

[33] GELLI, M., *op. cit.*, p. 362.

[34] Juan Pablo II, Carta Encíclica: *Sollicitudo rei socialis*, 28:AAS 80 (1988) 548-550.

actividad a realizar al respeto a la naturaleza. Es más, en muchos casos, el incentivo al desarrollo medioambiental puede ser una variable de crecimiento económico.

No debe pasarse por alto que estamos frente a un bien que debe ser protegido en el presente y teniendo en cuenta a las generaciones futuras. En esa línea el Constituyente de 1994 incluyó en el art. 41 de la Carta Magna que *"Todos los habitantes gozan del derecho a un ambiente sano, equilibrado, apto para el desarrollo humano y para que las actividades productivas satisfagan las necesidades presentes sin comprometer las de las generaciones futuras; y tienen el deber de preservarlo. El daño ambiental generará prioritariamente la obligación de recomponer, según lo establezca la ley. Las autoridades proveerán a la protección de este derecho, a la utilización racional de los recursos naturales, a la preservación del patrimonio natural y cultural y de la diversidad biológica, y a la información y educación ambientales".*

Como puede verse, en la Ley Fundamental se ha tenido en cuenta esas variables y, por tal razón, las actividades productivas que se desarrollen en la República Argentina tienen tres exigencias cardinales: 1. El deber de satisfacer la necesidades presentes pero de manera tal que permitan la conservación de la naturaleza para las generaciones que vendrán; 2. La utilización racional de los recursos naturales y 3. la preservación del patrimonio natural y cultural y de la diversidad biológica.

A su vez, debemos tener en cuenta que estamos frente a un bien de naturaleza colectiva. Cabe destacar, que de acuerdo a la terminología utilizada por la Corte Suprema de Justicia de la Nación *in re* "Halabi"[35] cuando nos referimos al ambiente estamos en presencia de un derecho de incidencia colectiva que tiene por objeto un bien colectivo, lo que ocurre cuando éste pertenece a toda la comunidad, siendo indivisible y no admitiendo exclusión alguna. Es por tal motivo, que según el Alto Tribunal, "se concede una legitimación extraordinaria para reforzar su protección, pero en ningún caso existe un derecho de apropiación individual sobre el bien ya que no se hallan en juego derechos subjetivos. No se trata solamente de la existencia de pluralidad de sujetos, sino de un bien que, como el ambiente, es de naturaleza colectiva. Es necesario precisar que estos bienes no tienen por titulares a una pluralidad indeterminada de personas, ya que ello implicaría que si se determinara el sujeto en el proceso éste sería el titular, lo cual no es admisible. Tampoco hay una comunidad en sentido técnico, ya que ello importaría la posibilidad de peticionar la extinción del régimen de cotitularidad. Estos bienes no pertenecen a la esfera individual sino social y no son divisibles en modo alguno".

Esas razones son las que justifican que su defensa no solo se pone en cabeza de los afectados sino también en otras representaciones tales como el defensor del pueblo, ONG, asociaciones sin fines de lucro, etc. En tal orden de ideas, en art. 43 de la C.N. en su segundo párrafo establece que podrá interponer acción de amparo *"contra cualquier forma de discriminación y en lo relativo a los derechos que protegen al ambiente, a la competencia, al usuario y al consumidor, así como a los derechos de incidencia colectiva en general, el afectado, el defensor del pueblo y las asociaciones que propendan a esos fines, registradas conforme a la ley, la que determinará los requisitos y formas de su organización".*

Dentro de conjunto de sujetos que tienen a su cargo la defensa del medioambiente, podemos incluir en la República Argentina a los jueces. Es que la Ley General del Ambiente (nº 25.675)[36] en el art. 32 dispone que "El juez interviniente podrá disponer

---

[35] Fallos, 332:111 (2009).

[36] B.O. 28.11.02.

todas las medidas necesarias para ordenar, conducir o probar los hechos dañosos en el proceso, a fin de proteger efectivamente el interés general. Asimismo, en su Sentencia, de acuerdo a las reglas de la sana crítica, el juez podrá extender su fallo a cuestiones no sometidas expresamente su consideración por las partes". Luego, agrega que "En cualquier estado del proceso, aun con carácter de medida precautoria, podrán solicitarse medidas de urgencia, aun sin audiencia de la parte contraria, prestando debida caución por los daños y perjuicios que pudieran producirse. El juez podrá, asimismo, disponerlas, sin petición de parte".

Informação bibliográfica deste texto, conforme a NBR 6023:2002 da Associação Brasileira de Normas Técnicas (ABNT):

BUTELER, Alfonso. La Invervención Estatal en la Economía y el Derecho al Medioambiente. *In*: BACELLAR FILHO, Romeu Felipe; HACHEM, Daniel Wunder (Coord.). *Direito público no Mercosul*: intervenção estatal, direitos fundamentais e sustentabilidade: anais do VI Congresso da Associação de Direito Público do Mercosul: homenagem ao Professor Jorge Luis Salomoni. Belo Horizonte: Fórum, 2013. p. 25-33. ISBN 978-85-7700-713-4.

CORRUPCIÓN Y FUNCIÓN PÚBLICA

AUGUSTO DURÁN MARTÍNEZ

I

1 En primer lugar deseo agradecer al Prof. Romeu Felipe BACELLAR FILHO la invitación que me ha hecho para participar en este VI Congreso de la Asociación de Derecho Público del Mercosur.

Es para mí un honor participar una vez más de los congresos de la Asociación y un placer estar nuevamente en el Estado de Paraná, concretamente, en esta maravilla de la naturaleza que es Foz do Iguaçu.

Deseo también sumarme a las palabras que se han dicho con relación al Profesor BACELLAR que es un admirable jurista, un jurista integral, comprometido, porque como lo acaba de decir el Profesor José SAID, es un jurista que ha puesto todo su empeño no solo en el conocimiento del derecho sino también en la transformación de la realidad. Y eso es especialmente destacable. Y es, como todos lo sabemos — este congreso es una muestra más en ese sentido — un extraordinario organizador. Todo lo que organiza Romeu lo hace bien, muy bien.

2 También, naturalmente, deseo sumarme a las palabras de homenaje al Profesor Jorge Luis SALOMONI, entrañable amigo, jurista joven pero, pese a su juventud, de una producción muy importante. Ha dejado su huella en la República Argentina y su obra sobre los servicios públicos es una obra obligada para el conocimiento del tema.

3 He titulado mi exposición "Corrupción y función pública" en virtud del título del panel que me ha sido asignado y las preguntas formuladas por el señor Presidente del panel.

El título del panel es "Improbidad y delitos contra la Administración Pública: ¿una interpretación económica del Derecho?"

Las preguntas formuladas, sintéticamente y en esencia son: a) si la legislación anti-corrupción existente obedece a una visión económica del Derecho; y b) si esa legislación ha provocado un descenso en los niveles de los administradores públicos.

4 Aclaro que desarrollaré el tema en el marco del título del panel indicado y en torno a las preguntas formuladas, y que lo abordaré exclusivamente desde la perspectiva uruguaya.

Por cierto que Uruguay no está aislado, está inserto en el mundo. Y en un mundo globalizado como el que vivimos, recibe influencias de otros países y no es inmune a las tendencias generales que se imponen en la colectividad universal o, al menos, en la continental. Pero, más allá de innegables coincidencias, existen particularidades que impiden efectuar una generalización. En suma, me centraré exclusivamente en la realidad de Uruguay.

Aclaro, además, que no es la primera vez que trato estos temas, por lo que lo haré teniendo en cuenta trabajos anteriores.[1]

5 En esos trabajos partí de un concepto amplio de *función pública* y de *funcionario público* así como de *corrupción*, que estimo conveniente recordar ahora.

6 La Convención Interamericana Contra la Corrupción, en su artículo I, define *función pública* y *funcionario público* de la siguiente manera:

> *Función pública*, toda actividad temporal o permanente, remunerada u honoraria, realizada por una persona natural en nombre del Estado o al servicio del Estado o de sus entidades, en cualquiera de sus niveles jerárquicos.
>
> *Funcionario público, Oficial Gubernamental o Servidor público*, cualquier funcionario o empleado del Estado o de sus entidades, incluidos los que han sido seleccionados, designados o electos para desempeñar actividades o funciones en nombre del Estado o al servicio del Estado, en todos sus niveles jerárquicos.

Estas definiciones son amplias. Pero el artículo 175 de nuestro Código Penal contiene una definición aún más amplia de *funcionario público*. En efecto, este artículo, en la redacción dada por el artículo 8 de la ley N° 17.060, de 23 diciembre de 1998, establece: "(*Concepto de funcionario*). A los efectos de este Código, se reputan funcionarios a todos los que ejercen un cargo o desempeñan una función retribuida o gratuita, permanente o temporaria, de carácter legislativo, administrativo o judicial, en el Estado, en el Municipio o en cualquier ente público o persona pública no estatal".

Por esa razón, el decreto N° 30/003, de 23 de enero de 2003 que reglamenta las normas de conducta en la función pública estableció:

> **Artículo 2º** – (Ámbito subjetivo de aplicación). Se entiende por funcionario público, a los efectos de lo dispuesto en estas Normas de Conducta en la Función Pública, toda persona que, cualquiera sea la forma de vinculación con la entidad respectiva, desempeñe función pública, a título oneroso o gratuito, permanente o temporario, de carácter legislativo, administrativo o judicial, en la Administración Central, en un Ente Autónomo, en un Servicio Descentralizado, en un Gobierno Departamental o en una persona pública no estatal (art. 2º de la ley 17.060 de 23 de diciembre de 1998 y art. 175 del Código Penal en la redacción dada por el art. 8º de la ley 17.060).

De manera que, a los efectos del presente estudio, incluimos como *funcionario* a los que desempeñan una actividad en personas públicas no estatales y consideramos función pública también la prestada por personas públicas no estatales.

---

[1] DURÁN MARTÍNEZ, A., "Corrupción y derechos humanos. Aspectos de derecho administrativo. (Convención Interamericana contra la Corrupción)", en *DURÁN MARTÍNEZ, A., Estudios sobre derechos humanos*. Universidad Católica del Uruguay. Ingranusi Ltda. Montevideo, 1999, pp. 119 y ss.; DURÁN MARTÍNEZ, A., "Corrupción y derechos humanos. Aspectos de derecho administrativo. (Ley Nº 17.060, de 23 de diciembre de 1998)", en *DURÁN MARTÍNEZ, A., Estudios sobre...*, p. 133 y ss.; DURÁN MARTÍNEZ, A., "Derechos humanos y corrupción administrativa", en *DURÁN MARTÍNEZ, A., Estudios de Derecho Público*. Montevideo, 2004, v. I, p. 327 y ss.; DURÁN MARTÍNEZ, A., "La Administración en tiempos de crisis", en *DURÁN MARTÍNEZ, A., Estudios de Derecho Público...*, v. I, p. 405 y ss.; DURÁN MARTÍNEZ, A., "Corrupción. Mecanismos sociales y jurídicos para su control", en *DURÁN MARTÍNEZ, A., Estudios de Derecho Público*. Montevideo, 2008, v. II, p. 89 y ss.

7 El artículo 3 de la ley Nº 17.060, de 23 de diciembre de 1998, define la corrupción, a los efectos del Capítulo II de esa ley, como "el uso indebido del poder público o de la función pública, para obtener un provecho económico para sí o para otro, se haya consumado o no un daño al estado".

Debe advertirse que esta definición no es "a los efectos de esta ley" sino "a los efectos del Capítulo II". Tal vez esto sea porque esta ley refiere también a varios delitos de corrupción. Al aludir al Capítulo II que refiere a la Junta Asesora, que tiene una competencia general en la materia, pretende abarcar una gama amplia de conductas aunque no sean estrictamente delictivas, pero sí, por cierto, faltas administrativas.

El artículo 10 del decreto Nº 30/003, ya citado, también efectúa una definición restringida de corrupción al limitarla al provecho económico.

No es fácil definir la corrupción. Por tal razón la Convención Interamericana Contra la Corrupción no lo hizo.

En doctrina se han ensayado definiciones más amplias que la de nuestra ley.

Es que si bien el móvil económico es el más frecuente no es el único. El deseo de riqueza y dinero es una de las causas más importantes de corrupción. Para algunos, tener o no tener dinero marca la más fundamental diferencia entre los hombres.[2] Y por cierto que en una sociedad materialista el poder del dinero es casi absoluto. Pero no es la única causa de la corrupción.

En tal sentido, FUKUYAMA expresó que la corrupción política aparece cuando funcionarios anteponen sus propios intereses pecuniarios a los de sus principales. Pero advirtió que también hay "otras razones que pueden llevar a los agentes a actuar contra sus principales como, por ejemplo, el deseo de no perder la seguridad que les proporcionaron sus agencias y su trabajo, o unas motivaciones ideológicas distintas a las de aquellos para los que en teoría trabajan".[3]

En nuestro medio, PRATS advirtió la insuficiencia de nuestra definición legal al admitir que no necesariamente el lucro es el móvil de la corrupción, puede existir otro móvil personal. Así, definió la corrupción como "el aprovechamiento de los cargos públicos y de los recursos del Estado para el beneficio privado que se da cuando cualquier funcionario público abusa de la autoridad o potestades que le ha conferido la ley y la ciudadanía, persiguiendo con ello la obtención de un lucro o conveniencia personal".[4]

RODRÍGUEZ-ARANA MUÑOZ advierte que no es nada infrecuente que el funcionario use indebidamente sus poderes, no en beneficio personal o de un pariente o un amigo, sino en función del partido político a que pertenece. Y considera — acertadamente — esta conducta como un acto de corrupción.[5]

MORENO OCAMPO expresó: "Existen varias definiciones y significados que se pueden asignar a la palabra 'corrupción'. En general, la corrupción es entendida como un acto en contradicción de la Ley, pero también puede ser entendida como un conjunto de conductas así calificadas por los códigos penales o como el comportamiento de algunos funcionarios públicos que se alejan de sus obligaciones legales en beneficio

---

[2] RODRÍGUEZ-ARANA MUÑOZ, J., *Ética, Poder y Estado*. Ediciones RAP, Buenos Aires, 2004, p. 171.
[3] FUKUYAMA, E., *La construcción del Estado. Hacia un nuevo orden mundial en el siglo XXI*. Ediciones B., Barcelona, 2005. p. 79.
[4] PRATS, M., "Corrupción, Estado de Derecho y control de la sociedad", en *VV.AA., Derechos humanos y corrupción*. Uruguay transparente/Asociación de Magistrados del Uruguay/Embajada de Suiza. Montevideo, 2002, p. 82.
[5] RODRÍGUEZ-ARANA MUÑOZ, J., *Ética ...*, p. 159.

de sus intereses individuales. Independientemente de los sujetos involucrados, un significado más general consistiría en la conducta que perjudica el interés público y en la que el beneficio obtenido o la conducta tendiente a él no es legítima y es custodiada por el secreto".[6]

Don Jesús GONZÁLEZ PÉREZ la definió como "la utilización de potestades públicas para intereses particulares, cualquiera que sea la forma de manifestarse, sea en beneficio propio o de un tercero o del partido político; sea por razón de amistad o por dinero o por otras prestaciones".[7]

Por mi parte, preferiría definir la corrupción como *la utilización de una determinada posición, sea cual sea, para obtener para sí o para otro un beneficio indebido, cualquiera sea su naturaleza.*

No interesa que el beneficio sea económico o no para que haya corrupción. No interesa que haya daño al Estado o a la institución a la cual el corrupto pertenece. No interesa tampoco que el sujeto sea funcionario público o no, corrupción existe también en el sector privado.

Lo que importa son dos cosas:

a) que un sujeto, en virtud de ocupar una determinada posición, sea cual sea y donde sea, por ello obtenga o procure obtener un beneficio para sí o para otro, que de no tener esa posición no habría podido obtener;

b) que ese beneficio sea ilegítimo.

Nuestro concepto de corrupción se acerca en mucho al de improbidad, derivado del artículo 11 del decreto N° 30/003, de 23 de enero de 2003.[8]

II

1 Hay en nuestro país, y eso se ha incrementado en los últimos tiempos, leyes que combaten la corrupción. Acá se sigue una tendencia general. Basta pensar en la Convención Interamericana Contra la Corrupción, que fue ratificada en Uruguay por la ley N° 17.008, de 25 de setiembre de 1998, y luego de la Convención, en ejecución de la misma se han dictado numerosas leyes en ese sentido, como la ley N° 17.060, de 23 de diciembre de 1998, entre otras, leyes penales y no penales, porque las leyes en esta materia no se limitan a la legislación penal y decreto N° 206/002, de 11 de junio de 2002 (Código de Ética del Regulador)[9] y decreto N° 30/003, de 23 de enero de 2002 (Normas de Conducta en la Función Pública), entre otros.

2 También debo decir que si miramos la situación actual en una perspectiva histórica, advertimos un descenso en el nivel de los administradores públicos. Descenso en todo sentido, inclusive en aspectos éticos.

---

[6] MORENO OCAMPO, L., *Corrupción estructural y sistemas normativos: el papel de las "islas de integridad"*, en *Revista Jurídica de la Universidad de Palermo*. Buenos Aires, abril. 1998, año 3, N° 1, p. 1, nota 1.

[7] GONZÁLEZ PÉREZ, J., *La ética en la Administración pública*. Cuadernos Civitas. Editorial Civitas S.A., Madrid, 1996, p. 53.

[8] "**Artículo 11°** – (Probidad). El funcionario público debe observar una conducta honesta, recta e íntegra y desechar todo provecho o ventaja de cualquier naturaleza, obtenido por sí o por interpuesta persona, para sí o para terceros, en el desempeño de su función, con preeminencia del interés público sobre cualquier otro (arts. 20 y 21 de la ley N° 17.060).
También debe evitar cualquier acción en el ejercicio de la función pública que exteriorice la apariencia de violar las Normas de Conducta en la Función Pública".

[9] Sobre este Código ver RUOCCO, G., "La entidad reguladora y el Código de Ética del Regulador", en *Estudios Jurídicos*. Universidad Católica del Uruguay – Facultad de Derecho. Montevideo, 2007, N° 4, p. 81 y ss.

Pero que eso sea una consecuencia de esa legislación, yo no me animaría a afirmarlo. Entre otras cosas porque no tengo datos estadísticos, por lo que no puedo hablar sino a partir de una convicción personal.

Me parece que ese descenso de nivel no es una consecuencia de esa legislación, por más que alguna incidencia pueda tener. Pero si la tiene, no es una incidencia significativa entre otras cosas, porque esta es una legislación que combate la corrupción, tanto en el sector público como en el privado, de manera que hay leyes que afectan al sector privado también.

Y si es una consecuencia de esa legislación, que creo no lo es, a lo sumo demostraría que la legislación está mal hecha. Y, en ese caso, lo que hay que hacer es cambiar la legislación pero no dejar de combatir la corrupción. La corrupción hay que combatirla siempre.

3 Me parece que el problema del descenso de nivel en la función pública, por lo menos en Uruguay, pasa por otro lado.

Pasa, en primer lugar, por una falta de incentivos para la función pública.

Creo que existe una falta de incentivos económicos. En general, hoy en día se obtiene una mayor remuneración en el sector privado que en el sector público.

Estimo también que la movilidad del empleo incide. En otros tiempos, uno entraba a un trabajo en principio para toda la vida; hoy el joven que entra a un trabajo está pensando en buscar otro mejor y si entra en la Administración Pública y si es bueno, si se destaca, pronto va al sector privado y ya no vuelve, porque para volver tiene que entrar por el último grado del escalafón y no vuelve para entrar al último grado del escalafón.

En tercer lugar, advierto que no tiene la función pública el estatus que tenía antes. No hay una consideración social especial hacia el administrador público como en su momento la hubo.

Pero me parece — y esto es más importante — que hay también una cierta frustración ante la dificultad para hacer las cosas bien, para hacer las cosas que hay que hacer, por una trabazón que existe en la sociedad uruguaya y en la Administración uruguaya.

Y esto ¿por qué? Creo que esto básicamente por dos problemas. Primero, por una superada visión del Derecho que se resiste a desaparecer, estrechamente ligada a una errónea lectura de la realidad actual, del mundo en que vivimos. Y, segundo, por un erróneo concepto del interés público. Y esto me parece que es lo que provoca en buena medida esa disminución del nivel en la Administración Pública, sobre todo en lo ético.

4 Trataré esos dos temas en el orden enunciado.

III

1 El primer tema está, a mi juicio, en cierta medida vinculado con algo que figura en el título de este panel: la perspectiva económica del Derecho.

2 Yo creo, y tengo la más firme convicción, que en el Uruguay no existe ni existió nunca una perspectiva económica del Derecho. Yo diría que una perspectiva económica del Derecho es equivocada, porque el aspecto económico es un componente más del Derecho, pero no el único. Y jamás, como muy bien lo manifestó el Profesor SAID, jamás puede ser el principal. El Derecho actúa sobre la sociedad y naturalmente tiene en cuenta diversos factores y entre ellos el factor económico, pero jamás el factor económico puede ser el motor del Derecho.

Por eso me parece que la legislación anticorrupción no obedece a una perspectiva económica del Derecho.

3 Lo que ocurre es que en mucho tiempo en el Uruguay existió una visión en donde se prescindió absolutamente del aspecto económico, y esto creo que es una cuestión bastante generalizada en el siglo XX en casi todos los países del mundo occidental donde se impuso el Estado de Bienestar.

Pero voy a referirme concretamente al Uruguay, donde tuvimos un Estado de Bienestar muy fuerte y muy duradero, que colapsó. Colapsó, entre otras cosas, porque no tuvo presente el factor económico. Así como he cuestionado que el factor económico sea el factor único o principal del Derecho, cuestiono que no sea tenido en cuenta el factor económico. Se ha gastado de más, se ha producido un endeudamiento excesivo y en definitiva el Estado de Bienestar, que en su momento tuvo su justificación y tuvo logros importantes, terminó por agotarse. Ese Estado de Bienestar no resiste más, pero como caló muy hondo en nuestra cultura no termina de desaparecer. De ahí la crisis existente.

4 Ante esa crisis es que se advierte la necesidad de ser eficaz. Creo que la palabra *eficacia* es una palabra clave en este momento.

¿Qué entendemos por *eficacia*? Sé muy bien que en el ámbito de las ciencias económicas se distingue entre *eficacia* y *eficiencia*. Creo no obstante que en el lenguaje corriente se emplean los términos en forma indistinta. Advierto que en el artículo 103 de la Constitución española se usa el término *eficacia* en un sentido que comprende la eficiencia del lenguaje económico, y que en el artículo 37 de la Constitución brasileña se emplea el término *eficiencia* en un sentido comprensivo de *eficacia*.[10] Y creo que en el ámbito del Derecho en mi país se toman los términos en sentido indistinto, más allá de que haya algún texto de derecho positivo que toma la distinción que se emplea en las ciencias económicas.[11]

¿Qué es eficacia, o qué es eficiencia? Voy a recordar un concepto que leí en la presentación de Carlos AYRES BRITO a uno de los muy buenos libros de GABARDO. AYRES BRITO, con relación al término *eficiencia* dijo: *"qualquer pessoa de povo sabe que o vocábulo significa fazer bem as coisas"*.[12]

Eficiencia o eficacia es hacer las cosas bien. Hacer las cosas bien es lograr los objetivos que hay que lograr pero, además, hacerlo con los costos razonables; es decir, no puede haber un desentendimiento absoluto del aspecto económico, porque si los recursos se dilapidan y, por eso, se agotan, no se puede hacer las cosas.[13] Eso fue lo que pasó y lo que provocó en buena medida el colapso del Estado de Bienestar. Se pensó erróneamente que el Estado siempre es solvente y, por ende, sus recursos son inagotables.

5 Y eso es un concepto que cala hondo en el nuevo pensamiento provocado en Europa luego de la 2ª Guerra Mundial, pero que se incentiva en los últimos 25 años del siglo XX.

Esto está muy claro en la Constitución española cuando, en su artículo 103.1.
— nuestro Código de Procedimiento Administrativo (decreto Nº 500/991, de 27 de

---

[10] DURÁN MARTÍNEZ, A., "Principio de eficacia y Estado Subsidiario", en *DURÁN MARTÍNEZ, A., Estudios de Derecho Público...*, v. II, p. 15.

[11] DURÁN MARTÍNEZ, A., "Principio de eficacia y ...", loc. cit., p. 15 y ss.; DURÁN MARTÍNEZ, A., "Nuevas formas de relacionamiento público-privado en el cumplimiento de los cometidos del Estado", en *Revista de Derecho*. Universidad Católica del Uruguay. Konrad Adenauer Stiftung. Montevideo, 2009, Nº 4, p. 63 y ss.

[12] GABARDO, E., Eficiência e legitimidad do Estado. Manole. Brasil, 2003, p. XV.

[13] DURÁN MARTÍNEZ, A., "Principio de eficacia y ...", loc. cit., p. 7.

setiembre de 1991) lo recogió prácticamente al pie de la letra en el artículo 2 —, expresó que la Administración sirve con objetividad los intereses generales. Ese servir con objetividad los intereses generales implica el carácter misional de la Administración, el carácter misional del Estado, su carácter finalista y naturalmente la razonabilidad de la actuación administrativa en vistas a la consecución del bien común, que no es otra cosa que el interés general objetivado. Como bien expresó MEILÁN GIL, antes de esta fórmula, la Administración no es señora del interés general, por el contrario, a él está subordinada.[14]

Esto llevó a una nueva lectura de la realidad y provocó, entre otras cosas, un cambio en la noción de servicio público.

Efectivamente, se vive en Europa y, por su influencia, en los países iberoamericanos, un tránsito de un concepto subjetivo de servicio público a uno objetivo.[15] De servicios prestados por el Estado en régimen de exclusividad o, en otra terminología, en forma monopólica, se ha pasado a un régimen prestacional por parte de personas estatales o no estatales privadas o no, en concurrencia.[16] De la *publicatio* característica de la época del servicio público clásico[17] se ha pasado a una *despublicatio*.[18] Más que de *servicio público* se tiende a hablar de *servicio al público*.[19] En lugar de la expresión *servicio público*, se prefiere la de *servicios de interés económico general*[20] o *servicios económicos de interés general*.[21]

Más importante que quién presta el servicio es que los servicios se presten bien. Y para ello se exige una nueva regulación, un corte vertical de actividades y la implantación de lo que se ha llamado el servicio universal.

Esa nueva regulación — para marcar su diferencia con la tradicional se le suele llamar neoregulación — está destinada a asegurar la competencia.[22]

---

[14] MEILÁN GIL, J.V., "Intereses generales e interés público desde la perspectiva del derecho público español", en *BACELLAR FILHO, R.F./WUNDER HACHEM, D., (Coordenadores). Direito administrativo e interesse público. Estudos em homagem ao Professor Celso Antônio Bandeira de Mello*. Instituto de Direito Romeu Felipe Bacellar. Editora Fórum. Belo Horizonte, 2010..., p. 71.

[15] EZQUERRA HUERVA, A., "El fenómeno de la liberalización de servicios públicos en España: el tránsito de un concepto subjetivo a un concepto objetivo de Servicio Público", en *Revista de Derecho Público*, F.C.U., Montevideo, año 2006, Nº 29, p. 10 y ss.

[16] ARIÑO ORTIZ, G., *Principios de derecho público económico*. Fundación de estudios de regulación. Comares. Granada, 2004, 3ª edición ampliada, p. 604 y ss. y 638 y ss.; EZQUERRA HUERVA, A. "El fenómeno ...", loc. cit., p. 17; CAIELLA, P. "Regulación de los servicios públicos y concurrencia", en *Revista de Direito Administrativo e Constitucional*. Editora Fórum/Instituto Paranaense de Direito Administrativo, Belo Horizonte, Nº 12/abril-junio 2003, p. 113 y ss.

[17] ARAÚJO-JUÁREZ, J., "Régimen jurídico de los servicios económicos de interés general", en *ARISMENDI, A./ CABALLERO ORTIZ, J., (Coordinadores). El Derecho Público a comienzos del siglo XXI*. Estudios en homenaje al profesor Allan R. Brewer Carías. Thomson/Civitas, Madrid, 2003, t. II, p. 1970.

[18] ARAÚJO-JUÁREZ, J., "Régimen jurídico de los ...", loc. cit., p. 1972.

[19] ARIÑO ORTIZ, G., *Principios* ..., p. 638.

[20] ARIÑO ORTIZ, G., *Principios* ..., p. 638; ARAÚJO-JUÁREZ, J. "Régimen jurídico de los ...", loc. cit., t. II, p. 1969 y ss.; PARADA, R., "Los servicios públicos en España", en *ARISMENDI A./CABALLERO ORTIZ, J. (Coordinadores). El Derecho Público a comienzos del siglo XXI. Estudios en homenaje al Profesor Allan R. Brewer Carías*. Thomson. Civitas. Madrid, 2003, t. II, p. 1859 y ss.; DÍEZ-PICAZO, L.M., "La idea de servicios de interés económico general", en *COSCULLUELA MONTANER, L., (Coordinador) Estudios de Derecho Público Económico*. Libro Homenaje al Prof. Dr. D. Sebastián Martín - Retortillo, Eudesa/Iber Caja/Civitas, Madrid, 2003, p. 677 y ss.; MARTÍN REBOLLO, L. "Sociedad, economía y Estado. (A propósito del viejo regeneracionismo y el nuevo servicio público)", en *COSCULLUELA MONTANER, L., (Coordinador)., Estudios de Derecho Público* ..., p. 639.

[21] EZQUERRA HUERVA, A. "El fenómeno ...", loc. cit., p. 33.

[22] BAUZÁ MARTORELL, F.J., *La desadministración pública*. Consell de Mallorca-Marcial Pons, Madrid, 2001, p. 42; ARIÑO ORTIZ, G., *Principios* ..., p. 604 y ss.; DURÁN MARTÍNEZ, A., "¿Se puede limitar derechos humanos por actos administrativos dictados por órganos reguladores de la actividad privada? Especial referencia a las unidades de regulación creadas en Uruguay", en *DURÁN MARTÍNEZ, A. Estudios de Derecho Público*,

El corte vertical de actividades procura separar las obras de infraestructura y su administración de las actividades propiamente prestadoras del servicio al público.

Las infraestructuras son de difícil sujeción a las reglas de la competencia, pero no las otras. Estas últimas quedan así sujetas a un régimen jurídico presidido por cuatro libertades fundamentales: a) libertad de entrada; b) libertad de acceso al mercado; c) libertad de contratación, lo que implica entre otras cosas formación competitiva de los precios; d) libertad de inversión.[23] Y, por cierto, los titulares de las infraestructuras no pueden prestar el servicio, a fin de asegurar un régimen adecuado de libre concurrencia.

El *servicio universal* supone la obligación legal de prestar un servicio con un determinado contenido con determinada calidad, al alcance de todos, en todo el territorio nacional y a precios asequibles.[24]

6 Cuando en nuestro país se habla de estos temas es frecuente que se piense en el aspecto económico del sistema. Ese aspecto es importante pero no es el único. Es importante porque permite que los servicios se presten bien. Eso naturalmente provoca una ganancia para el prestador, pero no solo eso; provoca un mejor servicio a la población, con lo que cada uno puede gozar mejor de su derecho a vivir,[25] con lo que no podemos quedarnos únicamente con la perspectiva económica. Pero, además, debe destacarse que se olvida la noción del servicio universal que es la gran pata social del sistema, y en definitiva es lo que permite rechazar una visión economicista.

Pero esto, a menudo no se ve y se intenta un rechazo a esta concepción que prospera en Europa occidental.

7 Y, aquí, es donde se produce el otro error de enfoque que es un incorrecto sentido del concepto de interés público y que provoca en mi país los casos de mayor improbidad y de mayor gravedad, seguramente, que existen en nuestro continente.

Esto es lo que trataré de explicar a continuación.

IV

1 Naturalmente que cuando hablamos de interés público inevitablemente viene a mi mente el gran amigo Guillermo Andrés MUÑOZ[26] y también el Profesor Celso Antônio BANDEIRA DE MELLO,[27] que ha trabajado muy bien este tema en Brasil.

Montevideo, 2004, v. I, p. 365 y ss.; FERRÉS RUBIO, R., *Autoridades reguladoras independientes. En el marco de la liberalización de los servicios públicos.* Amalio M. Fernández, Montevideo, 2005, p. 67 y ss.; DURÁN MARTÍNEZ, A., *Nuevas formas de relacionamiento público-privado...*, loc. cit., p. 87 y ss.

[23] DURÁN MARTÍNEZ, A., *Nuevas formas de relacionamiento público-privado...*, loc. cit., p. 88.

[24] ARIÑO ORTIZ, G., *Principios ...*, p. 624; MARTÍN REBOLLO, L., "Sociedad, economía y Estado ...", en *COSCULLUELA MONTANER, L., (Coordinador) Estudios de Derecho Público ...*, p. 641; SANTOFIMIO GAMBOA, J.O., "Los servicios públicos: vicisitudes y fundamentos de un tema jurídico inconcluso e impreciso", en *ARISMENDI A./CABALLERO ORTIZ, J. (Coordinadores)., El Derecho Público a comienzos...*, t. II, p. 1910; ARAÚJO-JUÁREZ, J., "El régimen jurídico de los ...", en *ARISMENDI A./CABALLERO ORTIZ, J. (Coordinadores). El Derecho Público a comienzos ...*, t. II, p. 1975 y ss.; DURÁN MARTÍNEZ, A., "Los servicios públicos y los derechos de los usuarios. Tendencias actuales en el Uruguay", en *DURÁN MARTÍNEZ, A., Estudios de Derecho Público.* Montevideo, 2008, v. II, p. 36 y ss.

[25] Modernamente se distingue el derecho a la vida del derecho a vivir. El derecho a vivir comprende, por cierto, el derecho a la vida pero implica, además, el derecho a vivirla en condiciones satisfactorias, a vivirla en dignidad y en la plenitud de todos los derechos. Ver MONTAND, F., "La recherche du CID pour les concepts du droit à la vie et du droit de vivre", en *Actes du symposium sur le droit à la vie. Quarante ans après l'adoption de la déclaration universelle des droits de l'homme: évolution conceptuelle, normative et jurisprudentielle.* CID. Geneve, 1992, p. 1; GROS ESPIELL, H., "La complémentarité entre les notions de droit à la vie et de droit de vivre", en *Actes du symposium...*, p. 5; DURÁN MARTÍNEZ, A., "Los derechos culturales como derechos humanos en el derecho constitucional uruguayo", en *DURÁN MARTÍNEZ, Estudios sobre derechos ...*, p. 32.

[26] MUÑOZ, G.A., "El interés público es como el amor", en *BACELLAR FILHO, R.F./WUNDER HACHEM, D., (Coordenadores). Direito...*, p. 21 y ss.

[27] BANDEIRA DE MELLO, C.A., *Curso de Direito Administrativo.* 15ª edição. Malheiros Editores. São Paulo, 2003, p. 50 y ss.

2 Debo decir, además, que es muy común que se utilice los términos *interés público, interés general* y *bien común* indistintamente.[28] Yo prefiero hacer algunas distinciones.[29]

3 Es un lugar común, desde ARISTÓTELES[30] a nuestros días, afirmar que el hombre es un animal político. Pero el hombre no se agota en lo político. El hombre tiene una dimensión individual, una dimensión social, que conlleva la política pero no se confunde con ella, y una dimensión trascendente. Y todas esas dimensiones se funden en una unidad, son inescindibles porque la persona humana es una sola.

Precisamente el principio de subsidiariedad,[31] al hacer el deslinde de competencias entre el individuo, las comunidades intermedias y la comunidad política mayor, presupone esa triple dimensión humana y procura salvaguardarla.

El *interés privado* se relaciona con esa dimensión individual de todo ser humano que lo hace ser único y diferente de sus semejantes, y por eso es valioso y digno de tutela. Y también se relaciona con esa dimensión social que nos hace integrar una comunidad natural, como lo es la familia, base de la sociedad, y de esas otras comunidades intermedias que trascienden la familia pero que son de alguna manera de nuestro dominio particular, no necesariamente en exclusividad pero sin llegar a ser público.

El *interés público* se relaciona con nuestra dimensión social en el aspecto que conlleva lo político pero también, aun sin conllevar lo político, trasciende de lo meramente privado al ocupar un espacio que necesariamente es genéricamente compartido por requerirlo el adecuado desarrollo de la personalidad.

La relación con la Divinidad pertenece al plano íntimo de cada uno, por lo que es de *interés privado*. Pero la exteriorización de determinados aspectos del culto exige un espacio público, por lo que ello es de *interés público*.

Interés privado e *interés público* operan en espacios distintos y, aunque por momentos tengan contornos difusos, no se confunden pero tampoco se contradicen, pues se relacionan con las diversas dimensiones de la naturaleza humana que, como se ha visto, son inescindibles.

Precisamente, esa unidad de la naturaleza humana se contempla con el *interés general* que incluye el *interés privado* y el *interés público*.

Es de *interés general* la adecuada satisfacción del *interés privado* y del *interés público*, lo que se logra con la creación de la situación de hecho necesaria para el desarrollo de la persona humana. Dicho en otras palabras, es de *interés general* la configuración del *bien común*, puesto que este no es otra cosa que "el conjunto de condiciones de la vida social que hacen posible las asociaciones y a cada uno de sus miembros el logro más pleno y más fácil de la propia perfección".[32]

4 Hay un interés particular que es valioso que debe ser protegido y hay intereses públicos valiosos que deben ser protegidos.

---

[28] BRITO, M.R., "Principio de legalidad e interés público en el derecho positivo uruguayo", en BRITO, MR., *Derecho administrativo. Su permanencia, contemporaneidad, prospectiva*. Universidad de Montevideo. Facultad de Derecho. Montevideo, 2004, p. 270; MUÑOZ, G.A., "El interés público es como ...", p. 9.

[29] DURÁN MARTÍNEZ, A., "Derechos prestacionales e interés público", en *BACELLAR FILHO, R.F./WUNDER HACHEM, D., (Coordenadores). Direito...*, p. 145 y ss.

[30] ARISTÓTELES., *La política*. Editorial TOR S.R.L. Buenos Aires, 1965, p. 5 y ss.

[31] PONTIFICIO CONSEJO "JUSTICIA Y PAZ". *Compendio de la Doctrina Social de la Iglesia*. Librería Editorial Arquidiocesana. Montevideo, 2005, p. 88 y ss.

[32] PONTIFICIO CONSEJO "JUSTICIA Y PAZ"., *Compendio ...*, p. 78.

Los intereses públicos son diversos.[33] Entre esos intereses públicos incluyo: el interés de la Administración, el interés de los sindicatos, el interés de las asociaciones de profesionales y asociaciones empresariales, las cámaras empresariales, son todos intereses públicos.

El interés general es un interés que engloba esos intereses públicos y el interés privado. Esos intereses merecen tutela en la medida en que no sean incompatibles con el interés general.

Con terminología diferente, pero con bastante coincidencia en lo esencial, BANDEIRA DE MELLO, siguiendo el pensamiento de ALESSI, distingue el interés público primario y los intereses públicos secundarios.

El interés público primario es el interés de la colectividad como un todo. Los secundarios son los que las entidades públicas pueden tener como cualquier persona, independientemente de su calidad de servidor de los intereses de la colectividad.[34]

Los intereses secundarios no son atendibles sino en cuanto coinciden con el primario.[35]

Esta visión de BANDEIRA DE MELLO que, reitero, en lo esencial es compartible, ha tenido gran arraigo en Brasil.[36] Por eso, y con razón, ha podido decir BACELLAR FILHO "a Administração não deve cuidar de interesses do Estado mas dos cidadãos".[37]

El decreto Nº 30/003 ya mencionado, por su artículo 8 recuerda la fórmula establecida en el artículo 59 de la Constitución de que el funcionario existe para la función y no la función para el funcionario y luego, por su artículo 9 recoge un concepto de interés público coincidente con lo que hemos entendido por interés general o coincidente con el interés público primario de BANDEIRA DE MELLO. En efecto, tal artículo establece:

> **Artículo 9º** – (Interés Público). En el ejercicio de sus funciones, el funcionario público debe actuar en todo momento en consideración del interés público, conforme con las normas dictadas por los órganos competentes, de acuerdo con las reglas expresadas en la Constitución (art. 82 incisos 1º y 2º de la Carta Política).
>
> El interés público se expresa, entre otras manifestaciones, en la satisfacción de necesidades colectivas de manera regular y continua, en la buena fe en el ejercicio del poder, en la imparcialidad de las decisiones adoptadas, en el desempeño de las atribuciones y obligaciones funcionales, en la rectitud de su ejercicio y en la idónea administración de los recursos públicos (art. 20 de la ley 17.060). La satisfacción de necesidades colectivas debe ser compatible con la protección de los derechos individuales, los inherentes a la personalidad humana o los que se deriven de la forma republicana de gobierno (arts. 7º y 72 de la Constitución).

Interés general es un concepto jurídico indeterminado. Tiene una dimensión abstracta y otra concreta.[38] Es decir, esa noción abstracta debe proyectarse en cada

---

[33] SALOMONI, J.L., "Interés público y emergencia en la República Argentina", en *BACELLAR...*, p. 120 y ss.

[34] BANDEIRA DE MELLO, C.A., *Curso...*, p. 63.

[35] BANDEIRA DE MELLO, C.A., *Curso...*, p. 63.

[36] BACELLAR FILHO, R.F., "A noção jurídica de interesse público no directo administrativo brasileiro", en *BACELLAR...*, p. 90 y ss.; WUNDER HACHEM, D., *Princípio constitucional da supremacia do interesse público*. Editora Fórum. Belo Horizonte, 2011. p. 41 y ss.

[37] BACELLAR FILHO, R.F., "A noção...", loc. cit., p. 93.

[38] RODRÍGUEZ-ARANA, J., *Interés general, derecho administrativo y Estado del Bienestar*. SYNTAGMA. IUSTEL. Madrid, 2012, p. 39 y ss.

situación particular para verificar si existe en ese caso o no interés general. Por eso, el interés general es el motor de la Administración, pero también su límite.

El interés general, así, existe o no existe. Para su correcta determinación es preciso verificar si ese interés general abstracto se da en el caso concreto.

Pero esto a menudo no se hace. La Administración frecuentemente cree que tiene libertad para determinar el interés general y lo que ocurre en los hechos es que confunde su interés con el general.

Erróneamente, así, se identifica el interés público con el interés general, o en otros términos, el interés público secundario con el interés público primario. Y, lo que es peor, es frecuente que se identifique el interés de la Administración con el interés de los sindicatos de funcionarios, o sea, se identifican intereses públicos que no coinciden necesariamente con el interés general. Es más, a menudo, esos intereses públicos o intereses públicos secundarios resultan incompatibles con el interés general o interés público primario.

5 Como ejemplo de lo dicho basta pensar que en el Uruguay pagamos el combustible más caro del continente porque eso sirve al interés de ANCAP y al interés de los sindicatos de ANCAP, en contra de los intereses del país.

En el Uruguay tenemos un atraso tecnológico en la telefonía, porque eso sirve al interés de ANTEL y sirve al interés del sindicato de ANTEL.

En Uruguay tenemos un atraso en la industria eléctrica, pese a que la legislación permite otras formas de generación, porque eso sirve al interés de UTE y al interés del sindicato de UTE.

Esos son claramente intereses públicos que chocan con el interés general.

Para terminar con los ejemplos, voy a contar dos anécdotas reales que van a causar asombro. Creo que en ninguna parte del mundo ha ocurrido lo que voy a contarles.

Hace unos años, en 1999, se preparó una reforma constitucional en distintos puntos que ahora no interesa señalar.

Estábamos en el año electoral. Las elecciones eran en noviembre y el plebiscito se hizo en agosto, es decir, a pocos meses de las elecciones. Todos los partidos políticos apoyaron la reforma constitucional. La totalidad de los candidatos a la Presidencia de la República (había ocho o nueve, cuatro con posibilidades de ganar, los demás eran virtuales), apoyaron la reforma constitucional. Pero se levantó en contra el sindicato de jubilados y pensionistas. Por un error de interpretación de una modificación en las disposiciones transitorias, el sindicato de jubilados y pensionistas se levantó contra la reforma y fue abrumador el no. El sindicato arrasó con todo el sector político, con todos los partidos políticos y con todos los candidatos a la Presidencia de la República. Primó un interés público sobre el interés general.

El otro caso se relaciona también con el Banco de Previsión Social.

Para mejorar su gestión se dictaron normas tendientes a pagar las pasividades en los locales de la institución a través de cajeros automáticos.[39]

---

[39] La ley Nº 17.550, de 23 de agosto de 2002 estableció:

"Artículo 1. Los afiliados jubilados y pensionistas beneficiarios de prestaciones en dinero del Banco de Previsión Social podrán optar por percibir las mismas en los locales propios de la referida institución o utilizando los servicios de empresas contratadas por dicho organismo.

Artículo 2. El Poder Ejecutivo reglamentará la presente ley".

El Poder Ejecutivo, por decreto Nº 139/003 de fecha 10 de abril de 2003, reglamentó la citada ley.

El sindicato de pasivos se opuso a esas medidas. La campaña fue de tal magnitud que lograron una ley inconstitucional[40] que se impuso al Gobierno, que prohibió al Banco de Previsión Social pagar en los cajeros automáticos.[41]

6 Luego de pronunciadas las palabras precedentes, en junio en Foz de Iguazú, en julio, Carlos MAGGI en su columna dominical de EL PAÍS, efectuó una serie de apreciaciones en la misma línea, que estimo del caso ahora evocar.

Después de referirse al escándalo de PLUNA, señaló como casos de mayor gravedad lo que está ocurriendo actualmente en UTE, ANCAP y OSE. Y remató su artículo de la siguiente manera:

> Por supuesto, en este desfile de Carnaval (donde cada empresa se disfraza de defensor de los uruguayos, mientras explota a sus clientes sin piedad) el primer lugar corresponde a la Administración Nacional de Telecomunicaciones, también conocida como Ántel con tilde en la Á, como dice su publicidad, no se sabe porqué. Este ha de ser el ente más prepotente y el más solapado; hace más de veinte años que viene engañando a la gente. Uruguay es el único país de Sudamérica con costas oceánicas y sin conexión directa a un cable internacional.
>
> Antel bloquea la fibra óptica; hizo anular la licitación para instalarla: después pretendió prohibir su uso, mediante una resolución de Directorio, luego por resolución de la Ursec, en tercer término por decreto del Poder Ejecutivo y cuando por fin, se enteró que debía adecuarse a derecho; se resignó y pidió una medida inicua: una ley que prohibiera el uso de la mejor tecnología, la que supera sus obsoletos cables de cobre, correspondientes a la telefonía fija del viejo siglo XX.
>
> ¿Hasta cuándo debemos sufrir entes autónomos que arrojan pérdidas brutales? ¿Hasta cuándo, habrá monopolios que abusen de sus clientes? ¿Hasta dónde atrasará al país el interés corporativo? [42]

7 En todos estos casos vemos intereses sectoriales o públicos secundarios que se oponen al interés general y lograron imponer sus objetivos.

Estos son en mi opinión casos de improbidad y, en mi concepto, de corrupción, puesto que — como se ha visto — he adoptado una noción amplia de corrupción.

Se trata de una corrupción mucho más nociva que una adjudicación indebida de una licitación puesto que, con lo censurable que es este último acto, los ejemplos ahora indicados demuestran que han sido un verdadero obstáculo para el desarrollo del país y, en definitiva, para un adecuado goce del derecho a vivir.

Pero, lamentablemente, no se advierte que esos ejemplos sean ejemplos de corrupción. Y esto se debe, a mi juicio, a una cuestión cultural que, como toda cuestión cultural, se soluciona con una adecuada educación. En definitiva, todo esto demuestra que estamos muy mal en educación; tenemos un gran problema educativo.

Por el artículo 4 de ese decreto dispuso:

"Las prestaciones de pasividades cuyo cobro se realice en los locales propios del Banco de Previsión Social se harán efectivas a través de los instrumentos y las facilidades que brindan las instituciones de intermediación financiera, compatibles con la gestión del ente y con la naturaleza del colectivo beneficiario".

[40] DURÁN MARTÍNEZ, A., Casos de Derecho Administrativo. Montevideo, 2005, v. IV, p. 109 y ss.

[41] La ley Nº 17.710, de 13 de noviémbre de 2003 estableció:

"ARTÍCULO ÚNICO. En la aplicación del artículo 4º del decreto reglamentario de la ley Nº 17.550, de 23 de agosto de 2002, referida a la libertad de opción para el cobro de jubilaciones y pensiones en los locales propios del Banco de Previsión Social (BPS), o utilizando los servicios de empresas contratadas por dicho organismo, se deberá excluir la instalación de cajeros automáticos para el cobro de pasividades en los locales propios del BPS".

[42] MAGGI, C., "Cual Pluna al viento", en EL PAÍS, Montevideo, 8 de julio de 2012, p. A24.

La corrupción no se combate solo con leyes ni solo con represión. Se combate fundamentalmente con educación.

Bibliografía

ARAÚJO-JUÁREZ, J., "Régimen jurídico de los servicios económicos de interés general", en *ARISMENDI, A./ CABALLERO ORTIZ, J. (Coordinadores)., El Derecho Público a comienzos del siglo XXI,* t. II. *Estudios en homenaje al profesor Allan R. Brewer Carías.* Thomson/Civitas, Madrid, 2003.

ARIÑO ORTIZ, G., *Principios de derecho público económico.* Fundación de estudios de regulación, 3ª edición ampliada. Comares. Granada, 2004.

ARISTÓTELES., *La política.* Editorial TOR S.R.L. Buenos Aires, 1965.

BACELLAR FILHO, R.F., "A noção jurídica de interesse público no directo administrativo brasileiro", en *BACELLAR FILHO, R.F./WUNDER HACHEM, D. (Coordinadores)., Direito administrativo e interesse público. Estudos em homenagem ao Professor Celso Antônio Bandeira de Mello.* Instituto de Direito Romeu Felipe Bacellar. Editora Fórum. Belo Horizonte, 2010.

BANDEIRA DE MELLO, C.A., *Curso de Direito Administrativo.* 15ª edição. Malheiros Editores. São Paulo, 2003.

BAUZÁ MARTORELL, F.J., *La desadministración pública.* Consell de Mallorca-Marcial Pons, Madrid, 2001.

BRITO, M.R., "Principio de legalidad e interés público en el derecho positivo uruguayo", en *BRITO, MR., Derecho administrativo. Su permanencia, contemporaneidad, prospectiva.* Universidad de Montevideo. Facultad de Derecho. Montevideo, 2004.

CAIELLA, P., "Regulación de los servicios públicos y concurrencia", en *Revista de Direito Administrativo e Constitucional.* Editora Forum/Instituto Paranaense de Direito Administrativo, Belo Horizonte, Nº 12/abril-junio 2003.

DÍEZ-PICAZO, L.M., "La idea de servicios de interés económico general", en *COSCULLUELA MONTANER, L. (Coordinador), Estudios de Derecho Público Económico.* Libro Homenaje al Prof. Dr. D. Sebastián Martín - Retortillo, Eudesa/Iber Caja/Civitas, Madrid, 2003.

DURÁN MARTÍNEZ, A., "Corrupción y derechos humanos. Aspectos de derecho administrativo. (Convención Interamericana contra la Corrupción)", en *DURÁN MARTÍNEZ, A., Estudios sobre derechos humanos.* Universidad Católica del Uruguay. Ingranusi Ltda. Montevideo, 1999.

DURÁN MARTÍNEZ, A., "Corrupción y derechos humanos. Aspectos de derecho administrativo. (Ley Nº 17.060, de 23 de diciembre de 1998)", en *DURÁN MARTÍNEZ, A., Estudios sobre derechos humanos.* Universidad Católica del Uruguay. Ingranusi Ltda. Montevideo, 1999.

DURÁN MARTÍNEZ, A., "Los derechos culturales como derechos humanos en el derecho constitucional uruguayo", en *DURÁN MARTÍNEZ, Estudios sobre derechos humanos.* Universidad Católica del Uruguay. Ingranusi Ltda. Montevideo, 1999.

DURÁN MARTÍNEZ, A., "La Administración en tiempos de crisis", en *DURÁN MARTÍNEZ, A., Estudios de Derecho Público,* vol. I. Montevideo, 2004.

DURÁN MARTÍNEZ, A., "¿Se puede limitar derechos humanos por actos administrativos dictados por órganos reguladores de la actividad privada? Especial referencia a las unidades de regulación creadas en Uruguay", en *DURÁN MARTÍNEZ, A. Estudios de Derecho Público,* vol. I. Montevideo, 2004.

DURÁN MARTÍNEZ, A., "Derechos humanos y corrupción administrativa", en *DURÁN MARTÍNEZ, A., Estudios de Derecho Público,* vol. I. Montevideo, 2004.

DURÁN MARTÍNEZ, A., "Principio de eficacia y Estado Subsidiario", en *DURÁN MARTÍNEZ, A., Estudios de Derecho Público,* vol. II. Montevideo, 2004.

DURÁN MARTÍNEZ, A., *Casos de Derecho Administrativo,* vol. IV. Montevideo, 2005.

DURÁN MARTÍNEZ, A., "Corrupción. Mecanismos sociales y jurídicos para su control", en *DURÁN MARTÍNEZ, A., Estudios de Derecho Público,* vol. II. Montevideo, 2008.

DURÁN MARTÍNEZ, A., "Los servicios públicos y los derechos de los usuarios. Tendencias actuales en el Uruguay", en *DURÁN MARTÍNEZ, A., Estudios de Derecho Público,* vol. II. Montevideo, 2008.

DURÁN MARTÍNEZ, A., "Nuevas formas de relacionamiento público-privado en el cumplimiento de los cometidos del Estado", en *Revista de Derecho*, Nº 4. Universidad Católica del Uruguay. Konrad Adenauer Stiftung. Montevideo, 2009.

DURÁN MARTÍNEZ, A., "Derechos prestacionales e interés público", en *BACELLAR FILHO, R.F./WUNDER HACHEM, D. (Coordenadores)., Direito administrativo e interesse público. Estudos en homagem ao Professor Celso Antônio Bandeira de Mello*. Instituto de Direito Romeu Felipe Bacellar. Editora Fórum. Belo Horizonte, 2010.

EZQUERRA HUERVA, A., "El fenómeno de la liberalización de servicios públicos en España: el tránsito de un concepto subjetivo a un concepto objetivo de Servicio Público", en *Revista de Derecho Público*, Nº 29. F.C.U., Montevideo, año 2006.

FERRÉS RUBIO, R., *Autoridades reguladoras independientes. En el marco de la liberalización de los servicios públicos*. Amalio M. Fernández, Montevideo, 2005.

FUKUYAMA, E., *La construcción del Estado. Hacia un nuevo orden mundial en el siglo XXI*. Ediciones B., Barcelona, 2005.

GABARDO, E., *Eficiência e legitimidad do Estado*. Manole. Brasil, 2003.

GONZÁLEZ PÉREZ, J., *La ética en la Administración pública*. Cuadernos Civitas. Editorial Civitas S.A., Madrid, 1996.

GROS ESPIELL, H., "La complementarité entre les notions de droit à la vie et de droit de vivre", en *Actes du symposium sur le droit à la vie. Quarante ans après l'adoption de la declaration universelle des droits de l'homme: evolution conceptuelle, normative et jurisprudentielle*. CID. Geneve, 1992.

MARTÍN REBOLLO, L., "Sociedad, economía y Estado ...", en *COSCULLUELA MONTANER, L. (Coordinador), Estudios de Derecho Público Económico*. Libro Homenaje al Prof. Dr. D. Sebastián Martín - Retortillo, Eudesa/ Iber Caja/Civitas, Madrid, 2003.

MARTÍN REBOLLO, L. "Sociedad, economía y Estado. (A propósito del viejo regeneracionismo y el nuevo servicio público)", en *COSCULLUELA MONTANER, L., (Coordinador) Estudios de Derecho Público Económico*. Libro Homenaje al Prof. Dr. D. Sebastián Martín - Retortillo, Eudesa/Iber Caja/Civitas, Madrid, 2003.

MEILÁN GIL, J.V., "Intereses generales e interés público desde la perspectiva del derecho público español", en *BACELLAR FILHO, R.F./WUNDER HACHEM, D., (Coordenadores). Direito administrativo e interesse público. Estudos em homenagem ao Professor Celso Antônio Bandeira de Mello*. Instituto de Direito Romeu Felipe Bacellar. Editora Fórum. Belo Horizonte, 2010.

MONTAND, F., "La recherche du CID pour les concepts du droit à la vie et du droit de vivre", en *Actes du symposium sur le droit à la vie. Quarante ans après l'adoption de la declaration universelle des droits de l'homme: evolution conceptuelle, normative et jurisprudentielle*. CID. Geneve, 1992.

MORENO OCAMPO, L., *Corrupción estructural y sistemas normativos: el papel de las "islas de integridad"*, en *Revista Jurídica de la Universidad de Palermo*, año 3, Nº 1, nota 1. Buenos Aires, abril. 1998.

MUÑOZ, G.A., "El interés público es como el amor", en *BACELLAR FILHO, R.F./WUNDER HACHEM, D., (Coordenadores). Direito administrativo e interesse público. Estudos em homenagem ao Professor Celso Antônio Bandeira de Mello*. Instituto de Direito Romeu Felipe Bacellar. Editora Fórum. Belo Horizonte, 2010.

PARADA, R., "Los servicios públicos en España", en *ARISMENDI A./CABALLERO ORTIZ, J. (Coordinadores). El Derecho Público a comienzos del siglo XXI. Estudios en homenaje al Profesor Allan R. Brewer Carías*, t. II,. Thomson. Civitas. Madrid, 2003.

PONTIFICIO CONSEJO "JUSTICIA Y PAZ"., *Compendio de la Doctrina Social de la Iglesia*. Librería Editorial Arquidiocesana. Montevideo, 2005.

PRATS, M., "Corrupción, Estado de Derecho y control de la sociedad", en *VV.AA., Derechos humanos y corrupción*. Uruguay transparente/Asociación de Magistrados del Uruguay/Embajada de Suiza. Montevideo, 2002.

RODRÍGUEZ-ARANA MUÑOZ, J., *Ética, Poder y Estado*. Ediciones RAP, Buenos Aires, 2004.

RODRÍGUEZ-ARANA, J., *Interés general, derecho administrativo y Estado del Bienestar*. SYNTAGMA. IUSTEL. Madrid, 2012.

RUOCCO, G., "La entidad reguladora y el Código de Ética del Regulador", en *Estudios Jurídicos*, Nº 4. Universidad Católica del Uruguay - Facultad de Derecho. Montevideo, 2007.

SALOMONI, J.L., "Interés público y emergencia en la República Argentina", en *BACELLAR FILHO, R.F./ WUNDER HACHEM, D., (Coordenadores). Direito administrativo e interesse público. Estudos em homenagem ao Professor Celso Antônio Bandeira de Mello.* Instituto de Direito Romeu Felipe Bacellar. Editora Fórum. Belo Horizonte, 2010.

SANTOFIMIO GAMBOA, J.O., "Los servicios públicos: vicisitudes y fundamentos de un tema jurídico inconcluso e impreciso", en *ARISMENDI A./CABALLERO ORTIZ, J. (Coordinadores). El Derecho Público a comienzos del siglo XXI. Estudios en homenaje al Profesor Allan R. Brewer Carías,* t. II. Thomson. Civitas. Madrid, 2003.

WUNDER HACHEM, D., *Princípio constitucional da supremacia do interesse público.* Editora Fórum. Belo Horizonte, 2011.

Informação bibliográfica deste texto, conforme a NBR 6023:2002 da Associação Brasileira de Normas Técnicas (ABNT):

DURÁN MARTÍNEZ, Augusto. Corrupción y Función Pública. *In*: BACELLAR FILHO, Romeu Felipe; HACHEM, Daniel Wunder (Coord.). *Direito público no Mercosul*: intervenção estatal, direitos fundamentais e sustentabilidade: anais do VI Congresso da Associação de Direito Público do Mercosul: homenagem ao Professor Jorge Luis Salomoni. Belo Horizonte: Fórum, 2013. p. 35-49. ISBN 978-85-7700-713-4.

O NEOCOLONIALISMO E AS NOVAS TENDÊNCIAS DO DIREITO ADMINISTRATIVO NA AMERICA LATINA

CELSO ANTÔNIO BANDEIRA DE MELLO

1 Após um período de inequívoco fastígio do pensamento neoliberal, enfunado nas velas pandas da chamada globalização, sobreveio uma época de vacas magras.

De fato, dantes sob a égide de pregações entusiásticas ruidosamente proclamadas aos quatro ventos pelos economistas dos Estados cêntricos, capitaneados pelo Fundo Monetário Internacional e pelo Banco Mundial — e reproduzidas sempre com servil reverência pelos seus inevitáveis sequazes dos países periféricos —, foram alardeadas umas tantas teses convenientes aos interesses da finança internacional e daqueles mesmos países.

Para não consumir demasiado tempo referindo-as, basta mencionar alguns *slogans* que vinham daquelas fontes e que eram repetidos com religiosa reverência como mantras sacratíssimos: diminuição do papel do Estado, privatização, terceirização, flexibilização das leis trabalhistas, contenção de gastos com o funcionalismo público, restrição das despesas com a previdência, leilão de empresas estatais, a serem substituídas por grupos internacionais maiormente quando prestadoras de serviços públicos, contratos de gestão, parcerias com particulares, liberdade para o empresariado e máxima abertura do mercado para empresas estrangeiras.

Alguns até sustentavam, com verdadeiro fervor religioso, a decadência e morte do serviço público, como se se tratasse de um inimigo público, um vilão, felizmente em vias de ser definitivamente suprimido. Estas pregações, mais compreensíveis na boca de economistas ou administradores, passaram a frequentar com habitualidade a *linguagem de autores de artigos e livros jurídicos*, notadamente de Direito Administrativo, cujos estudiosos, por fidelidade a tal orientação, deveriam abandonar a predileção pela língua francesa — já que nesta seara é que se abeberava o "estatismo" deste ramo jurídico — e se dedicar ao idioma inglês, pois na Grã-Bretanha e nos Estados Unidos da América do Norte é que medrava uma concepção de Direito mais moderna. Esta entusiástica guinada adquiriu tal porte que em São Paulo surgiu uma Faculdade que se intitulou "GV Law", a atestar o hierático servilismo mental que, no Brasil, chegara, então, ao seu ápice.

A vaga de otimismo dessarte estabelecida chegou a ponto de que os descrentes desta expectativa alvissareira e que advertiram contra tal modismo, não hesitando mesmo em anunciar seu futuro e breve declínio, foram tachados pelo presidente da República do Brasil, um entusiasta e álacre ativista do neoliberalismo, como "dinossauros", por se tratar supostamente de indivíduos superados, inconformados com o avanço da História e incapazes de vislumbrarem os rumos do progresso.

2 Ocorre que estas predições, de acordo com as quais o espontaneísmo do mercado se encarregaria de organizar eficientemente as relações sociais e econômicas, provendo a felicidade dos povos, desde que fossem cautamente prevenidas e obstadas as intervenções canhestras e nocivas do Estado, não tiveram o resultado esperado.

Pelo contrário, estas concepções que haviam se alastrado acalentadas pelos aplausos da "mídia" e pelo pensamento oficial — presumido consenso de "sábios" — tiveram resultados quase catastróficos. Levaram os Estados Unidos da América do Norte e a própria Europa a crises de grande porte, especialmente graves em alguns países economicamente mais frágeis como a Grécia, Portugal e Espanha. O desemprego crescente e a inadimplência se incrementaram, de sorte que a pobreza, ao invés da riqueza, cresceu de modo alarmante, dando margem, antes mesmo do fim do século, a movimentos sociais de inconformismo como os de Seattle (1999) e, já no século XXI, de Gênova (2001), dos Fóruns Sociais de Porto Alegre (2001-2002, 2003), Mumbai (2004) Caracas (2006), Nairobi no Quênia (2007) e Belém (2009).

É claro que o Direito Administrativo nos países latino-americanos fora profundamente afetado pelo furacão neoliberal. Tanto os trabalhos com aspirações doutrinárias, como a legislação destes povos viu-se duramente afetada por ele. Poder-se-ia supor que o sério declínio experimentado pelos países que se dobraram ao impacto das sobreditas pregações deveria provocar, de imediato, um cabal e ruidoso retorno ao *statu quo* anterior.

De fato, na esfera política, isto sucedeu de modo altamente expressivo. Com efeito, na atualidade, ascenderam ao poder governantes que representavam a antítese da docilidade ao repúdio ao Estado Social de Direito e aos interesses estrangeiros preconizados pelo neoliberalismo e que haviam se enquistado na América Latina com os presidentes deste período (Fernando Henrique Cardoso, Carlos Menen e Alberto Fujimori, para citar, entre eles, alguns que exponencialmente os encarnavam). No Brasil, Luiz Inácio Lula da Silva, ao depois Dilma Rousseff, Nestor Kirchner, na Argentina, sucedido por Christina Kirchner, José Mujica, no Uruguai, Ollanta Humala, no Peru, Evo Morales, na Bolívia, Rafael Corrêa, no Equador, Fernando Lugo, no Paraguai, Hugo Chávez, na Venezuela são todos eles expressões de um pensamento antitético ao que fora preconizado por seus antecessores.

3 Na esfera jurídico-administrativa, entretanto, a radical reviravolta que seria correlata ao declínio das malsucedidas pregações neoliberais não ocorreu ou, pelo menos, não ocorreu uniformemente nos vários países latino-americanos. É inevitável que ela venha a suceder, mas como a História, inclusive do pensamento jurídico, não se desenvolve de maneira linear e automática, a retomada do rumo que precedeu a esta fase inglória vem se dando, e se dará, com matizes e intensidades cambiantes, em função, como é natural, das distintas feições que apresentou nos vários países e da profundidade dos estragos que neles causou, assim como das prioridades de cada qual em vista dos problemas que têm de enfrentar.

Assim, em alguns deles, está sendo quase imediato o retorno de alienações ou concessões feitas a empresas estrangeiras, as quais, de resto, algumas vezes nem mesmo dispõem mais de recursos econômicos para honrar suas obrigações consequentes à justificativa de suas entradas na América Latina. Nestes países a recomposição do período que precedeu a invasão neoliberal, sucede com grande vigor.

Em outros, todavia, os malfeitos destes inversores ainda não atingiram o ponto de impor soluções mais radicais ou então a opção governamental se inclina pela contenção de investimentos públicos diretos em setores importantes da economia, seja por escassez de recursos para eles, seja por priorizar outras despesas, seja, o que é ainda muito pior, pela injustificada suposição, tributária ainda do pensamento neoliberal, de que a administração privada de interesses coletivos é mais eficaz. Em tal caso, que é o do Brasil, a crença governamental na atuação das entidades privadas continua muito acentuada. A presença estatal direta e predominante em setores-chaves como os da saúde e da educação ou mesmo em infraestrutura deixa muito a desejar. Os correspondentes encargos são em larga medida concretamente desempenhados — e muitas vezes mal desempenhados — por particulares que o Poder Público não raro subsidia ou suporta, como é o caso do Sistema Unificado de Saúde, ou por entidades privadas, como as "organizações sociais" e as "Organizações da Sociedade Civil de Interesse Público", alimentadas em larga medida por recursos oriundos de fonte pública. As críticas a esta realidade, entretanto, são cada dia mais acentuadas, até porque elas têm dado margem a notórios episódios de corrupção.

4 De toda sorte, é inegável que a aura mística e mítica que circundava o prestígio da atuação das forças do mercado e que desprestigiava a ação estatal vai se desvanecendo progressivamente.

Com isto, também os trabalhos teóricos de direito administrativo e que cumpriram o papel de endeusar a iniciativa privada e de demonizar o Estado foram se retraindo. Embora cautelosamente, vão modificando sua linguagem e abrindo espaço para posições teóricas menos desatadas, porque seus defensores não podem (ou compreensivelmente não querem) pura e simplesmente confessar que estavam rotundamente errados, mas também não podem ignorar o mau sucesso das teses que defenderam com tanto ardor. Naquela linha equivocada persistem apenas os grandes meios de comunicação de massa, isto é, a Imprensa falada, escrita e televisada e as revistas voltadas para o grande público, os quais sempre foram, de um lado, os porta-vozes dos interesses das classes dominantes, às quais pertencem, e, de outro, os domesticadores do pensamento das classes dominadas.

Em vista do exposto, não há duvidar que o futuro aponta para sensíveis transformações do direito administrativo na América Latina. As tendências claras são no sentido de uma revalorização da presença do Estado, de um reforço para a ideologia do Estado Social de Direito, que, de resto, está explosivamente consagrado nas Constituições latino-americanas contemporâneas.

É previsível, pois, que desabroche um novo fortalecimento dos serviços públicos e que, possivelmente, haja um renascer das empresas estatais sem que, todavia, estas se façam acompanhar por um extremado e fetichístico apego a tudo o que caracteriza o regime de direito privado, mas que, pelo contrário, dele se extraia a utilidade ensejadora de uma ação ágil sem, todavia, permitir com isto o comprometimento dos valores e objetivos públicos que lhes justificariam a existência. Fruto destas prováveis mudanças é também a mudança de rumo dos doutrinadores de direito administrativo em nossos países. Deve, ocorrer, então um debilitamento da defesa de interesses antinacionais, que havia atingido seu ápice durante o governo dos defensores da globalização e do neoliberalismo.

Para valermo-nos de um exemplo, mesmo no Brasil, onde a rejeição a este malsucedido período tem se revelado mais branda do que em outros de seus coirmãos latino-americanos, sucessivas disposições legais foram editadas para favorecer os produtores nacionais nas aquisições efetuadas pelo Estado. Restaurou-se, então, ao menos parcialmente, a proteção que a Constituição do país lhes permitia outorgar e que havia sido prontamente extinta durante o governo neoliberal, quando por ele foi expurgado da Lei Maior tudo aquilo que percebeu representar defesa dos interesses nacionais contra invasão da tradicional cobiça das multinacionais.

É claro que, seja no Brasil, seja nos demais países latino-americanos, estas e outras providências marcadas pelo mesmo viés terão repercussões na forma como os que teorizam sobre o direito administrativo tratarão a matéria. Desde logo, é certo que não terão mais como colher frutos profissionalmente recompensadores na defesa de uma linha ideológica atualmente órfã dos favores dos governos que se instalaram. Tal fato já é, de si mesmo, um fator poderosamente desestimulante de um certo rumo de trabalhos jurídico-administrativos e, pois, da propagação de determinados posicionamentos, hoje superados e carentes de compensação efetiva que os justifique. Bastaria isto para presumirem-se tendências diversas das que vinham incentivando um certo gênero de trabalhos que havia ganhado grande fôlego nos tempos transactos a que se vem de referir.

Dessarte, em correlação com as recentes e com as prováveis alterações normativas que acompanham o alvorecer destes novos tempos, nos quais o convalescimento das mazelas causadas pelo passado impõe uma correção de rumos, tudo faz crer que o direito administrativo latino-americano terá que ter uma feição nova. Esta nova feição, pode-se presumir, terá que ser muito mais criativa do que aquela que ostentava até bem pouco, pois, então, ela mais não fazia senão responder passivamente ao que lhe era ditado do exterior na conformidade de uma visão neocolonial a que estava rendida.

Informação bibliográfica deste texto, conforme a NBR 6023:2002 da Associação Brasileira de Normas Técnicas (ABNT):

BANDEIRA DE MELLO, Celso Antônio. O Neocolonialismo e as novas tendências do direito administrativo na America Latina. In: BACELLAR FILHO, Romeu Felipe; HACHEM, Daniel Wunder (Coord.). *Direito público no Mercosul*: intervenção estatal, direitos fundamentais e sustentabilidade: anais do VI Congresso da Associação de Direito Público do Mercosul: homenagem ao Professor Jorge Luis Salomoni. Belo Horizonte: Fórum, 2013. p. 51-54. ISBN 978-85-7700-713-4.

INTENSIDAD DEL CONTROL JUDICIAL DE LOS ACTOS POLÍTICOS: EL NÚCLEO POLÍTICO DISCRECIONAL EXCLUIDO

DOMINGO JUAN SESIN

1 Introducción

No es nuestro cometido exponer los antecedentes y la interesante evolución, en nuestro país y en el extranjero, del control de los actos políticos.

Se pretende analizar las tendencias actuales y cuál debe ser la intensidad del control judicial en el mundo contemporáneo en el marco de las modernas normativas constitucionales y legales vigentes.

Aún genera discusiones su propia expresión terminológica: en Francia se denominan actos de gobierno y en Italia actos políticos. En nuestro país, para los constitucionalistas, son las cuestiones políticas no justiciables, mientras los administrativistas los llaman actos de gobierno, aunque algunos separen estos últimos de los denominados institucionales.

Dentro del amplio horizonte de los actos políticos como prefiero denominarlos genéricamente, encontramos en la doctrina y praxis jurisprudencial a las cuestiones relacionadas con la subsistencia y organización del Estado en su más alto nivel, las relaciones internacionales, la ruptura diplomática con otro país, la elaboración de tratados, la política interior, las relaciones del gobierno federal y provincial, el estado de sitio, la intervención federal, el indulto, la integración de las cámaras legislativas, las relaciones internas del Parlamento, entre otros.

Tradicionales concepciones diferenciaban la función administrativa de la política, caracterizando a esta última por la existencia de un móvil político cuya razón de Estado era motivo suficiente para excluir el control judicial. El acto político también está vinculado con la jurisdicción contencioso-administrativa desde una perspectiva procesal porque siempre fue una materia inmune a la revisión judicial.

Para la correcta dilucidación de esta importante temática en la actualidad, considero de suma importancia explicitar a priori cómo juegan en la especie los nuevos preceptos constitucionales, cuya interpretación, alcance y operatividad, nos permitirá insertar la cuestión en un ponderable equilibrio.

2 Tres derivaciones esenciales de la subordinación de los poderes públicos al orden jurídico

Como es sabido, la Constitución es quien establece y delimita la organización administrativa del Estado, los derechos y deberes fundamentales, como los objetivos que se imponen para satisfacer los intereses de la comunidad.

De allí devienen las reglas supremas que la organización debe respetar, como la unidad del ordenamiento, caracterizado, por su relación internormativa jerárquica.

La Constitución argentina, en sus artículos 1º, 28 y 31, consagra su jerarquía superior siguiendo el modelo americano. Téngase presente que la Constitución norteamericana de 1787 establece la supremacía en el artículo 4º, sección 2, confiando a la justicia el cometido de resguardar su validez superior con relación a las leyes que de ella derivan.

Son entonces los jueces quienes deben aplicar primero la Constitución por sobre las normativas consecuentes, que podrán declararse inconstitucionales o inaplicables si contradicen la norma fundamental (art. 75, inc. 22 CN).

En realidad, a partir de la Ley Fundamental de Bonn (art. 20, párr. 3º), la actividad del Estado deja de sujetarse a un criterio legalista estricto para subordinarse a la ley y al derecho. Su efecto práctico es que la aplicación de cada norma, tiene en cuenta el ordenamiento entero en el cual se inserta y adquiere el verdadero sentido. Esta tendencia es seguida por las modernas constituciones que, como la española, prescribe que tanto los administrados como los poderes públicos están sujetos a la Constitución y al ordenamiento jurídico (arts. 9.2 y 103.1). La misma orientación sigue el ciclo de reformas constitucionales de la Argentina en los últimos tiempos (art. 174 y concs., Constitución de Córdoba).

Esta vinculación de los poderes públicos al derecho, junto con la garantía de la tutela judicial efectiva, no comportan meros conceptos retóricos o simples verdades declamadas. Por el contrario, están impregnados de efectos jurídicos concretos:

a) En primer lugar, en vez de hablar de elementos que hacen a la legalidad del acto administrativo y de control de legalidad, se debería hablar de elementos de juridicidad y consecuentemente de control de juridicidad. Ello por cuanto al subordinarse la Administración al orden jurídico también los principios generales del derecho, estén o no en la Constitución, pasan a integrar los elementos del acto (buena fe, igualdad, proporcionalidad, precedente, confianza legítima, razonabilidad). Sus vicios afectan la juridicidad en el sentido amplio expresado, pudiendo ser invalidados por el juez en los casos de arbitrariedad, irrazonabilidad, desproporcionalidad, error manifiesto de apreciación, evidente ilogicidad etc.

b) En segundo lugar es dable advertir que la discrecionalidad administrativa ya no es aquello que estaba fuera del derecho sino que actualmente debe concebírsela como producto del orden jurídico.

Originalmente la discrecionalidad era contemplada desde una perspectiva eminentemente procesal. Siempre fue vinculada con la exclusión del control judicial. Su individualización era de suma trascendencia para detectar que al estar en presencia de la actividad libre o no regulada lo resuelto por la Administración era irrevisable. Se consideraba que no había discrecionalidad cuando existía un derecho preestablecido en favor del particular.

La consecuencia práctica inmediata de este devenir histórico fue la identificación entre lo reglado y el derecho subjetivo administrativo, mientras que lo discrecional se asimilaba con la falta de predeterminación legal o vacío legislativo.

Sobre estas premisas se elaboraron los presupuestos liminares de lo contencioso administrativo, cuya materia se individualiza a partir de la vulneración de una situación jurídico-subjetiva, tutelada por una norma establecida con anterioridad en favor del impugnante. Era la actividad reglada, entonces, la que sólo podía ser objeto del control jurisdiccional. En sus orígenes bastaba que el acto administrativo tuviera un *minimun* de discrecionalidad para convertirlo en acto discrecional y consecuentemente excluirlo del control judicial. Se rechazará *in limine*, decían los primeros códigos de la materia.

En una segunda etapa fue el Consejo de Estado francés el que comenzó a incursionar los límites de la discrecionalidad y en general después en nuestro país comienza a rechazarse la excepción de incompetencia de jurisdicción cuando se discuten vicios en la competencia, forma, procedimiento y fin, aun derivados del ejercicio de potestades discrecionales.

De allí que los códigos que comenzaron a surgir a partir de los años setenta hasta nuestros días, sólo excluyen del control jurisdiccional la parte discrecional del acto. Ya no se habla de acto discrecional o acto reglado ya que los tiempos modernos reconocen sólo la presencia de actos administrativos cuyos elementos constitutivos pueden tener mayor o menor discrecionalidad.

En definitiva, los códigos actuales, si bien no hablan de acto discrecional, sin embargo establecen que no son impugnables los actos dictados en ejercicio de facultades discrecionales, salvo que se funden en razones de ilegitimidad. Ergo, dicha facultad bien puede ser motivo de inadmisibilidad.

En mi criterio, ni siquiera esa porción de discrecionalidad puede ser motivo de inadmisibilidad en la primera etapa del proceso, de oficio por el Tribunal como al momento de resolver la excepción de previo y especial pronunciamiento. La discrecionalidad no debe ser motivo de exclusión ni comportar un requisito procesal. Es decir que no puede dar lugar a una excepción de previo y especial pronunciamiento ni de fondo que pudiera justificar la inadmisibilidad.

En efecto, la discrecionalidad debe ser tratada como un *posterius* recién al momento de la sentencia con el fondo de la cuestión.

Considero que la discrecionalidad es "una modalidad de ejercicio que el orden jurídico confiere expresa o implícitamente a quien ejerce la función administrativa, para que, mediante la apreciación subjetiva de los intereses públicos comprometidos, complete creativamente el ordenamiento seleccionando una alternativa entre otras igualmente válidas para el derecho".

Si en la concepción actual las modernas constituciones subordinan la actuación de la Administración al orden jurídico, ello significa, en su proyección práctica, que lo discrecional forma parte del orden jurídico de donde proviene en forma expresa o implícita. Es decir, que aun cuando en esencia trasuntan un ámbito de libertad, no se desarrolla fuera del derecho, tampoco deviene sólo de la norma legal, sino que actúa en los estamentos administrativos más diversos y en mayor o menor porcentaje en toda la pirámide normativa.

Si actualmente lo discrecional forma parte del orden jurídico, el control judicial debe revisar si efectivamente tal actividad ha sido correctamente ejercida "dentro" de ese universo jurídico. Esto no implica revisar su esencia (selección de una alternativa entre otras igualmente válidas) sino sólo su contorno externo e inserción en el sistema ordinamental. El control de los jueces termina al comprobar con el fondo de la cuestión que se ha elegido una solución correcta entre otras de igual condición dentro del mundo jurídico. Por ello en lugar de hablar de técnicas de control de la discrecionalidad se debería hablar de técnicas de control de su "ejercicio".[1]

Este criterio ha sido adoptado por el Tribunal Superior de Justicia de Córdoba[2] donde sobre la base de que la discrecionalidad puede estar en menor o en mayor medida en cualquier elemento del acto administrativo, el juzgador realiza el control del ejercicio de la discrecionalidad al momento de resolver el fondo de la cuestión. En el caso citado se trataba la pertinencia del adicional por riesgo que impetraba el personal de un hospital psiquiátrico. Se discutía si su correspondencia era de naturaleza discrecional. El Tribunal Superior afirmó que la valoración de lo que son tareas riesgosas no puede efectuarse sobre la base de una apreciación meramente discrecional, sino conforme a pautas ciertas, objetivas, técnicas y universales, de lo que deriva la posibilidad del pleno control judicial de la denegatoria administrativa. En esta hipótesis no queda espacio para una valoración discrecional porque no existe elección. Al admitirse sólo una solución como consecuencia de la aplicación de una regla o pauta universal, objetiva, y por ende determinable intelectivamente, todo ello se remite al bloque de lo reglado o vinculado. En cambio no sucede lo mismo en cuanto a la apreciación del porcentaje que deberá establecer el Poder Ejecutivo ya que la propia norma le da la posibilidad de llegar hasta el cincuenta por ciento (50%) del sueldo. Ha menester reconocer un margen de discrecionalidad cuando existen varias soluciones igualmente válidas para el derecho.

Con tal estrategia se cumplimenta con el derecho a la tutela judicial efectiva ya que el juez analiza la pretensión entrando al fondo de la cuestión mediante la aplicación de principios y reglas jurídicas, que es el control que prescribe la Constitución. Pretender sustituir el opinable momento o núcleo interno de lo discrecional, implicaría traspasar los límites de la juridicidad y entrar en la llamada zona constitucional de reserva de la Administración vulnerando la división de poderes.

c) En tercer lugar, como derivación concreta del principio de juridicidad, es la sustancial morigeración o eliminación de la consabida inmunidad de las cuestiones políticas no judiciables, también llamados actos políticos de gobierno, como lo denomina la doctrina europea.

3 El acto político dentro del orden jurídico

En el actual Estado de Derecho, esta tipología de actos no puede desarrollarse fuera del derecho, sino que debe provenir del propio orden jurídico, que expresa o implícitamente autoriza esta modalidad de ejercicio del poder.

Si la unidad del ordenamiento jurídico regula la actividad del Estado, es lógico suponer que el acto político queda atrapado implícita o explícitamente en este sistema.

Considero que el acto político es "una modalidad de ejercicio que el orden jurídico confiere expresa o implícitamente a los órganos constitucionales superiores que

---

[1] SESIN, Domingo Juan, *Administración Pública. Actividad reglada, discrecional y técnica. Nuevos mecanismos de control judicial*, Segunda Edición actualizada y ampliada, Lexis Nexis Depalma, Buenos Aires 2004, p. 277.

[2] Sala Cont. Adm., "Miranda, Margarita v. Provincia de Córdoba", sent. 32/1997. Jueces: Sesin, Tarditti, Lafranconi.

ejercen la función política, para que, mediante la apreciación subjetiva de los intereses públicos comprometidos, complete creativamente el ordenamiento seleccionando una alternativa entre otras igualmente válidas para el derecho".

La apreciación subjetiva que incumbe al órgano político competente se debe realizar ponderando el interés público, la libertad de elección entre varias opciones igualmente válidas para el derecho y, al mismo tiempo, la sujeción al orden jurídico, pues constituyen los presupuestos esenciales que inexorablemente debe tener toda actividad política.

4 El control judicial del acto político

Si, tal como se ha expuesto, el acto político forma parte del orden jurídico, el control judicial debe revisar si efectivamente ese accionar ha sido correctamente ejercido "dentro" de ese universo jurídico. Esto no implica revisar su esencia sino sólo su contorno externo e inserción en el sistema ordinamental. Los jueces finalizan su control al comprobar con el fondo de la cuestión que se ha elegido una solución correcta entre otras de igual condición dentro del mundo jurídico. Por ello en lugar de hablar de control judicial de los actos políticos se debería hablar de control del "ejercicio" del accionar político discrecional dentro de la juridicidad.

Esta interpretación pretende llegar también a una vinculación de lo político discrecional con el fondo de la cuestión, a partir de lo cual quede claro que en principio no puede haber inadmisibilidad de los actos políticos como *prius* ni como *posterius*. Tampoco improcedencia al final del proceso, sino en todo caso desestimación de la pretensión, al resolverse que la actividad política ejercida es producto del orden jurídico.

Con tal estrategia se cumplimenta con el derecho a la tutela judicial efectiva ya que el juez analiza la pretensión entrando al fondo de la cuestión mediante la aplicación de principios y reglas jurídicas, que es el control que prescribe la Constitución. Avanzar más allá, pretendiendo sustituir el opinable momento o núcleo interno de lo político discrecional, implicaría traspasar los límites de la juridicidad y entrar en la llamada zona constitucional de reserva de la Administración ultrajando la división de poderes.

Como dice Haro[3] "allí hasta donde penetra la normatividad, debe alcanzar la revisabilidad para controlar sus violaciones".

No hay derecho sin juez, dice elocuentemente García de Enterría.[4] Ello comporta una conquista del Estado de Derecho que demandó siglos de complejas dificultades, por lo que ha menester resguardar y fortalecer para salvaguardar la esencia de la división de poderes y el sistema democrático.

Si la actividad política se enmarca en la juridicidad, de allí deviene la potestad de los jueces para controlar si el ejercicio de la función política condice con el orden jurídico vigente.

En posturas avanzadas, la legislación española propicia un control pleno en la moderna ley 29/1998, reguladora de la jurisdicción contencioso-administrativa. En su

---

[3] HARO, Ricardo, "Las cuestiones políticas: prudencia o evasión judicial", LL, 1991-D-1066.

[4] GARCÍA DE ENTERRÍA, Eduardo, *Democracia, jueces y control de la Administración*, p. 31 y ss.; en el mismo sentido, BIDART CAMPOS, Germán, *Derecho constitucional del poder*, t. II, Ediar, 1967, ps. 333 y ss.; BIDART CAMPOS, Germán J., "El Pacto de San José de Costa Rica y las cuestiones políticas no judiciables", *LL*, 13.6.2002, p. 1; ROMERO, César, *Derecho constitucional*, Zavalía, 1975, ps. 33 y ss.; HARO, Ricardo, "Las cuestiones políticas...", cit., ps. 1051 y ss.

exposición de motivos dice que *"... la ley no recoge ya, entre otras exclusiones, la relativa a los llamados actos políticos... Sobre este último aspecto conviene hacer alguna precisión. La ley parte del sometimiento pleno de los poderes públicos al ordenamiento jurídico, verdadera cláusula regia del Estado de Derecho. Semejante principio es incompatible con el reconocimiento de cualquier categoría genérica de actos de autoridad — llámense actos políticos, de gobierno, o de dirección política — excluida per se del control jurisdiccional. Sería ciertamente un contrasentido que una ley que pretende adecuar el régimen legal de la jurisdicción contencioso administrativa a la letra y al espíritu de la Constitución, llevase a cabo la introducción de toda una esfera de actuación gubernamental inmune al derecho. En realidad, el propio concepto de acto político se halla hoy en franca retirada en el derecho público europeo. Los intentos encaminados a mantenerlo, ya sea delimitando genéricamente un ámbito en la actuación del poder regido sólo por el derecho constitucional, y exento del control, resulta inadmisible en un Estado de Derecho. Por el contrario, y por si alguna duda pudiera caber al respecto, la ley señala — en términos positivos — una serie de aspectos sobre los que en todo caso siempre será posible el control judicial, por amplia que sea la discrecionalidad de la acción gubernamental: los derechos fundamentales, los elementos reglados y la determinación de las indemnizaciones procedentes"*.

Es indudable el avance de la moderna legislación española, empero omite precisar el justo límite del control judicial por cuanto la mera lectura de la norma podría implicar un control total amparando el gobierno de los jueces.

El Tribunal Supremo español antes de la citada reforma a la Ley de la Jurisdicción Contencioso Administrativa se había pronunciado en reiteradas oportunidades en el sentido que *"... tras aprobarse la Constitución y en especial teniendo en cuenta lo previsto en los arts. 9.1 y 24, no puede admitirse en nuestro derecho que existan actos de los poderes públicos no sometidos al ordenamiento jurídico y, en consecuencia, exentos del control jurisdiccional. Desde luego ello no excluye que existan actos de los máximos órganos constitucionales que tengan asimismo un máximo contenido político, los cuales no son controlables respecto del fondo de la decisión en sede jurisdiccional, sino ante la instancia política correspondiente. Pero en cuanto dichos actos contengan elementos reglados establecidos por el ordenamiento jurídico, estos elementos son susceptibles de control jurisdiccional"*.[5]

Para el Tribunal Supremo ello implica que la doctrina del acto político no puede ser invocada como fundamento de inadmisibilidad, ya que es obligado para el juzgador comprobar si existen en el acto elementos reglados y comprobar también si en cuanto al fondo se da ese contenido político no controlable.[6]

5 Equilibrio entre lo que puede y no puede controlar el juez

Es necesario buscar el equilibrio entre lo que puede y no puede controlar el juez. Los extremos son riesgosos: el control total implicaría el gobierno de los jueces y la invasión de poderes que le corresponden a la Administración, mientras que el control restringido o escaso es pernicioso para el Estado de Derecho y las situaciones jurídico-subjetivas de los administrados.

---

[5] TS Español, 22.1.1993, Aranzadi, A.57, ponente: Baena del Alcázar.
[6] *Revista de Derecho Administrativo*, Madrid, Nro. 9, p. 437, jul.-set. 1997.

En definitiva, si el acto institucional o político forma parte del orden jurídico, el control judicial debe revisar si efectivamente ha sido correctamente ejercido dentro de ese universo de derecho, sólo cuando es susceptible de agraviar situaciones jurídico-subjetivas (derechos adquiridos, intereses legítimos y difusos) de fuente directamente constitucional. Ello no implica revisar su esencia o núcleo interno, sino sólo su límite externo e inserción en el sistema ordinamental. Consecuentemente, el control se extiende sobre los aspectos reglados, legal o constitucionalmente, la competencia, el procedimiento, la forma, la motivación, la causa, la finalidad, la igualdad, la proporcionalidad, la razonabilidad, entre otros aspectos.

Lo que no puede revisar ni sustituir el juez, es el contenido intrínseco, la libertad de apreciación política de la oportunidad, mérito o conveniencia, ni la posibilidad de elección entre varias opciones válidas dentro de la juridicidad, porque ello implicaría violentar la división de poderes y su zona de reserva.

De allí que, conceptualmente y como dijimos supra, en lugar de utilizar la expresión control de los actos políticos, es más adecuado hablar de control del procedimiento de conformación del acto político dentro de la juridicidad constitucional.

Al respecto sustenta el Tribunal Supremo español[7] que *"al ser el acto de que se trata un acto de gobierno, este Tribunal no puede sustituirlo, ordenándole lo que tiene que hacer, por respeto al principio de división de poderes, pieza clave en el edificio constitucional..."*.

La dogmática alemana considera que la actividad de gobierno goza de una libertad de configuración política propia, que no puede ser sustituida con legitimidad por otro órgano. Ello deriva del cumplimiento de sus funciones constitucionales. Para Scheuner,[8] la decisión creadora, la iniciativa política y la completa dirección del Estado, constituyen la esencia de la actividad de gobierno. Por ende, los jueces no pueden ponerse en lugar del órgano administrativo sustituyendo las apreciaciones del gobierno por las suyas.

En el ámbito de las zonas de reserva que constitucionalmente les corresponde a cada poder, cada uno obra bajo su propia responsabilidad. Ella puede ser cuestionada desde la perspectiva política, pero no puede ser sustituida o asumida por otro poder del Estado.[9]

6 Un requisito imprescindible: la acreditación de la legitimación y el agravio concreto

El primer requisito para hacer posible el control judicial es acreditar la legitimación pertinente, el agravio concreto, obviamente, diferenciado al resto de la colectividad. Sabido es que la legitimación es la situación especial en la que se encuentran las partes respecto del objeto de la pretensión procesal, y que la ley garantiza sólo a quienes están en esa posición, el derecho a obtener una decisión sobre el fondo de la cuestión.[10]

---

[7] TS Español, 6.11.1984.

[8] SCHEUNER, U., "Der Bererich der Regierung", en: *Festgabe fur Rudolf Smend*, Gottingen, p. 253 y ss.

[9] EMBID, Irujo, "La justiciabilidad de los actos de gobierno", en: *Estudios sobre la Constitución española. Homenaje al prof. García de Enterría*, t. III, p. 2739.

[10] GUASP, *Comentarios a la Ley de Enjuiciamiento* Civil, t. I, Madrid, 1943, p. 122; *Revista de Derecho Administrativo*, Madrid, Nro. 9, p. 437, jul.-set. 1997.

Afirma el prestigioso norteamericano juez Scalia sobre la doctrina constitucional del *standing to sue*[11] que *"... la doctrina judicial del standing es un crucial e inseparable elemento de la división de poderes cuyo desconocimiento producirá inevitablemente la sobrejudicialización de los procesos de autogobierno... No hay caso o controversia... donde no hay partes adversarias con interés personal en el asunto..."*. Más adelante nos recuerda el famoso caso "Marbury v. Madison" cuando afirma que las potestades de la Corte son solamente para decidir sobre derechos de los individuos, no para analizar cómo el ejecutivo, o los oficiales del ejecutivo, desarrollan sus deberes sobre los cuales ellos tienen discreción. El *standing* requiere un daño diferenciado, un agravio distintivo no participativo por el resto del cuerpo social.[12]

En el caso "Rothingham vs. Mellon",[13] la Corte norteamericana subrayó que la parte no sólo debe poder probar la invalidez sino también que le causa un perjuicio directo o que está en peligro inmediato de sufrirlo como resultado de su aplicación, y no meramente que lo sufre en forma indefinida en común con el resto de la gente.

El criterio aludido también se aplicó en el caso "United States vs. Richardson",[14] en virtud del cual un ciudadano pretendía que se declare la inconstitucionalidad de la ley de la CIA (Central de Inteligencia Americana) por infringir el artículo 1º de la Constitución en cuanto la norma permitía a la CIA no publicar sus casos. La Corte desestimó la acción aduciendo que el actor carecía de *standing to sue*.[15]

Ello concuerda plenamente con los principios liminares de la división de poderes en la Argentina que garantiza el acceso a la justicia a quien sea parte en una controversia concreta (art. 116 y concs., CN). Como es sabido, "parte" es quien tiene un interés controvertido con otro sujeto de derecho, perteneciente a su propia esfera jurídica, quien en definitiva tiene algo que perder o ganar con motivo de la decisión judicial a dictarse.

Invocar un interés simple en el carácter de habitante o ciudadano, implicaría la aplicación lisa y llana de la "acción popular" que está excluida de nuestro ámbito jurídico. Como dice magistralmente Marienhoff,[16] la exclusión de la acción popular del orden jurídico argentino surge del artículo 22 de la Constitución Nacional, en virtud del cual el pueblo sólo delibera y gobierna por medio de sus representantes; y lo dispuesto por el artículo 1º de la Ley Fundamental, en cuanto dispone que el gobierno de nuestro país es "representativo". En este sentido afirma: *"No existiendo ni pudiendo existir válidamente en nuestro país la acción popular, porque lo prohíbe la Constitución, ninguna persona del pueblo puede objetar o impugnar judicialmente actos administrativos si éstos no afectan un derecho subjetivo o un interés legítimo, personal y directo, del accionante..."*. Es obvio que tampoco puede cuestionar los actos políticos en las condiciones descriptas.

La reforma de la Constitución Nacional de 1994 consagró una sustantiva innovación en relación a los derechos de "incidencia colectiva". Esta normativa vino a rellenar la amplitud conceptual del artículo 33 del texto constitucional, que en forma genérica e indeterminada tutela los "derechos y garantías no enumerados pero que nacen del principio de la soberanía del pueblo y de la forma republicana de gobierno".

---

[11] "The doctrine of standing as an essential element of the separation of powers", 17 Suffolk U. L Rev., 881, 1983.

[12] Casos "United States v. Richardson"; "Schlesinger v. Reservists Committee to Stop the War-1974".

[13] Corte Suprema de Estados Unidos, 262, US, 447, 1923.

[14] Corte Suprema de Estados Unidos, 418, US, 166, 1974.

[15] GHUNTHER, *Constitutional law*, ps. 1544 y ss.; Bianchi, Alberto, *Control de constitucionalidad*, Ábaco, Buenos Aires 1992, p. 128.

[16] MARIENHOFF, Miguel, "La acción popular", LL, 1993-D-683 y ss.

Dispone el segundo apartado del artículo 43 que la acción de amparo en materia de "derechos de incidencia colectiva en general" otorga legitimación sólo a quienes acrediten encontrarse en alguna de estas tres hipótesis: a) el propio afectado; b) el Defensor del Pueblo; y c), las asociaciones que propendan a esos fines, registradas conforme a la ley.

Si quien interpone el amparo es el "afectado", pretendiendo tutelar incluso derechos de incidencia colectiva, la legitimación para accionar sólo está asignada a quien acredite la preexistencia de un derecho subjetivo, esto es, de un agravio propio, directo y concreto de un derecho o garantía constitucional.

Quiroga Lavié[17] sostiene con relación a la legitimación procesal para interponer el amparo colectivo que: "*Se tomó en cuenta el proyecto del convencional Barra, sostenido por él personalmente, de forma tal que fueran solamente el Defensor del Pueblo y las asociaciones que propendan a esos fines (a la finalidad de defender los derechos de incidencia colectiva) quienes estuvieran legitimados para ello. Dicha propuesta fue enriquecida... en proponerse que también estuviera legitimado procesalmente 'el afectado'*".

Ha señalado Barra[18] que "*El primer legitimado es el afectado, es decir el mismo que se encuentra legitimado en el art. 43, párr. 1º, tal como ocurre con el afectado del art. 5º, ley 16986 (ALJA, 1967-A-500). Se trata del discriminado, del usuario o consumidor defraudado, de la empresa que no puede competir. Éstos tienen un interés personal y directo, es decir un verdadero derecho subjetivo en la terminología tradicional — en realidad un derecho a secas — el que genera las únicas pretensiones que se pueden hacer valer en juicio. Se trata del agravio concreto, específico, personalizado...*". En los casos en que no aparece un afectado individualizado, sólo pueden interponer el amparo, los otros dos legitimados especiales creados por la Constituyente: el Defensor del Pueblo y las asociaciones.

Este tradicional criterio doctrinario y jurisprudencial ha sido ratificado por la Corte Suprema de Justicia de nuestro país en "Polino"[19] y "Dromi".[20] Con motivo de la privatización de Aerolíneas Argentinas, en el caso "Dromi", el amparo fue interpuesto por un diputado nacional "por sí y en el carácter de representante del pueblo" a fin de que se ordenara al Estado nacional que la forma societaria que adoptara Aerolíneas se enmarcara dentro de uno de los tipos societarios. Al respecto, la Corte dijo que la condición de ciudadano sustentada por el actor "*no es apta... para autorizar la intervención de los jueces a fin de ejercer su jurisdicción. Ello, por cuanto dicho carácter es de una generalidad tal que no permite en el caso, tener configurado el interés concreto, inmediato y sustancial que lleve a considerar a la presente como una causa, caso o controversia, único supuesto en que la mentada función puede ser ejercida*".

Similar criterio fue adoptado por el Tribunal Superior de Justicia de Córdoba en la causa "González",[21] donde se discutía si miembros del Concejo Deliberante en el carácter de tales o simples ciudadanos podían impetrar la exhibición de documentación relativa al pago de viáticos de funcionarios municipales a través del amparo.

---

[17] QUIROGA LAVIÉ, Humberto, *Constitución de la Nación Argentina comentada*, Zavalía, Buenos Aires, 1996, p. 236.

[18] BARRA, Rodolfo, "Los derechos de incidencia colectiva en una primera interpretación de la Corte Suprema de Justicia", ED, 169-433, ratificando su mismo criterio sustentado en: "La acción de amparo en la Constitución reformada: legitimación para accionar", LL, 1994-E.

[19] JA, 1998-III-sínt.

[20] CSJN, 6.9.1990, JA, 1990-III-336; LL, 1990-E-97.

[21] TSJ de Córdoba, sala Cont. Adm., "González, Guillermo y otro v. Pérez. Amparo", sent. 50/1996. Jueces: Sesin, Lafranconi, Tarditti.

En el referido pronunciamiento se sostuvo que ser concejal no es título suficiente para otorgarle legitimación para accionar, como tampoco lo es ser habitante o ciudadano de la Nación argentina: *"... los actores no acreditan el daño diferenciado o el agravio distintivo con relación a cualquier miembro de la colectividad. La averiguación de los datos solicitados por los actores en nada mejora o perjudica su esfera de derechos y garantías que tutela el orden constitucional, que viabiliza el amparo. No se advierte cuál es la lesión o restricción que repercute en su esfera interna; no hay parte en sentido jurídico estricto. Desde otra perspectiva es importante destacar que el amparo incoado contra todo acto u omisión de autoridades públicas no puede ser interpuesto por quien también ejerza funciones públicas como sucede en la especie, al pretender los actores actuar en el carácter de concejales. La norma constitucional presupone una relación jurídico-pública Administración-administrado, donde la primera actúa investida de potestad pública y el segundo impetra la nulidad del acto u omisión lesiva a fin de tutelar su derecho o garantía constitucional, lesionado, restringido, alterado o amenazado, en su calidad de ciudadano o administrado. De admitirse la legitimación activa de quien está dotado de potestad pública contra quien también ejerza la función administrativa o de gobierno, implicaría desconocer el principio liminar señalado, por cuanto en esta hipótesis no habría una relación Administración-administrado, sino una vinculación Administración-Administración, es decir, interorgánica, regulada en este caso, por principios y normas constitucionales. Carece entonces de legitimación el peticionante para estar en juicio. En efecto, tal discrepancia se resuelve muchas veces, si correspondiere y tuviere la envergadura necesaria, mediante el procedimiento del conflicto de competencias, o directamente a través de los controles y responsabilidades fijados por el derecho constitucional"*.

Similar criterio se ha sustentado en España con otros fundamentos. El Tribunal Supremo[22] sostiene que la falta de respuesta o falta considerada incorrecta de un gobierno a la solicitud de información de un parlamentario, es acto infiscalizable por la jurisdicción contencioso administrativa, porque no se trata de un acto administrativo, sino de un acto político parlamentario. También ha señalado el Tribunal Supremo[23] que *"Los informes o documentos que, para el mejor cumplimiento de sus funciones parlamentarias, pueden recabar los diputados a la Administración Pública, por conducto de la Presidencia de la Asamblea Regional de Cantabria [...] y el deber que pesa sobre el Consejo de Gobierno y sus miembros de proporcionar a dicha Asamblea la información o ayuda que precise del mismo o de éstos, se enmarca en el ámbito de las relaciones institucionales de los poderes políticos de esta Comunidad Autónoma. Por ello los actos que se producen en el seno de estas relaciones no son actos administrativos y la eventual infracción de cualquiera de sus elementos reglados no puede someterse al control de los Tribunales sin desplazar a éstos la decisión en una materia cuyo contenido es exclusivamente político parlamentario, por cuanto afecta a las relaciones institucionales entre la Cámara y el Ejecutivo, relaciones que no guardan afinidad con las que surgen como consecuencia de un acto administrativo [...] Se trata, más bien de un acto político, o si se quiere, político parlamentario, pero nunca administrativo, y por ello no residenciable ante los Tribunales de este orden jurisdiccional..."*.

A veces la lucha política sale de lo que debe ser su ámbito funcional, que aun siendo muy amplio en oportunidades se escapa de sus contornos y pretende desplazarse a los Tribunales. Sin embargo, las herramientas judiciales tienen sus límites.

---

[22] TS español, 9.6.1987, Ar. 3778.

[23] TS español, 15.11.1988 y comentario de Embid Irujo, "La justiciabilidad de los actos de gobierno", en *Estudios sobre la Constitución española*, Homenaje al prof. García de Enterría, t. III, p. 2723.

7 El llamado acto institucional que directamente no agravia situaciones jurídicas subjetivas

Para Marienhoff[24] el acto institucional no se vincula o relaciona inmediata o directamente con los administrados o particulares; se vincula con los propios órganos o poderes estatales, contemplando principalmente relaciones entre poderes públicos, siendo por ello que los administrados no pueden impugnar el acto institucional: no son parte en el mismo, careciendo entonces de acción para cuestionarlo.

Expresa con buen criterio Cassagne[25] que el acto institucional es producto de la función gubernativa o política y engloba la actividad de los órganos superiores del Estado respecto de aquellas relaciones que hacen a la subsistencia de las instituciones esenciales que organiza la Constitución tanto en el derecho interno como en el internacional. En su concepción estos actos están excluidos de la revisión judicial, por carecer de efectos jurídicos directos sobre los particulares, reduciéndose de tal modo lo no controlable ya que la anterior categoría de actos de gobierno no se diferencia de la revisión judicial que puede tener cualquier acto administrativo.

Es correcto y razonable que no corresponde el control judicial cuando el acto no se vincula inmediata o directamente con los particulares, pero es indiscutible que por más acto político o institucional que sea, cuando el mismo es susceptible de agraviar una situación jurídico-subjetiva tutelada por el ordenamiento constitucional en forma personal y directa, el control judicial es insoslayable. Debe ser ejercido y no pueden existir retaceos en honor a la majestad de la justicia y el derecho a la tutela judicial efectiva.

No es la naturaleza del acto lo que determina entonces la exclusión de la revisión judicial, sino si es susceptible de agraviar derechos subjetivos o intereses tutelados en forma personal o directa.

8 El acto institucional que puede ser sólo controlado en su aplicación concretizada: la mentada devaluación

A veces en una misma problemática se presenta un doble objeto de análisis y resolución por ser una controlable y otra incontrolable: así por ejemplo, no es cuestionable judicialmente el cambio del valor de la moneda porque entra dentro de la zona de reserva de la Administración el establecimiento de la política monetaria con arreglo a pautas de mérito, oportunidad y conveniencia, repercutiendo en general sobre la totalidad de la población. Empero, nada impide que en un caso concreto, puedan repararse las consecuencias patrimoniales en función del agravio acreditado y la justeza del mismo; y aun pueda declararse su inaplicabilidad o inconstitucionalidad del acto aplicativo sólo para ese agravio o perjuicio individualizado por la parte debidamente legitimada. La declaración de inconstitucionalidad por razones de fondo no altera la vigencia de la norma pues el juez debe circunscribirse a declararla inaplicable en el caso concreto.

El Tribunal Supremo español[26] señala que el acto de devaluación de la moneda es político aun cuando ello no tiene relevancia sobre el fallo del caso que se concreta exclusivamente en pretensiones indemnizatorias.

---

[24] MARIENHOFF, Miguel, *Tratado de derecho administrativo*, t. II, Abeledo-Perrot, Buenos Aires, p. 755 y ss.

[25] CASSAGNE, Juan Carlos, *Derecho administrativo*, t. II , LexisNexis, Buenos Aires, 2003, p. 69 y ss.

[26] TS Español, 9.1.1982, Ar. 235.

Consecuentemente, como por ejemplo sucede con el estado de sitio o la intervención federal (entre otros), es en principio irrevisable la valoración político discrecional de las razones tenidas en cuenta para su adopción. Empero, distinto es lo que sucede con sus actos de aplicación si lesionan un derecho fundamental o causan un daño patrimonial particularizado, en cuyo caso la revisión judicial es procedente para subsanar el obstáculo concreto o en su caso ordenar la indemnización pertinente.

En concreto, pueden plantearse tres situaciones diversas: a) actos políticos o de gobierno susceptibles de ser controlados judicialmente cuando en un caso concreto afecten situaciones jurídico-subjetivas; b) actos políticos o de gobierno que no pueden ser anulados por trasuntar una medida de alta política relevante para el gobierno. En caso de producir perjuicios concretos, éstos sólo pueden ser indemnizados; c) actos políticos o de gobierno que no inciden en situaciones individualizadas sino que repercuten genéricamente sobre la población, en cuyo caso no son controlables judicialmente. A éstos un sector de la doctrina los llama institucionales.

9 Los avances de la jurisprudencia

a) El procedimiento de reforma de la Constitución

Como es sabido, el poder constituyente derivado está sujeto: a las reglas que establece la vigente Constitución para la reforma, a los preceptos y principios de la Constitución Nacional, cuando se trata de una revisión provincial, a lo dispuesto por los tratados internacionales a los que la Nación se ha adherido, y a los derechos fundamentales del hombre, entre otros aspectos. Especial cuidado revisten los derechos adquiridos bajo la vigencia del anterior régimen constitucional.[27]

Dice al respecto Rubio Llorente,[28] que "El cambio constitucional no es una solución de continuidad en la vida del Estado, sino sólo un avatar. Al establecer una nueva disciplina para los modos de producción del derecho, la Constitución opera sólo ex nunc y no deroga en absoluto las normas producidas válidamente según el modo de producción anterior. Una vez promulgada la Constitución no hay más normas legítimas que las que nacen por las vías constitucionales previstas, pero siguen siendo formalmente válidas todas la que fueran conforme al sistema anterior".

El derecho extranjero más encumbrado aconseja regular para el futuro respetando los derechos adquiridos preexistentes, y excepcionalmente, en caso contrario se analiza su eventual reparabilidad.

Ha señalado el Tribunal Superior de Justicia de Córdoba en el caso "García"[29] citado *supra* que "*Reducir el mandato de los legisladores, más allá de la decisión final que se adopte, conforme a la postura que en su caso se recepte en función de las características y*

---

[27] Este criterio amplio de control judicial dentro de los límites de la juridicidad ha sido sustentado por el Tribunal Superior de Córdoba en los casos: "García, Eduardo José y otra. Acción declarativa de inconstitucionalidad", Sent. 8, 17.8.2001, jueces: Sesin, Kaller Orchansky, Ferrer, Tarditti, Cafure de Battistelli, Rubio, Gutiez; LL, Córdoba, 2001-1111; "Sesma, Laura J. y otro. Acción declarativa de inconstitucionalidad", AI 52, 13.9.2001, y "Sesma Laura J. y otro s/acción declarativa de inconstitucionalidad", AI 54, 17.9.2001, LL, Córdoba, 2002-201.

[28] RUBIO LLORENTE, Francisco, La forma del poder. Estudios sobre la Constitución, Centro de Estudios Constitucionales, Madrid, p. 47.

[29] "García, Eduardo José y otra s/acción declarativa de inconstitucionalidad", 17.8.2001, jueces: Sesin, Kaller Orchansky, Ferrer, Tarditti, Cafure de Battistelli, Rubio, Gutiez, LL, Córdoba, 2001-1111.

vicisitudes que predeterminan un momento histórico dado, es susceptible de agraviar un interés personal y directo, diferenciado del resto de la sociedad, por lo que ha menester la admisibilidad de la revisión judicial".

"Los agravios que sufran quienes efectivamente vean acortados sus mandatos sobre la base de las nuevas disposiciones constitucionales, no se encuentran en el carácter de meros ciudadanos a quienes el orden jurídico no les otorga legitimación alguna".

Mientras en el caso "Sesma",[30] también citado *supra*, se sostuvo que *"... toda reforma de la Ley Fundamental de la provincia puede ser declarada inconstitucional, si contraviene normas de superior jerarquía (Constitución Nacional o leyes nacionales, art. 31, CN), si desborda el objeto de la reforma, según la convocatoria dispuesta por la Legislatura provincial (art. 196, Constitución Provincial), o si los textos reformados entran en pugna con disposiciones de la propia Constitución de la Provincia, de aplicación prevalente. De lo expuesto se concluye que la Constitución de la Provincia está, como todo el ordenamiento legal, sujeta al control de constitucionalidad del Poder Judicial. Una reforma constitucional conforme a la citada orientación conceptual también debe enmarcarse en la juridicidad, debiendo señalarse que aun cuando el control judicial es posible y necesario para salvaguardar los derechos fundamentales y la esencia del sistema democrático, sin embargo, tal control debe ejercerse con la prudencia necesaria.*

En el sub examine, el constituyente dispuso la caducidad de los mandatos de los actuales legisladores (cláusula transitoria primera) y admitió una eventual reparación si así correspondiere. Al hilo de los principios y frente a esta cuestión, se ofrecen dos posibilidades: la primera conduce a reglar para el futuro con el consiguiente respeto a los actuales mandatos. Una vez finalizados los mismos, recién entra en vigencia el nuevo orden normativo. La segunda, de carácter excepcional, emerge cuando por razones de interés general, oportunidad, mérito o conveniencia debidamente justificados, se modifica el derecho objetivo con el trazo del nuevo diseño organizacional que se ha resuelto y que debe entrar en vigencia en forma inmediata. En este último supuesto resultan de aplicación los principios relacionados con la revocación de los actos estatales por razones de mérito y aun la responsabilidad del Estado por actos lícitos. Su fundamento es el principio general con base en la igualdad de las cargas públicas dispuesto por el art. 16, CN, que lo ha reconocido como un trascendente principio de derecho natural. La responsabilidad del Estado es objetiva, pues deriva de un acto legítimo del mismo. Cabe resaltar también que el fundamento de la reducción de los mandatos presenta analogía con la expropiación, donde el interés público prevalece respecto del privado por razones de interés público, dando origen a la obligación de indemnizar el menoscabo patrimonial pertinente. Éste es el camino elegido por el constituyente de la reciente Reforma en el marco de la cláusula transitoria primera, que brinda la alternativa de una eventual reparación pecuniaria, si correspondiere...".

Sin embargo, en este fallo se puntualizaron adecuadamente los límites del control judicial respetando el núcleo discrecional cuya ponderación sólo compete a los órganos políticos pertinentes. Así se sostuvo que *"... pertenecen a la zona de reserva político-discrecional, que sólo compete al constituyente, las razones de oportunidad y conveniencia que fundamentan el inmediato acortamiento de los mandatos, por lo tanto el ejercicio de tales potestades queda excluido del control de los jueces quienes no pueden revisar ni sustituir dicha cuestión, más aún, reiteramos, cuando en el mismo texto normativo está prevista su eventual reparabilidad [...] La debida justificación de estas razones que atañen a la sociedad y son de*

---

[30] "Sesma, Laura J. y otro s/acción declarativa de inconstitucionalidad", AI 54, 17.9.2001, LL, Córdoba, 2002-201, voto de Sesin y Orchansky.

interés público y su racionalidad, se encuentra sólidamente acreditada por cuanto la caducidad de los mandatos no responde a un propósito o finalidad arbitrarios de remover a quienes ejercen el cargo en la actualidad, sino que obedece a una reestructuración organizacional que consiste, en esencia, en una disminución del número de integrantes del Poder Legislativo, basada en criterios de austeridad y economía en el gasto público y en procura de una mayor eficiencia funcional".

b) El procedimiento de formación y sanción de las leyes

La evolución jurisprudencial en favor del control judicial también se ha perfilado en el proceso de formación y sanción de las leyes, tradicionalmente considerado por la Corte Suprema argentina como una cuestión política no justiciable,[31] a los fines de preservar la división de poderes del Estado, asegurando a cada uno de ellos el goce de la competencia constitucional que le concierne en el ámbito de su actividad específica. Sin embargo el más Alto Tribunal del país cambia de criterio en el caso "Nobleza Piccardo", sólo para el caso excepcional que se demuestre la falta de requisitos mínimos e indispensables que condicionan la creación de aquéllas[32] sustentando "*... que no hubo acuerdo entre la Cámara de Diputados y el Senado acerca del momento que fenecería el restablecimiento de la vigencia de las normas a que se refiere el art. 37, ley 23763, es indudable entonces que ha mediado una manifiesta inobservancia de los aludidos requisitos mínimos e indispensables para la creación de la ley, ya que al no haber sido aprobado el proyecto por ambas Cámaras, no pudo haber pasado al Poder Ejecutivo*". En el caso referido la actora acreditaba la legitimación pertinente ya que reclamaba la repetición de sumas abonadas por las ventas de cigarrillos ingresadas al denominado fondo transitorio para financiar desequilibrios fiscales provinciales.

No obstante, es deber de los jueces valorar las consecuencias que puede provocar la declaración de inconstitucionalidad por razones de forma como lo advierte Bianchi[33] ya que la decisión tiene efectos expansivos susceptibles de ir más allá del caso concreto. En tales supuestos ha menester que los jueces actúen con máxima prudencia priorizando el principio de conservación de la ley, salvo que en forma manifiesta y ostensible no se cumplimenten los requisitos mínimos y esenciales para su creación, como lo dijo la Corte, y originariamente la sala III de la Cámara Nacional de Apelaciones en lo Contencioso Administrativo Federal (en el caso comentado). Aun en este último supuesto, los jueces deben ponderar, en función de las circunstancias de cada caso, si existe la posibilidad de evitar los efectos de inconstitucionalidad general o total de la norma, a fin de eliminar sólo su parte nula.

c) Las situaciones de emergencia

Es sumamente discutido en el marco del derecho público el real alcance de la revisión judicial de la emergencia, vinculándosela con las cuestiones políticas, de gobierno o institucionales, excluyéndose generalmente el control judicial en sus aspectos primordiales.

---

[31] CS, Fallos 149:271 "Compañía Azucarera SA v. Provincia de Tucumán"; Fallos 210:855 "Petrus SA v. Nación Argentina", JA, 1948-III-367; Fallos, 256:556 "Soria Guerrero v. Bodegas y Viñedos Pulenta SA", JA, 1963-VI-271.

[32] CSJN, 15.12.1998, "Nobleza Piccardo SAICyF v. Estado nacional - DGI"; comentado por BIANCHI, Alberto, "Una cuestión política que ha dejado de serlo: el proceso de formación y sanción de las leyes", LL, Suplemento de Derecho Administrativo, 27.5.1999.

[33] BIANCHI, Alberto, "Una cuestión...", cit.; del mismo autor, *Control de constitucionalidad*, Ábaco, Buenos Aires, 1992, p. 331 y ss.

En mi criterio, la situación de emergencia puede comprender, entre otros, los siguientes aspectos: a) verificación material de la existencia de la emergencia; b) valoración o apreciación de tales hechos en función de la determinación de los comportamientos a seguir; c) fundamento jurídico de la emergencia, competencia, forma y fin; d) razonabilidad; e) temporalidad.

a) Parece claro que si verificar implica comprobar, acreditar, demostrar que los hechos invocados condicen con la realidad, esto de por sí trasunta un juicio intelectivo que excluye toda valoración discrecional. Importa la existencia o inexistencia de un hecho, la verdad o falsedad de una afirmación. De allí se deduce que el control judicial del presupuesto fáctico es hoy una realidad indiscutible, desde la incipiente jurisprudencia del Consejo de Estado francés sobre la "exactitud material de los hechos", o su "constatación" como lo denomina la doctrina italiana.

El Consejo de Estado francés ha señalado reiteradamente que si bien este organismo "no puede apreciar la oportunidad de las medidas sujetas a control mediante el recurso de exceso de poder, le corresponde verificar la materialidad de los hechos que han motivado estas medidas".[34]

En definitiva es perfectamente controlable por el juez la real existencia de la situación de emergencia.

b) Distinta es la situación relacionada con la apreciación de los hechos mezclada generalmente con la elección de la conducta a seguir, ya que tal aspecto entra dentro de la oportunidad, mérito o conveniencia donde la valoración político discrecional es indudable. Tal aspecto no es objeto de control para la jurisprudencia del Consejo de Estado francés.[35]

Se trata de una ponderación a realizar dentro de un marco de posibilidades. Consecuentemente, en el ámbito de la emergencia no son objeto de revisión judicial las conductas operativas establecidas por el legislador para regular la emergencia, siempre claro está que se respete el límite externo de la juridicidad (incluso que no aparezcan desmedidos en función con la gravedad de la situación y la finalidad que se pretende).

El control del juez termina al comprobar que se ha elegido una alternativa entre varias igualmente válidas para el derecho, no pudiendo revisar ni sustituir el núcleo político discrecional interno, esto es, el porqué de un remedio en lugar del otro. Tales aspectos entran dentro del ámbito de reserva del "legislador" o del "administrador" en su caso.

Los demás aspectos puntualizados en c), d) y e), son plenamente controlables judicialmente porque entran dentro del bloque vinculado o reglado expresa o implícitamente por la juridicidad.

El uso de la discrecionalidad en el marco de la juridicidad, implica en su operatividad una serie de momentos de libre valoración y elección, entremezclados por elementos fuertemente reglados por el ordenamiento. El análisis de la orientación político-administrativa, la apreciación de las circunstancias, la individualización de los variados intereses en juego y su comparación valorativa en función con el interés público específico, la determinación del momento decisivo de lo discrecional que se traduce en la elección de la alternativa que el órgano competente considera más conveniente,

---

[34] Caso "Gerard", Revue du Droit Public, p. 453.

[35] BONNARD, R., "Le pouvoir discrétionnaire des autorités administratives et le recours pour excès de pouvoir", *Revue du Droit Public*, p. 271.

constituyen diferentes etapas por las cuales atraviesa la modalidad político-discrecional. Para que ellas impliquen un actuar conforme a derecho, el íter procedimental referido debe ser lógico, coherente, imparcial y trasuntar valoraciones razonables, sobre la base de una correcta verificación de los presupuestos fácticos acaecidos.

El control judicial de este proceso decisional debe profundizar con energía los elementos de algún modo vinculados por la juridicidad, y respetar con prudencia la libre determinación administrativa (ponderación comparativa de intereses, libre elección y estimación).

El juez no sólo controla los límites externos relacionados con las reglas formales (competencia, forma, procedimiento etc.), sino que también fiscaliza algunas fases del decisorio interno, como la logicidad, razonabilidad, coherencia, concordancia, paridad de tratamiento, buena fe, confianza legítima, seguridad jurídica. Es decir que la labor del juez abarca dos perspectivas diferentes, en relación con la formación de la decisión y algunos aspectos sustantivos.

Se pretende, en definitiva, que los actos sobre los cuales recae el control muestren congruencia entre lo que en verdad se ha resuelto y la realidad, proporcionalidad de los medios empleados, y que sea medianamente razonable y equitativo.

Esto no implica que el juez pueda revisar la oportunidad, el mérito o la conveniencia, pero sí los límites de la juridicidad y la armonía interna de lo resuelto.

También resulta controlable por la justicia la temporalidad de la emergencia como su subsistencia al momento de emitir la decisión judicial. Cuando con el transcurso del tiempo, la emergencia cesa parcialmente, nada impide a los jueces que al momento de la condena tengan en cuenta esta circunstancia para aminorar los efectos en favor del justiciable.

10 Conclusión

La sujeción plena a la ley y al derecho por parte de los poderes públicos quedaría desvirtuada si los jueces no ejercen el control que inexorablemente les pertenece como guardianes de los preceptos constitucionales y sus principios axiológicos inmanentes. No se trata de invadir funciones que le corresponden al poder político sino de custodiar fielmente la prevalencia de la Constitución y sus principios por sobre las normas y actos derivados. Consecuentemente no son los jueces quienes suplantan al poder político en este caso, sino que es la propia Constitución y sus principios que vehiculizados por el juez pasan a ser una realidad aplicada y no una verdad declamada.

Estoy en desacuerdo con quienes propugnan un control total, sustituyendo la discrecionalidad política por la judicial, porque sus principios postulan, en esencia, la politización de la justicia en lugar de la juridicidad de la política. El exceso de control es susceptible de paralizar la actividad estatal y sustituir las decisiones del gobierno democráticamente elegido por la voluntad de los jueces. Empero, también estoy en desacuerdo con quienes propugnan un control escaso, pues ello es pernicioso para el Estado de Derecho y las garantías de los ciudadanos.

Es necesario buscar el equilibrio prudente entre lo que puede y no puede controlar el juez, enmarcados en nuestra realidad constitucional y sin caer en la utópica concepción de hacer justiciable la totalidad de la actividad estatal.

En el marco de estos principios, no se cristaliza el gobierno de los jueces sino de la efectiva supremacía de la Constitución, imponiéndose por sobre los actos secundarios que la incumplan o desvirtúen.

En conclusión, las otrora doctrinas que justificaban la exclusión del control judicial de las cuestiones políticas como una manifestación de las inmunidades del poder, hoy han quedado en desuso frente a los enfáticos preceptos constitucionales en este nuevo ciclo de reformas de las leyes supremas de nuestro país, siguiendo los modelos europeos descriptos. En efecto, se ha reforzado y ampliado el derecho de defensa en el marco de la tutela judicial efectiva con una mayor accesibilidad incluso respecto de la legitimación para ser parte en una causa judicial (derechos subjetivos, intereses legítimos y difusos). Asimismo, se ha ampliado el principio de juridicidad que exige el pleno sometimiento de los poderes del Estado a la ley y al derecho (arts. 18, 31, 43, 75, inc. 22, 116 y concs., Constitución Nacional; arts. 18, 19 inc. 9º, 20, 48, 161, 165 y concs., Constitución de la Provincia de Córdoba;[36] art. 8.1, Pacto de San José de Costa Rica;[37] arts. 8º, 9º y concs., Pacto Internacional de Derechos Civiles y Políticos;[38] art. 8º, Declaración Universal de Derechos Humanos).[39]

En definitiva, la estrategia para el control de los actos políticos guarda cierta analogía con el control del ejercicio de la discrecionalidad. Es intenso con relación a los requisitos de juridicidad y respetuoso del núcleo interno político discrecional.

Informação bibliográfica deste texto, conforme a NBR 6023:2002 da Associação Brasileira de Normas Técnicas (ABNT):

SESIN, Domingo Juan. Intensidad del Control Judicial de los Actos Políticos: el Núcleo Político Discrecional Excluido. *In*: BACELLAR FILHO, Romeu Felipe; HACHEM, Daniel Wunder (Coord.). *Direito público no Mercosul*: intervenção estatal, direitos fundamentais e sustentabilidade: anais do VI Congresso da Associação de Direito Público do Mercosul: homenagem ao Professor Jorge Luis Salomoni. Belo Horizonte: Fórum, 2013. p. 55-71. ISBN 978-85-7700-713-4.

---

[36] LA, 1987-A-972.

[37] LA, 1994-B-1615.

[38] LA, 1994-B-1639.

[39] LA, 1994-B-1611.

AUTONOMÍA E INTERVENCIÓN EN LA VIDA PRIVADA EN LA CONSTITUCIÓN URUGUAYA: ¿DILEMA FALSO O VERDADERO?

JUAN PABLO CAJARVILLE PELUFFO

I Introducción: agradecimiento y homenaje

Permítanme, distinguidos colegas, que mis primeras palabras sean de agradecimiento a Romeu Bacellar Filho. Romeu siempre me enfrenta a un dilema como el que yo evoco en el título de mi exposición: el dilema de si debo admirar más su calidad de eximio jurista o de notable organizador. Esto es una prueba más de esta su segunda calidad. Seguramente este dilema sea también falso, como el que voy a exponer seguidamente.

Permítanme también que mis siguientes palabras breves sean de recuerdo y de homenaje a Jorge Salomoni, que tan pronto y con tanto dolor nos dejó y sin embargo tanto nos deslumbró con su inteligencia y tanto nos hizo mejores a todos con su amistad.

II Las "acciones privadas" en la Constitución uruguaya

El tema de mi exposición se enmarca en un título general del panel, que es el de: "Estado y regulación social: entre autonomía e intervención en la vida privada". Subrayo esto, porque quiero destacar que la intervención a que se refiere el título de mi exposición es la intervención en la vida privada, como aclara el título general del panel, y no la intervención en la economía, que es otro de los aspectos de la intervención del Estado a que con tanta frecuencia tenemos que referirnos en el Derecho Administrativo.

Si de intervención en la vida privada tenemos que hablar, entonces el tema nos introduce inmediatamente en un artículo de la Constitución uruguaya, que tiene sus equivalentes bastante similares en la Constitución argentina, en el art. 19,[1] en la Constitución paraguaya en el art. 33,[2] sobre cuyo tema también hay un artículo en la Constitución brasileña en el

---

[1] Constitución de la Nación Argentina según la reforma de 1994, art. 19: "Las acciones privadas de los hombres que de ningún modo ofendan al orden y a la moral pública, ni perjudiquen a un tercero, están sólo reservadas a Dios, y exentas de la autoridad de los magistrados. Ningún habitante de la Nación será obligado a hacer lo que no manda la ley, ni privado de lo que ella no prohíbe".

[2] Constitución Nacional del Paraguay de 1992, art. 33: "La intimidad personal y familiar, así como el respeto a la vida privada son inviolables. La conducta de las personas, en tanto no afecte al orden público establecido en la ley o a los derechos de terceros, estará exenta de la autoridad pública. Se garantiza el derecho a la protección de la intimidad, de la dignidad y de la imagen privada de las personas".

art. 5º parág. X.[3] Por supuesto no voy a cometer el atrevimiento de considerar las normas de los países hermanos del Mercosur, teniendo presentes a tan distinguidos juristas de estos países; me voy a remitir a mi país, a mi derecho, y ustedes juzgarán qué de lo que diga les podrá ser útil y qué no lo será en sus respectivos países.

El art. 10 de la Constitución uruguaya consta de dos incisos. El inciso primero es el que habla de las "acciones privadas"; dispone: "Las acciones privadas de las personas que de ningún modo atacan el orden público ni perjudican a un tercero, están exentas de la autoridad de los magistrados". Curiosamente, siendo esta una norma capital del sistema que la Constitución establece, de relaciones entre el Estado y sus habitantes, personas, individuos, seres humanos sometidos a su jurisdicción, a su poder, ha tenido escasa consideración en la doctrina uruguaya.[4] Mayor atención ha merecido el inciso segundo, que consagra el principio de libertad: "Ningún habitante de la República será obligado a hacer lo que no manda la ley, ni privado de lo que ella no prohíbe". Pero este segundo inciso se refiere precisamente a las hipótesis en que estamos efectivamente sometidos a la autoridad de los magistrados. El punto de partida de la consideración debería ser precisamente dilucidar cuándo estamos sometidos a la autoridad de los magistrados; el inciso segundo agrega un requisito formal para ese sometimiento, para esa limitación que el Estado puede imponer: el requisito bien conocido del principio de legalidad y de ley formal para limitar los derechos que la Constitución reconoce.

Prestando ahora atención al que interesa realmente, que es el inciso primero, el punto de partida es que la expresión "acciones privadas" es una expresión anfibológica, y por tanto de ahí deriva que la norma en sí misma admita diversas interpretaciones, diversas lecturas.

Una primera lectura podría llevarnos a pensar que cuando la Constitución enuncia: "Las acciones privadas de las personas que de ningún modo atacan el orden público ni perjudican a un tercero", lo que está haciendo es una descripción de cuáles son las acciones privadas, tal vez aproximándose a una definición: las acciones son privadas cuando no atacan el orden público ni perjudican a un tercero.

También podría entenderse la expresión "acciones privadas" como una categoría más amplia, de manera que habría acciones privadas que no atacan el orden público ni perjudican a un tercero, y otras que sí lo atacan; entonces habría que dilucidar qué son "acciones privadas". Si atendemos a la significación de las palabras en sí mismas, acciones *privadas* son las que se ejecutan a la "vista de pocos, familiar y domésticamente", a la vista de aquéllos que precisamente quien cumple con la acción permite o tolera que la presencien, aunque ocurran fuera del ámbito íntimo del sujeto, el "más interior o interno". Con este concepto, las acciones que están exentas de la autoridad de los magistrados serían una categoría dentro del género de las acciones privadas.

---

[3] Constitución de la República Federativa de Brasil de 1988, art. 5º: "Todos son iguales ante la ley, sin distinción de cualquier naturaleza, garantizándose a los brasileños y a los extranjeros residentes en el País la inviolabilidad del derecho a la vida, a la libertad, a la igualdad, a la seguridad y a la propiedad, en los términos siguientes: [...] X – son inviolables la intimidad, la vida privada, la honra e la imagen de las personas, asegurado el derecho a indemnización por el daño material o moral derivado de su violación" (Trad. del autor).

[4] Sobre el tema, en nuestra doctrina, puede verse: ESTEVA GALLICCHIO, Eduardo G., *El derecho a la protección de la vida privada y el derecho a la libertad de información en la doctrina y en la jurisprudencia en Uruguay*, en "Estudios Constitucionales" revista del Centro de Estudios Constitucionales, año/vol. 6, número 001, Santiago, Chile, 2008, en esp. p. 16 a 19, con exhaustiva referencia al resto de la doctrina nacional sobre el punto.

Pero también podríamos utilizar otro criterio, que empleamos en otros casos en que tenemos que distinguir lo público de lo privado; cuando tenemos que distinguir los sujetos, las personas, las empresas, en públicas y privadas, uno de los criterios que utilizamos es aquel del derecho que las rige: son privadas las personas, las empresas que se rigen por Derecho privado, y son públicas las personas, las empresas que se rigen por Derecho público. Con este criterio serían "acciones privadas" las regidas por Derecho privado. Como primera impresión, este criterio parece excesivamente amplio; así lo parece decir que todo lo que se rige por Derecho privado está exento de la autoridad de los magistrados. Sin embargo, el criterio es muy razonable, porque es precisamente el criterio por el cual el Derecho privado se nos impone; el Derecho privado se nos impone cuando está en juego el orden público o el perjuicio de un tercero.

III Las razones del sometimiento a la autoridad

Ahora bien, a poco que se medite, llegaremos a la conclusión de que todas estas disquisiciones tienen poca trascendencia. Porque cualquiera sea el significado que se atribuya a "acciones privadas", cualquiera sea por ende la interpretación o el sentido que se adjudique a esta disposición constitucional, el régimen resultante no se modifica mayormente.

¿Por qué ocurre esto? Porque lo que interesa en realidad no es la lectura negativa de la norma, que en verdad es la que surge a primera vista: la norma está efectivamente redactada en forma negativa. Pero en verdad lo que interesa es la lectura positiva de la norma. ¿Que nos está diciendo positivamente la norma? Pues nos está diciendo que las acciones de los hombres sujetos al poder del Estado sólo están sometidas a la autoridad de los magistrados cuando afectan el orden público o perjudican a un tercero.

IV Perjuicio a un tercero

De estas dos razones de sometimiento a la autoridad de los magistrados, la que nos ofrece menos dificultades es la que habla de perjuicio de terceros; es el clásico *neminem laedere* de las normas sobre responsabilidad.

Cuando hay perjuicio de un tercero, la comprensión es casi intuitiva; está en juego siempre el interés de un tercero determinado, y entonces la intervención de los magistrados está sometida precisamente a la condición de la iniciativa del perjudicado. De ahí que lo primero que tendrá que determinar la autoridad requerida es juzgar si existe o no un perjuicio a quien reclama, y de ahí surgirá el sometimiento o no a la autoridad del magistrado de que se trate.

V Ataque al orden público: interés público

Más compleja es la otra hipótesis, el ataque al orden público, porque complejo es determinar qué es el "orden público". Por supuesto, no es posible en esta breve exposición ingresar en todas las disquisiciones que ha traído consigo el concepto de orden público; basta señalar que la mayoría de los autores que han considerado el tema establecen una íntima vinculación entre el concepto de orden público y el de "interés público": "orden *público*" es aquél en que está comprometido el "interés *público*".[5] Lo cual por cierto no facilita mucho la tarea; basta para comprobarlo recordar aquella brillante exposición con que se despidió Guillermo Muñoz, sobre el concepto de interés público y todas las dificultades que acarrea su determinación.[6]

Para no quedar empantanado en esto y sin pretensión por cierto de dar un concepto de interés público, sí puedo decir, a vía instrumental meramente, que hay dos caminos por los cuales un interés asume el carácter de público. Un interés puede ser reconocido como "interés público" por ser un interés de la generalidad de los sujetos sometidos a un orden jurídico; esa es una primera vía. Otra vía es la de aquellos intereses que existen porque la comunidad existe, intereses en este caso de la comunidad como tal, o lo que se ha llamado por algún autor por cierto muy ilustre, interés nacional.

Señaladas estas dos vías, no puedo prescindir de una observación que ha formulado Gordillo, porque no puede prescindirse de una observación de esa categoría. Gordillo, seguido en esto por Escola, ha señalado, y lo voy a leer para ser fiel a su pensamiento: el interés público o bien común "es sólo la suma de una mayoría de concretos intereses individuales coincidentes", agregando: "el 'interés público' en que cada individuo no pueda encontrar e identificar su porción concreta de interés individual es una falacia".[7] Puedo aceptar este criterio, pero sometiéndolo a una condición: que se acepte asimismo que vivir formando parte de una colectividad es también un interés subjetivo de todos y cada uno de sus integrantes individualmente considerados, porque los seres humanos no podemos vivir sino en tal relación con nuestros semejantes; de tal manera que el pretendido interés de la colectividad como tal, no alude a una entidad colectiva transpersonal, sino a ese interés coincidente de todos los individuos en formar parte de la colectividad; y por consiguiente, el interés en el mantenimiento de las condiciones que hagan posible la convivencia en colectividad, incluyendo en tales condiciones primordialmente el respeto a los derechos y la satisfacción de los intereses vitales de todos y cada uno de los integrantes de la colectividad.[8]

Admitiendo que este es también un interés de cada uno de los integrantes de la colectividad, encuentro en esta concepción del interés público un aspecto que me resulta de sumo interés; consiste en la ampliación que el reconocimiento de este interés individual, produciría en la legitimación requerida para la promoción de acciones jurisdiccionales, cuando ella consiste en la invocación de un interés legítimo, personal y directo, como ocurre en nuestro derecho, con la acción o la excepción de inconstitucionalidad de las leyes o la promoción de la acción de nulidad. Reconocer este interés como un interés subjetivo, individual, personal de cada uno de los integrantes de la colectividad ampliaría notablemente la legitimación para promover esas acciones.

---

[5] En la bibliografía uruguaya reciente sobre el tema, debe mencionarse la excelente tesis de GARMENDIA ARIGON, Mario, **Orden público y Derecho del Trabajo**, Montevideo, 2001, en especial su introducción de carácter general, p. 23 a 57.

[6] MUÑOZ, Guillermo A., *El interés público es como el amor*, conferencia inaugural del "IV Congreso de la Asociación de Derecho Público del MERCOSUR", pronunciada en Buenos Aires el 28 de mayo de 2003, publicada en la "Revista de la Asociación Argentina de Derecho Administrativo" N° 8, Buenos Aires, 2010, p. 6 a 15.

[7] GORDILLO, Agustín, **Tratado de Derecho Administrativo**, t. II, Buenos Aires, 1ª ed., 1975, p. XIII-15, y 4ª ed., 2000, p. VI-30; conf. ESCOLA, Héctor Jorge, **El interés público como fundamento del Derecho Administrativo**, Buenos Aires, 1989, p. 235 y sgts., en esp. 249 a 251.

[8] CAJARVILLE PELUFFO, Juan Pablo, *El marco constitucional del Derecho Administrativo. Algunas reflexiones desde el derecho uruguayo*, en **Sobre Derecho Administrativo**, t. I, 2ª ed., Montevideo, 2008, p. 384, nota 38, y bibliografía citada.

Sin embargo, pese a ese aspecto tan favorable que tendría esta concepción, debo reconocer que claramente no es la concepción que acepta este art. 10 inc. 1º de la Constitución, porque este inciso claramente distingue las hipótesis del ataque al orden público y la del perjuicio de un tercero; y con esta concepción del interés público, que introduzco como condicionamiento a la admisión de la objeción de Gordillo, resultaría que todo el orden público quedaría absorbido, incluido en el perjuicio de tercero, siendo que el artículo nítidamente los distingue; y como consecuencia inaceptable, podría conducir a entender que en todo caso la intervención de la autoridad estaría condicionada a la iniciativa de un sujeto afectado.

VI Coherencia sustancial del sistema constitucional

Entonces, volviendo a las dos hipótesis expresamente previstas: el perjuicio de tercero y el ataque al orden público, con su estrecha vinculación con el concepto de interés público, entonces resulta que nuestra Constitución es singularmente coherente, porque la misma condición que habilita el sometimiento a "la autoridad de los magistrados", el ataque al orden público, comprometiendo el interés público, es la que habilita la limitación de los derechos individuales por ley formal: la necesidad de "razones de interés general" (art. 7º y concord).

Siendo tan coherente nuestro sistema, debo concluir que es falso el dilema que se plantea en el título de mi exposición, si entendemos por *dilema*, tal vez en un sentido vulgar pero habitual de la palabra, la necesaria opción entre dos alternativas necesariamente excluyentes.

La Constitución no consagra una mutua exclusión entre la autonomía y la intervención de la autoridad en la vida privada; sólo admite la intervención de la autoridad en la vida privada cuando existe un perjuicio a un tercero o un ataque al orden público, con lesión por consiguiente del interés general, y el carácter privado de la conducta — cualquiera sea el alcance que se adjudique a ese calificativo — no excluye en tales casos la intervención de la autoridad. Fuera de esos casos de excepción, la autonomía rige plenamente. La Constitución consagra así un adecuado equilibrio entre el interés público y la autonomía privada.

VII Insuficiencia del control jurisdiccional

Dicho lo cual, me viene a la memoria otra enseñanza, una de las tantas que me dejó Guillermo Muñoz. Cuando constituimos esta Asociación, recuerdo que Guillermo nos decía que no debíamos constituir esta Asociación para venir a contarnos entre nosotros maravillas sobre cada uno de nuestros países, maravillas seguramente falsas, sino para decirnos las verdades, lo bueno pero también lo malo de cada uno de nuestros sistemas jurídicos. Esta es una lección que bien nos vino a los uruguayos, que en otra época solíamos proclamar aquello de "como el Uruguay no hay", el Uruguay "la Suiza de América" o que en Uruguay todo era perfecto.

Entonces, yo no me quedo con decirles ahora que nuestra Constitución no me plantea un dilema entre autonomía e interés público, me plantea un equilibrio. Debo mostrarles además cuál es el lado débil de nuestro derecho en este aspecto. El lado débil aparece cuando ese adecuado equilibrio debe establecerse caso por caso. Si se trata de una norma general y abstracta, una ley o un reglamento, el caso por caso será cada una de las normas, y entonces habrá que ver si cada una de las normas respeta ese equilibrio; el caso por caso, si se trata de la actividad de la Administración, seguramente será un caso concreto, y entonces también habrá que ver en ese caso concreto si se ha respetado el adecuado equilibrio.

Este tema, que como ya dije tan poca atención ha recibido de la doctrina, hoy está de moda en Uruguay. Está de moda porque tenemos que preguntarnos, porque la realidad nos obliga a preguntarnos: ¿la DGI puede averiguar cuanto gasta una persona en estar afiliado a un club social; puede averiguar cuánto gasta una familia en la educación de sus hijos? ¿O con eso se está metiendo en las acciones privadas de las personas y está lesionando su autonomía?

Hay que determinar, por consiguiente, caso por caso, si el equilibrio se ha mantenido; y cuando alguien que se sienta lesionado en su vida privada vaya a un órgano jurisdiccional a reclamar por el respeto a su vida privada y a su autonomía, es muy posible que el órgano jurisdiccional confunda el control del interés público con el mérito de la ley o de la actividad administrativa de que se trate. Pienso que es muy posible que los confunda no porque sea pesimista, sino porque todos los antecedentes inducen a pensar que el órgano jurisdiccional va a caer en esa confusión; y esa es realmente una confusión indebida.

El control del interés público no es control de mérito. El control del interés público, tanto se trate de una ley que limita un derecho, que debe dictarse por razones de interés general, como el control del interés público en la actividad de la Administración, es parte del control de legitimidad de esa ley o de esa actividad administrativa. Es control de legitimidad, en primer lugar, determinar si el interés público existe, si el interés que se está pretendiendo tutelar es verdaderamente un interés público; pero eso solo no es suficiente, en segundo lugar, el control jurisdiccional debe recaer sobre la razonable adecuación del contenido de la ley o del contenido de la actividad administrativa al interés público que se debe perseguir. Reconocido que hay un interés público a atender, debe controlarse además si es adecuada la solución estatal, legal o administrativa, al interés público que se dice perseguir; y eso por cierto no es control de mérito, eso es control de legitimidad.

Dicho esto, además de otros problemas que tiene sobre todo nuestro control de legitimidad constitucional de las leyes, como son la falta de especialización del único Tribunal competente en la materia, la Suprema Corte de Justicia, que es una corte de casación general y no un tribunal especializado en materia constitucional; y por añadidura, otras cortapisas que la jurisprudencia de la Corte introduce a la admisibilidad de la acción o de la excepción de inconstitucionalidad; y todavía, la eficacia exclusivamente en el caso concreto de la sentencia que declare inconstitucional una ley.

VIII Conclusión

De manera que por todo lo expuesto, concluyo: el derecho constitucional uruguayo de fondo contiene una solución adecuada al equilibrio entre la autonomía que debe regir las acciones privadas de cada uno de los habitantes del Estado, y el sometimiento a la autoridad de los magistrados que debe existir cuando hay un interés público o una lesión a un tercero en juego. Pero el sistema flaquea por el lado del control jurisdiccional de la actividad del Estado, que requiere en el Uruguay, con urgencia, reformas muy de fondo, que necesariamente implican modificar normas constitucionales y con ello un trámite muy complejo, que termina necesariamente en una votación de todo el Cuerpo Electoral. Pero cada día más, esas reformas, por complejas, por complicadas que puedan resultar, son más ostensiblemente urgentes. Muchas gracias.

Informação bibliográfica deste texto, conforme a NBR 6023:2002 da Associação Brasileira de Normas Técnicas (ABNT):

CAJARVILLE PELUFFO, Juan Pablo. Autonomía e Intervención en la Vida Privada en la Constitución Uruguaya: ¿Dilema Falso o Verdadero?. *In*: BACELLAR FILHO, Romeu Felipe; HACHEM, Daniel Wunder (Coord.). *Direito público no Mercosul*: intervenção estatal, direitos fundamentais e sustentabilidade: anais do VI Congresso da Associação de Direito Público do Mercosul: homenagem ao Professor Jorge Luis Salomoni. Belo Horizonte: Fórum, 2013. p. 73-79. ISBN 978-85-7700-713-4.

A REGULAÇÃO DO ESTADO BRASILEIRO E A CONTRATUALIZAÇÃO ADMINISTRATIVA

LUCIANO ELIAS REIS

A premente necessidade de reforma do Estado tem desencadeado a necessidade de o Brasil[1] revisitar a regulação estatal, inclusive utilizando a contratualização administrativa como instrumento para o caráter regulatório.

Floriano de Azevedo Marques Neto descreve que regulação estatal envolve "toda a atividade estatal sobre o domínio econômico que não envolva a assunção direta da exploração de atividade econômica (em sentido amplo)".[2] Já Marçal Justen Filho define a regulação econômico-social como a "atividade estatal de intervenção indireta sobre a conduta dos sujeitos públicos e privados, de modo permanente e sistemático, para implementar as políticas de governo e a realização dos direitos fundamentais".[3]

Insta pontuar que o jurista Marçal Justen Filho qualifica a regulação econômico-social, diferindo de outras definições que se restringem a descrever como regulação econômica. Segundo o autor, "toda regulação é concomitantemente econômica e social. Isso significa que a intervenção estatal no âmbito econômico corresponde sempre à promoção de valores sociais. Toda e qualquer atuação regulatória consiste num conjunto de providências econômicas e sociais".[4]

Sobre a importância da regulação, Jacques Chevallier defende que a regulação acarreta uma nova concepção do papel do Estado na economia, advogando favoravelmente ao seu papel de árbitro no processo econômico:[5]

---

[1] Outros países também estão no mesmo caminho para uma reanálise da regulação estatal.

[2] MARQUES NETO. Limites à abrangência e à intensidade da regulação estatal. *Revista Eletrônica de Direito Administrativo Econômico*, p. 3.

[3] JUSTEN FILHO. *Curso de direito administrativo*, p. 637.

[4] JUSTEN FILHO. *Curso de direito administrativo*, p. 637. No mesmo sentido, ainda que sob outro enfoque de que discordo parcialmente, Arnold Wald expressa que: "A visão realista do mundo contemporâneo considera que não há mais como distinguir o econômico do social, pois ambos os interesses se encontram e se compatibilizam na empresa, núcleo central da produção e da criação da riqueza, que deve beneficiar tanto o empresário como os empregados e a própria sociedade de consumo. Não há mais dúvida, entre os estadistas e os economistas, que são os lucros de hoje que, desde logo, asseguram a melhoria dos salários e que, em seguida, ensejam a criação dos empregos de amanhã, em virtude do reinvestimento dos ganhos obtidos pela empresa" (WALD; MORAIS; WALD. *O direito de parceria e a nova Lei de Concessões*, p. 30).

[5] "A regulação se distingue dos modos clássicos de intervenção do Estado na economia: ela consiste em supervisionar o jogo econômico, estabelecendo certas regras e intervindo de maneira permanente para amortecer as

A regulação implica uma nova concepção do papel do Estado na economia. Na teoria geral dos sistemas, a regulação compreende o conjunto dos processos pelos quais os sistemas complexos conseguem manter o seu estado estacionário, preservando os seus equilíbrios essenciais, malgrado as perturbações externas.

Falar da função regulatória do Estado pressupõe que o sistema econômico não possa atingir por si próprio o equilíbrio, que ela tenha necessidade da mediação do Estado para o alcançar. Essa visão se afasta do discurso neoliberal, que opõe à regulação estatal aquela que resulta da lógica do mercado: com efeito, o mercado permitiria atingir, pela confrontação e pela adequação das preferências individuais, a um funcionamento econômico e social ótimo; também conviria deixar operarem tanto quanto possível as disciplinas do mercado, evitando recorrer ao Estado.[6]

Dessa maneira, inconteste a função regulatória do Estado nos dias atuais, razão pela qual se discorrerá sobre uma ferramenta utilizada para induzir a missão e a mão regulatória do Estado para a implantação e a proteção dos fins colimados constitucionalmente, qual seja, a contratualização administrativa.

Segundo Jacques Chevallier, o procedimento contratual nas sociedades contemporâneas deflui um grande crescimento a ponto de aparecer como emblemático na pós-modernidade. De acordo com o autor, o fortalecimento do contrato é acompanhando *pari passu* da quebra, de um lado, uma concepção tradicionalista e autoritária diante das fronteiras entre contrato e ato unilateral e, de outro, pelo aparecimento de procedimentos mais flexíveis e informais de cooperação e de regulação sob variadas denominações.[7] Chevallier ainda aponta o relacionamento entre a função reguladora estatal por intermédio da contratualização:

> A contratualização da ação pública implica o reconhecimento do espaço de autonomia de que dispõem os diversos atores sociais com os quais o Estado é obrigado a negociar, na ausência de poder impor a sua vontade. A função de "regulador" doravante atribuída ao Estado na economia lhe impõe especialmente privilegiar a contratualização em face do enquadramento pela via regulamentar: o Estado não busca mais a impor a sua vontade pela coerção; ele discute com as empresas e se esforça em obter a sua colaboração, que não é jamais adquirida antecipadamente. O movimento de contratualização desborda largamente o domínio econômico para se estender aos diferentes campos de intervenção pública (ação social, meio ambiente, cultura...).[8]

Neste norte, Gustavo Justino de Oliveira também sinaliza que a nova contratualização administrativa é desenvolvida em bases negociais mais amplas se comparadas aos

---

tensões, compor os conflitos, assegurar a manutenção de um equilíbrio do conjunto; pela regulação, o Estado não se põe mais como ator mas como árbitro do processo econômico, limitando-se a enquadrar a atuação dos operadores e se esforçando para harmonizar as suas ações. A implantação dessa função pressupõe a reunião de diversas condições: uma posição de exterioridade relativamente ao jogo econômico; uma capacidade de arbitragem entre os interesses em jogo; uma ação contínua a fim de proceder aos ajustes necessários.

A regulação pressupõe o recurso a uma panóplia de meios de ação: a regulamentação (*rule-making*), a fiscalização (*monitoring*), a alocação dos direitos (*adjudication*), a composição dos litígios (*dispute resolution*). Se o seu exercício passa pelo canal do direito e supõe uma formalização jurídica, tal se dará segundo modalidades diferentes da regulamentação clássica: o 'direito da regulação' aparece como um direito maleável, pragmático, flexível, elaborado na relação estreita com os destinatários e continuamente revisado em função dos resultados obtidos" (CHEVALLIER. *O Estado pós-moderno*, p. 73).

[6] CHEVALLIER. *O Estado pós-moderno*, p. 72.

[7] CHEVALLIER. *O Estado pós-moderno*, p. 161.

[8] CHEVALLIER. *O Estado pós-moderno*, p. 161-162.

modelos contratuais tradicionais, direcionando-se "(i) para uma maior paridade entre Administração e particular e (ii) uma reforçada interdependência entre as prestações a cargo de ambas as partes".[9] Consequentemente, é inegável dizer que o maior diálogo e a abertura para consenso evitam condutas arbitrárias ou inapropriadas, as quais por vezes tornam inviável ou sacrificante uma parceira ou contrato administrativo.

Sobre esta mudança de parâmetro e a maior consensualização da Administração Pública em seus contratos, Odete Medauar explica que: "a expansão foi tamanha que surgiram locuções governo por contratos, direito administrativo pactualista, direito administrativo cooperativo, administração por acordos, contratualização das políticas públicas". Posteriormente, a autora ainda referencia historicamente que "na década de 90 do século XX emergiu o termo parceria, vinculado à contratualização, para abranger os diversos ajustes que expressam a colaboração entre entidades públicas ou entre entidades públicas e setor privado, ou, ainda, entre todas estas partes, envolvendo, assim, uma pluralidade de atores".[10]

Compete pontuar também que a Administração consensual ou concertada não pode ser visualizada como um desprestígio ou aniquilamento do ato administrativo, como aponta Almiro do Couto e Silva ao escrever que o "progresso da Administração Pública concertada ou consensual, da participação popular nas deliberações administrativas do Estado, que enriquecem o Direito Administração de nossos dias pelo saudável ar democrático que injetam, não pode ser visto como um fato de desprestígio do ato administrativo", e sim, pelo contrário, deve servir como "predicados que lhe permitem, com bons governantes, tornar ágil e eficiente a máquina administrativa do Estado Democrático de Direito".[11]

Sob a mesma ótica, Pedro Gonçalves propugna a importância da contratualização em sentido lato, alvitrando que os comentários coadunam com a parceirização descrita anteriormente por Odete Medauar:

> No início de um importante texto sobre a contratação pública, diz Jody Freeman que o moderno Estado administrativo se apresenta como um "contracting state", isto é, um Estado que interiorizou a "cultura do contrato" como um instrumento ao serviço de realização dos seus fins institucionais. Isso assume particular notoriedade perante a importância que o contrato adquiriu no domínio do estabelecimento de formas de cooperação e de colaboração entre Estado e actores privados na gestão de serviços públicos e na execução de funções públicas. Mas o mesmo deve ainda dizer-se acerca dos chamados "contratos regulatórios", que, em alguns sectores, tendem a substituir as tradicionais regulações unilaterais e autoritárias por uma ideia de "contractual governance".
>
> Embora se apresente com um espectro mais alargado, a contratação pública detém actualmente um relevo decisivo na reconfiguração do papel do Estado e no estabelecimento de pontes de cooperação com as entidades privadas. Neste sentido, o contrato representa um instrumento fundamental ao serviço das medidas de privatização no domínio da execução de tarefas públicas. Além dos clássicos contratos de concessão de obras e serviços públicos, o Estado recorre a outros modelos de *contracting out* e de *outsourcing*, por via dos quais

---

[9]   OLIVEIRA. A arbitragem e as parcerias público-privadas. *In*: SUNDFELD (Org.). *Parcerias Público-Privadas*, p. 567-606.

[10]   MEDAUAR. *Direito administrativo em evolução*, p. 212-213.

[11]   SILVA. Notas sobre o conceito de ato administrativo. *In*: SOUTO; OSÓRIO (Coord.). *Direito administrativo*: estudos em homenagem a Diogo Figueiredo Moreira Neto, p. 271-292, 291.

confia a entidades privadas a gestão de missões públicas ou a realização de trabalhos essenciais para o desempenho das tarefas públicas pelo próprio Estado.[12]

Como formas de expressão da Administração consensual, o modo de atuação estatal prima pela concertação administrativa e contratualização administrativa, as quais são explicadas por Gustavo Justino de Oliveira da seguinte forma:[13]

> Importa destacar que na concertação não há uma relação de subordinação entre a Administração e as entidades parceiras, pois subjacente a ela reside um processo de negociação para a composição de eventuais dissensos entre as partes, aspectos que pressupõe o reconhecimento da autonomia dos parceiros envolvidos. Daí empregar-se comumente a locução Administração paritária para caracterizar esta forma de administrar, fundada em módulos negociais. A contratualização administrativa retrata a substituição das relações administrativas baseadas na unilateralidade, na imposição e na subordinação por relações fundadas no diálogo, na negociação e na troca. [...] É a expansão do consensualismo administrativo que confere novos usos à categoria administrativa jurídica contrato no setor público. E em virtude da amplitude desse fenômeno, defende-se a existência de um módulo consensual da Administração Pública, o qual englobaria todos os ajustes — não somente o contrato administrativo — passíveis de serem empregados pela Administração Pública na consecução de suas atividades e atingimento de seus fins.[14]

Diante destas breves colocações, não se pode dissociar a regulação estatal via contrato administrativo da intervenção do Estado no campo da atividade econômica em sentido estrito. Para tanto, aproveita-se a classificação de Eros Roberto Grau que diferencia esta em três modalidades: (i) intervenção por absorção ou participação quando o Estado intervém diretamente no domínio econômico, mais precisamente na atividade econômica em sentido estrito como agente (sujeito) econômico;[15] (ii) intervenção por direção, "o Estado exerce pressão sobre a economia, estabelecendo mecanismos e normas de comportamento compulsório para os sujeitos da atividade econômica em sentido estrito"; e (iii) intervenção por indução, "o Estado manipula os instrumentos de intervenção em consonância e na conformidade das leis que regem o funcionamento dos mercados".[16]

No presente estudo, examinar-se-á a intervenção do Estado sobre o domínio econômico por intermédio da indução, mais precisamente quando se utiliza a regulação via contrato administrativo para a incitação de condutas desejáveis.[17]

---

[12] GONÇALVES, Pedro Antonio Pimenta. *Entidades privadas com poderes públicos*: o exercício de poderes públicos de autoridade por entidades privadas com funções administrativas, p. 330-331.

[13] Segundo Jacques Chevallier, "A esse título, o movimento de contratualização em curso se inscreve bem em um movimento muito mais geral, pois que os métodos de governança se desenvolvem em todos os níveis (local, nacional, internacional) e nas organizações de toda natureza (notadamente, as empresas)" (CHEVALLIER. *O Estado pós-moderno*, p. 163). A governança ora dita também é trabalhada sob o signo de nova gestão pública, como dito por Luis Villanueva (AGUILAR VILLANUEVA. *Gobernanza e gestión pública*, p. 144).

[14] OLIVEIRA. *Direito administrativo democrático*, p. 223-224.

[15] A absorção ocorre quando o Estado "assume integralmente o controle dos meios de produção e/ou troca em determinado setor da atividade econômica em sentido estrito; atua em regime de monopólio"; já a participação "o Estado assume o controle de parcela dos meios de produção e/ou troca em determinado setor da atividade econômica em sentido estrito; atua em regime de competição com empresas privadas que permanecem a exercitar suas atividades nesse mesmo setor" (GRAU. *A ordem econômica na Constituição de 1988*, p. 143).

[16] GRAU. *A ordem econômica na Constituição de 1988*, p. 143.

[17] "Qualquer ação estatal que repercuta na sociedade, criando, modificando ou extinguindo direitos e situações, pode ser concebida como uma forma de interferência do Estado". Nesse compasso, Célia Cunha Mello defende

Quanto à constitucionalidade da regulação estatal pela contratualização administrativa a partir da Constituição da República Federativa de 1988, explica-se.

O artigo 174 da Lei Maior prescreve que o Estado, como agente normativo e regulador da atividade econômica, exerce, na forma da lei, as funções de fiscalização, incentivo e planejamento, sendo que este será determinante para o setor público e indicativo para o setor privado.

Desse modo, o Estado poderá atuar tanto na fiscalização, planejamento e incentivo. No caso em debate, clama-se pela apreciação do papel do Estado brasileiro via contrato administrativo para determinar o incentivo de determinadas condutas.

Segundo Eros Roberto Grau, as normas de intervenção por indução estipulam "preceitos que, embora prescritivos (deônticos), não são dotados da mesma carga de cogência que afeta as normas de intervenção por direção". Portanto, a norma de intervenção por indução confere ao destinatário a alternativa de aderir ou não à prescrição nela veiculada. Caso haja a sua adesão, resultará em benefícios usufruídos pelo aderente.[18]

Quanto à ação estatal na intervenção por indução, salienta-se que o intuito do Estado é justamente que o aderente da medida estatal possa beneficiar-se ante os demais no mercado. O benefício exsurge como um prêmio àquele que realiza a conduta — seja positiva ou negativa — incitada pelo Estado.

Sobre a possibilidade de a indução externar-se a partir de termos positivos ou negativos, Eros Grau aduz:

> A sedução à adesão ao comportamento sugerido é, todavia, extremamente vigorosa, dado que os agentes econômicos por ela não tangidos passam a ocupar posição privilegiada nos mercados. Seus concorrentes gozam, porque aderiram a esse comportamento, de uma situação de donatário de determinado bem (redução ou isenção de tributo, preferência à obtenção de crédito, subsídio, v.g.), o que lhes confere melhores condições de participação naqueles mesmos mercados.
>
> Dois aspectos devo, no entanto, ainda pontualizar.
>
> O primeiro respeita ao fato de nem sempre a indução manifestar-se em termos positivos. Também há norma de intervenção por indução quando o Estado, v.g., onera por imposto elevado o exercício de determinado comportamento, tal como no caso de importação de certos bens. [...]
>
> O segundo aspecto, ao fato de que outras tantas vezes determinados comportamentos econômicos são induzidos não em razão da dinamização, pelo Estado, de normas de intervenção por indução, mas sim em decorrência da execução, por ele, de obras e serviços públicos de infra-estrutura, que tendem a otimizar o exercício da atividade econômica em sentido estrito em certos setores e regiões. Essa prática, de resto, é que também inúmeras vezes permite ao Estado, nos quadrantes da legalidade, por-se a serviço de interesses privados.[19]

Ressalta-se que o enaltecimento à atividade administrativa de fomento tem aparecido como um dos aspectos mais comentados da reforma estatal das últimas

---

que interferência estatal é gênero, compreendendo as espécies interferência em sentido estrito, cuja área de incidência é a vida privada, e intervenção, cuja área de incidência é a ordem econômica. Não se desconhece que existem autores que não distinguem interferência e intervenção, porém para o presente ensaio utilizar-se-á o raciocínio de Célia Cunha Mello (*O fomento da administração pública*. Belo Horizonte: Del Rey, 2003. p. 01-02).

18 GRAU. *A ordem econômica na Constituição de 1988*, p. 144-145.

19 GRAU. *A ordem econômica na Constituição de 1988*, p. 145.

décadas. Sobre o assunto, Diogo de Figueiredo Moreira Neto qualifica que se trata de um "direcionamento não coercitivo do Estado à sociedade, em estímulo das atividades privadas de interesse público. É uma atividade que se sistematiza e ganha consistência acoplada ao planejamento dispositivo".[20]

Por esta relevância, o autor infere que é "inegável que o fomento público, conduzido com liberdade de opção, tem elevado alcance pedagógico e integrador, podendo ser considerado, para um futuro ainda longínquo, a atividade mais importante e mais nobre do Estado".[21] Na mesma diretriz, Maria Sylvia Zanella Di Pietro conduz que diversas alterações têm se destacado em razão do Estado Subsidiário, dentre estas o crescimento de técnicas de fomento e o debate sobre o dever do Estado em fomentar, mais precisamente ajudando, estimulando, criando condições a fim de que os vários grupos de interesses busquem os seus próprios objetivos conciliados com o interesse público. Por tais razões, a autora descreve que com tais modificações:

> objetiva-se a "reforma do Estado", com vistas a fazer reverter os males instaurados pelo Estado intervencionista: de um lado, visto do lado do cidadão, quer-se restaurar e prestigiar a liberdade individual e a livre concorrência; isso leva às idéias de privatização, fomento, parceria com o setor privado; visto do lado do Estado, quer-se alcançar a eficiência na prestação dos serviços públicos, o que leva à idéia de desburocratização.[22]

Carlos Ari Sundfeld sustenta a necessidade de reconstrução da teoria da ação administrativa, a qual perpassa por três grandes setores, quais sejam: a administração de gestão, a administração fomentadora e a administração ordenadora. Desse modo, advoga explicitamente favorável à administração fomentadora como impreterível para uma nova concepção e análise da teoria da ação administrativa, sendo que ela deverá ser compreendida como "a função de induzir, mediante estímulos e incentivos — prescindindo, portanto, de instrumentos imperativos, cogentes — os particulares a adotarem certos comportamentos".[23]

Ao seu lado, José Roberto Pimenta Oliveira explana que, para o cumprimento dos objetivos constitucionais inerentes à estruturação do Estado Social e Democrático de Direito, desenhado pela Constituição, não há como a função administrativa restringir-se, na atualidade, ao campo ordenador e sancionatório. Via de consequência, o autor descreve que:

> Postulou-se da Administração uma crescente e cada vez mais complexa intervenção estatal no domínio social e econômico, formalizada, pela ordem jurídica, com a positivação de dever de prestar serviços públicos nos diversos campos em que o interesse da coletividade mandava uma presença ativa da atividade administrativa, considerados como atividades materiais vinculadas à existência da própria sociedade, passíveis de fruição direta pelos administrados, fornecidos pela Administração, sob regime de direito público.[24]

---

[20] MOREIRA NETO. *Mutações do direito administrativo*, p. 45.
[21] MOREIRA NETO. *Mutações do direito administrativo*, p. 45.
[22] DI PIETRO. *Parcerias na Administração Pública*, p. 39.
[23] SUNDFELD. *Direito administrativo ordenador*, p. 16. Em sentido análogo, Célia Cunha conceitua a administração fomentadora "como um complexo de atividades concretas e indiretas que o Estado desempenha despido do poder de autoridade, cujo labor se limita a promover e/ou incentivar atividades e regiões, visando melhorar os níveis de vida da sociedade" (MELLO. *O fomento da administração pública*, p. 38). Nos mesmos termos, *vide* SARMIENTO GARCÍA. *Derecho publico*, p. 647.
[24] OLIVEIRA. *Os princípios da razoabilidade e da proporcionalidade no direito administrativo brasileiro*, p. 514-515.

Para delinear o fomento em si, recorre-se a Silvio Luis Ferreira da Rocha que circunscreve o fomento como uma atividade teleológica, pautando-se pela finalidade a ser perseguida — satisfação das necessidades coletivas. Quanto à definição, o autor define a atividade de fomento de maneira descritiva e excludente, a partir da exposição de que a Administração poderá alcançar a satisfação das necessidades coletivas a partir de sua atuação de modo direto e imediato ou de modo indireto e mediato quando as atividades são prestadas pelos particulares, as quais foram incentivadas pela Administração, e servem para alcançar as necessidades coletivas.[25]

Fernando Garrido Falla descreve a atividade de fomento como "aquella actividad administrativa que se dirige a satisfacer indirectamente ciertas necesidades consideradas de carácter público protegiendo o promoviendo, sin emplear la coacción, las actividades de los particulares o de otros entes públicos que directamente las satisfacen".[26] Ecoando a mesma finalidade, porém pontuando que poderá alcançar os estabelecimentos particulares, Roberto Dromi define o fomento administrativo como uma "acción dirigida a proteger o promover las actividades y establecimientos de los particulares, que satisfagan necesidades públicas o que se estimen de utilidad general". O autor argentino posiciona-se ainda que a ideia predominante do fomento é que versa sobre uma atividade persuasiva ou de estímulo, sendo que a sua finalidade será obtida com o convencimento para que se faça algo ou se omita.[27]

No tocante ao fomento instigado pelo Estado a partir do contrato administrativo, tal situação pode ser visualizada a partir de algumas legislações brasileiras nos últimos anos, as quais têm induzido — ou fomentado — a intervenção estatal via contratualização administrativa visando ao desenvolvimento.

Das aludidas leis, chama-se a atenção para a Lei nº 12.349/2010, que trouxe algumas inovações na Lei Brasileira de Licitações e Contratos Administrativos (Lei nº 8.666/1993),[28] entre elas, a possibilidade de estabelecer uma margem de preferência para produtos manufaturados e para serviços nacionais que atendam a normas técnicas brasileiras. A referida margem de preferência poderá ser de até 25% e leva em consideração os seguintes fatores: geração de emprego e renda; efeito na arrecadação de tributos federais, estaduais e municipais; desenvolvimento e inovação tecnológica realizados no país; custo adicional dos produtos e serviços; e, em suas revisões, análise retrospectiva de resultados. Convém advertir que tal margem poderá ser estendida aos bens e serviços originários dos Estados Partes do Mercado Comum do Sul – Mercosul.

Além disso, restou inserido na Lei nº 8.666 que, para os produtos manufaturados e serviços nacionais resultantes de desenvolvimento e inovação tecnológica realizados no país, poderá ser estabelecida margem de preferência adicional àquela para produtos manufaturados e para serviços nacionais que atendam a normas técnicas brasileiras.

---

[25] ROCHA. *Terceiro setor*, p. 23.

[26] FALLA, Fernando Garrido *apud* ZOCKUM. *Da intervenção do Estado no domínio social*, p. 187.

[27] DROMI. *Derecho administrativo*, p. 1027.

[28] Convém relembrar sobre a competência para a legislação de licitações no Brasil, para tanto o professor Romeu Felipe Bacellar Filho leciona que a competência em licitações e contratos é concorrente, de acordo com o art. 22, XXVII, sendo que pela legislação, "a delimitação constitucional do tema prevê, ainda, em conformidade com o princípio federativo, que a matéria de licitações e contratos é de competência concorrente, de acordo com o art. 22, XXVII. Destarte, a norma em apreço é nacional somente quanto à emanação de seus preceptivos gerais". Assim, o autor explica que a Lei nº 8.666 possui normas gerais para todos os entes e também possui legislação específica competente tão só para a seara federal (BACELLAR FILHO. *Direito administrativo*, p. 111).

O Decreto Federal nº 7.546, de 02 de agosto de 2011, disciplinou sobre a margem de preferência normal, a margem de preferência adicional, a medida de compensação industrial, comercial ou tecnológica, o produto manufaturado nacional, o serviço nacional e o produto manufaturado estrangeiro e serviço estrangeiro. Segundo o artigo 3º, parágrafo 2º, os estados, o Distrito Federal e os municípios também poderão adotar as margens de preferências estatuídas pela União, ou seja, permitindo que se irradiem efeitos aos demais entes, o que *de per si* configura em assentir que os parágrafos quinto a décimo segundo do artigo 3º da Lei nº 8.666 seria norma especial, e norma geral.

Convém informar que o Governo Federal já estabeleceu a respectiva margem de preferência para aquisição de produtos de confecções, calçados e artefatos (Decreto Federal nº 7.756, de 14 de junho de 2012), aquisição de produtos médicos (Decreto Federal nº 7.767, de 27 de junho de 2012), aquisição de fármacos e medicamentos (Decreto Federal nº 7.713, de 03 de abril de 2012) e aquisição de produtos de confecções, calçados e artefatos (Decreto Federal nº 7.601, de 07 de novembro de 2011).[29]

Toda esta preocupação do Estado brasileiro na regulação estatal por intermédio do contrato administrativo encontra amparo na Constituição da República de 1988. Quando se aborda a preocupação estatal no incentivo ao desenvolvimento científico, pesquisa e capacitação tecnológica, alvitra-se do artigo 218 da Constituição que prescreve que "o Estado promoverá e incentivará o desenvolvimento científico, a pesquisa e a capacitação tecnológicas".

Justificando o *caput* do artigo 218, a Constituição também preceitua em seus parágrafos: (i) que a pesquisa científica receberá tratamento prioritário do Estado em razão do bem comum e o progresso das ciências; (ii) que a pesquisa tecnológica voltar-se-á preponderantemente para a solução dos problemas brasileiros e para o desenvolvimento do sistema produtivo nacional e regional; (iii) que o Estado apoiará a formação de recursos humanos nas áreas de ciência, pesquisa e tecnologia, e concederá aos que delas se ocupem meios e condições especiais de trabalho; e (iv) que a lei apoiará e estimulará as empresas que invistam em pesquisa, criação de tecnologia adequada ao país, formação e aperfeiçoamento de seus recursos humanos e que pratiquem sistemas de remuneração que assegurem ao empregado, desvinculada do salário, participação nos ganhos econômicos resultantes da produtividade de seu trabalho.

Para auxiliar na guarida constitucional desta indução estatal, insta recordar o artigo 219, o qual propugna que o mercado interno integra o patrimônio nacional e será incentivado de modo a viabilizar o desenvolvimento cultural e socioeconômico, o bem-estar da população e a autonomia tecnológica do país, nos termos de lei federal.

Luciano Ferraz, em precioso artigo, leciona a função regulatória da licitação pública enfocando inclusive que as medidas de regulação não precisam ser necessariamente via legislativa, mas também há a plena factibilidade de ocorrer a regulação por meio de "medidas administrativas, todas as vezes que a satisfação do interesse público por meio da licitação (e do contrato) estiver em jogo. A utilização dessas medidas atenderá basicamente a duas finalidades: a) garantia de competição no mercado,

---

[29] O regime de origem para compras governamentais, para efeitos de aplicação da margem de preferência, está regulamentado em ato infralegal, mais precisamente pela Portaria nº 279, de 18 de novembro de 2011, subscrita pelo Ministro de Estado do Desenvolvimento, Indústria e Comércio Exterior. A referida portaria, inclusive, preceitua o modelo de declaração a ser apresentado para quem se enquadrar.

estímulo, portanto à concorrência legal; b) garantia de qualidade nas contratações da administração pública".[30]

Na mesma esteira, Carlos Pinto Coelho Motta explica sobre a diferença de raciocínio e a interpretação nas finalidades da licitação, visto que "a consciência do momento em que vivemos pleiteia uma nova concepção da licitação, a ser doravante entendida como um procedimento que resguarde o marcado interno — integrante do patrimônio nacional — e que incentive o desenvolvimento cultural e socioeconômico do país, nos termos do art. 219 da Constituição Federal. É um conceito que incorpora a variável de 'fomento', decisiva para o tempo econômico atual".[31]

Fora estes preceitos constitucionais, anuvia-se que toda e qualquer interpretação constitucional no Brasil deve prezar pelos fundamentos e pelos objetivos fundamentais prescritos na Lei Maior. Sob este fluxo, a Constituição estabelece em seu artigo 1º que a cidadania, a dignidade da pessoa humana e os valores sociais do trabalho e da livre-iniciativa constituem-se como fundamentos da República Federativa do Brasil, já o artigo 3º galga como objetivos fundamentais, entre outros, a garantia do desenvolvimento nacional, a promoção do bem de todos sem qualquer preconceito e a erradicação da pobreza e da marginalização, bem como a redução das desigualdades sociais e regionais.

Posto isso, percebe-se claramente que a regulação realizada pela mudança suscitada nos contratos administrativos atende os fundamentos e os objetivos fundamentais da República Federativa do Brasil, o que *de per si* caracteriza mais uma ratificação da constitucionalidade de todas as medidas que sejam tomadas neste rumo.

Entrementes, além da margem da preferência, recorda-se que a mesma Lei nº 12.349 incluiu a possibilidade de que as contratações com esteio no artigo 24, inciso XXXI (dispensa de licitação), possam ser ajustadas pelo prazo de até 120 (cento e vinte) meses. O inciso XXXI versa sobre contratos com amparo na Lei de Inovação Tecnológica do Brasil (Lei nº 10.973/2004).

No mesmo sentido que se discorreu sobre a intervenção do Estado por indução, não se pode esquecer a intervenção estatal por meio das licitações públicas e contratos sustentáveis. A defesa do meio ambiente, como direito da terceira geração, inclusive possui peculiaridades no âmbito constitucional pátrio, isto porque um tratamento diferenciado conforme o impacto ambiental dos produtos e serviços de seus processos de elaboração e prestação constitui um princípio da ordem econômica constitucional brasileira (art. 170). Desta maneira, no momento em que se fala de comportamentos estimulados para o respeito ao meio ambiente e de resguardar o impacto ambiental dos objetos licitados, reflete-se a concreção e efetivação da Constituição.[32]

Até porque o artigo 225 da Lei Maior também prescreve que todos têm direito ao meio ambiente ecologicamente equilibrado, bem de uso comum do povo e essencial à sadia qualidade de vida, impondo-se ao Poder Público e à coletividade o dever de defendê-lo e preservá-lo para as presentes e futuras gerações. Nesta diretriz, a necessidade e adequação das licitações brasileiras à sustentabilidade socioambiental é uma medida imprescindível para o respeito e harmonia dos atos infralegais — como é o caso

---

[30] FERRAZ. Função regulatória da licitação. *Revista Eletrônica de Direito Administrativo Econômico*, p. 13.

[31] MOTTA. *Eficácia nas licitações e contratos*, p. 104.

[32] Sobre a regulação para o incentivo de condutas que visam à proteção ambiental e práticas de consumo e produção sustentável, *vide* DROMI. *La revolución del desarrollo*: inovaciones en la gestión pública, p. 114-118.

de um instrumento convocatório e de um contrato administrativo — à norma maior de validade do sistema jurídico pátrio.[33]

No âmbito brasileiro, sem desconhecer a existência de outros atos normativos importantes para o dever de licitações e contratos administrativos sustentáveis (*v.g.* Lei nº 6.938/1981, Lei nº 112.187/2009 e Lei nº 12.305/2010), houve a inserção pela Lei nº 12.349/2010 da expressão "promoção do desenvolvimento nacional sustentável" como finalidade da licitação pública no Brasil e a regulamentação no âmbito federal das licitações e contratos sustentáveis pela Instrução Normativa SLTI/MPOG nº 01, de 19 de janeiro de 2010.[34] [35]

Neste ano de 2012, o Governo Federal publicou o Decreto nº 7.746, de 05 de junho de 2012, que regulamenta o art. 3o da Lei no 8.666, de 21 de junho de 1993, para estabelecer critérios, práticas e diretrizes gerais para a promoção do desenvolvimento nacional sustentável por meio das contratações realizadas pela Administração Pública federal direta, autárquica e fundacional e pelas empresas estatais dependentes, e institui a Comissão Interministerial de Sustentabilidade na Administração Pública (CISAP). Nos termos do Decreto nº 7.746, a Administração Pública federal direta, autárquica e fundacional e as empresas estatais dependentes poderão adquirir bens e contratar serviços e obras considerando critérios e práticas de sustentabilidade objetivamente definidos no instrumento convocatório, sendo que a adoção de critérios e práticas de sustentabilidade, com especificação técnica do objeto ou como obrigação da contratada, deverá ser justificada nos autos e preservar o caráter competitivo do certame.

Além disso, o Governo Federal ressaltou que são diretrizes de sustentabilidade, entre outras: (i) menor impacto sobre recursos naturais como flora, fauna, ar, solo e água; (ii) preferência para materiais, tecnologias e matérias-primas de origem local; (iii) maior eficiência na utilização de recursos naturais como água e energia; (iv) maior geração de empregos, preferencialmente com mão de obra local; (v) maior vida útil e menor custo de manutenção do bem e da obra; (vi) uso de inovações que reduzam a pressão sobre recursos naturais; e (vii) origem ambientalmente regular dos recursos naturais utilizados nos bens, serviços e obras.

Como se verifica, a regulação estatal via contratos administrativos tem demonstrado a sua incidência e a sua necessidade para que os próprios comandos constitucionais possam ser efetivados, mormente no aspecto de fomento (indução) de determinadas atividades que sejam de manifesto interesse público.[36]

---

[33] Não esquecendo dos fundamentos e dos objetivos fundamentais da República Federativa do Brasil nos artigos 1º e 3º da Lei Maior que também servem de guarida para a interpretação constitucional desta regulação.

[34] Convém observar que existiam diversos decretos e regulamentações estaduais que já disciplinavam ou inseriam algumas ferramentas para colimar a sustentabilidade das contratações públicas no Brasil. Por exemplo, Lei do Estado de São Paulo nº 11.878, de 19 de janeiro de 2005, Decreto Estadual do Paraná nº 6.252/2006, etc.

[35] Sobre a função social da licitação pública e o desenvolvimento sustentável, *vide*: FERREIRA. Função social da licitação pública: o desenvolvimento nacional sustentável (*no e do Brasil, antes e depois da MP 495/2010*). *Fórum de Contratação e Gestão Pública – FCGP*, p. 49-64. Ademais, rememora-se da passagem de Jacques Chevallier que: "O conceito de desenvolvimento sustentável (*sustainability*) significa que o crescimento econômico não poderá se fazer em detrimento do ecossistema: o meio ambiente é considerado doravante como um 'patrimônio comum', que convém salvaguardar para o bem-estar das gerações presentes e futuras; a consolidação do direito internacional do meio ambiente traduziu um reequilíbrio do direito da globalização" (CHEVALLIER. *O Estado pós-moderno*, p. 41).

[36] Além destas medidas, lembra-se da intervenção estatal nos contratos administrativos pela Lei Complementar nº 123, a qual concede um tratamento diferenciado às microempresas e empresas de pequeno porte. Sobre este estímulo à contratação de microempresas e empresas de pequeno porte na América do Sul, *vide* a obra *Segurança jurídica: os aspectos políticos, legais e econômicos no Brasil e na América do Sul*.

Como muito bem ministrado por Floriano de Azevedo Marques Neto, a regulação é "imperativa sempre que a capacidade dos atores econômicos ou põe em risco um valor de natureza coletiva (o meio ambiente, o uso de um bem escasso, um serviço de relevância social), ou se mostra insuficiente para se atingir uma finalidade de interesse geral da coletividade (a universalização de um serviço, a acessibilidade de uma comodidade, o incremento da competição, a satisfação dos usuários de um bem essencial, etc..)".[37] Até porque Chevallier pontua que "o novo papel desempenhado pelo Estado na economia não se reduz, no entanto, a uma simples função de regulação: ele se traduz também por uma intervenção ativa no jogo econômico, tomando em conta o contexto de interdependência ligado ao processo de globalização".[38]

Ante o breve arrazoado para que se possa refletir os meios e instrumentos utilizados pelo Estado brasileiro para a regulação estatal, principalmente via contratos administrativos, deve-se lembrar sempre que o Estado, na busca do desenvolvimento, deverá efetivar, com a devida cautela e planejamento, todas as medidas possíveis e existentes no sistema jurídico para o alcance e a satisfação do interesse público.[39]

Referências

AGUILAR VILLANUEVA, Luis F. *Gobernanza e gestión pública*. México: FCE, 2006.

BACELLAR FILHO, Romeu Felipe. *Direito administrativo*. 4. ed. São Paulo: Saraiva, 2008.

CHEVALLIER, Jacques. *O Estado pós-moderno*. Tradução Marçal Justen Filho. Belo Horizonte: Fórum, 2009.

DEPARTAMENTO DA INDÚSTRIA DA CONSTRUÇÃO – DECONCIC. *Segurança jurídica*: os aspectos políticos, legais e econômicos no Brasil e na América do Sul. São Paulo: FIESP, 2010.

DI PIETRO, Maria Sylvia Zanellla. *Parcerias na Administração Pública*. 5. ed. São Paulo: Atlas, 2005.

DROMI, Roberto. *Derecho administrativo*. 10. ed. Buenos Aires: Ciudad Argentina, 2004.

DROMI, Roberto. *La revolución del desarrollo*: inovaciones en la gestión pública. Buenos Aires: Ciudad Argentina; Madrid: Hispania Libros, 2007.

FERRAZ, Luciano. Função regulatória da licitação. *Revista Eletrônica de Direito Administrativo Econômico*, Salvador, n. 19, ago./out. 2009. Disponível em: <http://www.direitodoestado.com.br.> Acesso em: 12 jul. 2012.

FERREIRA, Daniel. Função social da licitação pública: o desenvolvimento nacional sustentável (*no e do* Brasil, antes e depois da MP 495/2010). *Fórum de Contratação e Gestão Pública – FCGP*, Belo Horizonte, ano 9, n. 107, p. 49-64, nov. 2010.

GONÇALVES, Pedro Antonio Pimenta. *Entidades privadas com poderes públicos*: o exercício de poderes públicos de autoridade por entidades privadas com funções administrativas. Coimbra: Almedina, 2008.

GRAU, Eros Roberto. *A ordem econômica na Constituição de 1988*. 15. ed. São Paulo: Malheiros, 2012.

JUSTEN FILHO, Marçal. *Curso de direito administrativo*. 8. ed. Belo Horizonte: Fórum, 2012.

---

[37] MARQUES NETO. Limites à abrangência e à intensidade da regulação estatal. *Revista Eletrônica de Direito Administrativo Econômico*, p. 13.

[38] CHEVALLIER. *O Estado pós-moderno*, p. 73.

[39] O planejamento é fator indispensável para o sucesso do Estado em suas missões, razão pela qual Daniel Gómez manifesta que "la planeación y la programación son factores de trascendencia e importancia en la administración puesto que establecen las líneas de política y las acciones concretas que el gobierno debe realizar para satisfacer las necesidades colectivas" (MÁRQUEZ GÓMEZ. *Calidad en la administración pública*, p. 15).

MARQUES NETO, Floriano Azevedo. Limites à abrangência e à intensidade da regulação estatal. *Revista Eletrônica de Direito Administrativo Econômico*, Salvador, n. 4, nov./jan. 2005/2006. Disponível em: <http://www.direitodoestado.com.br>. Acesso em: 17 jul. 2012.

MÁRQUEZ GÓMEZ, Daniel. *Calidad en la administración pública*. México: Fondo Editorial Jurídico, 2007.

MEDAUAR, Odete. *Direito administrativo em evolução*. 2. ed. São Paulo: Revista dos Tribunais, 2003.

MELLO, Célia Cunha. *O fomento da Administração Pública*. Belo Horizonte: Del Rey, 2003.

MOREIRA NETO, Diogo de Figueiredo. *Mutações do direito administrativo*. 3. ed. Rio de Janeiro: Renovar, 2007.

MOTTA, Carlos Pinto Coelho. *Eficácia nas licitações e contratos*. 12. ed. Belo Horizonte: Del Rey, 2011.

OLIVEIRA, Gustavo Justino de. A arbitragem e as parcerias público-privadas. *In*: SUNDFELD, Carlos Ari (Org.). *Parcerias público-privadas*. São Paulo: Malheiros, 2005. p. 567-606.

OLIVEIRA, Gustavo Justino de. *Direito administrativo democrático*. Belo Horizonte: Fórum, 2010.

OLIVEIRA, José Roberto Pimenta. *Os princípios da razoabilidade e da proporcionalidade no direito administrativo brasileiro*. São Paulo: Malheiros, 2006.

ROCHA, Silvio Luis Ferreira da. *Terceiro setor*. 2. ed. São Paulo: Malheiros, 2006.

SARMIENTO GARCÍA, Jorge. *Derecho publico*. 2. ed. Buenos Aires: Ediciones Ciudad Argentina, 1998.

SILVA, Almiro do Couto e. Notas sobre o conceito de ato administrativo. *In*: SOUTO, Marcos Juruena Villela; OSÓRIO, Fábio Medina (Coord.). *Direito administrativo*: estudos em homenagem a Diogo Figueiredo Moreira Neto. Rio de Janeiro: Lumen Juris, 2006. p. 271-292.

SUNDFELD, Carlos Ari. *Direito administrativo ordenador*. São Paulo: Malheiros, 2003.

WALD, Arnoldo; MORAIS, Luiza Rangel de; WALD, Alexandre de M. *O direito de parceria e a nova Lei de Concessões*. São Paulo: Revista dos Tribunais, 1996.

ZOCKUM, Carolina Zancaner. *Da intervenção do Estado no domínio social*. São Paulo: Malheiros, 2009.

Informação bibliográfica deste texto, conforme a NBR 6023:2002 da Associação Brasileira de Normas Técnicas (ABNT):

REIS, Luciano Elias. A regulação do Estado brasileiro e a contratualização administrativa. *In*: BACELLAR FILHO, Romeu Felipe; HACHEM, Daniel Wunder (Coord.). *Direito público no Mercosul*: intervenção estatal, direitos fundamentais e sustentabilidade: anais do VI Congresso da Associação de Direito Público do Mercosul: homenagem ao Professor Jorge Luis Salomoni. Belo Horizonte: Fórum, 2013. p. 81-92. ISBN 978-85-7700-713-4.

EFICIÊNCIA E GESTÃO: DO AGIR AO CONTROLE NA ATIVIDADE INTERVENTIVA ECONÔMICA ESTATAL

MARCIA CARLA PEREIRA RIBEIRO
CRISTIANE SCHWANKA

1 Introdução

O artigo propõe uma reflexão acerca da ideia de eficiência econômica como atributo desejável da Administração Pública, tomando-se eficiência como a aptidão de satisfazer as necessidades públicas, com o menor encargo possível, do modo menos oneroso e extraindo-se a maior qualidade na sua execução.

O tema é especialmente instigante quando se percebe que as sociedades organizadas têm se tornado progressivamente mais informadas e por consequência mais exigentes quanto à busca de soluções para suas demandas, assim como em termos de execução eficiente, sem desperdício de recursos e voltada para a produção do resultado de interesse público a que se destinam.

Conceber um modelo adequado de Administração Pública eficiente pressupõe compreender que a própria definição de Estado precisa ser instrumentalizada para atender às demandas de interesse público, já que pode ser tomado como instrumento da ação coletiva de um país.[1]

Eficiência que também deve ser observada no momento da opção pelo administrador público com relação ao modelo de organização que será adotado com vistas ao exercício da atividade interventiva econômica.

O artigo principia por destacar como o princípio da eficiência pode ser associado à estrutura organizacional do Estado. Na sequência, são tecidas algumas considerações com relação à importância da busca da eficiência na condução administrativa das organizações. Depois, o artigo volta-se de forma mais específica à opção administrativa de gestão que se apresenta pela via das sociedades estatais. A partir daí, o estudo apresenta algumas considerações preliminares sobre a possibilidade de substituição da opção interventiva direta pela atividade de controle para, em sua parte final, apresentar um esboço acerca de novos modelos organizacionais do Estado — sempre pautados no princípio

---

[1] Sobre o tema: BRESSER-PEREIRA. É o Estado capaz de se autorreformar?. *Desigualdade & Diversidade – Dossiê Especial*.

da eficiência —, indicando a necessidade de adaptação do ambiente institucional para que o afastamento eficiente da atuação direta não seja prejudicado pelas distorções do mercado, quando se tem por foco a prestação de serviços de interesse público.

2 Estrutura organizacional do Estado e eficiência

No âmbito das sociedades empresarias do setor privado exsurge nítido que o resultado positivo de determinada atividade econômica está em muito associado à eficiência dos atos de gestão administrativa. Torna-se interessante questionar se esta constatação pode ser direcionada também à administração pública.

A Constituição da República, ao consagrar os princípios aplicáveis à administração pública vai além daqueles que lhe são tradicionalmente associados e que se relacionam à moralidade e à legalidade. O texto constitucional hoje contempla também o princípio da eficiência da administração pública, expressando um atributo que já se encontrava consagrado relativamente à administração das empresas privadas. Afinal, se o desperdício ou má aplicação de recursos privados é pouco tolerável em termos de racionalidade econômica privada, é absolutamente indesejável no que se refere aos recursos públicos.

Uma gestão pouco eficiente em termos de administração pública, ainda mais ao se considerar o Estado no exercício direto da atividade econômica, pode significar a estagnação das ações que buscam a redução da desigualdade socioeconômica que ainda impera na sociedade brasileira.

A organização estatal é heterogênea e complexa:

> O Estado, portanto, é constituído, de um lado, pela lei e pelas políticas públicas, e, de outro, pela administração pública — esta entendida como organização pública soberana. Uma organização formada e dirigida por oficiais públicos eleitos e não-eleitos, ou, em outras palavras, por políticos, servidores públicos e militares, cabendo aos primeiros a definição da lei e das políticas públicas e aos segundos, participar dessa formulação de políticas e executá-las.[2]

Esta heterogeneidade é um complicador a ser superado na busca da eficiência. Eficiência, efetividade e eficácia são conceitos fundamentais se existe a pretensão de contribuição ao desenvolvimento econômico e social de uma nação. Eficácia pode ser compreendida como o resultado do cotejo entre o objetivo que se pretende alcançar e os resultados obtidos, enquanto efetividade relaciona-se à própria potencialidade de produção de resultados. Eficiência, a seu turno, está diretamente ligada à obtenção dos melhores resultados possíveis mediante estratégias que minimizem custos.[3]

Ao se tomar em consideração que os recursos disponíveis aos administrador público são escassos e as potencialidades de seu uso enormes, a ação administrativa será efetiva se dotada da habilidade à produção dos resultados pretendidos — estabelecidos por intermédio da fixação de políticas públicas. Terá sua eficácia medida a partir do

---

[2] BRESSER-PEREIRA. Reforma gerencial do Estado, teoria política e ensino da Administração Pública. *Revista de Gestão Pública*, p. 4.

[3] BITTENCOURT. Princípio da eficiência. *In*: RIBEIRO; KLEIN (Coord.). *O que é análise econômica do direito*: uma introdução, p. 29.

cotejo entre os resultados pretendidos e realizados. E ainda, relembre-se mais uma vez a característica da escassez dos recursos e a abundância das demandas, será tão mais eficiente quanto puder espelhar a busca do melhor uso dos recursos, empregados na prestação de serviços adequados para a persecução do interesse público.

Ainda que a definição de interesse público seja por si só um tema bastante complexo — basta lembrar que a definição deste interesse decorre de opções políticas e que estas não são necessariamente previsíveis ou compreensíveis — é certo que o aprimoramento das sociedades e a melhoria da qualidade de vida geram novas dimensões de demandas que, se forem incorporadas politicamente, adquirem o caráter de interesse público.

É certo ainda que nem todas as demandas sociais devem ou podem ser satisfeitas pela ação do Estado, pois algumas e várias delas atrelam-se aos mais diversos centros de poder de origem não estatal ou, ainda, com formatos híbridos. A realidade impõe constantes desafios de gestão administrativa eficiente, de forma a que sejam passíveis de concretização os interesses conexos à ação direta do Estado.

O desafio pressupõe que as atenções sejam voltadas ao modelo de gestão administrativa adotado num determinado tempo e espaço. É visível que a capacidade governamental de atender a certas demandas da sociedade com eficiência é frequentemente colocada em xeque, chegando-se até com certa frequência nos tempos atuais ao abandono de forma definitiva de sua execução direta de parte do Estado, como fruto da constatação de uma absoluta incapacidade operacional.

No campo do exercício direto da atividade econômica de parte do Estado, por intermédio das sociedades estatais, não são menores os desafios da contemporaneidade. Basta que se inicie uma reflexão acerca da adequabilidade da permanência da figura do Estado-empresário no atual contexto econômico em que a sociedade sofre com a deficiência na prestação de alguns serviços públicos essenciais que ainda permanecem sob o monopólio estatal ou são executados mediante concessões a empresas estatais integrantes da estrutura dos entes federativos.

Tome-se em conta, ainda, que a Administração Pública é um centro de poder, o que lhe possibilita ter identidade própria.[4] O governo, órgão político-administrativo que integra a estrutura orgânico-administrativa do Estado, mantém um poder de barganha política que lhe permite barganhar apoio político e cargos administrativos inseridos no âmbito orgânico da Administração Pública. Este poder de barganha atinge desde ministérios até cargos de direção em empresas públicas, e autarquias, inclusive em relação a entidades administrativas independentes, "constituindo um verdadeiro 'Estado do(s) partido(s) do governo' e uma Administração 'paralela' fundada em uma relação política em detrimento de uma relação jurídico-administrativa".[5]

O pluralismo organizacional e funcional do Estado sinaliza a necessidade de modernização de seu enquadramento jurídico-político, inclusive para que sejam respeitados os limites constitucionais impostos ao exercício de atividade econômica pelo Estado.

Considerando as características dos modelos político e de administração implementados no país, é possível aquilatarem-se as dificuldades no estabelecimento de parâmetros para o adequado exercício da função estatal no campo econômico do

---

[4] FREITAS. *A fragmentação administrativa do Estado*: fatores determinantes, limitações e problemas jurídico-políticos, p. 50.

[5] FREITAS. *A fragmentação administrativa do Estado*: fatores determinantes, limitações e problemas jurídico-políticos, p. 269.

desenvolvimento. Desenvolvimento que, na tradição nacional, sempre esteve, de uma forma ou outra, relacionado às empresas estatais, especialmente àquelas que exercem atividade econômica inserida na categoria dos serviços públicos.

A fragmentação administrativa do Estado permite a opção por estruturas públicas administrativas que conduzem ao compartilhamento de gestão com o setor privado, tal como ocorre com as sociedades de economia mista, empresas controladas majoritariamente pelo Estado e com personalidade jurídica de direito privado, as quais são classificadas por parte da doutrina administrativista como sendo "instrumentos personalizados da ação do Poder Público".[6]

A busca pela eficiência na gestão privada, conforme já apontado, pode e deve ser transplantada para a gestão pública. Na sociedade de economia mista, por sua vez, duplica-se a fundamentação em prol do princípio da eficiência. Nela a eficiência privada se escancara em razão de sua natureza empresarial e personalidade jurídica de direito privado, aliando-se à eficiência pública, decorrente da existência de investimentos públicos e do comando de gestão — via controle acionário — público, assim como associada aos interesses coletivos justificadores de sua criação, cuja existência pode estar atrelada às demandas crescentes relacionadas aos serviços públicos, alguns dotados de essencialidade.

A natureza do processo de escolha estatal, por vezes eminentemente política, não permite a aplicação exclusiva da lógica de meios e resultados, porém, esta constatação não elide a valorização da adoção de estratégias eficientes de parte do administrador público, inclusive quando da eleição da estrutura que será escolhida com vistas aos resultados pretendidos, se pela adoção de modelos de intervenção indireta no econômico — por meio da ação das agências e outras composições administrativas de caráter técnico — ou pela manutenção e criação de estruturas societárias comandadas pela pessoa jurídica de direito público.

Acrescente-se aos elementos de reflexão já apontados que a moderna orientação da gestão dos interesses públicos está marcada pela administração participativa, pelas decisões negociadas, pela conciliação de interesses, pelo respeito às particularidades de cada caso concreto e pela razoabilidade na aplicação das leis.[7]

3 Administração e eficiência

Administrar é uma tarefa de todos os dias, tarefa de condução das atividades de uma determinada organização.

A Lei das Sociedades Anônimas em seu art. 153, assim como o Código Civil, art. 1.011, estabelecem como dever do administrador agir em conformidade com os padrões do homem ativo e probo. Na verdade, o dever de diligência do administrador ou empresário profissional em muito sobrepuja o padrão associado ao que se espera do homem comum. Para além da expectativa de cumprimento de suas atribuições segundo padrões do bom pai de família, o ambiente competitivo exige do administrador uma conduta no sentido da busca permanente da qualidade e da eficiência.

---

[6] BANDEIRA DE MELLO. *Grandes temas de direito administrativo*, p. 329.

[7] DALLARI. Privatização, eficiência e responsabilidade. *In*: MOREIRA NETO (Coord.). *Uma avaliação das tendências contemporâneas do direito administrativo*, p. 220.

No setor estatal, identificam-se caracteres especiais:

Naturalmente como é preciso administrar as organizações privadas, é preciso administrar o aparelho do estado, geri-lo de forma eficiente. E isto se torna especialmente importante quando o Estado se torna um Estado Social e assume a execução de grandes serviços sociais e científicos. Mas o essencial na administração pública, aquilo que a distingue radicalmente das organizações privadas, é sua soberania, é seu poder de Estado, é a capacidade dos políticos de definir boas leis e políticas públicas, e a capacidade dos servidores de executá-las.[8]

Vale dizer, nas organizações privadas os primados de gestão não podem se afastar da busca da eficiência, mas estas organizações são dotadas de apenas relativa autonomia, já que estão subordinadas ao ambiente institucional no qual atuam e, entre as instituições — que fixam as regras do jogo —, sujeitam-se obrigatoriamente ao sistema normativo aplicável.

Não se pode negligenciar a possibilidade de influência das organizações privadas sobre a formulação das instituições formais, o que não é desconhecido pela teoria, especialmente pelos cânones da escola da Nova Economia Institucional.[9] No entanto, o Estado é o titular por excelência do poder de formulação das políticas públicas, de edição normativa e é dotado da aptidão de contratação de profissionais habilitados ao exercício das atividades relacionadas às de sua competência. Tais prerrogativas podem ser interpretadas como potenciais facilitadores no estabelecimento de um aparato de gestão eficiente. Ao menos em teoria, em razão destas suas peculiaridades, pode-se concluir que a autonomia absoluta do Estado cria condições ótimas para a tomada de decisões e providências dentro dos melhores critérios de eficiência em termos de gestão, principalmente em razão de seu poder formulador de normas.

Sob essa concepção, a gestão pública precisa abrir espaços para novas formas e novos instrumentos de atuação que concorram para minimizar o risco de erro e de fracassos na condução da coisa pública, aptos a solucionar os problemas com vistas à concretização do interesse público. No âmbito da intervenção no domínio econômico uma das formas disponíveis é a das já mencionadas sociedades estatais.

Porém, quando se analisa historicamente a opção pelas estatais, particularmente as sociedades de economia mista, Marcos Juruena Villela Souto,[10] parafraseando Hely Lopes Meirelles, destaca que, no que se refere ao surgimento de sociedades empresariais estatais, fatores de natureza econômica, política, administrativa e social foram utilizados como fundamento para sua criação, sem que houvesse um programa previamente estabelecido. Vale dizer, as sociedades estatais normalmente são pensadas e criadas para a solução de demandas relacionadas a determinado tempo e lugar e não como parte de uma estratégia geral de desenvolvimento. No campo econômico, aduz que foi a necessidade de fornecer infraestrutura ao desenvolvimento, o fomento aos negócios privados e a obtenção de vantagens com a produção de bens e serviços, ainda que alguns destes

---

[8] BRESSER-PEREIRA. Reforma gerencial do Estado, teoria política e ensino da Administração Pública. *Revista de Gestão Pública*, p. 4-5.

[9] Sobre o tema: RIBEIRO; AGUSTINHO. Economia institucional e nova economia institucional. *In*: RIBEIRO; KLEIN (Coord.). *O que é análise econômica do direito*: uma introdução, p. 121-128.

[10] SOUTO. *Direito administrativo da economia*, p. 65.

já estivessem disponíveis no mercado; no campo político, a preocupação foi voltada à segurança do país; em sede administrativa, a ideia prevalente foi a descentralização; os fatores sociais motivaram a produção de bens e serviços a preços mais acessíveis à população de baixa renda. "O que define a sociedade de economia mista é a participação ativa do poder público na vida e realização da empresa [...] o que importa é que se lhe reserva, por força de lei ou convenção, o poder de atuar nos negócios sociais",[11] ou seja, por meio destas empresas o Estado dota-se de uma roupagem que lhe permite atuar como um empresário.

A ação empresarial do Estado, especialmente pela via da sociedade de economia mista, por força de sua origem focada na busca de soluções específicas — ainda mais quando voltadas à oferta de serviços — e não como integrante de um projeto geral de desenvolvimento, terá o seu desempenho concreto associado à imposição do menor encargo possível aos usuários e a que o serviço prestado satisfaça às necessidades do usuário, extraindo-se dos recursos nele empregados a maior qualidade possível.[12]

Nas sociedades de economia mista, no entanto, além dos resultados específicos em termo de oferta de serviços e preços acessíveis, em razão da associação do capital público e privado, o administrador se depara com a necessidade de consideração do interesse privado dos investidores,[13] este, normalmente associado à busca do lucro, gerando uma complexidade de gestão ainda mais evidente. Complexidade que precisa ser ultrapassada para que permaneça o interesse de parte dos investidores privados, minimizando, por consequência, a necessidade de investimento de recursos públicos (em razão de sua escassez e da existência de carência em outras áreas de interesse público).[14]

Há, portanto, a possibilidade de opção interventiva do Estado pela via da regulamentação, assim como pelo exercício de atividades econômicas por intermédio das sociedades estatais. Estas, por sua vez, incluem investimentos exclusivamente públicos — caso das empresas públicas — e os investimentos associativos do capital público e privado — como nas sociedades de economia mista.

O Estado brasileiro, ao longo da história, tem demonstrado as suas escolhas gerenciais, seja quando da escolha da forma de intervenção, seja pelas estratégias de gestão empregadas nas formas societárias estatais.

Parâmetros de eficiência conduzem a que se projete no administrador público o dever de identificação do modelo de estrutura estatal adequado ao desenvolvimento da moderna função administrativa, que possa contribuir com respostas às complexas questões envolvidas na execução e prestação de serviços públicos, com vistas a maximizar o valor comum de bens e serviços colocados à disposição da coletividade.

Cabe ao administrador público integrar as diversas possibilidades, mediante considerações técnicas que permitam concluir sobre os prós e contras, custos e benefícios da opção interventiva. Somente a transparência na atuação estatal permitirá o

---

[11] SOUTO. *Direito administrativo da economia*, p. 66.

[12] GROTTI. Teoria dos serviços públicos e sua transformação. *In*: SUNDFELD (Coord.). *Direito administrativo econômico*, p. 60.

[13] Sobre a gestão societária das sociedades de economia mista: RIBEIRO; ALVES; CHEDE. Gestão das empresas estatais: uma abordagem dos mecanismos societários e contratuais. *In*: PRÊMIO DEST MONOGRAFIAS: Empresas Estatais, 2005-2008, p. 35-86.

[14] RIBEIRO; ALVES; CHEDE. Gestão das empresas estatais: uma abordagem dos mecanismos societários e contratuais. *In*: PRÊMIO DEST MONOGRAFIAS: Empresas Estatais, 2005-2008, p. 35-86.

aperfeiçoamento do canal democrático em contextos amplos de políticas públicas, acarretando ao administrado a possibilidade de identificação das escolhas, das expectativas e dos resultados.

É nesse contexto que o emprego eficiente de recursos públicos deve ser compreendido como prioridade no planejamento, orçamento e execução das atividades estatais, uma vez que as políticas públicas competem constitucionalmente à Administração Pública.

4 A opção societária

Em termos de ferramenta de gestão, a opção societária precisa ser vista a partir das determinações constitucionais e sob o filtro da eficiência.

Sob a égide do princípio da economicidade, tem-se que o Estado, ao fazer escolhas relativamente ao ambiente econômico, deve buscar o resultado final que seja sempre mais vantajoso do que os custos sociais envolvidos, isto é, dirigido ao máximo bem-estar da comunidade a ser obtido com pleno respeito da justiça e ética.[15]

A essencialidade do fenômeno econômico e o direcionamento jurídico da posição do Estado na ordem econômica estão consignados, principalmente, nos artigos 173 e 174 da Constituição, cujos dispositivos definem o papel do Estado no que se refere à exploração direta da atividade econômica e sua atuação como agente normativo e regulador da atividade econômica, respectivamente.

A redação do art. 173 dá a exata noção da excepcionalidade da atuação empresarial do Estado, condicionando-a a imperativos de relevante interesse coletivo ou motivos relacionados à segurança nacional. Conjugado a outros princípios daquela mesma alçada, como o da liberdade de iniciativa, de concorrência e de exercício empresarial, pode-se concluir que o agente econômico por excelência é o privado e não o Estado. Até mesmo a possibilidade de participação do Estado como acionista em empresas limita-se à excepcionalidade que decorre do texto do art. 173.

A conjugação dos preceitos constitucionais confere ao Estado, em termos de agir econômico, o papel preponderante de agente normativo e regulador da atividade econômica. Não há qualquer obstáculo constitucional — deixando-se de lado neste momento referência às questões políticas, partidárias e ideológicas que interferem na escolha do administrador público — a que se chegue à conclusão de que o Estado deve afastar-se paulatinamente da execução de atividades econômicas, deixando essas à esfera privada, devidamente regulada e regulamentada.

> Se assistimos a uma acelerada diminuição do intervencionismo direto do Estado, isso não significa dizer que, automaticamente, assistimos a uma diminuição de toda intervenção estatal no domínio econômico. Ninguém desconhece a multiplicidade de mecanismos que dispõe o Estado para intervir na ordem econômica. Fosse necessário demonstrá-lo, e bastaria lembrar o desenvolvimento vivido nas últimas décadas pelo Direito Econômico e particularmente pelo Direito Administrativo Econômico.[16]

---

[15] FONSECA. *Direito econômico*, p. 26.

[16] MARQUES NETO. A nova regulação estatal e as agências independentes. *In*: SUNDFELD (Coord.). *Direito administrativo econômico*, p. 73.

Há fundamentos, portanto, para que se conclua como João Bosco Leopoldino da Fonseca quando assevera, de forma incisiva, que "esta *Nova Ordem* exige que, de pronto, *sejam transferidas para a iniciativa privada* todas as participações do Estado na *atividade econômica direta*".[17]

Contudo, é preciso também levar em conta que a origem da intervenção estatal na economia não reflete apenas uma opção de política econômica adotada pelo administrador público, ou uma forma de orientar e executar a atividade econômica, ou ainda o resultado puro e simples da disputa política entre grupos de interesse, mas também um arranjo institucional que buscava, no contexto histórico de sua formação, viabilizar atividades e mercados que de outra forma poderiam não se realizar ou mesmo existir sem a presença do Estado.[18]

Eis porque o Estado, para executar determinadas atividades econômicas, ao longo da história, ignorou riscos, riscos a que o setor privado não queria se expor, mas que precisaram ser sublimados em razão de carências em determinados setores econômicos que foram considerados a seu tempo essenciais.

Porém, um novo contexto econômico demanda novas formas de pensar a aplicabilidade e funcionalidade da estrutura administrativa estatal.

A estrutura do Estado interventor brasileiro foi, ao longo do tempo, responsável pelo controle da atividade econômica, incluindo o serviço público, por conta de sua concreta capacidade de conter falhas do setor privado e responsabilizar-se pelo atendimento das necessidades coletivas.

Porém, é preciso compreender que interferir na forma como se organiza a atividade produtiva, sem as necessárias adequações institucionais, pode induzir a grandes frustrações. Como consequência do jogo de causa e efeito, alterar os resultados que derivam do mercado tem seu custo, e para que estes resultados sobrepujem seu custo há de se escolher, entre as alternativas possíveis de intervenção ou de não intervenção na atividade econômica, aquela que se apresente mais eficiente, notadamente quando se está diante da distribuição de recursos escassos — utilizados no âmbito de uma empresa estatal, por exemplo, e não na execução de algum outro serviço essencial —, realidade no âmbito da atividade estatal.

Argumenta-se aqui no sentido da essencialidade da análise das consequências econômicas da tomada de decisão dos agentes públicos visando a uma alocação eficiente de recursos, especialmente, mas não exclusivamente, quando são decisões ligadas ao sistema econômico, no âmbito do mercado, da geração e de distribuição de riquezas.

Não há como dissociarmos o Direito da Economia, já que a Economia condiciona o Direito, mas o Direito também condiciona a Economia,[19] seja qual for a origem histórica das diferenças entre as duas ciências.

Transpondo-se para a forma interventiva pela via do Estado empresário considerações sobre custos e benefícios, especialmente no momento em que grande parte da oferta dos serviços públicos se insere num sistema de concorrência em que agentes privados ostentam a condição técnica e o interesse econômico na oferta dos serviços, a conservação da titularidade do Estado na prestação do serviço por meio das sociedades

---

[17] FONSECA. *Direito econômico*, p. 102.

[18] Sobre o tema: RIBEIRO; ALVES; CHEDE. Gestão das empresas estatais: uma abordagem dos mecanismos societários e contratuais. *In*: PRÊMIO DEST MONOGRAFIAS: Empresas Estatais, 2005-2008, p. 35-86.

[19] GRAU; CUNHA. *Estudos de direito constitucional em homenagem a José Afonso*, p. 41.

estatais pode ser pensada mediante o cotejo de elementos como: fixação menos onerosa de tarifas para os usuários; capacidade de investimento do Estado e a demanda do empreendimento; definição do foco de investimento público a partir de prioridades identificadas na sociedade humana e tendo por base a escassez das verbas disponíveis; aptidão do Estado no estabelecimento dos parâmetros de gestão eficiente da empresa; e, no caso das sociedades de economia mista, ponderação acerca da compatibilidade entre o fim social justificados da ação empresarial estatal e a perspectiva de gerar lucros em benefício dos agentes privados.

O ambiente institucional deste século, em termos de Brasil, acena para um panorama de estabilidade econômica, para um sistema legal potencialmente abrangente e eficiente sob o prisma da estabilidade das normas e do respeito aos contratos, fatores fundamentais ao desenvolvimento econômico. Ao mesmo tempo, o atual modelo de estrutura administrativa do Estado não parece responder com a velocidade e a qualidade necessárias as demandas impostas pela população.

Isto porque a noção de atividade econômica estatal e de serviço público refletem a evolução da sociedade e do Estado, sendo afetados por fatores econômicos e sociais, entre outros. Hoje, a dinâmica dos fatores tecnológicos e suas conquistas igualmente provocam transformações que induzem ao repensar da forma de prestação e do regime dos serviços públicos, provocando discussões inclusive quanto à permanência da própria noção de serviço público e, de forma ainda mais instigante, quanto à titularidade da prestação da atividade econômica pelo Estado sob o viés de monopólio natural.

Ao ser admitida a gestão privada no campo do serviço público, principalmente com a aceitação do regime de direito privado que acompanha este novo posicionamento, dá-se inicio à dissociação da noção de serviço público como atividade exclusiva da gestão estatal.

Hoje, o setor privado se associa ao Estado nas mais diversas sociedades empresariais estatais para a execução de atividades econômicas e prestação de serviços públicos tidos como essenciais, provocando novos influxos no modelo de gestão que fora concebido para ser pública e, principalmente, para não visar lucro, em razão da presença dos investidores privados.

> Na complexidade e na interdependência da vida em sociedade, existem atividades desenvolvidas por particulares que são absolutamente fundamentais ou, pelo menos, extremamente relevantes para o funcionamento harmônico da coletividade. [...] Positivamente, o Estado não mais detém o monopólio do interesse público.[20]

Lembre-se que a retirada do Estado do exercício de determinada atividade econômica não implica, necessariamente, redução do intervencionismo estatal. A experiência europeia tem demonstrado que a retirada do Estado do exercício direto da atividade econômica corresponde a um crescimento da intervenção estatal sobre a atividade específica.[21]

---

[20] DALLARI. Privatização, eficiência e responsabilidade. *In*: MOREIRA NETO (Coord.). *Uma avaliação das tendências contemporâneas do direito administrativo*, p. 226.

[21] MARQUES NETO. A nova regulação estatal e as agências independentes. *In*: SUNDFELD (Coord.). *Direito administrativo econômico*, p. 74.

Neste caso, as intervenções públicas são importantes, pois impõem a consideração relativamente a fatores que o mercado ignora, notadamente aqueles relacionados com a garantia de acesso aos serviços essenciais.

Odete Medauar afirma que "pode-se inserir o dado econômico, a concorrência, a gestão privada, sem *nunca* deixar de lado o social, a coesão social, os direitos sociais. E sem abolir a presença do Estado. As atividades sociais não podem ficar à mercê somente do jogo do mercado".[22]

Não se pode ignorar que as transformações iniciadas com a abertura dos setores anteriormente tidos como monopólios estatais oferecem uma oportunidade para se avaliar o papel do Estado e, por consequência, de sua organização administrativa destinada a executar tarefas públicas. Com efeito, o modelo de Estado de base intervencionista, no qual empresas estatais inicialmente assumem o papel de agentes econômicos, tinha como justificativa as características estruturais dos setores envolvidos, em determinado contexto que já se encontra superado. Naquele momento histórico, os elevados custos de investimento iniciais, a escala de produção e a carência do desenvolvimento socioeconômico, entre outros fatores, determinavam a manutenção de setores sob a responsabilidade e controle direto do Estado.

Na condição de grande empresário, o Estado brasileiro assumiu posições monopolistas em vários segmentos dentro do processo de desenvolvimento econômico, cumprindo sua função por um determinado período.

No contexto atual, e como consequência principalmente da velocidade das transformações tecnológicas e constante crescimento da demanda por investimentos, o Estado perde sua capacidade de investimento para expansão, universalização e modernização dos serviços, despindo-se da capacidade de gestão eficiente de determinadas atividades que, como visto, precisaram e foram encabeçadas pelo ente público.

5 Do agir ao controle

O Direito tem um papel fundamental nesse contexto de transição, de redefinição de uma estrutura confiável que permita consolidar as expectativas dos jurisdicionados, incumbindo-lhe a definição de uma estrutura legal e institucional que garanta um controle eficiente sobre a prestação de tarefas de interesse público. Objetivos como universalização, continuidade, manutenção da qualidade dos serviços e a efetiva adequabilidade do custo à população a que se destina devem ser garantidos e exigidos pelo Estado, por força da natureza do interesse a ser protegido.

A passagem do agir ao controle da atividade, por meio do ambiente normativo e fiscalização impacta no custo das operações. Quando o Estado presta o serviço, direta ou indiretamente, mas exclusivamente mediante investimento de capital público, ocorre uma forma de socialização dos custos entre os cidadãos. Nessa situação, o Estado não foca sua atividade na busca do lucro ou pode trabalhar com margem reduzida, afinal, os custos incidirão sobre o usuário (se a prestação for individualizada) ou sobre o cidadão, se custeados por meio dos impostos. Neste último cenário o preço baixo e a qualidade são conseguidos com o sacrifício de toda a sociedade.

---

[22] MEDAUAR. Serviços públicos e serviços de interesse geral. *In*: MOREIRA NETO (Coord.). *Uma avaliação das tendências contemporâneas do direito administrativo*, p. 126.

Fábio Ulhoa Coelho afirma que "no regime de direito privado o que garante o preço baixo e a qualidade é a concorrência. As empresas, concorrendo entre si, irão conquistar o consumidor na medida em que oferecem bens ou serviços equivalentes com qualidade melhor e preço mais baixo".[23]

Esta lógica privada não subsiste de forma absoluta quando se está diante de atividades de interesse público. Neste caso, cabe o efetivo exercício do poder de controle do Estado, ainda que inserido num cenário de concorrência de mercado, no qual se desenvolvem as atividades econômicas de setores que são de relevante interesse coletivo. Não se desconhece que se trata de uma seara na qual o fator político influi diretamente nos aspectos concorrenciais, notadamente por meio da regulação do econômico, "as indagações referentes a como o mercado deve ser e como os agentes econômicos devem nele atuar, formuladas pela Economia, são respondidas pelo Direito à luz do componente político".[24]

É por meio do livre exercício da atividade econômica que os países atingirão seus objetivos de desenvolvimento, pois o desenvolvimento econômico é instrumento indissociável do avanço social. Por outro lado, o Estado é partícipe indispensável ao processo, se não por meio da atuação direta na economia, pela orientação do desenvolvimento socioeconômico. Em razão de todos os antecedentes históricos e culturais, não é tarefa fácil enxergar o Estado numa função diferente daquela de prestador direto de uma série de serviços e promotor direto do desenvolvimento econômico do país. Porém, a gestão eficiente dos recursos públicos pode conduzir a decisões políticas de substituição do agir economicamente pelas formas de normatização e controle dos resultados, relativamente às atividades econômicas que são valoradas como dotadas de interesse social. Lembre-se que este agir econômico envolve custos que de alguma forma recairão sobre a generalidade dos jurisdicionados, quer seja pelo custeio geral da atividade, via destinação dos recursos arrecadados pelo Estado, seja pelos investimentos diretos realizados nas sociedades estatais cujo objeto seja a prestação de serviços públicos.

Em termos de estratégia de destinação dos recursos públicos, não se pode prescindir de iniciativas de cooperação para a execução de tarefas de interesse público. São iniciativas desejáveis e que compreendem uma dimensão que contempla um marco de regras, instituições e práticas estabelecidas com o objetivo de fixar os limites e incentivos para a constituição e funcionamento de redes interdependentes de atores, sejam governamentais, do setor privado e da sociedade civil, todos alinhados com o objetivo de cooperarem para o desenvolvimento.

É nesse contexto que o incremento da atividade regulatória decorre, de forma natural, da necessidade gerada pela retirada do Estado-executor da atividade econômica. Para que a opção regulatória atinja, por sua vez, condições de eficácia, o Estado deve intensificar o controle sobre o resultado da atividade econômica em relação às necessidades essenciais dos jurisdicionados.

6 Por um novo modelo de gestão

As transformações tangenciadas neste artigo não se restringem à modificação do papel do Estado, mas também do modelo jurídico correspondente à estruturação

---

[23] COELHO. *Curso de direito comercial*, p. 194.
[24] TURCZYN. *O sistema financeiro nacional e a regulação bancária*, p. 201.

administrativa desse mesmo Estado, em decorrência da mudança de sua posição e modo de agir em relação aos diversos setores econômicos.

Não se pode negligenciar o fato de que no atual cenário político o Estado passa a se confrontar de maneira mais intensa com atores privados cada vez mais fortes economicamente e potenciais executores dos serviços de interesse públicos demandados pela população, e, ao mesmo tempo, com grupos cada vez mais articulados socialmente.[25]

Substituída a ação pela regulamentação e controle, é inegável que caberá ao Estado aperfeiçoar as formas de interlocução com a sociedade, notadamente nos setores mais sensíveis às necessidades essenciais da coletividade, para fins de salvaguarda do interesse público que caracteriza as atividades econômicas de interesse geral, sem que sejam negligenciados os três blocos de interesses envolvidos na relação: o produtor da utilidade pública, o seu consumidor e o Poder Público.

Manter presente a noção do serviço de interesse público implica reconhecer que esse deve refletir uma atividade econômica submetida não apenas às regras do mercado, mas também às regras de funcionamento do próprio Estado no qual está inserida, pois se trata de um elemento de proteção de toda a coletividade.[26]

Um dos aspectos de relevância nesse tema é identificar se os setores antes ocupados pelo Estado-executor efetivamente possuem condições de funcionar em sistema de regulação. Ou ainda, se faz necessária a organização de uma transição, tendo em vista a alta relevância social das atividades envolvidas.

A execução de atividades econômicas relevantes antes reservadas à atuação estatal deve seguir objetivos como o da universalização do acesso e o da continuidade, de tal forma a não permitir grandes oscilações na oferta e no preço dos serviços para a coletividade, característica que pode ser identificada no regime de mercado.

Aumentar a eficiência, a capacidade de investimento e a modernização não deve ser a única finalidade da regulação de setores antes destinados à execução pelo ente estatal. Também pode ser revista a organização de alguns setores que operam por meio de mecanismos de concessão, permissão e autorização. "A questão da convivência entre regulação e concorrência, colocada no âmbito das políticas públicas".[27]

Em termos de controle, no caso brasileiro, as agências reguladoras foram concebidas para receberem a configuração de autarquia especial, dotada de autonomia e independência, além de submeterem-se a outras definições legais concernentes aos seus dirigentes, titulares de mandatos administrativos. Fato é que, entre nós, as agências reguladoras nasceram para, primeiramente, controlar as atividades das concessionárias de serviços públicos, tendo depois seu campo de atuação ampliado para exercerem outras funções, tais como atividades de polícia administrativa (vigilância sanitária) e de incentivo à cultura (cinema).[28] No entanto, como muitos dos serviços de interesse público hoje podem ser oferecidos em caráter concorrencial, esse novo modelo de gestão repercutirá na distribuição e articulação das competências entre entes reguladores e os órgãos de

---

[25] MARQUES NETO. A nova regulação estatal e as agências independentes. *In*: SUNDFELD (Coord.). *Direito administrativo econômico*, p. 79.

[26] MEDAUAR. Serviços públicos e serviços de interesse geral. *In*: MOREIRA NETO (Coord.). *Uma avaliação das tendências contemporâneas do direito administrativo*, p. 126.

[27] NUSDEO. A regulação e o direito de concorrência. *In*: SUNDFELD (Coord.). *Direito administrativo econômico*, p. 163.

[28] DALLARI. Privatização, eficiência e responsabilidade. *In*: MOREIRA NETO (Coord.). *Uma avaliação das tendências contemporâneas do direito administrativo*, p. 230.

proteção à concorrência[29] inclusive para fins de se evitar mercados monopolizados e que acabam por impor custos aos consumidores e à sociedade em geral, culminando com a recomendação de ter sua formação coibida ou sua conduta regulada.[30]

A partir do momento em que a oferta dos serviços essenciais se opere exclusivamente pela via do mercado concorrencial, torna-se essencial o estabelecimento de diretrizes firmes no sentido de evitar a concentração excessiva de sua oferta, pois num mercado concorrencial as empresas tendem a maximizar seus lucros e o preço é determinado pela interação entre oferta e procura total do mercado, ao passo que nos mercados que operam no regime de monopólio a fixação do preço e da quantidade produzida se dá em circunstâncias diferentes, pois o produtor impõe o preço do bem controlando sua oferta em patamar superior ao estabelecido pela concorrência. Por isso se costuma afirmar que os prejuízos sofridos pelos consumidores em mercados monopolizados são evidentes, pois há relação direta entre a redução do consumo e o aumento do preço.[31]

Tratando-se de serviços de interesse público o monopólio privado seria absolutamente incompatível com os deveres estatais relativamente à oferta de serviços essenciais, justificando fortemente a compatibilização entre a atuação das agências reguladoras e as autoridades da concorrência.

Há que se considerar ainda as situações em que a estrutura de produção exige a organização do mercado em monopólio, denominada de monopólio natural, como, por exemplo, ocorre com os serviços de infraestrutura. Se a pretensão é de coibir-se o abuso da posição monopolista pela empresa, em prejuízo ao consumidor e à sociedade, ou se considera a possibilidade de o monopólio natural permanecer em mãos do Estado[32] (ou devem ser reforçadas as estratégias de controle estatal em relação ao agente monopolista privado a fim de evitar-se o abuso de posição dominante naquele mercado, até que as condições tecnológicas possam assegurar a quebra eficiente do monopólio natural).

Em síntese, o estabelecimento da concorrência depende da criação de estrutura de mercados favoráveis, somente possível por meio da organização do sistema de exploração, todavia com funcionamento regulado. Ana Maria de Oliveira Nusdeo[33] apresenta as principais medidas para essa reestruturação, em linhas gerais, a depender da atividade, relaciona-as: "a) ao desmembramento de atividades complementares ou ligadas a uma mesma cadeia produtiva; b) ao estabelecimento de concorrência em fases da exploração da atividade econômica ou da prestação de serviços públicos; e c) à criação de regras para evitar a concentração econômica".

Na experiência nacional, a quebra de monopólios estatais no setor elétrico, de telecomunicação e de exploração de petróleo foi acompanhada da cisão de atividades antes desenvolvidas de forma integrada pelo agente estatal. Desta forma, a transferência para o setor privado foi promovida a diferentes agentes como parte da estratégia dos processos de desestatização. Em tais setores, algumas das fases[34] de prestação e do

---

[29] NUSDEO. A regulação e o direito de concorrência. *In*: SUNDFELD (Coord.). *Direito administrativo econômico*, p. 163.

[30] NUSDEO. A regulação e o direito de concorrência. *In*: SUNDFELD (Coord.). *Direito administrativo econômico*, p. 163.

[31] NUSDEO. A regulação e o direito de concorrência. *In*: SUNDFELD (Coord.). *Direito administrativo econômico*, p. 164.

[32] NUSDEO. A regulação e o direito de concorrência. *In*: SUNDFELD (Coord.). *Direito administrativo econômico*, p. 165.

[33] NUSDEO. A regulação e o direito de concorrência. *In*: SUNDFELD (Coord.). *Direito administrativo econômico*, p. 170.

[34] "Trata-se de estruturas, sistemas e equipamentos necessários à prestação de serviços pelas várias prestadoras, mas que não podem ser duplicados por cada uma delas. Além disso, as empresas com controle dessas estruturas ou equipamentos poderiam discriminar as outras, suas concorrentes no mesmo ou em outro mercado, inviabilizando seu acesso aos tais equipamentos e sistemas aumentando seus custos" (NUSDEO. A regulação e o direito de concorrência. *In*: SUNDFELD (Coord.). *Direito administrativo econômico*, p. 171).

exercício dessas atividades não são passíveis de serem desenvolvidas em competição, pois permanecem com as características de monopólio natural e, por isso, devem ser objeto de especial regulação, de forma a se ter por garantido o acesso para uso em bases não discriminatórias ou abusivas. Ana Maria de Oliveira Nusdeo explica:

> Em termos menos técnicos, refere-se àqueles tipos de atividades nos quais não existe a possibilidade de uma efetiva concorrência, mas cujo acesso é essencial à manutenção da competição em outras fases da mesma cadeia de produção ou prestação de serviços, funcionando como um "gargalo" (*bottleneck*) do sistema. Diante dela, a política pública deve garantir o acesso e a passagem dos agentes por essa zona de estrangulamento, para que possam chegar ao seu destino — as outras atividades competitivas — com a sua integridade, enquanto agentes de mercado, mantida.[35]

Também na experiência nacional, algumas das antigas empresas estatais, ainda que privatizadas, gozam de posição de domínio no mercado, decorrente, por exemplo, de sua cadeia consolidada, de sua tradição no mercado, entre outros fatores que demandam o estabelecimento de regras tendentes a compensar o poder das antigas monopolistas, de tal forma a garantir condições adequadas para as empresas em processo de entrada no mercado anteriormente monopolizado pelo ente estatal. Deve-se buscar um equilíbrio entre vantagens e ônus entre as empresas atuantes, para garantir condições de competitividade entre as detentoras antigas do mercado e as novas autorizadas a entrar nesse mesmo mercado.[36]

Fato é que esses setores devem estar sob permanente fiscalização, de forma a que se possa identificar eventuais práticas prejudiciais à concorrência.

> Em grande parte, o sucesso das experiências de privatização, com a quebra do monopólio estatal em vários setores, será dependente da capacidade dos mecanismos legais e institucionais de submeter a um regime de concorrência os serviços e atividades outrora monopolizados. Sem isso, o monopólio público estaria trocado por outro privado, desprotegendo o usuário e deixando a descoberto os interesses estratégicos dos setores privatizados.[37]

O modelo de gestão administrativa pública a ser perseguido deve primar pela criação de uma estrutura confiável, que consolide as expectativas dos agentes econômicos envolvidos, bem como a definição de uma estrutura legal e institucional capaz de responder com um eficiente controle sobre as atividades privatizadas, visando à manutenção de um regime de concorrência no setor[38] e assegurando a satisfação dos interesses de ordem coletiva consagrados constitucionalmente em ser caráter de essencialidade.

7 Primeiros apontamentos conclusivos

A percepção dos novos contornos atribuídos ao Estado no campo do exercício da atividade econômica deriva das extremadas modificações pelas quais passaram

---

[35] NUSDEO. A regulação e o direito de concorrência. *In*: SUNDFELD (Coord.). *Direito administrativo econômico*, p. 171.

[36] NUSDEO. A regulação e o direito de concorrência. *In*: SUNDFELD (Coord.). *Direito administrativo econômico*, p. 176.

[37] NUSDEO. A regulação e o direito de concorrência. *In*: SUNDFELD (Coord.). *Direito administrativo econômico*, p. 188.

[38] NUSDEO. A regulação e o direito de concorrência. *In*: SUNDFELD (Coord.). *Direito administrativo econômico*, p. 188.

as sociedades organizadas nos últimos tempos. No Brasil, não é diferente, foram as transformações tecnológicas, o crescimento na quantidade e no grau de qualidade das demandas pelos serviços públicos, o esgotamento em termos de imputação de ônus tributários, o aprimoramento institucional e econômico, fatores estimuladores ao debate quanto aos modelos de gerenciamento (e escolhas) do Poder Público em termos de prática direta da atividade econômica.

Quando o Estado se propõe a produzir e ofertar diretamente serviços, se dotados de caráter econômico, o fará por meio das sociedades estatais, algumas delas estruturadas de forma a reunir investimento público e privado. Quando o Estado escolhe, como um dos mecanismos de gerenciamento possíveis, agir por meio de sociedades empresariais, a partir desta opção se vê na contingência de manter níveis aceitáveis de investimentos — o que pressupõe o direcionamento de recursos dotados de escassez —, de eficiência empresarial em termos de oferta de qualidade de oferta e custos, além de considerações relacionadas à obtenção de lucro, especialmente quando presente o investidor privado.

Se, a partir de novos modelos de gestão administrativa pública, o foco está na transferência do exercício das atividades de caráter econômico ao agente privado, a vocação interventiva do Estado em proveito dos deveres que lhe são impostos constitucionalmente conduz ao incremento do papel regulatório e de controle do exercício da atividade de interesse público.

Quando os serviços públicos são ofertados no regime concorrencial, seus atributos relativos à continuidade, à acessibilidade das tarifas e qualidade, em face da essencialidade, exigem uma ação coordenada das autoridades concorrenciais e das agências reguladoras, a fim de se evitarem situações de monopólio que tendem a comprometer a eficiência do sistema de oferta dos serviços de interesse público.

Se as políticas públicas forem direcionadas ao afastamento do Estado do exercício direto da atividade econômica, especialmente em relação às atividades que se enquadram na categoria dos monopólios naturais, torna-se indispensável que os processos de produção, geração e distribuição dos serviços sejam cindidos, com vistas a evitar a excessiva concentração de oferta do serviço da parte do agente privado.

A contribuição pretendida no presente artigo volta-se ao desvelamento das mudanças do ambiente e da introdução do princípio da eficiência na gestão dos recursos públicos como elementos a serem considerados pelos agentes públicos em relação à opção interventiva direta na economia, por meio das sociedades estatais, assim como apontar para a formatação institucional que deve acompanhar o deslocamento do exercício das atividades econômicas hoje exercidas. Como resultado destas mudanças o centro das atenções do Estado passará do agir econômico para o controle de seu exercício, mesmo em relação às atividades caracterizadas como de interesse público.

Referências

BANDEIRA DE MELLO, Celso Antônio. *Grandes temas de direito administrativo*. São Paulo: Malheiros, 2010.

BITTENCOURT, Maurício Vaz Lobo. Princípio da eficiência. *In*: RIBEIRO, Marcia Carla Pereira; KLEIN, Vinícius (Coord.). *O que é análise econômica do direito*: uma introdução. Belo Horizonte: Fórum, 2011. p. 27-37.

BRESSER-PEREIRA, Luiz Carlos. É o Estado capaz de se autorreformar?. *Desigualdade & Diversidade — Dossiê Especial*, p. 11-20, jul./dez 2011a. Disponível em: <http://desigualdadediversidade.soc.puc-rio.br/media/05Bresser.pdf>. Acesso em: 20 fev. 2012.

BRESSER-PEREIRA, Luiz Carlos. Reforma gerencial do Estado, teoria política e ensino da Administração Pública. *Revista de Gestão Pública*, n. 2, p. 1-6, jul./dez. 2011. Disponível em: <http://bresserpereira.org.br/391-Ensino_administracao_publica_2.pdf>. Acesso em: 20 fev. 2012.

COELHO, Fábio Ulhoa. *Curso de direito comercial*. 6. ed. São Paulo: Saraiva, 2002. v. 1.

DALLARI, Dalmo de Abreu. Privatização, eficiência e responsabilidade. *In*: MOREIRA NETO, Diogo de Figueiredo (Coord.). *Uma avaliação das tendências contemporâneas do direito administrativo*. Rio de Janeiro: Renovar, 2003. p. 211-232.

FONSECA, João Bosco Leopoldino da. *Direito econômico*. Rio de Janeiro: Forense, 2010.

FREITAS, Daniela Bandeira de. *A fragmentação administrativa do Estado*: fatores determinantes, limitações e problemas jurídico-políticos. Belo Horizonte: Fórum, 2011.

GRAU, Eros Roberto. CUNHA, Sérgio Sérvulo da. *Estudos de direito constitucional em homenagem a José Afonso*. São Paulo: Malheiros, 2003.

GROTTI, Dinorá Adelaide Musetti. Teoria dos serviços públicos e sua transformação. *In*: SUNDFELD, Carlos Ari (Coord.). *Direito administrativo econômico*. São Paulo: Malheiros, 2002. p. 39-71.

MARQUES NETO, Floriano de Azevedo. A nova regulação estatal e as agências independentes. *In*: SUNDFELD, Carlos Ari (Coord.). *Direito administrativo econômico*. São Paulo: Malheiros, 2002. p. 72-98.

MEDAUAR, Odete. Serviços públicos e serviços de interesse geral. *In*: MOREIRA NETO, Diogo de Figueiredo (Coord.). *Uma avaliação das tendências contemporâneas do direito administrativo*. Rio de Janeiro: Renovar, 2003. p. 115-128.

NUSDEO, Ana Maria de Oliveira. A regulação e o direito de concorrência. *In*: SUNDFELD, Carlos Ari (Coord.). *Direito administrativo econômico*. São Paulo: Malheiros; SBDP, 2000. p. 159-187.

RIBEIRO, Marcia Carla Pereira; AGUSTINHO, Eduardo Oliveira. Economia institucional e nova economia institucional. *In*: RIBEIRO, Marcia Carla Pereira; KLEIN, Vinícius (Coord.). *O que é análise econômica do direito*: uma introdução. Belo Horizonte: Fórum, 2011. p. 121-128.

RIBEIRO, Marcia Carla Pereira; ALVES, Rosângela do Socorro; CHEDE, Gísela Dias. Gestão das empresas estatais: uma abordagem dos mecanismos societários e contratuais. *In*: PRÊMIO DEST MONOGRAFIAS: Empresas Estatais, 2005-2008. Brasília: Embrapa, 2009. p. 35-86.

RIBEIRO, Marcia Carla Pereira; KLEIN, Vinícius (Coord.). *O que é análise econômica do direito*: uma introdução. Belo Horizonte: Fórum, 2011.

SOUTO, Marcos Jurena Villela. *Direito administrativo da economia*. 3. ed. Rio de Janeiro: Lumen Juris, 2003.

TURCZYN, Edson. *O sistema financeiro nacional e a regulação bancária*. São Paulo: Revista dos Tribunais, 2002.

Informação bibliográfica deste texto, conforme a NBR 6023:2002 da Associação Brasileira de Normas Técnicas (ABNT):

RIBEIRO, Marcia Carla Pereira; SCHWANKA, Cristiane. Eficiência e gestão: do agir ao controle na atividade interventiva econômica estatal. *In*: BACELLAR FILHO, Romeu Felipe; HACHEM, Daniel Wunder (Coord.). *Direito público no Mercosul*: intervenção estatal, direitos fundamentais e sustentabilidade: anais do VI Congresso da Associação de Direito Público do Mercosul: homenagem ao Professor Jorge Luis Salomoni. Belo Horizonte: Fórum, 2013. p. 93-108. ISBN 978-85-7700-713-4.

IL DIRITTO COMPARATO DELLE INTEGRAZIONI REGIONALI NEL CONTESTO EUROAMERICANO

MICHELE CARDUCCI

1 "Spazio iberoamericano" e "idelatipo" europeo

I processi di integrazione regionale latinoamericana, come il Sistema di Integrazione Centroamericano (SICA), la Comunità Andina, il Mercosul, presentano caratteristiche molto interessanti, ma ancora poco studiate dal diritto costituzionale comparato. In particolare, non risulta ancora sufficientemente analizzato, a differenza di quello che è successo e succede in Europa (dal dibattito weimariano alle teorie di diritto costituzionale internazionale di Boris Mirkine Guetzévitch, fino alle originarie idee della Comunità europea come "federazione", risalenti agli anni cinquanta del secolo scorso),[1] il rapporto storico-costituzionale tra edificazione degli ordinamenti giuridici nazionali, nelle loro identità di Stati costituzionali e democratici di diritto, e costruzione dei processi di comunitarizzazione interordinamentale.

In America latina prevalgono le formule "cultureggianti".[2] Alcuni autori parlano, ad esempio, di "creazione di uno spazio iberoamericano"[3] sempre più omogeneo, ma utilizzano argomenti appunto "culturali" come la storia comune di indipendenza, le comuni lingue iberiche,[4] la comune identità post-coloniale. Non associano alcuna teoria giuridica dello Stato ad alcuna specifica teoria giuridica della integrazione, entrambe "adeguate" *a* e "verificate" *con* la originalità latinoamericana pur evocata "cultural-mente".

Al contrario, in questa generale assenza, e nonostante la presunzione di identità "comune" latinoamericana, la unica caratteristica veramente "comune" a tutte queste integrazioni regionali riguarda il costante riferimento, da parte della dottrina e della giurisprudenza del subcontinente, alle elaborazioni concettuali prodotte in Europa per

---

[1] Per riferimenti del dibattito, cfr. A. Isoni, *Assonanze pianistiche e obiettivi produttivistici dell'Alta Autorità CECA*, in *Riv. Studi Pol. Int.*, 1, 2010, 57 ss.

[2] Si v. per tutti B. Galindo, *Teoría intercultural da Constituição*, Porto Alegre, Livraria do Advogado, 2006.

[3] C.R. Fernández Liesa (dir.), *Tribunales internacionales y espacio iberoamericano*, Madrid, Civitas, Thompson, 2009, e *La proliferación de tribunales internacionales en el espacio iberoamericano*, in Rev. *Electrónica Iberoamericana*, 2, 2008, 11 ss. (*www.urjc.es/ceib*).

[4] J. Carpizo, *Derecho constitucional latinoamericano y comparado*, in *Anuario Iberoam. de Justicia Const.*, 10, 2006, 73 ss.

spiegare la dinamica evolutiva della Unione europea. In altri termini, l'America latina guarda alla dinamica europea, senza discutere sulle origini della propria dinamica storico-costituzionale.

L'Unione europea è diventata così una specie di "paradigma statico" delle qualificazioni giuridiche dei contesti latinoamericani di integrazione.

Per esempio, con riferimento al Mercosul, la dottrina:

a) utilizza la formula *"derecho administrativo multidimensional"*,[5] come ricalco del termine europeo *"multilevel constitutionalism"*,[6] per spiegare la evoluzione dinamica dei rapporti tra Argentina, Brasile, Paraguay, Uruguay ecc...;

b) invoca la teoria comparativa di Peter Häberle, con la sua idea dei "ponti tra Europa e Americhe",[7] come legittimazione di una visione comune delle "culture" costituzionali di integrazione sovranazionale;[8]

c) inquadra il Mercosur come "blocco economico" simile alla Unione europea, al fine di giustificare il richiamo alla giurisprudenza della Corte di giustizia europea da parte del sistema arbitrale della regione.[9]

Analogamente, nella Comunità Andina, il Tribunal de Justicia:

a) ha definito il Trattato istitutivo della Comunità europea *"fuente nutricia"* della integrazione andina;[10]

b) ha interpretato l'art. 4 dello Statuto del Tribunal come "imitazione" dell'art. 19 del Trattato dell'Unione europea, con riferimento al ruolo della Corte di giustizia, al fine di elaborare un diritto comunitario "in via pretoriana" attraverso il ricorso alla giurisprudenza europea.[11]

Infine, i documenti ufficiali del SICA e soprattutto le Sentenze della Corte Centroamericana de Justicia (*CCJ*),[12] organo giurisdizionale sovranazionale previsto al suo interno,[13] parlano di integrazione utilizzando costantemente il richiamo all'Unione europea e alla giurisprudenza della Corte di Lussemburgo.[14]

Quindi, la Unione europea e la sua struttura *"multilevel"* diventano il paradigma universale di interpretazione e comprensione delle integrazioni latinoamericane: una specie di "ideal-tipo" naturale e necessario.

---

[5] Cfr. J.J. Reyna, *Globalización, pluralidad sistémica y derecho administrativo: apuntes para um derecho administrativo multidimensional*, in 11 *A & C. Rev. Direito Administrativo e Const.*, 44, 2011, 13 ss., e in R.F. Bacellar Filho – E. Gabardo – D. Wunder Hachem (coords.), *Globalização, direitos fundamentais e direito administrativo*, Belo Horizonte, Editora Fórum, 2011, 25 ss.

[6] I. Pernice, *Multilevel Constitutionalism and the Treaty of Amsterdam: European Constitution-Making Revisited?*, in *Common Market L. Rev.*, 36, 1999, pp. 703 ss.; *Multilevel Constitutionalism in the European Union*, in *European L. Rev.*, 27, 2002, 511 ss.; I. Pernice, F. Mayer, *La Costituzione integrata dell'Europa*, trad. it. in G. Zagrebelsky (a cura di), *Diritti e Costituzione nell'Unione europea*, Roma-Bari, Laterza, 2003, 43 ss.

[7] Ci si riferisce a P. Häberle – M. Kotzur, *De la soberanía al derecho constitucional común*, México DF, UNAM, 2001.

[8] Ancora B. Galindo, *Teoría intercultural da Constituição*, cit.

[9] E. Biacchi Gomes, *Blocos Econômicos. Solução de controvérsias. Uma análise comparativa a partir da União europeia e Mercosul*, Curitiba, Juruá, 2010.

[10] TJCA, sentencia 7.3.2007, causa 3-AN-2006, in GOAC n. 1496 del 14.5.2007, n. 4.

[11] L.R. Helfer – K.J. Alter, *The Andean Tribunal of Justice and its Interlocutors*, in *New York Univ. J.L.P.*, 2009, 871 ss., e M. Levi-Corál, *La Comunidad Andina y el referente de la Unión Europea*, in J. Roy – F. Peña – J.M. Lladós (orgs.), *Retos e interrelaciones de la integración regional: Europa y América latina*, Univ. De Quintana Roo, México DF, 2003.

[12] Sulla specificità della integrazione centroamericana, si v. ora, in Italia, I. Papageorgiou, *Central American Integration System*, Centre for Studies on Federalism, 2011 (*www.csfederalismo.it*).

[13] M. Angeles Cano Linares, *La Corte Centroamericana de Justicia: un órgano único con diversidad de competencias*, in C.R. Fernández Liesa (dir.), *Tribunales internacionales y espacio iberoamericano*, cit., 111 ss.

[14] A. Gómez Vides, *Jurisprudencia de la Corte Centroamericana de Justicia. Resoluciones, precedentes, votos disidentes. Años 2006-2010*, Managua, La Prensa, 2011.

Le differenze si verificano solo nel modo di richiamare questo "ideal-tipo". A volte, il modello europeo viene utilizzato nei suoi elementi testuali e letterali, allo scopo di creare, come nel caso della Comunità Andina, una vera e propria "imitazione costituzionale".[15] Altre volte, come nel caso del SICA e del Mercosul, categorie e concetti elaborati dalla giurisprudenza europea sono utilizzati dagli interpreti latinoamericani come "prestito", secondo la logica del *Constitutional Borrowing*.[16]

Alla fine, "imitazioni" e *Constitutional Borrowing* identificano i veri caratteri "comuni" dello "spazio iberoamericano".

Questa constatazione, però, produce una serie di domande di natura metodologica:

- qual è la ragione di questa "idealizzazione" dell'Unione europea?
- è davvero possibile sostenere la comparabilità tra Unione europea e altre integrazioni extraeuropee?
- esiste veramente l'isomorfismo tra le diverse integrazioni regionali?
- questo isomorfismo è "strutturale" o solamente "formale"?

La risposta alla prima domanda è generalmente fondata sul seguente argomento:

- la Unione europea è il primo esperimento al mondo di integrazione e quindi essa non può non avere carattere "universale", utile a colmare le lacune di esperienza e di normazione delle altre integrazioni regionali.[17]

Tuttavia, questa domanda si fonda sulla seguente presunzione non dimostrata:

- la identità della Unione europea è indiscussa e unitariamente intesa, quando invece questo dato, in Europa, non è affatto così pacifico.[18]

Del resto, i tentativi di risposta alle altre domande smentiscono la pretesa di universalità della prima risposta, per almeno due ragioni:

a) le integrazioni regionali latinoamericane sono formalmente e strutturalmente diverse da quella europea;

b) questa diversità produce dinamiche interordinamentali inesistenti in Europa.

Quest'ultimo profilo è molto importante, per esempio se consideriamo il SICA e la sua dimensione di *"Pick and Choose System"*.[19] Con la formula *"Pick and Choose System"* si intende identificare quei contesti interordinamentali, in cui gli Stati si vincolano nelle integrazioni reciproche in forma asimmetrica rispetto alle fonti che l'organizzazione sovranazionale produce, a causa non tanto della disponibilità statale ad adempiere a tutti gli obblighi derivanti dai trattati istitutivi, quanto soprattutto della morfologia giuridica stessa degli atti costitutivi di quella integrazione, caratterizzati da pluralità di accordi, che di volta in volta i singoli Stati hanno titolo a ratificare o meno. In questo modo, la integrazione opera con una pluralità di trattati e fonti giuridiche, in un modo

---

[15] Sulla figura delle "imitazioni" costituzionali, G. de Vergottini, *Oltre il dialogo tra le Corti. Giudici, diritto straniero, comparazione*, Bologna, il Mulino, 2010, e *Modelos constitucionales e inovación*, in *Estudios de teoria del Estado y derecho constitucional en honor de Pablo Lucas Verdú*, vol. II, Madrid, México DF, 2001, 1367 ss.

[16] Sulla figura del *Borrowing*, N. Tebbe – R.L. Tsai, *Constitutional Borrowing*, in 108 *Michigan L. Rev.*, 2010, 459 ss.

[17] A. Aizenstatd Leistenschneider, *Reflejos del derecho comunitario europeo en las decisiones de la Corte Centroamericana de Justicia*, in *Rev. Gen. Der. Eur.*, 25, 2011, 1 ss.

[18] Cfr. A. Somma, *Diritto comunitario vs. diritto comune europeo*, Torino, Giappichelli, 2003; P. Mariano (ed.), *Europe. Politique et Culture*, Luxembourg, Euroeditor, 2000.

[19] Sulla specificità dell'esperienza centroamericana, si v. J. Delgado Rojas, *La especificidad de la integración centroamericana y su aporte al pensamiento integracionista latinoamericano*, in *Rev. Aportes para la integración latinoamericana*, 2009, 31 ss. in *www.iil.org.ar*.

non coordinato né a livello verticale, tra dimensione sovranazionale e dimensione statale, né a livello interstatale, dato che gli Stati non sono tenuti ad aderirvi.[20]

Nel caso del SICA, questa integrazione nasce con lo scopo di creare uno *"spazio di pace, libertà, democrazia e sviluppo"*, come recita l'art. 3 del Protocollo di Tegucigalpa. Però, nel quadro della cooperazione assicurata dal Protocollo, gli Stati hanno concluso una serie di altri accordi internazionali, formalmente non integrati con il Protocollo e quindi giuridicamente indipendenti rispetto ad esso.[21]

Questa situazione di asimmetria di vincoli di reciprocità internazionale produce effetti dirompenti anche sulle clausole costituzionali di apertura all'integrazione e al diritto internazionale. Infatti, i Trattati rimangono tra loro autonomi e vincolano solo gli Stati che decidono di aderirvi, riversando anche all'interno della dinamica costituzionale il fenomeno del *"Pick and Choose System"*, che di fatto non garantisce un omogeneo "cammino comunitario" degli organi costituzionali, a partire dai giudici.[22] Emblematico il recentissimo conflitto istituzionale insorto tra la Sala constitucional dello Stato di El Salvador e Corte Centroamericana de Justicia, dove, in nome di categorie di teoria dello Stato decontestualizzate da qualsiasi teoria costituzionale storicamente riferibile all'America centrale, si afferma il postulato della sostanziale incompatibilità tra democrazia rappresentativa statale e processi di integrazione regionali perseguiti per via giudiziale: l'esatto contrario di quanto ammesso, sin dalle origini, nei riguardi della Corte di giustizia della Comunità/Unione europea.

Con simili asimmetrie concettuali e materiali, è improbabile ammettere isomorfismi ed effettivi parallelismi tra logiche di funzionamento delle integrazioni interordinamentali.

2 Le diverse identità/modalità di integrazione

Del resto, come accennato, l'idea del paradigma "universale" della Unione europea si fonda su una "pre-comprensione" metodologica approssimativa se non addirittura fuorviante: la "figurazione" intellettuale (prima ancora che l'ipotesi scientifica)[23] del sostanziale isomorfismo dei diversi ordinamenti, fra loro comparabili per la semplice ragione di rappresentare paralleli blocchi economici e dimensioni istituzionali sovranazionali dotate di funzioni più o meno simili.[24]

Si scambia così la portata "idela-tipica" della lunga esperienza di integrazione europea con la elezione di un *tertium comparationis* "naturale e necessario", da condividere tra le diverse realtà ordinamentali.[25]

Ma questo evidentemente non soddisfa affatto due importanti esigenze di rigore metodologico:

---

[20] Il fenomeno, pertanto, è ben diverso sia dalla dinamica della cosiddetta "concorrenza interordinamentale" sia dalle ipotesi di *Fragmentation* del diritto internazionale, prodotte, queste ultime, dalla proliferazione di tribunali internazionali e regionali, con competenze a volte sovrapposte: cfr. T. Buerenthal, *The Proliferation of International Courts and Tribunals. Is it Good or Bad?*, in *Leiden J. Int'l L.*, 2001, 267 ss.

[21] Cfr. R.A. Sánchez Sánchez, *The Politics of Central American Integration*, London-New York, Routledge, 2009.

[22] M. Trampetti, *Il continente diviso. I processi di integrazione in America latina*, Milano, Feltrinelli, 2007.

[23] Sulla differenza tra "figurazioni" e "ipotesi scientifiche" di comparazione, rinvio a M. Carducci, *Coinvolgimento e distacco nella comparazione mondo*, in *Bol. Mexicano Der. Comp.*, 128, 2010, 595 ss.

[24] È questo, per esempio, il postulato della *General Conference* del 2011 del *The European Consortium for Political Research*, dedicato al tema: *Comparative Regionalism and the External Others* (*www.ecprnet.eu/conferences*).

[25] Sul *tertium comparationis*, si v. G. Tusseau, *Tertium comparationis*, in L. Pegoraro (a cura di), *Diritto pubblico comparato*, Roma, Carocci editore, 2009, 266 ss.

a) quella della previa conoscenza e comprensione specifica di ogni singolo ordinamento sovranazionale, al fine di accertare l'effettiva esistenza delle comuni condivisioni in termini strutturali e non intellettuali (nel senso che gli elementi di condivisione devono strutturalmente appartenere agli ordinamenti comparati e non appunto alle "figurazioni intellettuali" dei loro interpreti);

b) quella della verifica dei "flussi" di "imitazione costituzionale" del modello e delle categorie della integrazione europea, transitati negli altri ordinamenti, in modo da scandagliare la specificità di ogni singolo fenomeno di *Borrowing*.[26]

È possibile che simili tendenze rispondano ad esigenze, anche implicite, di *Standardization of Law* nella comunicazione tra operatori giuridici, in funzione soprattutto di esigenze e interessi di velocizzazione degli scambi commerciali.[27]

È anche vero, però, che esse ignorano la complessità del tema della "identità multilivello" della Unione europea come vero "paradigma" di qualsiasi integrazione. Esse ignorano specialmente la distinzione tra *Verfassungsverbund*, concetto riferito solo alla Unione europea come "unità costituzionale" composta di *Teil-Verfassungen* statali (quasi identica a una unità federale), e *Staatenverbund*, riferito a qualsiasi processo di integrazione regionale diverso da quello europeo, perché rappresentativo di una "unità di Stati" non ancora integrati soprattutto sul piano della esistenza di una "giurisdizione sovranazionale" capace di incidere sulle Costituzioni nazionali, mutandole in modo informale.

Secondo tale impostazione, l'elemento determinante della classificazione binaria risiede nella *Embeddedness*, ossia nella esistenza di un "giudice sovranazionale" in grado di produrre "effetto utile" "radicato" all'interno agli Stati anche a livello costituzionale, senza alcuna eccezione.

Ignorare questa specificità significa presupporre che gli ordinamenti giuridici entrino in contatto tra di loro e si relazionino sempre allo stesso modo, in una sorta di "equivalenza", che in realtà risulta sperimentata solo a livello dinamico di rapporti interordinamentali degli Stati europei dell'Unione.[28]

Quindi, per spiegare le realtà "multilivello" extraeuropee, bisognerebbe tener conto dello schema binario europeo *Verfassungsverbund/Staatenverbund* nonché del carattere di *"Pick and Choose System"* delle integrazioni extraeuropee.[29]

Solo attraverso questa comparazione tridimensionale è possibile verificare la effettiva esistenza di fenomeni di *Embeddedness* fuori dell'Europa e predicare correttamente la similitudine tra integrazioni regionali. Inoltre, nel caso specifico della comparazione tra Unione europea e contesto latinoamericano di integrazioni regionali, bisognerebbe tener conto di due ulteriori elementi:

a) con l'entrata in vigore del nuovo articolo 6 del Trattato della Unione europea, conseguente al Trattato di Lisbona del 2009, si è realizzata la "incorporazione"

---

[26] Sul concetto di "flusso giuridico", si v. M. Lupoi, *Profili (anche linguistici) dei flussi giuridici*, in *www.accademiadel-lacrusca.it*.

[27] Ad esempio, secondo la linea teorica di K. Pistor, *The Standardization of Law and Its Effect on Developing Economics*, in 50 *Am. J. Comp. L.*, 97, 2002.

[28] Cfr., sul concetto di "equivalenza" tra ordinamenti giuridici, F. Viola, *Il diritto come scelta*, in A. Plaia (a cura di), *La competizione tra ordinamenti giuridici*, Milano, Giuffrè, 2007, 169 ss.

[29] M. Carducci, *Argomento comparativo e presunzione di isomorfismi interordinamentali: spunti critici dalla prospettiva latinoamericana*, in *Scritti in on. di Aldo Loiodice*, Bari, Cacucci, 2012.

definitiva della Convenzione europea dei Diritti Umani (CEDU) e della "Carta di Nizza" nelle fonti giuridiche della integrazione europea;[30]

b) gli Stati latinoamericani che partecipano alle diverse integrazioni regionali aderiscono anche alla Convenzione interamericana dei diritti umani e quindi alla giurisprudenza della Corte della Costa Rica,[31] che non necessariamente interagisce con le singole integrazioni regionali.[32]

Questo intreccio di elementi formali e strutturali fra livello regionale sovranazionale e livello regionale internazionale dei diritti umani consente di effettuare una comparazione su numerosi importanti indicatori di differenze, senza eleggere la Unione europea come acritico fondamento di tutti i fenomeni.

Ecco allora che una metodologia comparativa scientificamente corretta e rigorosa imporrebbe di studiare qualsiasi integrazione regionale, compresa quella europea, come risposta agli interrogativi comuni[33] sia al *Verfassungsverbund* sia al *Staatenverbund* sia al *"Pick and Choose System"*. Si tratta di interrogativi relativi a:

- quanti e quali testi di natura costituzionale siano coinvolti nel processo di integrazione regionale (Costituzioni, trattati, convenzioni regionali di tutela dei diritti umani);
- quale sia la natura delle antinomie prodotte dall'intreccio interordinamentale (nella differenziazione tre le antinomie apparenti, perché risolvibili con i soli criteri nazionali dei singoli Stati) o reali (risolvibili *contro* tali criteri interni *a favore* delle fonti sovranazionali);
- quale reciprocità di dialogo esista tra giudici nazionali e sovranazionali, coinvolti dalla integrazione, nell'applicazione dei testi costituzionali e delle fonti sovranazionali;
- quale sia la forza di incisione delle decisioni dei giudici sovranazionali sulla giurisprudenza domestica e sulla disapplicazione di fonti interne (secondo l'idea europea dell' "effetto utile" come fondamento della *Embeddedness*);
- quale sia la identificazione inequivoca del giudice titolare dell' "ultima parola" nel contrasto tra giudicati o tra interpretazioni sovranazionali, internazionali e nazionali;
- quale sia la vincolatività generale di tutti i tipi di decisioni sovranazionali rispetto agli organi interni dei singoli Stati;
- quali "materie" disciplinate dalle Costituzioni degli Stati risultino coinvolte dal "dialogo" multilivello dei giudici (principi fondamentali, diritti fondamentali, funzioni e poteri degli organi statali);
- quale modalità di dialogo si produca tra giudici nazionali e sovranazionali, se di effettivo confronto reciproco (secondo la tecnica della *Cross-Fertilization*) oppure di mero "prestito" unilaterale di argomenti (secondo la tecnica del *Borrowing*);

---

[30] G. Repetto, *Argomenti comparativi e diritti fondamentali in Europa. Teorie dell'interpretazione e giurisprudenza sovranazionale*, Napoli, Jovene, 2011, spec. 308 ss.

[31] Sul cui "effetto utile", si v. In sintesi E. Mac-Gregor, *El control de convencionalidad de la jurisprudencia constitucional*, in *Parlamento y Constitución*, 2009, 45 ss.

[32] Per esempio, lo Statuto della Corte Centroamericana de Justicia esclude qualsiasi interconnessione tra giurisprudenza regionale centroamericana e decisioni della Corte Interamericana.

[33] Sulla necessaria ricerca di interrogativi comuni, cfr. G. Itzcovic, *Ordinamento giuridico, pluralismo giuridico, principi fondamentali. L'Europa e il suo diritto in tre concetti*, in *Dir. Pubbl. Comp. Eur.*, 2009, 34 ss.

MICHELE CARDUCCI | 115

- quale sia la specificità del ragionamento del giudice sovranazionale, se "topico", rispetto a valori o standard considerati comuni agli ordinamenti integrati,[34] in nome di "tradizioni costituzionali comuni", oppure funzionalista, rispetto a interessi comunitari/unitari da salvaguardare anche a discapito degli Stati, in nome di "standard comuni di tutela";[35]
- quale sia la metodologia "comparativa" del giudice nazionale in "dialogo" con la dimensione sovranazionale, se di impronta "individualistica" (ossia mirata alla tutela delle libertà dei cittadini del proprio Stato, al cui interno esercita la giurisdizione), "nazionalistica" (ovvero volta alla tutela della identità costituzionale e degli interessi nazionali e sovrani dello Stato e dei suoi organi politico-legislativi) o ancora "funzionalistica" (cioè a tutela degli interessi sovranazionali comunitari, ai quali funzionalizzare appunto tanto le libertà dei cittadini quanto la sovranità degli Stati).[36]

Fino a quando dottrina e giurisprudenza latinoamericane non avranno approfondito questi temi e discusso sulle loro possibili risposte, come si fa nella dottrina e nella giurisprudenza europee,[37] la presunzione di isomorfismo con l'Unione europea come paradigma "universale" costituirà una "pre-comprensione" ideologica, politicamente comprensibile[38] ma scientificamente non corretta. Si tratterà, cioè, di una "pre-comprensione" finalizzata non a conoscere le specificità storiche e costitutive della propria realtà ordinamentale, bensì a produrre orizzonti cognitivi di legittimazione di scelte politico-ideologiche[39] (quindi di "figurazioni") dei singoli decisori-interpeti della integrazione, siano essi giuristi (quindi soggetti costitutivi del "formante dottrinale") oppure giudici (espressione del "formante giurisprudenziale") oppure legislatori (quindi attori del "formante normativo").

3 L'applicabilità latinoamericana dell' "idealtipo" europeo

Con la "pre-comprensione" eurocentrica, tra l'altro, lo stesso giudizio di equivalenza, elaborato da dottrina e giurisprudenza europee sulla spinta appunto dell'integrazione interordinamentale, finisce con l'essere frainteso. Infatti, la *ratio* del giudizio di equivalenza sviluppata in Europa è stata quella non della uniformazione dei singoli ordinamenti, bensì della loro coordinazione in relazione al raggiungimento di un fine specifico di rilevanza comunitaria, nel rispetto delle identità e specificità dei singoli ordinamenti. La sua duttilità sembrerebbe dunque replicabile come metodologia

---

[34] Come ormai si riscontra nel "dialogo" tra giudici, Corte di giustizia europea e Corte Europa dei Diritti Umani (TEDH).

[35] Cfr. G. Repetto, *Loc. ult. cit.*

[36] Si consideri, per tali prospettive nel processo di integrazione europea, la rilevanza delle decisioni *Van Gend en Loos* del 1963 (causa 26/62), *Int. Handelsgesellschaft* del 1970 (causa 11/79), *Simmenthal* del 1978 (causa 106/77).

[37] L. Torchia, *Developments in Italian Administrative Law trough Cross-Fertilization*, in J. Beatson –, T. Tridimas (eds.), *New Directions in European Public Law*, Oxford, Oxford Univ. Press, 1998, 137 ss.; A. Pizzorusso, *Il patrimonio costituzionale europeo*, Bologna, il Mulino, 2002; A. Reposo, *Diritto comparato, diritto comunitario, diritto transnazionale*, in G. Morbidelli – L. Pegoraro – A. Reposo – M. Volpi, *Diritto pubblico comparato*, Torino, Giappichelli, 2004, 18 ss.; O. Pollicino, *Allargamento dell'Europa a Est e rapporto tra Corti costituzionali e Corti europee*, Milano, Giuffrè, 2010, 506 ss.

[38] Si v., per esempio, il progetto *Democratization of International Organizations* (eds. G. Finizio - L. Levi - N. Vallinoto), promosso dal Centre for Studies on Federalism, con il suo *International Democracy Report 2011*.

[39] C. Tomuschat, *Die staatsrechtliche Entscheidung für die internationale Offenheit*, in J. Isensee – P. Kirchof (hrsg.), *Handbuch des Staatsrechts*, Heidelberg, Müller, 1992, 48 3 ss.

comparativa, per predicare un isomorfismo, da non tradurre affatto nella geometrica corrispondenza di un unico modo giusto o corretto di strutturare le relazioni interordinamentali, bensì da assumere come ragion pratica di osservazione delle dinamiche giuridiche, senza speculazioni valoriali o procedurali ritenute paradigmatiche rispetto ad altre.

In altre parole, il giudizio di equivalenza dovrebbe attestare che gli intrecci interordinamentali sono più complessi e molteplici, non sempre rispondenti a universali dinamiche parallele, ma piuttosto espressivi di logiche diverse e talvolta "proprie" di quel solo contesto. E tali logiche si differenzierebbero proprio rispetto al "tipo" di relazione interordinamentale che si crea in quei contesti.[40]

Si provi a recuperare, in tale prospettiva, la richiamata dicotomia *Verfassungsverbund-Staatenverbund*, riferendola alle realtà latinoamericane "*Pick and Choose*", secondo gli interrogativi richiamati nel paragrafo precedente, intorno a contenuti ed effetti della "*Embeddedness*" tra dimensioni regionali di integrazione e dimensioni internazionali di tutela dei diritt.[41]

Lo schema comparativo da trarre sarebbe così di seguito rappresentabile.

TIPO DI RELAZIONE	Quanti testi costituzionali?	Tipo di antinomie	Reciprocità di "dialogo" fra giudici?	Effetto utile?	Chi ultima parola?	Vincoli generali sugli organi?
Unione Europea (Verfassungs-verbund)	Da 2 (Costituzioni e Trattato UE) fino a 4 (CEDU-Carta di Nizza)	Antinomie reali	*No in via verticale, ma solo tra Corte di Giustizia e Corte CEDU*	*SI*	*Giudice sovranazionale*	*Si*
Staaten-verbunden	Al massimo 2 (Costituzioni e Trattati istitutivi)	Antinomie apparenti	Non esiste comunque	SI	Giudice nazionale	No

Esso evidenzia immediatamente come la sola considerazione dell'esistenza dell' "effetto utile", ancorché "dosata" nella sua incisività (*Embeddedness*) interna agli ordinamenti statali, si riveli insufficiente a comprendere le specificità delle integrazioni regionali classificabili come *Staatenverbunden*. E la constatazione sembra confermata se si allarga lo spettro comparativo ai profili che la letteratura costituzionalistica assume come espressivi del *Judicial Dilague* tra giudici nazionali e sovranazionali e del *Constitutional Borrowing*, relativi a:

- quali "materie costituzionali" degli Stati risultino coinvolte dal "dialogo" multilivello dei giudici (principi fondamentali – PF, diritti fondamentali – DF, funzioni e poteri degli organi statali – F);
- l'esistenza di un effettivo confronto reciproco [secondo la tecnica della *Cross-Fertilization*] oppure di un mero "prestito" unilaterale di argomenti [secondo la tecnica del *Borrowing*];

---

[40] Com'è desumibile anche dalla letteratura internazionalistica. Cfr., per tutti, M. Panebianco - F. Guida - A. Di Stasi, *Introduzione al diritto comunitario comparato. Il diritto dell'integrazione latinoamericana*, Salerno, Edisud, 1993, e C.F. Molina Del Pozo, *Integración eurolatinoamericana*, Buenos Aires, Ed. Ciudad Argentina, 1996, 415 ss.

[41] M.C. Londoño Lázaro, *El principio de legalidad y el control de convencionalidad de las leyes: confluencias y perspectivas en el pensamiento de la Corte Interamericana de Derechos Humanos*, in Bol. Mexicano Der. Comp., 128, 2010, 761 ss.

- la specificità del ragionamento del giudice sovranazionale, se "topico", rispetto a valori o standard considerati comuni agli ordinamenti integrati,[42] oppure funzionalista, rispetto a interessi comunitari/unitari da salvaguardare anche a discapito degli Stati;[43]
- la metodologia "comparativa" del giudice nazionale in "dialogo" con la dimensione sovranazionale, se di impronta "individualistica" [ossia mirata alla tutela delle libertà], "nazionalistica" [ovvero volto alla tutela della identità costituzionale e degli interessi nazionali] o ancora "funzionalistica" [cioè a tutela degli interessi sovranazionali comunitari].

Lo schema sarebbe così derivabile.

TIPO RELAZIONE	Quali materie?	*Cross-Fertilization* o *Borrowing*?	Ragionamento topico o funzionalista?	Quale metodologia comparativa?
Unione Europea (Verfassungs-verbund)	PF-DF	Cross-Fertilization (es: le "tradizioni costituzionali comuni europee")	Funzionalista e topico: (primauté europea e principi generali)	Individualistica e funzionalistica
Staaten-Verbunden	PF-DF	Borrowing (da esperienze di altri ordinamenti statali o sovranazionali)	Topico e funzionalista (topico, per affermare valori non ancora consolidati, e funzionalista, per rendere comuni questi valori)	Individualistica, funzionalistica ma anche nazionalistica (a rafforzamento della identità costituzionale dello Stato)

A questo punto, la dicotomia *Verfassungsverbund/Staatenverbund* può favorire la conoscenza specifica delle realtà latinoamericane di integrazione interordinamentale.

Proviamo, ad esempio, ad applicare queste schematizzazioni ad un contesto interordinamentale come quello del SICA. Osserviamo che esso effettivamente appare più simile alle integrazioni di *Staatenverbunden*, ancorché non sia in grado di garantire la condizione dell' "effetto utile" su tutti gli Stati aderenti al Protocollo di Tegucigalpa, per causa della logica "*Pick and Choose*" di quel sistema.

Vediamo.

TIPO DI RELAZIONE	Quanti testi costituzionali?	Tipo di antinomie	Reciprocità fra giudici?	Effetto utile?	Chi ultima parola?
Unione Europea (Verfassungs-verbund.)	Da almeno 2 (Cost. TUE) fino a 4 (CEDU-Carta di Nizza)	reali	No verticale, ma solo tra Corte di Giustizia e Corte CEDU	SI	Giudice sovranazionale
Staaten-verbunden	Solo 2 (Cost. e Trattati istitutivi)	apparenti	Non esiste comunque	SI	Giudice nazionale
Pick and Choose System"	Solo 2 (Cost. e Trattati istitutivi)	Reali/ apparenti	Non esiste comunque	No	Giudice nazionale

---

[42] Come orami si riscontra nel "dialogo" tra giudici, Corte di giustizia europea e Corte CEDU.

[43] Basti pensare alla evoluzione della giurisprudenza della Corte CEDU, nel passaggio dalla ricerca di una legislazione uniforme tra gli Stati membri alla considerazione degli *standard comuni*, da "imporre" agli Stati e rintracciabili anche attraverso la comparazione con giurisprudenza internazionale non solo europea.

Nonostante questa potenzialità di comparazione differenziata, nelle interpretazioni latinoamericane emerge il paradosso: proprio l'organo giurisdizionale del SICA, la Corte Centroamericana de Justicia (*CCJ*), inquadra l'integrazione centroamericana attraverso il *Borrowing* delle categorie di "*Embeddedness*" della giurisprudenza europea. La presunzione di isomorfismo assurge addirittura a "dottrina" della stessa Corte regionale centroamericana.[44] Ma allora il SICA è *come* il *Verfassungsverbund* europeo, nonostante il "*Pick and Choose System*" centroamericano?[45]

Ecco che, per risolvere questo paradosso, la comparazione deve andare oltre l' "idealtipo" europeo. Deve, per esempio, constatare che:

- le "materie" di integrazione centroamericana sono prevalentemente riferite alle funzioni e alla organizzazione (conflitto tra organi), in ragione della "auto-esclusione" del tema dei diritti umani, riservato esclusivamente alla Corte Interamericana dei diritti umani,[46] a differenza dell'art. 6 del TUE;
- il ragionamento del giudice sovranazionale è prevalentemente funzionalista;
- ciononostante, il ragionamento del giudice nazionale permane come nazionalista.

Nella comparazione con il *Verfassungsverbund* della Unione europea, inoltre, ci si accorgerà che l'unico elemento comune con il "*Pick and Choose System*" centroamericano investe solo la produzione di antinomie reali tra i diversi ordinamenti, declinato dall'approccio funzionalista del giudice sovranazionale. Tuttavia, questa convergenza risulterà del tutto impropria, giacché antinomie reali e funzionalismo restano di fatto "condizionati" dalle scelte statali di "*Pick and Choose*", con le quali ogni Stato, con i suoi organi, deciderà *se* adottare atti interni di recepimento, *se* ricorrere alla *CCJ*, *se* utilizzare il rinvio pregiudiziale, *se* accettare la *primautè* delle fonti del SICA.

Lo schema comparativo si fa sempre più complesso.

TIPO DI RELAZIONE	Quali materie?	Cross-Fertilization o Borrowing?	Ragionamento topico o funzionalista?	Quale metodologia comparativa?
Unione Europea (Verfassungs-verbund)	*PF e DF*	"Cross- Fertilization" (es: le "tradizioni costituzionali comuni europee")	*funzionalista e topico: primauté europea e principi generali*	*Individualista e funzionalista*
Staaten-Verbunden	*PF e DF*	*Solo Borrowing (da esperienze di altri ordinamenti)*	*topico e funzionalista: topico, per affermare valori non ancora consolidati, e funzionalista, per rendere comuni questi valori*	*Individualista, funzionalista e nazionalista*
Pick and Choose System	*PF e F (è escluso l'intervento sui DF)*	*Solo Borrowing (da esperienze della Unione Europea)*	*Solo funzionalista, per promuovere la primauté*	*Solo nazionalista*

---

[44] In tale prospettiva può essere letto l'interessante ricerca di E.N. Ulate Chacón, *Integración Regional y Derecho Comunitario Europeo y Centroamericano*, San José, Ed. Chico, 2004, che si interroga comunque sulla complessità diversificata dei singoli processi di integrazione interordinamentali.

[45] Si v. in tal senso il volume P. Caldentey del Pozo - J.J. Romero Rodriguez (eds.), *El SICA y la UE: la integración regional en una perspectiva comparada*, AECID, 2009.

[46] Cfr. M. Carducci, *Argomento comparativo*, cit.

4 "Idealtipo" europeo e complessità operativa delle integrazioni

Del resto, lo stesso "idealtipo" europeo è molto meno lineare e monolitico di quanto possa sembrare dall'altra sponda dell'Atlantico. Infatti, secondo la dottrina costituzionalistica e amministrativistica europea, due sarebbero gli elementi più significativi di qualificazione dei processi di integrazione interordinamentale europea.

Il primo risiede nella constatazione che qualsiasi processo di integrazione descrive pur sempre una dinamica politica di unificazione di soggetti, con proprie storie e identità. La novità del processo europeo consisterebbe nella sua portata macroterritoriale, espressiva di una complessità, in cui è storicamente mancata l'attivazione dei meccanismi di coesione, quali effettivi elementi in grado di mantenere le disuguaglianze entro il tollerabile (ossia entro ciò che non infici il senso di appartenenza, la percezione di *sé* come parte di un *noi*) e le specificità valorizzate entro un quadro di inclusione concreta (che faccia superare o ridurre la perifericità).[47]

Il secondo elemento investe il diverso rapporto organizzativo e funzionale che si registra tra unità, intesa come uniformità, e differenza: negli ordinamenti statuali, l'unità è il presupposto e la differenza è spesso ricercata per migliorare la capacità di amministrare interessi presenti nei territori interni allo Stato; in quelli interordinamentali, al contrario, la differenza è il punto di partenza e l'unità dell'ordinamento identifica il fine principale delle azioni sovranazionali. La categoria della integrazione, di conseguenza, esprimerebbe la complessa coesistenza differenziata tra unità statuali e unità interordinamentali.

Sarebbero l'uno e l'altro elemento a rendere ineludibile il collegamento dell'analisi interordinamentale alle teorie giuridiche dello Stato:[48] senza la conoscenza della forma-Stato (nelle sue strutture e nelle sue dinamiche) diventa impossibile comprendere giuridicamente e costituzionalmente la "forma" Europa.[49] Infatti, è stato proprio quel collegamento a favorire la sperimentazione pratica, a livello europeo, dei processi di integrazione *con* e *dentro* gli Stati.

In primo luogo, il nuovo sistema unitario sovranazionale di principi, regole e apparati si è sovrapposto alla pluralità dei sistemi statuali preesistenti, al fine di garantire la sua prevalenza in caso di conflitto. In tale prospettiva, l'integrazione è diventata sinonimo di progressiva sostituzione di un sistema giuridico nuovo rispetto a una condizione giuridica preesistente, caratterizzata dalla pluralità e difformità degli Stati.

In secondo luogo, l'integrazione è stata raggiunta attraverso il conseguimento di certi obiettivi predeterminati da parte dei singoli Stati. In questo secondo caso, la sostituzione di un sistema giuridico nuovo, con proprio principi, regole e apparati, non è risultata indispensabile.

Questo, però, non significa che, per aversi integrazione interordinamentale, sia sufficiente la semplice cooperazione tra gli Stati. La cooperazione si sviluppa secondo "azioni comuni", non necessariamente ancorate a vincoli unitari sovranazionali; l'integrazione, invece, persegue comunque una nuova unità giuridica. La prima è compatibile con una logica "*Pick and Choose*"; la seconda no.[50]

---

[47] M. Carducci – P. Logroscino, *Asimmetrie e coesione territoriale interna*, in A. Cantaro (a cura di), *Il costituzionalismo asimmetrico dell'Unione. L'integrazione europea dopo il Trattato di Lisbona*, Torino, Giappichelli, 2010, 95-108.

[48] Cfr. F. Palermo, *La forma di Stato dell'Unione europea. Per una teoria costituzionale dell'integrazione sovranazionale*, Padova, Cedam, 2005.

[49] C. Amirante, *Dalla forma Stato alla forma mercato*, Torino, Giappichelli, 2008.

[50] Per tale ragione, tra l'altro, è stata proposta una specifica definizione della struttura interordinamentale europea come "ordinamento composito": cfr. S. Cassese, *L'Unione europea come organizzazione pubblica composita*, in *Riv. it. dir. pubbl. comunitario*, 2000, 990 ss., e G. Della Cananea, *L'Unione europea. Un ordinamento composito*, Roma-Bari, Laterza, 2003.

Lo certifica implicitamente l'art. 197 del Trattato sul funzionamento della UE (TFUE), collegando la dinamica di integrazione interordinamentale ad ulteriori elementi di coordinamento funzionale Stati/UE.[51] Ne conseguono tecniche giuridiche, difficilmente imitabili attraverso un semplice *Constitutional Borrowing*, proprio perché ciascuna di esse persegue l'obiettivo di unità (e non di smembramento *"Pick and Choose"*) per via della riduzione delle differenze o della loro neutralizzazione all'interno degli Stati membri. Per esempio, i principi della supremazia/*primauté* del diritto europeo su quello nazionale e di *preemption* sono sicuramente funzionali al primo obiettivo. Essi sono stati affermati sin dalle origini dalla Corte di giustizia, per consentire al diritto europeo di prevalere su quello nazionale, in caso di antinomie.[52] Tra l'altro, a questo proposito sono divenute note le espressioni, ritagliate appositamente per l'ordinamento europeo, di *Integration through Law*[53] e di *Judicial Harmonisation*.[54] Il giudizio di equivalenza tra ordinamenti statuali, dal canto suo, risponde al secondo obiettivo. In base ad esso, infatti, è inibito a qualsiasi Stato membro di ostacolare la circolazione di beni e servizi, allorquando interessi e tutele di quello Stato conoscano metodi e tecniche sostanzialmente analoghe (equivalenti) anche nell'ordinamento statuale di provenienza. Questa tecnica, pertanto, mira a scongiurare inutili duplicazioni di regole interne agli Stati membri, senza procedere alla loro diretta sostituzione da parte dell'ordinamento sovranazionale.[55] Per tale ragione, si parla anche di "concorrenza" tra ordinamenti giuridici statuali,[56] in quanto l'integrazione non deriva da una decisione "calata dall'alto", ma è piuttosto il frutto dell'equilibrio di questo confronto orizzontale tra Stati.[57] In quest'ottica si muove anche il *Judicial Dialogue* europeo tra Corte di giustizia dell'Unione europea e Corte europea dei diritti dell'uomo.

---

[51] Cfr. M. Macchia, *Questione amministrativa e cooperazione dopo Lisbona: un nesso inscindibile*, in *Riv. it. dir. pubbl. comunitario*, 2012, 85 ss., C. Harlow, *Three Phases in the Evolution of EU Administrative Law*, in P. Craig – G. De Burca (eds.), *The Evolution of EU Law*, Oxford, Oxford Univ. Press, 2008, 455 ss., L. De Lucia, *Cooperazione e conflitto nell'Unione amministrativa europea*, in *Riv. it. dir. pubbl. comunitario*, 2011, 13 ss., R. Schütze, *From Rome to Lisbon: "Executive Federalism" in the (new) European Union*, in *Common Market Law Rev.*, 2010, 47, 1419 ss. Cfr. anche D.U. Galetta, *Coamministrazione, reti di amministrazioni, Verwaltungsverbund: modelli organizzativi nuovi o alternative semantiche alla nozione di "cooperazione" dell"art. 10 TCE, per definire il fenomeno dell' "amministrazione intrecciata"?*, in *Riv. it. dir. pubbl. comunitario*, 2010, 1689 ss. e L. De Lucia, *Amministrazione transnazionale e ordinamento europeo*, Torino, Giappichelli, 2009.

[52] Cfr. B. De Witte, *Direct Effect, Primacy, and the Nature of the Legal Order*, in P. Craig – G. De Burca (eds.), *The evolution of EU Law*, cit., 323 ss., H.G. Schemers, *The Role of the European Court of Justice in the Free Movement of Goods*, in E. Stein – T. Sandalow (eds.), *Courts and Free Markets*, Oxford, Clarendon Press, 1982, I, 222 ss.

[53] M. Cappelletti – M. Seccombe – J.H.H. Weiler, *Integration Through Law: Europe and the Amercian Federal Experience. A General Introduction*, in Id. (eds.), *Integration Through Law. Europe and the American Federal Experience*, Berlin, Walter de Gruyter, 1986, 1, 29-35,

[54] S. Weatherill, *Why Harmonise?*, in T. Tridimas – P. Nebbia (eds.), *European Union Law for the twenty-first Century*, Oxford and Portland Oregon, Hart, 2004, 2, 12.

[55] Cfr. V. Hatzopoulos, *Le principe communautaire d'équivalence et de reconnaissance mutuelle dans la libre prestation de services*, Bruxelles, Bruylant, 1999, K. Armstrong, *Mutual Recognition*, in C. Barnard – J. Scott (eds.), *The Law of the Single European Market. Unpacking the Premises*, Oxford and Portland Oregon, Hart, 2002, 225 ss. Nella letteratura italiana, soprattutto G. Rossolillo, *Mutuo riconoscimento e tecniche conflittuali*, Padova, Cedam, 2002; S. Nicolin, *Il mutuo riconoscimento tra mercato interno e sussidiarietà*, Padova, Cedam, 2005; N. Bassi, *Mutuo riconoscimento e tutela giurisdizionale. La circolazione degli effetti del provvedimento amministrativo straniero fra diritto europeo e protezione degli interessi dei terzi*, Milano, Giuffré, 2008.

[56] M. Gnes, *La scelta del diritto*, Milano, Giuffrè, 2004.

[57] J. Pelkmans, *The New Approach to Technical Harmonization and Standardization*, in *J. Common Market St.*, 1987, 25, 249 ss.

5 Logica latinoamericana del *"Pick and Choose"* e capacità europea di "scomposizione" dei problemi di integrazione

Primauté, equivalenza, dialogo, concorrenza, armonizzazione, "comunione di funzioni" non sono meri "istituti giuridici" europei da trapiantare ovunque, attraverso taumaturgiche operazioni di *Borrowing*. Sono il frutto di una sperimentazione fondata sulla ermeneutica e sulla semantica giuridica degli Stati. Senza la acquisizioni delle teorie giuridiche europee sullo Stato e senza l'apprendimento di prassi di quelli Stati, non si comprenderebbero.

Del resto, i richiamati elementi di qualificazione della integrazione europea ricalcano le due idee di integrazione attraverso la Costituzione conosciute nella storia europea: la prima, risalente a Thomas Hobbes, padre genealogico involontario del progetto moderno di integrazione, con cui si identifica in un potere di coazione esterna — lo Stato, ieri, l'Unione europea, oggi — l'ordine della pace e del consenso nei valori dentro una comunità; la seconda, radicata nel comunitarismo repubblicano, che vede nella comunicazione sociale e nell'apprendimento informato non la semplice rivendicazione di diritti, ma l'assunzione di un onere reciproco di convivenza.[58]

E le idee non sono semplicemente esportabili.

Lo dimostra il fatto che la stessa Unione europea ha preferito non applicarle pedissequamente nei riguardi dei paesi "meno europei" dell'Unione: gli Stati dell'ex blocco socialista. Ermeneutica e semantica giuridica degli Stati dell'Est non potevano essere presupposte "equivalenti" o "parallele" o addirittura "isomorfiche" a quelle dell'Occidente europeo.

Per tale ragione, a seguito dell'allargamento a Est dell'Unione europea, le tecniche di integrazione si sono ulteriormente arricchite di nuovi approcci: sia sul piano organizzativo;[59] che su quello del *Judicial Dialogue*.[60] La specifica problematicità dei paesi dell'ex blocco di Varsavia ha suggerito di inquadrare "caso per caso" i rapporti tra singolo ordinamento statuale e integrazione sovranazionale. Ne è derivata la tecnica della "comunione di funzioni amministrative": nel rapporto tra ordinamento sovranazionale e ordinamento statuale, viene promosso l'esercizio congiunto di una competenza, ancorché questa risulti appartenere ad uno solo dei due ordinamenti. In questo modo, non si impongono né sostituzioni verticali (di *primauté*) né armonizzazioni orizzontali fra Stati, ma si valorizza l'apprendimento di ciascun singolo Stato a "stare insieme" nell'Unione europea: apprendimento "caso per caso", non unilaterale *"Pick and Choose"*.

È in questa capacità di "scomposizione" dei problemi e di loro coniugazione con specifiche "tappe" del processo integrativo, la vera originalità giuridica della integrazione interordinamentale europea.

Oggi, la gravissima crisi economico-finanziaria globale mette a dura prova questa complessa duttilità. Di fatto, la tendenza alla "scomposizione" sta rischiando di compromettere le istituzioni unitarie europee costruite finora, inventando nuovi strumenti sempre meno "costituzionali". Si pensi all'*European Stability Mechanism* (con il cosiddetto "Fondo Salvastati") che utilizza in parte le istituzioni europee (Commissione e soprattutto Banca Centrale Europea), ma non risponde loro. Il *Mechanism* adotta le

---

[58] M. Carducci, *Integração por intermedio das Constituições?*, in *Rev. A & C de Direito Adm. & Const.*, 43, 2011, 47 ss.

[59] Cfr. F. Giglioni, *Tecniche di integrazione europea amministrativa mediante differenziazione*, in *Nomos* 2, 2012, 1 ss.

[60] Cfr. O. Pollicino, *Allargamento dell'Europa a Est*, cit.

sue decisioni con un voto ponderato legato alle risorse investite nel fondo stesso, come una società per azioni, in cui al cui interno la Germania, "azionista di maggioranza", detiene di fatto un potere di veto. La Germania si trova così investita, dentro l'Unione europea, di una specie di inedito strumento di *"Pick and Choose"*.

La tecnica europea della "scomposizione" dei problemi è utile alla loro soluzione, a condizione che operi, come si è visto, in termini di interazione e di visione complessivamente unitaria della struttura interordinamentale. Fuori di questa logica, il rischio diventa quello di riduzione dei processi di integrazione interordinamentale a dinamiche di *"Compliance"* interstatale[61] e non più di *"Embeddedness"* dell'unità/differenza interordinamentale: dinamiche paradossalmente molto più prossime ad un *"Pick and Choose System"*, di quanto gli stessi "imitatori" latinoamericano possano immaginare nelle loro acquisizioni "idealtipiche".[62]

6 Ma allora copiare è sbagliato? Le tesi di Gordon e Neves

Ma allora tutto questo significa che copiare dall'Unione europea è sbagliato?

In effetti esiste una critica diffusa su questi fenomeni di "copiatura"[63] di idee e concetti "fuori luogo", causa, secondo alcuni autori, di sincretismi metodologici a volte confusi.[64]

Del resto, questa tendenza è anche alla base della stessa storia del diritto pubblico latinoamericano, sia amministrativo[65] che costituzionale,[66] e alimenta un persistente dibattito intorno alla sua valutazione in termini positivi o negativi, a seconda che la "copiatura" abbia prodotto "illusioni imitative",[67] "idee fuori luogo",[68] oppure "irritazioni interne" da valutare caso per caso dentro ogni singolo sistema giuridico.[69]

In questa prospettiva, la tendenza è funzionale a produrre una expresión simbólica del diálogo constitucional, come sostiene Marcelo Neves,[70] una specie di *"Heading*

---

[61] Sul concetto di *"Compliance"*, si v. R.O. Keohane, *International Relations and International Law: Two Optics*, in 38 *Harv. Int'l L. J.*, 1997, 487 ss., B.A. Simmons, *Compliance with International Agreements*, in 1 *Am. Rev. Pol. Sc.*, 1998, 75 ss., B. Kingsbury, *The Concept of Compliance as a Function of Competing Conceptions of International Law*, in 19 *Mich. J. Int'l L.*, 1998, 345 ss.

[62] Della rilevanza di queste dinamiche interstatali si è occupata una letteratura poco praticata tanto dai giuristi comunitaristi quanto dai giuristi comparatisti. Ci si riferisce almeno ai seguenti studi: K.W. Abbott, *Modern International Relations Theory: A Prospectus for International Lawyers*, in 14 *Yale J. Int'l L.*, 1989, 335 ss., e A.-M. Slaughter – A.S. Tulumello – S. Wood, *International Law and International Relations Theory: A New Generations of Interdisciplinary Scholarship*, in 93 *Am. J. Int'l L.*, 1998, 367 ss., J.L. Goldsmith – E.A. Posner, *A Theory of Customary International Law*, in 66 *U. Chi. L. Rev.*, 1999, 1113 ss.

[63] M. Gordon, *Don't copy me Argentina: Constitutional Borrowing and Rethorical Type*, in 8 *Washington Univ. Global St. L. Rev.*, 2009, 486 ss.

[64] V. Afonso da Silva, *Sincretismo Metodológico*, in V. Afonso da Silva (org.), *Interpretação Constitucional*, São Paulo, Malheiros, 2007, e *Princípios e Regras: mitos e equívocos acerca de uma distinção*, in *Rev. Latino-Am. Est. Const.*, 2003, 607 ss.

[65] M.S. Zanella Di Pietro, *500 anos do direito administrativo brasileiro*, in *Cadernos de Direito e Cidadania*, 2000, 39 ss.

[66] N.L. de Lyra Tavares, *O direito comparado na história do sistema jurídico brasileiro*, in *Rev. Ciência Política*, 33, 1990, 55 ss.; *Contribuição do direito comparado às fontes do direito brasileiro*, in *Prisma Jurídico*, 5, 2006, 59-77.

[67] A. Franco Montoro, *Filosofia do direito e colonialismo cultural: transplante de institutos jurídicos inadequados à realidade brasileira*, in *Rev. Inf. Leg.*, 37, 1973, 3 ss.

[68] R. Schwarz, *As idéias fora do lugar*, in *Ao vencedor as batatas: forma literária e processo social nos inícios do romance brasileiro*, São Paulo, Duas Cidades, 1992[4], 13-28.

[69] R. Saavedra Velasco, *Sobre formantes, transplantes e irritaciones*, in *Ius et Veritas*, 40, 2010, 70 ss.

[70] M. Neves, *A Constitucionalização simbólica*, São Paulo, Martins Fontes, 2007[2].

South But Looking North",[71] che a volte opera come pensiero subalterno a volte come *Border Thinking.*[72]

Ma questo significa anche che le "imitazioni costituzionali" e il *Constitutional Borrowing* di giudici e dottrina latinoamericani producono un discorso metaforico:[73] un discorso che non si interroga sui caratteri dei propri ordinamenti e delle proprie costituzioni, ma promuove promiscuità di formule linguistiche e di concetti.

Del resto, la stessa parola "Costituzione" è semanticamente ambigua di per sé, sia sul piano connotativo che denotativo, producendo incertezze consequenziali sulle parole costituzionalismo, diritto costituzionale, costituzionalizzazione.[74] E la stessa Unione europea ha conosciuto e conosce abusi "metaforici" di questa parola. Si pensi, per tutti, al tema della esistenza o meno di una "Costituzione europea", oppure a quello della "costituzionalizzazione dei Trattati europei", inteso come sviluppo della giurisprudenza della Corte di giustizia nell'utilizzare "dottrine" sui rapporti tra diritto interno e comunitario,[75] oppure ancora si consideri la ricorrente idea di analogia tra organizzazioni sovranazionali e Stato federale,[76] base della citata demarcazione tra *Verfassungsverbund/ Staatenverbund*. Addirittura pare che sia stata proprio l'osservazione della "similitudine" fra Trattati europei e Costituzioni federali ad alimentare le "metafore" sin dall'origine della integrazione europea.[77]

Ma se persino l'Unione europea vive di "metafore", la loro "imitazione" e il loro *Borrowing* in America latina a che cosa serve?

Neves[78] riduce tutti questi fenomeni ad un "gioco linguistico" espressivo di una "razionalità trasversale" come definita da Welsch,[79] ossia un discorso che non ha il compito di utilizzare in modo rigido concetti e parole altrui, bensì permette di effettuare transazioni tra contesti narrativi differenti per storia, contenuti e identità (come nel caso dello "spazio iberoamericano" rispetto alla Unione europea), al fine di costruire un senso di auto-identificazione, altrimenti non esistente.

Proprio per questa ragione, il "gioco linguistico" vede come protagonisti principali i giudici e la dottrina e non invece la legislazione in quanto strumento politico di formalizzazione definitiva di una determinata identità istituzionale: la "imitazione" giurisprudenziale rimane duttile e politicamente meno impegnativa.

---

[71] J. Thome, *Heading South But Looking North: Globalization and Law Reform in Latin America*, in *Wisconsin L. Rev.*, 2000, 691 ss., e H. Spector, *Constitutional Transplants and the Mutation Effect*, in 83 *Chi.-Kent L. Rev.*, 2008, 129 ss.

[72] Si v. Walter Mignolo: *The Darker Side of Western Modernity: Global Futures, Decolonial Options, Latin America Otherwise*, Duke U.P., 2011; *Desobediencia epistémica: retorica de la modernidad, lógica de la colonialidad y gramática de la descolonialidad*, Buenos Aires, Ediciones del Signos, 2010; *La idea de América Latina*, Barcelona, Gedisa, 2006; *Histórias locais/projetos globais. Colonialidade, saberes subalternos e pensamiento liminar*, Belo Horizonte, Universidad Minas Gerais, 2008; *Teoría del texto e interpretación de textos*, México DF, UNAM, 1986; *Textos, modelos y metáforas* Jalapa, Universidad Veracruzana, 1984.

[73] M. Neves, *Transconstitucionalismo*, São Paulo, Martins Fontes, 2009.

[74] R. Wahl, *Konstitutionalisierung. Leitbegriff oder Allerweltsbegriff?*, in C.E. Eberle - M. Ibler - D. Lorenz (hrsg.), *Der Wandel des States vor den Herausforderungen der Gegenwart. Fesctschrift für Winfried Brohm*, München, Beck, 2002, 191 ss.

[75] G. Biaggini, *Die Idee der Verfassung. Neuausrichtung im Zeitalter der Globalisierung*, in *Zeitschrift für Schweizerisches Recht*, 141, 2000, 452.

[76] P. Hay, *Federalism and Supranational Organizations. Patterns for new Legal Structures*, Urbana, Univ. of Illinois Press, 1966.

[77] W. Hallstein, *The EEC Commission. A New Factor in International Life*, in *Int'l. & Comp.L.Q.*, 14, 1965, 729.

[78] M. Neves, *Transconstitucionalismo*, cit., 38 ss.

[79] W. Welsch, *Vernunft. Die zeitgenössische Vernunftkritik und das Konzept der transversalen Vernunft*, Frankfurt am Main, Suhrkamp, 1996.

Sempre per la stessa ragione, infine, il "gioco linguistico" è praticato nei paesi periferici, dove più deboli e contraddittorie sono state le storie costituzionali di costruzione delle proprie identità e meno credibile appare il ruolo della politica.

7 Oppure gli errori sono utili? La tesi di López Medina

Si può allora sostenere che le "copiature" dalla Unione europea identificano la specificità stessa dei fenomeni di integrazione regionale del sub-continente. Una simile conclusione interpretativa, specificamente rivolta all'America latina, sembra essere confermata dalle tesi del colombiano Diego Eduardo López Medina.[80]

Come scrive lo stesso Autore, il sub-continente americano siederebbe sopra un tesoro di cui non avrebbe consapevolezza: il proprio patrimonio di errori, adattamenti, approssimazioni che, grazie anche alle innumerevoli "copiature" circolate nel suo spazio linguistico spagnolo o portoghese, ha contribuito a conformare la cultura costituzionale dei suoi operatori, sia come teorici del diritto sia come pratici, capaci di costruire le mappe mentali di auto-riconoscimento dei propri formanti.

Per spiegare l'effettiva consistenza di questo "tesoro", Medina ricorre ad una teorizzazione dei "flussi" dal Nord del mondo al Sud. Da un lato, nei "siti di produzione", le grandi elaborazioni teoriche e concettuali del costituzionalismo e della teoria del diritto hanno goduto e godono di una forza propria, non tanto o non solo per primato storico o per originalità di pensiero, quanto per condizioni, materiali e sociali, di comunicazione e circolazione, che hanno sempre consentito, a quelle elaborazioni, di arricchirsi con costantemente rinnovati contributi di dibattito e sperimentazione, capaci di proiettarsi in una dimensione di vera e propria *"Teoría Transnacional del Derecho"*. Dall'altro, i "siti di recezione", di fronte alla portata "transnazionale" della teoria e del diritto euro-nordamericano, hanno vissuto come insieme di *"tradiciones débiles"* per causa delle vicende di "conquista" e dei suoi linguaggi costituzionali escludenti, tardivi o "fuori luogo", e non hanno potuto che evolversi come costante periferia della *"producción iusteórica"* centrale, ricorrendo a innumerevoli operazioni di "copiatura", promosse non per finalità astratte di mera erudizione, né per riproduzione fedele del calco straniero, bensì per elaborare, in sede "autoctona", una *"jurisprudencia pop"*, adattata e trasformata al contesto e all'uso contingente.

Il "flusso", pertanto, coinciderebbe sì con un *Borrowing* di un dato straniero, ma si tratterebbe comunque di un *Borrowing* rigenerativo, sia a livello teorico che pratico, delle suggestioni linguistiche e concettuali "imitate", per riversarsi in un immaginario narrativo ed esplicativo del tutto "sganciato" dal formante originario.

A questo punto, l'incompletezza ermeneutica o semantica della "copiatura" non produrrebbe alcun danno nel *"sitio de recepción"*, giacché la sua funzione come "flusso" sarebbe esattamente quella *"pop"* di adattarsi trasformando significati e utilizzazioni. In definitiva, il destino della "copiatura" è nella sua "trasformazione", che non rappresenta affatto un "errore", perché appunto alimenta una "teoria locale" differente, sul piano "cognitivo" interno al contesto latinoamericano, da quella originariamente produttiva del testo tradotto. Il risultato finale consisterebbe in ulteriori *"fértiles malas lecturas y*

---

[80] D.E. López Medina, *Teoría impura del derecho. La transformación de la cultura jurídica latinoamericana*, Bogotá, Legis-Universidad de los Andes-Universidad Nacional, 2004.

apropiaciones", che circolano all'interno di tutto il sub-continente, non necessariamente per la forza o la pregnanza del loro contenuto, quanto piuttosto per la facilità comunicativa del prodotto una volta reso/trasformato in lingua spagnola o portoghese.

Questa specie di "disordine" del "flusso" creerebbe comunque effetti di circolazione di idee e dibattiti, utili ad emancipare il contesto costituzionale latinoamericano.

8 Evitare un nuovo costituzionalismo apparente

Le analisi di Gordon, Neves e Medina consentono di contestualizzare le specificità latinoamericane anche per il tema delle "copiature" nella edificazione delle integrazioni regionali. Permettono soprattutto di comprendere come i fenomeni di "transjudicialismo" latinoamericano servano comunque a radicare una cultura costituzionale sensibile alle nuove sfide dei sistemi multilivello. Si tratta di una delle tante nuove frontiere dell'esperienza giurisprudenziale contemporanea.[81]

Questo però non significa ignorare tutti i profili problematici che sono stati richiamati, in merito alla necessità di non confondere le tre identità//modalità di integrazione conosciute e discusse in Europa.

In altri termini, la scansione tra *Verfassungsverbund, Staatenverbund* e *"Pick and Choose System"* necessita di essere approfondita per comprendere la complessità dei processi europei di "gerarchie intrecciate" (*Tangled Hierarchies*),[82] che non si verificano altrove e non rappresentano semplicemente una idea europea da "imitare", bensì costituiscono un dato strutturale della Unione europea, del tutto storicamente differente dai contesti latinoamericani: un riflesso di quella idea di "armonia",[83] che l'Europa ha costruito e distrutto nei secoli attraverso guerre, tragedie e processi di civilizzazione (come insegna la grande ricerca di Norbert Elias), ben diversa dalla visione di "unità cristiana" (richiamata nelle analisi di "filosofia" latinoamericana di Leopoldo Zea) che invece l'America latina eredita dalla seconda scolastica di Francisco Suárez.[84]

Pertanto, ben vengano errori e male interpretazioni nella "copiatura" dei concetti e delle formule del diritto comunitario europeo. Ma una cosa è equivocare, altra è ignorare una realtà nel suo processo storico e costituzionale.

In America latina è stata proprio l'assenza della elaborazione di una teoria della Costituzione storicamente adeguata alla realtà a creare quelle dissociazioni che Bravo Lira ha definito di *Scheinkonstitutionalismus*,[85] fondate su esterofilie[86] a volte "romantiche"[87] a volte "idealistiche",[88] ma sempre incapaci di discutere i problemi dello Stato latinoamericano da un punto di vista interno al *nomos* della terra del sub-continente.

---

[81]   G. Giacobbe, *Le nuove frontiere della giurisprudenza. Metodo-Teoria-Pratica (Saggi)*, Milano, Giuffrè, 2001.

[82]   M. Neves, *Transconstitucionalismo*, cit., 237.

[83]   Leo Spitzer, *L'armonia del mondo* (1963), trad. it., Bologna, il Mulino, 1967.

[84]   José Eisenberg, *As missões jesuíticas e o pensamento político moderno, encontros culturais, aventuras teóricas*, Belo Horizonte, Editora UFMG, 2000.

[85]   B. Bravo Lira, *Entre dos Constituciones, Histórica y Escrita*: Scheinkonstitutionalismus *en España, Portugal e Hispanoamérica*, in Quad. Fior. St. Pens. Giur. Mod., 27, Milano, Giuffrè, 1998, 151-165.

[86]   J.A. Aguilar Rivera, *En pos de la quimera*: reflexiones sobre el experimento constitucional atlántico, México DF, EFCE, 2000, 17-19 e 24-33.

[87]   N. Saldanha, *A Teoria do "Poder Moderador" e as Origens do Direito Político Brasileiro*, in Quad. Fior. St. Pens. Giur. Mod., 18, Milano, Giuffrè, 1989, 254-255.

[88]   F.J. de Oliveira Vianna, *O Idealismo da Constituição*, São Paulo, Cia Ed. Nacional, 1939², 7-11 e 311-314.

Se la idealizzazione latinoamericana del paradigma *"mutlilevel"* dimentica il suo passato di incertezze sullo Stato e non approfondisce la conoscenza consapevole dei numerosi profili europei di identità e di differenza, rischia di condurre lo "spazio iberoamericano" ad una persistente condizione di frammentazione dei diritti nazionali e sovranazionali, ancora oggi presente,[89] evidentemente dannosa per le aspettative di emancipazione e sviluppo di "tradizioni comuni" di Costituzioni, Stati e integrazioni.

Referenze bibliografiche

Abbott K.W. *Modern International Relations Theory: A Prospectus for International Lawyers*, in 14 Yale J. Int'l L., 1989.

Afonso da Silva V. *Sincretismo Metodológico*, in V. Afonso da Silva (org.), *Interpretação Constitucional*, São Paulo, Malheiros, 2007.

_____ *Princípios e Regras: mitos e equívocos acerca de uma distinção*, in Rev. Latino-Am. Est. Const., 2003.

Aguilar Rivera J.A. *En pos de la quimera: reflexiones sobre el esperimento constitucional atlántico*, México DF, EFCE, 2000.

Aizenstatd Leistenschneider A. *Reflejos del derecho comunitario europeo en las decisiones de la Corte Centroamericana de Justicia*, in Rev. Gen. Der. Eur., 25, 2011.

Amirante C. *Dalla forma Stato alla forma mercato*, Torino, Giappichelli, 2008.

Angeles Cano Linares M. *La Corte Centroamericana de Justicia: un órgano único con diversidad de competencias*, in C.R. Fernández Liesa (dir.), *Tribunales internacionales y espacio iberoamericano*, Madrid, Civitas, Thompson, 2009.

Armstrong K. *Mutual Recognition*, in C. Barnard, J. Scott (eds.), *The Law of the Single European Market. Unpacking the Premises*, Oxford and Portland Oregon, Hart, 2002.

Bassi N. *Mutuo riconoscimento e tutela giurisdizionale. La circolazione degli effetti del provvedimento amministrativo straniero fra diritto europeo e protezione degli interessi dei terzi*, Milano, Giuffré, 2008.

Biacchi Gomes E. *Blocos Economicos. Solução de controversias. Uma analise comparativa a partir da União europeia e Mercosul*, Curitiba, Juruá, 2010.

Biaggini G. *Die Idee der Verfassung. Neuausrichtung im Zeitalter der Globalisierung*, in Zeitschrift für Schweizerisches Recht, 141, 2000.

Bravo Lira B. *Entre dos Constituciones, Histórica y Escrita*: Scheinkonstitutionalismus en España, Portugal e Hispanoamérica, in Quad. Fior. St. Pens. Giur. Mod., 27, Milano, Giuffrè, 1998.

Buerenthal T. *The Proliferation of International Courts and Tribunals. Is it Good or Bad?*, in Leiden J. Int'l L., 2001.

Caldentey del Pozo P. – Romero Rodriguez J.J. (eds.). *El SICA y la UE: la integración regional en una perspectiva comparada*, AECID, 2009.

Cappelletti M. - Seccombe M.M. - Weiler J.H.H. *Integration Through Law: Europe and the American Federal Experience. A General Introduction*, in Id. (eds.), *Integration Through Law. Europe and the American Federal Experience*, Berlin, Walter de Gruyter, 1986.

Carducci M. *Argomento comparativo e presunzione di isomorfismi interordinamentali: spunti critici dalla prospettiva latinoamericana*, in Scritti in on. di Aldo Loiodice, Bari, Cacucci, 2012.

_____ *Integração por intermedio das Constituições?*, in Rev. A & C de Direito Adm. & Const., 43, 2011.

_____ *Coinvolgimento e distacco nella comparazione mondo*, in Bol. Mexicano Der. Comp., 128, 2010.

_____ – Logroscino P. *Asimmetrie e coesione territoriale interna*, in A. Cantaro (a cura di), *Il costituzionalismo asimmetrico dell'Unione. L'integrazione europea dopo il Trattato di Lisbona*, Torino, Giappichelli, 2010.

Carpizo J. *Derecho constitucional latinoamericano y comparado*, in Anuario Iberoam. de Justicia Const., 10, 2006.

---

[89] P. Pennetta (a cura di), *L'evoluzione dei sistemi giurisdizionali regionali ed influenze comunitarie*, Bari, Cacucci, 2010.

Cassese S. *L'Unione europea come organizzazione pubblica composita*, in *Riv. it. dir. pubbl. comunitario*, 2000.

De Lucia L. *Cooperazione e conflitto nell'Unione amministrativa europea*, in *Riv. it. dir. pubbl. comunitario*, 2011.

_____ *Amministrazione transnazionale e ordinamento europeo*, Torino, Giappichelli, 2009.

De Lyra Tavares N.L. *O direito comparado na história do sistema jurídico brasileiro*, in *Rev. Ciência Política*, 33, 1990.

_____ *Contribuição do direito comparado às fontes do direito brasileiro*, in *Prisma Jurídico*, 5, 2006.

De Oliveira Vianna F.J. *O Idealismo da Constituição*, São Paulo, Cia Ed. Nacional, 1939².

De Vergottini G. *Oltre il dialogo tra le Corti. Giudici, diritto straniero, comparazione*, Bologna, il Mulino, 2010.

_____ *Modelos constitucionales e inovación*, in *Estudios de teoria del Estado y derecho constitucional en honor de Pablo Lucas Verdú*, vol. II, Madrid, México DF, 2001.

De Witte B. *Direct Effect, Primacy, and the Nature of the Legal Order*, in P. Craig – G. De Burca (eds.), *The evolution of EU Law*, Oxford, Oxford Univ. Press, 2008.

Delgado Rojas J. *La especificidad de la integración centroamericana y su aporte al pensamiento integracionista latinoamericano*, in *Rev. Aportes para la integración latinoamericana*, 2009 in *www.iil.org.ar*.

Della Cananea G. *L'Unione europea. Un ordinamento composito*, Roma-Bari, Laterza, 2003.

Eisenberg J. *As missões jesuíticas e o pensamento político moderno, Encontros culturais, aventuras teóricas*, Belo Horizonte, Editora UFMG, 2000.

Facury Scaff F. *La Costituzione economica brasiliana nei suoi primi sedici anni*, in L. Cassetti – C. Landa (a cura di), *Governo dell'economia e federalismi. L'esperienza sudamericana*, Torino, 2005.

Fernández Liesa C.R. (dir.). *Tribunales internacionales y espacio iberoamericano*, Madrid, Civitas, Thompson, 2009.

_____ *La proliferación de tribunales internacionales en el espacio iberoamericano*, in *Rev. Electrónica Iberoamericana*, 2, 2008, 11 ss. (*www.urjc.es/ceib*).

Franco Montoro A. *Filosofia do direito e colonialismo cultural: transplante de institutos jurídicos inadequados à realidade brasileira*, in *Rev. Inf. Leg.*, 37, 1973.

Galetta D.U. *Coamministrazione, reti di amministrazioni*, Verwaltungsverbund: *modelli organizzativi nuovi o alternative semantiche alla nozione di "cooperazione" dell'art. 10 TCE, per definire il fenomeno dell' "amministrazione intrecciata"?*, in *Riv. it. dir. pubbl. comunitario*, 2010.

Galindo B. *Teoría intercultural da Constituição*, Porto Alegre, Livraria do Advogado, 2006.

Giacobbe G. *Le nuove frontiere della giurisprudenza. Metodo-Teoria-Pratica (Saggi)*, Milano, Giuffrè, 2001.

Giglioni F. *Tecniche di integrazione europea amministrativa mediante differenziazione*, in *Nomos* 2, 2012.

Gnes M. *La scelta del diritto*, Milano, Giuffrè, 2004.

Goldsmith J.L. – Posner E.A. *A Theory of Customary International Law*, in 66 *U. Chi. L. Rev.*, 1999.

Gómez Vides A. *Jurisprudencia de la Corte Centroamericana de Justicia. Resoluciones, precedentes, votos disidentes. Años 2006-2010*, Managua, La Prensa, 2011.

Gordon M. *Don't copy me Argentina: Constitutional Borrowing and Rethorical Type*, in 8 *Washington Univ. Global St. L. Rev.*, 2009.

Guzzini S. *A Reconstruction of Constructivism in International Relations*, in 6 (2) *Eur. J. Int'l Rel.*, 2000.

Häberle P. – Kotzur M. *De la soberania al derecho constitucional comun*, México DF, UNAM, 2001.

Hallstein W. *The EEC Commission. A New Factor in International Life*, in *Int'l. & Comp. L. Q.*, 14, 1965.

Harlow C. *Three Phases in the Evolution of EU Administrative Law*, in P. Craig - G. De Burca (eds.), *The Evolution of EU Law*, Oxford, Oxford Univ. Press, 2008.

Hatzopoulos V. *Le principe communautaire d'équivalence et de reconnaissance mutuelle dans la libre prestation de services*, Bruxelles, Bruylant, 1999.

Hay P. *Federalism and Supranational Organizations. Patterns for new Legal Structures*, Urbana, Univ. of Illinois Press, 1966.

Helfer L.R. – K.J. Alter K.J, *The Andean Tribunal of Justice and its Interlocutors*, in *New York Univ. J. L.P.*, 2009.

Keohane R.O. *International Relations and International Law: Two Optics*, in 38 *Harv. Int'l L. J.*, 1997.

Kingsbury B., *The Concept of Compliance as a Function of Competing Conceptions of International Law*, in 19 *Mich. J. Int'l L.*, 1998.

Isoni A. *Assonanze pianistiche e obiettivi produttivistici dell'Alta Autorità CECA*, in *Riv. Studi Pol. Int.*, 1, 2010.

Itzcovic G. *Ordinamento giuridico, pluralismo giuridico, principi fondamentali. L'Europa e il suo diritto in tre concetti*, in *Dir. Pubbl. Comp. Eur.*, 2009.

Levi-Corál M. *La Comunidad Andina y el referente de la Unión Europea*, in J. Roy, F. Peña – J.M. Lladós (orgs.), *Retos e interrelaciones de la integración regional: Europa y América latina*, Univ. De Quintana Roo, México DF, 2003.

Londoño Lázaro M.C. *El principio de legalidad y el control de convencionalidad de las leyes: confluencias y perspectivas en el pensamiento de la Corte Interamericana de Derechos Humanos*, in *Bol. Mexicano Der. Comp.*, 128, 2010.

López Medina D.E. *Teoría impura del derecho. La transformación de la cultura jurídica latinoamericana*, Bogotá, Legis-Universidad de los Andes-Universidad Nacional, 2004.

Lupoi M. *Profili (anche linguistici) dei flussi giuridici*, in *www.accademiadellacrusca.it*.

Mac-Gregor E. *El control de convencionalidad de la jurisprudencia constitucional*, in *Parlamento y Constitución*, 2009.

Macchia M. *Questione amministrativa e cooperazione dopo Lisbona: un nesso inscindibile*, in *Riv. it. dir. pubbl. comunitario*, 2012.

Mariano P. (ed.). *Europe. Politique et culture*, Luxembourg, Euroeditor, 2000.

Mignolo W. *The Darker Side of Western Modernity: Global Futures, Decolonial Options, Latin America Otherwise*, Duke Univ. Press, 2011.

_____ *Desobediencia epistémica: retorica de la modernidad, lógica de la colonialidad y gramática de la descolonialidad*, Buenos Aires, Ediciones del Signos, 2010.

_____ *Histórias locais/projetos globais. Colonialidade, saberes subalternos e pensamiento liminar*, Belo Horizonte, Universidad Minas Gerais, 2008.

_____ *La idea de América Latina*, Barcelona, Gedisa, 2006.

_____ *Teoría del texto e interpretación de textos*, México DF, UNAM, 1986.

_____ *Textos, modelos y metáforas* Jalapa, Universidad Veracruzana, 1984.

Milner H.V. *Interests, Institutions, and Informations. Domestic Politics and International Relations*, Princeton, Princeton Univ. Press, 1997.

Molina Del Pozo C.F. *Integración eurolatinoamericana*, Buenos Aires, Ed. Ciudad Argentina, 1996.

Neves M., *Transconstitucionalismo*, São Paulo, Martins Fontes, 2009.

_____ *A Constitucionalização simbólica*, São Paulo, Martins Fontes, 2007².

Nicolin S. *Il mutuo riconoscimento tra mercato interno e sussidiarietà*, Padova, Cedam, 2005.

Palermo F. *La forma di Stato dell'Unione europea. Per una teoria costituzionale dell'"integrazione sovranazionale*, Padova, Cedam, 2005.

Panebianco M. – Guida F. – Di Stasi A. *Introduzione al diritto comunitario comparato. Il diritto dell'integrazione latinoamericana*, Salerno, Edisud, 1993.

Papageorgiou I. *Central American Integration System*, Centre for Studies on Federalism, 2011 (*www.csfederalismo.it*).

Pelkmans J. *The New Approach to Technical Harmonization and Standardization*, in *J. of Common Market St.*, 1987, 25.

Pennetta P. (a cura di). *L'evoluzione dei sistemi giurisdizionali regionali ed influenze comunitarie*, Bari, Cacucci, 2010.

Pernice I. *Multilevel Constitutionalism in the European Union*, in *European L. Rev.*, 27, 2002.

_____ *Multilevel Constitutionalism and the Treaty of Amsterdam: European Constitution-Making Revisited?*, in *Common Market L. Rev.*, 36, 1999.

Pernice I. – Mayer F., *La Costituzione integrata dell'Europa*, trad. it. in G. Zagrebelsky (a cura di), *Diritti e Costituzione nell'Unione europea*, Roma-Bari, Laterza, 2003.

Pistor K. *The Standardization of Law and Its Effect on Developing Economics*, in 50 *Am. J. Comp. L.*, 97, 2002.

Pizzorusso A. *Il patrimonio costituzionale europeo*, Bologna, il Mulino, 2002.

Pollicino O. *Allargamento dell'Europa a Est e rapporto tra Corti costituzionali e Corti europee*, Milano, Giuffrè, 2010.

Repetto G. *Argomenti comparativi e diritti fondamentali in Europa. Teorie dell'interpretazione e giurisprudenza sovranazionale*, Napoli, Jovene, 2011.

Reposo A. *Diritto comparato, diritto comunitario, diritto transnazionale*, in G. Morbidelli – L. Pegoraro – A. Reposo – M. Volpi, *Diritto pubblico comparato*, Torino, Giappichelli, 2004.

Reyna J.J. *Globalización, pluralidad sistémica y derecho administrativo: apuntes para um derecho administrativo multidimensional*, in 11 *A & C. Rev. Direito Administrativo e Const.*, 44, 2011 e in R.F. Bacellar Filho – E. Gabardo – D. Wunder Hachem (coords.), *Globalização, direitos fundamentais e direito administrativo*, Belo Horizonte, Editora Fórum, 2011.

Rossolillo G. *Mutuo riconoscimento e tecniche conflittuali*, Padova, Cedam, 2002.

Saavedra Velasco R. *Sobre formantes, transplantes e irritaciones*, in *Ius et Veritas*, 40, 2010.

Saldanha N. *A Teoria do "Poder Moderador" e as Origens do Direito Político Brasileiro*, in *Quad. Fior. St. Pens. Giur. Mod.*, 18, Milano, Giuffrè, 1989.

Sánchez Sánchez R.A. *The Politics of Central American Integration*, London-New York, Routledge, 2009.

Schemers H.G. *The role of the European Court of Justice in the Free Movement of Goods*, in E. Stein – T. Sandalow (eds.), *Courts and free markets*, Oxford, Clarendon Press, 1982, I.

Schütze R. *From Rome to Lisbon: "Executive Federalism" in the (new) European Union*, in *Common Market L. Rev.*, 2010, 47.

Schwarz R. *As idéias fora do lugar*, in *Ao vencedor as batatas: forma literária e processo social nos inícios do romance brasileiro*, São Paulo, Duas Cidades, 1992[4].

Simmons B.A. *Compliance with International Agreements*, in 1 *Am. Rev. Pol. Sc.*, 1998.

Slaughter A.-M.– Tulumello A.S. – Wood S. *International Law and International Relations Theory: A New Generations of Interdisciplinary Scholarship*, in 93 *Am. J. Int'l L.*, 1998.

Somma A. *Diritto comunitario vs. diritto comune europeo*, Torino, Giappichelli, 2003.

Spector H. *Constitutional Transplants and the Mutation Effect*, in 83 *Chi.-Kent L. Rev.*, 2008.

Spitzer L. *L'armonia del mondo* (1963), trad. it., Bologna, il Mulino, 1967.

Tebbe N. – Tsai R.L. *Constitutional Borrowing*, in 108 *Michigan L. Rev.*, 2010.

Thome J. *Heading South But Looking North: Globalization and Law Reform in Latin America*, in *Wisconsin L. Rev.*, 2000.

Tomuschat C. *Die staatsrechtliche Entscheidung für die internationale Offenheit*, in J. Isensee – P. Kirchof (hrsg.), *Handbuch des Staatsrechts*, Heidelberg, Müller, 1992.

Torchia L. *Developments in Italian Administrative Law trough Cross-Fertilization*, in J. Beatson – T. Tridimas (eds.), *New Directions in European Public Law*, Oxford, Oxford Univ. Press, 1998.

Trampetti M., *Il continente diviso. I processi di integrazione in America latina*, Milano, Feltrinelli, 2007.

Tusseau G. *Tertium comparationis*, in L. Pegoraro (a cura di), *Diritto pubblico comparato*, Roma, Carocci editore, 2009.

Ulate Chacón E.N. *Integración Regional y Derecho Comunitario Europeo y Centroamericano*, San José, Ed. Chico, 2004.

Viola F. *Il diritto come scelta*, in A. Plaia (a cura di), *La competizione tra ordinamenti giuridici*, Milano, Giuffrè, 2007.

Wahl R. *Konstitutionalisierung. Leitbegriff oder Allerweltsbegriff?*, in C.E. Eberle – M. Ibler – D. Lorenz (hrsg.), *Der Wandel des States vor den Herausforderungen der Gegenwart. Fesctschrift für Winfried Brohm*, München, Beck, 2002.

Weatherill S. *Why Harmonise?*, in T. Tridimas, P. Nebbia (eds.), *European Union Law for the twenty-first Century*, Oxford and Portland Oregon, Hart, 2004, 2.

Welsch W. *Vernunft. Die zeitgenössiche Vernunftkritik und das Konzept der transversalen Vernunft*, Frankfurt am Main, Suhrkamp, 1996.

Zanella Di Pietro M.S. *500 anos do direito administrativo brasileiro*, in *Cadernos de Direito e Cidadania*, 2000.

Informação bibliográfica deste texto, conforme a NBR 6023:2002 da Associação Brasileira de Normas Técnicas (ABNT):

CARDUCCI, Michele. Il Diritto Comparato delle Integrazioni Regionali nel Contesto Euroamericano. *In*: BACELLAR FILHO, Romeu Felipe; HACHEM, Daniel Wunder (Coord.). *Direito público no Mercosul*: intervenção estatal, direitos fundamentais e sustentabilidade: anais do VI Congresso da Associação de Direito Público do Mercosul: homenagem ao Professor Jorge Luis Salomoni. Belo Horizonte: Fórum, 2013. p. 109-130. ISBN 978-85-7700-713-4.

A INTERVENÇÃO ESTATAL DIANTE DA CRISE SOCIOAMBIENTAL: EXIGÊNCIA DE AÇÕES SUSTENTÁVEIS

NELTON MIGUEL FRIEDRICH
TATYANA SCHEILA FRIEDRICH

A intervenção estatal pode se realizar de diversas maneiras, seja no domínio econômico, social ou individual. Serve para impor condutas, evitando práticas nocivas para a manutenção da sociedade. Para Eros Grau, "o Estado impõe limites e prescreve regras, visando dificultar, ou mesmo obstar, qualquer comportamento anti-social dos administrados e satisfazer as exigências da comunidade. Nesse mister, se necessário à satisfação do interesse público, o Estado pode intervir na propriedade particular e no domínio econômico".[1]

Sabe-se que o mundo vive hoje a mais grave crise socioambiental da história da humanidade, estando em jogo a própria sobrevivência do ser humano no planeta Terra. A esperança está exatamente no exercício intenso do senso de urgência e na responsabilidade compartilhada, em que todos enfrentam o desafio, sem omissões.

Assim, a ação deve acontecer por iniciativa de cada um: governos, sociedades, universidades, cidadãos, além das empresas públicas ou privadas, nacionais, binacionais ou multinacionais. Nenhum desses atores subsistirá num tempo muito próximo se não tiver, além de suas atribuições centrais, ações efetivas de responsabilidade social e ambiental.

Esse papel pró-ativo e de liderança enquanto ator social territorial configura verdadeira gestão sustentável e construtora da economia verde e inclusiva. Isso significa que o Estado, ao fazer suas intervenções, deve desempenhar uma saudável articulação, numa soma de esforços e divisão de responsabilidades, com os demais atores políticos, econômicos, sociais, ambientais e culturais na área em que está intervindo, para o fim de implementação de programas estruturantes de inclusão social e de ações para a sustentabilidade, comparecendo também com parte dos recursos financiadores das atividades e ações projetadas.

---

[1] GRAU. *Ordem econômica na Constituição de 1988*: interpretação e crítica, p. 92-93.

A noção de sustentabilidade abrange a habilidade de um sistema manter-se permanentemente. No século XXI, tornou-se um princípio fundamental da vida em sociedade, segundo o qual os recursos naturais existentes no planeta Terra podem ser usados para a satisfação das necessidades presentes, desde que não haja outra alternativa e desde que tal uso não comprometa a satisfação das necessidades futuras, renovando-se e, enfim, mantendo-se.

Um conceito de sustentabilidade que agregue todo o seu potencial e sua complexidade deve partir de uma abordagem ampla, sistêmica e multidisciplinar. A nova sustentabilidade pressupõe uma mudança no paradigma epistemológico, de modo a fazer a observação científica do objeto relacionando todos os seus elementos integrantes, jamais de modo isolado. Por isso propomos, em outro estudo, a neossustentabilidade.[2]

Humberto Maturana e Francisco Varela, com base no pensamento sistêmico e no construtivismo extremo, propuseram em 1984 a ideia de *autopoiese*, segundo a qual os sistemas vivos atuam em redes circulares, produzindo moléculas que formam sistemas moleculares, cujas interações formam a mesma rede inicial que as criou, o que gera a capacidade dos seres vivos de se autoproduzir, uma vez que são abertos ao fluxo de energia e matéria.[3]

Construída nos limites da biologia do conhecimento, a teoria autopoiética passou então a relacionar vida a um sistema que possui elementos internos em constante interação circular, sendo posteriormente levada a outros campos do conhecimento. Na área das ciências jurídicas, ela tem aplicação no tema dos Direitos Humanos e no Direito Ambiental.

A neossustentabilidade é, essencialmente, autopoiética e em sua conceituação deve estar presente a interação de todos os elementos do sistema. Em consequência, a neossustentabilidade requer também a adoção do pensamento sistêmico, tal como abordado por Fritjof Capra, ao tratar da indissociabilidade de todas as partes de um organismo, afastando o pensamento cartesiano reducionista.[4]

A partir desse embasamento prévio, a neossustentabilidade apresenta várias dimensões que a compõem, como feixes que formam o todo. Estão aí incluídas as dimensões ambiental, social, cultural, ética e jurídica.

A dimensão ambiental. O meio ambiente é o conjunto de elementos biológicos, físicos, químicos e sociais que afetam direta ou indiretamente, em um prazo curto ou longo, os seres vivos e as atividades humanas. Ele se apresenta sob a forma de unidades ecológicas que formam um sistema natural, agrupando diversos fenômenos. Sua preservação é indispensável para a sobrevivência das espécies, inclusive da humana, por isso a dimensão ambiental é o foco central do conceito de neossustentabilidade.

A dimensão social importa na ideia de que a neossustentabilidade centra-se também no diálogo social, no sentido de resgatar os valores e necessidades das comunidades locais, respeitando e concretizando o princípio da dignidade da pessoa humana e seus direitos fundamentais, na busca da inclusão de todos os seres envolvidos. Significa também incorporar o resultado desse diálogo social, agregando às medidas de preservação ambiental o conhecimento, formal ou não, das populações.

---

[2] Em outro trabalho, propusemos uma nova abordagem, a que chamamos de "neossustentabilidade". (*Juris – Revista do Departamento de Ciências Jurídicas da Universidade Federal do Rio Grande*).

[3] MATURANA; VARELA. *A árvore do conhecimento*: as bases biológicas do conhecimento humano, *passim*.

[4] CAPRA. *A teia da vida*.

A dimensão cultural do conceito de neossustentabilidade torna-se imprescindível porque procura resgatar todo o conjunto de ideias, símbolos, valores, comportamentos e práticas sociais que são transmitidas pelas gerações que se sucedem. Faz parte da identidade de cada povo e isso deve ser preservado.

A dimensão ética está presente na neossustentabilidade, pois esta também exige um determinado modo de viver, muito além da mera obediência a normas e costumes. Para que a neossustentabilidade se realize, é preciso que a humanidade encontre o fundamento da conduta humana, como viver e conviver com as demais pessoas e com a natureza.

A dimensão jurídica tem sua importância na abordagem da neossustentabilidade porque os indivíduos e os seus países frequentemente se utilizam de criações jurídicas para regulamentar a convivência da humanidade com os recursos naturais, organizando sua exploração e preservação.

Para tanto, há um grande número de normas que formam o Direito Ambiental, quer no âmbito interno dos países, quer no âmbito internacional. Elas decorrem de um longo processo de percepção de áreas que necessitam de regulamentação, de discussão do seu conteúdo e de esforço para implementá-las. A utilização da via jurídica é importante para evitar a anarquia na utilização do meio ambiente e afastar medidas coercitivas de uns sobre outros.

No Brasil, a Constituição Federal reserva o artigo 225 para tratar do meio ambiente, de forma bastante ampla, conforme se lê a seguir:

Constituição Federal

Art. 225. Todos têm direito ao meio ambiente ecologicamente equilibrado, bem de uso comum do povo e essencial à sadia qualidade de vida, impondo-se ao Poder Público e à coletividade o dever de defendê-lo e preservá-lo para as presentes e futuras gerações.

§1º Para assegurar a efetividade desse direito, incumbe ao Poder Público:

I - preservar e restaurar os processos ecológicos essenciais e prover o manejo ecológico das espécies e ecossistemas;

II - preservar a diversidade e a integridade do patrimônio genético do País e fiscalizar as entidades dedicadas à pesquisa e manipulação de material genético;

III - definir, em todas as unidades da Federação, espaços territoriais e seus componentes a serem especialmente protegidos, sendo a alteração e a supressão permitidas somente através de lei, vedada qualquer utilização que comprometa a integridade dos atributos que justifiquem sua proteção;

IV - exigir, na forma da lei, para instalação de obra ou atividade potencialmente causadora de significativa degradação do meio ambiente, estudo prévio de impacto ambiental, a que se dará publicidade;

V - controlar a produção, a comercialização e o emprego de técnicas, métodos e substâncias que comportem risco para a vida, a qualidade de vida e o meio ambiente;

VI - promover a educação ambiental em todos os níveis de ensino e a conscientização pública para a preservação do meio ambiente;

VII - proteger a fauna e a flora, vedadas, na forma da lei, as práticas que coloquem em risco sua função ecológica, provoquem a extinção de espécies ou submetam os animais a crueldade.

§2º Aquele que explorar recursos minerais fica obrigado a recuperar o meio ambiente degradado, de acordo com solução técnica exigida pelo órgão público competente, na forma da lei.

§3º As condutas e atividades consideradas lesivas ao meio ambiente sujeitarão os infratores, pessoas físicas ou jurídicas, a sanções penais e administrativas, independentemente da obrigação de reparar os danos causados.

§4º A Floresta Amazônica brasileira, a Mata Atlântica, a Serra do Mar, o Pantanal Mato-Grossense e a Zona Costeira são patrimônio nacional, e sua utilização far-se-á, na forma da lei, dentro de condições que assegurem a preservação do meio ambiente, inclusive quanto ao uso dos recursos naturais.

§5º São indisponíveis as terras devolutas ou arrecadadas pelos Estados, por ações discriminatórias, necessárias à proteção dos ecossistemas naturais.

§6º As usinas que operem com reator nuclear deverão ter sua localização definida em lei federal, sem o que não poderão ser instaladas.

Além desse artigo basilar, a Constituição também se refere ao tema no art. 5º, LXXIII (legitimidade de qualquer cidadão para invalidar atos lesivos ao meio ambiente); art. 23, VI (competência comum da União, dos estados, do Distrito Federal e dos municípios sobre proteção do meio ambiente e combate à poluição) e VII (sobre preservação de florestas, fauna e flora); art. 24, VI (competência concorrente da União, dos estados e do Distrito Federal para legislar sobre florestas, caça, pesca, fauna, conservação da natureza, defesa do solo e dos recursos naturais, proteção do meio ambiente e controle da poluição) e VIII (responsabilidade por dano ao meio ambiente); art. 129, III (proteção do meio ambiente por inquérito ou ação civil pública); art. 170, VI (defesa do meio ambiente); art. 174, par. 3º (atividade garimpeira e proteção do meio ambiente); art. 200, VIII (proteção do meio ambiente); e art. 216, V (patrimônio histórico paisagístico).

A legislação infraconstitucional também é muito vasta no ordenamento jurídico brasileiro, o qual também não exclui os regramentos advindos dos inúmeros tratados de que o Brasil faz parte, na área ambiental.

Enfim, após discorrer sobre todas as dimensões do conceito, mister ressaltar que a ideéia de neossustentabilidade exige necessariamente esse entendimento abrangente e multidisciplinar das questões ambientais. Leonardo Boff acredita que

> podemos tentar uma definição holística, vale dizer, a mais integradora e compreensiva possível de sustentabilidade. Ela pretende ser sistêmica (cada parte afeta o todo e vice-versa), ecocêntrica e biocêntrica: "Sustentabilidade é toda ação destinada a manter as condições energéticas, informacionais, físico-químicas que sustentam todos os seres, especialmente a Terra viva, a comunidade de vida e a vida humana, visando sua continuidade e ainda atender as necessidades da geração presente e das futuras, de tal forma que o capital natural seja mantido e enriquecido em sua capacidade de regeneração, reprodução e coevolução".[5]

A ideia de intervenção estatal deve abarcar esse amplo conceito de sustentabilidade.

A atuação do Estado perante o cenário econômico normalmente tem por objetivo estimular o crescimento da economia, regulamentando os mercados, reorganizando o valor dos tributos, oferecendo ou retirando incentivos. A própria Constituição Federal estabelece em seu art. 174: "Como agente normativo e regulador da atividade econômica, o Estado exercerá, na forma da lei, as funções de fiscalização, incentivo e planejamento,

---

[5] BOFF. *Sustentabilidade*: o que é: o que não é, p. 107.

sendo este determinante para o setor público e indicativo para o setor privado". E tais funções devem necessariamente ser realizadas pelo agente estatal de modo sustentável, pensando a longo prazo, tendo em mente o desenvolvimento sustentável.

No campo social, o intervencionismo ocorre com vistas a equilibrar desigualdades sociais, estimulando a geração de empregos, garantindo salários e condições de trabalho, ao assalariado ou ao funcionário público. A dimensão ambiental também não pode aqui ser perdida de vista, para não gerar atitudes negativas, de modo a fomentar uma indústria poluidora, uma atividade rural em condições indignas ou uma prestação de serviço que acarrete ônus irreversível ao meio ambiente, por exemplo.

A prestação do serviço público, em todas as suas modalidades, deve ser feita de modo a minimizar os impactos ambientais. As compras governamentais devem ter em suas regras dispositivos expressos de compromisso social e ambiental dos indivíduos e das empresas que forem escolhidas, qualquer que seja o processo adotado — realizando o que passou a ser denominado Licitações Sustentáveis. A promoção cultural deve adotar essa nova linha de pensamento sustentável, de abordagem ampla, mas crítica, com intervenções baseadas na dialética de saberes, desde a ancestralidade até a contemporaneidade.

Políticas públicas precisam enfocar a sustentabilidade, em todos os setores. Deve-se privilegiar a educação ambiental. A informação deve chegar ao cidadão, que precisa saber da origem, conteúdo e efeitos da comida que come, precisa entender o gasto de água de sua residência e de energia de seus eletrodomésticos e precisa conhecer a quantidade de gases poluentes que emite seu carro, a indústria onde trabalha etc.

Do mesmo modo, a Administração Pública deve dar o exemplo, adotando práticas sustentáveis no seu dia a dia, *interna corporis*.

Também a intervenção normativa não pode se afastar dos já referidos valores constitucionais que consagram a sustentabilidade no Brasil. Trata-se aqui de matérias de regulamentação estatal exclusiva, relativas a áreas da sociedade em que o Estado detecta uma desigualdade e, consequentemente, tenta suprimi-la, mediante legislação específica, protetiva. É o que ocorre, por exemplo, com os direitos dos consumidores ou os direitos dos trabalhadores, ou ainda direitos de determinada população (quilombolas, indígenas) ou relativos a bens histórico-culturais.[6]

Enfim, toda intervenção estatal deve dar-se de acordo com as várias dimensões da sustentabilidade (ambiental, social, cultural e ética) e sempre com vistas a atender às necessidades das gerações atuais e futuras.

Referências

BOFF, Leonardo. *Sustentabilidade*: o que é: o que não é. Petrópolis: Vozes, 2012.

CAPRA, Fritjof. *A teia da vida*. São Paulo: Cultrix, 2004.

FRIEDRICH, Tatyana Scheila. *As normas imperativas de direito internacional privado: lois de police*. Belo Horizonte: Forum, 2007.

---

[6] Sobre o tema, ver nosso estudo FRIEDRICH. *As normas imperativas de direito internacional privado: lois de police*.

FRIEDRICH, Tatyana Scheila; FRIEDRICH, Nelton Miguel. A água em sua dimensão pública (regulamentação internacional, regional e nacional) e privada (a responsabilidade das empresas): o caso do Programa Cultivando Água Boa da Itaipu Binacional. *In*: SEMINÁRIO ÍTALO-BRASILEIRO EM INOVAÇÕES REGULATÓRIAS EM DIREITOS FUNDAMENTAIS, DESENVOLVIMENTO E SUSTENTABILIDADE, 1., Curitiba, 25/28 out. 2011. Organização Alexandre Godoy Dotta; Daniel Wunder Hachem e Luciano Elias Reis. *Anais...* Curitiba: Negócios Públicos, 2011.

GRAU, Eros Roberto. *A ordem econômica na Constituição de 1988*: interpretação e crítica. 12. ed. São Paulo: Malheiros, 2007. p. 92-93.

MATURANA, Humberto; VARELA, Francisco. *A árvore do conhecimento*: as bases biológicas do conhecimento humano. São Paulo: Palas Athena, 2004.

Informação bibliográfica deste texto, conforme a NBR 6023:2002 da Associação Brasileira de Normas Técnicas (ABNT):

FRIEDRICH, Nelton Miguel; FRIEDRICH, Tatyana Scheila. A intervenção Estatal diante da crise socioambiental: exigência de ações sustentáveis. *In*: BACELLAR FILHO, Romeu Felipe; HACHEM, Daniel Wunder (Coord.). *Direito público no Mercosul*: intervenção estatal, direitos fundamentais e sustentabilidade: anais do VI Congresso da Associação de Direito Público do Mercosul: homenagem ao Professor Jorge Luis Salomoni. Belo Horizonte: Fórum, 2013. p. 131-136. ISBN 978-85-7700-713-4.

A SOCIEDADE DE RISCO E OS CRIMES CONTRA A ADMINISTRAÇÃO PÚBLICA

RENATO CARDOSO DE ALMEIDA ANDRADE

1 Apresentação

A espetacularização do crime não é um fenômeno contemporâneo. Vem de séculos, através dos quais os grandes atos ilícitos e principalmente os grandes criminosos ganhavam ares de heróis de um subterrâneo habitado por marginais de todos os tipos, mas que por sua capacidade peculiar de cometer delitos e deles obter dividendos os transformavam em personagens de peça de teatro; em protagonistas de crônicas de jornal e mais atualmente em caricaturas hollywoodianas. São ladrões de todos os tipos que buscam na vida social desde que o mundo é mundo uma forma diversa e paralela de obter vantagens em detrimento de suas vítimas, pouco importando se estas são individual ou coletivamente consideradas. Em 1881, Enrico Ferri já dava a tais sujeitos a pecha de *criminosos-natos*, uma *silhouette* de homens que simplesmente não podem viver sem cometer crimes. Simples assim, pequenos assim, como micróbios do mundo criminal.[1]

Além dessa faceta glamorosa dos delinquentes, onde atos criminosos são tratados de forma tão jocosa e descompromissada que, após centenas de mortes ou furtos mirabolantes em apenas duas horas, a assistência vai embora sem nenhum remorso e enaltecendo o bandido, corre paralela outra constatação, ou seja, a globalização do crime. E aqui o senso comum é o de que alguns tipos de crimes de há muito ultrapassaram as linhas geográficas dos países e tornaram-se de tal modo comuns, que não passam de estatísticas intermináveis e constante tema de enfrentamento pelos governos, independentemente da ideologia que os possa orientar. Assim é com os crimes contra a Administração Pública.

Voltaire,[2] talvez o mais sagaz e irônico de todos os filósofos-pensadores da humanidade, instado um dia a contar uma estória, disse que o faria sobre um gatuno célebre, e começou: "Havia em tempos um banqueiro...". Como depois da frase ficou quieto, pediram-lhe que continuasse a narrativa, quando então respondeu: "...mas... acabou".

---

[1] FERRI, Enrico; ALMEIDA, Joao Moreira de. *Os criminosos na arte e na litteratura*. 2. ed. Roma, 1902.

[2] Pseudônimo do francês François-Marie Arouet, nascido em Paris a 21 de novembro de 1694 e morto em 30 de maio de 1778.

Bastava a ele a qualificação profissional de sua efêmera personagem para que a estória do célebre gatuno estivesse completa. É triste ver que desde o século XVIII a situação ainda é a mesma, com uma variante lamentável: "Havia em tempos um administrador público...".

Deparamos hoje com listas internacionais de corrupção. Os administradores do dinheiro público são colocados pelo Banco Mundial num rol que envolve cifras indescritivelmente altas e desvios insuportavelmente graves. Nascem, crescem e vivem em sociedade e dela tiram o seu sustento nababesco. Pior: retiram da sociedade a capacidade de se desenvolver, de criar, de se educar, de ter saúde, segurança. Os crimes contra a Administração Pública, dos quais a corrupção é o retrato mais escandaloso, atingem países que se dizem desenvolvidos e os mais caricatos. Alcançam democracias consolidadas e republiquetas ditatoriais. E se fôssemos estudar o assunto à luz da vitimologia, deveríamos concluir que a vítima é "somente" a humanidade. O bem comum passa a ser particular e a ser tratado de forma privada. As expectativas de desenvolvimento do ser humano são comprometidas a cada negociata; a cada obra fraudada; a cada desvio de finalidade. E são tantas em tantos lugares, que os criminosos-natos dos delitos contra a Administração Pública apostam no esquecimento e na superação de um crime pela prática de outros tantos numa sucessão fantasmagórica de violações éticas que passeia sobre legislações que se debruçam debilmente na tentativa de combater esses crimes que podem ser chamados de *lesa humanidade*.

2 A Administração Pública

A perspectiva mais incisiva sobre a qual devemos analisar a administração pública em qualquer sistema jurídico ou político é a da moralidade. Pode parecer paradoxal tratar a moral sob o prisma físico da conduta do ser humano ou do ponto de vista formal-constitucional de que a moralidade em nosso sistema é um dos princípios informadores da administração. É que do senso moral devem partir os demais raios que formam a estrutura do agir público e sobre o qual devem orbitar a ética, a eficiência e todos os demais preceitos que informam o efetivo comportamento do agente público. Principalmente quando tratamos de crimes contra a Administração Pública, ou seja, do comportamento desviado do sujeito que tem o dever moral e ético de ser probo. Mas, como em todo criminoso, o que observamos também nessa esfera de comportamento é a mais completa ausência de senso moral, reconhecida como a força dirigente que determina a conduta do indivíduo na sociedade.[3]

A administração pública, ao meu sentir, do ponto de vista penal, apresenta-se com o embate de três pilares mestres que se contrapõem a três vícios fatais. De um lado, destacam-se (i) a ética, como a mais importante das virtudes de todo administrador público e que deve ser utilizada pelo cidadão como a arma que temos para exigir a defesa do bem comum; (ii) a probidade, que deve informar a forma de vida da prestação do serviço público pelo administrador e deve ser sua opção de vida; (iii) a eficiência, refletida na capacidade do administrador público em oferecer à sociedade as soluções adequadas de suas expectativas. Contra ela ainda sobrevivem como parasitas quase invencíveis (i) o comodismo, no imaginar que tudo está bem; (ii) a omissão, marcada pela infeliz

---

[3] MORAL/MORALIDADE. *In*: ABBAGNANO, Nicola. *Dicionário de filosofia*. São Paulo: Mestre Jou, 1970.

ideia de que o administrador nunca sabe de nada; e (iii) a desídia, que é a forma mais mesquinha de se administrar, posto informada pelo *não faço nada e não vou fazer nada*. No Brasil, apenas para citar um exemplo recentíssimo do embate agora resumido, convivemos com as desgraças naturais de 2011, que no Rio de Janeiro e no Paraná atingiram comunidades inteiras e as destruíram. Passado mais de um ano, a situação das cidades atingidas permanece rigorosamente a mesma. Imperou o comodismo, a omissão e a desídia violando a compreensão elementar de que a administração pública nada mais é do que o conjunto de órgãos, serviços e agentes do Estado, bem como as pessoas coletivas (autarquias, fundações etc.) que *asseguram* a satisfação das necessidades coletivas variadas (segurança, saúde, educação) e o *bem-estar* das populações.

Essa compreensão de comportamento ético violado que se rende à prática de crimes contra a Administração Pública passa, necessariamente, à subversão da ideia de coisa pública e da transparência da administração. Essa violação atinge o objetivo da administração pública que deve ser, exclusivamente, o bem-estar do cidadão. E esse ideário é de tamanha relevância que, nas *consideranda* do preâmbulo do Estatuto de Roma, que criou o Tribunal Penal Internacional, restou consignado que os crimes que ali se processariam são de tamanha gravidade que constituem uma ameaça à paz, à segurança e ao bem-estar da humanidade. É objeto jurídico de defesa das normas nascidas do Estatuto, então, o bem-estar da humanidade, estabelecido no mesmo patamar da própria paz.

3 A Administração Pública e o Direito Penal

O Direito Penal tem sido uma resposta efetiva no âmbito da administração pública como uma instância de controle judicial para os atos de improbidade. Praticamente todos os códigos penais modernos elencam uma série de condutas de desvios de administradores e, salvo raras exceções, preveem penas principais e acessórias severas na tentativa de manter um mínimo de probidade no trato das coisas públicas. Essa ideia hoje, portanto, se encontra globalizada, traçando um objetivo unificado da atuação do Direito Penal para o fim de evitar e dissuadir a criação de ilhas de impunidade onde os administradores ímprobos encontrem o seu porto seguro para desfrutar das alegorias de seus crimes. O Professor Jesús Maria Silva Sanchez descreve esse cenário universal de forma simples e adequada: "O objetivo fundamental do Direito Penal em um mundo globalizado é proporcionar uma resposta uniforme, ou, ao menos, harmônica da delinquência transnacional, que evite a criação de paraísos jurídico-penais. A existência de tais paraísos resulta especialmente problemático quando se trata de combater uma modalidade de delinquência onde a forma, lugar e tempo da prática do delito possam resultar uma resposta efetiva através de mecanismos perfeitamente disponíveis em todos eles".[4]

Tenho sustentado que a Administração Pública para o Direito Penal se apresenta como o interesse público institucional ou a correção na gerência da coisa pública, além da probidade administrativa pessoal como forma de agir do sujeito que exerce cargo ou função pública de forma constante ou passageira. Ambos — o interesse público e a

---

[4] SILVA SANCHEZ, Jesús Maria. *A expansão do direito penal*: aspectos da política criminal nas sociedades pós-industriais. São Paulo: Revista dos Tribunais, 2002. p. 81.

probidade — são os fundamentos da existência milenar e necessária de uma organização estatal que gerencie todas as atividades humanas, do existir ao morrer. O fundamento é o mesmo e, por isso, o corpo não pode ser outro. Isso redunda numa análise jurídico-penal dos sujeitos passivos dos crimes contra a Administração Pública que tanto a administração direta quanto as fundações instituídas pelo Poder Público, as sociedades de economia mista, as empresas públicas e as autarquias bem como os funcionários daquela e dessas devem ser objeto de proteção.[5]

Na Itália, a Exposição de Motivos do Código Penal, ao tratar do capítulo de crimes contra a Administração Pública, foi feliz ao estabelecer de forma objetiva e direta a compreensão do legislador quanto à necessidade da proteção da prestação dos serviços públicos e a fundamental importância do Direito Penal na defesa da integridade e probidade de tal exercício: "O conceito de A.P., no que diz respeito aos delitos compreendidos nesse título, é tomado no sentido mais amplo, compreensivo da atividade total do Estado e de outros entes públicos. Portanto, com as normas que refletem os crimes contra a A.P., tutelada não só a atividade administrativa em sentido estrito, técnico, mas sob certo aspecto, também a legislativa e a judiciária. Na verdade, a lei penal, neste título, prevê e persegue fatos que impedem e perturbam o desenvolvimento regular da atividade do Estado e de outros entes públicos".

Por sua vez, na Espanha, o Código Penal de 1995, chamado de código da democracia, "faz eco com a enorme sensibilização de toda a sociedade ante o fenômeno da corrupção no setor público, a instrumentalização da função pública em benefício próprio ou de terceiro por parte das autoridades e dos funcionários públicos, a colisão entre os interesses públicos e os interesses privados e segue o processo já iniciado, com a vontade de atacar a corrupção. Quebrando as barreiras do direito penal anterior e criando tipos de perigo quando antes eram de resultado e endurecendo as penas impostas sem perder de vista o princípio da proporcionalidade da pena, o novo código penal estabelece uma segura barreira contra a corrupção".[6]

Esta análise do notável penalista espanhol de estirpe clássica se destaca ao tratar expressamente o Direito Penal como um instrumento adequado de repressão à "rainha" dos crimes contra a Administração Pública que é a corrupção. E é sob o enfoque da corrupção como a mostra mais eloquente de desvios de administradores públicos que se apresenta o Direito Penal em face da Administração Pública.

4 Os crimes contra a Administração Pública, seus sujeitos e objeto jurídico

Os crimes contra a Administração Pública "são infrações que levadas a cabo por pessoas vinculadas, direta ou indiretamente, a setores de poder político e econômico na órbita da administração, e que podem alterar a normalidade funcional ou o prestígio do Estado".[7] Este conceito hoje pode ser aditado na medida em que se observa o universo constitucional que informa a Administração Pública, notadamente o seu objeto jurídico

---

[5] FAGGIONI, Luiz Roberto Cicogna. O sujeito passivo nos crimes contra a administração pública. *Revista Brasileira de Ciências Criminais*, v. 35, p. 153.

[6] PUIG, Carlos Mir. *Los delitos contra la administracion publica en el nuevo Codigo Penal*. Barcelona: J. M. Bosh, 2000.

[7] BUOMPADRE, Jorge E. *Delitos contra la administración publica*: doctrina e jurisprudência. Buenos Aires: Mave, 2001.

ou de proteção através da via do Direito Penal. Entre nós, no Brasil, a Constituição Federal ao tratar dos princípios que informam a Administração Pública permite estabelecer a primeira linha de defesa a ser protegida pelas normas penais, vale dizer, a garantia da legalidade, impessoalidade, moralidade, publicidade e eficiência (CF, art. 37).

Segundo, mais uma vez, Mir Puig, "o bem jurídico protegido com caráter geral ou de categoria nos delitos contra a administração pública, se constitui no correto funcionamento da administração pública, em sua vertente objetiva, qual seja, a função pública ou serviço público, bem como em seu aspecto externo, vale dizer, da relação administração-cidadão, ainda que alguns delitos se protejam de um modo mais direto e imediato, dizendo respeito ao aspecto interno da administração e na sua relação com os funcionários públicos".[8]

Em uma sociedade de risco, enfim, o Direito Penal deve ser utilizado na esfera da administração pública para (i) garantir o bom funcionamento da administração pública (imparcialidade, legalidade e objetividade voltados aos interesses gerais da sociedade); (ii) exigir e regular o correto desempenho da função pública; e (iii) preservar a função pública (autotutela do Estado). Pelos três vértices observamos que os crimes contra a Administração Pública acabam gerando mais de um sujeito passivo a ser defendido, passando pelo próprio Estado (administração) à sociedade (em geral) e o cidadão (em particular). E, ao recepcionar o Estado como sujeito passivo, por consequência são atingidos todos os cidadãos que não raramente são surpreendidos e estarrecidos com os mais diversos desvios daqueles a quem cumpre o dever de gerir a coisa pública.

Chegamos, assim, ao Estado, como sujeito da defesa penal. E mais: o Estado como o gestor de uma sociedade em constante transformação e que exige uma pronta resposta aos desvios de poder de toda ordem, o que na esfera do Direito Penal Administrativo se apresenta como a *sociedade de risco*.

"A Administração Pública é um ente necessitado de proteção, não por constituir frações dos poderes do estado, mas sim por ser um instrumento necessário, pressuposto de acesso dos cidadãos aos serviços públicos em condições de igualdade, transparência, objetividade, etc. serão, portanto, as legítimas expectativas dos cidadãos que se vêem prejudicados quando se altera a função que a administração deve cumprir no sistema de organização social existente os objetivos da sanção administrativa. A repressão destas condutas é um problema de mentalidade ou de consciência social. esta idéia de administração como ente a serviço dos cidadãos é o ideal do estudo dos crimes contra a administração pública".[9] Essa noção de *vitimologia estatal* e o ideário de atuação do Direito Penal sobre os atos desviados dos administradores da coisa pública representam no meu sentir a visão mais adequada de uma resposta social exigível que nasce cada vez mais do seio da própria sociedade organizada, como vemos no Brasil muito recentemente com a chamada Lei da Ficha Limpa.[10] É a sociedade de risco em ação visando à proteção do Estado contra seus agentes ímprobos.

---

[8] BUOMPADRE. *Delitos contra la administración publica*: doctrina e jurisprudência.

[9] NOGALES, Inês Olaizola. Os delitos contra a Administração Pública. *In: Nuevas tendencias en política criminal*. Buenos Aires: Reus, 2006.

[10] Lei Complementar nº 135, de 04 de junho de 2012. Lei de iniciativa popular que colheu cerca de 1,3 milhão de assinaturas e cuja finalidade mais direta é a de tornar inelegível por oito anos um candidato que tiver seu mandato cassado ou for condenado por colegiado pela prática de crimes, muito acentuadamente aqueles contra a Administração Pública.

Tenho a plena convicção, deste modo, que, embora na contramão de uma ideia de intervenção mínima do Direito Penal na vida social, quando se trata de delitos contra a Administração Pública, a via punitiva dos desvios comprovadamente ocorridos é amplamente exigível — como sustentado por Mir Puig —, na medida em que o mesmo não é utilizado para a defesa do poder estatuído ou dos poderosos de ocasião, mas de toda a sociedade organizada em um Estado de Direito.

5 A sociedade de risco

A ideia da chamada *sociedade de risco* é de autoria do sociólogo alemão Ulrich Beck, através de sua obra *A sociedade do risco: rumo a uma nova modernidade*. As transformações sociais dos anos 80, principalmente as preocupações com o meio ambiente e a nova ordem política mundial marcada principalmente pela irreversível revisão do socialismo como forma política de governo atuaram decisivamente para a geração do conceito.

A sociedade de risco nos dias de hoje extrapola apenas os aspectos políticos ou ambientais que lhe deram origem para alcançar uma valoração muito maior de organização social popular, que impõe aos administradores públicos a verdadeira vontade do cidadão e limita suas atuações em face da fiscalização muito mais próxima. E isso tornou-se universal com a sugimento daquilo que conhecemos como globalização, desenvolvida exponencialmente através das redes sociais de computadores que, salvo lamentáveis e gravíssimos patrulhamentos e censuras, unem homens e mulheres de todo o planeta. Assim, na concepção de Beck, o indivíduo passa a ocupar lugar de destaque em relação a todas as esferas da organização social.

Essa participação popular, por evidente, tem reflexos incomensuráveis na vida política do cidadão globalizado, que passa a assumir um papel muito mais direto na organização do agir do Estado através dos administradores públicos, especialmente quando se trata de estabelecer as prioridades no trato da coisa pública. "Surge assim, segundo Beck, uma solidariedade decorrente da exposição a um perigo comum e a esfera privada ganha potencial político. O vazio político e institucional deixado pela incapacidade de dar conta de todos os perigos gerados, são preenchidos por movimentos que agem baseados no combate aos riscos. Os movimentos sociais são a nova legitimação e a nova forma de fazer política, não necessariamente fundamentada em questões de classe e distribuição da renda. O risco torna políticas esferas até então consideradas apolíticas, ao que Beck chama de subpolítica. A política transborda do Estado para outras esferas, transformando o que antes era não político em subpolítico".[11] Eis aí, a geração dos novos grupos de pressão como resposta legitimamente estabelecida no seio social global para uma pronta resposta aos desvios de mando e comando de administradores públicos que fazem do bem comum o seu rol de bens pessoais.

A resposta mais evidente que hoje está presente em todas as legislações que tratam com rigor os atos de improbidade administrativa está na evidente necessidade específica de um direito da globalização que deriva da extensão mundial de fenômenos regulados e, no caso de Direito Penal, da inter-relação supraestatal dos mercados e de alguns tipos de criminalidade cuja resposta penal do Estado individualmente considerado é completamente inadequada. E isso porque, conforme já assinalei acima, não é

---

[11] Sociedade de risco, verbete da enciclopédia mundial *Wikipédia* <http://www.wikipedia.org>.

possível mais existirem *paraísos penais* que tratem de forma diferenciada comportamentos que sejam gravemente repelidos, como a corrupção (e outros tipos de crimes contra a Administração Pública), terrorismo, tráfico de pessoas, exploração de mulheres e crianças, tráfico de armas e drogas, lavagem de dinheiro, criminalidade cibernética, crime organizado, em uma lista evidentemente não exaustiva. Na Europa, uma sistematização no combate a crimes graves está assentada sobre um tripé que sustenta a unificação do Direito Penal naquele continente: liberdade/segurança/justiça.

A manutenção de tal tripé, hoje, passa, necessariamente pela visão globalizada do Direito Penal e da compreensão de que não há sociedades de risco isoladamente consideradas em face de determinados comportamentos delituosos, mas sim uma vontade socialmente relevante de não aceitar que os atos de improbidade praticados contra um grupo social sejam aceitos por outro. Fundamental, então, a maior cooperação internacional policial; maior cooperação judicial e a aproximação normativa, ou seja, sempre que possível, uma identificação legislativa a respeito do tratamento penal de crimes praticados por funcionários públicos ou, agora, mais modernamente, os crimes praticados pelas chamadas *corporações criminais*, como veremos adiante.

6 A sociedade de risco e a resposta penal

A sociedade de risco e o Direito Penal se esboçam em três ideias próprias a respeito do Direito Penal: (i) as alternativas ao Direito Penal; (ii) o futuro do Direito Penal; e (iii) Direito Penal e política criminal. Alguns destes paradigmas para o Direito Penal podem parecer conflitantes, como, por exemplo, as alternativas ao Direito Penal que passam pelo princípio da intervenção mínima, aos aspectos de política criminal, muito especialmente quando se analisam os crimes corporativos, as organizações criminosas e os crimes contra a Administração Pública, tanto do ponto de vista interno quanto do ponto de vista internacional. Tal paradoxo alcança a questão sobre o futuro do Direito Penal e a forma como o mesmo se lança sobre uma sociedade de risco cada vez mais marginalizada na legalidade em face de um confronto diário e crescimento exponencial do poder da criminalidade, principalmente aquela dita organizada. O futuro do Direito Penal, então, passa pela análise exigível da política criminal que se pretende diante de uma situação ou (i) de intervenção mínima ou (ii) de adoção de políticas criminais impositivas para o efetivo combate à criminalidade.

Não se trata, por evidente, de mera discussão acadêmica de difícil solução ou escassa importância. E isso porque o combate aos crimes contra a Administração Pública passa, necessariamente, pelas ideias de que vivemos em uma sociedade de risco, marcada globalizadamente por desmandos de administradores públicos ímprobos que foram descobertos como um manancial quase infinito de diversos tipos de crimes que envolvem o dinheiro público e as grandes corporações que tomaram o lugar dos punguistas de rodoviária como os autores mais cruéis e desmedidos de crimes. E tudo isso visando sempre a um único fim: o lucro fácil e extraordinariamente elevado, refletindo daí os aspectos econômicos que se tornam o especial fim de agir do agente: o desvio de verbas públicas, os desmandos, as ditaduras econômicas e o lucro fácil. Eis aí a nova e perversa face mais visível dos crimes contra a Administração Pública.

Segundo a escola frankfurtiana, a sociedade de risco diz respeito à própria sobrevivência do homem no planeta, a ponto de tratar sob o ponto de vista do Direito

Penal esse bem fundamental representado pela sobrevivência da raça humana sobre a Terra. Debate-se, então, a incidência do Direito Penal sobre o Direito Ambiental e a preservação do homem como espécie no ambiente em que vive.

A ideia merece ser ampliada.

Estamos vivendo hoje um momento em que a sobrevivência do homem como ser vivente da Terra passa pela qualidade de vida que possa ter. E isso diz respeito diretamente ao bem comum; a seriedade da administração pública e a probidade administrativa, sem a qual — e somos testemunhas presenciais de tal efeito — o homem passa a viver de forma sub-humana, com degradação absoluta de sua condição de homem, que passa a viver sem dignidade alguma, como ocorre em tantos países da África, onde o nível de corrupção da administração pública é simplesmente alarmante. Nas sociedades de risco se vislumbra tal situação que passa pelo aspecto econômico produzido pelos crimes contra a Administração Pública, mas que não podem ficar restritos a esse aspecto. É que os crimes que atingem a administração causam prejuízos econômicos de altíssimo grau, alterando a finalidade do uso das economias e riquezas de um povo e violando o princípio do respeito ao bem comum que informa a probidade administrativa.

Por outro lado, numa sociedade de risco, do ponto de vista do Direito Penal e dos crimes contra a Administração Pública, há de se considerar a vitimologia como elemento formador da gravidade dos crimes, na medida em que se está diante da vítima ideal, ou seja, aquela que não participa de forma alguma para a prática do delito, pelo contrário, absorve totalmente os prejuízos advindos da conduta criminosa. E como os crimes contra a Administração Pública atingem toda a sociedade, é ela, ao final de uma análise da gravidade do delito, que é atingida pelo autor ou autores dos delitos, que não tem qualquer pudor de transformar a sociedade em vítima fantasma, que perambula sempre em busca de uma alternativa contra a corrupção, o peculato, a prevaricação, o novíssimo artigo proposto pela comissão de reforma da parte especial do Código Penal e que trata do enriquecimento ilícito, e assim por diante.

Como bem destaca Cornelius Prittwitz: "La motivacion etica de esta nueva criminalizacion rara vez tine que ver con comportamientos violentos (normalmente y de forma correcta ya penalizados), pues se trata de comportamientos cuyas consecuencias trascienden a la criminalidad clasica violenta y que, analizados superficialmente, resultam inofensivos".[12]

O Direito Penal, neste quadro de crescimento exponencial de crimes contra a Administração Pública praticados por funcionários e, mais do que nunca, por corporações criminosas, surge como um instrumento de resposta globalizado para assegurar o futuro da sobrevivência social, que transcende apenas os aspectos econômicos para atingir o ser humano em sua essência de dignidade. E daí a sociedade como um todo que passa a ser de risco diante da ganância insaciável daqueles que têm por *hobby* corromper, comprar agentes públicos, burlar licitações, destruir o meio ambiente e violar o bem comum.

Mais uma vez a lição de Prittwitz, citando G. A. Kuhlen, vem a calhar com perfeição: "O Estado de Direito no puede fundamentarse exclusivamente sobre la base do homo oeconomicus. Solo el castigo de las infracciones pude conjurar el peligro de um rebaldecimiento generalizado de la fidelidad normativa y proporcionar el apredizage

---

[12] PRITTWITZ, Cornelius. Sociedade de risco. *In: El penalista liberal*. Buenos Aires: Hammurabi, 2004. p. 147, 151.

de estrategias de comportamiento normativamente conformes y, con ello, la adquisicion generalizada de estrategias de conduta adecuadas".[13]

O combate deste cancro social em que se transformaram as condutas típicas de agentes públicos que desvirtuam sua atividade para alcançar interesses egoísticos contra toda a sociedade exige uma reação globalizada. Uma colaboração internacional que reflita um ideário comum de salvação das sociedades de risco, pouco importando onde o crime tenha sido cometido, quem o tenha cometido e onde possa estar ou se esconder.

Claro que a ideia é embrionária no mundo jurídico, mesmo com a globalização já indo de há muito ao encontro de diversos interesses sociais comuns. Há o aspecto da territorialidade da lei penal, mesmo quando falamos de um crime contra a Administração Pública que se inicie na Nigéria e se exaure no Brasil. Tampouco de estabelecimento de competência para conhecimento e julgamento dos feitos pelo Tribunal Penal Internacional de Roma, pois, além de não ser esta a sua finalidade, a quantidade de delitos seria tão grande que inviabilizaria a Corte. Mas temos também belos e novos exemplos de racionalidade do Direito Penal internacional, mesmo que nascido de blocos econômicos, como o Mercado Comum Europeu, o Nafta, o Mercosul, e assim por diante. A cooperação jurídica entre os membros de tais segmentos econômicos é possível e exigível, exatamente para evitar o que mais espanca a racionalidade e a esperança do homem de bem: a impunidade.

Uma leitura, ainda que ligeira, de legislação comparada, nos leva a concluir que todos os países civilizados ou ditos civilizados do mundo possuem na dogmática penal uma resposta para os crimes contra a Administração Pública. Interessante o exemplo da definição de corrupção pelo Conselho da Europa, o chamado *bribery crime*: "A corrupção compreende as comissões ocultas e quaisquer outros atos que envolvam pessoas investidas de funções públicas ou privadas que valoram os deveres decorrentes de sua qualidade de funcionário público, empregado privado, agente independente ou de qualquer outra relação deste gênero, com vistas a obter vantagens ilícitas de qualquer natureza para benefício próprio ou de outrem".

A pergunta que se coloca em perspectiva no presente encontro entre a improbidade e os crimes contra a Administração Pública é se entre ambos pode haver uma interpretação econômica do direito.

Como já dito, há estudos seriíssimos levados a efeito por entes internacionais como a ONU e o Conselho da Europa que informam a espetacular (e tormentosamente triste e preocupante) escoamento de dinheiro pelos desvios e apropriações havidas por agentes públicos ao cometer crimes contra a Administração Pública. Evidentemente que esta perda social-econômica praticamente irreparável (recorde-se no Brasil, a título de exemplo, o caso de desvio de dinheiro da Previdência Social por parte de uma acusada chamada Georgina de Freitas, que nos anos 90 desviou milhões dos cofres públicos que jamais foram recuperados em favor do tesouro nacional) e obviamente relevante do ponto de vista econômico, mas entendo que a interpretação não pode se dar apenas neste aspecto da questão. E isso porque as influências econômicas mais ou menos relevantes são consequência da prática de um delito e muitas vezes a própria finalidade do crime, como se dá no peculato, por exemplo. E o especial fim de agir do agente é ínsito do delito. Assim sendo, estamos diante de uma combinação de bens jurídicos supraindividuais e

---

[13] PRITTWITZ. Sociedade de risco. *In: El penalista liberal.*

individuais que visitam as mais diversas esquinas do relacionamento humano, desde a improbidade administrativa, a já referida dignidade da pessoa humana e também a mais visível das vias, justamente a econômica. Dai por que o Direito Penal Econômico tem como objeto jurídico a proteção dos bens supraindividuais (sociais ou coletivos e interesses da comunidade) numa definição dogmática jurídica de tal ramo de estudo.

Klaus Tiedemann,[14] ao estabelecer uma definição sob a perspectiva processual-criminalística do que seja o Direito Penal Econômico, expressamente faz referência a crimes contra a Administração Pública, destacando que "el unico o al menos el principal problema del Derecho Penal Economico y de la criminalidad economica se solucionarian Mejorando la justicia penal a traves de la adopcion de medidas relativas al personal, a recursos materiales y a cuestiones de organizacion. Juridicamente seria suficiente, en gran medida, el tipo penal de la estafa [estelionato]". E completa: "los tipos generales de estafa (estafa informatica, administracion desleal, usura e cohecho [suborno, corrupção] representan bajo consideraciones procesales (de competencia sobre delitos penales economicos), delitos economicos "en la medida que seja el juzgamento del caso se requiera de conocimientos especiales de la vida economica".

Contudo, na definição do ponto de vista criminológico é que se torna mais perceptível essa aproximação do Direito Penal Econômico com os crimes contra a Administração Pública, emprestando-lhe o caráter interpretativo que desafia o tema deste debate. É o mesmo Tiedemann que justifica: "Las concepciones que parten de aspectos criminologicos se basan, en parte, en las extensas repercusiones que generan los delitos econômicos (en la economia nacional o en sus conponentes) y, en parte, en el abuso de la confianza necesaria en el trafico economico,la cual no dbe entenderse como una confianza individuale de los agentes del mercado [e, incluo eu, os agentes públicos] individualmente considerado, sino como una intitucionalizada".[15] Ou seja, o cidadão deve confiar necessariamente na seriedade dos agentes públicos e na probidade de seus atos, muitas vezes, inclusive, quando e porque teve participação ativa, direta ou indireta, na ascensão do sujeito ao cargo ou função pública, como se dá com os agentes políticos.

7 Os crimes corporativos contra a Administração Pública

No mesmo passo em que o combate aos crimes contra a Administração Pública ganha foro de globalização, de outro lado as suas práticas se tornam cada vez mais sofisticadas. E essa sofisticação passa pela geração de um novo sujeito ativo que não apenas os funcionários públicos, mesmo que amplamente considerados em diversas legislações modernas. No dizer de Lascano: "Devemos ter em mente ao debater a corrupção, a ancestral tensão entre a honestidade que deve ser uma das virtudes cardinais dos representantes do povo em um regime democrático de governo e a corrupção dos funcionários públicos como degradação da atividade política bem entendida como vocação de serviço em busca do bem comum; por outra parte, devemos nos debruçar sobre a recorrente utilização desde a muito tempo, do Direito Penal para sancionar com a máxima intensidade aquela perniciosa prática".[16]

---

[14] TIEDEMANN, Klaus. *Derecho penal economico*: introducción y parte general. Peru: Grijley, 2009. p. 70.

[15] TIEDEMANN. *Derecho penal economico*: introducción y parte general, p. 71.

[16] LASCANO, Carlos. Funcionários públicos corruptos, empresários corruptores e direito penal. *In*: *El derecho penal del siglo XXI*. Mendoza: Cuyo, 2005. p. 891 *et seq*.

Os crimes corporativos contra a Administração Pública passam pela concepção de que não é mais possível, nos dias de hoje, conviver com a noção da *societas delinquere non potest*, exatamente porque a sofisticação da prática criminosa passa pela criação de corporações destinadas a cometer delitos transnacionais, em contratos milionários, em licitações internacionais cujos contratos são assinados em determinado local para realização de obras em outros ou mesmo pelos interesses globalizados de tais corporações.

O jornalista Jeffrey D. Sachs, em artigo publicado pelo jornal *O Estado de S. Paulo*, alerta que "O mundo está se afogando em fraudes corporativas e o problema parece ser mais grave nos países mais ricos, aqueles que supostamente contam com um 'governo responsável'. Os governos dos países pobres, provavelmente, aceitam mais subornos e cometem mais crimes, mas é nos países ricos — anfitriões das empresas multinacionais — que as infrações de maiores proporções são observadas. O dinheiro move montanhas e está corrompendo políticos em todo o mundo.

É difícil que haja um dia em que não venha à tona um novo caso de práticas administrativas questionáveis ou ilegais. Ao longo da última década, todas as firmas de Walt Street pagaram multas significativas por causa de algum episódio de fraude contábil, negociatas, fraude com valores mobiliários, operações fraudulentas de investimento e até apropriação indébita por parte de diretores executivos".[17]

E mais precisamente quanto à Administração Pública, o jornalista americano destaca: "A corrupção é lucrativa também no âmbito da política americana. O atual governador da Flórida, Rick Scott, foi diretor executivo de uma grande empresa de saúde chamada Columbia/HCA. A empresa foi acusada de fraudar o governo por meio do superfaturamento de reembolsos e acabou se declarando culpada de 14 delitos graves, pagando por eles uma multa de US$1,7 bilhão. A investigação do FBI obrigou Scott a deixar o cargo. Mas, uma década depois de a empresa assumir a culpa, Scott está de volta, dessa vez apresentando-se como político republicano defensor do 'livre mercado'".[18]

No Brasil os crimes corporativos, especialmente contra a Administração Pública, embora não sob este título, estão presentes no novíssimo Anteprojeto de Código Penal que no mês de junho foi encaminhado por comissão de juristas ao Presidente do Congresso Nacional. No trabalho desenvolvido pelo grupo, encontra-se a exposição de motivos justificando a extraordinária amplitude agora do princípio do *societas delinquere potest* no sistema penal brasileiro, justificando: "O Direito Penal tem caráter dúplice. Serve à sociedade, protegendo-a de condutas danosas; serve às pessoas, limitando a atuação punitiva estatal. O diálogo entre estas duas utilidades, igualmente lastreadas na Constituição, é que lhe dá o perfil. Ele não é uma construção intelectual autojustificável, um fim em si mesmo. O fenômeno de condutas socialmente danosas, gerenciadas, custeadas ou determinadas por pessoas jurídicas (outra construção intelectual humana) foi, de há muito, identificado pelos estudiosos. Sancioná-las e preveni-las, portanto, é preocupação comum. A questão é: como fazê-lo? A Constituição Federal, no artigo 225, §3º e, mais indiretamente, no art. 172, §5º, abrigou a possibilidade de responsabilização penal das pessoas jurídicas. Isto foi, inauguralmente, tipificado na Lei 9.605/98, dos crimes contra o meio ambiente. A Comissão de Reforma, por maioria de votos, entendeu que as hipóteses constitucionais são exemplificativas e não exaurientes, permitindo

---

[17] SACHS, Jeffrey D. A onda global de crimes corporativos. *O Estado de S.Paulo*, 08 maio 2011, p. a-22.

[18] *Op. loc. cit.*

ao legislador que examine a conveniência de estender esta responsabilização a outros crimes, além do meio ambiente e da ordem econômica, financeira e da economia popular. Incluiu, desta maneira, a responsabilização da pessoa jurídica por crime contra a Administração Pública, apta a sancioná-las quando agir por decisão de suas instâncias próprias e em seu benefício".[19]

Já relativamente às penas aplicáveis para os novos tipos penais que envolvem as corporações, o grupo de trabalho estabeleceu que "*A individualização das Penas das pessoas jurídicas*. A experiência com a Lei dos Crimes contra o Meio Ambiente foi especialmente considerada para a elaboração do presente anteprojeto. Procurou-se resolver algumas das críticas endereçadas àquela lei, especialmente em face da medida legal de culpabilidade (o preceito secundário da norma penal). É por esta razão que o projeto indica que: 'Os crimes praticados pelas pessoas jurídicas são aqueles previstos nos tipos penais, aplicando-se a elas as penas neles previstas, inclusive para fins de transação penal, suspensão condicional do processo e cálculo da prescrição'. Permite-se, deste modo, ao aplicador da lei, que considere a gravidade específica de determinado crime, no momento da dosimetria da pena aplicável à pessoa jurídica. Ao mesmo tempo, as

---

[19] Os artigos propostos sobre o tema são os seguintes:
Responsabilidade Penal da Pessoa Jurídica
Art. 41. As pessoas jurídicas de direito privado serão responsabilizadas penalmente pelos atos praticados contra a administração pública, a ordem econômica, o sistema financeiro e o meio ambiente, nos casos em que a infração seja cometida por decisão de seu representante legal ou contratual, ou de seu órgão colegiado, no interesse ou benefício da sua entidade.
§1º A responsabilidade das pessoas jurídicas não exclui a das pessoas físicas, autoras, coautoras ou partícipes do mesmo fato, nem é dependente da responsabilização destas.
Art. 42. Os crimes praticados pelas pessoas jurídicas são aqueles previstos nos tipos penais, aplicando-se a elas as penas neles previstas, inclusive para fins de transação penal, suspensão condicional do processo e cálculo da prescrição. As penas privativas de liberdade serão substituídas pelas seguintes, cumulativa ou alternativamente:
I - multa;
II - restritivas de direitos;
III - prestação de serviços à comunidade.
IV - perda de bens e valores.
Parágrafo único. A pessoa jurídica constituída ou utilizada, preponderantemente, com o fim de permitir, facilitar ou ocultar a prática de crime terá decretada sua liquidação forçada, seu patrimônio será considerado instrumento do crime e como tal perdido em favor do Fundo Penitenciário.
Art. 43. As penas restritivas de direitos da pessoa jurídica são, cumulativa ou alternativamente:
I - suspensão parcial ou total de atividades;
II - interdição temporária de estabelecimento, obra ou atividade;
III - a proibição de contratar com instituições financeiras oficiais e participar de licitação ou celebrar qualquer outro contrato com a Administração Pública Federal, Estadual, Municipal e do Distrito Federal, bem como entidades da administração indireta;
IV - proibição de obter subsídios, subvenções ou doações do Poder Público, pelo prazo de um a cinco anos, bem como o cancelamento, no todo ou em parte, dos já concedidos;
V - proibição a que seja concedido parcelamento de tributos, pelo prazo de um a cinco anos;
§1º A suspensão de atividades será aplicada pelo período máximo de um ano, que pode ser renovado se persistirem as razões que o motivaram, quando a pessoa jurídica não estiver obedecendo às disposições legais ou regulamentares, relativas à proteção do bem jurídico violado.
§2º A interdição será aplicada quando o estabelecimento, obra ou atividade estiver funcionando sem a devida autorização, ou em desacordo com a concedida, ou com violação de disposição legal ou regulamentar.
§3º A proibição de contratar com o Poder Público e dele obter subsídios, subvenções ou doações será aplicada pelo prazo de dois a cinco anos, se a pena do crime não exceder cinco anos; e de dois a dez anos, se exceder.
Art. 44. A prestação de serviços à comunidade pela pessoa jurídica consistirá em:
I - custeio de programas sociais e de projetos ambientais;
II - execução de obras de recuperação de áreas degradadas;
III - manutenção de espaços públicos;
IV - contribuições a entidades ambientais ou culturais públicas, bem como as relacionadas à defesa da ordem socioeconômica.

penas dos tipos penais serão utilizadas, também pelas pessoas jurídicas, para a auferição de benefícios como a transação penal e a suspensão condicional do processo.

As penas compatíveis com as pessoas jurídicas. As sanções de privação de liberdade trazidas pelos tipos penais não são compatíveis com a realidade das pessoas jurídicas, por esta razão, deverão ser substituídas por aquelas elencadas nos artigos 34 e 35. A proposta procurou tornar *proporcional* a sanção aplicável, diante do agravo ocorrido, fixando limites mínimos e máximos para as sanções de suspensão de atividades, interdição de estabelecimentos, proibição de contratar com o poder público, etc. A única exceção é a liquidação forçada da pessoa jurídica, a pena mais grave a elas aplicável, quando forem constituídas ou utilizadas, preponderantemente para facilitar, permitir ou ocultar a prática de crimes".

Ou seja: a nova ordem penal brasileira que agora está submetida à análise (lamentavelmente longuíssima) do Congresso Nacional por suas duas casas avança significativamente no combate aos delitos corporativos, abarcando, como se observa pelos novos artigos de lei propostos, os crimes contra a Administração Pública como uma resposta adequada e coerente com o estado quase incivilizado que vivemos, de tantos desmandos e atos de improbidade não apenas entre as fronteiras de nosso país mas que atingem quase indistintamente todo o planeta. Mais uma vez o lúcido artigo do jornalista americano Sachs vem a calhar: "A explosão da corrupção — nos EUA, na Europa, na China, Índia, África, Brasil, entre outros países — traz um conjunto de perguntas desafiadoras a respeito de suas causas e de como ela poderia ser controlada agora que atingiu proporções epidêmicas. A corrupção corporativa fugiu ao controle por dois motivos principais. Primeiro, as grandes empresas são agora multinacionais, enquanto os governos permanecem presos no âmbito nacional. As grandes corporações contam com tamanho poder financeiro que os governos têm medo de enfrentá-las. Segundo, as empresas são as principais financiadoras de campanhas políticas em países como os EUA, onde os próprios políticos, muitas vezes, estão entre os *socials deals*, sendo, no mínimo, discretamente beneficiados pelos lucros corporativos. Cerca de metade dos congressistas americanos é composta por milionários e muitos deles mantêm laços com empresas antes mesmo de chegarem ao Congresso".[20]

As semelhanças com a nossa realidade não deixam dúvidas: vivemos, também em matéria de criminalidade, em um mundo globalizado. E temos que ter a resposta adequada para exigir dos administradores públicos um comportamento de integridade e excelência.

8 Conclusão

Creio, efetivamente, que estando o caráter primário do Direito Penal Econômico voltado a uma relação empresarial entre particulares é impossível não considerar ou dissociar tais relações entre sociedades privadas (as corporações, inclusive) e o Poder Público. E nessa convivência o mínimo desvio de conduta tem consequências econômicas e penais que exigem a atenção e a atuação do Direito Penal. E são as consequências econômicas dos crimes contra a Administração Pública que, nos dias de hoje, se refletem

---

[20] *Op. loc. cit.*

nos direitos supraindividuais, pela condução cada vez mais acelerada de uma redução de qualidade de vida do homem que não aceita mais a máxima da aristocracia francesa do período pré-revolucionário: "S'ils n'ont pas de pain, qu'ils mangent de la brioche".[21]

Informação bibliográfica deste texto, conforme a NBR 6023:2002 da Associação Brasileira de Normas Técnicas (ABNT):

ANDRADE, Renato Cardoso de Almeida. A sociedade de risco e os crimes contra a Administração Pública. *In*: BACELLAR FILHO, Romeu Felipe; HACHEM, Daniel Wunder (Coord.). *Direito público no Mercosul*: intervenção estatal, direitos fundamentais e sustentabilidade: anais do VI Congresso da Associação de Direito Público do Mercosul: homenagem ao Professor Jorge Luis Salomoni. Belo Horizonte: Fórum, 2013. p. 137-150. ISBN 978-85-7700-713-4.

---

[21] "Se eles não têm pão, que comam brioches".

MÉTODO COMPARATIVO E DIREITO ADMINISTRATIVO: BREVES REFLEXÕES POR OCASIÃO DA CRIAÇÃO DA ASSOCIAÇÃO BRASILEIRA DE DIREITO PÚBLICO COMPARADO

THIAGO MARRARA

1 Introdução: por que falar de comparatística?

A expansão das noções do serviço público (*service public*) a partir do direito francês, do ato administrativo (*Verwaltungsakt*) e do princípio da proporcionalidade (*Verhältnissmäßigkeitsprinzip*) do direito alemão até, mais recentemente, a difusão das entidades regulatórias, bem como dos "contratos de parceria público-privada" (*public-private-partnerships*), mostram como o método comparatístico foi e continua sendo extremamente relevante para o aperfeiçoamento do Direito Público[1] e, em especial, do direito administrativo.

Tamanha é a relevância desse método de exame, crítica e aprimoramento de sistemas e institutos jurídicos que, atualmente, alguns ordenamentos chegam a recomendar expressamente seu uso a favor da solução de casos em tribunais nacionais. Nesse sentido, o parágrafo trinta e nove da Constituição da África do Sul dispõe o seguinte: "when interpreting the Bill of Rights, a court, tribunal or forum: a. must promote the values that underlie an open and democratic society based on human dignity, equality and freedom; b. must consider international law; and c. *may consider foreign law*". Isso demonstra que o legislador sul-africano reputou fundamental a consideração de sistemas estrangeiros como instrumento de esclarecimento, pelo Judiciário, do texto constitucional no que se refere a direitos fundamentais. Tal determinação está em linha com o pensamento do jurista alemão Peter Häberle,[2] para quem o método comparatístico desponta como imprescindível ferramenta interpretativa de direitos fundamentais ao lado dos métodos clássicos de interpretação definidos por Friedrich Karl von Savigny, a saber, interpretação gramatical, sistemática, histórica e teleológica. No Brasil, a despeito

---

[1] A prática comparativa em busca de melhores estruturas jurídicas para problemas sociais comuns a diversos países tem-se difundido também nas áreas de Direito Ambiental, Direito Urbanístico, regulação da atividade econômica, estruturas federativas, combate ao terrorismo e à corrupção, entre outras.

[2] HÄBERLE. Grundrechtsggeltung und Grundrechtsinterpretation im Verfassungsstaat. *JZ*, p. 913.

de menção constitucional expressa, o método comparativo com o direito estrangeiro também vem sendo amplamente utilizado pelos tribunais, principalmente pelo STF, tal como se vislumbra em discussões sobre devido processo legal e razoabilidade.

Além disso, a utilidade do método em questão para o desempenho das atividades legislativas é inquestionável.[3] Os experimentos realizados em ordenamentos alienígenas e as experiências sociais deles resultantes permitem que se avaliem as técnicas de organização da sociedade e os respectivos mecanismos jurídicos de repressão e prevenção de conflitos em benefício da mais adequada ordenação social. A partir daí, podem ser extraídas propostas de nova legislação ou de reforma do bloco normativo preexistente.

No Brasil, essa prática é frequentemente empregada como forma de subsidiar a crítica, a elaboração e a reconstrução do direito positivo. No âmbito do direito administrativo, isso se verificou, muito claramente, na chamada fase de renovação, ou seja, a fase que se inicia em 1988 e segue até hoje. Nesse período, os movimentos de privatização, agencificação, regulação, consensualização, redemocratização e transparência foram fortemente influenciados por institutos e tendências estrangeiras, sobretudo provenientes dos Estados Unidos e da Europa. A influência alienígena resta evidente quando se examina a legislação pós-90 referente ao funcionamento e à organização de agências reguladoras, à defesa da concorrência, à regulação de telecomunicações, às técnicas de privatização, ao acesso a informações, a novas formas de contrato e parcerias etc. Muitas dessas transformações guardam inegável relação com o movimento do *New Public Management*, tal como se pode concluir da análise de suas características principais, bem apontadas por Hood.[4]

Os benefícios do método comparativo não se restringem, porém, ao campo da atividade legislativa e da interpretação normativa pelo Judiciário. A comparatística exerce papel inegável na evolução da ciência do direito. Restringindo-se a análise ao direito administrativo, a influência do método em questão é característica que remonta ao nascimento desse ramo da ciência jurídica. Vicente Pereira do Rego, em 1857, ao redigir a primeira obra de direito administrativo da América do Sul,[5] baseia-se expressamente no direito francês. Não é à toa, pois, que a primeira edição de seu curso é publicada sob o título *Elementos de Direito Administrativo brasileiro comparado com o Direito francês, segundo o método de Pradier-Fodéré*. A influência do direito estrangeiro ocidental não se restringiu, contudo, à fase de formação do direito administrativo pátrio. Ainda e principalmente hoje, a doutrina volta-se intensamente à ciência jusadministrativa estrangeira, mas, agora, com foco nos sistemas angloamericano e germânico.[6]

Não obstante, a reflexão científica brasileira acerca do método comparativo em si ainda é escassa. Talvez pela ausência de estudos mais profundos sobre essa técnica (oxalá seja essa a razão), não raro se confunda método de comparação com técnica de

---

[3] Cf. FLEINER. Rechtsvergleichung: Chancen und Lehren für den Föderalismus. *In*: HUFEN; DREIER; BERLIT. *Verfassung* – Zwischen Recht und Politik, p. 240-243.

[4] Cf. HOOD. A public management for all seasons?. *Public Administration*, p. 4-5.

[5] Caio Tácito reputa ser esta o primeiro curso latino-americano sobre a matéria. Cf. *Temas de direito público*: estudos e pareceres, p. 9. Afigura-se, porém, mais correto afirmar que se trata da primeira obra sul-americana, pois, em 1952, publicou-se no México o livro *Lecciones de Derecho Administrativo*, tal como bem observa Hidemberg Alves Frota (A controvérsia em torno da primeira obra latino-americana de Direito Administrativo. *Jus Navigandi*, p. 1).

[6] Um panorama a respeito da influência dos sistemas anglo-americano e romano-germânico no Direito Administrativo nacional encontra-se em Maria Sylvia Zanella Di Pietro (O direito administrativo brasileiro sob influência dos sistemas de base romanística e da *common law*. *REDAE – Revista Eletrônica de Direito Administrativo Econômico*).

decoração de trabalhos científicos. Mais grave: por vezes, o apego à decoração textual com "elementos importados" é tão exagerado que chega a ofuscar a necessidade de se dominar o próprio direito pátrio. Frequentemente, encontram-se textos que buscam explicar a origem do direito administrativo nacional ignorando por completo nosso período colonial e os documentos jurídico-legislativos que então vigiam. Em outros momentos, ainda que realizada tecnicamente, a comparação prescinde de uma contextualização adequada do sistema estrangeiro, o que estimula erros interpretativos e causa distorções científicas a respeito dos institutos estudados.

Por esses e outros motivos, muito salutar se mostra a iniciativa de alguns juristas brasileiros ao fundarem, em junho de 2012, uma Associação Brasileira de Direito Público Comparado por ocasião do VI Congresso da Associação de Direito Público do Mercosul, ocorrido em Foz do Iguaçu sob a organização do Professor Titular Romeu Felipe Bacellar Filho. É em homenagem a essa iniciativa modelar e em virtude da importância prática que o método em comento assume no quotidiano da prática e da ciência jurídica que esse breve estudo é desenvolvido. Seu objetivo é simples e reduzido! Consiste em resgatar as características básicas do método comparado. Em seguida, são discutidas as etapas e os tipos básicos de comparação para então se investigar a problemática dos metaconceitos. Essas análises serão realizadas a partir de peculiaridades e exemplos de direito público e, mormente, de direito administrativo.

2 Comparatística ou direito estrangeiro? Resgate do método

Frequentemente se encontram em teses, dissertações e outras obras científicas menções a institutos ou normas de ordenamentos estrangeiros, bem como a decisões judiciais ou administrativas de autoridades alienígenas. De modo igualmente comum, afirma-se que tais citações representariam o "direito comparado". Essa postura revela, porém, dois graves mal-entendidos: um relativo ao conceito de comparatística e outro, à sua função.

A comparatística ou método comparativo consiste na confrontação de dois ou mais objetos jurídicos. Esses objetos referem-se a regras e princípios (tal como o da proporcionalidade, segurança jurídica etc.), institutos específicos (como o contrato de parceria-público-privada, o recurso administrativo ou os bens reversíveis), grupos de institutos (tal como os instrumentos de combate à corrupção ou de promoção da transparência administrativa) e a sistemas globalmente compreendidos (*e.g.* sistema de defesa da concorrência ou sistema de execução de políticas ambientais). Dessa constatação inicial resultam duas conclusões simples.

Em primeiro lugar, a comparatística como método não necessariamente pressupõe a escolha de objetos pertencentes a dois ou mais ordenamentos jurídicos. É possível que se comparem objetos de um mesmo ordenamento, mas em períodos históricos diferentes (*e.g.* as licitações antes e depois da Lei nº 8.666/1993); objetos contemporâneos de um mesmo ordenamento jurídico, mas regidos por diferentes áreas jurídicas (*e.g.* a *reformatio in pejus* no processo administrativo e o mesmo instituto no processo penal) ou objetos que, dentro de um mesmo Estado, são regidos por normas diversas em diferentes níveis políticos (*e.g.* as infrações disciplinares dos agentes públicos em cada Estado da federação brasileira). O método comparativo, portanto, não exige que se passe pelo direito estrangeiro. Há comparações internas, horizontais ou verticais, e comparações horizontais abrangendo ordenamentos jurídicos de dois ou mais Estados soberanos.

Em segundo lugar, mesmo quando se opte pela comparação com objetos pertencentes a dois ou mais sistemas jurídicos, a menção ao direito estrangeiro sem qualquer confrontação com o direito pátrio ou outro sistema jurídico naturalmente não configura uma comparação em sentido científico. Em regra, a mera citação de direito estrangeiro sem a devida análise comparativa não exerce uma função realmente construtiva, pois não contribui para o aperfeiçoamento dos objetos confrontados, restringindo-se muitas vezes a um recurso ilustrativo, estilístico ou a um mero "costume" entre alguns juristas. A mera citação, ao contrário da comparatística, não é um recurso realmente científico.

Conquanto, a depender da cultura jurídica, nota-se ainda uma grande repetição da citação não comparativa do direito estrangeiro, muitas vezes, inclusive, sob o nome de "direito comparado". Parte da doutrina administrativista brasileira, por exemplo, opta por muitas remissões ao direito estrangeiro, inclusive em estudos de direito positivo estritamente nacional e que não tenham por escopo a comparação. Em outras culturas jurídicas, diferentemente, a tolerância a citações de direito estrangeiro fora de estudos comparativos é relativamente baixa. É difícil, porém, identificar a razão pela qual tais variações ocorrem e pelas quais a doutrina brasileira é tão permeável. Trata-se da manutenção de um estilo periférico de pensamento em relação às "metrópoles" do passado e do presente? Ou trata-se de um recurso empregado no intuito de superar as lacunas da produção bibliográfica brasileira em alguns assuntos? Infelizmente, uma opção por respostas genéricas a essas questões prescinde de evidências empíricas e não pode ser, por conseguinte, oferecida no presente estudo.

Superando-se essas discussões, é preciso observar que a confusão entre "direito estrangeiro" e método comparativo resulta igualmente da ignorância a respeito das funções do método em debate. Além de uma pluralidade de objetos, a comparatística envolve uma operação específica, qual seja, a de comparar ou confrontar esses objetos, evidenciando seus pontos comuns e suas divergências no intuito de contribuir para o aprimoramento dos sistemas jurídicos ou da disciplina jurídica dos objetos confrontados.[7] A natureza dessa operação impede, portanto, que se comparem objetos sem qualquer ponto comum ou sem qualquer ponto de divergência. Objetos idênticos não precisam ser comparados, pois o contraste comparatístico é nulo. De outra parte, objetos jurídicos sem qualquer semelhança[8] não servem a estudos comparativos. Com efeito, ainda que a comparação exija a diferença, é importante que os objetos comparados sejam minimamente analógicos, ou seja, exerçam uma função semelhante dentro dos ordenamentos jurídicos escolhidos para estudo. Disso decorre, finalmente, que a comparação demanda diversidade de características, porém aproximação funcional mínima entre os objetos. Somente assim é possível verificar as vantagens e desvantagens funcionais de um em relação ao outro e, a partir disso, endereçar críticas aos ordenamentos jurídicos envolvidos na análise científica e formular propostas de aperfeiçoamento.

---

[7] A respeito da utilidade do método comparado, cf. SOMMERMANN. Die Bedeutung der Rechtsvergleichung für die Fortentwicklung des Staats- und Verwaltungsrechts in Europa. *DÖV*, p. 1019; STARCK. Rechtsvergleichung im öffentlichen Recht. *JZ*, p. 1023; KRÜGER. Eigenart, Methoder und Funktion der Rechtsvergleichung im öffentlichen Recht. *In*: ZIEMSKE *et al.* (Org.). *Staatsphilosophie und Rechtspolitik*: Festschrift für Martin Kriele zum 65. Geburtstag, p. 1393; e LARENZ; CANARIS. *Methodenlehre der Rechtswissenschaft*, p. 63.

[8] Por semelhança funcional, entenda-se aqui a semelhança de normas ou institutos no que tange à prevenção ou solução de um mesmo conflito ou problema jurídico, bem como na execução de uma determinada política pública.

Como visto, as funções do método comparativo o distinguem claramente da mera citação do direito estrangeiro. Enquanto a mera citação exerce função predominantemente ilustrativa, a comparação, além da descrição do direito estrangeiro, envolve a análise de fatores sociais, culturais, econômicos e tantos outros que se considerem imprescindíveis à compreensão do objeto e de sua funcionalidade dentro de certa cultura e ordenamento jurídico. A necessidade de se situarem as normas e ou institutos jurídicos comparados dentro de contextos mais amplos relaciona-se com o fato de a construção, interpretação e concretização do direito, bem como sua eficácia e efetividade dependerem de motivos que ultrapassem a mera existência da norma jurídica. A comparação que queira servir de base ao aprimoramento de determinado ordenamento jurídico deve evidenciar em que medida o uso da norma ou instituto estrangeiro teria êxito ou fracassaria se transplantando para outra realidade jurídica, social, econômica e cultural. É por isso que não basta mencionar as diferenças e pontos comuns dos objetos comparados, mas sim apontar suas causas de sucesso e insucesso sob um ponto de vista interdisciplinar.[9]

3 Etapas e tipos de comparação

A função a que se propõe o método comparativo exige que sua aplicação ocorra igualmente de modo minimamente sistemático. Em outras palavras, a comparação não permite citações aleatórias, funcionalmente desvinculadas, tampouco materialmente desconexas. Nessa linha, há, pelo menos, seis etapas que merecem consideração para o uso do método, quais sejam: 1) a escolha dos objetos de comparação; 2) a apresentação das características e funções jurídicas de cada objeto nos respectivos ordenamentos jurídicos; 3) a contextualização de cada objeto sob perspectiva macrojurídica e, quando possível, sob perspectiva extrajurídica; 4) a comparação em sentido estrito; 5) o exame das diferenças e pontos comuns encontrados ao longo da comparação; e 6) a elaboração de críticas aos objetos estudados e de propostas de aperfeiçoamento dos sistemas com base nas conclusões comparativas. Vejamos essas etapas em mais detalhes.

A primeira etapa envolve a delimitação do objeto jurídico comparado. O objeto varia material, territorial e temporalmente. Do ponto de vista material, basicamente se fala de macrocomparação e microcomparação — como bem ensina Sommerman.[10] A macrocomparação envolve sistemas jurídicos inteiros ou microssistemas jurídicos. Assim, por exemplo, microssistemas de políticas de saneamento básico, de proteção de florestas, de defesa da concorrência e outras políticas globalmente consideradas podem ser comparados de forma abrangente. Ademais, é possível realizar a comparação de grandes sistemas ou famílias de ordenamentos jurídicos, no intuito de se observarem diferenças não de um tipo de política, mas, por exemplo, dos ordenamentos jurídico-administrativos considerados em famílias.[11] Diferentemente, na microcomparação, o objeto resta materialmente muito delimitado. A comparação se dirige a um instituto

---

[9] Nesse sentido, cf. FLEINER. Rechtsvergleichung: Chancen und Lehren für den Föderalismus. *In*: HUFEN; DREIER; BERLIT. *Verfassung* – Zwischen Recht und Politik, p. 245.

[10] Cf. SOMMERMANN. Die Bedeutung der Rechtsvergleichung für die Fortentwicklung des Staats- und Verwaltungsrechts in Europa. *DÖV*, p. 1017.

[11] Exemplo desse tipo de estudo encontra-se em Jean Rivero (*Curso de direito administrativo comparado*).

jurídico específico, tal como o plano de organização do território municipal, o contrato de parceria-público-privada, os bens reversíveis, a *reformatio in pejus* no processo administrativo ou outro tema materialmente restrito.

Em contraste, sob o enfoque territorial e temporal, é possível diferenciar a comparatística vertical da horizontal. De modo simplificado, a modalidade vertical valoriza a pesquisa histórica, na medida em que os objetos confrontados geralmente pertencem a um mesmo ordenamento nacional, mas em diferentes momentos. A verticalidade implica comparação de objetos semelhantes em épocas distintas, não interessando, portanto, a variabilidade do ordenamento jurídico em si. De modo diverso, na comparatística horizontal — método mais utilizado atualmente —,[12] os objetos comparados são contemporâneos, mas pertencentes a ordenamentos jurídicos distintos. O aspecto temporal permanece estático, mas o territorial é dinâmico.

Observe-se, contudo, que a variabilidade dos ordenamentos em comparação não pressupõe que os ordenamentos relacionem-se com dois ou mais Estados soberanos. É plenamente viável que se conduza uma comparação horizontal entre ordenamentos jurídicos internos de um Estado federado. A pesquisa, por exemplo, das leis de processo administrativo dos Estados brasileiros seria, pois, modalidade de comparação horizontal interna.

Assim que bem delimitado o tipo de comparação, parte-se para a apresentação das características de cada objeto comparado, bem como de suas respectivas funções no ordenamento a que pertence. Novamente aqui, para que a comparação seja frutífera, é importante que os objetos guardem alguma semelhança funcional e uma diferença material mínima. Essas condições básicas são fundamentais caso a pesquisa comparativa tenha como objetivo extrair contribuições recíprocas dos sistemas analisados, ou seja, nas situações em que a comparação é realizada com a intenção científica de aprimorar os sistemas jurídicos. No entanto, se a comparação é meramente ilustrativa das diferenças e não efetivamente construtiva, naturalmente que as condições apontadas deixam de ser fundamentais.

Além da apresentação dos institutos em si, a comparação como método de compreensão, crítica e aperfeiçoamento do direito pressupõe que se lancem olhares para fatores macro e extrajurídicos. Em outras palavras, mesmo na microcomparação, é preciso que sejam trazidas informações gerais sobre o sistema jurídico no qual os objetos estudados se incluem, bem como sobre o funcionamento do Estado e outros elementos sociais, políticos, econômicos e religiosos, quando pertinentes. A abordagem desses elementos torna-se ainda mais relevante para a macrocomparatística. Nesse sentido, não há como se comparar o sistema francês com o sistema russo ou o sistema anglo-americano sem se compreender a divisão e organização dos Poderes, a forma de governo e o tipo de Estado, os mecanismos de controle da Administração Pública e a teoria do poder regulamentar.

Etapa fulcral de todo e qualquer estudo comparado está na fase de comparação em sentido estrito. Nesse momento, são contrastados os objetos escolhidos de estudo. Se o objetivo da pesquisa é comparar por comparar, não há necessidade de grandes preocupações com a semelhança funcional e a diferença material. Observe-se, apenas,

---

[12] Não por outra razão, para Rivero, quando se fala de comparatística se pensa automaticamente em comparação de institutos pertencentes a ordenamentos jurídicos de dois ou mais Estados. Cf. *Curso de direito administrativo comparado*, p. 18.

que esse tipo de comparação ilustrativa não é, porém, o que geralmente se espera da comparação jurídica realizada com escopo científico. Além de comparar, como antes esclarecido, a comparatística jurídica visa a contribuir para o aprimoramento dos sistemas e daí a necessidade de observância de condições mínimas na escolha dos objetos examinados. É exatamente o que dizia Rivero: comparar, na ciência jurídica, significa "estudar, paralelamente, as regras e os institutos jurídicos, para esclarecê-los mediante confronto".[13] Ainda nas palavras do mestre francês, "o direito comparado é instrumento de conhecimento dos direitos estrangeiros, elemento de compreensão do direito nacional". O estudo que se exaure na apresentação dos institutos sem a devida confrontação não constitui comparatística.

Enfim, a realização bem-sucedida da pesquisa comparada impõe ao jurista, a partir da comparação em sentido estrito, o esforço de formular críticas aos sistemas estudados e elaborar contribuições científicas. A comparação, assim como toda forma séria de pesquisa, não se destina a saciar a curiosidade do pesquisador, mas sim a colaborar com o aperfeiçoamento dos institutos e formas de regramento da sociedade, suas relações internas e com o meio. Nesse sentido, a comparação não se esgota na descrição. Ela exige muito mais! Para que se torne pesquisa verdadeira, a comparação deve agregar conhecimento novo e útil sobre os sistemas comparados ou, ao menos, apontar seus pontos críticos.

4 A função dos metaconceitos na comparatística jurídica

Algumas considerações adicionais merecem as tarefas de identificação e contextualização dos institutos jurídicos comparados. Não raramente, a investigação de institutos ou textos normativos estrangeiros sem o conhecimento do contexto jurídico, político e social do país estudado é fonte de inúmeras confusões seja por parte do pesquisador, seja por parte do leitor da pesquisa.[14] Por isso, a comparatística exige do jurista muita cautela, principalmente na conferência dos conceitos estudados, suas verdadeiras funções, abrangência e respectivo contexto. Durante a comparação, muitos tendem a supor, com base em suas experiências e formação nacionalista (típica do direito), que institutos homônimos sejam idênticos ou análogos e que institutos de direito pátrio necessariamente se repetem em ordenamentos alienígenas. Ocorre que, sobretudo no âmbito do direito administrativo, diversos conceitos não existem em outros ordenamentos ou, mesmo que existam, apresentam abrangência ou função diferenciada.[15]

Tome-se, por ilustração, o tema dos bens públicos. Há ordenamentos em que o assunto não constitui objeto de atenção do direito administrativo, na medida em que os bens da Administração são gerenciados, via de regra, de acordo com as normas gerais de direitos reais. Nessa situação, a pesquisa comparada pode até ocorrer, mas não envolverá institutos apenas de direito administrativo (ou bens públicos em sentido estrito) e sim a comparação dos bens estatais em regime especial e dos bens estatais em regime privado.

---

[13] RIVERO. *Curso de direito administrativo comparado*, p. 17.

[14] A respeito da importância de esclarecimentos contextuais, cf. MÖLLERS. Theorie, Praxis und Interdisziplinarität in der Verwaltungswissenschaft. *VerwArch*, p. 48; e SOMMERMANN. Die Bedeutung der Rechtsvergleichung für die Fortentwicklung des Staats- und Verwaltungsrechts in Europa. *DÖV*, p. 1017.

[15] Cf. por exemplo a problemática acerca do termo "federalismo" em Thomas Fleiner (Rechtsvergleichung: Chancen und Lehren für den Föderalismus. *In*: HUFEN; DREIER; BERLIT. *Verfassung* – Zwischen Recht und Politik, p. 245).

Outro problema no uso da comparação pode decorrer da diferente abrangência dos conceitos comparados. Um estudo a respeito da revogação ou da anulação de ato administrativo no direito alemão e brasileiro exemplifica a dificuldade. Nesse tipo de exame, deve-se levar em conta que, apesar do nome, a abrangência do "ato administrativo" na posição predominante da doutrina brasileira é distinta da do ato administrativo do direito alemão.

Problema semelhante atinge igualmente pesquisas acerca de serviços e políticas públicas. Há dois fatores de confusão nesse caso. A uma, nem todos os ordenamentos (mesmo os ocidentais) se valem do conceito de serviço público. A duas, mesmo quando haja identidade no uso do conceito categorial, o tipo de atividade que é considerada serviço público no Brasil não necessariamente o será em ordenamentos alienígenas.

Enfim, há um quarto problema digno de nota, a saber: o diferente posicionamento do instituto jurídico comparado em diferentes ordenamentos jurídicos. Isso se vislumbra, por exemplo, no âmbito das pesquisas sobre organização administrativa. Em muitos sistemas, a organização das entidades e órgãos que compõem a Administração Pública é muito mais um tópico de ciência da administração do que propriamente de direito administrativo, razão pela qual um pesquisador dificilmente encontrará referências do tema nos livros gerais dessa disciplina jurídica. Em hipótese semelhante, é muito comum que os procedimentos de planejamento administrativo em alguns Estados sejam tratados como tópico geral de processo administrativo e, em outros, sejam abordados em disciplinas específicas, como o Direito Ambiental, o Direito Urbanístico, o Direito Educacional e outros ramos.

Para solucionar essas dificuldades associadas à rotulagem ou à natureza jurídica dos objetos comparados, bem como às variações de abrangência dos institutos jurídicos em si ou aos limites da ciência do direito administrativo em cada país, é fundamental, portanto, que se valorize a contextualização como ferramenta básica de identificação dos institutos comparados em toda sua complexidade real. Além disso, na presença dessas dificuldades, pode-se lançar mão de um instrumento metodológico razoavelmente simples e útil para fins de manuseio dos objetos comparados, a saber: os metaconceitos.

Em vez de lançar mão de rótulos regionais, o comparatista pode empregar conceitos artificiais que agrupem os diferentes tipos de institutos com a mesma função jurídica e a despeito de sua nomenclatura regional ou setorial. Instrumentos jurídicos como o Plano Diretor em matéria urbanística, por exemplo, aparecem em quase todos os ordenamentos ocidentais. No entanto, inúmeros ordenamentos adotam outros nomes para planos com a mesma função. Ademais, em certos casos, um conjunto de planos previsto em determinado ordenamento jurídico exerce a função de um plano único em outro. Uma comparação desses institutos exige, portanto, o desenvolvimento de um metaconceito capaz de englobar todos os tipos comparados — que, no exemplo dado, poderia consistir na expressão "plano local de ordenamento territorial".[16]

Esse simples exemplo demonstra que a realização bem-sucedida da comparação jurídica como método científico poderá exigir esforços adicionais na delimitação dos instrumentos análogos comparáveis. Em muitas situações, diante da especificidade dos estudos comparados e da ausência de referências anteriores, caberá ao próprio jurista

---

[16] Sobre metaconceitos na pesquisa do direito planejamento, cf. nosso *Planungsrechtliche Konflikte in Bundesstaaten: eine rechtsvergleichende Untersuchung am Beispiel der raumbezogener Planung in Deutschland und Brasilien*.

elaborar esses metaconceitos e esclarecê-los. Só assim a comparação se tornará viável e ganhará a necessária imparcialidade e neutralidade, desprendendo o estudo realizado da visão que impregna o pesquisador por força de sua formação jurídica nacionalista.

5 Conclusão

Para a evolução da ciência do direito administrativo, a importância do método comparativo é inegável por uma simples razão já bem apontada por Rivero: "Em todos os Estados modernos, a existência de uma Administração e as tarefas que ela assume suscitam problemas análogos".[17] A partir dessa premissa, o presente estudo buscou resgatar aspectos básicos da metodologia comparativa aplicada ao direito administrativo com o intuito de, em primeiro lugar, esclarecer as diferenças entre a comparação com finalidade científica e a mera ilustração do direito estrangeiro. Como visto, a comparação científica é muito mais ampla que a mera citação decorativa de textos normativos de direito estrangeiro. A comparatística pode ser interna ou abranger sistemas jurídicos diferentes, pode ser vertical ou horizontal e realizar-se sob perspectiva micro ou macronormativa. Não bastasse isso, a comparação como instrumental científico persegue uma finalidade muito clara: extrair, a partir da comparação, dados que demonstrem as vantagens e desvantagens dos objetos comparados e, com isso, contribuir para o desenvolvimento da ciência e dos sistemas jurídicos. A comparação não se destina a saciar a curiosidade do pesquisador, mas sim a efetivamente gerar contribuições científicas palpáveis.

Não por outro motivo, extremamente oportuna se mostra a criação, em junho de 2012, da Associação Brasileira de Direito Público Comparado por ocasião do VI Congresso da Associação de Direito Público do Mercosul, ocorrido em Foz do Iguaçu. Este estudo, para além de suas finalidades científicas, representa uma homenagem àqueles que se esforçaram na organização e fundação dessa entidade que, certamente, muito contribuirá à difusão da técnica comparatística como instrumento de desenvolvimento científico.

Referências

DI PIETRO, Maria Sylvia Zanella. O direito administrativo brasileiro sob influência dos sistemas de base romanística e da *common law*. *REDAE – Revista Eletrônica de Direito Administrativo Econômico*, Salvador, n. 8, nov./jan. 2006/2007. Disponível em: <http://www.direitodoestado.com/revista/redae-8-novembro-2006-maria%20sylvia.pdf>.

FLEINER, Thomas. Rechtsvergleichung: Chancen und Lehren für den Föderalismus. *In*: HUFEN, Friedhelm; DREIER, Horst; BERLIT, Uwe. *Verfassung* – Zwischen Recht und Politik. 2007.

FROTA, Hidemberg Alves da. A controvérsia em torno da primeira obra latino-americana de direito administrativo. *Jus Navigandi*, Teresina, ano 16, n. 2958, 07 ago. 2011. Disponível em: <http://jus.com.br/revista/texto/19714>.

HÄBERLE, Peter. Grundrechtsggeltung und Grundrechtsinterpretation im Verfassungsstaat. *JZ*, 1989.

HARLOW, Carol. Global administative law: the quest for principles and values. *The European Journal of International Law – EJIL*, v. 17, n. 1, 2006.

---

[17] RIVERO. *Curso de direito administrativo comparado*, p. 35.

HOOD, Christopher. A public management for all seasons?. *Public Administration*, v. 69, 1991.

KRÜGER, Hartmut. Eigenart, Methoder und Funktion der Rechtsvergleichung im öffentlichen Recht. *In*: ZIEMSKE, Burkhardt *et al.* (Org.). *Staatsphilosophie und Rechtspolitik*: Festschrift für Martin Kriele zum 65. München: Geburtstag, 1997.

LARENZ, Karl; CANARIS, Klaus-Wilhelm. *Methodenlehre der Rechtswissenschaft*. 3. Aufl. Berlin, 1995.

MARRARA, Thiago. *Planungsrechtliche Konflikte in Bundesstaaten*: eine rechtsvergleichende Untersuchung am Beispiel der raumbezogenen Planung in Deutschland und Brasilien. Hamburgo, 2009.

MÖLLERS, Christoph. Theorie, Praxis und Interdisziplinarität in der Verwaltungsrechtswissenschaft. *VerwArch*, 92, 2002.

RIVERO, Jean. *Curso de direito administrativo comparado*. São Paulo: Revista dos Tribunais, 1995.

RODRIGUES JR., Otávio Luiz. A fórmula de Radbruch e o risco do subjetivismo. *Consultor Jurídico*, 11 jul. 2012.

SOMMERMANN, Karl-Peter. Die Bedeutung der Rechtsvergleichung für die Fortentwicklung des Staats- und Verwaltungsrechts in Europa, *DÖV*, 1997.

STARCK, Christian. Rechtsvergleichung im öffentlichen Recht. *JZ*, 1997.

TÁCITO, Caio. *Temas de direito público*: estudos e pareceres. Rio de Janeiro: Renovar, 1997. v. 1.

Informação bibliográfica deste texto, conforme a NBR 6023:2002 da Associação Brasileira de Normas Técnicas (ABNT):

MARRARA, Thiago. Método comparativo e direito administrativo: breves reflexões por ocasião da criação da Associação Brasileira de Direito Público Comparado. *In*: BACELLAR FILHO, Romeu Felipe; HACHEM, Daniel Wunder (Coord.). *Direito público no Mercosul*: intervenção estatal, direitos fundamentais e sustentabilidade: anais do VI Congresso da Associação de Direito Público do Mercosul: homenagem ao Professor Jorge Luis Salomoni. Belo Horizonte: Fórum, 2013. p. 151-160. ISBN 978-85-7700-713-4.

PARTE II

DIREITOS FUNDAMENTAIS

SERVIÇO PÚBLICO: UM INSTRUMENTO DE CONCRETIZAÇÃO DE DIREITOS FUNDAMENTAIS

ANA CLÁUDIA FINGER

1 Considerações introdutórias

A Constituição, desde o século XIX, é entendida como o instrumento fundamental de organização do Estado de Direito, garantia dos direitos individuais dos cidadãos e limite à vontade estatal. É o documento jurídico que, organizando o exercício do poder político, estabelece princípios, delimita os fins, as tarefas e os objetivos a serem alcançados pelo Estado e pela sociedade.

Desde o nascimento do constitucionalismo no século XVIII, direitos fundamentais e Constituição sempre estiveram intimamente ligados. A doutrina constitucional tradicional buscou estabelecer um equilíbrio entre a organização do poder e a proteção dos indivíduos. Já no constitucionalismo moderno, que sempre esteve ancorado em dois polos — a garantia dos direitos do homem e a limitação do exercício do poder — a tônica reside na garantia dos direitos fundamentais e é a esse fim que se submete a organização estatal.[1]

Ao inverso da concepção tradicional, onde os direitos fundamentais se submetiam à lei, o constitucionalismo contemporâneo preconiza que a lei é concebida para a garantia dos direitos fundamentais e estes, por sua vez, vinculam todos os poderes constituídos. Nesse sentido, a finalidade essencial atribuída à Constituição, compreendida não apenas como um sistema de normas de superior hierarquia, mas sim como um produto de uma sociedade, passa a ser a tutela dos direitos fundamentais.

Conquanto esteja inteiramente centrado na teoria dos direitos fundamentais, em suas três grandes frentes (fundamentação, positivação e eficácia), o problema nuclear que vem sendo enfrentado pelo constitucionalismo moderno diz respeito à proteção desses direitos.[2] Em verdade, a eficácia jurídica das normas constitucionais definidoras

---

[1] Sobre a evolução do constitucionalismo, vale conferir: ZABREBELSKY, Gustavo. *El derecho dúctil*. Madrid: Trotta, 1999.

[2] A respeito da problemática relativa à proteção dos direitos fundamentais, vale destacar a afirmação de Norberto Bobbio que, já na década de 60, advertia: "o problema fundamental em relação aos direitos do homem, hoje, não é tanto o de justificá-los, mas o de protegê-los" (BOBBIO, Norberto. *A era dos direitos*. Rio de Janeiro: Campus, [s.d.]. p. 23-24).

de direitos fundamentais é tema sobre o qual vem se debruçando acendradamente a doutrina constitucional, especialmente no que toca aos direitos sociais.

De fato, a eficácia e efetividade dos direitos sociais é questão que mais tem suscitado controvérsias, dividindo a doutrina constitucionalista. De um lado, os que assinalam a impossibilidade de tais direitos serem justicializados, eis que se trata de direitos prescritos por normas dotadas de eficácia muito reduzida. De outro, há os que defendem que os direitos fundamentais sociais revestem-se do caráter de verdadeiros direitos subjetivos e, à vista disso, gozam de eficácia jurídica sendo passíveis de justicialização.

A pesquisa aqui desenvolvida assenta-se na premissa de que os direitos fundamentais sociais não são direitos contra o Estado, mas sim direitos por meio do Estado. Isto significa que são direitos a prestações materiais positivas que o Estado, por meio das leis, dos atos administrativos e também da implementação dos serviços públicos está adstrito a realizar a fim de concretizar o gozo efetivo dos direitos constitucionalmente protegidos.

A reflexão busca demonstrar que a concretização desta função estatal é uma garantia constitucional de realização material de direitos fundamentais. Aliás, é certo que o produto imediato do estudo do Direito Administrativo sobre as bases do Direito Constitucional tem o condão de trazer o aperfeiçoamento das noções categoriais do regime administrativo para a realização dos direitos fundamentais.[3]

Assim é que, percorrendo pela cambiante noção do serviço público e seus princípios fundamentais, pretende-se demonstrar que, apesar das mutações que o conceito tem sofrido,[4] não há alteração no núcleo essencial do instituto. Com efeito, o serviço público corresponde às prestações materiais dirigidas aos cidadãos, para atendimento das necessidades ou satisfação de comodidades, realizadas pelo próprio Estado ou por quem lhe faça as vezes, sob um regime jurídico de direito público, que se caracteriza pela presença de prerrogativas de supremacia e sujeições especiais.

Nessa linha, a pesquisa evidencia o serviço público como uma atividade desenvolvida pelo Poder Público, portanto, sob um regime jurídico administrativo, correspondente à satisfação de necessidades essenciais da sociedade, segundo princípios de

---

[3] Não se pode deixar de registrar a inevitabilidade da proximidade da disciplina do Direito Administrativo com o Direito Constitucional. Como anota Jorge Miranda, "nem sempre hoje se consegue traçar com nitidez as fronteiras do Direito Constitucional e do Direito Administrativo", de forma que "quando o Estado do século XX se apresenta como um *Estado Administrativo*, em vez de *legislativo* (Carl Schmitt), muito do que é administrativo eleva-se a constitucional; inversamente, quando a lei emana do Poder Executivo e se converte em medidas concretas é esse acto de Direito Constitucional que parece convolar-se em acto de Direito administrativo" (Cf.: MIRANDA, Jorge. *Manual de direito constitucional*: preliminares: o Estado e os sistemas constitucionais. 4. ed. Coimbra: Coimbra Ed., 1990. p. 21).

[4] Nos últimos tempos, em decorrência de diversos fatores, como a multiplicação da população, a globalização econômica (com a eliminação das fronteiras de mercado) e a redução da eficiência na prestação das atividades desempenhadas diretamente pelo Estado, tem-se assistido ao que se denominou "crise fiscal". Vendo-se impossibilitado de suprir as demandas da coletividade o Estado entrou em crise, sendo levado a redefinir o seu papel. Com efeito, um Estado que não se apresenta em condições de financiar a prestação dos serviços públicos se deslegitima perante a coletividade. Esta situação de insolvência governamental implicou a necessidade de reconstruir o Estado, redefinindo-se o seu papel com significativa redução da atuação direta, tanto na realização dos direitos sociais, como na intervenção econômica. Sobre a evolução no tradicional conceito de serviço público, imprescindível conferir a doutrina do espanhol Gaspar Ariño Ortiz, que ostenta um posicionamento hostil em relação ao conceito clássico de serviço público, ficando relegado ao Estado, apenas o papel regulatório (Cf.: ARIÑO ORTIZ, Gaspar. *Princípios de derecho público econômico, modelo de Estado, gestión pública, regulación econômica*. Granada: Comares, 1999).

generalidade, continuidade, modicidade de tarifas e eficiência. Sendo a sua prestação um dever do Estado para atendimento de uma essencial necessidade da comunidade, o serviço público constitui um direito público subjetivo do cidadão, constituindo instrumento de realização efetiva dos direitos fundamentais sociais.

E é nessa seara que se insere um dos temas mais ingentes da dogmática constitucional atual: o papel que incumbe ao Poder Judiciário na concretização efetiva dos direitos fundamentais sociais, mormente diante da notória incapacidade do Estado na prestação real dos serviços sociais básicos. A problemática que se evidencia no tratamento dos direitos fundamentais sociais não decorre apenas das dificuldades em relação à definição de sua efetividade, mas também da discussão em torno dos limites de atuação do Poder Judiciário na tutela de tais direitos. Discussão esta que resulta de um confronto das normas definidoras da ordem social e outras como a da separação dos poderes, da deliberação majoritária etc.

A reflexão busca evidenciar que esse confronto mostra-se equivocado, na medida em que o debate em torno da legitimidade do Poder Judiciário na tutela dos direitos fundamentais tangencia não apenas questões de técnica constitucional, mas perpassa pelos campos da ciência política e da economia, resultando marcantemente influenciado por questões ideológicas.

Enfim, tratando-se de determinações assentadas num diploma normativo de superior hierarquia, a Constituição, a concretização dos direitos fundamentais é um mandado soberano que vincula todos os poderes constituídos.

2 Constituição e os direitos fundamentais

A Constituição de um Estado não é apenas um documento jurídico, um sistema de normas localizadas num lugar superior hierarquicamente.[5] É muito mais do que isso. Ela representa um verdadeiro contrato social, com um núcleo central de normas que decorrem das necessidades e conquistas históricas de uma dada formação social e que devem permanecer como diretrizes básicas da sociedade que se pretende construir.

Como anota Jorge Miranda, "qualquer Estado, seja qual for o tipo histórico que o conduza, tem Constituição; na medida em que necessariamente se acompanha de uma institucionalização jurídica do poder, em qualquer Estado podem recortar-se normas fundamentais em que se assenta todo o seu ordenamento".[6]

---

[5] A Constituição aqui é compreendida como um sistema normativo aberto de regras e princípios que, refletindo os valores sociais, inspira a organização política fundamental de uma sociedade que se pretende social e democrática. Essa dimensão, como expõe Paulo Ricardo Schier, permite que se considere a Constituição em suas duas dimensões: jurídica e política (formal e material) (SCHIER, Paulo Ricardo. *Filtragem constitucional*: construindo uma nova dogmática jurídica. Porto Alegre: Sergio Antonio Fabris, 1999. p. 86). A respeito do tema, vele conferir o debate teórico travado entre Ferdinand Lassale e Konrad Hesse. Para o primeiro, a Constituição escrita é uma folha de papel, desprovida de conteúdo normativo, o qual reside apenas nos fatores reais de poder, aquilo que ele considera constituição real (LASSALE, Ferdinand. *A essência da Constituição*. 4. ed. Rio de Janeiro: Lumen Juris, 1998. p. 47). Já Konrad Hesse, embora tenha escrito sua obra quase um século mais tarde, debate a concepção de Lassale, vislumbrando a capacidade de a Constituição construir a realidade, dada a sua força normativa e o sentimento constitucional presente na sociedade. Para ele, "a força normativa da Constituição não reside, tãosomente, na adaptação inteligente a uma dada realidade. A Constituição jurídica logra converter-se, ela mesma, em força ativa, que se assenta na natureza singular do presente [...] Embora a Constituição não possa, por si só, realizar nada, ela pode impor tarefas" (HESSE, Konrad. *A força normativa da Constituição*. Tradução Gilmar Ferreira Mendes. Porto Alegre: Sergio Antonio Fabris, 1991. p. 19).

[6] MIRANDA, Jorge. *Manual de direito constitucional*. 2. ed. Coimbra: Coimbra Ed., 1988. t. II, p. 7.

Não apenas como ordem jurídica de procedimento para o poder estatal, a Constituição assume a função de um documento para a integração da comunidade na formação da consciência política. É, na verdade, um discurso codificador da realização de interesses programáticos e da legitimação de pretensões de domínio político — resultado de uma luta de posições constitucionais e o "fundamento das esperanças" de um povo. No entanto, o poder de integração que lhe é dado depende exclusivamente da sua efetiva realização e concretização na vida diária.[7]

Concebida como um sistema aberto de regras e princípios, construída através do diálogo com a realidade da sociedade que sobre ela se edifica, a Constituição é um documento dotado de força normativa que, além de estruturar o Estado, estabelece os objetivos materiais e os fins públicos a serem alcançados, vinculando o agir do Poder Público na concretização dos valores nela consagrados.

Vislumbrando a Constituição como um documento normativo do Estado e da sociedade e superando a ideia da Constituição apenas como um concentrado de princípios políticos desprovidos de eficácia, Clèmerson Merlin Clève enfatiza "a compreensão da Constituição como norma, aliás, norma dotada de superior hierarquia, a aceitação de que tudo que nela reside constitui norma jurídica, não havendo lugar para lembretes, avisos, conselhos ou regras morais e, por fim, a percepção de que o cidadão tem acesso à Constituição, razão pela qual o legislativo não é o seu único intérprete, são indispensáveis para a satisfação da superior autoridade constitucional".[8]

Os Direitos Fundamentais foram decididamente incorporados ao constitucionalismo através da Declaração dos Direitos do Homem e do Cidadão, fruto da Revolução Francesa de 1789. A propósito, cabe lembrar o artigo 16, da Declaração de 1789: "Não tem constituição a sociedade em que não estiver assegurada a garantia dos direitos (fundamentais), nem determinada a separação dos poderes". No fim do século XIX e início do século XX, em decorrência dos movimentos sociais que permearam a história, notadamente a Revolução Industrial, as constituições passaram a incorporar, ao lado dos direitos e garantias individuais, os direitos sociais.[9]

A partir daí, a preocupação do constitucionalismo passou a ser a abrangência e a eficácia dos direitos fundamentais, por intermédio de ações estatais de intervenção direta ou de controle e fiscalização. No que toca aos direitos sociais, essa preocupação é especialmente verdadeira, mormente diante do debate que tem travado a doutrina constitucionalista quanto à eficácia jurídica das normas que definem os direitos sociais e a possibilidade de serem eles justicializados.

Em verdade, a eficácia dos direitos fundamentais sociais constitui uma das questões mais urgentes da teoria dos direitos fundamentais e sobre a qual a dogmática constitucional tem dedicado enorme atenção, mormente diante da onda de doutrinas

---

[7] KRELL, Andréas. *Direitos sociais e controle social no Brasil e na Alemanha.* Porto Alegre: Sergio Antonio Fabris, 2002. p. 28-29.

[8] CLÈVE, Clèmerson Merlin. *A fiscalização abstrata da constitucionalidade no direito brasileiro.* 2. ed. São Paulo: Revista dos Tribunais, 2000. p. 33.

[9] A propósito, vale registrar a advertência de Paulo Bonavides, para quem, "na presente fase da doutrina, já não se trata em rigor, como assinalou Leibholz, de uma igualdade 'perante' a lei, mas de uma igualdade 'feita' pela lei, uma igualdade 'através' da lei" (BONAVIDES, Paulo. *Curso de direito constitucional.* São Paulo: Malheiros, 2000. p. 341).

políticas e econômicas neoliberais que passaram a questionar a validade da garantia dos direitos sociais pregando a redução e, em alguns casos, até a eliminação de tais direitos.[10]

Todavia, antes de enfrentar o tema central da pesquisa que é a configuração do serviço público como uma garantia constitucional de concretização de direitos fundamentais, cabe um exame prévio acerca da classificação dos direitos fundamentais.

2.1 Classificação dos direitos fundamentais

O estudo dos direitos fundamentais fez proliferar diversas classificações que apresentam entre si um maior ou menor grau de semelhança, sendo que as dissenções, no mais das vezes de ordem semântica, decorrem do enfoque e da linha de pesquisa adotados.

O estudo dos direitos fundamentais tem como ponto de partida a obra de Robert Alexy, que formula uma construção sedimentada numa teoria jurídica geral e dogmática dos direitos fundamentais.[11]

Alexy formula um conceito de direito fundamental constituído por um leque de posições iusfundamentais — direitos a algo (ações negativas [direitos de defesa] e ações positivas [fáticas e normativas]); liberdades e competências. Nesses termos, direito fundamental consiste num leque de posições definitivas e *prima facie*, vinculadas reciprocamente nas três formas básicas (direitos a algo, liberdades e competências) e adscritas a uma disposição iusfundamental através de uma relação meio/fim — ponderação. Essa conjugação de posições definitivas e *prima facie* conduz a um caráter dinâmico (diferentemente do que ocorre com o direito fundamental consistente apenas em posições definitivas, que apresenta um caráter estático). O direito fundamental constituído por posições definitivas e *prima facie* inclui exigências que vão além daquelas existentes, daí por que podem entrar em situação de colisão com outros direitos fundamentais e com princípios referidos a bens coletivos, estando, assim, absolutamente vinculados com seu entorno normativo.[12]

A classificação dogmática dos direitos fundamentais parte da consideração acerca da estrutura e função que esses direitos exercem no sistema, sendo distinguidos entre direitos de defesa e direitos a prestação.

---

[10] É sob esse prisma que o tema do serviço público assume especial relevância, especialmente se considerarmos que o Estado brasileiro — um Estado de Direito que se fundamenta numa social-democracia, e na busca de uma sociedade livre, justa e igualitária — tem sofrido forte abalo diante de um pseudomodernismo neoliberal e globalizador, que serve apenas para atender aos interesses de países centrais e à economia internacional.

[11] Um dos pilares da obra de Alexy é a sua construção acerca da distinção entre regras e princípios. O modelo proposto constitui a chave para a solução dos principais problemas que cercam os direitos fundamentais, como, por exemplo, o papel que tais direitos exercem no sistema. Segundo Alexy, tanto as regras quanto os princípios são normas, porque dizem o que deve ser. Apontando a insuficiência do critério que distingue regra e princípio segundo um grau de generalidade, o autor expõe que entre eles não existe somente uma diferença gradual, e sim qualitativa. Princípios são mandados de otimização, são razões a serem cumpridas *prima facie* e cuja colisão é resolvida mediante a ponderação que se estabelece através de uma relação de precedência condicionada entre princípios opostos. Já as regras são normas que devem ser cumpridas ou não, isto é, são razões definitivas do dever-ser que se caracterizam por conterem determinações no âmbito do fático e juridicamente possível. O conflito entre regras é resolvido através da inserção de uma cláusula de exceção ou de invalidade de, pelo menos, uma das regras, tendo em vista a impossibilidade fática ou jurídica (ALEXY, Robert. *Teoria de los derecehos fundamentales*. Madrid: Centro de Estudios Constitucionales, 1993. p. 83 *et seq*).

[12] Nessa linha, o autor constrói um modelo segundo o qual as disposições de direito fundamental apresentam um caráter duplo, sendo compostas de regras e princípios que se encontram vinculados em diferentes níveis. (ALEXY, *op. cit.*, p. 130 *et seq*.).

Assim, os direitos de defesa se caracterizam por expressarem posições jurídicas que exigem uma abstenção do Estado. São, pois, direitos contra o Estado, onde o objeto da relação iusfundamental implica uma ação negativa do Estado em relação aos seus titulares. Fundamentam pretensões de omissão do Estado.

Os direitos fundamentais a prestações têm como objeto o poder de exigir do Estado a realização de ações positivas (normativas ou fáticas). É a contrapartida exata do direito de defesa, que compreende todo direito a uma ação negativa.[13]

Segundo uma classificação dimensional,[14] que leva em consideração o conteúdo dos direitos fundamentais, estes podem ser de primeira dimensão, segunda dimensão e terceira dimensão.

Os direitos fundamentais de primeira dimensão surgem e se afirmam como direitos do indivíduo perante o Estado, especificamente como direitos de defesa, ou seja, dirigem-se à proteção de valores relativos à vida, à liberdade, à segurança e à propriedade, contendo limitações ao poder jurídico na medida em que estabelecem uma zona de não intervenção do Estado na autonomia individual. Constituem, assim, afirmação jurídica da personalidade humana. Apresentam um cunho negativo por serem dirigidos a uma abstenção do Estado.[15] São os chamados direitos fundamentais clássicos, também denominados direitos de resistência ou de oposição diante do Estado, pois impõem a este deveres de abstenção para preservação da autonomia dos indivíduos. Inserem-se nessa dimensão o direito à vida, o direito à liberdade, o direito à propriedade e à igualdade perante a lei e mesmo algumas garantias processuais, como o devido processo legal, o *habeas corpus* e o direito de petição.

Os direitos fundamentais de segunda dimensão surgem dos movimentos reivindicatórios para atribuir ao Estado comportamento ativo na realização da justiça social. Identificam-se como direitos sociais sendo que a sua consagração implica a superação de uma perspectiva estritamente liberal, passando o homem a ser considerado para além de sua condição individual. Não se cuida de liberdade perante o Estado, mas de liberdade por intermédio do Estado. Caracterizam-se por outorgar aos indivíduos direitos a prestações sociais estatais (assistência social, saúde, educação, trabalho etc.),

---

[13] Aqui, Alexy diferencia os direitos a prestações em sentido estrito, que compreendem as prestações fáticas que são aquelas que poderiam ser proporcionadas pelos particulares, e constituem apenas uma parcela dos direitos a prestações; e os direitos a prestações em sentido amplo que podem ser divididos em três grupos: a) direitos de proteção; b) direitos a organização e procedimento; e c) direitos a prestações em sentido estrito. Os direitos fundamentais à proteção consistem nos direitos do titular de direito fundamental ante o Estado para que este o proteja de intervenções de terceiros. Os direitos à organização e procedimento podem ser tanto direitos ao estabelecimento de determinadas normas procedimentais quanto direitos a uma determinada interpretação de aplicação concreta de normas procedimentais. São direitos que conferem uma proteção efetiva dos direitos fundamentais através de procedimentos. Os direitos a prestações em sentido estrito (direitos sociais fundamentais) são direitos do indivíduo perante o Estado a algo que — se o indivíduo possuísse meios financeiros suficientes e se encontrasse no mercado uma oferta suficiente — poderia obter também dos particulares (ALEXY, *op. cit.*, p. 482 *et seq.*).

[14] Ingo Sarlet chama a atenção para a imprecisão terminológica da expressão "geração", que conduz ao entendimento equivocado de que os direitos fundamentais se substituem ao longo do tempo, conquanto estejam em constante processo de expansão e fortalecimento. Segundo ele, a expressão "dimensão" é mais apropriada, porque não vincula os direitos fundamentais a um liame cronológico, mas os aproxima segundo uma mesma dimensão de conteúdo (SARLET, *op. cit.*, p. 46 *et seq.*).

[15] Segundo a teorização formulada por Jellinek, são direitos que pertencem ao *status* negativo. Já os direitos a proteção, exatamente por exigirem um prestação do Estado, pertencem ao *status* positivo. A respeito, *vide* as críticas formuladas por Alexy (Cf.: ALEXY, *op. cit.*, cap. 5).

revelando uma transição das liberdades formais abstratas para as liberdades materiais concretas. Neles também se incluem as denominadas "liberdades sociais" (sindicalização, direito de grave etc.), mas sempre se reportando à pessoa individual, não se confundindo com os direitos coletivos ou difusos de terceira dimensão. Enfim, são direitos que impõem ao Estado determinados deveres de prestações positivas, visando à melhoria das condições de vida e à promoção da igualdade material.

Florescidos na última década, os direitos fundamentais de terceira dimensão — de fraternidade ou solidariedade — se destacam por se desprenderem da figura do homem-indivíduo como o seu titular. São direitos que se destinam à proteção de grupos humanos (família, povo, nação), caracterizando-se como direitos de titularidade coletiva ou difusa. Inserem-se nesta perspectiva o direito à proteção ambiental, a faceta coletiva da tutela do consumidor, o direito à informação, o direito à autodeterminação e ao desenvolvimento econômico.

Segundo uma perspectiva jurídico-objetiva ressaltada por Ingo Wolfgang Sarlet,[16] os direitos fundamentais não se limitam à função precípua de serem direitos subjetivos de defesa do indivíduo contra atos do Poder Público. Além disso, constituem decisões valorativas de natureza jurídico-objetiva da Constituição, com eficácia em todo o ordenamento jurídico fornecendo diretrizes para os órgãos legislativos, judiciários e executivos.

Nesse sentido, os direitos fundamentais representam um conjunto de valores objetivos básicos e fins diretivos da ação positiva dos poderes públicos, e não apenas garantias negativas dos interesses individuais. Às normas que preveem direitos subjetivos é outorgada função autônoma, que transcende esta perspectiva subjetiva, desembocando no reconhecimento de conteúdos normativos.

Ao lado dos direitos fundamentais identificados como direitos subjetivos de defesa do indivíduo contra o Estado corresponde sua condição (como direito objetivo) de normas de competência negativa para os poderes públicos. Há uma troca de perspectiva, no sentido de que aquilo que os direitos fundamentais concedem ao indivíduo em termos de autonomia decisória e de ação eles objetivamente retiram do Estado.

Outra função desempenhada pelos direitos fundamentais nesta perspectiva diz com o reconhecimento de deveres de proteção do Estado, no sentido de que a este incumbe zelar, inclusive preventivamente, pela proteção dos direitos fundamentais dos indivíduos não somente contra os poderes públicos, mas também contra agressões provindas de particulares e até mesmo de outros Estados.

2.2 A Constituição Federal de 1988 e os direitos fundamentais

A positivação dos direitos fundamentais colocou um fim ao modelo absolutista do Estado. Os movimentos sociais surgidos em decorrência da Revolução Industrial impulsionaram o Estado a mudar da posição passiva de manutenção da ordem social para uma posição ativa, relativamente à proteção dos direitos, com vistas ao estabelecimento de um padrão mínimo de igualdade e de uma vida digna. Houve o rompimento definitivo com o Estado absolutista.

Essa passagem foi brilhantemente definida por Celso Antônio Bandeira de Mello, para quem "a consagração dos direitos individuais corresponde ao soerguimento de uma

---

[16] SARLET, *op. cit.*, p. 139 *et seq.*

paliçada defensiva do indivíduo perante o Estado. A consagração dos direitos sociais retrata a ereção de barreiras defensivas do indivíduo perante a dominação econômica de outros indivíduos".[17]

O agigantamento do Estado moderno, caracterizado pela multiplicação das finalidades que lhe foram reconhecidas como próprias e pela intensificação dos seus poderes, resultou no aumento significativo da intervenção estatal na vida privada dos indivíduos.

A substituição do Estado Liberal determinou uma modificação na forma de prestação das atividades estatais, direcionadas agora para o atendimento das necessidades da sociedade, característica do Estado de Bem-Estar.[18] Enquanto no liberalismo se defendia a não intervenção do Estado como forma de proteção do cidadão, no Estado Social passou-se a exigir essa intervenção como forma de realização da felicidade individual. A função administrativa é um dos núcleos essenciais do Estado contemporâneo.[19] Por isso, o Estado é hoje muito mais administrativo que legislativo.

Esse novo modelo de Estado exige uma atuação mais eficaz da Administração Pública e com maiores possibilidades de ser controlada. Daí a constitucionalização da Administração Pública, sendo possível concluir que é através do exercício da função administrativa que o Estado se revela (liberal ou social, presente ou ausente, eficiente ou ineficiente, ético ou corrupto).

Os fundamentos da atuação estatal são consagrados na Constituição Federal, que traça os princípios formadores, informadores e conformadores do agir administrativo.[20] Aliás, "sobre as bases constitucionais se construirá a presença do Direito Administrativo",[21] sendo possível afirmar-se que o produto imediato desse estudo traz o aperfeiçoamento das noções categoriais do regime administrativo para a realização do ideal de justiça material.[22]

Como resultado da participação de todos os segmentos da sociedade que, durante mais de 20 (vinte) anos foram excluídos do processo político, a Constituição da República Federativa do Brasil de 1988 — aclamada Constituição Cidadã — é o coroamento do processo de restauração do Estado Democrático de Direito. Com ela novos e importantes arsenais jurídicos foram criados, superando-se, assim, aquela perspectiva autoritária, onisciente e não pluralista do exercício do poder, que marcou pela intolerância e pela violência.[23]

---

[17] BANDEIRA DE MELLO, Celso Antônio. Eficácia das normas constitucionais sobre justiça social. *Revista de Direito Público*, n. 57/58, 1983.

[18] ROCHA, Cármen Lúcia Antunes. *Princípios constitucionais da Administração Pública*. Belo Horizonte: Del Rey, 1994. p. 60-61.

[19] ROCHA. *Princípios constitucionais da Administração Pública*.

[20] Opera-se, assim, "a constitucionalização da Administração Pública", como assinala a Professora Cármen Lúcia Antunes Rocha (*Princípios constitucionais da Administração Pública*, p. 62-63).

[21] TÁCITO, Caio. A Constituição e o direito administrativo. *Revista de Direito Administrativo*, Rio de Janeiro, v. 232, p. 58, abr./jun. 2003.

[22] Não se pode deixar de registrar a inevitabilidade da proximidade da disciplina do Direito Administrativo com o Direito Constitucional. Como anota Jorge Miranda, "nem sempre hoje se consegue traçar com nitidez as fronteiras do Direito Constitucional e do Direito Administrativo", de forma que "quando o Estado do século XX se apresenta como um *Estado Administrativo*, em vez de *legislativo* (Carl SCHMITT), muito do que é administrativo eleva-se a constitucional; inversamente, quando a lei emana do Poder Executivo e se converte em medidas concretas é esse acto de Direito Constitucional que parece convolar-se em acto de direito administrativo" (MIRANDA. *Manual de direito constitucional*: preliminares: o Estado e os sistemas constitucionais, p. 21).

[23] BARROSO, Luís Roberto. *Temas de direito constitucional*. Rio de Janeiro: Renovar, 2002. p. 10.

Apresentando como núcleo central o princípio da dignidade da pessoa humana, elevada à categoria de fundamento do Estado Democrático de Direito,[24] e um extenso catálogo de direitos fundamentais, a Lei Maior de 1988 revela um Estado comprometido com uma sociedade emancipada e igualitária, cujas finalidades estão atreladas à garantia de uma vida digna a todos os cidadãos. Percebe-se, assim, que a Constituição Federal de 1988 é uma valiosa Carta de proteção dos cidadãos contra os abusos perpetrados tanto por entes estatais quanto privados.[25]

Esse conteúdo principiológico da Constituição Federal também acabou por provocar uma verdadeira reviravolta doutrinária e jurisprudencial no território administrativo, trazendo importantes inovações no tocante à forma de atuar da Administração Pública, destacando-se a previsão (i) dos princípios constitucionais da Administração Pública; (ii) dos princípios constitucionais para o controle da atividade administrativa realizada pelo Tribunal de Contas, no art. 70, *caput*; (iii) da regra geral sobre o processo administrativo, no título dos direitos e garantias fundamentais, art. 5º, inciso LV.

Particularmente no terreno do Direito Administrativo, a nova Lei Maior revelou ação comprometida obrigatoriamente com a legalidade, a finalidade, a moralidade, a eficiência e a concretização da justiça material, daí a abordagem sobre a funcionalidade e a operacionalidade da incidência de um regime principiológico no Direito Administrativo.

Inaugurando uma nova era nas relações estabelecidas entre o Poder Público e os particulares, acentuando a importância dos princípios constitucionais da Administração Pública como instrumentos de legitimação de seus deveres-poderes,[26] a Constituição da República pretendeu substituir aquela dicotomia Estado x Cidadão, classicamente concebida como uma relação de oposição, para uma relação de coordenação, com a substituição da chamada Administração Pública imperial, por uma Administração Pública consensual.[27]

Nessa linha, constata-se que o interesse a ser perseguido pela Administração Pública, no exercício da função administrativa, encontra seu princípio e fim no interesse próprio do cidadão.[28] Daí que não mais se fala em interesses do Estado, pois, como refere

---

[24] BACELLAR FILHO, Romeu Felipe. *Processo administrativo disciplinar*. São Paulo: Saraiva, 2003. p. 21.

[25] Como assinala Paulo Bonavides, a Constituição da República Federativa do Brasil "imprime uma latitude sem precedentes aos direitos sociais básicos, dotados agora de uma substantividade nunca conhecida nas constituições anteriores". É uma Constituição do Estado Social, legitimada pelos valores igualitários e humanistas que faz espargir (BONAVIDES, Paulo. *Curso de direito constitucional*. São Paulo: Malheiros, 2000. p. 339).

[26] BANDEIRA DE MELLO, Celso Antônio. *Curso de direito administrativo*. 27. ed. São Paulo: Malheiros, 2010. p. 98.

[27] Impõe-se, pois, a necessidade de revisão de alguns paradigmas clássicos do Direito Administrativo, como a superação da legalidade estrita pela noção de juridicidade e a sindicabilidade da discricionariedade administrativa. Sobre o tema, Luciano Ferraz adverte que "O moderno direito administrativo, com efeito, tem se esforçado em superar certas noções ortodoxas, para se edificar sobre novos paradigmas teóricos: o direito por princípios em substituição ao direito por regras; o abandono da tese da vinculação positiva e estrita à lei diante da afirmação de uma vinculação da atividade administrativa ao direito, sobretudo ao princípio da dignidade humana; a democratização do exercício da atividade administrativa mediante a participação dos indivíduos e da sociedade no processo decisório e no controle (social) das atividades administrativas; o deslocamento do eixo central da disciplina jus-administrativa do ato administrativo isoladamente considerado para o procedimento e as relações jurídicas subjacentes; a mitigação do exercício unilateral e autoritário do poder, que resta, em parte, substituído pela busca do consenso e pela solução pacífica das controvérsias; a AP deixa de ser imperial para ser consensual" (FERRAZ, Luciano. Apontamentos sobre parcerias público-privadas. *BDA – Boletim de Direito Administrativo*, p. 429, abr. 2005).

[28] Como refere Romeu Felipe Bacellar Filho, "a existência da Administração Pública só tem sentido em função de uma justa e equitativa distribuição, entre os cidadãos, dos direitos e os encargos sociais. As elevadas e numerosas tarefas administrativas não resultariam exitosas sem a imposição de princípios de atuação capazes de oferecer garantias exigíveis de um Estado justo e igualitário" (BACELLAR FILHO. *Processo administrativo disciplinar*, p. 25-26).

Romeu Felipe Bacellar Filho, a "Administração Pública não deve cuidar de interesses do Estado, mas dos cidadãos".[29]

Decorre daí a lúcida e percuciente advertência de Juarez Freitas, para quem as relações juspublicistas derivam antes dos especiais princípios e valores que as informam do que das prerrogativas de supremacia que lhes são conferidas.[30] Daí a noção de regime jurídico-administrativo que, entre nós, foi de forma brilhante sistematizada por Celso Antônio Bandeira de Mello. Segundo o autor, o regime-jurídico administrativo se assenta em dois pilares fundamentais, a pedra de toque do Direito Administrativo, que, encampados por ele, são validados como fonte matriz do sistema: o princípio da supremacia do interesse público e o princípio da indisponibilidade do interesse público.[31]

As prerrogativas de autoridade que decorrem diretamente do princípio da supremacia do interesse público sobre o particular (poderes próprios que lhe são conferidos para atingir o fim estatal, que é a realização do bem comum) são meros instrumentos para satisfazer as finalidades da coletividade e devem ser utilizadas na exata medida requerida para a satisfação do interesse público. Desse modo, só serão legítimas se, e quando utilizadas, na medida necessária ao atendimento dos interesses públicos. É o exercício de função administrativa.[32]

Nesses termos, as prerrogativas inerentes à supremacia do interesse público sobre o interesse privado só podem ser manejadas legitimamente para o alcance dos interesses públicos, não para satisfazer apenas interesses ou conveniências do aparelho estatal e/ou dos governantes.[33]

---

[29] Com fulcro no magistério de Andrea Pubusa, Romeu Felipe Bacellar Filho enfatiza que, diante do princípio democrático e do da soberania popular, não existe mais uma estrutura e um interesse do Estado separados da comunidade, ou interesses do Estado ou dos seus órgãos que não sejam instrumentais em relação à comunidade nem, enfim, decisões despidas de elementos de democraticidade. Daí o administrativista paranaense concluir que a Administração tem a incumbência de gerir e zelar pelos interesses próprios dos cidadãos (BACELLAR FILHO, Romeu Felipe. *Direito Administrativo e o novo Código Civil*. Belo Horizonte, 2007. p. 45).

[30] FREITAS, Juarez. *Estudos de direito administrativo*. São Paulo: Malheiros, 1995. p. 11-12.

[31] Da sistematização dos princípios que regem o Direito Administrativo feita por Celso Antônio Bandeira de Mello, pode-se afirmar que o Regime Jurídico Administrativo é o conjunto dos princípios, de matriz constitucional, que determinam a compreensão de todo o Direito Administrativo, concebido como uma disciplina jurídica se revela como autônoma quando a ela corresponde um conjunto de normas (regras e princípios) que lhe dão identidade, guardando tais normas, entre si, uma correlação lógica de coerência e unidade que compõem um sistema (BANDEIRA DE MELLO, Celso Antônio. *Curso de direito administrativo*. 27. ed. São Paulo: Malheiros, 2010. cap. I e II).

[32] Segundo Celso Antônio Bandeira de Mello, existe função administrativa quando alguém está investido no dever de satisfazer dadas finalidades em prol do interesse de outrem (da coletividade) e necessita, para tanto, manejar os poderes requeridos para supri-las. Nestes termos, a ideia de função está atrelada a uma finalidade preestabelecida que deve ser atendida para o benefício de um terceiro — a coletividade. Daí a ideia da instrumentalidade dos poderes, vez que são atribuídos única e exclusivamente para propiciar o cumprimento do dever a que está jungido o administrador público; ou seja, são conferidos como meios impostergáveis ao preenchimento da finalidade que o exercente da função deverá suprir. Na função administrativa não há liberdade nem vontade pessoal, de sorte que o administrador está adstrito à persecução de uma finalidade previamente estabelecida. Aqui há a submissão da vontade ao escopo predefinido na Constituição ou na lei e há o dever de bem curar o interesse alheio — público (*ibidem*, p. 62).

[33] Renato Alessi, cuja doutrina foi adotada por Celso Antônio Bandeira de Mello, faz a distinção entre interesse primário (pertinente à sociedade) e interesses secundários (relativos às conveniências do aparelhamento estatal), asseverando que este só se configura legitimamente quando for coincidente com o interesse primário (BANDEIRA DE MELLO, *op. cit.*, p. 65-69).

A dogmática constitucional pós-positivista,[34] assentada na proteção e concretização dos direitos fundamentais, postula o repensar do regime jurídico-administrativo funcionalizado a partir do viés do princípio da dignidade da pessoa humana, não apenas nas prerrogativas conferidas ao ente estatal.

Como adverte Celso Antônio Bandeira de Mello, é preciso precaver-se contra o habitual equívoco de se pensar o interesse público como uma categoria antagônica, contraposta ao interesse privado, ao interesse individual de cada um. O interesse público é o próprio interesse do conjunto social, entretanto, isto não significa que ele se identifique como sendo a somatória dos interesses individuais. Para o autor, interesse público implica uma dimensão pública dos interesses individuais, pois seria absolutamente inconcebível pensar-se que aquilo que se apresenta como interesse da coletividade seja, ao mesmo tempo, contrário ou prejudicial ao interesse de cada uma das partes que compõem esse corpo social.[35]

Para o administrativista pátrio que melhor teorizou sobre o interesse público como fundamento legitimador do regime jurídico administrativo, o interesse público "não é, de forma alguma, um interesse constituído autonomamente, dissociado do interesse das partes e, pois, passível de ser tomado como categoria jurídica que possa ser erigida irrelatamente aos interesses individuais, pois, em fim de contas, ele nada mais é que uma faceta dos interesses dos indivíduos: aquela que se manifesta enquanto estes — inevitavelmente como membros de um corpo social — comparecem em tal qualidade".[36] Daí a sua conclusão segundo a qual "o interesse público deve ser conceituado como o interesse resultante do conjunto de interesses que os indivíduos pessoalmente têm quando considerados em sua qualidade de membros da Sociedade e pelo simples fato de o serem".[37]

Adilson Abreu Dallari afirma, com propriedade, que "o interesse público não se confunde com o mero interesse da Administração ou da Fazenda Pública; o interesse público está na correta aplicação da lei e se confunde com a realização concreta da justiça. Inúmeras vezes, para defender o interesse público, é preciso decidir contra a Administração Pública".[38]

Romeu Felipe Bacellar Filho, em ensaio sobre a segurança jurídica e as alterações do regime jurídico dos servidores públicos, concebendo a Administração Pública como um aparelhamento do Estado organizado para o atendimento das necessidades coletivas, com vistas à satisfação do bem comum, preleciona que

---

[34] CLÈVE, Clèmerson Merlin. *A fiscalização abstrata da constitucionalidade no direito brasileiro*. 2. ed. São Paulo: Revista dos Tribunais, 2000; BARROSO, Luís Roberto. Fundamentos teóricos e filosóficos do novo direito constitucional brasileiro (pós-modernidade, teoria crítica e pós-positivismo). *Revista de Direito Administrativo*, Rio de Janeiro, v. 225, jul./set. 2001; KRELL, Andréas. Realização dos direitos fundamentais sociais mediante controle judicial da prestação dos serviços públicos básicos: uma visão comparativa. *Revista de Informação Legislativa*, n. 36, out./dez. 1999; SCHIER, Paulo Ricardo. Ensaio sobre a supremacia do interesse público sobre o privado e o regime jurídico dos direitos Fundamentais. *A&C – Revista de Direito Administrativo e Constitucional*, Belo Horizonte, ano 3, n. 11, jan./mar. 2003; FREITAS, Juarez. *O controle dos atos administrativos e os princípios fundamentais*. 4. ed. São Paulo: Malheiros, 2009; entre outros.

[35] BANDEIRA DE MELLO, Celso Antônio. *Curso de direito administrativo*. 27. ed. São Paulo: Malheiros, 2010. p. 59.

[36] BANDEIRA DE MELLO, *op. cit.*, p. 61.

[37] BANDEIRA DE MELLO, *op. cit.*, p. 61.

[38] DALLARI, Adilson Abreu. Arbitragem na Concessão de Serviço Público. *Revista Trimestral de Direito Público*, n. 13, p. 5-10, 1996.

o princípio geral que domina toda a atividade estatal, exercido através da Administração Pública, é o bem comum. Este não representa a soma de todos os bens individuais, mesmo porque os bens individualmente considerados podem conflitar com ele. Pelo contrário, aqui está o limite negativo: a Administração Pública não pode objetivar interesses particulares. O Administrador que transgrida este preceito convulsiona, desarmoniza e desacredita a ação administrativa.[39]

Não obstante, os valores democráticos consagrados na Constituição Federal brasileira determinam o agir administrativo funcionalizado com o princípio da dignidade da pessoa humana, fundamento do Estado Democrático de Direito, com vistas à efetiva concretização dos direitos fundamentais e não autorizam a Administração Pública a manejar suas prerrogativas com arbítrio e com truculência, amparada na incontestabilidade do interesse público.

Se, por um lado, a Administração Pública é investida de determinados poderes para o cumprimento de sua finalidade, a satisfação do interesse público, com vistas à concretização do bem comum, por outro, o aparelhamento estatal está adstrito a determinadas e especiais sujeições, decorrentes do outro princípio informador do regime jurídico-administrativo (da indisponibilidade do interesse público).[40] Aqui reside o limite e, ao mesmo tempo, o fundamento legitimador das prerrogativas estatais, concebidas como "deveres-poderes".[41]

Encarecendo a atenção para o fato de que a cidadania e a dignidade da pessoa humana foram elevadas a fundamento do Estado Democrático de Direito (artigo 1º da Constituição Federal de 1988), Romeu Felipe Bacellar Filho ensina que o interesse perseguido no exercício da função estatal encontra seu princípio e fim no interesse dos cidadãos, tanto numa perspectiva individual quanto coletiva. E justifica que, "constituindo a Administração Pública aparelhamento do Estado voltado, por excelência, à satisfação das necessidades coletivas, a legitimidade do Estado-Administração depende da sua eficiência na prestação dos serviços essenciais para a proteção dos direitos fundamentais".[42]

O relacionamento envolvendo a Administração Pública e os cidadãos deve ser marcado pela coerência, lealdade e pela transparência nas atitudes reciprocamente tomadas. Nesse contexto, pode-se evidenciar que o princípio da boa-fé surge intimamente imbricado com o princípio da publicidade. Com efeito, os deveres de lealdade, de retidão e de confiança recíproca, como consectários do princípio da boa-fé, implicam o dever de transparência, de publicidade dos atos da Administração Pública e o correspectivo direito dos cidadãos de ter acesso a todas informações necessárias à prestação dos serviços públicos.

---

[39] BACELAR FILHO, Romeu Felipe. A segurança jurídica e as alterações no regime jurídico do servidor público. *In*: ROCHA, Cármen Lúcia Antunes (Org.). *Constituição e segurança jurídica*: direito adquirido, ato jurídico perfeito e coisa julgada: estudos em homenagem a José Paulo Sepúlveda Pertence. Belo Horizonte: Fórum, 2004. p. 196.

[40] Aqui, importa relembrar o ensinamento de Garrido Falla, para quem o Direito Administrativo se erige sobre o binômio "prerrogativas da Administração — direitos dos administrados" (FALLA, Fernando Garrido. *Tratado de Derecho Administrativo*. 12. ed. Madrid: Tecnos, 1994. p. 18-19, prólogo à primeira edição).

[41] Celso Antônio Bandeira de Mello alude aos princípios constitucionais da Administração Pública como instrumentos de legitimação das suas prerrogativas, concebidas estas como "deveres-poderes" (BANDEIRA DE MELLO, *op. cit.*, p. 98).

[42] BACELLAR FILHO, Romeu Felipe. O poder normativo dos entes reguladores e a participação dos cidadãos nesta atividade: serviços públicos e direitos fundamentais: os desafios da regulação na experiência brasileira. *Interesse Público – IP*, Porto Alegre, ano 4, n. 16, p. 14, out./dez. 2002.

Concebida como uma Carta compromissória, democrática e dirigente,[43] através da qual se pretende a construção de uma sociedade calcada nos alicerces da democracia, da justiça social e comprometida com os valores de todos os segmentos envolvidos no seu processo de elaboração, a Carta Política de 1988 é uma Constituição principiológica que elevou a dignidade da pessoa humana a fundamento do Estado Democrático de Direito, sendo o homem encarado na sua tríplice dimensão: sujeito, cidadão e trabalhador.[44]

É uma Constituição marcadamente dirigente[45] que, delimitando os fins públicos a serem alcançados, condiciona os poderes a atuarem na direção eleita pelo constituinte, notadamente em campos como os da educação, saúde, cultura, impondo a realização de valores como a justiça material e os direitos a ela inerentes.

Ao lado do econômico e social que avultam na Constituição de 1988, também se destacam os direitos e garantias fundamentais que vinculam todos os poderes do Estado e revelam uma grande conquista na luta contra a tirania e o abuso de poder. A propósito, impende ressaltar que a consagração constitucional dos direitos fundamentais guarda vinculação direta com o princípio da separação dos poderes. Com efeito, a teoria preconizada por Montesquieu destinava-se a conter o poder, através do sistema dos freios e contrapesos, evitando o seu abuso, com vistas à proteção do indivíduo, suas liberdades e seus direitos.

Como já alinhavado nas notas introdutórias, a Constituição não é apenas um documento jurídico que delimita as funções estatais, mas, antes disso, é um instrumento de concretização da cidadania e dos direitos fundamentais nela acolhidos, visto que o seu núcleo essencial está voltado para a garantia de bens, interesses e valores individuais consagrados pela categoria dos direitos fundamentais. Sendo assim, a organização do Estado e a distribuição e delimitação do exercício do poder revelam-se meramente instrumentais para assegurar à sociedade uma vida digna, justa, livre e solidária.

Nessa ordem de ideias, as determinações insculpidas na Constituição têm o condão de vincular todos os poderes constituídos, caracterizando-se como verdadeiros mandados soberanos.

Enfim, ao lado do direito assegurado ao cidadão corresponde o respectivo dever do Estado de prestá-lo.[46] Assim, onde restar assegurado um direito ao cidadão, este é investido de um poder jurídico de exigir prontamente uma prestação para a concretização desse direito, podendo, certamente, recorrer ao Poder Judiciário, sempre que o sujeito passivo (destinatário do mandamento) deixar de satisfazer.

No âmbito do Estado Social de Direito, os direitos fundamentais sociais constituem exigência inarredável do exercício efetivo das liberdades e garantia da igualdade de chances (oportunidades), inerentes à noção de uma democracia e um Estado de Direito de conteúdo não meramente formal, mas sim guiado pelo valor da justiça material.

---

[43] CLÈVE, Clèmerson Merlin. Direito alternativo: por uma dogmática constitucional emancipatória. *In*: EVENTO COMEMORATIVO DO SESQUICENTENÁRIO DO INSTITUTO DOS ADVOGADOS BRASILEIROS, Rio de Janeiro, 1994. *Direito alternativo*: Seminário Nacional sobre o uso Alternativo do Direito. Rio de Janeiro: COAD, 1994. p. 47.

[44] Esta é a tríade mágica concebida por CANOTILHO, J. J. Gomes. *Direito constitucional*. 5. ed. Coimbra: Almedina, 1991. p. 347.

[45] No sentido que lhe atribui CANOTILHO, J. J. Gomes. *Constituição dirigente e vinculação do legislador*. Coimbra: Coimbra Ed., 1982.

[46] A moderna doutrina constitucional enfatiza que qualquer direito fundamental constitucional (civil, político, econômico, cultural ou social) contém, ao mesmo tempo, elementos de obrigações positivas e negativas para o Estado (Cf.: SARLET, *op. cit.*, p. 148 *et seq.*).

Em síntese, além da íntima vinculação entre as noções de Estado de Direito, Constituição e direitos fundamentais, estes, sob o aspecto de concretizações do princípio da dignidade da pessoa humana, bem como dos valores da igualdade, liberdade e justiça, constituem condição de existência e medida da legitimidade de um autêntico Estado Democrático e Social de Direito, tal qual consagrado também em nosso Direito Constitucional positivo vigente.

Ademais disso, como leciona Paulo Bonavides, no Direito Constitucional brasileiro não há diferença entre os chamados direitos fundamentais clássicos (*status* negativo de Jellinek), também chamados de primeira dimensão, e os direitos fundamentais sociais (*status* positivo de Jellinek), que se inserem na categoria dos direitos de segunda dimensão. Não há entre eles diferença de grau nem de valor, sendo ambos decorrência de um bem maior: a dignidade da pessoa humana.[47]

3 A especial problemática dos direitos fundamentais sociais

3.1 Ilegitimidade democrática e princípio da separação dos poderes – Obstáculos à justicialização dos direitos fundamentais sociais?

No tocante ao tema dos direitos fundamentais sociais, especialmente relevante (e problemática) é a discussão em torno da eficácia jurídica de tais direitos, por certo, diante da natureza desses direitos, que se destinam a compelir o Estado à realização de prestações materiais, nem sempre resgatáveis, seja por carência ou limitação de meios e recursos. O fato é que, durante muito tempo, estes direitos tiveram a sua juridicidade questionada, de modo que a doutrina os inseria dentro da esfera programática.

Nessa linha, cite-se a posição defendida por Konrad Hesse, para quem, os direitos fundamentais sociais, por apresentarem uma estrutura distinta daquela ostentada pelos tradicionais direitos de liberdade e igualdade, não revelam um caráter de direitos subjetivos individuais, apenas, evidenciam, de antemão, ações do Estado tendentes a realizar o programa neles contido. Segundo Hesse, essa estrutura distinta dos direitos fundamentais sociais faz com que "somente a partir de uma regulação concreta acometida pelo legislador podem nascer pretensões jurídicas bem determinadas e invocáveis ante o poder público".[48]

Não obstante, diante da ênfase dada aos direitos fundamentais pela Constituição Federal de 1988, positivados no início do texto constitucional, logo após o preâmbulo e os princípios fundamentais, constituindo-se parâmetro hermenêutico e valores superiores a toda ordem constitucional e jurídica, as objeções suscitadas quanto à exigibilidade dos direitos fundamentais sociais caem por terra. De ressaltar-se a inovação trazida pelo artigo art. 5º, parágrafo primeiro, da Lei Fundamental, que dispõe que as normas definidoras de direitos e garantias fundamentais possuem aplicabilidade imediata. É de se reputar excluído, assim, o cunho programático desses preceitos. Também no intento de consagrar um *status* jurídico diferenciado e maior proteção a essas normas, o legislador constituinte as incluiu no rol das cláusulas pétreas (art. 60, §4º).

---

[47] BONAVIDES, *op. cit.*, p. 595.

[48] *Apud* LEIVAS, Paulo Gilberto Cogo. *A estrutura normativa dos direitos fundamentais sociais*. Dissertação (Mestrado) – Universidade Federal do Paraná – UFPR, Curitiba, 2002. f. 73. Nessa mesma linha de pensamento, Leivas destaca a posição de Böckenförd, para quem a justiciabilidade dos direitos fundamentais sociais implica violação ao princípio democrático (*idem*, p. 74).

Neste passo, interessante destacar a definição apresentada por Paulo Gilberto Cogo Leivas, que, investigando a fundo os direitos fundamentais sociais em dissertação de mestrado defendida perante a Universidade Federal do Paraná, concebe-os, num sentido material, como sendo "direitos a ações positivas fáticas, que se o indivíduo tivesse condições financeiras e encontrasse no mercado oferta suficiente, poderia obtê-las de particulares, porém, na ausência destas condições e considerando a importância destas prestações, cuja outorga ou não outorga não pode permanecer nas mãos da simples maioria parlamentar, podem ser dirigidas contra o Estado por força de disposição constitucional".[49]

O que se observa nos debates travados acerca da eficácia das normas definidoras dos direitos sociais é que a problemática transcende questões de técnica constitucional. Com efeito, aqui predominam discussões que perpassam pela seara da teoria constitucional e vão para a ciência política, restando marcadas por conflitos ideológicos. Assim, mais do que um caráter científico, a resistência à justiciabilidade dos direitos fundamentais sociais apresenta-se puramente ideológica e não jurídico-racional.

Em verdade, debatem-se as fronteiras entre o jurídico e o político, entre o político e o econômico, a legitimidade democrática do poder judicial, notadamente, o que se reputa o caráter contramajoritário da tutela judicial dos direitos fundamentais sociais.[50]

A ilegitimidade democrática constitui uma forte objeção à tutela judicial dos direitos sociais, na medida em que isto implicaria transferir para o Judiciário o poder de decisão sobre a eficácia de normas que impõem ao Estado a realização de prestações positivas aos indivíduos e à sociedade.[51] [52]

No entanto, o argumento de maior peso contra a justiciabilidade dos direitos fundamentais sociais sempre foi centrado no princípio da tripartição dos poderes. Isto porque sempre vigorou o entendimento de que o Poder Judiciário não pode intervir na esfera reservada a outro Poder, exercendo o controle das opções legislativas de organização e prestação. A sua intervenção deve se dar, apenas excepcionalmente, em caso de violação evidente e arbitrária pelo legislador, da determinação constitucional.[53]

O certo é que, por se tratar de demanda de direito a prestação estatal, a doutrina constitucionalista ainda diverge quanto ao alcance de tais direitos, havendo, por isso

---

[49] LEIVAS. *A estrutura normativa dos direitos fundamentais sociais*, f. 71.

[50] A propósito do caráter contramajoritário do Poder Judiciário, interessante conferir a obra de Roberto Gargarella. Fazendo referência à tensão que existe quando o Poder Judiciário se dedica ao exame das leis, sobretudo diante do confronto com o princípio da tripartição dos poderes e a concepção democrática dos Estados, Gargarella lança as bases para limitar e reorientar a tarefa de revisão judicial das leis (GARGARELLA, Roberto. *Sobre el caráter contramajoritário del poder judicial*. Barcelona: Ariel, 1996).

[51] Veja-se, a propósito, a advertência de Alexy, para quem, "el sentido de los derechos fundamentales consiste justamente en no dejar en manos de la majoría parlamentaria la decisión sobre determinadas posiciones del individuo, es decir, en delimitar el campo de decisión de aquella y es proprio de posiciones iusfundamentales el que pueda haber dasacuerdo sobre su contenido" (ALEXY, *op. cit.*, p. 412).

[52] Aqui não se pode deixar de fazer referência ao debate travado entre Carl Schimitt e Hans Kelsen. A polêmica decorreu das divergências dos dois doutrinadores a respeito de a quem incumbiria a guarda da Constituição, sendo questionada a legitimidade dos órgãos jurisdicionais, para invalidar regras produzidas pelo Legislativo, principalmente em virtude do princípio democrático, eis que se ressalta o paradoxo/contraste entre a legitimidade conferida pelo povo, durante o processo eleitoral, aos órgãos legislativos e a ilegitimidade dos órgãos judiciários e cortes constitucionais, cujos membros não são eleitos pelo povo. Sobre a polêmica vale conferir SCHIMITT, Carl. *La defensa de la Constituición*. Madrid: Tecnos, 1998 e KELSEN, Hans. *Quién deve ser el defensor de la Constituición?*. Madrid: Tecnos, 1995.

[53] Nesse caso, a eficácia dos direitos fundamentais sociais não poderia ser suscitada perante o Judiciário por se tratar de normas que dependem de aspectos cujo poder de decisão centra-se nas esferas legislativa e executiva.

mesmo, forte resistência ao fato de o Poder Judiciário funcionar como garante dos direitos fundamentais sociais, seja sob o argumento de que as normas que os prescrevem caracterizam-se por serem dotadas de uma eficácia muito reduzida, ou por se inserirem na esfera programática, ou porque carecem de intervenção legislativa.

Embora discretamente, a jurisprudência já vem reconhecendo a justiciabilidade dos direitos sociais, como observa Luigi Ferrajoli ao afirmar que a experiência jurídica contemporânea tem sinalizado para a viabilidade de assegurar-se a eficácia prática dos direitos judiciais por intermédio do Poder Judiciário, *verbis*:

> la tesis de la no susceptibilidad de tutela judicial de estos derechos resulta desmentida por la experiencia jurídica más recente, que por distintas vias (medidas urgentes, acciones reparatórias y similares) ha visto ampliar-se sus formas de protección jurisdicional, en particular en lo que se refiere al derecho a la salud, a la seguridad social y a una retribución justa.[54]

Interessante é a crítica suscitada por Cláudio Ari Mello quanto à alegada ilegitimidade do Poder Judiciário na tutela dos direitos sociais. Para o autor, trata-se de uma objeção que parte de uma premissa ultraconservadora e, portanto, equivocada, da teoria da tripartição dos poderes.

Em profundo ensaio monográfico[55] acerca dos direitos fundamentais sociais, Cláudio Ari destaca que a legitimidade do Poder Judiciário está fundamentada no princípio da supremacia constitucional. Com efeito, ninguém discute a competência do Poder Legislativo para legislar sobre os direitos sociais; de igual modo, ninguém discute a competência do Poder Executivo para realizar ações administrativas para a prestação dos direitos sociais. No entanto, não é da competência de nenhum desses poderes decidir se garantirão ou não tais direitos, porque isto é uma determinação constitucional. Assim, sendo um órgão criado para concretizar os fins constitucionais, o Poder Judiciário está tão vinculado à Lei Fundamental quanto os demais poderes, gozando, portanto, de legitimidade para materializar tais direitos.

Na mesma direção, demonstrando a possibilidade de atuação do Poder Judiciário na concretização do conteúdo dos direitos fundamentais sociais, Andréas Krell defende a necessidade de revisão do dogma do princípio da tripartição dos poderes, visto que as normas que definem os direitos sociais prescrevem para o Estado a realização de determinados fins ou tarefas, não constituindo apenas recomendações ou preceitos morais com eficácia jurídica meramente diretiva, mas, sim, constituem direito diretamente aplicável.[56] Sendo assim, os princípios constitucionais e as normas sobre direitos sociais, como fonte de direitos e obrigações, admitem a intervenção do Poder Judiciário em caso de omissões inconstitucionais.

Segundo o autor, por certo um dos maiores entraves à proteção efetiva dos direitos fundamentais no Brasil diz respeito à ultrapassada interpretação constitucional fortemente arraigada ao formalismo jurídico, vigorante há muito tempo, especialmente

---

[54] FERRAJOLI, Luigi. *Derechos y garantias*. Madrid: Editorial Trotta, 1999. p. 64.

[55] MELLO, Cláudio Ari. Os direitos sociais e a teoria discursiva do direito. *Revista de Direito Administrativo*, n. 224, abr./jun. 2001, p. 239-284.

[56] KRELL, Andréas. Realização dos direitos fundamentais sociais mediante controle judicial da prestação dos serviços públicos básicos (uma visão comparativa). *Revista de Informação Legislativa*, n. 36, p. 238, out./dez. 1999.

durante o regime autoritário e da qual não conseguem se desvencilhar a maioria dos juristas brasileiros. Essa concepção formalista dá absoluta prevalência às formas com base numa operação meramente lógica. Daí por que merece urgente revisão, sob pena de se relegar à inocuidade os direitos fundamentais consagrados no texto constitucional.

O direito constitucional existe para realizar-se.[57] Toda norma constitucional é dotada de eficácia jurídica, devendo ser interpretada e aplicada em busca da sua máxima efetividade. Por outro lado, promessas exageradas, sem condição de real efetivação, acabam gerando um sentimento de frustração, desconfiança, servindo apenas como artifício para criar a imagem de um Estado que responde normativamente aos anseios da sociedade.[58]

De fato, quando a norma constitucional dispõe sobre o irrealizável, inexistindo condições materiais para a concretização do fim nela positivado, surge o que Luís Roberto Barroso denomina "insinceridade normativa",[59] que nada mais é do que uma forma de manipulação preponderantemente ideológica, que serve para imunizar o sistema político.

3.2 A legitimação judicial na concretização dos direitos fundamentais

Não se pode deixar de reconhecer que, ainda hoje, a interpretação jurídica se concentra nos aspectos lógico-formais, não permitindo a influência de pontos de vista valorativos. O operador jurídico ainda não se acostumou a questionar o conteúdo material das normas legais e atos administrativos, muito embora a doutrina constitucional venha enfatizando que o Estado Social preconizado na Constituição Federal de 1988 exige uma nova postura do operador do direito, com vistas a uma interpretação orientada por valores.

Está ultrapassado aquele positivismo jurídico formalista que exigia dos juízes a aplicação do direito legislado de uma maneira mecânica, lógico-dedutiva e não criativa. Hoje, o moderno Estado Social requer uma magistratura mais apta para realizar as exigências de um direito material assentado em normas éticas e políticas. Se antes, no Estado liberal, o direito dependia basicamente do legislador, hoje, no Estado Social ele não sobrevive sem o juiz.

A propósito, a doutrina constitucional alemã contemporânea tem preconizado que, no processo de tomada de decisões, não é suficiente a referência a critérios normativos, sendo imprescindível também a referência aos fatos concretos aos quais se dirige a decisão judicial, bem como ao contexto social em que a decisão está inserida. É exatamente nesse contexto que sobressai a teorização formulada por Cláudio Pereira de Souza Neto, que, na obra *Jurisdição constitucional, democracia e racionalidade prática* pretende demonstrar a superação de um paradigma liberal-positivista e, de outro lado, a legitimação da jurisdição constitucional através de um paradigma pós-positivista, que se destaca, principalmente, pela reinclusão da razão prática na metodologia jurídica.[60]

---

[57] BARROSO, *op. cit.*, p. 83.

[58] KRELL, *op. cit.*, p. 27-28.

[59] BARROSO, Luís Roberto. *O direito constitucional e a efetividade de suas normas*. Rio de Janeiro: Renovar, 2002. p. 59.

[60] O paradigma liberal-positivista se assenta nos seguintes postulados: (i) teoria da norma constitucional: lei e constituição se identificariam, a norma constitucional seria dotada de textura fechada; a Constituição seria um sistema coerente e completo; (ii) teoria da decisão: a aplicação da norma constitucional se identifica com a da norma infraconstitucional; não se pode falar em ato de decisão, mas sim meramente de ato de cognição, eis que

Em sua construção teórica, o autor propõe um novo paradigma que, em termos de jurisdição constitucional, aparece marcado pelas seguintes características:

(i) No âmbito da teoria da norma, as normas jurídicas manifestam-se através de regras e de princípios os quais traduziriam a preocupação de que o direito seja justo, atuando, portanto, como reserva de justiça, e, por força do seu *status* predominantemente constitucional, servem como limites à atividade legislativa, bem como fornecem critérios normativos para a resolução dos casos difíceis; mitigam-se os dogmas da coerência e da completude do ordenamento jurídico; a Constituição é considerada aberta e fragmentada, contendo, inclusive, dispositivos que apontam em sentidos diversos, de modo que, para concretizá-los, é necessária a utilização, por parte do magistrado, de recursos mais amplos que a mera lógica formal.

(ii) No âmbito da teoria da decisão, há a reabilitação da razão prática, não se reduzindo, no pós-positivismo, a racionalidade à observação e à descrição. De modo que a ação possa ser passível de fundamentação racional. Nesse aspecto, Dworkin ainda defende uma racionalidade centrada no sujeito, representado pela figura do juiz Hércules, ao passo que os demais autores propugnam uma racionalidade dialógica, pois, através do processo comunicativo, as pretensões normativas podem ser expostas aos argumentos e contra-argumentos. Tal processo, aliás, tem um grande potencial racional, na medida em que apenas as proposições normativas que passem pelo teste do debate público podem ser consideradas racionais. De tal sorte, o critério para aferir a veracidade da proposição normativa não é a concordância estrita entre o objeto e o enunciado, mas o consenso da comunidade à qual se dirige a proposição. Nesse ponto, a tópica confere dignidade à persuasão, já a teoria da argumentação, em especial a versão de Alexy, considera que os argumentos propostos devem ser, ao menos, pretensamente verdadeiros. Na tópica pura, a norma é apenas mais um *topos* a ser levado em conta conforme o seu potencial persuasivo, ao passo que os demais autores limitam normativamente o âmbito de atuação da razão prática. Não há, na tópica, preocupação em criar uma situação ideal para o diálogo, através da imposição de regras éticas balizadoras da interação comunicativa, como ocorre no pensamento habermasiano.

(iii) No âmbito da teoria democrática, o caráter dialógico da racionalidade prática enseja a valorização da formação de um espaço público autônomo ao aparato burocrático estatal no qual as pretensões normativas seriam objeto de intenso debate.

Por fim, a legitimação da jurisdição constitucional é obtida através de duas conclusões concomitantes, quais sejam: o ato jurisdicional não é um ato de mera vontade, mas sim um ato racionalizado dialogicamente; o princípio majoritário pode ser limitado

---

o ato jurisdicional apenas aplicaria uma vontade pré-constituída; o magistrado é capaz de, monologicamente, fazer uma leitura racional do texto normativo, sem a interferência de seus valores e interesses pessoais; (iii) teoria da democracia segundo a qual a vontade estatal deve ser formulada pelo órgão que foi legitimado para tanto através do voto popular (parlamento); o magistrado deve se ater ao disposto no texto legal, senão restará usurpando a vontade popular. Paradigma pós-positivista que aparece marcado pelas seguintes características: (i) teoria da norma constitucional: presença dos princípios no ordenamento constitucional, e não só de regras jurídicas; estrutura aberta e fragmentada da Constituição; (ii) teoria da decisão: reinserção da razão prática na metodologia jurídica, rejeitando a perspectiva positivista de que somente a observação é racional; propondo uma racionalidade dialógica, centrada não no sujeito, mas no processo argumentativo que vincula a correção das decisões judiciais ao teste do debate público; (iii) teoria democrática: propugna pelo caráter procedimental do processo democrático e pela possibilidade de limitação do princípio majoritário em nome da preservação da própria democracia (SOUZA NETO, Cláudio Pereira de. *Jurisdição constitucional, democracia e racionalidade prática*. Rio de Janeiro: Renovar, 2002).

pelo próprio procedimento democrático, notadamente para se preservarem os direitos fundamentais que são condições de possibilidade para a democracia. Dessarte, os tribunais constitucionais são considerados guardiões do processo deliberativo democrático.[61]

Para que se logre uma efetiva e mais expressiva realização dos direitos sociais, torna-se imperiosa uma gradual intervenção ativa e prolongada do Poder Judiciário, integrada às ações de outros atores estatais e da sociedade civil.

Como bem registrou o professor Clèmerson Merlin Clève, "mais do que isso, importa hoje, para o jurista participante, sujar as mãos com a lama impregnante da prática jurídica, oferecendo, no campo da dogmática, novas soluções, novas fórmulas, novas interpretações, novas construções conceituais. Este é o grande desafio contemporâneo".[62]

4 Serviço público – Um direito fundamental

4.1 Estado Social, neoliberalismo e direitos fundamentais

A hermenêutica constitucional clássica atendia às exigências do Estado de matiz liberal, que pressupunha, para o seu funcionamento, a obediência ao princípio da legalidade. Aqui a ordem jurídica servia ao chamado Estado gendarme, que se limitava puramente a garantir a liberdade, a segurança e a propriedade dentro de um quadro político de Estado de Direito. Entretanto, a evolução civilizatória conduziu à superação dessa configuração original do Estado de Direito, impondo ao Estado, como forma de justificação e legitimação de seus poderes, a promoção do bem-estar concreto dos cidadãos, a supressão das desigualdades e a efetivação da dignidade humana. Nascia, assim, o Estado Social e, com ele, um crescente aumento das funções públicas para a concretização das demandas coletivas.

Todavia, o que a realidade mostrou é que aquele Estado paternalista, multifacetário — cognominado Estado Social — acabou por revelar-se ineficiente e, portanto, incompetente para concorrer com a iniciativa privada na prestação de determinados serviços. É a crise do Estado Social que surgiu basicamente com os ventos da ideologia do Estado Neoliberal.[63]

Foram vários os fatores que levaram o Estado a uma situação de insolvência governamental que o impossibilitava de suprir as demandas da coletividade.[64] No Brasil, destacam-se o excesso de demandas sociais admitidas pelo Poder Público e a sua impossibilidade de atendê-las, a pesada carga tributária e o exagerado acúmulo de poder centralizado nas mãos do Executivo, como alguns dos obstáculos à construção do Estado preconizado na Carta Política de 1988.[65]

A globalização econômica também tornou imperativo redefinir as funções do Estado.[66] Processada sem nenhum conteúdo ético, é uma globalização perversa e

---

[61] SOUZA NETO, *op. cit.*, p. 338.

[62] CLÈVE, Clèmerson Merlin. A teoria constitucional e o direito alternativo. *In*: *Uma vida dedicada ao direito*: homenagem a Carlos Henrique de Carvalho, o Editor dos Juristas. São Paulo: Revista dos Tribunais, 1995. p. 37-38.

[63] A respeito do tema, vale conferir: SCHIER, Adriana da Costa Ricardo. *A participação popular na Administração Pública*: o direito de reclamação. Rio de Janeiro: Renovar, 2002. p. 130.

[64] Sobre os fatores que desencadearam a crise do chamado Estado-Providência e determinaram uma nova concepção de Estado (regulador), interessante a abordagem feita por Marçal Justen Filho (*O direito das agências reguladoras independentes*. São Paulo: Dialética, 2002. p. 17 *et seq.*).

[65] SCHIER. *A participação popular na Administração Pública*: o direito de reclamação.

[66] BRESSER-PEREIRA, Luiz Carlos. *Crise econômica e reforma do Estado no Brasil*: para uma nova interpretação da América Latina. São Paulo: Ed. 34, 1996. p. 269-270.

excludente que, eliminando as fronteiras de mercado, atinge negativamente os países em desenvolvimento, prestando-se, tão somente, para atendimento dos interesses de países centrais.

Com efeito, nos tempos atuais, o extraordinário avanço tecnológico e científico fez surgir uma globalização excludente que, ao tempo que aproxima alguns países numa linguagem quase universal, exclui outros. Como decorrência dos grandes progressos científicos e tecnológicos e da intervenção das grandes potências econômicas na ordem política das nações, que são obrigadas a ceder ante a tirania das finanças e dos mercados globais, assiste-se a uma globalização que se processa sem nenhum conteúdo ético. Para não sucumbirem diante dos mega-Estados (grandes macroestruturas econômicas), os chamados países em desenvolvimento têm sua ordem jurídica sacrificada: a ética que antes visava à busca do bem humano cede espaço agora à ética do lucro, que gera opressão e exclusão de pessoas e grupos.[67]

Quanto aos efeitos da globalização na redefinição das funções estatais, é oportuna a observação de José Eduardo Faria: "Se a conversão das economias nacionais num sistema mundial está conduzindo ao redimensionamento do princípio da soberania nacional, qual o futuro das Constituições-dirigentes, aquelas que, além de consistirem num estatuto organizatório definidor de competências e regulador de processos, atuam também como uma espécie de estatuto político dos Estados intervencionistas, estabelecendo o que (como e quando) o legislador e os governantes devem fazer para a concretização das diretrizes programáticas constitucionais?"[68]

Como decorrência da crise fiscal que se instalou no Brasil, impôs-se a necessidade de um novo modelo de gestão administrativa, que visa à eficiência e qualidade dos serviços a serem prestados. Fez-se imperiosa uma revisão do modelo de administração pública, mais voltada não apenas para os resultados, mas também para os processos de controle. É a mudança para o modelo gerencial de Administração Pública, em substituição ao modelo burocrático (que enfatiza a legalidade e a racionalidade).[69]

Enfim, uma nova concepção de Estado passou a se estabelecer na pauta das discussões políticas, econômicas e jurídicas. Um Estado que tem seu papel redefinido, com redução da sua atuação direta, tanto na realização dos direitos sociais no plano que caracterizou o Estado de bem-estar, quanto na intervenção econômica.

Ocorre que, na onda das políticas neoliberais, as funções estatais, agora identificadas como gestão e regulação, revelam-se muito distantes dos fins que legitimam a existência do aparelho estatal — a promoção do bem comum.

---

[67] Sobre os reflexos negativos da globalização da economia, a chamada globalização perversa, vale conferir os apontamentos de SANTOS, Milton. *Por uma outra globalização*: do pensamento único à consciência universal. 5. ed. Rio de Janeiro: Record, 2001.

[68] FARIA, José Eduardo. *Direito e globalização econômica*. São Paulo: Malheiros, 1996. p. 5.

[69] Em apertadíssima síntese, estes eram os propósitos da chamada reforma administrativa. As transformações operadas na sociedade acabam por transformar também o Estado e, por consequência, implicam a necessidade de uma revisão nas questões referentes ao trato da coisa pública. Surge, então, um novo diálogo, no qual a sociedade vem colocada num primeiro plano, sobressaindo ideias de eficiência, ética e transparência na atuação administrativa, onde o indivíduo, que antes era encarado apenas como súdito, passa a ser cidadão. É o fim do Estado hegeliano, em que o poder era concentrado, dirigista, voltado à competição bélica e às promessas ideológicas. Nascia um novo Estado, onde o poder recebe novo tratamento, tendendo a ser desconcentrado, flexível, menos oneroso e desmonopolizado. Sobre os planos em que a reforma administrativa provocada pela Emenda Constitucional nº 19/98, vale conferir: MOREIRA NETO, Diogo de Figueiredo. *Apontamentos sobre a reforma administrativa*. Rio de Janeiro: Renovar, 1999.

É nesse contexto que o estudo do serviço público assume grande relevância, mormente em se considerando que a lógica da globalização econômica, ditada pelas regras hegemônicas do mercado internacional, implica uma redução, se não eliminação dos direitos sociais constitucionalmente consagrados. Com efeito, países do capitalismo periférico como o nosso, seduzidos pela onda neoliberal que propõe o encolhimento radical do Estado, são levados ao aprofundamento da desigualdade e à formação de uma classe de excluídos. Ocorre que estes indivíduos, que fazem parte de uma imensa gama de excluídos, sem a intervenção estatal, decididamente não têm condições de sobreviver.

É aí que surge uma crise de legitimação. Ora, é certo que um Estado que não consegue financiar a satisfação das necessidades coletivas se deslegitima perante a coletividade.[70] Passa-se a conviver com o que Boaventura de Souza Santos denomina "Estado paralelo", assim descrito: "o Estado compromete-se formalmente com um certo padrão de legalidade e de regulação social, mas descompromete-se dele, na prática, por omissão ou vias informais".[71]

4.2 O direito fundamental ao serviço público

Das considerações até aqui alinhavadas acerca dos direitos fundamentais, percebe-se que a atividade administrativa de prestação de serviços públicos está intimamente ligada com os postulados constitucionais.

A Constituição de 1988 privilegia o perfil de uma Administração ativa — serviços públicos, obras públicas, exploração estatal da atividade econômica, poder de polícia —, operacionalizada por um complexo de órgãos e pessoas jurídicas. Mas a Constituição também privilegia uma Administração controlável e calcada na participação dos cidadãos — controle interno e externo, princípios constitucionais, licitação, concessões e permissões, ampla defesa e contraditório no processo administrativo.

É uma Constituição marcadamente dirigente que, timbrada pela preocupação com a democracia, com os direitos humanos e com a justiça social, delimita os fins públicos a serem alcançados, condicionando os poderes a atuar na direção eleita pelo constituinte, notadamente em campos como os da educação, saúde, cultura e realização de valores como a justiça material e os direitos a ela inerentes.[72]

No Estado liberal, que consagrou o paradigma do Estado Legislativo (Carl Schimitt), a grande, senão única, tarefa estatal era propiciar, sob a égide de leis gerais, condições de segurança aos indivíduos. Já no Estado Social, houve grande alargamento do papel do Poder Público no atendimento das demandas coletivas, ou seja, no oferecimento dos serviços públicos.

Já há muito tempo, nas nações mais desenvolvidas, floresceu a ideia de que o desenvolvimento passava, necessariamente, pelo caminho da privatização, que trazia consigo vantagens como a redução da hipertrofia do Estado, ampliação da receita

---

[70] SCHIER, *op. cit.*, p. 132-133.

[71] SANTOS, Boaventura de Souza. Onze teses por ocasião de mais uma descoberta de Portugal; O Estado e os modos de produção do poder social. *In*: SANTOS, Boaventura de Souza. *Pela mão de Alice*: o social e o político na pós-modernidade. 4. ed. Porto Alegre: Afrontamento, 1995. p. 63.

[72] BARROSO. *Temas de direito constitucional...*, p. 12.

governamental, o crescimento ou o desenvolvimento de mercados de capital, onde os mesmos não existiam e o estímulo a investimentos estrangeiros.

Com efeito, o agigantamento do Estado moderno, caracterizado pela multiplicação das finalidades que lhe foram reconhecidas como próprias e pela intensificação dos seus poderes, fez proliferar uma generalizada convicção de que se tornara um Estado muito grande, com notória incapacidade no atendimento das demandas coletivas. A partir daí, desenvolveram-se teorias, como a preconizada por Gaspar Ariño Ortiz, de um Estado mínimo, perfeitamente articulado com a ideologia neoliberal.[73]

O espanhol, apontado como o precursor de um novo modelo de serviço público, formula uma construção que busca evidenciar a falência do serviço público na sua configuração tradicional — prestações materiais dirigidas aos cidadãos para atendimento das necessidades coletivas ou satisfação de comodidades, realizadas pelo próprio Estado, sob um regime jurídico de direito público. Assim, diante do excesso de demandas estatais que não mais podiam ser supridas em função da notória incapacidade do Estado (estrutural, operacional e econômica), Ariño Ortiz afirma que o velho conceito de serviço público já não mais se mostra adequado para atender as necessidades e preferências da população a que se destina.

Formulando o que concebe ser um novo conceito de serviço público, Ariño Ortiz aponta os princípios inspiradores, quais sejam: *a passagem de um sistema* de (i) titularidade pública sobre a atividade; (ii) concessões fechadas; (iii) direitos de exclusividade; (iv) obrigações de fornecimento; (v) preços administrativamente fixados; (vi) caráter temporal (com reversão/resgate em todo o caso) e (vii) regulação total da atividade, nos mínimos detalhes; para um sistema aberto presidido pela (i) liberdade de empresa; (ii) presença de obrigações ou determinadas cargas de serviço público; (iii) liberdade de preços e modalidades de prestação e liberdade de inversão e amortização e (iv) regime de competição aberta, como qualquer outra atividade comercial ou industrial, em que se há de lutar pelo cliente.

Nessa perspectiva, as aspirações da sociedade, independentemente da sua natureza ou da finalidade a que estejam vinculadas, são transformadas em mercadoria, por consequência, a satisfação das necessidades coletivas é transferida para o mercado. É a lógica do mercado (do lucro) que passa a regular a atividade estatal, em substituição à lógica da supremacia do interesse público.

Analisando a evolução operada no conceito de serviço público, interessante é a crítica formulada por Maria Cristina César de Oliveira Dourado à concepção de Estado mínimo difundida pela ideologia neoliberal, onde dificilmente teriam lugar os serviços públicos tradicionais. Nessa ótica, assinala a administrativista paraense, "o dever-poder do Estado de garantir a efetividade de direitos essenciais e fundamentais é transferido para o 'soberano privado supra-estatal e difuso' que passa a ditar as regras de convívio social legitimado numa eficácia técnico-produtiva, como afirma Juan Ramón Capella".[74]

Toda essa teorização, que se revela absolutamente descompromissada com os postulados da igualdade, da solidariedade, da dignidade da pessoa humana e da justiça social, sob os quais se assenta o Estado Democrático de Direito, não leva em consideração

---

[73] A teorização do jurista espanhol é apresentada na obra: ARIÑO ORTIZ, Gaspar. *Princípios de derecho público econômico, modelo de Estado, gestión pública, regulación econômica*. Granada: Comares, 1999.

[74] DOURADO, Maria Cristina César de Oliveira. O repensar do conceito de serviço público. *Interesse Público – IP*, Porto Alegre, ano 3, n. 9, p. 91, jan./mar. 2001.

a real dimensão dos serviços públicos e o papel que exercem na realização dos direitos fundamentais. Esse papel ganha ainda maiores dimensões, em se considerando países como o Brasil, cujas aterradoras estatísticas de desigualdade social, evidenciam uma imensa gama de excluídos que não atingiram um nível de vida minimamente compatível com as condições de dignidade humana.

Geraldo Ataliba já afirmava que, embora não existindo uma "definição ecumênica de serviço público, há indicadores na Constituição, revelados pela doutrina e pela jurisprudência, que são as balizas que permitem ao intérprete, em cada caso, saber se está diante de serviço público ou não".[75]

Analisando as balizas apontadas pela Constituição Federal para a delimitação do serviço público, embora reconhecendo a inexistência de um conceito universal de serviço público, Romeu Felipe Bacellar Filho[76] vislumbra a possibilidade de identificação de um núcleo rígido, mínimo e fundamental, como parâmetro para uma conceituação que atenda a todas as aspirações.

Assim, considerando-se que a cidadania e a dignidade da pessoa humana foram elevadas a fundamento do Estado Democrático de Direito (artigo 1º da Constituição Federal de 1988), Bacellar Filho leciona que o interesse perseguido no exercício da função estatal encontra seu princípio e fim no interesse próprio dos cidadãos, tanto numa perspectiva individual quanto coletiva. E conclui que, "constituindo a Administração Pública aparelhamento do Estado voltado, por excelência, à satisfação das necessidades coletivas, a legitimidade do Estado-Administração depende da sua eficiência na prestação dos serviços essenciais para a proteção dos direitos fundamentais".[77]

Com amparo nas considerações alinhavadas por Bacellar Filho, retome-se a clássica definição de serviço público cunhada por Léon Duguit, que concebia os serviços públicos como aqueles indispensáveis à interdependência social, de tal modo que não poderiam ser prestados sem a intervenção da força governante. Jèze formulou um conceito segundo o qual o serviço público era um processo técnico para a satisfação de interesses gerais, submetido a um regime jurídico especial de prerrogativas de autoridade.[78]

Para Celso Antônio Bandeira de Mello, "serviço público é toda atividade de oferecimento de utilidade ou comodidade material fruível diretamente pelos administrados, prestados pelo Estado ou por quem lhe faça as vezes, sob um regime de Direito Público — portanto, consagrador de prerrogativas de supremacia e de restrições especiais —, instituído pelo Estado em favor dos interesses que houver definido como próprios no sistema normativo".[79]

Perceba-se que, na consagrada formulação do administrativista pátrio, a noção de serviço público é composta, necessariamente, por dois elementos caracterizadores: um substrato material (atividade de oferecimento de utilidade ou comodidade fruível diretamente pelos particulares) e outro substrato formal (regime jurídico de direito público).[80]

---

[75] ATALIBA, Geraldo. Empresas estatais e regime administrativo: serviço público – inexistência de concessão – delegação – proteção de interesse público. *Revista Trimestral de Direito Público*, São Paulo, v. 4, p. 61, 1963.

[76] BACELLAR FILHO, Romeu Felipe. O poder normativo dos entes reguladores e a participação dos cidadãos nesta atividade. Serviços públicos e direitos fundamentais: os desafios da regulação na experiência brasileira. *Interesse Público – IP*, Porto Alegre, ano 4, n. 16, p. 13-22, out./dez. 2002.

[77] BACELLAR FILHO, *op. cit.*, p. 14.

[78] BACELLAR FILHO, *op. cit.*, p. 15.

[79] BANDEIRA DE MELLO, Celso Antônio. *Curso de direito administrativo*. São Paulo: Malheiros, 2002. p. 575.

[80] BANDEIRA DE MELLO, *op. cit.*, p. 577.

Analisando as formulações acima expendidas, fácil perceber que o serviço público exerce uma função instrumental em relação aos direitos fundamentais. Em verdade, revela-se um instrumento que possibilita a efetiva concretização dos direitos fundamentais e, em última medida, a concretização do valor máximo do sistema jurídico brasileiro: a dignidade da pessoa humana.

Diante do contido no artigo 175, inciso IV, da Constituição Federal, a doutrina administrativista tem se encaminhado no sentido de reconhecer o direito ao serviço adequado, como direito de exigir do Estado a realização de prestações positivas, para a satisfação de necessidades reputadas essenciais para o indivíduo ou para a coletividade.[81]

Nesse sentido, evidenciado o serviço público como um direito do cidadão que se assenta no correspectivo dever do Estado de prestá-lo para a satisfação de um direito fundamental, fica aquele investido de um poder jurídico de exigir prontamente a sua prestação, via Poder Judiciário, sempre que verificada a omissão estatal ou mesmo a sua ineficiência. A exigibilidade da conduta do Poder Público não está no enunciado da norma legal, mas sim no programa governamental por ela estabelecido, o que significa que é impositiva a busca dos meios idôneos a implementar os objetivos nela definidos. A ineficiência na realização desse mister sujeita o Poder Público à sindicabilidade de seus atos e omissões e à responsabilização de seus agentes.[82]

Entretanto, a maior dificuldade é quando o Poder Público se mantém inerte, seja não instalando os serviços públicos ou quando estes funcionam precariamente. Isso se dá, por exemplo, quanto ao direito fundamental social à educação. Não se trata de norma meramente programática. É um dever do Estado (arts. 205, 208, §1º, da CF) e um direito público subjetivo do cidadão, de modo que a sua não prestação importa em responsabilidade da autoridade competente pela instalação do serviço (art. 208, §2º).

O mesmo se dá quanto ao direito à saúde, muito embora aqui o constituinte não tenha expressamente assentado que se trate de direito subjetivo público, nem quanto à responsabilização do agente público nos casos de falta ou de insuficiência do serviço.

O certo é que, ante o meu funcionamento dos serviços públicos essenciais para o bem-estar da população, o Poder Público deve implementar políticas públicas protetivas de determinadas categorias sociais marginalizadas e economicamente excluídas. Essas políticas demandam o gerenciamento do Estado, com vistas à criação de mecanismos de prestação efetiva e positiva de atividades que assegurem a existência de condições dignas de vida.

Estes mecanismos se destinam à satisfação concreta dos chamados direitos de crédito (direito à saúde, à educação, à moradia, à alimentação etc.) referidos por Clèmerson Merlin Clève, sem os quais tais direitos não passariam de letra morta. Com efeito, "não basta ser afirmada juridicamente uma liberdade. O uso desta pressupõe a capacidade para gozá-la. O direito de livre expressão pressupõe a capacidade de exteriorização e de organização dos recursos intelectuais; [...] os direitos de crédito são o solo sobre o qual floresce a capacidade, complemento indispensável das liberdades no e contra o Estado".[83]

---

[81] Nessa linha posicionam-se ROCHA, Carmén Lúcia Antunes. *Estudos sobre concessão e permissão de serviço público no direito brasileiro*. São Paulo: Saraiva, 1996. p. 32; DALLARI, Adilson Abreu. Direito ao uso dos serviços públicos. *Revista Trimestral de Direito Público*, São Paulo, n. 13, p. 215, 1996; e também KRELL. *Direitos sociais e controle social no Brasil e na Alemanha*, p. 31 et seq.

[82] KRELL, *ibidem*.

[83] CLÈVE, Clèmerson Merlin. *Temas de direito constitucional (e de teoria do direito)*. São Paulo: Acadêmica, 1993. p. 125-127.

5 Conclusões

1 O Estado Democrático de Direito sobrepôs o governo das leis ao governo dos homens, revelando um modelo de constitucionalismo que visa à proteção de direitos fundamentais inteiramente afinado com o Estado de Direito.[84] A positivação dos direitos fundamentais revela-se uma das maiores conquistas da humanidade na luta contra a tirania e o poder irresponsável.

2 A problemática suscitada quanto aos direitos fundamentais sociais é resolvida mediante o princípio da supremacia constitucional, sobre o qual se assenta a legitimidade do Poder Judiciário para a concretização efetiva dos direitos fundamentais sociais. Com efeito, todos os poderes estão vinculados aos mandamentos constitucionais, que impõem a sua observância (e concretização), como verdadeiros mandados soberanos.

Os direitos fundamentais sociais, a exemplo dos direitos fundamentais clássicos, constituem direito diretamente aplicável. No entanto, para sua máxima efetivação, necessitam de uma dogmática constitucional que dê conta da sua especificidade. A Lei Fundamental de 1988 revela um Estado comprometido com uma sociedade emancipada e igualitária, cujas finalidades estão atreladas à garantia de uma vida digna a todos os cidadãos. Assim, imperativos de justiça material impõem a superação de um formalismo exageradamente dogmatista como condição de tornar efetivos e eficazes os direitos fundamentais constitucionalmente consagrados.

3 O serviço público é uma das garantias constitucionais de realização dos direitos fundamentais. Sendo uma função estatal atribuída à Administração Pública, correspondente ao oferecimento de uma prestação positiva concreta tendente à satisfação das necessidades fundamentais do cidadão, o serviço público constitui um importante instrumento de concretização dos direitos fundamentais e, como tal, é tarefa inafastável do Estado, mormente diante da ideia de um Estado Democrático e Social de Direito que a Constituição Federal de 1988 faz expargir.

4 A consagração dos direitos fundamentais na ordem constitucional foi uma grande conquista da humanidade. Mas conquista maior será conseguir ultrapassar a distância que separa a norma (dever-ser) da realidade social (ser). Daí a necessidade de uma dogmática constitucional emancipatória, pós-positivista e principiológica, que tenha como centro o ser humano e onde a lei é feita para assegurar os direitos fundamentais. Uma dogmática que se apresenta para a construção de um mundo novo, mais ético, justo e solidário.

Informação bibliográfica deste texto, conforme a NBR 6023:2002 da Associação Brasileira de Normas Técnicas (ABNT):

FINGER, Ana Cláudia. Serviço Público: um Instrumento de Concretização de Direitos Fundamentais. *In*: BACELLAR FILHO, Romeu Felipe; HACHEM, Daniel Wunder (Coord.). *Direito público no Mercosul*: intervenção estatal, direitos fundamentais e sustentabilidade: anais do VI Congresso da Associação de Direito Público do Mercosul: homenagem ao Professor Jorge Luis Salomoni. Belo Horizonte: Fórum, 2013. p. 163-187. ISBN 978-85-7700-713-4.

---

[84] Como assinala Clèmerson Merlin Clève, "O Estado Democrático de Direito é mais do que um Estado de Direito. É um Estado de Justiça" (CLÈVE, *op. cit.*, p. 45).

DESAFIOS DO DIREITO PÚBLICO EM RELAÇÃO À SAÚDE E À EDUCAÇÃO[1]

CARLOS ARI SUNDFELD
LIANDRO DOMINGOS

1 Introdução

Este texto analisa aqueles que parecem ser os dois grandes papéis que o Direito Público tem procurado assumir em relação à saúde e à educação.

O primeiro é o de estruturação, isto é, o de modelar organizações e serviços. Cabe ao Direito Público a tarefa de estabelecer o modo como se estruturam as organizações que atuam nas áreas de educação e de saúde. Na mesma forma, cabe ao Direito Público a definição do que são esses serviços, quais são as suas características e quais são os deveres dos sujeitos por eles responsáveis. De modo que esse é um primeiro papel que o Direito Público cumpre — e provavelmente cumpre melhor do que o segundo (que é muito mais difícil!).

O segundo papel é o de transformar a educação e a saúde em direitos individuais, isto é, garantir *direitos* a cada uma das pessoas quanto às prestações de saúde e de educação. Direitos estes com determinadas características e especificidades, que sejam exigíveis, individuais e muito concretos.

São estes, portanto, os dois grandes papéis que o Direito Público tem procurado cumprir e, reitera-se, o segundo papel vem sendo cumprido com muito mais dificuldade do que o primeiro.

Esses são os temas que dividem este artigo em duas partes. Uma para tratar um pouco do modo como o Direito Público tem procurado estruturar as organizações e os serviços. A outra, para discutir qual tem sido o sucesso, a dificuldade e quais são os caminhos para o Direito Público conseguir efetivamente cumprir o papel de garantir e

---

[1] Artigo adaptado por Liandro Domingos a partir da transcrição da palestra ministrada pelo Prof. Carlos Ari Sundfeld, com o título "Desafios da Regulação em Saúde e Educação", no VI Congresso da Associação de Direito Público do Mercosul — Evento em homenagem ao Prof. Jorge Luis Salomoni, promovido pela Associação de Direito Público do Mercosul e pelo Instituto de Direito Romeu Felipe Bacellar, em Foz do Iguaçu/PR, no dia 09 de junho de 2012.

assegurar direitos individuais nas áreas de educação e saúde. Em resumo, o primeiro é um papel estruturador das organizações e dos serviços, já o segundo um papel de garantir, individualmente, direitos à educação e à saúde.

2 Desafios da estruturação das organizações de saúde e educação

Com relação à estruturação, isto é, às normas de Direito Público que estruturam as organizações e definem quais são as características dos serviços de educação e de saúde, seria possível afirmar que estas normas se defrontam com dois grandes desafios. O primeiro é o de eleger, implementar e impor *valores públicos*. Isto é, as organizações atuantes nas áreas de educação e saúde, seja como entidades estatais, seja como entidades não estatais, têm sido obrigadas a atuar realizando valores públicos, e não apenas valores próprios.

É preciso então que, ao estabelecer as regras de organização e de funcionamento destas entidades, o Direito Público não só escolha como consiga impor os valores públicos fundamentais — e isso tem sido um grande desafio, o de tornar realmente *efetivos* os valores públicos que foram eleitos.

A dúvida que surge é a seguinte: quais são os valores públicos fundamentais em matéria de educação? Há divergência neste tema. Por exemplo, há os que defenderam (e ainda defendem, apesar de a Constituição de 1988 haver adotado outra ideia) que a educação sempre deverá ser uma *atividade não econômica*. Alegam os defensores dessa opinião que isso seria da própria essência da educação, que seria conspurcada pela exploração econômica. Não obstante, há aqueles que acreditam que este não seja um valor público fundamental em matéria de educação e, por isso, admitem a possibilidade, e até mesmo a necessidade, de que coexistam a educação como *atividade econômica* e como *atividade não econômica*. Para estes, o grande valor a ser observado na estruturação desses serviços é outro: é a liberdade para criar estabelecimentos de ensino, religiosos ou laicos, empresariais ou não.

Decidir e distinguir se algo é um valor público absoluto ou se é um valor público aplicado a dadas situações — e, consequentemente, não a outras — tem sido uma grande tarefa daqueles que possuem competência para decidir politicamente sobre este tema. O modo como essa competência se exerce é pelo Direito Público, isto é, as decisões, produto do exercício desta competência, são decisões de Direito Público.

Não é viável, neste artigo, elaborar uma lista com todos os valores públicos que foram escolhidos, nos mais variados momentos e nos mais diferentes países, em matéria de organização da educação e da saúde. Nas Constituições e leis dos diferentes países, estas matérias (educação e saúde) vêm sendo definidas como atividades que ora são atribuídas ao setor privado, ora ao setor público, mas o importante é que, em qualquer caso, têm sido definidas como atividades dotadas de valores públicos.

O essencial a destacar é que a definição, a identificação e o estudo de como esses valores públicos podem variar no curso do tempo têm sido grandes desafios na estruturação das organizações e dos serviços. Os passos envolvidos para o Estado nessa tarefa são os seguintes: em primeiro lugar, *eleger* quais são os valores públicos para cada momento; em segundo, *implementar*, isto é, realizar estes valores; e em terceiro lugar, *impor*, quando for o caso. O que supõe, neste último passo, o exercício de autoridade.

A tomada de decisões em relação a este tema tem sido constante e provavelmente é o desafio que os estados federativos — portanto, o Direito Público que eles produzem — têm conseguido realizar melhor.

A afirmação a destacar neste ponto é a seguinte: apesar das dificuldades, efetivamente *existem* organizações públicas e privadas prestadoras de serviços de educação e saúde, há um modelo e há uma estrutura instalada. Ao contrário do que às vezes se diz, é falsa a ideia de que o Estado brasileiro tem sido completamente ausente — comparando-se com a experiência dos outros países — na definição de valores públicos. Valores públicos têm sido impostos, de forma efetiva. Evidente que é possível concordar ou discordar das escolhas que são feitas em cada momento. No entanto, tem sido uma constante a criação, por meio de decisões de Direito Público, das *ideias fundamentais* a respeito da organização desses serviços. Definitivamente, então, podemos dizer que este primeiro desafio do Direito Público tem sido enfrentado.

Há um segundo grande desafio quanto à estruturação dos serviços: o da *eficiência*.

Indubitavelmente, definir valores públicos é uma atividade intelectual e abstrata. Uma Assembleia — representativa ou não, mas uma Assembleia — pode, por exemplo, definir que o serviço público de saúde deve ser igualitário e que, assim, as pessoas devem ter acesso igual às prestações de saúde, sem diferença. Essa decisão, em princípio, poderia envolver embates e dificuldades de deliberação. Todavia, certamente essa tarefa é muito mais simples em comparação à de transformar o objeto dessa decisão em prestações concretas e disponíveis para todos os momentos da vida das pessoas. Este é o segundo desafio, o da eficiência, sem dúvida alguma o mais difícil de enfrentar. Trata-se da tarefa de realizar, de tornar efetivas as grandes decisões quanto aos valores públicos.

Grande parte das decisões quanto a valores públicos pode dificultar o funcionamento dos serviços. Por exemplo, em certo momento os estados federativos decidiram criar máquinas públicas para a prestação do serviço de educação (as organizações estatais), com o intuito de universalizar a educação fundamental. Em seguida, optaram por um regime jurídico protetivo dos servidores, que fez com que eles tivessem uma série de direitos — direitos estes que geraram os seus correspondentes custos. Além disso, foi decidido que a escolha desses servidores seria feita por *processos administrativos* que garantissem o acesso igualitário à função de professor, da melhor maneira possível (concursos públicos). Tudo isto, sem dúvida, foram decisões que tiveram muito sentido do ponto de vista dos *valores públicos*. Produziu-se, com isso, um *regime jurídico especial* para o acesso à função pública, para o exercício da função pública e para a remuneração daqueles que exercem a função pública. Entretanto, todo este *regime* criado gerou grandes efeitos e muitas consequências no tocante à *eficiência do sistema*.

O crescimento do sistema estatal é um problema prático em matéria de acesso à função pública. Logo, em razão do rígido sistema de contratação, tornou-se frequente a impossibilidade de disponibilização de professores em sala de aula na quantidade suficiente para atender o contínuo crescimento. Uma rede pública de ensino como a do Estado de São Paulo, que atende mais de 4 milhões de crianças, é o típico exemplo de rede que necessita de um sistema muito ágil para escolha de professores. Exige-se um sistema que possibilite a *substituição eficiente* dos professores que a cada dia morrem, se licenciam, se aposentam ou se ausentam.

A mera imposição, sem antever os seus efeitos, de um sistema que não permita essa flexibilidade produzirá, por consequência, um serviço ineficiente. Deveras, teremos uma grande promessa de um serviço de educação, com um grande sistema jurídico que permita a escolha e o tratamento dos seus responsáveis de acordo com os melhores parâmetros de valores públicos, todavia, todo esse grande sistema, globalmente considerado, terá sérios problemas de eficiência.

Nas últimas décadas, do ponto de vista do Direito Público, a eficiência é o desafio que tem gerado maiores mudanças, maior construção, maior elaboração em relação à estruturação dos serviços. Isto é, tem-se trabalhado permanentemente para reestruturar os serviços de educação e de saúde — tanto públicos, quanto privados — em busca de eficiência, sem jamais ter deixado de lado o desafio de construir mecanismos para definir e impor valores públicos em relação a estes serviços.

A fim de mencionar a construção recente de mecanismos para impor valores públicos ao serviço de saúde, vale destacar a seguinte constatação: até 20 anos atrás o Brasil não tinha um mecanismo sofisticado para a regulação dos serviços privados de assistência à saúde. Já nos últimos anos, foram constituídas as agências reguladoras dos serviços de saúde. Da saúde suplementar, privada, por exemplo, cuida a ANS (Agência Nacional de Saúde Suplementar). No âmbito federal, foi constituída a ANVISA (Agência Nacional de Vigilância Sanitária), com competência, também, para definir alguns parâmetros regulatórios para o funcionamento dos serviços de saúde em geral.

Vê-se, com isso, que existe um trabalho na criação de estruturas que sejam capazes de regular os serviços de saúde. Da mesma forma tem sido feito na área de educação. O objetivo maior é o de capacitar essas estruturas para a realização de valores públicos e — num processo lento e gradativo — mudar os valores públicos que são considerados fundamentais nestas áreas.

É contínuo o esforço brasileiro na realização de reformas regulatórias. Em matéria de educação, a título de exemplo, está em pauta a regulação do ensino superior. Em muitos países do mundo temos assistido a importantes reformas regulatórias, sempre dentro desta preocupação de garantir um sistema que funcione e que seja democrático para definir e impor valores públicos em matéria de educação e de saúde. Neste contexto, temos trabalhado nas mudanças que são necessárias para que as *formas* de Direito Público sejam capazes de gerar mais eficiência na prestação dos serviços de educação e de saúde, tanto na área privada, quanto na área pública.

Como consequência, isso faz com que a história brasileira relativa às reformas regulatórias seja permanentemente reescrita. Em breve resumo, analisando a evolução do setor de saúde e de educação no Brasil, pode-se afirmar que um princípio que vem se mantendo é o de que existe um *direito à livre iniciativa* nessas matérias. Nunca se abandonou a liberdade de empreender na área de educação e de saúde. Entretanto, no decorrer das primeiras décadas e até a metade do século XX, foi crescendo o compromisso do Estado, em seus diferentes níveis, como prestador efetivo dos serviços de saúde e de educação.

Com isso, o Estado foi ampliando a sua máquina pública para que pudesse oferecer educação e saúde pública. O desafio do Direito Público, nestas últimas décadas, tem sido o de construir a máquina pública, isto é, construir as organizações estatais.

No Brasil, a história da construção do regime jurídico funcional, denominado *regime jurídico dos funcionários públicos*, está muito ligada à construção do regime jurídico dos funcionários públicos atuantes na área de educação e de saúde.

Grande parte das construções na matéria de controle financeiro orçamentário do Estado foram efetivamente idealizadas para abastecer, com recursos para tanto, os serviços de educação e de saúde, pois tradicionalmente estes serviços foram sempre prestados pelo Estado na forma de *serviços sociais*, ou seja, sem remuneração direta pelo usuário do serviço. Houve, assim, a necessidade de criar um sistema de finanças públicas que fosse desvinculado do sistema comum dos serviços públicos econômicos (isto é, do sistema de tarifa). Foi necessária, então, a criação de um sofisticadíssimo *sistema de controle orçamentário e financeiro público* para que o Estado pudesse cumprir o seu compromisso de construir uma máquina pública que prestasse gratuitamente os serviços de educação e de saúde.

Nos primeiros tempos, o compromisso do Estado com a prestação desses serviços foi cumprido por órgãos da *Administração Direta* (denominação atual do que existia naquela época). Contudo, por razões das mais variadas, o Estado foi aos poucos transferindo essas tarefas para entidades da sua própria administração, porém, da *Administração Indireta*, entidades personalizadas da Administração Indireta.

Nascia a ideia de *autarquias*, e logo as universidades incorporariam esta solução, no intuito de conquistar a tão aguardada autonomia, a chamada *autonomia universitária*, ideia esta que daria ensejo para oportunamente serem batizadas de *autarquias especiais*. Sobretudo, este foi o principal motivo para destacar o serviço de educação da máquina estatal central para a Administração Indireta, qual seja, o de garantir autonomia universitária. Por este motivo, criou-se a ideia de *autarquia especial* — também conhecida por *autarquia autônoma* — qual seja, o de garantir que essas entidades efetivamente conquistassem *autonomia*.

Entretanto, o vínculo existente entre a entidade e o Chefe do Poder Executivo ainda era uma barreira para a conquista da autonomia. A solução para este impasse foi a criação de um sistema de escolha da direção das universidades que enfraquecia de algum modo esse vínculo. Este é um detalhe juridicamente interessante, haja vista que foi no campo das universidades que, pela primeira vez, se utilizou de modo sistemático a ideia de autonomia profunda e decisória da entidade — modelo este que mais tarde seria utilizado pelas agências reguladoras. Note-se que o *regime jurídico de autonomia* criado para estruturar este serviço foi muito peculiar à sua época e somente depois foi ser utilizado noutros campos.

A figura de *fundações estatais* nasceu logo depois, aproveitando-se de um regime jurídico de direito privado já existente. A partir daí, iniciou-se um movimento significativo de criação de fundações estatais na área da saúde. Vale mencionar que a autonomia decisória (buscada no caso das universidades) não foi decisiva no setor de saúde quando se optou pela utilização da fórmula jurídica das fundações. Neste setor o objetivo maior foi o de resolver problemas de eficiência. Nos serviços de saúde a ineficiência acarreta problemas gravíssimos, visto que as pessoas chegam ao pronto-socorro e precisam de atendimento imediato, sob pena de morrerem. É evidente que um regime como o da Administração Pública, altamente complexo, gera dificuldades para que o Estado coloque, na porta do pronto-socorro, todos os recursos tecnológicos, humanos e necessários para o atendimento de quem chega ali, à beira da morte.

Com isso, a busca por um sistema de saúde eficiente possibilitou a utilização da fórmula das fundações estatais e, por este motivo, foi sendo abandonada a ideia de regime jurídico público, funcional e orçamentário — que é típica do complexo sistema da Administração Direta. Sem dúvida, houve uma efetiva constatação de que todo aquele pensamento ligado à gestão pública, baseado em grandes valores públicos, eram princípios muito bem inspirados, mas cujo resultado, em termos de qualidade de serviço, podia ser ruim em muitos casos.

Valores públicos *versus* impacto da realidade. Uma verdadeira tensão se tornou evidente no tocante à gestão dos serviços de saúde. A saída para uma prestação adequada destes serviços foi a busca por instrumentos, soluções e formas mais leves, assim como são as fundações estatais.

Ocorre que, paulatinamente e pelas razões mais variadas, as fundações estatais acabaram se transformando em algo que parecia muito com a própria Administração Direta e suas autarquias. Todo aquele regime público — com grandes razões para existir, mas com sérias consequências em matéria de eficiência — foi se impondo a estas entidades, cuja razão primordial era a obtenção de eficiência no setor de saúde.

No caso brasileiro este fenômeno foi especialmente forte com a Constituição Federal de 1988, na medida em que foi uma Constituição democrática e os movimentos representativos dos trabalhadores, em matéria de educação e de saúde, conseguiram estar presentes. O objetivo dos trabalhadores públicos estatais, nestes setores, foi o de obter para si a aplicação ampla do regime jurídico funcional dos servidores públicos. O sucesso deste objetivo recolocou o problema da eficiência na ordem do dia.

Com isso, os serviços passaram a novamente enfrentar problemas gravíssimos de eficiência. O Estado precisava reagir a este novo momento, a situação exigia uma nova solução. Optou-se, então, pela criação de entidades públicas não estatais com a nomenclatura de *fundações de apoio* (denominação presente na legislação federal da década de 90). Na verdade, em muitos casos essas entidades funcionariam como uma espécie de "caixa dois" da Administração Pública com o intuito de obter maior flexibilidade e, assim, garantir eficiência.

O caso do Rio de Janeiro exemplifica este tema. A prestação do serviço de saúde carioca é feita por hospitais federais (pelo fato de o Rio de Janeiro ter sido capital da República) e, pelas mesmas razões, estes hospitais entraram em crise, tornando-se hospitais gravemente ineficientes. O remanejamento de parte da administração desses hospitais para as mãos de uma fundação de apoio foi a solução para contornar o problema de ineficiência. A fundação, neste caso, funcionaria apenas como uma instituição para a qual se transfeririam os recursos públicos e, por meio dela — e com muito mais flexibilidade —, ocorreria a contratação de funcionários, a compra de medicamentos, e assim por diante.

Note-se que a fuga — de certo modo clandestina — para o regime privado foi o resultado do enrijecimento das regras estruturais quanto ao serviço público. Em meados da década de 90, por razões evidentes, essa fuga começou a ser muito criticada, especialmente porque havia muita ilegalidade envolvida. Todavia, a qualidade do serviço melhorou, e melhorou muito — a ilegalidade teve o seu valor — e isto incentivou o Estado a procurar nova solução jurídica que fosse capaz de adotar apenas o lado bom daquela flexibilização. Surgia, naquele momento, uma nova lei que criava as *organizações sociais*, que foram, e estão sendo, largamente utilizadas na área de saúde.[2]

---

[2] O art. 1º da Lei Federal nº 9.637/1998 dispõe que "o Poder Executivo poderá qualificar como *organizações sociais* pessoas jurídicas de direito privado, sem fins lucrativos, cujas atividades sejam dirigidas ao ensino, à pesquisa científica, ao desenvolvimento tecnológico, à proteção e preservação do meio ambiente, à cultura e à saúde, atendidos aos requisitos previstos nesta Lei".

Em essência, o desafio jurídico foi o de criar instrumentos que possibilitassem a delegação de serviços a estas entidades de maneira mais organizada, ao contrário do que vinha acontecendo até então. Era necessário, então, impor valores públicos a estas novas entidades, recém-criadas, sob a denominação de organizações sociais.

Esse mecanismo está em pleno funcionamento no Brasil. A Prefeitura da Cidade de São Paulo tem utilizado largamente a figura das organizações sociais e, no Estado de São Paulo, ela é ainda mais presente. Atualmente, há mais de 20 grandes hospitais estaduais paulistas administrados por organizações sociais, com base em contratos celebrados a partir da lei que criou a ideia de organizações sociais.

Toda essa descrição tem o fim de apresentar o conjunto de alternativas que o Estado possui, cada vez mais, à sua disposição para organizar o serviço público de saúde e o de educação. Quais sejam: a Administração Direta, as diversas entidades estatais da Administração Indireta e, ainda, os múltiplos entes privados não lucrativos, contratados por meio de contratos de gestão.

Evidentemente que não cabe aqui o detalhamento de cada uma destas figuras, mas é de suma importância destacar que, no caso brasileiro, a opção no presente momento é uma opção pela diversidade. Ou seja, existem hospitais e entidades na área de educação dentro da Administração Direta, existem também, da mesma forma, na Administração Indireta e ainda existem, cada vez mais, hospitais privados e até mesmo entidades privadas da área de educação — mas isso ocorre com menos frequência — contratados pelo Poder Público.

Logo, é possível afirmar que o conjunto de problemas jurídicos e, por conseguinte, de soluções jurídicas tem se tornado cada vez mais variado. Ou melhor, está se tornando mais rico e mais complexo o conjunto de instrumentos que o Estado tem à sua disposição para cumprir o compromisso de garantir educação e saúde gratuita para as pessoas.

Inevitavelmente isso aconteceria desta forma e a explicação desta inevitabilidade é simples. Os anos se passaram e o Estado se deparou com a impossibilidade de manter a estrutura que, no início do século XX, havia sido tão bem-sucedida. A prestação do serviço de educação, por exemplo, era feita por órgãos da Administração Direta muito bem prestigiados. Símbolo excepcional deste período é o Colégio Pedro II, localizado no Estado do Rio de Janeiro. Uma escola sofisticada, que formava pessoas sofisticadas, com professores sofisticados.

Por que não é possível manter, na atualidade, o serviço público sendo prestado por meio da máquina pública direta, com este alto padrão de qualidade? Porque o compromisso do Estado, num primeiro momento, foi o de criar serviços para a elite do país. Esse papel ele cumpriu magnificamente bem por meio da Administração Direta. Houve a criação de algumas poucas escolas de ensino fundamental e médio e algumas outras de ensino superior, que eram suficientes para comportar os pouquíssimos alunos que faziam parte da classe privilegiada brasileira. Portanto, o tipo de serviço prestado era muito diferente daquele que o Estado foi obrigado a implementar quando foi decidido que haveria a universalização do serviço público de educação e de saúde.

No início do século XX, os alunos das escolas públicas de ensino fundamental e médio não precisavam ser alimentados pelo Estado, pois eram pessoas bem alimentadas pelas suas famílias. A partir do momento em que as pessoas mais pobres entraram no serviço de educação, na qualidade de clientes, o Estado passou a ter que buscá-las em casa, uniformizá-las, alimentá-las e curá-las — porque no geral estavam doentes. Não só isso. O Estado assumiu também a tarefa de tratar e aumentar o nível cultural das famílias daqueles novos estudantes, um desafio notável.

Novos grandes desafios foram surgindo e o Estado foi necessitando de estruturas cada vez mais complexas. O problema da eficiência cresceu paralelamente ao crescimento das novas tarefas e isto exigiu, cada vez mais, variedades de soluções jurídicas para estruturar aqueles novos serviços. As últimas novidades quanto à diversificação têm sido a entrada, cada vez mais importante, de novas soluções no campo jurídico que possibilitam o acesso das empresas — e agora nos referimos às empresas do setor privado — para atuarem nas áreas de educação e saúde, ora como fornecedores do Estado, ora como delegados do Estado.

É certo que o avanço brasileiro em matéria de universalização é algo que ainda está distante do ideal. Todavia, já estamos procurando enfrentar o desafio da universalização também do ensino superior para um número considerável da população carente. Nos últimos anos, o Estado vem contratando vagas no ensino superior privado para aqueles que não possuem recursos para pagar. Mais claramente, o Direito Público criou um regime jurídico que possibilitou a compra de vagas, pelo Estado, diretamente das empresas de educação superior — e isto tem sido feito aos milhões — para suprir, ao menos em parte, sua impossibilidade de universalizar o serviço público de educação com as suas próprias universidades. Vale citar o sistema do ProUni,[3] que foi criado com o intuito de ampliar o número de vagas no ensino superior, ao mesmo tempo que se ampliava o número de universidades públicas federais e estaduais, mantidas como entes da Administração Indireta.

Evidentemente que o regime criado gera muita discussão sobre as mais diversas questões do Direito Público, do tipo: qual seria o modelo adequado para a compra das vagas? Haveria a necessidade de licitação? Como serão escolhidas as pessoas que utilizarão os serviços, sem ferir a isonomia? E estas são apenas algumas, de muitas outras, discussões sobre o tema.

Na área de saúde, além da delegação do serviço para entidades privadas não lucrativas (as organizações sociais), o Estado por vezes tem buscado a celebração de contratos de parcerias público-privadas para que empresas do setor privado forneçam a infraestrutura necessária para o adequado e eficiente funcionamento dos serviços. Veja-se que, neste modelo, o Estado não contrata com as empresas do setor privado a prestação de serviços de saúde em si, visto que o objeto da contratação é apenas a construção, o fornecimento e a manutenção da infraestrutura.

Atualmente, o Estado de Minais Gerais está trabalhando com o modelo das parcerias público-privadas — assim como outros estados, municípios e entidades. Detalhadamente, celebram-se contratos com empresas privadas para a construção de hospitais, ou postos de saúde, e as contratadas ficam responsáveis pela manutenção dessas infraestruturas. Em contrapartida, o Estado se compromete a pagar-lhes por esse serviço de infraestrutura no longo prazo, durante a vigência contratual. Veja-se que, neste modelo, há ali o funcionamento da máquina pública do Estado, com agentes públicos prestadores de serviços de saúde.

---

[3] Programa Universidade para Todos (ProUni) é um programa do Ministério da Educação, criado pelo Governo Federal em 2004, que oferece bolsas de estudo integrais e parciais em instituições de educação superior privadas, em cursos de graduação e sequenciais de formação específica, a estudantes brasileiros sem diploma de nível superior. Mais informações, visite: <http://siteprouni.mec.gov.br>.

Diante de todo o exposto, destaca-se aqui um ponto muito importante: o desafio da estruturação do serviço público de educação e de saúde obrigou o Estado a abandonar a visão monista — as soluções únicas — e, cada vez mais, foram sendo criadas múltiplas soluções jurídicas para atender a diversidade de estratégias de gestão necessárias para o adequado funcionamento dos serviços de saúde e de educação.

Convive a liberdade privada para organizar e prestar serviços de educação e de saúde com o compromisso público de prover esses serviços. Convivem estruturas estatais (da Administração Direta e da Administração Indireta), com fornecedores privados, sejam entidades lucrativas ou não lucrativas, enfim, todos nesse mesmo campo. O Direito Público teve que se sofisticar imensamente para cumprir o compromisso de prestar serviço de qualidade para as pessoas do país inteiro, diante da complexidade existente nos setores de educação e de saúde. Salienta-se esta ideia por ser muito importante: esse compromisso foi recentemente assumido pelo Estado, visto que a ideia de universalização desses serviços é recente no Direito Público.

Soluções monistas foram possíveis na época em que o Estado tinha um compromisso limitado de prestar serviços de educação e de saúde, isto é, apenas para um nicho específico da população. De outro modo, ter uma gama maior de soluções jurídicas complexas envolvendo empresas privadas, entidades do setor privado não lucrativo, entidades da Administração Indireta e órgãos da Administração Direta é algo que decorre naturalmente do compromisso assumido com a universalização dos serviços.

Vale esta afirmação porque há muita crítica a essa diversidade de opções jurídicas acolhidas pelo Direito Público. Boa parte dessa crítica está fundada na suposição de que a existência de todas essas soluções decorre de uma decisão estatal de romper os seus compromissos com a educação e com a saúde. Todavia, o que ocorre é exatamente o inverso, não só no Brasil, mas em vários outros países do mundo. Houve efetivamente o rompimento de um compromisso estatal, porém este rompimento ocorreu com outro compromisso, qual seja, o relativo à garantia de um regime jurídico privilegiado para os servidores públicos da saúde e da educação atuantes na máquina pública. Constatou-se que manter um regime jurídico com estas características seria um óbice à universalização, em razão do alto custo que ele geraria.

Assim, a grande verdade é que o Estado precisava optar entre a universalização dos serviços e a manutenção de um regime jurídico altamente custoso e privilegiado. A experiência atual demonstra que a escolha tem sido feita pela universalização. Novas alternativas com o propósito de redução de custos foram adotadas, assim como a utilização de empresas privadas, de entidades do terceiro setor não lucrativas e outras, e isto implicou significativamente a diminuição de salários dos profissionais do setor. O fato, atual e claramente visível, é que não há a possibilidade de manter o nível salarial do passado, pois, para isso, seria necessário que a sociedade fosse capaz de gerar recursos numa quantidade significativamente mais alta, que possibilitasse a universalização dos serviços por meio de uma máquina pública efetivamente cara. Isto não tem acontecido e é esse, portanto, o grande desafio contemporâneo.

Recapitulando, esse é o primeiro grande papel do Direito Público — que se desdobra em dois grandes desafios intermediários. O grande papel: *estruturar serviços e organizações*. Os dois grandes desafios intermediários: que sejam capazes de (1º) realizar *valores públicos* e se tornem (2º) *eficientes* nas áreas de educação e de saúde.

3 Desafios para garantir direitos individuais em saúde e educação

Mas há um segundo grande papel, haja vista que a criação das organizações e a definição dos serviços não significa, exatamente, que as pessoas tenham *direitos individuais* relativamente a estes serviços. Este é o outro papel do Estado: transformar a educação e a saúde em direitos individuais.

Por certo, mesmo que o Estado não garanta verdadeiros *direitos individuais* às prestações individuais de saúde e de educação, não é pouca coisa criar essas entidades e organizações e, da mesma forma, não é pouco a existência de serviços públicos funcionando e crescendo cada vez mais. Ou melhor, tudo isso não é pouco, mesmo que a técnica do direito subjetivo não seja utilizada para transformar educação e saúde em direitos individuais.

No caso brasileiro — que é paradigmático em relação a isso — foram inseridas na Constituição de 1988 regras e princípios (ou normas programáticas, se assim se quiser chamá-las), que estão claramente inspiradas pela ideia de que se deve garantir para as pessoas direitos individuais à educação e à saúde. Pressupôs-se que o desenvolvimento social, econômico e institucional do país somente seria atingido com a garantia de educação e saúde como direitos efetivos.

A Constituição brasileira expressamente faz menção ao direito à saúde e ao direito à educação. Em outras palavras, o Estado tem um *dever* e as pessoas têm um *direito* à saúde e à educação. Há um compromisso constitucional em relação a esses direitos. Mas como este projeto vem sendo cumprido? Como funcionam essas garantias? Do ponto de vista das técnicas do Direito, quais seriam as transformações necessárias para o Direito Público cumprir esta tarefa?

Um primeiro ponto interessante a destacar é o modo como se imaginou transformar educação e saúde em direitos individuais. Optou-se por fazer uma afirmação universalizante, diretamente na Constituição: "todos têm direito à educação" e "todos têm direito à saúde".

Garantir formalmente direitos é uma técnica tradicionalmente utilizada pela ordem jurídica. Isso funciona muito bem quando está em pauta a proteção de sujeitos *muito específicos* em situações *muito específicas*. A ordem jurídica, por exemplo, usou esta técnica quando tratou sobre o direito de um proprietário exigir o aluguel do seu inquilino. Note-se que estamos diante de uma relação comutativa muito clara, João e José, proprietário e inquilino. Numa relação jurídica bilateral muito específica como essa, a ordem jurídica disse: João tem direito a receber o aluguel de José. Esta é a técnica de conferir direito subjetivo numa situação específica entre dois sujeitos claramente determinados.

Imaginou-se que esta mesma técnica — de conferir *direitos* formais pela norma jurídica abstrata — fosse capaz de garantir, como resultado final, a obtenção de direitos individuais à saúde e à educação para todas as pessoas. Bastava escrever na Constituição e, como num passe de mágica, todos teriam direito à saúde e todos teriam direito à educação. O problema dessa suposição é que essas normas foram construídas de uma maneira bem diferente. A técnica até parece a mesma, mas, ao contrário da lei sobre locação de imóveis, a estrutura das normas de Direito Público é totalmente diferente.

Todos têm *direito* à saúde e o Estado tem *deveres*. Diferentemente da clara determinação encontrada na relação proprietário e inquilino, o grau de especificação na norma que garante o direito à saúde é praticamente zero. Tanto os sujeitos como a própria prestação são indeterminados. Não se sabe o que é o Estado (seria a Administração Direta? a Administração Indireta? ou o particular delegatário?), quem é o Estado (seria o Estado membro da federação? o Município? a União?), enfim, a norma é omissa na determinação exata de quem seria o sujeito obrigado a prestar o serviço. Nem mesmo a prestação está determinada (o que é direito à saúde? quais são as prestações que poderão ser exigidas?), pois dizer que determinada pessoa tem direito à saúde é muito diferente de dizer que o proprietário tem o direito de obter o despejo do seu inquilino em 30 dias, caso ele não pague a prestação ajustada no contrato.

Relativamente à educação ainda há certa determinação, pois a Constituição brasileira procurou definir um pouco melhor as prestações a que as pessoas teriam direito. Definiu-se, por exemplo, por níveis, dizendo que todos têm direito ao ensino fundamental gratuito, ou seja, pelo menos se disse que era o ensino fundamental o objeto da garantia. Ainda assim é possível discutir o que seria ensino fundamental, quais seriam as prestações, quanto tempo dura o ensino fundamental, quantas horas, qual é o nível de qualidade, qual é o conteúdo desse ensino. A norma constitucional não disse (e seria difícil mesmo dizê-lo).

De modo que isso é um ponto importante a destacar. Apostou-se em usar a mesma técnica que a legislação habitualmente utilizava: a de garantir direitos individuais muito concretos, em situações muito específicas, diante de sujeitos muito específicos e por norma geral. Adotou-se, assim, essa mesma técnica em matéria de educação e saúde com o objetivo de que, ao final, todos tivessem direitos subjetivos concretos e pudessem exigir saúde e educação.

No entanto, o fato é que existe uma imensa distância entre colocar uma mera declaração geral de direito à educação e à saúde na Constituição e efetivamente ter *direitos subjetivos* concretos e específicos, garantidos para *sujeitos* (*pessoas*) concretos e específicos, perante *sujeitos* (*Estado*) concretos e específicos. A questão é: como se percorre essa distância? A experiência jurídica atual tem sido o desafio de construir soluções para percorrer essa distância.

O problema é que ainda há relativamente pouca atuação do Poder Legislativo neste sentido. As normas legislativas até existem — por exemplo, em matéria de definição do que são serviços gratuitos de educação e de saúde — mas ainda tratam com o mesmo estilo das normas constitucionais, ou seja, com alto grau de indefinição. São normas, em grande medida, estruturais e programáticas (utilizando-se aqui desta expressão que está um pouco fora de moda, mas que é significativa).

Já que o legislador não tem sido o grande ator nessa matéria, resta-nos contar basicamente com a atuação da Administração Pública para realizar prestações de serviços de saúde e educação. Contudo, o Poder Executivo vem atuando nestas matérias muito mais numa função de *gestor*, e não tanto como *produtor* de normas que possam transformar serviços em direitos subjetivos, como se idealizou inicialmente com a previsão constitucional de garantia à saúde e à educação.

Isto é, não se pode negar que a Administração brasileira — e talvez no mundo todo seja assim — tem trabalhado (e neste ponto tem trabalhado muitíssimo) para *criar* serviços de educação e saúde, *universalizar* esses serviços e *melhorar* a sua qualidade. Contudo, por outro lado, tem trabalhado pouco para, por meio de regulamentos administrativos, *formalizar* direitos individuais relativos às prestações de saúde e educação, com características específicas (*tais* ou *quais*).

Veja-se que há uma verdadeira contradição. Ao se garantir direito constitucional à educação e à saúde se conseguiu colocar "em marcha" uma atuação administrativa muito rica e dinâmica, cujo objetivo primordial foi o de oferecer concretamente esses serviços. Isto é real e inegável. Todavia, a Administração Pública não tem trabalhado — nem tem sido o seu grande foco — para formalizar a garantia destes direitos, e vem optando por uma espécie de *garantia prática de direito*, apenas com o oferecimento de prestações. A explicação para isso é simples: tomar decisões formais, por meio de normas jurídicas que asseguram direitos de conteúdo bem especificado, exige assumir compromissos para o futuro, e é muito difícil assumir compromissos numa fase ainda embrionária, como a atual. Discute-se, ainda, sobre a implantação de serviços e sobre a viabilidade de fazê-lo diante da escassez de recursos. Além disso, ainda há uma intensa luta entre os sujeitos no tocante à distribuição dos recursos escassos.

Efetivamente não é uma tarefa fácil decidir para onde devem ir os recursos de saúde. Seria para a saúde preventiva ou para a saúde reparadora? Para o tratamento da AIDS ou para o tratamento da esquistossomose? Essas decisões são tomadas no dia a dia, algumas vezes por motivos políticos (pressões políticas), outras com a alocação dos recursos, às vezes com a gestão de pessoal, e assim por diante. Ou seja, não está em pauta a transformação destas *decisões pragmáticas* em decisões formais que gerem direitos subjetivos, na medida em que esses serviços estão ainda em fase de implantação.

Há, ainda, um segundo problema que diz respeito à grande potencialidade de evolução dos serviços de saúde. O serviço de saúde se transforma profundamente, a inovação tecnológica em matéria de saúde é extraordinária, e é a única área do conhecimento em que a inovação tecnológica não baixa os custos do serviço, só os faz aumentar. Os serviços de saúde são cada vez mais caros. Há um aumento contínuo de drogas e exames, cada vez mais caros — e melhores — sendo colocados no mercado, e isso vem pressionando o Estado a alocar uma quantidade imensa de recursos públicos para o setor. Portanto, a inovação tecnológica não está barateando os custos da saúde, pelo contrário, está aumentando.

Em matéria de educação o problema é outro. Embora a inovação tecnológica diminua os custos, há uma constatação de que, cada vez mais, os serviços de educação vêm se estendendo para além do ensino básico. Seja na idade, pois as pessoas pensam cada vez mais no ensino superior, seja na variedade, haja vista que há mais cursos de pós-graduação e de extensão horizontal. Ou seja, há cada vez mais tipos de serviços que se incorporam à ideia de serviço público de educação.

De maneira que é complexíssimo, num ambiente como esse, que a Administração Pública faça qualquer tipo de afirmação formal de que algo é um direito subjetivo muito concreto e especificado. Da mesma forma, como já foi analisado, o legislador não tem se ocupado fundamentalmente em definir, com precisão, esses direitos subjetivos para que eles possam ser exigíveis pelo mecanismo clássico.

Por consequência, é o Poder Judiciário que tem sido acionado com frequência para que ele defina que alguém tem um direito subjetivo concreto e específico perante outrem. As normas jurídicas existentes ajudam nesta tarefa, sobretudo as normas mais genéricas e abstratas, na medida em que têm sido utilizadas para que a Justiça cumpra esse papel.

O acesso à Justiça no intuito de fazer com que ela construa, garanta ou, até mesmo, afirme a existência de direitos individuais concretos em matéria de educação e saúde tem sido muito dinâmico. Há muita provocação da Justiça nesse sentido e muitas ações individuais e coletivas, ainda mais em matéria de saúde. No caso dos medicamentos, a título de exemplo, há uma quantidade enorme de ações judiciais propostas contra o Estado, em cada unidade federativa e em cada município, cobrando a prestação individual de medicamentos, dos mais variados tipos.

Menos numerosas talvez — mas também relevantes — são as ações tentando garantir o direito à educação. Muitas ações coletivas também são propostas, sobretudo pelo Ministério Público, que atua fortemente nessa matéria, especialmente em matéria de educação infantil.

O surpreendente é, tanto em educação como em saúde, que as afirmações judiciais, em geral, partem sem qualquer hesitação do pressuposto de que o juiz, individualmente, possui competência plena para "sacar" direitos individuais daquelas normas constitucionais que, em grande maioria, são muito indeterminadas. O problema é que, nas ações judiciais, o que se pede são prestações muito precisas, de sujeitos bem determinados, em relação a pessoas bem específicas. Mas será mesmo possível que, judicialmente, se tirem coisas tão concretas de normas tão abstratas?

Em breve resumo do comportamento judicial nessa matéria, é possível afirmar que a Justiça tem se considerado competente para extrair daquelas normas (abstratas e vaguíssimas) o resultado final de que José tem direito a um serviço de saúde mais amplo e absoluto. Descendo às minúcias, isto envolve, inclusive, o direito de obter o tratamento para um problema de saúde que ele tem nos pés (frieira, por exemplo), e que o Estado, para tanto, é obrigado a lhe prover o medicamento tal ou qual. Medicamento este que surgiu recentemente na Escandinávia e tem o poder de curar o problema de seus pés com muita rapidez.

Em geral, a Justiça não tem rejeitado essa incumbência. A Justiça tem partido de um pressuposto fantasioso — o de que há realmente um direito preciso garantido, na norma geral e abstrata — e se incumbe da tarefa de concretizar esse direito, custe o que custar. De forma mais simples, o pressuposto seria o seguinte: *o direito já existe, cabe à Justiça apenas garantir concretamente o direito que já existe e que o devedor não respeita.* E essa opinião tem prevalecido, quase que unanimemente, na jurisprudência mais recente.

Aí está o grande problema da Justiça nessa matéria. A suposição de que o direito já existe e que cabe ao juiz, naquele caso, apenas expressar uma decisão que já está previamente tomada. Ele seria o "boca da lei", e seria capaz de expressar uma decisão que já está contida na norma e que, supostamente, foi tomada com grau de especificação imenso. Os juízes realmente vêm partindo desse pressuposto.

É possível cogitar que a razão pela qual os juízes partem desse pressuposto é quase uma razão sentimental. Eles não são capazes de negar a assistência judicial a uma pessoa à beira da morte. Vislumbram a possibilidade de o serviço de saúde, talvez, diminuir o sofrimento daquela pessoa ou lhe estender a vida. Razões sentimentais impulsionam o juiz a tomar uma decisão em favor daquele sujeito, pressupondo que a Constituição brasileira já disse que ele tem o direito naquele específico caso.

Razão quase sentimental, este é o grande problema. O perigo dessa solução pontual está na quantidade ofertada. É relativamente fácil tomar essa decisão quando o número de pessoas que acionam a Justiça é ínfimo. Da mesma maneira que era muito fácil garantir educação de qualidade quando apenas 10 mil pessoas da elite brasileira tinham acesso à educação. Mas a questão é saber em que medida a Justiça pode garantir concretamente o direito a um medicamento quando todas as pessoas devam ser beneficiadas pela decisão.

Evidentemente que há um perigo potencial nesse comportamento judicial: o perigo das decisões individuais completamente arbitrárias. Isso acontece quando se pressupõe que o direito já existe e que ele não precisa ser construído.

O processo evolutivo tão aguardado que visa ao cumprimento daquilo que seria o grande objetivo do Estado, que é *garantir direito* — direito verdadeiro, subjetivo e individual — à educação e à saúde, depende da superação dessa visão sentimental e da aceitação da ideia de que meras declarações de direitos à saúde e à educação na Constituição não são capazes de definir concretamente quais são as prestações a que os sujeitos têm direito.

Na prática, isso significa que, ao surgir uma questão jurídica em matéria de educação e saúde, individual e concreta, que suscite uma decisão pontual e específica, o juiz — antes de tudo — tem de analisar a matéria de modo coletivo (pensando no todo). Não pode o juiz analisar este tipo de questão isoladamente, pois isto possibilita ao autor da ação a obtenção de uma decisão privilegiada.

Por que isso não pode acontecer? Porque os direitos ainda não existem, eles têm de ser construídos. O juiz, ao ser provocado por um sujeito, precisa construir o direito que a Constituição na verdade não deu, apenas prometeu vagamente. Assim, o critério puramente individual para garantir um direito vagamente constitucionalizado é uma solução arbitrária, que leva à desigualdade.

Desse modo, a Justiça até pode exercer um papel importante nessa matéria. Desde que, primeiramente, aceite a ideia de que, ao garantir determinado direito vagamente previsto na Constituição, ela estará na verdade construindo aquele direito, diferentemente do que vem se pensando, que aquilo seria apenas uma declaração no caso concreto de um direito previamente construído. Em segundo lugar, a Justiça tem de ser capaz de fazer a construção do direito a partir de uma análise coletiva, não apenas individual, porque esse direito não pode ser construído com critério puramente individual.

Está em jogo uma questão *distributiva* e, por esse motivo, tais direitos não podem ser construídos com critérios individuais. Questões distributivas precisam ser decididas com critérios coletivos. São todos e José, e não João e José. Os recursos são finitos e se faz necessário estudar a alocação inteligente destes recursos finitos — para tais e quais situações.

Em determinadas situações é possível que o Poder Judiciário tome decisões. Entretanto, ao decidir fazê-lo, será preciso que ele suporte o que será chamado aqui de *ônus do regulador*. Ou seja, o mesmo ônus que o regulador suporta quando decide questões distributivas. Examina-se como aquela determinada decisão afetará a todos os sujeitos, tanto os que estão ali presentes, quanto os que não estão perante o Poder, pois não conseguem estar representados — e constituem a grande maioria. Com isso, analisando a questão como um todo, constrói-se uma solução geral para aplicação individual.

Enfatiza-se, não é possível que os juízes construam arbitrariamente soluções individuais para problemas que são claramente distributivos. O fato é que, no geral, a Justiça não é capaz — e se reconhece que não é capaz — de fazer a construção coletiva. Então, o mais correto é que a Justiça tenha a coragem de dizer: "não me cabe garantir este direito". Esta incapacidade se dá por diversos motivos, seja por razões de legitimidade democrática ou, até mesmo, por razões de ordem material. A construção deste direito tem que ser implementada em outra esfera — provavelmente na esfera administrativa. O juiz, neste caso, precisa abdicar da sua pretensão de construir o direito. Isto é, de construir as definições. Cabe a ele a utilização de mecanismos persuasivos para obrigar a Administração Pública a construir, coletivamente, os direitos individuais nesta matéria. Afinal de contas, essa é a forma correta de tratar estas questões, levando em consideração as decisões, já que são decisões de caráter distributivo.

Obviamente, isso não impede que o juiz atue em muitos outros casos, cujas decisões cumpram apenas uma *função instabilizadora*. Isto é, decisões individuais que procurem instabilizar ou provocar a Administração Pública para tirá-la da omissão. Eventualmente o juiz poderá tomar decisões individuais que, num primeiro momento, pareçam arbitrárias, mas cuja função seja apenas estratégica, para tirar a Administração Pública da inércia.

No entanto, não é possível caminhar, daqui para o futuro, com base na suposição romântica de que serão os juízes que construirão, individual e arbitrariamente, as decisões que serão capazes de transformar educação e saúde em direitos subjetivos individuais.

Portanto, o grande desafio é o de ultrapassar essa *era romântica*, que vislumbra a possibilidade da garantia dos direitos vagamente constitucionais na esfera judicial, e iniciar um período em que a posição da Justiça seja mais estratégica, ou melhor, capaz de atuar estrategicamente. Para tanto, é preciso que se reconheça que a garantia abstrata, numa norma constitucional, de direito à educação e à saúde significa muito pouco. Logo, é preciso que ainda haja a construção desses direitos por meio de normas. E, muito provavelmente, de normas administrativas, por serem mais dinâmicas — e isto é fundamental.

No caso das telecomunicações, um exemplo em matéria de serviço público econômico, antes da década de 1990 o Estado construiu (durante muito tempo) a máquina para prestar o serviço e, em nenhum momento, houve a garantia formal de direito algum. Isto trouxe benefícios para o setor, pois os serviços cresceram. A partir de certo momento, o Estado mudou e, inclusive, começou a privatizar. Foi neste momento — ou seja, passada a fase ainda imatura que os setores de educação e saúde vêm enfrentando — que o Estado decidiu sobre a necessidade de iniciar um processo de definição de direitos em favor das pessoas. Direitos muito concretos passaram a ser construídos em favor dos usuários dos serviços de telecomunicações, do tipo: quais seriam os deveres precisos dos prestadores em relação aos usuários?

O ideal é que se faça exatamente a mesma coisa em matéria de educação e saúde — com o desafio de que estes serviços continuarão a ter prestadores públicos. O Estado, então, precisa criar normas administrativas para a autorregulação. Isto é, limitar a si mesmo, com o objetivo de criar formalmente direitos individuais e concretos em favor de sujeitos muito bem determinados.

Informação bibliográfica deste texto, conforme a NBR 6023:2002 da Associação Brasileira de Normas Técnicas (ABNT):

SUNDFELD, Carlos Ari; DOMINGOS, Liandro. Desafios do direito público em relação à saúde e à educação. *In*: BACELLAR FILHO, Romeu Felipe; HACHEM, Daniel Wunder (Coord.). *Direito público no Mercosul*: intervenção estatal, direitos fundamentais e sustentabilidade: anais do VI Congresso da Associação de Direito Público do Mercosul: homenagem ao Professor Jorge Luis Salomoni. Belo Horizonte: Fórum, 2013. p. 189-203. ISBN 978-85-7700-713-4.

MÍNIMO EXISTENCIAL E DIREITOS FUNDAMENTAIS ECONÔMICOS E SOCIAIS: DISTINÇÕES E PONTOS DE CONTATO À LUZ DA DOUTRINA E JURISPRUDÊNCIA BRASILEIRAS

DANIEL WUNDER HACHEM

1 Considerações iniciais: o mínimo existencial e a jusfundamentalidade dos direitos econômicos e sociais

O regime jurídico dos direitos econômicos e sociais[1] no Direito Constitucional brasileiro consiste em ponto de divergência tanto no âmbito doutrinário quanto na seara jurisprudencial. A aceitação de que tais direitos se configuram como legítimos direitos fundamentais, e que portanto se submetem à disciplina jurídica especial que a Constituição dispensa a esses direitos, não foi e ainda não é um ponto de unanimidade da teoria dos direitos fundamentais. A temática, mais do que simples análise jurídica do texto constitucional, remonta a questões de fundamentação dos direitos humanos e fundamentais, visto que as variadas posições contrárias ao reconhecimento da jusfundamentalidade dos direitos econômicos e sociais baseiam-se não somente em um prisma dogmático, mas também, conforme identifica Gerardo Pisarello, em percepções históricas, filosófico-normativas e teóricas.[2]

Na sistemática constitucional brasileira, o reconhecimento de que determinados direitos são dotados de *fundamentalidade* impõe a identificação de um regime jurídico determinado, sobre eles incidente. Isso porque, muito embora não se possa afirmar a existência um sistema autônomo e fechado de direitos fundamentais na Constituição

---

[1] Destaque-se, desde logo, que neste texto as expressões "direitos sociais", "direitos econômicos e sociais" e "direitos fundamentais sociais" serão utilizadas indistintamente, para designar os direitos fundamentais que têm por objeto a tutela de bens econômicos, sociais e culturais imprescindíveis para assegurar uma vida digna, que o indivíduo poderia obter também dos particulares, caso ostentasse condições financeiras para adquiri-los e os encontrasse disponíveis no mercado. Sobre a caracterização de tais direitos a partir do conteúdo mencionado, ver: ALEXY. *Teoría de los derechos fundamentales*, p. 443; NOVAIS. *Direitos sociais*: teoria jurídica dos direitos sociais enquanto direitos fundamentais, p. 41.

[2] Para uma análise das teses contrárias ao reconhecimento de jusfundamentalidade aos direitos sociais sob as perspectivas *histórica* (p. 19-36), *filosófico-normativa* (p. 37-58), *teórica* (p. 59-78) e *dogmática* (p. 79-110), ver: PISARELLO. *Los derechos sociales y sus garantías*: elementos para una reconstrucción.

brasileira, completamente afastado do contexto geral da Lei Maior, é possível, ao menos, perceber elementos normativos distintivos que emprestam a esses direitos uma disciplina jurídica peculiar. Assim como os demais direitos previstos pela Constituição Federal, os direitos fundamentais consistem em direitos *supralegais*, eis que veiculados por normas constitucionais situadas no ápice da ordem jurídica, insuscetíveis de modificação simples pelo legislador ordinário. No entanto, há pelo menos dois caracteres que peculiarizam o regime jurídico dos direitos fundamentais, não se estendendo a todos os direitos constitucionalmente estabelecidos: a aplicabilidade imediata (art. 5º, §1º, CF) e a proteção contra emendas abolitivas (art. 60, §4º, IV, CF).[3]

O primeiro deles consiste na previsão do art. 5º, §1º, da CF, a qual dispõe que "As normas definidoras dos direitos e garantias fundamentais têm aplicação imediata". Trata-se de inovação da Constituição de 1988, não incluída em textos constitucionais pretéritos, e que enseja variadas interpretações da doutrina em torno do seu comando normativo.[4] Há consenso, contudo, no sentido de que a determinação tem o condão de estabelecer que todas as disposições que consagram direitos e garantias fundamentais vinculam diretamente os Poderes Públicos (Executivo, Legislativo e Judiciário), sendo capazes de gerar efeitos jurídicos desde logo, independentemente de regulamentação infraconstitucional (ainda que não haja unanimidade quanto às espécies de direitos englobados por esse dispositivo e quanto à extensão desses efeitos).

A previsão surge como forma de superar a ideia de que os direitos fundamentais só ganham operatividade após serem enunciados pelo legislador ordinário, intelecção própria da racionalidade vigente na Europa continental do século XIX, em que a proteção dos direitos fundamentais se resumia no respeito ao princípio da legalidade por parte da Administração. A garantia dos direitos fundamentais residia na existência de uma lei regulamentadora, cujo conteúdo dirigia-se à tutela do cidadão frente às intervenções do Poder Executivo contra a liberdade e a propriedade. Logo, não havia uma vinculação direta do legislador ao conteúdo do texto constitucional ou das declarações de direitos (quando estas não estavam inseridas naquele).[5] No contexto específico do Brasil, a afirmação expressa de que as normas de direitos fundamentais são imediatamente aplicáveis decorre também da existência habitual de disposições insertas em Constituições anteriores que jamais chegaram a sair do papel.[6]

O segundo elemento acima referido concerne à vedação de emendas constitucionais que tendam a eliminar direitos fundamentais da ordem jurídica, nos termos do art. 60, §4º, IV da CF: "Não será objeto de deliberação a proposta de emenda tendente a abolir: [...] os direitos e garantias individuais". Por conta desse dispositivo, os direitos

---

[3]   SARLET. *A eficácia dos direitos fundamentais*: uma teoria geral dos direitos fundamentais na perspectiva constitucional, p. 74-75. Acolhe-se aqui a posição do autor, de que "A condição de 'cláusula pétrea', aliada ao postulado da aplicabilidade imediata dos direitos fundamentais (art. 5º, §1º, da CF), constitui justamente elemento caracterizador essencial de sua força jurídica reforçada na ordem constitucional pátria" (SARLET, *op. cit.*, p. 422).

[4]   Para uma análise das distintas posições acerca da interpretação do art. 5º, §1º da Constituição Federal, entre outros, ver: HACHEM. A aplicabilidade imediata dos direitos fundamentais na Constituição Federal de 1988: 20 anos de obscuridade nas brumas do senso comum teórico. *EOS – Revista Jurídica da Faculdade de Direito*, p. 102-127.

[5]   GAVARA DE CARA. *Derechos fundamentales y desarrollo legislativo*: la garantia del contenido esencial de los derechos fundamentales en la Ley Fundamental de Bonn, p. 9-10.

[6]   É o caso da Emenda Constitucional nº 1/1969, que em seu art. 165, XVIII assegurava aos trabalhadores, apenas em tese, direitos sociais como "XVIII – colônias de férias e clínicas de repouso, recuperação e convalescença, mantidas pela União, conforme dispuser a lei", os quais jamais foram concretizados (BARROSO. A doutrina brasileira da efetividade. *In*: BARROSO. *Temas de direito constitucional*, p. 63).

fundamentais integram as chamadas *cláusulas pétreas*, constituindo limites materiais à reforma da Constituição. Há aqui, igualmente, controvérsias quanto ao âmbito de incidência do mandamento em questão, notadamente pelo fato de o constituinte ter utilizado a expressão "direitos e garantias *individuais*", em vez de "direitos e garantias *fundamentais*", fato que, para alguns, implicaria excluir do seu espectro os direitos econômicos e sociais.[7]

Nessa medida, pode-se dizer que o sistema constitucional brasileiro instituiu um regime jurídico especialmente protetivo aos direitos fundamentais, tutelando-os de modo diferenciado em uma dupla perspectiva: (i) em um sentido negativo, blindando-os contra *ações* ofensivas do Poder Constituinte Reformador, ao proibir a edição de emendas constitucionais tendentes a aboli-los (art. 60, §4º, IV, CF); (ii) em um sentido positivo, prevenindo-os contra *omissões* atentatórias do legislador, do administrador e do juiz, ao determinar que as normas que os consagram desfrutam de aplicação imediata (art. 5º, §1º, CF). Cuida-se, pois, de um regime que, de um lado, assegura a proteção contra investidas de maiorias parlamentares que pretendam vergastar o conteúdo dos direitos fundamentais, eliminando-os da Constituição, e de outro impulsiona a promoção efetiva desses direitos quando a inércia — intencional ou não — do Poder Público inviabilizar o seu exercício por omissão na sua regulamentação normativa ou na sua implementação material.

Conforme mencionado, há na doutrina brasileira acirrada divergência quanto aos direitos que estão submetidos a esse regime jurídico específico. É possível identificar ao menos quatro posições a respeito desse tema: a) exclusão dos direitos econômicos e sociais do âmbito de proteção do regime jurídico dos direitos fundamentais;[8] b) limitação da aplicação do regime jurídico dos direitos fundamentais ao conteúdo dos direitos econômicos e sociais coincidente com o mínimo existencial;[9] c) incidência do regime jurídico dos direitos fundamentais somente sobre a parcela dos direitos econômicos e sociais necessária a garantir as condições procedimentais da democracia;[10] d) submissão integral dos direitos econômicos e sociais ao regime jurídico dos direitos fundamentais.[11]

Nada obstante a existência dessas várias concepções acerca da jusfundamentalidade dos direitos econômicos e sociais, tem sido comum no Direito brasileiro, tanto

---

[7] A posição é sustentada por: MAGANO. Revisão constitucional. *Cadernos de Direito Constitucional e Ciência Política*, p. 110-111.

[8] É o caso de autores como Octávio Bueno Magano, quando admite a possibilidade de exclusão de direitos sociais da Constituição brasileira por meio de reformas constitucionais (MAGANO. Revisão constitucional. *Cadernos de Direito Constitucional e Ciência Política*, p. 110-111), e de João Pedro Gebran Neto, quando nega a submissão dos direitos sociais ao regime de aplicabilidade imediata das normas definidoras de direitos fundamentais, previsto no art. 5º, §1º, da Constituição Federal (GEBRAN NETO. *A aplicação imediata dos direitos e garantias individuais*: a busca de uma exegese emancipatória, p. 158).

[9] TORRES. A jusfundamentalidade dos direitos sociais. *Revista de Direito da Associação dos Procuradores do Novo Estado do Rio de Janeiro*, p. 349-374; MAURÍCIO JR. *A revisão judicial das escolhas orçamentárias*: a intervenção judicial em políticas públicas, p. 47.

[10] SOUZA NETO. Fundamentação e normatividade dos direitos fundamentais: uma reconstrução teórica à luz do princípio democrático. *In*: MELLO; TORRES (Org.). *Arquivos de direitos humanos*, p. 17-61. e SOUZA NETO. A justiciabilidade dos direitos sociais: críticas e parâmetros. *In*: SOUZA NETO; SARMENTO (Coord.). *Direitos sociais*: fundamentos, judicialização e direitos sociais em espécie, p. 515-551.

[11] SARLET. *A eficácia dos direitos fundamentais*: uma teoria geral dos direitos fundamentais na perspectiva constitucional, *passim*; NOVAIS. *Direitos sociais*: teoria jurídica dos direitos sociais enquanto direitos fundamentais, *passim*.

na doutrina quanto na jurisprudência, a referência ao conceito de mínimo existencial quando se trata do tema da exigibilidade judicial dos direitos sociais. Percebe-se, especialmente nas decisões judiciais, que mesmo os intérpretes que não adotam expressamente a redução o caráter de fundamentalidade dos direitos econômicos e sociais ao mínimo existencial, muitas vezes a ele recorrem com o propósito de reforçar seus argumentos em prol da satisfação judicial de prestações materiais positivas, manejando o conceito sem precisão teórica e confundindo o seu conteúdo com o dos direitos sociais.

A intenção deste estudo é, pois, analisar de maneira um pouco mais aprofundada a tratativa doutrinária e jurisprudencial acerca do direito ao mínimo existencial, perquirindo a sua formulação conceitual e esclarecendo a sua relação com os direitos fundamentais sociais, para delinear com maior clareza as distinções e os pontos de contato entre eles. Objetiva-se, com isso, contribuir para a diminuição do emprego indiscriminado da categoria do mínimo existencial, cada vez mais comum no Brasil, ora para o propósito de nele inserir toda e qualquer prestação vinculada a um direito fundamental social, ora para justificar a rejeição de realização judicial de direitos fundamentais sociais, sob o argumento de não estarem nele incluídos.

Destaque-se, desde logo, que não se pretende esgotar o assunto, investigando as raízes filosóficas do conceito, todas as suas possíveis fundamentações[12] e os seus diversos desdobramentos jurídicos.[13] O escopo limita-se ao tema central do estudo, que diz respeito às relações do mínimo existencial com a jusfundamentalidade dos direitos econômicos e sociais.

2 Origens, conceito e fundamentos jurídicos do mínimo existencial

A noção de mínimo existencial pode ser analisada tanto sob o prisma negativo, da defesa do indivíduo contra intervenções estatais que dele subtraiam os meios essenciais para sua sobrevivência com dignidade, quando sob a óptica positiva, relativa à necessidade de prestações do Poder Público destinadas a propiciar condições materiais de existência digna.

Enfrentando o tema sob ambas as perspectivas, Ricardo Lobo Torres sintetiza a problemática do mínimo existencial relacionando-a com a questão da pobreza e da cobrança de tributos pelo Estado. Com a superação do Estado Patrimonial, em que a classe pobre da população estava sujeita ao pagamento de tributos, no Estado de Polícia inicia-se a previsão da imunidade do mínimo existencial, afastando do âmbito de incidência fiscal as pessoas destituídas de condições financeiras mínimas para a sua subsistência. No Estado Fiscal de Direito amplia-se a imunidade do mínimo existencial em

---

[12] Sobre os fundamentos teóricos e filosóficos do mínimo existencial, explorando de forma aprofundada as distintas concepções de John Rawls ("defesa do mínimo social"), Friedrich Hayek ("garantia de uma renda mínima"), Michael Walzer ("proteção universal e comunitária de direitos mínimos"), Jürgen Habermas ("a autonomia requer direitos básicos") e Carlos Santiago Nino ("condições materiais decorrentes da autonomia"), ver: HONÓRIO. *Olhares sobre o mínimo existencial em julgados brasileiros*, f. 12-41. Para uma análise mais sintética das fundamentações de John Rawls, Robert Alexy, Jürgen Habermas e Phillipe Van Parijs: TORRES. *O direito ao mínimo existencial*, p. 54-62. O tema foi também explorado por: BARCELLOS. O mínimo existencial e algumas fundamentações: John Rawls, Michael Walzer e Robert Alexy. *In*: TORRES (Org.). *Legitimação dos direitos humanos*.

[13] Para uma análise completa do mínimo existencial e de seus diversos desdobramentos jurídicos, ver: TORRES. *O direito...*, p. 179-298.

relação aos impostos, aliada à teoria da tributação progressiva, estendendo-se também às taxas, admitindo-se prestações estatais positivas (educação, assistência médica etc.) independentemente de contrapartida pecuniária. E no Estado Social Fiscal, correspondente à fase do Estado de Bem-Estar Social, a proteção deixa de limitar-se ao mínimo existencial, alargando-se no sentido de impor ao Estado mecanismos paternalistas de proteção dos direitos sociais.[14]

Sob o prisma positivo, referente ao dever estatal de implementar prestações materiais aos necessitados, costuma-se afirmar que o reconhecimento pioneiro de um direito fundamental às condições mínimas de existência digna deu-se jurisprudencialmente na Alemanha, onde teve a sua "primeira importante elaboração dogmática".[15] De acordo com Ingo Sarlet, o primeiro jurista alemão no período Pós-Guerra a identificar um direito ao mínimo existencial foi Otto Bachof. A formulação baseava-se no princípio da dignidade humana, partindo da ideia de que a sua realização plena não dependia apenas da salvaguarda da liberdade, mas, igualmente, de um mínimo de segurança social, uma vez que o indivíduo despido de recursos materiais que lhe permitissem viver adequadamente não teria sua dignidade respeitada. Um ano depois da formulação do citado autor tedesco, em 1954, o Tribunal Federal Administrativo alemão (*Bundesverwaltungsgericht*) reconheceu a um cidadão carente o direito subjetivo a recursos materiais propiciados pelo Estado,[16] lastreando-se no princípio da dignidade humana, e nos direitos à vida e à liberdade.[17] No ano de 1975, o Tribunal Constitucional alemão reconheceu, também, a existência do direito ao mínimo para uma existência digna como direito fundamental do cidadão.[18]

O contexto constitucional alemão deve ser esclarecido, para uma adequada compreensão do seu pioneirismo no reconhecimento jurisprudencial do direito ao mínimo existencial. A Constituição alemã — Lei Fundamental de Bonn de 1949 — não prevê um rol expresso de direitos sociais típicos, afora a proteção da maternidade e dos filhos, bem como o dever de atuação estatal em prol da compensação das desigualdades fáticas relativas à discriminação das mulheres e dos portadores de deficiências (embora alguns sequer considerem estes como direitos sociais).[19] Assim, não há na Alemanha, tal como existe no Brasil, um rol sistemático de direitos sociais como saúde, educação, assistência social etc., fato que alguns autores reputam à má experiência da Constituição de Weimar de 1919. Segundo Andreas J. Krell, para os alemães, sua Constituição anterior — reconhecida internacionalmente como uma das pioneiras, juntamente com a Constituição

---

[14] TORRES. *O direito...*, p. 3-7.

[15] SARLET; FIGUEIREDO. Reserva do possível, mínimo existencial e direito à saúde: algumas aproximações. *In*: SARLET; TIMM (Coord.). *Direitos fundamentais*: orçamento e "reserva do possível", p. 20.

[16] ALEMANHA. *BVerwGE* 1, 159 (161 e ss.), 24.06.1954.

[17] SARLET. *A eficácia...*, p. 317-318; BITTENCOURT NETO. *O direito ao mínimo para uma existência digna*, p. 55; HONÓRIO, *op. cit.*, p. 45-46.

[18] Observe-se trecho da decisão: "certamente a assistência aos necessitados integra as obrigações essenciais de um Estado Social. [...] Isso inclui, necessariamente, a assistência social aos cidadãos que, em virtude de sua precária condição física e mental, encontram-se limitados nas suas atividades sociais, não apresentando condições de prover a sua própria subsistência. A comunidade estatal deve assegurar-lhes pelo menos as condições mínimas para uma existência digna e envidar os esforços necessários para integrar estas pessoas na comunidade, fomentando seu acompanhamento e apoio na família ou por terceiros, bem como criando as indispensáveis instituições assistenciais". A tradução foi extraída de SARLET. *A eficácia...*, p. 318.

[19] SARLET; FIGUEIREDO, *op. cit.*, p. 20.

mexicana de 1917, na incorporação de direitos sociais — é encarada como um modelo "fracassado", que inclusive contribuiu para a tomada de poder pelos nazistas.[20]

Essa ausência de direitos sociais na Constituição alemã contribuiu para uma certa convergência doutrinária em torno da ideia de que o Estado deve garantir aos cidadãos um "mínimo social", entendendo-se que seria possível extrair, diretamente da Lei Fundamental e independentemente de previsão legislativa, um direito subjetivo originário a prestações que proporcionem condições mínimas de existência digna. Não se trataria de um nível otimizado de prestações condizentes com a justiça distributiva exigível em um Estado Social, mas tão somente de um mínimo necessário à proteção da dignidade humana e das satisfações elementares imprescindíveis para o exercício das liberdades fundamentais. E foi com base nisso que os mencionados tribunais reconheceram, de forma pioneira, o direito ao mínimo existencial, alicerçado nos princípios da dignidade da pessoa humana, do Estado Social e no direito à vida.[21] Posteriormente, outras Cortes Constitucionais proferiram importantes decisões concedendo o direito ao mínimo para uma existência digna,[22] mesmo em ordenamentos jurídicos que consagram direitos fundamentais sociais em suas Constituições.

Observadas as origens do direito ao mínimo existencial, insta examinar o seu conceito. Consoante Ricardo Lobo Torres, ele pode ser definido como "um direito às condições mínimas de existência humana digna que não pode ser objeto de intervenção do Estado na via dos tributos (= imunidade) e que ainda exige prestações estatais positivas".[23] Como dito linhas atrás, do ponto de vista negativo ele impede investidas do Poder Público que visem a subtrair do indivíduo os meios necessários a assegurar a sua subsistência com dignidade. Sob a óptica positiva, ele corresponde, nas palavras de Ana Paula de Barcellos, ao "conjunto de situações materiais indispensáveis à existência humana digna; existência aí considerada não apenas como experiência física — a sobrevivência e a manutenção do corpo — mas também espiritual e intelectual", que permita a participação democrática dos cidadãos nas esferas de deliberação pública, possibilitando-lhes o livre desenvolvimento de sua personalidade.[24]

Seu conteúdo encontra-se intimamente ligado com o do princípio da dignidade da pessoa humana. Embora com diferentes graus de vinculação, a dignidade da pessoa humana, na condição de valor e princípio normativo fundamental, atrai o conteúdo dos direitos fundamentais,[25] exigindo e pressupondo o reconhecimento e proteção dos

---

[20] KRELL. *Direitos sociais e controle judicial no Brasil e na Alemanha*: os (des)caminhos de um direito constitucional "comparado", p. 45.

[21] NOVAIS, *op. cit.*, p. 80-81.

[22] Para uma evolução do reconhecimento do direito ao mínimo existencial pelo Tribunal Constitucional português, com referências aos diversos acórdãos que trataram do tema, desde 1983 (à época "Comissão Constitucional portuguesa", posteriormente substituída pelo Tribunal Constitucional), conferir: BITTENCOURT NETO, *op. cit.*, p. 92-96. Sobre a identificação do referido direito na jurisprudência colombiana: ARANGO; LEMAITRE. *Jurisprudencia constitucional sobre el derecho al mínimo vital*. Referências sobre a jurisprudência do Tribunal Constitucional espanhol a propósito da matéria podem ser encontradas em: MARÍN-BARNUEVO FABO. *La protección del mínimo existencial en el IRPF*, p. 51 *et seq.*

[23] TORRES. *O direito...*, p. 35.

[24] BARCELLOS. *A eficácia jurídica dos princípios constitucionais*: o princípio da dignidade da pessoa humana, p. 247.

[25] SILVA. A dignidade da pessoa humana como valor supremo da democracia. *Revista de Direito Administrativo*, p. 92.

direitos fundamentais de todas as gerações[26] (ou dimensões).[27] [28] Há uma relação de complementaridade entre as chamadas gerações ou dimensões de direitos fundamentais, já que os direitos individuais, civis e políticos, requerem a garantia de condições materiais mínimas para o seu exercício, proporcionadas pelos direitos econômicos e sociais, de modo que todos conjuntamente promovem a dignidade humana.[29] Por conseguinte, do princípio da dignidade humana derivam, concomitantemente, a obrigação de não violação e o dever de promoção e proteção.

No entanto, conquanto a dignidade humana possa ser promovida em maior ou menor grau, conforme a intensidade da proteção aos direitos fundamentais, é possível identificar uma linha abaixo da qual não há dignidade, que pode decorrer não de uma violação ativa, mas omissiva, por parte do Estado, de proporcionar ao indivíduo garantias mínimas de existência digna. Do mesmo modo como há um consenso social em relação ao desrespeito à dignidade provocado por determinadas ações (*v.g.*, prática de tortura), deve haver um consenso social acerca da transgressão do mesmo princípio quando a omissão do Poder Público importar uma situação de flagrante indignidade. É disso que se trata o mínimo existencial: do "núcleo material do princípio da dignidade humana",[30] o qual, quando desrespeitado pela negligência estatal, gera uma violação consensual da dignidade do ser humano.[31]

Isso não significa que o direito em questão limite-se à garantia de uma simples sobrevivência física (*mínimo fisiológico*), ou seja, ao combate à pobreza absoluta. Ele deve compreender não apenas prestações que possibilitem a mera existência, mas também a fruição dos demais direitos fundamentais e o livre desenvolvimento da personalidade do seu titular. Nesse influxo, ele englobaria também o chamado *mínimo existencial sociocultural*, que além de assegurar a satisfação das necessidades básicas para a sobrevivência individual (fundamentando-se no direito à vida), possibilita ainda a inserção do cidadão na vida social (lastreando-se nos princípios do Estado Social e da igualdade material).[32] O mínimo existencial, nessa medida, distingue-se do mero *mínimo vital*.[33]

---

[26] Contemporaneamente, a referência às gerações ou dimensões de direitos tem função meramente didática, não devendo ser compreendida como alusão à substituição de uma geração por outra, haja vista a relação de complementaridade entre todos os direitos, que de modo gradual e cumulativo passaram a ser reconhecidos pelos ordenamentos jurídico-constitucionais. Joaquín Herrera Flores afirma não existirem gerações de direitos, mas sim gerações de problemas e violações de direitos: "no hay generaciones de derechos, hay generaciones de problemas que nos obligan a ir adaptando y readaptando nuestros anhelos y necesidades a las nuevas problemáticas" (HERRERA FLORES. Hacia una visión compleja de los derechos humanos. *In*: HERRERA FLORES (Coord.). *El vuelo de Anteo*: derechos humanos y crítica da la razón liberal, p. 44).

[27] Para uma crítica à utilização do termo "geração" de direitos fundamentais, por suscitar a falsa impressão da substituição paulatina de uma geração por outra, sugerindo a substituição pela expressão "dimensão", de modo a ilustrar o caráter de complementaridade de tais direitos, ver SARLET. *A eficácia...*, p. 45-46.

[28] SARLET. *Dignidade da pessoa humana e direitos fundamentais na Constituição Federal de 1988*, p. 85.

[29] Tome-se, como exemplo, o direito à liberdade de expressão, que só poderá ser plenamente exercido se o seu titular souber e puder ler e escrever, gozando respectivamente dos direitos à educação e à saúde, dentre outros.

[30] BARCELLOS. *A eficácia jurídica...*, p. 247. No mesmo sentido, Eurico Bittencourt Neto refere-se ao mínimo existencial como uma "reserva de eficácia material" do princípio da dignidade da pessoa humana (BITTENCOURT NETO, *op. cit.*, p. 115).

[31] BARCELLOS. *A eficácia jurídica...*, p. 243.

[32] Jorge Reis Novais diferencia os autores que restringem o mínimo existencial a um mínimo vital ou fisiológico, de outros que nele englobam o mínimo sociocultural. Cf.: NOVAIS, *op. cit.*, p. 195.

[33] SARLET; FIGUEIREDO, *op. cit.*, p. 22. Na mesma esteira, José Carlos Francisco entende que o mínimo existencial não engloba apenas o vital, fisiológico, "pois a concretização da dignidade humana impõe que essa existência seja em padrões dignos viabilizados por meios que assegurem a realização da natureza humana e a convivência social" (FRANCISCO. Dignidade humana, custos estatais e acesso à saúde. *In*: SOUZA NETO; SARMENTO (Coord.). *Direitos sociais*: fundamentos, judicialização e direitos sociais em espécie, p. 859).

De outra parte, sublinhe-se que o direito ao mínimo existencial também não coincide integralmente com o conteúdo do direito à vida, que é dotado de extensão muito maior. Para que a vida seja garantida é necessário, pelo menos, assegurar o mínimo existencial. Mas ele, por si só, não importa promoção do direito à vida em sua plenitude.[34]

O mesmo se diga em relação ao princípio da dignidade humana: o seu conteúdo não se esgota no mínimo existencial. Para concretizar a dignidade da pessoa humana em sua máxima potencialidade, é necessário o respeito, a proteção e a promoção dos direitos fundamentais por meio de um amplo conjunto de abstenções e ações estatais positivas, tais como: (i) criação de normas que coíbam a atuação de terceiros que violem a dignidade, como as normas penas que sancionam ofensas às liberdades, ou as normas trabalhistas que impedem a exploração da força de trabalho que atente contra a dignidade humana; (ii) a vedação de penas cruéis e degradantes pelo próprio Estado; (iii) a criação de mecanismos de participação popular nas tomadas de decisão política; entre outros. Logo, a proteção da dignidade humana não se dá apenas pelo direito ao mínimo existencial, mas ele consiste em um dos instrumentos para assegurar, pelo menos, o núcleo essencial da dignidade.[35]

Quanto aos fundamentos jurídicos sobre os quais se assenta o direito em apreço, há consenso generalizado no sentido de que ele independe de expressa previsão constitucional ou legal.[36] Cuida-se de direito fundamental implícito no tecido constitucional, derivado, segundo a maior parte dos autores, do princípio da dignidade da pessoa humana.[37] Costuma-se referir, também, ao direito à vida,[38] aos princípios da igualdade material e da solidariedade social,[39] à cláusula do Estado Social,[40] aos objetivos fundamentais da República Federativa do Brasil, tal como a erradicação da pobreza e a redução das desigualdades regionais e sociais, e aos direitos de liberdade (eis que, sem condições materiais de existência, as liberdades fundamentais não podem ser exercidas).[41] No ordenamento constitucional brasileiro há uma cláusula de abertura material do catálogo de direitos fundamentais, inserta no art. 5º, §2º, da CF, segundo a qual: "Os direitos e garantias expressos nesta Constituição não excluem outros decorrentes do regime e dos princípios por ela adotados, ou dos tratados internacionais em que a República Federativa do Brasil seja parte". Admite-se, pois, a existência de direitos *materialmente* fundamentais, em virtude da proximidade do seu conteúdo com a essência da Constituição e dos demais direitos *formalmente* fundamentais, previstos no rol formalizado no Título II da Lei Maior.[42] Portanto, não há maiores dificuldades

---

[34] TORRES. *O direito...*, p. 37.

[35] BITTENCOURT NETO, *op. cit.*, p. 117-118.

[36] SARLET; FIGUEIREDO, *op. cit.*, p. 25; TORRES. *O direito...*, *op. cit.*, p. 27; BITTENCOURT NETO, *op. cit.*, p. 121.

[37] CLÈVE. A eficácia dos direitos fundamentais sociais. *In*: BACELLAR FILHO; HACHEM (Coord.). *Globalização, direitos fundamentais e direito administrativo*: novas perspectivas para o desenvolvimento econômico e socioambiental, p. 106; BARCELLOS. *A eficácia jurídica...*, p. 243 *et seq*; SARLET. *A eficácia...*, p. 320; TORRES. *O direito...*, p. 149-153; BITTENCOURT NETO, *op. cit.*, p. 99-103.

[38] SARLET; FIGUEIREDO, *op. cit.*, p. 25.

[39] BITTENCOURT NETO, *op. cit.*, p. 103-113.

[40] LEIVAS. *Teoria dos direitos fundamentais sociais*, p. 133.

[41] TORRES. *O direito ao mínimo existencial*, p. 8, 140-143.

[42] Sobre o reconhecimento de direitos *materialmente* fundamentais, ver, na literatura jurídica portuguesa, as lições de: ANDRADE. *Os direitos fundamentais na Constituição Portuguesa de 1976*, p. 75-97. No Direito brasileiro, o tema é extensamente explorado por: SARLET. *A eficácia dos direitos fundamentais*: uma teoria geral dos direitos fundamentais na perspectiva constitucional, p. 78-140 e SARLET. *Dignidade da pessoa humana e direitos fundamentais na Constituição Federal de 1988*, p. 98-109.

em se reconhecer o direito ao mínimo existencial como direito fundamental, dada a sua evidente relação com os princípios constitucionais acima mencionados e com o regime democrático adotado pela Lei Fundamental de 1988.

3 Conteúdo do mínimo existencial, relação com direitos fundamentais econômicos e sociais e utilização como critério de justiciabilidade

No que tange ao conteúdo do direito fundamental ao mínimo existencial, há também consenso doutrinário quanto a sua variabilidade no tempo e no espaço. Entende-se, desse modo, que as condições necessárias para garantir uma existência minimamente digna não são idênticas em todos os países e em todos os momentos históricos, devendo-se levar em consideração, para identificá-las, os padrões e o desenvolvimento econômico, social e cultural da sociedade que estiver em questão.[43]

Há, no entanto, um ponto de divergência no tocante ao conteúdo do mínimo existencial. Ainda que se admita, em geral, a sua variabilidade no tempo (modifica-se conforme a época em análise) e no espaço (transforma-se de acordo com o país em apreço), há pelo menos duas correntes distintas quanto à fixação desse conteúdo: aquela que aqui se denominará de *conteúdo determinável no caso concreto*, para a qual o mínimo existencial carece de conteúdo específico, e seus contornos só podem ser delimitados no caso concreto, diante das circunstâncias fáticas e das necessidades da pessoa sob exame; e aquela que será apelidada de *rol constitucional preferencial*, segundo a qual, embora varie conforme os momentos históricos e os diferentes Estados, o conteúdo do mínimo existencial pode ser definido a partir de um elenco preferencial, aprioristicamente fixado com base em elementos extraídos de cada sistema constitucional positivo, em um contexto temporalmente determinado.

A vasta maioria dos autores expressa concordância com o primeiro entendimento: a delimitação da essência do mínimo existencial deve ser realizada em cada caso concreto, submetido à apreciação do Estado. Para rejeitar a fixação *a priori* de um conjunto de prestações materiais imprescindíveis para assegurar uma vida minimamente digna, a doutrina majoritária aponta para as díspares necessidades que cada indivíduo pode apresentar, mesmo dentro de um determinado país e em um momento histórico temporalmente definido. É o caso de Ricardo Lobo Torres, Ingo Wolfgang Sarlet e Mariana Filchtiner Figueiredo, Eurico Bittencourt Neto, José Carlos Francisco, Cláudia Honório e Rogério Gesta Leal.[44]

Consoante este último autor, o mínimo existencial ostenta uma natureza relacional em face do tempo e do espaço, variando o seu conteúdo, *v.g.*, se comparadas as realidades dos países africanos com a da Suíça. O mesmo ocorreria internamente em cada Estado, exemplificando com as variações entre as necessidades existentes no interior dos estados do Maranhão e da Paraíba com a situação de estados como o Rio Grande do Sul e Santa Catarina. O jurista acena para as dessemelhanças em termos de quantidade e natureza das prestações que cada indivíduo, nessas diferentes conjunturas,

---

[43] SARLET; FIGUEIREDO, *op. cit.*, p. 21; KRELL, *op. cit.*, p. 63; LEAL. *Condições e possibilidades eficácias dos direitos fundamentais sociais*: os desafios do Poder Judiciário no Brasil, p. 93; FRANCISCO, *op. cit.*, p. 860; BITTENCOURT NETO, *op. cit.*, p. 119.

[44] TORRES. *O direito ao mínimo existencial*, p. 13; SARLET; FIGUEIREDO, *op. cit.*, p. 26-27; BITTENCOURT NETO, *op. cit.*, p. 121; FRANCISCO, *op. cit.*, p. 860; HONÓRIO, *op. cit.*, p. 261-266; LEAL, *op. cit.*, p. 93.

pode precisar para viver dignamente, e chega a incluir como fatores que influenciam nessa variabilidade os eventos provocados por causas fortuitas ou de força maior (*v.g.*, desastres naturais), que, no seu entender, podem alterar radicalmente a especificidade do mínimo existencial para cada cidadão.[45]

Os adeptos dessa corrente tentam, ao menos, sugerir indicativos mínimos extraídos da experiência e de textos normativos nacionais e internacionais, que serviriam como parâmetros para a averiguação das condições materiais de existência digna em cada situação concreta. Andreas J. Krell entende que, conquanto variem os contornos concretos do mínimo existencial, nele está incluindo "sempre um atendimento básico e eficiente de saúde, o acesso a uma alimentação básica e vestimentas, à educação de primeiro grau e a garantia de uma moradia".[46] Ingo Wolfgang Sarlet, por sua vez, mencionando um conteúdo de caráter ilustrativo, refere-se à saúde, educação, moradia, assistência e previdência social, aos aspectos essenciais do direito ao trabalho e da proteção do trabalhador, à alimentação, ao fornecimento de serviços existenciais básicos como água, saneamento básico, transporte, energia elétrica, e o direito a uma renda mínima.[47]

Extraindo esses indicativos do texto constitucional brasileiro, Eurico Bittencourt Neto toma como um dos exemplos de parâmetro o art. 7º, IV, da Constituição Federal, que assegura ao trabalhador brasileiro um "salário mínimo [...] capaz de atender a suas necessidades vitais básicas e às de sua família com moradia, alimentação, educação, saúde, lazer, vestuário, higiene, transporte e previdência social". A partir dessa norma, reputa que na sociedade brasileira atual será indispensável para existir dignamente a garantia de "alimentação, moradia, ensino fundamental, saúde básica, vestuário, além do acesso à Justiça, direito instrumental indispensável à eficácia dos direitos fundamentais".[48] Com apoio nesses parâmetros, entende que devem ser avaliadas, caso a caso, as necessidades específicas do indivíduo e o nível de satisfação exigível para se considerar respeitada a sua dignidade.

Víctor Abramovich e Christian Courtis colhem de normas internacionais protetivas de direitos humanos os elementos indicativos de uma vida humana minimamente digna. Explicam os autores que o Comitê de Direitos Econômicos, Sociais e Culturais das Nações Unidas reconhece a obrigação dos Estados de garantir níveis essenciais dos direitos econômicos e sociais. Cuida-se de uma "obrigação mínima dos Estados de garantir pelo menos níveis essenciais de cada um dos direitos", a qual retrata um ponto de partida no caminho voltado à plena efetividade desses direitos. O Comitê tentou definir o conteúdo básico de alguns dos direitos previstos pelo Pacto Internacional dos Direitos Econômicos, Sociais e Culturais.[49] [50] Em matéria de *direito à saúde*,

---

[45] LEAL, *op. cit.*, p. 93.

[46] KRELL, *op. cit.*, p. 63.

[47] SARLET. *A eficácia dos direitos fundamentais*: uma teoria geral dos direitos fundamentais na perspectiva constitucional, p. 321.

[48] BITTENCOURT NETO, *op. cit.*, p. 121-122.

[49] O referido pacto foi adotado pela Resolução nº 2.200-A (XXI) da Assembleia Geral das Nações Unidas, em 16 de dezembro de 1966 e ratificado pelo Brasil em 24 de janeiro de 1992. Sobre a tutela internacional dos direitos humanos econômicos, sociais e culturais, conferir: PIOVESAN. Proteção internacional dos direitos econômicos, sociais e culturais. *In*: SARLET (Org.). *Direitos fundamentais sociais*: estudos de direito constitucional, internacional e comparado, p. 233-262. e MELLO. A proteção dos direitos humanos sociais nas Nações Unidas. *In*: SARLET (Org.). *Direitos fundamentais sociais*: estudos de direito constitucional, internacional e comparado, p. 215-232.

[50] Buscando também em disposições internacionais o conteúdo do mínimo existencial, particularmente no art. 11 do Pacto Internacional dos Direitos Econômicos, Sociais e Culturais e no art. 25 da Declaração Universal dos

estaria compreendida a atenção primária básica da saúde, que englobaria: (i) acesso aos centros, bens e serviços de saúde, sem qualquer tipo de discriminação negativa, notadamente aos mais carentes; (ii) acesso a uma alimentação essencial mínima que seja nutritiva, adequada, segura e que assegure que ninguém morrerá de fome; (iii) acesso a um lar, uma moradia e condições sanitárias básicas, bem como fornecimento de água limpa potável; (iv) facilitação de medicamentos essenciais, em conformidade com as determinações periódicas do Programa de Ação sobre Medicamentos Essenciais da Organização Mundial da Saúde; (v) distribuição equitativa de todas as instalações, bens e serviços de saúde; entre outros. Em matéria de *direito à educação*, a obrigação mínima envolveria: (i) o direito de acesso às instituições e programas de educação pública sem qualquer discriminação; (ii) proporcionar educação primária a todos, com acesso universal; (iii) adotar e aplicar uma estratégia nacional de educação que compreenda educação secundária, superior e fundamental; (iv) velar pela livre escolha da educação sem a interferência do Estado ou de terceiros.[51]

Em que pese a adesão majoritária a esse raciocínio, considera-se, aqui, não ser essa a melhor solução para a problemática em tela. É que, embora seja certo que há mutações espaciais e temporais quanto às condições imprescindíveis para se viver dignamente, aceitar um conceito completamente aberto de mínimo existencial (ainda que calcado nos parâmetros mínimos acima oferecidos), suscetível a variações indiscriminadas da sua especificação ao sabor do intérprete, a depender do caso concreto, prejudica a funcionalidade operacional do instituto. Parece ser necessário extrair da sistemática constitucional de cada Estado, em um momento histórico determinado, o conjunto de elementos que se reputa essencial para assegurar uma vida minimamente digna a *todos os cidadãos*, independentemente das agruras e mazelas eventuais que possam acometer a apenas uma parcela de indivíduos. Explica-se.

Retome-se o posicionamento de Rogério Gesta Leal, antes reproduzido. Baseando-se na necessidade que cada indivíduo pode apresentar para sua sobrevivência, entende o jurista que um interesse ou uma carência será "fundamental em nível de mínimo existencial quando sua violação ou não satisfação significa ou a morte, ou sofrimento grave, ou toca o núcleo essencial da autonomia".[52] Essa noção, além de demasiadamente aberta, parece ser exageradamente ampliativa, desbordando daquilo que se deve entender como mínimo existencial e prejudicando a funcionalidade dessa categoria como critério de definição das prestações materiais que não podem ser negadas pelo Poder Judiciário. Conforme observa Ana Paula de Barcellos, "se o critério para definir o que é exigível do Estado em matéria de prestações de saúde for a necessidade de evitar a morte, a dor ou o sofrimento físico, simplesmente não será possível definir coisa alguma", uma vez que quase toda prestação de saúde é capaz de encaixar-se nessa definição, dado que "é exatamente para tentar evitar a morte, a dor ou o sofrimento que elas foram desenvolvidas".[53] A noção de mínimo existencial deve ser mais restrita e bem

---

Direitos Humanos: SAGGESE. *El derecho a un nivel de vida adecuado*: discurso jurídico y dimensión judicial: perspectivas desde el Derecho Constitucional y Administrativo, p. 91-92.

[51] ABRAMOVICH; COURTIS. *Los derechos sociales como derechos exigibles*, p. 89-90.

[52] LEAL, *op. cit.*, p. 103.

[53] BARCELLOS. O direito a prestações de saúde: complexidades, mínimo existencial e o valor das abordagens coletiva e abstrata. *In*: SOUZA NETO; SARMENTO (Coord.). *Direitos sociais*: fundamentos, judicialização e direitos sociais em espécie, p. 803-804.

delimitada, para impedir que toda e qualquer prestação estatal voltada à satisfação de um direito social possa nele se ver incluída.

A adoção de um critério tão vago e ampliativo conduz ao posicionamento que rejeita a possibilidade de se exigir judicialmente toda e qualquer prestação vinculada ao mínimo existencial, o que resulta num retrocesso justamente em relação àquilo que a formulação desse conceito pretendia avançar: formar uma categoria jurídica capaz de potencializar a exigibilidade imediata da parcela dos direitos econômicos e sociais essencial à garantia de uma vida minimamente digna, afastando com isso a lógica de refutação generalizada da justiciabilidade dos direitos sociais e de negação da sua jusfundamentalidade.

Note-se que o autor supracitado, apoiando-se no conceito alargado acima exposto, aduz que deve ser relativizada a ideia segundo a qual "uma violação do mínimo existencial (mesmo em se cuidando do núcleo existencial legislativamente concretizado dos direitos sociais) significará sempre uma violação da dignidade da pessoa humana e por esta razão será sempre desproporcional e, portanto, inconstitucional". Aceita, dessa forma, que mesmo em se tratando de prestações relacionadas ao mínimo existencial, o desequilíbrio entre a infinidade de demandas existentes e a finitude dos recursos para satisfazê-las poderá levar "ao não atendimento integral e absoluto de direito fundamental individual ou social, exatamente para não violar de forma mais impactante direitos coletivos e difusos contrastantes".[54] O jurista exemplifica, então, com casos extremos por ele apreciados na via jurisdicional, que envolvem o direito à saúde, considerando, ao que tudo indica, que embora se tratasse de direito necessário à satisfação do mínimo existencial (porque imprescindível à sobrevivência do jurisdicionado), a sua concessão foi negada.[55] Todavia, nos casos citados, parece que, diferentemente do que considerou o autor, *não se tratavam de direitos incluídos no mínimo existencial*.

Os critérios da sobrevivência e da atenuação do sofrimento do indivíduo, embora relacionados com a categoria em discussão, não são definitivos para inserir determinada prestação entre aquelas situadas na esfera do mínimo existencial. Isso porque, repise-se, colhendo-se o exemplo do direito à saúde, praticamente todos os tratamentos e medicamentos são criados para evitar a morte e eliminar a dor experimentada pelo cidadão. Por esse motivo, impende salientar que *admitir a existência de um direito fundamental ao mínimo existencial não significa aceitar a ideia de que o Estado deve manter todos os cidadãos vivos o tempo todo, protegendo cada um, singularmente, contra toda e qualquer intempérie da vida, especialmente pela via judicial.*

É precisamente em face dessa problemática que outros autores — filiados à corrente aqui batizada de *rol constitucional preferencial* — sem deixar de reconhecer a mutabilidade do mínimo existencial no tempo e do espaço, consideram que o seu conteúdo pode ser previamente traçado a partir de um elenco preferencial (ainda que

---

[54] LEAL, *op. cit.*, p. 104.

[55] Entre os exemplos invocados pelo autor, está o de um postulante que requeria a concessão gratuita de medicamento para artrite reumatoide, com custo de R$10.200,00 por mês. O quadro clínico não demonstrava gravidade e perigo de vida, nem a imprescindibilidade daquele medicamento para o tratamento (BRASIL. Tribunal de Justiça do Estado do Rio Grande de Sul. Agravo de Instrumento nº 70013407242. 3ª Câmara Cível. Rel. Des. Rogério Gesta Leal, julgado em 12.01.2006). Refere-se também ao caso de um requerente que pleiteava remédio especial para hepatite crônica, com custo aproximado de R$55.000,00, o que representava 1300% a mais do que o valor do remédio convencional (BRASIL. Tribunal de Justiça do Estado do Rio Grande de Sul. Agravo de Instrumento nº 70013844980. 3ª Câmara Cível. Rel. Des. Rogério Gesta Leal, julgado em 16.03.2006) (Cf.: LEAL, *op. cit.*, p. 104).

não completamente infenso a mudanças), extraído da ordem de prioridades definida pelas decisões político-jurídicas fundamentais do constituinte de cada Estado, em um momento histórico delimitado. Ou seja: julgam que as condições mínimas de existência digna não são totalmente variáveis e integralmente dependentes das necessidades de cada cidadão em sua situação concreta e singular, abarcando toda e qualquer prestação exigível para mantê-lo vivo e protegido contra qualquer sofrimento. Partem das priorizações emanadas de cada Constituição, para definir o conjunto de prestações básicas que deve ser assegurado a todos os indivíduos, indistintamente, permitindo-lhes viver de modo minimamente digno e desenvolver livremente a sua personalidade. Trata-se da segunda corrente de pensamento no que concerne à determinação do conteúdo do mínimo existencial, referida no início deste tópico. Parece ser essa a melhor resposta para a temática em epígrafe.

Tal posição encontra sua principal formulação na original proposta desenvolvida por Ana Paula de Barcellos. A construção dogmática dos contornos do mínimo existencial elaborada pela autora traduz-se na identificação dos dispositivos constitucionais que afetam diretamente o núcleo material da dignidade da pessoa humana. Destaque-se, desde já, que a jurista sublinha que a sua proposição quanto ao conteúdo do mínimo existencial veicula um parâmetro preferencial e não absoluto, que deve ser rediscutido em função de transformações fáticas e jurídicas. E não se trata de uma escolha aleatória, pois se funda no texto constitucional.[56]

As disposições constitucionais da Lei Fundamental de 1988 consistentes no mínimo existencial são reunidas sistematicamente por Ana Paula de Barcellos em quatro grupos, três de natureza material e um de caráter instrumental: a educação básica, a saúde básica, a assistência aos desamparados e o acesso à Justiça. Sua explicação assenta-se em um raciocínio lógico. A saúde e a educação ensejam um primeiro momento da dignidade humana, garantindo condições iniciais para que o indivíduo possa desenvolver sua personalidade de forma autônoma. Ademais, a educação configura um pressuposto para a participação do cidadão no Estado e para o exercício da cidadania. A assistência aos desamparados, prestada concomitantemente com os outros dois, tem por escopo evitar a indignidade absoluta, proporcionando condições materiais essenciais ao indivíduo, tais como vestuário, alimentação e abrigo, caso ele não possa assegurá-las por si mesmo. O acesso à justiça, finalmente, revela-se como instrumento fundamental para proporcionar a garantia dos outros três, quando deixarem de ser observados pelo Estado.[57] O importante, em suas lições, é compreender em que extensão cada um desses direitos encontra-se protegido pelo mínimo existencial.

Quanto à educação, o mínimo existencial engloba apenas as prestações referentes à chamada "educação básica", compreendida pela Constituição como obrigatória e gratuita, nos termos do art. 208, I, com a redação conferida pela Emenda Constitucional nº 59/2009.[58] Essa "educação básica", cujo acesso gratuito deve ser proporcionado pelo

---

[56] BARCELLOS. *A eficácia jurídica dos princípios constitucionais*: o princípio da dignidade da pessoa humana, p. 300-302.

[57] BARCELLOS. *A eficácia jurídica dos princípios constitucionais*: o princípio da dignidade da pessoa humana, p. 302-303.

[58] Observe-se que na primeira edição de sua obra, Ana Paula de Barcellos afirmava que em matéria de educação, o mínimo existencial limitava-se à garantia de acesso gratuito ao "ensino fundamental", não englobando o "ensino médio". Isso porque, à época, o art. 208, I, da Constituição estabelecia que o ensino gratuito e obrigatório restringia-se ao "ensino fundamental", não incluindo o ensino médio. Com a Emenda Constitucional nº 59/2009, foi alterada a redação do dispositivo, que passou a contemplar toda a "educação básica",

Poder Público por imposição constitucional, engloba, de acordo com o art. 21, I, da Lei de Diretrizes e Bases da Educação (Lei nº 9.394/1996), a educação infantil,[59] o ensino fundamental[60] e o ensino médio.[61] O acesso à educação superior encontra-se fora da proteção do mínimo existencial, embora esteja englobado no direito fundamental social à educação, quando considerado em sua plenitude. Relembre-se que não se está tratando aqui das condições ideais do desenvolvimento humano, mas sim das condições para uma vida minimamente digna, que não requerem necessariamente altos níveis de escolaridade, embora seja desejável o seu alcance progressivo.[62]

Assim, por integrar o conteúdo do mínimo existencial, o indivíduo poderá exigir judicialmente o acesso gratuito a uma vaga em escola pública, nos três níveis educacionais que integram a "educação básica". Constitui, segundo o §1º do art. 208 da CF, "direito público subjetivo", cujo não oferecimento pelo Poder Público "importa responsabilidade da autoridade competente" (art. 208, §2º, CF). A inexistência de condições fáticas (recursos materiais e humanos) para oferecer as vagas faltantes autoriza o juiz a compelir o Estado a custear o ensino em uma escola privada, com padrão e custos similares, até que a Administração esteja em condições de prestar o serviço público adequadamente.[63]

Em relação à saúde, exsurge flagrante dificuldade em delimitar quais prestações devem ser incluídas no mínimo existencial, visto que em um sem número de casos, a proteção da saúde do cidadão não comporta gradações. Sobre o assunto, questiona Barcellos: "O que seria o *mínimo* para o portador de leucemia em um estágio tal que a única prestação que lhe pode trazer alguma esperança é o transplante de medula?".[64] Os obstáculos se agravam quando se percebe que a maior parte das demandas judiciais de custeamento de tratamentos de saúde e de fornecimento de medicamentos não visa ao combate de situações e enfermidades que acometem as pessoas de baixa renda e que são suscetíveis de afetar a maior parte da população, tais como "hipertensão, diabetes, desnutrição, malária, doença de chagas, hepatite A, dengue, cólera, leptospirose, febre tifoide e paratifoide, esquistossomose, infecções intestinais ou ainda para atendimento cardiológico, oftalmológico ou ginecológico preventivo, pré e pós-natal".[65]

Por isso, como dito linhas atrás, o mínimo existencial não pode abarcar toda e qualquer prestação de saúde que tenha o fito de evitar a dor, o sofrimento, ou mesmo a morte, porque isso implicaria aceitar a concessão judicial de financiamento de tratamentos caríssimos, destinados à cura de doenças raras, não para os representantes

---

que engloba a "educação infantil", o "ensino fundamental" e o "ensino médio", como obrigatória e gratuita. Como sua proposta é delineada com fulcro no texto constitucional, que reflete as prioridades políticas elegidas constituinte, a autora alterou a sua proposta, demonstrando, com isso, que a sua proposta de mínimo existencial não é absoluta e infensa às transformações fáticas e jurídicas de determinado Estado (Cf.: BARCELLOS. *A eficácia jurídica dos princípios constitucionais*: o princípio da dignidade da pessoa humana, p. 262).

[59] Oferecida em creches ou entidades equivalentes, para crianças de até três anos de idade, e em pré-escolas, para as crianças de quatro a seis anos de idade (art. 30, I e II da Lei nº 9.394/1996).

[60] Com duração de 9 anos, iniciando-se aos 6 anos de idade, voltado à formação básica do cidadão (art. 32, *caput* da Lei nº 9.394/1996).

[61] Etapa final da "educação básica", com duração mínima de 3 anos (art. 35, *caput*, da Lei nº 9.394/1996).

[62] BARCELLOS. *A eficácia jurídica dos princípios constitucionais*: o princípio da dignidade da pessoa humana, p. 303-308.

[63] BARCELLOS. *A eficácia jurídica dos princípios constitucionais*: o princípio da dignidade da pessoa humana, p. 310. No mesmo sentido: BARROSO. *O direito constitucional e a efetividade das suas normas*, p. 146-147.

[64] BARCELLOS. *A eficácia jurídica dos princípios constitucionais*: o princípio da dignidade da pessoa humana, p. 324.

[65] BARCELLOS. O direito a prestações de saúde: complexidades, mínimo existencial e o valor das abordagens coletiva e abstrata. *In*: SOUZA NETO; SARMENTO (Coord.). *Direitos sociais*: fundamentos, judicialização e direitos sociais em espécie, p. 807.

da camada pobre da população, mas sim para a classe média, dotada de informação sobre os seus direitos e sobre a forma de exercê-los, e munida de condições financeiras para reivindicá-los judicialmente.[66] Prejudica-se, com isso, o financiamento de políticas públicas e serviços públicos de saúde universais, dirigidos à medicina preventiva e mesmo curativa de doenças que afetam a maior parte do povo brasileiro.

Assim como é penoso rejeitar uma demanda judicial de medicamento altamente custoso com fins curativos, tendo como consequência muitas vezes na morte do jurisdicionado, o "que dizer das milhares de mães que morrem no momento do parto porque os hospitais públicos dos três níveis federativos não as assistem? [...] Ou daquelas que morrem em decorrência de doenças relacionadas com a falta de saneamento [...]?".[67] Em última análise, o único ponto distintivo entre o postulante da ação judicial e essas milhares de pessoas repousa sobre o fato de que essas últimas carecem de capacidade de mobilização.[68] Aceitar, portanto, que o Poder Judiciário deve atender ao máximo do direito à saúde, inclusive em relação às prestações materiais que não estejam previstas na legislação ordinária, faz com que todos custeiem, mesmo que não tenham optado por isso no processo democrático travado no espaço de deliberação pública do Legislativo, as específicas necessidades de alguns poucos, que puderam recorrer à via judicial e lograram decisão favorável.[69]

Diante dos problemas apontados, Ana Paula de Barcellos pontua que a delimitação no mínimo existencial, na esfera ora analisada, deve restringir-se às *prestações de saúde disponíveis a todos*, afastando-se o critério nas melhores ou piores condições de saúde das pessoas para determinar o que deve e o que não deve ser concedido.[70] Assim, as prestações relativas à saúde que fazem parte do mínimo existencial concernem apenas ao que a autora denomina de *saúde básica*. Nos demais casos será necessário que as opções políticas pertinentes à saúde assumam a forma de lei para que a sua realização possa ser pleiteada judicialmente.[71]

O modelo proposto "propugna pela inclusão prioritária no mínimo existencial daquelas prestações de saúde": de que todos os indivíduos necessitaram (como o atendimento no parto e no pós-natal), necessitam (como o saneamento básico e o atendimento preventivo em clínicas especializadas, como cardiológica e ginecológica), ou provavelmente irão necessitar (como o acompanhamento e controle de doenças características da terceira idade, tal qual a hipertensão).[72] [73] Com isso, faz-se com que todos os indivíduos

---

[66] De acordo com Clèmerson Merlin Clève, "não pode [...] o cidadão pretender, num país como o nosso, exigir, no caso de padecer de determinada patologia, tratamento no exterior ou um tipo específico de tratamento apenas encontrável em distante rincão, ou uma forma de terapia absolutamente não recomendada pelos órgãos de saúde do país" (CLÈVE. A eficácia dos direitos fundamentais sociais. *In*: BACELLAR FILHO; HACHEM (Coord.). *Globalização, direitos fundamentais e direito administrativo*: novas perspectivas para o desenvolvimento econômico e socioambiental, p. 103).

[67] BARCELLOS, *idem*, p. 806.

[68] BARCELLOS, *idem*.

[69] BARCELLOS. *A eficácia jurídica dos princípios constitucionais*: o princípio da dignidade da pessoa humana, p. 324.

[70] BARCELLOS. *A eficácia jurídica dos princípios constitucionais*: o princípio da dignidade da pessoa humana, p. 325-326.

[71] BARCELLOS, *idem*, p. 322. Na visão da autora, se toda e qualquer prestação de saúde pudesse ser postulada perante o Judiciário, a autoridade pública se eximiria da obrigação de realizar as diretivas constitucionais sob a escusa de aguardar as decisões judiciais, ou até sob a desculpa de que não há recursos para tanto, em função dos gastos com o cumprimento das decisões judiciais.

[72] Conforme exposto pela constitucionalista, desta maneira são respeitadas as quatro prioridades estabelecidas pela Constituição: "(i) a prestação do serviço de saneamento (art. 23, IX, 198, II, e 200 IV); (ii) o atendimento materno-infantil (art. 227, I); (iii) as ações de medicina preventiva (art. 198, II); e (iv) as ações de prevenção epidemiológica (art. 200, II)" (BARCELLOS, *idem*, p. 329).

[73] BARCELLOS, *idem*, 328-329.

possam gozar de todas as ações possíveis e necessárias para prevenção e manutenção do seu estado de saúde. Dentro dessa lógica, assegura-se a todo e qualquer cidadão brasileiro o direito subjetivo a esse conjunto comum de prestações de saúde, podendo exigi-los imediatamente perante o Poder Judiciário caso ele não seja promovido de ofício pela Administração Pública. Além, é claro, de todas as demais prestações previstas em leis e atos administrativos (*v.g.*, fornecimento de medicamentos gratuitos de medicina curativa previstos em Portarias do Ministério da Saúde).

A assistência aos desamparados, por seu turno, é composta pelas pretensões que visam a impedir a indignidade em termos absolutos. Compreende os institutos já estabelecidos pela Constituição com essa finalidade (*v.g.*, "garantia de um salário mínimo de benefício mensal à pessoa portadora de deficiência e ao idoso que comprovem não possuir meios de prover à própria manutenção ou de tê-la provida por sua família" — art. 203, V), bem como a alimentação, o vestuário e o abrigo.[74] Ana Paula de Barcellos menciona três possíveis formas de prestação de assistência social: (i) pagamento de uma quantia em dinheiro ao necessitado;[75] (ii) fornecimento de prestações assistenciais mediante o sistema de vales, à semelhança do que ocorre com o vale-alimentação e o vale-transporte; (iii) disponibilização dos bens — abrigo, alimentação e vestuário — *in natura*, em estabelecimentos mantidos pelo Poder Público.[76] A autora apresenta, contudo, problemas intrínsecos a cada uma delas.[77] De acordo com o seu entendimento, seja qual for a forma escolhida para se prestar a assistência, deve-se possibilitar aos cidadãos ao menos exigir judicialmente os bens *in natura*, vale dizer, "o Estado deve dispor de um estabelecimento no qual as pessoas necessitadas possam se abrigar à noite, assim como de alguma forma de programa de alimentação e vestuário para esses indivíduos".[78]

O acesso à justiça, por fim, é o instrumento capaz de assegurar a postulação judicial dos direitos materiais componentes do mínimo existencial. Sua implementação, assim como a das demais prestações referidas, encontra obstáculos, como o custo[79] e a desinformação, que impede o cidadão de ter conhecimento dos seus direitos materiais e da própria estrutura que lhe propiciaria o acesso à Justiça.[80] Consequentemente, o Ministério Público assume importante papel nesta empreitada, por meio da propositura de ações civis públicas que defendam valores vinculados a segmentos marginalizados

---

[74] BARCELLOS, *idem*, p. 337.

[75] Como é caso da Lei nº 10.836/2004 (cria o Programa Bolsa-Família), que concede benefícios sociais aos desamparados, em proporções variáveis às necessidades de cada família: "Art. 2º Constituem benefícios financeiros do Programa, observado o disposto em regulamento: I - o benefício básico, destinado a unidades familiares que se encontrem em situação de extrema pobreza; II - o benefício variável, destinado a unidades familiares que se encontrem em situação de pobreza e extrema pobreza e que tenham em sua composição gestantes, nutrizes, crianças entre 0 (zero) e 12 (doze) anos ou adolescentes até 15 (quinze) anos, sendo pago até o limite de 5 (cinco) benefícios por família; III - o benefício variável, vinculado ao adolescente, destinado a unidades familiares que se encontrem em situação de pobreza ou extrema pobreza e que tenham em sua composição adolescentes com idade entre 16 (dezesseis) e 17 (dezessete) anos, sendo pago até o limite de 2 (dois) benefícios por família".

[76] BARCELLOS, *op. cit.*, p. 338-339.

[77] Em síntese, refira-se ao problema de o pagamento de um valor em pecúnia poder vir a desestimular o trabalho, bem como à dificuldade de implantação de um sistema de vales pelo Poder Judiciário por si próprio, enquanto ele não é criado pela via legislativa, uma vez que depende de decisões políticas e institucionais.

[78] BARCELLOS, *op. cit.*, p. 339.

[79] Mais facilmente solucionável por meio da assistência judiciária gratuita, da institucionalização de Defensorias Públicas e da criação de Juizados Especiais Cíveis e Criminais.

[80] BARCELLOS, *op. cit.*, p. 341-349.

na sociedade,[81] bem como a Defensoria Pública, no atendimento do direito fundamental à assistência jurídica gratuita, albergado pelo art. 5º, LXXIV, da CF.[82]

Feitas essas considerações sobre as duas correntes acerca da delimitação do mínimo existencial — *conteúdo determinável no caso concreto* e *rol constitucional preferencial* — e manifestada a adesão à segunda pelas razões já expendidas, cumpre traçar as linhas de separação entre o mínimo existencial e os direitos fundamentais sociais. Como visto, aquele não se confunde integralmente com estes. O direito fundamental ao mínimo existencial é composto por porções dos direitos econômicos e sociais necessárias a proporcionar ao seu titular condições materiais de existência minimamente digna. Ele é um *minus* em relação aos direitos sociais, os quais são providos de um conteúdo mais amplo, que engloba outros deveres — não só de prestação, mas também de abstenção — que ultrapassam a circunscrição do mínimo existencial. Os direitos econômicos e sociais, portanto, não têm por única e exclusiva função a satisfação do mínimo existencial.[83] Enquanto este último visa a "erradicar a pobreza e a marginalização", aqueles, em sua dimensão máxima, têm por objetivo a "redução das desigualdades sociais e regionais" e "garantir desenvolvimento nacional" na sua dimensão humana.[84] O mínimo existencial dirige-se ao combate da miséria ou pobreza absoluta, ao passo que os direitos econômicos e sociais destinam-se à promoção da igualdade material entre os indivíduos.[85]

O estabelecimento dessa diferenciação entre o conteúdo do mínimo existencial e os direitos sociais em sua integralidade tem se prestado à definição de um critério de justiciabilidade de condutas estatais positivas. Ocorre que, assim como a questão da definição de conteúdo do mínimo existencial, há também divergências em relação à utilização dessa categoria jurídica como critério de exigibilidade judicial das referidas prestações.

O ponto consensual nessa seara está na aceitação da possibilidade de se postular judicialmente condutas do Poder Público destinadas a suprir necessidades básicas e garantir condições mínimas de existência digna ao cidadão.[86] Vale dizer: se a pretensão jurídica oposta ao Poder Judiciário tratar-se da imposição de comportamentos estatais que integram o conjunto abarcado pelo mínimo existencial, o indivíduo poderá

---

[81] Tais como os desempregados (art. 170, VIII, da CF), os desprovidos de teto (art. 23, IX, da CF), os rurícolas sem terra (art. 186 da CF), entre outros. MANCUSO. A ação civil pública como instrumento de controle judicial das chamadas políticas públicas. *In*: MILARÉ (Coord.). *Ação civil pública*, p. 794.

[82] Constituição da República Federativa do Brasil de 1988: "Art. 5º [...] LXXIV - o Estado prestará assistência jurídica integral e gratuita aos que comprovarem insuficiência de recursos".

[83] BERNAL PULIDO, Carlos. Fundamento, conceito e estrutura dos direitos sociais: uma crítica a "existem direitos sociais?" de Fernando Atria. *In*: SOUZA NETO; SARMENTO (Coord.). *Direitos sociais*: fundamentos, judicialização e direitos sociais em espécie p. 149; SARLET; FIGUEIREDO, *op. cit.*, p. 25.

[84] Os termos entre aspas referem-se aos objetivos fundamentais da República Federativa do Brasil, previstos no art. 3º, II e III, da Constituição Federal.

[85] TORRES. *O direito ao mínimo existencial*, p. 14-17.

[86] Foi dito ponto de "consenso" e não "unanimidade" porque, da bibliografia consultada, a única posição aparentemente dissonante foi a de José Carlos Vieira de Andrade. O autor, em que pese reconheça sem qualquer reticência a existência do direito a condições mínimas de existência digna na Constituição Portuguesa, limita a sua aplicação imediata à dimensão negativa: ainda que não esteja legalmente regulamentado, esse direito pode ser invocado desde logo apenas para proibir a intervenção estatal no mínimo existencial, seja proibindo execuções (*v.g.*, proibição da penhora para satisfação de créditos), seja vedando tributação sobre o rendimento necessário a uma vida minimamente digna. No entanto, parece não aceitar que o indivíduo possa exigir, positivamente, prestações estatais voltadas a propiciar condições materiais de existência com dignidade, enquanto não estiverem regulamentadas pela legislação (cf.: ANDRADE, *op. cit.*, p. 404).

pleiteá-la.[87] Derrubou-se com isso, no Direito brasileiro, a concepção segundo a qual todas as disposições constitucionais atinentes a direitos econômicos e sociais são normas programáticas, que não outorgariam ao cidadão um direito subjetivo sindicável judicialmente e limitar-se-iam a apontar fins a serem realizados progressivamente pelo Estado, dentro de sua esfera de discricionariedade.[88]

As divergências, por outro lado, centralizam-se em duas polêmicas. A primeira diz respeito à estrutura normativa do direito ao mínimo existencial (se *princípio* ou *regra*) e à sua forma de aplicação (se definitiva, em termos absolutos, ou se relativa, sujeita à ponderação). A segunda concerne à finalidade do mínimo existencial como critério de justiciabilidade de prestações positivas: para alguns, ele serve para definir apenas o mínimo exigível pela via judicial, devendo-se reconhecer a sindicabilidade de direitos sociais para além do seu campo de abrangência; para outros, ele se presta a determinar o máximo que se pode postular perante o Judiciário, devendo-se negar a concessão de prestações de direitos econômicos e sociais que o extrapolem.

Em relação ao primeiro foco de dissenso, ligado à estrutura normativa do mínimo existencial, há autores que lhe imprimem a natureza de *regra* jurídica, aplicável consoante a lógica do "tudo ou nada" (corrente que se chamará de *mínimo existencial definitivo*), ao passo que outros lhe emprestam o caráter de *princípio* jurídico, entendendo que o seu comando impõe a sua realização na máxima medida possível, conforme as circunstâncias fáticas e jurídicas existentes (vertente que se denominará de *mínimo existencial prima facie*).[89]

---

[87] Nesse sentido: CLÈVE. A eficácia dos direitos fundamentais sociais. *In*: BACELLAR FILHO; HACHEM (Coord.). *Globalização, direitos fundamentais e direito administrativo*: novas perspectivas para o desenvolvimento econômico e socioambiental, p. 106-107; TORRES. *O direito ao mínimo existencial*, p. 84, 87-89; SARLET. *A eficácia dos direitos fundamentais*: uma teoria geral dos direitos fundamentais na perspectiva constitucional, p. 321-322, 350-351; BARCELLOS. *A eficácia jurídica dos princípios constitucionais*: o princípio da dignidade da pessoa humana, p. 243; SARMENTO. A proteção judicial dos direitos sociais: alguns parâmetros ético-urídicos. *In*: SOUZA NETO; SARMENTO (Coord.). *Direitos sociais*: fundamentos, judicialização e direitos sociais em espécie, p. 578-579; LEAL, *op. cit.*, p. 100, 103; AMARAL. *Direitos, escassez e escolha*: em busca de critérios jurídicos para lidar com a escassez de recursos e as decisões trágicas, p. 211-216; LEIVAS. *Teoria dos direitos fundamentais sociais*, p. 133; BITTENCOURT NETO, *op. cit.*, p. 130-131; MAURÍCIO JR., p. 76-77; HONÓRIO, *op. cit.*, p. 58, 61.

[88] Nesse sentido, a seguinte decisão do Superior Tribunal de Justiça, que reputa as disposições constitucionais referentes ao direito à saúde como "normas constitucionais meramente programáticas": "Normas constitucionais meramente programáticas — *ad exemplum*, o direito à saúde — protegem um interesse geral, todavia, não conferem, aos beneficiários desse interesse, o poder de exigir sua satisfação — pela via do *mandamus* — eis que não delimitado o seu objeto, nem fixada a sua extensão, antes que o legislador exerça o *munus* de completá-las através da legislação integrativa. Essas normas (arts. 195, 196, 204 e 227 da CF) são de eficácia limitada, ou, em outras palavras, não tem força suficiente para desenvolver-se integralmente, 'ou não dispõem de eficácia plena', posto que dependem, para ter incidência sobre os interesses tutelados, de legislação complementar. Na regra jurídico-constitucional que dispõe 'todos tem direito e o estado o dever' — dever de saúde — como afiançam os constitucionalistas, 'na realidade todos não têm direito, porque a relação jurídica entre o cidadão e o Estado devedor não se fundamenta em *vinculum juris* gerador de obrigações, pelo que falta ao cidadão o direito subjetivo público, oponível ao Estado, de exigir em juízo, as prestações prometidas a que o Estado se obriga por proposição ineficaz dos constituintes'" (BRASIL. Superior Tribunal de Justiça. Recurso Ordinário no Mandado de Segurança nº 6.564/RS, Rel. Ministro Demócrito Reinaldo, Primeira Turma, julgado em 23.05.1996, DJ 17.06.1996). No mesmo influxo, a decisão do Tribunal de Justiça do Estado do Rio de Janeiro: "Mandado de segurança. Impetrantes portadores de insuficiência renal crônica. Fornecimento de remédio (CELLCEPT) pelo Estado. As normas programáticas estabelecidas na Constituição Federal não conferem ao cidadão o direito subjetivo de exigir do Estado o fornecimento de remédios de alto custo, em detrimento de outros doentes, igualmente carentes. Na consecução de sua obrigação de saúde pública a administração há que atender aos interesses mais imediatos da população. Impropriedade da via mandamental para atendimento do direito reclamado" (BRASIL. Tribunal de Justiça do Estado do Rio de Janeiro. Mandado de Segurança nº 220/98. Rel. Del. Antonio Lindberg Montenegro, julgado em 17.12.1998).

[89] A distinção entre *princípios* e *regras* aqui referida baseia-se na adoção do critério da *estrutura lógico-normativa*, na esteira de Ronald Dworkin e Robert Alexy, uma vez que é essa a concepção compartilhada pela vastíssima maioria

Para o primeiro grupo, do *mínimo existencial definitivo*,[90] a aplicação do mínimo existencial impõe-se à maneira das *regras* jurídicas, nos termos propostos por Ronald Dworkin, isto é, conforme a lógica do "tudo-ou-nada".[91] Nesse sentido, por compor a noção de dignidade da pessoa humana de um modo tão fundamental, a exigibilidade do mínimo existencial não poderia ser afastada num embate com outros argumentos jurídico-normativos. Sua aplicação deve ser feita em termos absolutos, independentemente das circunstâncias fáticas e jurídicas do caso concreto. Desta sorte, quando postulado perante o Judiciário, mesmo diante de outras normas jurídicas que apontem no sentido contrário à concessão da demanda pleiteada — tais como o princípio da separação de poderes, o princípio democrático, o princípio da legalidade orçamentária, e o argumento da reserva do possível — o mínimo existencial deverá prevalecer.

A corrente compreende o direito ao mínimo existencial como uma "exceção à clássica distribuição de funções em um Estado democrático", no qual o estabelecimento de prioridades e a tomada de decisões políticas acerca da distribuição de recursos compete primariamente à função legislativa. Ele se apresenta como o "trunfo principal" capaz de fazer ceder a legitimidade democrática das escolhas políticas do legislador, em favor da legitimidade constitucional da ação jurisdicional.[92] Sua incidência dá-se pelo método da subsunção, não podendo ser objeto de ponderação, uma vez que seu conteúdo coincide com o núcleo essencial irredutível dos direitos fundamentais, insuscetível de sopesamento.[93] Não se trata, na verdade, de efetiva blindagem contra qualquer ponderação: o que se entende é que esta já foi previamente realizada pelo constituinte — tornando-o, assim, um direito definitivo e não mais *prima facie* — ao erigir como fundamento da República Federativa do Brasil a dignidade da pessoa humana, de sorte que ao menos o seu núcleo essencial, exibido através do mínimo existencial, deve sempre ser tutelado.

Essa posição faz com que a categoria jurídica do mínimo existencial se torne extremamente útil e funcional como critério de justiciabilidade do conteúdo essencial dos direitos econômicos e sociais. Ela estabelece uma nítida linha demarcatória da extensão da legitimidade do Poder Judiciário para a efetivação desses direitos: estando dentro do âmbito de abrangência do mínimo existencial, a pretensão jurídica deve ser concedida

---

dos autores analisados que enfrentam o tema do mínimo existencial. Registre-se, no entanto, que há autores que distinguem os *princípios* das *regras* com base em outros critérios (tal como o do *grau de fundamentalidade* da norma), o que conduz a conclusões distintas. Para uma análise dos diferentes sentidos que a doutrina brasileira confere aos princípios jurídicos, ver: SILVA. Princípios e regras: mitos e equívocos acerca de uma distinção. *Revista Latino-Americana de Estudos Constitucionais*, p. 607-629; CRUZ. Regras e princípios: por uma distinção normoteorética. *Revista da Faculdade de Direito da UFPR*, p. 37-73 e HACHEM. *Princípio constitucional da supremacia do interesse público*, p. 136-144.

[90] Composto, entre outros, por: TORRES. *O direito ao mínimo existencial*, p. 84, 87-89; BARCELLOS. *A eficácia jurídica dos princípios constitucionais*: o princípio da dignidade da pessoa humana, p. 243; BITTENCOURT NETO, *op. cit.*, p. 130-131; HONÓRIO, *op. cit.*, p. 58, 61.

[91] Essa forma de aplicação das normas-regra, segundo Dworkin, funciona da seguinte maneira: se presente no mundo dos fatos a situação descrita na regra, de duas uma: ou a regra é válida, e aquilo que ela determina deve ser cumprido, ou ela é inválida, e, nesse caso, será irrelevante para a decisão. Havendo conflito entre duas regras, que descrevam a mesma situação fática e imponham ordens diversas, uma delas será inválida, de modo que o embate deverá ser resolvido pelos métodos previstos pelo próprio sistema jurídico para resolução de antinomias (*v.g.*, norma superior derroga a norma inferior, norma posterior derroga a norma anterior, norma especial derroga a norma geral). As regras possuem, portanto, apenas a *dimensão de validade* (DWORKIN. *Levando os direitos a sério*, p. 39).

[92] BITTENCOURT NETO, *op. cit.*, p. 130.

[93] TORRES. *O direito ao mínimo existencial*, p. 84, 87-89.

pelo juiz, independentemente da reserva do financeiramente possível.[94] Nessa toada, Cláudia Honório acentua a relevância do instituto para afastar as objeções utilizadas contra a efetivação dos direitos sociais, ao salientar que ele "reforça a proteção e realização dos direitos fundamentais, principalmente daqueles caracterizados pela sua dimensão prestacional, contornando obstáculos colocados à efetivação dessas normas".[95]

Os adeptos da outra corrente — do *mínimo existencial prima facie* — questionam como seria possível explicar, dentro dessa lógica, a ausência fática de recursos disponíveis nos cofres públicos para atender ao mínimo existencial de todos os cidadãos. Os defensores do *mínimo existencial definitivo* dão a resposta. Se é certo que em sociedades com baixo índice de desenvolvimento humano e econômico o atendimento ao mínimo existencial de todos os que necessitam poderia gerar uma situação de insuficiência de recursos capazes de fazer frente a todas as necessidades, tal fato não é capaz de obstar a natureza de *regra* do direito em apreço. É justamente nesses casos que se impõe uma proteção reforçada ao mínimo existencial. Se não há recursos suficientes sequer para assegurar as condições mínimas de existência digna da população de uma determinada sociedade, é porque houve eleição equivocada na ordem de prioridades de emprego dos recursos públicos, sendo, pois, fundamental conceder ao direito em referência uma proteção tal que o erija como prioridade máxima na promoção e manutenção dos meios imprescindíveis a uma existência digna, "em detrimento de outras escolhas feitas pelo legislador democrático".[96]

É certo, também, que em matéria de prestações que integram o mínimo existencial, a determinação judicial pode implicar, dependendo do direito envolvido, não apenas custos financeiros como também, muitas vezes, a existência de normas organizatórias e procedimentais e de instituições públicas habilitadas a promover as ações judicialmente fixadas (*v.g.*, escolas, no caso do direito à educação; hospitais públicos, no caso do direito à saúde). Como, então, resolver a questão? Muito embora grande parte das normas referentes a direitos econômicos e sociais já estejam regulamentadas no plano infraconstitucional, a falta absoluta de aparatos institucionalizados necessários para a satisfação dos direitos ao mínimo existencial implicará a determinação de uso de serviços privados, às custas do Estado, até que ele disponha de meios materiais para tanto.[97]

Em sentido contrário, encontram-se os autores da vertente ora batizada de *mínimo existencial prima facie*, que enquadram o direito ao mínimo existencial na categoria normativa dos *princípios* jurídicos, compartindo, em sua maior parte, da construção de Robert Alexy sobre o tema.[98] Entendem que esse direito, como os demais direitos

---

[94] TORRES. *O direito ao mínimo existencial*, p. 53-54 e 105-106; BITTENCOURT NETO, *op. cit.*, p. 98, 131; HONÓRIO, *op. cit.*, p. 58.

[95] HONÓRIO, *op. cit.*, p. 61.

[96] BITTENCOURT NETO, *op. cit.*, p. 131.

[97] BITTENCOURT NETO, *op. cit.*, p. 124.

[98] Consoante as lições de Robert Alexy, os *princípios* são normas que impõem ordens *prima facie*, isto é, determinam que algo seja realizado na maior medida possível, dentro das condições fáticas e jurídicas presentes no caso concreto. São, por isso, *mandamentos de otimização*, caracterizados por poderem ser aplicados em diferentes graus, a depender das circunstâncias de cada situação. A colisão entre princípios, de acordo com o autor, deve ser solucionada mediante a técnica da ponderação. Se dois princípios, num determinado caso, indicarem caminhos opostos a serem seguidos, não há que se declarar a invalidade de um deles, nem incluir uma cláusula de exceção. Um irá ceder passo ao outro, conforme o peso exercido por cada um deles naquelas circunstâncias. Através da ponderação se determinará qual princípio deve possuir um peso maior na situação específica, de sorte que o conteúdo de ambos os princípios colidentes seja realizado na maior medida possível, produzindo

fundamentais, decorre de norma jurídica *prima facie* (e não definitiva), que impõe a sua realização na máxima medida possível, de acordo com as circunstâncias fáticas e jurídicas do caso concreto. É possível que surjam argumentos contrários à satisfação das prestações atinentes ao mínimo existencial pela via judicial, tal como ocorre com os direitos sociais em geral. Os princípios acima referidos — separação de poderes, democrático, reserva legal orçamentária, reserva do possível, entre outros — podem ser invocados contra a sua realização, fazendo-o ceder no jogo de ponderação.[99]

Essa concepção compreende o mínimo existencial, sob o ponto de vista abstrato, como um direito *prima facie*, que pode ou não prevalecer, a depender do caso concreto. Ele só se tornaria um direito *definitivo* após a ponderação, pelo magistrado, com as demais normas envolvidas, que poderão, em uma dada situação, revestir-se de peso maior e afastá-lo. O resultado seria o indeferimento do pleito formulado pelo titular do direito. Aceitam, por conseguinte, que condições financeiras desfavoráveis possam ser arguidas para negar prestações voltadas à satisfação do mínimo existencial.[100]

Tais autores situam o direito em questão na mesma seara dos demais direitos econômicos e sociais: a arena da ponderação. A diferença, no entanto, estaria no fato de que, por vincular-se ao núcleo essencial da dignidade da pessoa humana e dos direitos sociais em geral, o direito ao mínimo existencial beneficia-se de um peso reforçado quando submetido ao sopesamento com princípios contrários, notavelmente maior do que aquele desfrutado pela parcela de direitos econômicos e sociais que excede esse mínimo. O ônus argumentativo para fazê-lo ceder, no caso concreto, será bem maior. Aí residiria o ponto distintivo entre o direito ao mínimo existencial e os direitos sociais em geral: aquele ostenta uma dimensão peso de maior do que estes frente a argumentos como a reserva do possível, mas todos eles estão sujeitos ao processo ponderativo.[101]

Entre esses dois posicionamentos, assiste razão ao primeiro (*mínimo existencial definitivo*). Ainda que o direito ao mínimo existencial seja um direito fundamental como qualquer outro, e, se concebida a teoria dos direitos fundamentais como uma teoria dos princípios, tal qual o faz Robert Alexy, inexistem direitos absolutos, isso não significa que ele esteja na mesma condição dos direitos fundamentais sociais em geral e se sujeite à ponderação.[102] Isso porque, em uma perspectiva mais atenta, ainda que se credite autonomia ao direito sob exame, o mínimo existencial já é o produto de uma ponderação operada previamente pelo constituinte, composto por um conjunto formado de parcelas de outros direitos fundamentais. Ele nasce justamente do resultado do processo ponderativo entre as diversas normas-princípio que impõem *prima facie* a realização maximizada dos direitos fundamentais sociais por elas veiculados. Diante do

---

um resultado ótimo. Daí porque os princípios serem conceituados pelo autor como *mandamentos de otimização* (Cf.: ALEXY. *Teoría de los derechos fundamentales*, p. 67-71).

[99] SARLET. *A eficácia dos direitos fundamentais*: uma teoria geral dos direitos fundamentais na perspectiva constitucional, p. 321-322 e 350-351; LEAL, *op. cit.*, p. 100, 103; SARMENTO. A proteção judicial dos direitos sociais: alguns parâmetros ético-urídicos. *In*: SOUZA NETO; SARMENTO (Coord.). *Direitos sociais*: fundamentos, judicialização e direitos sociais em espécie, p. 578-579; AMARAL, *op. cit.*, p. 211-216; LEIVAS. *Teoria dos direitos fundamentais sociais*, p. 133; MAURICIO JR., *op. cit.*, p. 76-77.

[100] LEIVAS. *Teoria dos direitos fundamentais sociais*, p. 133.

[101] SARMENTO. A proteção judicial dos direitos sociais: alguns parâmetros ético-urídicos. *In*: SOUZA NETO; SARMENTO (Coord.). *Direitos sociais*: fundamentos, judicialização e direitos sociais em espécie, p. 579.

[102] Sobre a caracterização da teoria dos direitos fundamentais de Robert Alexy como uma teoria dos princípios, ver: ALEXY. *Teoría de los derechos fundamentales*, p. 63-149.

bloco de outros princípios, anteriormente citados, que, também *prima facie*, restringem a realização otimizada desses direitos, opera-se um sopesamento para verificar quais fatias de cada um dos direitos fundamentais sociais em jogo sobrevive ao teste da proporcionalidade em suas três dimensões,[103] para então chegar-se ao mínimo existencial, já como um direito definitivo.

O que ocorre, portanto, é uma verificação dos seguintes critérios: (i) *adequação*: quais medidas restritivas da potencialidade máxima dos direitos fundamentais sociais são adequadas para garantir o respeito aos princípios da separação dos poderes, democrático, reserva legal orçamentária, entre outros; (ii) *necessidade*: quais limitações são efetivamente necessárias e menos restritivas do conteúdo dos direitos fundamentais sociais para garantir o resultado adequado; (iii) *proporcionalidade em sentido estrito*: quais são as prestações inerentes aos direitos fundamentais sociais que podem, dentro de um juízo de razoabilidade, ser exigidas do Estado.[104] Tem-se, como fruto dessa prévia ponderação, após a aplicação do princípio da proporcionalidade em suas três vertentes, o direito *definitivo* ao mínimo existencial.[105] Quando se chega ao âmbito judicial, já não há mais espaço para se ponderar a esse respeito.

Some-se isso o fato de que, aceitando-se a debilidade desse direito fundamental por conta dos comumente evocados princípios da separação dos poderes e da legalidade orçamentária, bem como do argumento da reserva do financeiramente possível, não haverá verdadeira proteção reforçada do núcleo essencial da dignidade humana, capaz de justificar a criação de uma categoria jurídica distinta, tal como o mínimo existencial. Asseverar simplesmente que o seu afastamento no caso concreto faz recair um ônus maior sobre a argumentação judicial significa inquiná-lo de inutilidade. Torna-se nebulosa, se acolhida tal intelecção (*mínimo existencial prima facie*), a diferença, em termos práticos, entre o mínimo existencial e a parcela de direitos fundamentais sociais que o extrapolam. E mais obscura ainda se adotada a vertente — aqui já rejeitada — do *conteúdo determinável no caso concreto*, para a qual o conteúdo do mínimo existencial é totalmente aberto e variável e, ainda que calcado em indicativos e parâmetros mínimos, deve ser definido na situação concreta conforme as necessidades vitais e ocasionais do cidadão envolvido.

Caso abraçadas essas duas posições que foram aqui refutadas — de variabilidade total do mínimo existencial e de sujeição desse direito à ponderação — chega-se à seguinte conclusão: ninguém sabe, com precisão, o que é mínimo existencial, e a referência a ele, em termos de exigibilidade judicial, também não significa nada em concreto, pois cada juiz definirá as prestações por ele abarcadas, de modo distinto em cada caso, e a certificação de que o pedido do autor está incluído nesse mínimo tampouco significa coisa alguma, visto que ele poderá ser rejeitado mesmo assim. Por conseguinte, essas duas compreensões não contribuem para a resolução do problema da sindicabilidade judicial dos direitos econômicos e sociais.

---

[103] Consoante Clèmerson Merlin Clève e Alexandre Reis Siqueira Freire, é a partir da proporcionalidade "que se opera o 'sopesamento' [...] dos bens jurídicos quando se encontram em estado de contradição, oferecendo ao caso concreto solução ajustadora de coordenação e combinação dos bens em colisão" (CLÈVE; FREIRE. Algumas notas sobre colisão de direitos fundamentais. *In*: CUNHA; GRAU (Org.). *Estudos de direito constitucional em homenagem a José Afonso da Silva*, p. 239).

[104] Sobre a aplicação do princípio da proporcionalidade através dos critérios de *adequação, necessidade* e *proporcionalidade em sentido estrito* no caso de colisão entre direitos fundamentais, ver: ALEXY, *op. cit.*, p. 91-95.

[105] Para uma análise intensamente aprofundada do princípio da proporcionalidade em matéria de direitos fundamentais, ver: BERNAL PULIDO. *El principio de proporcionalidad y los derechos fundamentales*.

É preferível, pelos motivos até agora alinhavados, determinar o conteúdo do mínimo existencial *a priori*, traçando um elenco preferencial identificável a partir das prioridades fixadas no texto constitucional em um determinado momento histórico, que envolvam prestações necessárias a todos os cidadãos, e não apenas acidentalmente a alguns (*rol constitucional preferencial*), e enquadrá-lo na categoria normativa de regra, imprimindo-lhe a natureza de direito definitivo, infenso à ponderação (*mínimo existencial definitivo*).

No que toca à segunda questão divergente quanto à utilização do conceito mínimo existencial em matéria de exigibilidade judicial de comportamentos estatais positivos, existe também, como dito, dois entendimentos, que serão aqui rotulados de *mínimo existencial como teto máximo* e de *mínimo existencial como piso mínimo*.

O primeiro deles, mais restritivo, emprega o mínimo existencial como *teto máximo*, vale dizer, como o critério que determina o ponto culminante da sindicabilidade da dimensão prestacional dos direitos fundamentais. Sendo imprescindíveis para uma existência minimamente digna, as prestações do Poder Público estarão incluídas no seu campo de abrangência, sendo prontamente postuláveis perante o Judiciário, independentemente de previsão legislativa. Porém, para além desse limite, que indicaria o ápice da exigibilidade judicial, as prestações atinentes a direitos econômicos e sociais estariam sujeitas à implementação progressiva pelo legislador, dependendo das escolhas políticas determinadas pelo processo democrático de deliberação pública.[106]

Em que pese nem todos os adeptos dessa corrente neguem a jusfundamentalidade dos direitos sociais no que extrapolam o mínimo existencial,[107] ela está intimamente ligada com a posição capitaneada no Brasil por Ricardo Lobo Torres, de acordo com a qual os direitos sociais só são fundamentais em relação ao seu conteúdo essencial, necessário a garantir o mínimo existencial. Por se revestirem de jusfundamentalidade, essas parcelas dos direitos sociais desfrutam da aplicabilidade imediata disposta no art. 5º, §1º, da Constituição Federal. A justificativa seria de que a atuação judicial excedente ao mínimo existencial ameaça a democracia e a ordem financeira, além de ter como efeito nefasto a apropriação particular de recursos públicos pelas classes mais abastadas, frente à incapacidade de informação e econômica dos mais pobres de conhecer os seus direitos, saber como exercitá-los e dispor de meios para reivindicá-los pela via judicial. Haveria, pois, um prejuízo às políticas universais que atingem a população mais carente e necessitada.[108]

O segundo posicionamento utiliza o *mínimo existencial como piso mínimo*, indicando-o como critério para definir aquilo que, sem dúvida, pode ser pleiteado perante os juízes em matéria de direitos fundamentais prestacionais sem maiores questionamentos. Isso não significa, porém, que o cidadão só possa requerer condutas positivas do Poder Público que se encontrem protegidas por esse mínimo: é possível pleitear a satisfação das parcelas dos direitos econômicos e sociais que desbordam do mínimo existencial, desde que, num processo ponderativo com os demais princípios constitucionais envolvidos, sua prevalência encontre-se justificada.[109]

---

[106] São adeptos dessa posição: TORRES. *O direito ao mínimo existencial*, p. 84, 87-89; BARCELLOS. *A eficácia jurídica dos princípios constitucionais*: o princípio da dignidade da pessoa humana, p. 292.

[107] Como tem-se a impressão de ser o caso de Ana Paula de Barcellos.

[108] TORRES. *O direito ao mínimo existencial*, p. 121-135.

[109] É o caso dos seguintes autores: CLÈVE. A eficácia dos direitos fundamentais sociais. *In*: BACELLAR FILHO; HACHEM (Coord.). *Globalização, direitos fundamentais e direito administrativo*: novas perspectivas para o desenvolvimento econômico

Nessa senda, Ingo Wolfgang Sarlet esclarece, expressamente, que muito embora advogue a tese de que as prestações necessárias à garantia do mínimo existencial são judicialmente exigíveis, isso não afasta a possibilidade de se reconhecer a exigibilidade judicial de outros direitos a prestações dedutíveis diretamente da Constituição, que ultrapassem esse mínimo. Pontua, no entanto, que nessa seara, que supera os limites do mínimo existencial, haverá um espaço maior para ponderação diante dos argumentos que importam objeções à satisfação dos direitos sociais.[110] Em sentido similar, sustenta Daniel Sarmento que a fronteira de intervenção do Judiciário irá depender do sopesamento realizado em cada situação, figurando em uma das balanças o direito social vindicado e, na outra, "os princípios concorrentes, como a democracia, a separação de poderes e os direitos de terceiros que seriam atingidos ou economicamente inviabilizados caso fosse universalizada a prestação demandada".[111]

Independentemente da inexistência de qualquer lei disciplinadora dos direitos econômicos e sociais, é inquestionável a necessidade de inserir na esfera de aplicabilidade imediata o mínimo existencial, o qual se tornou o mínimo denominador comum da doutrina brasileira em matéria de justiciabilidade de direitos fundamentais sociais. As prestações estatais positivas destinadas à satisfação de direitos fundamentais sociais que integrem o mínimo existencial serão sempre exigíveis perante o Judiciário por meio de qualquer instrumento processual, de forma definitiva, e independentemente de regulamentação legislativa, previsão orçamentária, disponibilidade financeira ou existência de estrutura organizacional do Poder Público para atendê-las. Conforme os motivos já arrazoados, considera-se neste estudo preferível adotar a ideia de *rol constitucional preferencial* quanto à definição do conteúdo do mínimo existencial, não o deixando completamente aberto à determinação judicial no caso concreto. Entende-se, ademais, que ao mínimo existencial não podem ser opostos argumentos em contrário, sujeitando-o à ponderação, tal como se aceita quando se cuidam de prestações que excedem as condições mínimas de existência digna. Isso enfraquece o instituto e lhe retira a funcionalidade. A inexistência de estrutura adequada e condições fáticas, por parte do Estado, para efetivá-lo, impõe a sua condenação ao custeamento de serviços privados equivalentes.

Uma vez que aqui se reconhece a jusfundamentalidade integral dos direitos econômicos e sociais, não a restringindo ao mínimo existencial, não parece ser possível acolher a tese do *mínimo existencial como teto máximo*. Ele deve ser considerado um *piso mínimo*, sendo aceitável a demanda judicial de parcelas de direitos fundamentais sociais que o extrapolem, desde que observada uma importantíssima ressalva: deve ser possível deduzir diretamente do texto constitucional os contornos das prestações que se pretende postular. Não se defende, por conseguinte, que qualquer pretensão vinculada a um direito fundamental social possa ser satisfeita pelo juiz, como se lhe competisse

---

e socioambiental, p. 106-107; SARLET. *A eficácia dos direitos fundamentais*: uma teoria geral dos direitos fundamentais na perspectiva constitucional, p. 350; SARMENTO. A proteção judicial dos direitos sociais: alguns parâmetros ético-jurídicos. *In*: SOUZA NETO; SARMENTO (Coord.). *Direitos sociais*: fundamentos, judicialização e direitos sociais em espécie, p. 579; LEIVAS. *Teoria dos direitos fundamentais sociais*, p. 133; BITTENCOURT NETO, *op. cit.*, p. 144.

[110] SARLET. *A eficácia dos direitos fundamentais*: uma teoria geral dos direitos fundamentais na perspectiva constitucional, p. 350.

[111] SARMENTO. A proteção judicial dos direitos sociais: alguns parâmetros ético-urídicos. *In*: SOUZA NETO; SARMENTO (Coord.). *Direitos sociais*: fundamentos, judicialização e direitos sociais em espécie, p. 579.

ponderar caso a caso acerca da razoabilidade do pedido. O critério proposto para as parcelas de direitos fundamentais sociais que não estão incluídas no mínimo existencial é: se — e somente se — já houver normatização da Constituição a respeito, ainda que ultrapasse os limites do mínimo, essa prestação do direito fundamental social poderá ser requerida em face do juiz por gozar de aplicabilidade imediata, nota característica do regime jurídico dos direitos fundamentais.

Logo, tratando-se de prestações estatais positivas em matéria de direitos fundamentais sociais, ainda que inexistente lei regulamentadora, poderá ser postulado judicialmente o conteúdo especificado pelo texto constitucional, mesmo que desborde do mínimo existencial, e sem a necessidade de impetração de mandado de injunção. Isso porque, ainda que carentes de regulamentação legislativa, os direitos fundamentais sociais desfrutam de um conteúdo preestabelecido pelo constituinte. E como a posição aqui adotada credita jusfundamentalidade aos direitos econômicos e sociais para além do mínimo existencial, impõe-se a aceitação de justiciabilidade desses direitos não limitada ao conjunto de prestações que o compõem.

Essa compreensão do conteúdo jusfundamental dos direitos sociais — dotado de aplicação imediata — para além do mínimo existencial não é tarefa difícil em Constituições como a brasileira, generosa em disposições regulamentadoras desses direitos. Ela adianta "na maior parte dos casos, normas organizatórias, deveres e posições ativas que decorrem das disposições jusfundamentais".[112] No contexto pátrio atual, a Constituição encontra-se recheada de disposições normativas que disciplinam o conteúdo dos direitos fundamentais sociais. Conquanto os enuncie abstratamente no art. 6º — "São direitos sociais a educação, a saúde, a alimentação, o trabalho, a moradia, o lazer, a segurança, a previdência social, a proteção à maternidade e à infância, a assistência aos desamparados, na forma desta Constituição" — a Lei Fundamental de 1988 retoma a regulação jurídica dos direitos sociais no seu Título VIII — "Da Ordem Social".

A saúde é tratada pelos arts. 196 a 200, e ganhou maior detalhamento com a Emenda Constitucional nº 29/2000, que incluiu parágrafos e incisos no art. 198, vinculando receitas da União, dos estados e dos municípios para ações e serviços públicos de saúde. A educação é regulamentada pormenorizadamente dos arts. 205 a 214, contendo inclusive a concessão, já mencionada, de gratuidade do acesso à educação básica, que envolve a educação infantil, o ensino fundamental e o ensino médio, reconhecendo-a como direito público subjetivo do cidadão. Também há a previsão de vinculação de receitas públicas para atividades voltadas à educação, inserida pela Emenda Constitucional nº 14/1996.

A especificação constitucional de conteúdos ocorre, igualmente, com os direitos à previdência social — arts. 201 e 202 e seus diversos parágrafos, que estabelecem, inclusive, os critérios para a garantia da aposentadoria no regime geral da previdência — e à assistência social (arts. 203 e 204, reconhecendo-se expressamente no inciso V do primeiro a garantia de um salário mínimo de benefício mensal à pessoa portadora de deficiência e ao idoso que comprovem não possuir meios de prover à própria manutenção ou de tê-la provida por sua família).

Todas essas delimitações dos contornos dos direitos fundamentais sociais operadas diretamente pela Constituição podem ser reclamadas em juízo, ainda que não

---

[112] BITTENCOURT NETO, *op. cit.*, p. 146.

regulamentadas por lei e por mais que ultrapassem as prestações necessárias para garantir uma existência minimamente digna. É desnecessário, nesses casos, o mandado de injunção,[113] porque se tratam de decisões políticas fundamentais empreendidas pelo constituinte, que sequer estão na esfera de disponibilidade do legislador ordinário. Logo, são também prontamente exigíveis.

A dimensão prestacional dos direitos fundamentais não disciplinados pela legislação só será plenamente justiciável pelos meios processuais comuns se for possível extrair diretamente da Constituição os traços que compõem o seu conteúdo, permitindo a identificação precisa das prestações específicas que ensejam direitos subjetivos a prestações materiais. Exemplifique-se com o direito dos idosos maiores de 65 anos à gratuidade do transporte coletivo urbano, situado fora do catálogo de direitos fundamentais (art. 230, §2º, CF), mas a ele reconduzível por meio da cláusula de abertura material do art. 5º, §2º, da CF. Embora não se considere, aqui, que essa pretensão jurídica esteja incluída no mínimo existencial,[114] julga-se possível reclamá-la jurisdicionalmente diante da sua violação. Não se cuida de disposição que exige lei ordinária para ser postulada.

Registre-se que essa intelecção aplica-se tanto aos deveres de *promoção* (prestações materiais do Estado) quanto aos deveres de *proteção* (contra atos de outros particulares) dos direitos fundamentais sociais. Os direitos dos trabalhadores enunciados nos arts. 7º, 8º e 9º da Constituição podem ser exigidos judicialmente, obrigando o Poder Público a protegê-los contra a ação dos empregadores, na medida em estejam bem especificados no texto constitucional, ainda que não haja lei regulamentadora. Por mais que a disposição veiculadora do direito o condicione à "forma da lei", como é o caso dos incisos I, IV, X, XI, XII, XIX, XX, XXI, XXII, XXIII, XXVII do art. 7º, a previsão de um conteúdo mínimo do direito possibilita a sua reivindicação judicial. Ainda que inexistisse fixação legal do valor do salário mínimo (art. 7º, IV, CF), por exemplo, o dispositivo já estabelece pormenorizadamente aquilo que deve ser abrangido por esse valor (atendimento das necessidades vitais básicas do trabalhador e as de sua família com moradia, alimentação, educação, saúde, lazer, vestuário, higiene, transporte e previdência social), permitindo com isso a sua definição pelo juiz.[115] Nas hipóteses em que não há esse conteúdo constitucional mínimo, sendo imprescindível a determinação infraconstitucional do conteúdo da prestação a ser exigida de outros particulares (*v.g.*, participação do trabalhador nos lucros ou resultados da empresa, conforme definido em lei — art. 7º, XI, CF), será necessária a propositura de mandado de injunção (art. 5º, LXXI, CF).[116]

---

[113] Assim entende: CLÈVE. A eficácia dos direitos fundamentais sociais. *In*: BACELLAR FILHO; HACHEM (Coord.). *Globalização, direitos fundamentais e direito administrativo*: novas perspectivas para o desenvolvimento econômico e socioambiental, p. 107.

[114] Conforme se verá a seguir, o Supremo Tribunal Federal, em decisão da qual se discorda, manifestou entendimento diverso. Apesar de aqui concordar-se com o entendimento de que essa prestação é sindicável judicialmente, discorda-se da conclusão da Ministra Cármen Lúcia Antunes Rocha quando entendeu que tal prestação estava incluída no mínimo existencial. Cf.: BRASIL. Supremo Tribunal Federal. Ação Direta de Inconstitucionalidade nº 3768, Relatora Ministra Cármen Lúcia Antunes Rocha. Tribunal Pleno, julgado em 19.09.2007. *DJe*-131, divulgado em 25.10.2007, publicado em 26.10.2007.

[115] É o posicionamento de BANDEIRA DE MELLO. *Eficácia das normas constitucionais e direitos sociais*, p. 49-52. O autor vai além, sustentando ainda a possibilidade de revisão judicial do valor, caso esteja fixado em lei e não atenda a todas as necessidades estabelecidas no art. 7º, IV, da CF.

[116] De acordo com o citado dispositivo: "conceder-se-á mandado de injunção sempre que a falta de norma regulamentadora torne inviável o exercício dos direitos e liberdades constitucionais e das prerrogativas inerentes à

Quanto aos deveres de *promoção* (prestações fáticas), nos casos que dependam de conformação legislativa do conteúdo da prestação o Judiciário não poderá tomar as decisões políticas e realizar as escolhas de prioridades no manejo dos recursos públicos, pois estas ficarão reservadas ao espaço de deliberação pública próprio do Poder Legislativo.[117] A não ser que já existam disposições infraconstitucionais disciplinando matéria análoga, o que autoriza, pela via específica do mandado de injunção, a viabilização judicial do exercício do direito fundamental. Ilustre-se com o direito dos servidores públicos a uma aposentadoria especial, com requisitos diferenciados para a sua concessão, nos casos de atividades de risco, prejudiciais à saúde e à integridade física, ou de portadores de deficiência (art. 40, §4º, I, II, III da CF).[118]

4 O mínimo existencial e as manifestações da jurisprudência brasileira

Impende tecer breves apontamentos acerca das manifestações jurisprudenciais em solo nacional a propósito da temática vertente, apenas com o intuito de cotejar a acolhida do mínimo existencial pela doutrina constitucionalista brasileira com a prática operada cotidianamente nos órgãos jurisdicionais pátrios.

Consoante já mencionado, operou-se verdadeira mudança na orientação judicial brasileira no que tange ao reconhecimento de eficácia jurídica e força normativa cogente às normas constitucionais veiculadoras de direitos econômicos e sociais. De decisões que lhes rejeitavam a possibilidade de investir o cidadão de posições jurídico-subjetivas, capazes de serem demandadas judicialmente, passou-se a conceder — até mesmo de forma indiscriminada e não criteriosa — prestações estatais positivas, sobretudo em matéria de direito à saúde.

É o caso de julgados conhecidos do Supremo Tribunal Federal, que passaram a deferir pedidos de tratamentos de saúde de altíssimo custo, alguns deles no exterior e sem comprovação da eficácia dos seus resultados, destinados à cura de doenças raras, com lastro no art. 6º, que prevê a saúde como direito fundamental social, e no art. 196, que a define como "direito de todos e dever do Estado".

Um dos *leading cases* da matéria foi a decisão monocrática proferida pelo Ministro Celso de Mello na Medida Cautelar proposta na Petição nº 1246-1. Tratava-se, no caso,

---

nacionalidade, à soberania e à cidadania". Em outro trabalho, teve-se a oportunidade de sustentar que ante a impetração desse remédio constitucional, compete ao Poder Judiciário viabilizar o exercício do direito, podendo emprestar à decisão efeitos *inter partes* ou *erga omnes*, conforme as exigências concretas das situações de direito material em jogo. A regra geral é a atribuição de efeitos *inter partes*; contudo, sendo difusos ou coletivos os direitos em questão, pode-se conferir efeitos *erga omnes* à decisão. Nessa última hipótese, "a melhor solução parece ser a seguinte: (a) o juiz deverá, liminarmente, criar a solução adequada à satisfação do direito do titular no caso concreto; (b) sendo a solução criada satisfatória à tutela do direito, poderá a liminar concedida assumir caráter definitivo; (c) em havendo necessidade de elaboração de norma com alcance mais amplo do que a solução provida liminarmente, caberá ao juiz a utilização de todos os meios possíveis para ampliar o debate acerca da criação da norma, promovendo um diálogo constitucional entre todos os interessados, envolvendo os poderes estatais e a sociedade" (HACHEM. *Mandado de injunção e direitos fundamentais*: uma construção à luz da transição do Estado Legislativo ao Estado Constitucional, p. 180-181).

[117] BITTENCOURT NETO, *op. cit.*, p. 150.

[118] Constituição da República Federativa do Brasil: "Art. 40. [...] §4º É vedada a adoção de requisitos e critérios diferenciados para a concessão de aposentadoria aos abrangidos pelo regime de que trata este artigo, ressalvados, nos termos definidos em leis complementares, os casos de servidores: I - portadores de deficiência; II - que exerçam atividades de risco; III - cujas atividades sejam exercidas sob condições especiais que prejudiquem a saúde ou a integridade física".

de ação ajuizada contra o Estado de Santa Catarina, na qual um portador da doença rara *Distrofia Muscular de Duchene* — moléstia degenerativa de células musculares — asseverava existir tratamento em clínica estadunidense capaz de curá-lo. Supedaneado pelo art. 196 da Constituição, dentre outros, postulou a proteção de seu direito à saúde mediante o custeamento, pelo Poder Público, do aludido tratamento, que importaria o valor de US$63 mil. A liminar foi concedida, e o Estado de Santa Catarina recorreu ao Tribunal de Justiça. A questão chegou ao STF, no momento em que o Estado-membro postulou à Corte a suspensão da tutela antecipada, sob o argumento de violação aos arts. 37, 100 e 167 da Constituição, por ter havido ordem de pagamento sem base no orçamento, nem em lei que o determinasse. Por meio de despacho singular, o Ministro negou a suspensão pleiteada, arguindo que:

> Entre proteger a inviolabilidade do direito à vida, que se qualifica como direito subjetivo inalienável assegurado pela própria Constituição da República (art. 5º, *caput*) ou fazer prevalecer, contra esta prerrogativa fundamental, um interesse financeiro e secundário do Estado, entendo — uma vez configurado este dilema — que as razões de índole ética-jurídica impõem ao julgador uma só e possível opção: o respeito indeclinável à vida.[119]

Essa passagem tornou-se paradigma para decisões proferidas posteriormente em matéria de direito à saúde, tendo sido reproduzida no Recurso Extraordinário nº 267.612, no Agravo de Instrumento nº 570.445, no Agravo Regimental no Recurso Extraordinário nº 271.286, no Recurso Extraordinário nº 198.265, no Recurso Extraordinário nº 248.304, no Agravo Regimental no Recurso Extraordinário nº 273.834 e no Recurso Extraordinário nº 393.175.[120] Posição semelhante foi adotada na decisão monocrática proferida no Recurso Extraordinário nº 342.413, pela Ministra Ellen Gracie, na qual restou consignado que "obstáculo de ordem burocrática ou orçamentária [...] não podem ser entraves ao cumprimento constitucional que garante o direito à vida",[121] bem como no voto do Ministro Sydney Sanches no Recurso Extraordinário nº 198.263, no qual afirmou que "em matéria tão relevante como a saúde, descabem disputas menores sobre legislação, muito menos sobre verbas, questão de prioridade".[122]

Embora bem intencionadas, decisões dessa natureza deixam de levar em conta aspectos essenciais da satisfação universal dos direitos fundamentais sociais, que, como visto, não devem ser efetivados apenas individualmente e pela via judicial, comprometendo os recursos de políticas públicas e serviços públicos para o atendimento dos poucos que tiveram condições de requerê-los perante o Judiciário.[123] Esse primeiro impulso do Supremo Tribunal Federal, portanto, não empregava o mínimo existencial como um critério para a realização jurisdicional de direitos fundamentais sociais.

---

[119] BRASIL. Supremo Tribunal Federal. Medida Cautelar na Petição nº 1246, Presidente Ministro Sepúlveda Pertence, Decisão Proferida pelo Ministro Celso de Mello, julgado em 31.01.1997. *DJ*, 13 fev. 1997.

[120] Conforme dá notícia WANG, Daniel Wei Liang. Escassez de recursos, custos dos direitos e reserva do possível na jurisprudência do STF. In: Ingo Wolfgang Sarlet; Luciano Benetti Timm (Coords.). *Direitos fundamentais*: orçamento e "reserva do possível". 2. ed. Porto Alegre: Livraria do Advogado, 2010. p. 354, nota nº 19.

[121] BRASIL. Supremo Tribunal Federal. Recurso Extraordinário nº 342.413. Relatora Ministra Ellen Gracie, julgado em 14.10.2004. *DJ*, 09 nov. 2004.

[122] BRASIL. Supremo Tribunal Federal. Recurso Extraordinário nº 198.263. Relator Ministro Sydney Sanches, julgado em 12.02.2001. *DJ*, 30 mar. 2001.

[123] CLÈVE. A eficácia dos direitos fundamentais sociais. *In*: BACELLAR FILHO; HACHEM (Coord.). *Globalização, direitos fundamentais e direito administrativo*: novas perspectivas para o desenvolvimento econômico e socioambiental, p. 103.

Outros julgados, posteriormente, passaram a levar em conta a reserva do possível e as limitações orçamentárias como óbices à plena satisfação dos direitos sociais em sede judicial.[124] Segundo Daniel Wei Liang Wang, essa mudança da posição majoritária da Corte em matéria de saúde ocorreu a partir do ano de 2007.[125] Mas ainda assim, embora tais decisões abordem a temática geral dos direitos sociais, a maior parte dos julgados que se refere especificamente ao conceito de mínimo existencial limita-se a fazer alusão a essa categoria apenas de forma pontual e sem muita precisão teórica.[126]

Uma das mais expressivas e mencionadas decisões da Corte, conquanto prolatada mais em caráter doutrinário do que propriamente jurisprudencial, eis que houve perda do objeto da demanda, foi aquela exarada pelo Ministro Celso de Mello na Arguição de Descumprimento de Preceito Fundamental nº 45. No *decisum*, o Relator admite a reserva do possível como cláusula impeditiva da exigibilidade judicial do conteúdo integral dos direitos sociais, consignando que a sua realização "depende, em grande medida, de um inescapável vínculo financeiro subordinado às possibilidades orçamentárias do Estado, de tal modo que, comprovada, objetivamente, a incapacidade econômico-financeira da pessoa estatal, desta não se poderá razoavelmente exigir, considerada a limitação material referida, a imediata efetivação do comando fundado no texto da Carta Política". Por outro lado, o Ministro atesta expressamente a impossibilidade de o Estado invocar tal argumento para eximir-se do cumprimento de seus deveres constitucionais, sobremaneira quando dessa omissão "puder resultar nulificação ou, até mesmo, aniquilação de direitos constitucionais impregnados de um sentido de essencial fundamentalidade".[127]

Após lançar mão das lições de Ana Paula de Barcellos, o Ministro faz consignar a ideia de que, nada obstante a elaboração e a efetivação de políticas públicas situem-se na esfera de competência dos agentes legitimados pelas eleições populares, a liberdade de conformação do Legislativo e a esfera de discricionariedade do Executivo são limitadas, não podendo implicar omissões que comprometam a eficácia dos direitos sociais e afetem o "núcleo intangível consubstanciador de um conjunto irredutível de condições mínimas necessárias a uma existência digna e essenciais à própria sobrevivência do indivíduo", situação em que "justificar-se-á, como precedentemente já enfatizado — e até mesmo por razões fundadas em um imperativo ético-jurídico —, a possibilidade

---

[124] Citem-se, como exemplos, as decisões da Ministra Ellen Gracie na Suspensão de Tutela Antecipada nº 91 e da Suspensão de Segurança nº 3073, nas quais a Ministra leva em conta a limitação de recursos públicos e a necessidade de alocá-los de forma racional para atingir um maior número de cidadãos, posicionando-se da seguinte forma: "Entendo que a norma do art. 196 da Constituição da República, que assegura o direito à saúde, refere-se, em princípio, à efetivação de políticas públicas que alcancem a população como um todo, assegurando-lhe acesso universal e igualitário, e não a situações individualizadas. A responsabilidade do Estado em fornecer os recursos necessários à reabilitação da saúde de seus cidadãos não pode vir a inviabilizar o sistema público de saúde. No presente caso, ao se conceder os efeitos da antecipação da tutela para determinar que o Estado forneça os medicamentos relacionados '[...] e outros medicamentos necessários para o tratamento [...]' (fl. 26) dos associados, está-se diminuindo a possibilidade de serem oferecidos serviços de saúde básicos ao restante da coletividade" (Cf.: BRASIL. Supremo Tribunal Federal. Suspensão de Tutela Antecipada nº 91, Relatora Ministra Presidente, Decisão Proferida pela Ministra Ellen Gracie, julgado em 26.02.2007; *DJ*, 05 mar. 2007; e BRASIL. Supremo Tribunal Federal. Suspensão de Segurança nº 3.073, Relatora Ministra Presidente, Decisão Proferida pela Ministra Ellen Gracie, julgado em 09.02.2007. *DJ*, 14 fev. 2007.

[125] WANG. Escassez de recursos, custos dos direitos e reserva do possível na jurisprudência do STF. *In*: SARLET; TIMM (Coord.). *Direitos fundamentais*: orçamento e "reserva do possível", p. 356-359.

[126] A constatação acerca da escassez de julgados do STF é feita por: TORRES. *O direito ao mínimo existencial*, p. 71-73; BITTENCOURT NETO, *op. cit.*, p. 96-97; HONÓRIO, *op. cit.*, p. 199 *et seq.*

[127] BRASIL. Supremo Tribunal Federal. Medida Cautelar na Arguição de Descumprimento de Preceito Fundamental nº 45. Relator Ministro Celso de Mello, julgado em 29.04.2004. *DJ*, 04 maio 2004.

de intervenção do Poder Judiciário, em ordem a viabilizar, a todos, o acesso aos bens cuja fruição lhes haja sido injustamente recusada pelo Estado".[128]

Em matéria de educação, há também outras decisões de relatoria do Ministro Celso de Mello que se relacionam ao mínimo existencial e baseiam-se na fundamentação expendida na ADPF nº 45. São casos que envolvem o direito fundamental das crianças com até cinco anos de idade de terem acesso à educação infantil em de creches e pré-escolas, conforme previsto no art. 208, IV da Constituição Federal. Em tais decisões, entendeu o Ministro que o mencionado direito impõe ao Estado "a obrigação constitucional de criar condições objetivas que possibilitem, de maneira concreta, em favor das 'crianças de zero a seis anos de idade' (CF, art. 208, IV), o efetivo acesso e atendimento em creches e unidades de pré-escola", situando-se fora da esfera de discricionariedade da Administração Pública a decisão em relação à prestação ou não desse serviço público.[129] Em algumas delas, o Relator fundamenta esse entendimento na necessidade de satisfação do direito em questão para assegurar as condições mínimas para o exercício da liberdade real.

Mais recentemente, embora envolvendo a mesma temática do direito fundamental à educação básica e seguindo a mesma linha das decisões anteriores, o Supremo Tribunal Federal, em acórdão da Segunda Turma (também de relatoria do Ministro Celso de Mello), desenvolveu mais aprofundadamente a fundamentação baseada no mínimo existencial para conceder o direito postulado. No julgado, afirmou-se expressamente que a reserva do possível não pode constituir óbice à satisfação judicial das prestações englobadas pelo mínimo existencial. O fundamento utilizado para identificar o direito ao mínimo existencial, considerado como verdadeira barreira ao argumento da escassez de recursos, foi o princípio da dignidade da pessoa humana. Dada a sua especificidade e pertinência com o assunto ora apreciado, justifica-se a transcrição literal da seguinte passagem da ementa do acórdão:

> A destinação de recursos públicos, sempre tão dramaticamente escassos, faz instaurar situações de conflito, quer com a execução de políticas públicas definidas no texto constitucional, quer, também, com a própria implementação de direitos sociais assegurados pela Constituição da República, daí resultando contextos de antagonismo que impõem, ao Estado, o encargo de superá-los mediante opções por determinados valores, em detrimento de outros igualmente relevantes, compelindo, o Poder Público, em face dessa relação dilemática, causada pela insuficiência de disponibilidade financeira e orçamentária, a proceder a verdadeiras "escolhas trágicas", em decisão governamental cujo parâmetro, fundado na dignidade da pessoa humana, deverá ter em perspectiva a intangibilidade do mínimo existencial, em ordem a conferir real efetividade às normas programáticas positivadas na própria Lei Fundamental. Magistério da doutrina. – A cláusula da reserva do possível — que não pode ser invocada, pelo Poder Público, com o propósito de fraudar,

---

[128] BRASIL. Supremo Tribunal Federal. Medida Cautelar na Arguição de Descumprimento de Preceito Fundamental nº 45. Relator Ministro Celso de Mello, julgado em 29.04.2004. *DJ*, 04 maio 2004.

[129] BRASIL. Supremo Tribunal Federal. Agravo de Instrumento nº 677.274. Relator Ministro Celso de Mello, julgado em 18.09.09. *DJE*, 1º out. 08; BRASIL. Supremo Tribunal Federal. Recurso Extraordinário nº 472.707. Relator Ministro Celso de Mello, julgado em 14.03.06. *DJ*, 04 abr. 06; BRASIL. Supremo Tribunal Federal. Recurso Extraordinário nº 467.255, Relator Ministro Celso de Mello, julgado em 22.02.06. *DJ*, 14 mar. 06; BRASIL. Supremo Tribunal Federal. Recurso Extraordinário nº 410.715. Relator Ministro Celso de Mello, julgado em 27.10.05. *DJ*, 08 nov. 05; BRASIL. Supremo Tribunal Federal. Recurso Extraordinário nº 436.996. Relator Ministro Celso de Mello, julgado em 26.10.05. *DJ*, 07 nov. 05.

de frustrar e de inviabilizar a implementação de políticas públicas definidas na própria Constituição — encontra insuperável limitação na garantia constitucional do mínimo existencial, que representa, no contexto de nosso ordenamento positivo, emanação direta do postulado da essencial dignidade da pessoa humana. Doutrina. Precedentes. – A noção de "mínimo existencial", que resulta, por implicitude, de determinados preceitos constitucionais (CF, art. 1º, III, e art. 3º, III), compreende um complexo de prerrogativas cuja concretização revela-se capaz de garantir condições adequadas de existência digna, em ordem a assegurar, à pessoa, acesso efetivo ao direito geral de liberdade e, também, a prestações positivas originárias do Estado, viabilizadoras da plena fruição de direitos sociais básicos, tais como o direito à educação, o direito à proteção integral da criança e do adolescente, o direito à saúde, o direito à assistência social, o direito à moradia, o direito à alimentação e o direito à segurança.[130]

Outra decisão em matéria de educação, que também invocou o argumento do mínimo existencial, foi proferida pela Ministra Cármen Lúcia Antunes Rocha no Agravo de Instrumento nº 564.035. O caso envolvia pretensão jurídica de acesso gratuito ao ensino fundamental em escola pública, diante de indeferimento de pedido de matrícula pelo município. Lastreando-se, igualmente, na dignidade da pessoa humana, a Ministra afirmou que a negativa de vaga importava violação do mínimo existencial, na seguinte passagem: "a educação compõe o mínimo existencial, de atendimento estritamente obrigatório pelo Poder Público, dele não podendo se eximir qualquer das entidades que exercem as funções estatais. O mínimo existencial afirma o conjunto de direitos fundamentais sem os quais a dignidade da pessoa humana é confiscada". A situação não trazia maiores dificuldades, já que no caso do acesso à educação fundamental, a Constituição afirma expressamente no art. 208, I e §1º se tratar de direito público subjetivo.[131]

Perceba-se que nessas decisões exaradas pelo Supremo Tribunal Federal não há grandes novidades, porque cuidam de prestações estatais expressamente previstas como direitos subjetivos exigíveis do Poder Público, e que claramente são imprescindíveis para assegurar aos cidadãos condições mínimas de existência digna.

Já na Ação Direta de Inconstitucionalidade nº 3.768, cuja relatoria também ficou a cargo da Ministra Cármen Lúcia Antunes Rocha, a ação tinha por objeto o questionamento da constitucionalidade do dispositivo do Estatuto do Idoso que prevê a gratuidade do transporte coletivo público urbano e semiurbano aos maiores de 65 anos de idade. Note-se que a disposição atacada simplesmente repete o direito consagrado pelo art. 230, §2º, da Constituição Federal. A Ministra, em seu voto, pontuou a necessidade de compatibilizar a reserva do possível, arguida pelo proponente da ação, com o mínimo existencial.[132] Essa invocação, no referido caso, parece ter sido um tanto quanto exagerada, já que, embora a previsão constitucional se traduza, inegavelmente, em direito social dos idosos, não parece que a prestação em questão integre o conjunto de condições mínimas de existência digna de seus titulares. Logo, embora seja evidente a

---

[130] BRASIL. Supremo Tribunal Federal. Agravo Regimental no Recurso Extraordinário com Agravo nº 639.337. Relator Ministro Celso de Mello. Segunda Turma, julgado em 23.08.2011. *DJe*-177, divulgado em 14.09.2011, publicado em 15.09.2011.

[131] BRASIL. Supremo Tribunal Federal. Agravo de Instrumento nº 564.035. Relatora Ministra Cármen Lúcia Antunes Rocha, julgado em 30.04.07. *DJ* ,15 maio 07.

[132] BRASIL. Supremo Tribunal Federal. Ação Direta de Inconstitucionalidade nº 3768. Relatora Ministra Cármen Lúcia Antunes Rocha. Tribunal Pleno, julgado em 19.09.2007. *DJe*-131, 25.10.2007, publicado em 26.10.2007.

conformidade constitucional do dispositivo legal, o fundamento para tanto não reside no mínimo existencial, sob pena de se elastecer em demasia o seu conteúdo.

Há ainda uma série de outros julgados do Supremo Tribunal Federal que poderiam ser mencionados. Só no ano de 2011, há 28 decisões monocráticas que contêm a expressão "mínimo existencial". Mas em termos de decisões colegiadas, são escassos os acórdãos que lançam mão desse conceito, sendo difícil, diante disso, extrair um posicionamento sedimentado ou sistematizado da Corte a esse respeito.

Mesmo nas demais instâncias do Poder Judiciário, não se pode dizer que haja consolidada construção jurisprudencial do tema do Brasil, a não ser referências esparsas nas decisões dos tribunais que "contêm fragmentos do seu reconhecimento".[133] Debruçando-se sobre o tema, Cláudia Honório cerificou que, até o ano de 2009, havia estados que já contavam com expressiva quantidade de julgados fazendo menção ao direito sob exame, tais como São Paulo (408 casos), Minas Gerais (384), Mato Grosso do Sul (268), Rio de Janeiro (122) e Rio Grande do Sul (100). Em compensação, não encontrou qualquer referência à temática na jurisprudência de estados como Maranhão, Piauí, Roraima e Pará.[134] A autora identificou que os assuntos mais recorrentes são aqueles relacionados à educação, englobando acesso a creche, pré-escola e ensino fundamental, às prestações básicas de saúde, à proteção e promoção da moradia, à renda financeira mínima, à assistência judiciária e à segurança pública. Ao final da análise, conclui pela existência de uma "diversidade no tratamento conferido ao mínimo existencial pelos tribunais",[135] havendo disparidade entre aquilo que cada julgador reputa como abrangido por esse mínimo.

Não há, por conseguinte, como classificar com segurança o posicionamento do Supremo Tribunal Federal ou da jurisprudência brasileira em geral dentro das correntes divergentes identificadas no tópico anterior, acerca dos aspectos polêmicos do mínimo existencial. O que se pode afirmar, ao menos, é que os pontos de consenso na doutrina se encontram refletidos na jurisprudência: (i) o mínimo existencial pode ser deduzido do princípio da dignidade da pessoa humana; (ii) o seu reconhecimento independe de previsão normativa expressa, seja em sede constitucional ou legislativa; (iii) o seu conteúdo está intimamente relacionado com os direitos fundamentais sociais, notadamente educação e saúde; (iv) as prestações a ele inerentes podem ser exigidas individualmente perante o Poder Judiciário, reconhecendo-se-lhe caráter de direito subjetivo; (v) a sua invocação pode afastar argumentos normalmente utilizados para bloquear a satisfação judicial de direitos fundamentais sociais, tais como os princípios da separação dos poderes e da reserva legal orçamentária, bem como a reserva do possível.

Talvez apenas no que toca à sua estrutura normativa, já se possa aduzir (não sem alguma insegurança) que o Supremo Tribunal Federal tem caminhado no sentido, ainda que implicitamente, de reconhecê-lo como regra, aderindo à vertente aqui apelidada de *mínimo existencial como direito definitivo*. Mas quanto à definição do seu conteúdo (*conteúdo determinável no caso concreto* ou *rol constitucional preferencial*) e quanto ao seu emprego como critério de justiciabilidade de direitos econômicos e sociais (*mínimo existencial como piso mínimo* ou *mínimo existencial como teto máximo*), é ainda cedo para fazer qualquer afirmação peremptória.

---

[133] BITTENCOURT NETO, *op. cit.*, p. 96.

[134] HONÓRIO, *op. cit.*, p. 199.

[135] HONÓRIO, *op. cit.*, p. 235.

Referências

ABRAMOVICH, Víctor; COURTIS, Christian. *Los derechos sociales como derechos exigibles*. 2. ed. Madrid: Trotta, 2004.

ALEMANHA. *BVerwGE* 1, 159 (161 e ss.), 24.06.1954.

ALEXY, Robert. *Teoría de los derechos fundamentales*. 2. ed. Madrid: Centro de Estudios Políticos y Constitucionales, 2007.

AMARAL, Gustavo. *Direitos, escassez e escolha*: em busca de critérios jurídicos para lidar com a escassez de recursos e as decisões trágicas. Rio de Janeiro: Renovar, 2001.

ANDRADE, José Carlos Vieira de. *Os direitos fundamentais na Constituição Portuguesa de 1976*. 3. ed. Coimbra: Almedina, 2004.

ARANGO, Rodolfo; LEMAITRE, Julieta. *Jurisprudencia constitucional sobre el derecho al mínimo vital*. Bogotá: Ediciones Uniandes; Facultad de Derecho de la Universidad de los Andes, 2000.

BANDEIRA DE MELLO, Celso Antônio. *Eficácia das normas constitucionais e direitos sociais*. São Paulo: Malheiros, 2010.

BARCELLOS, Ana Paula de. *A eficácia jurídica dos princípios constitucionais*: o princípio da dignidade da pessoa humana. 3. ed. Rio de Janeiro: Renovar, 2011.

BARCELLOS, Ana Paula de. O direito a prestações de saúde: complexidades, mínimo existencial e o valor das abordagens coletiva e abstrata. *In*: SOUZA NETO, Cláudio Pereira de; SARMENTO, Daniel (Coord.). *Direitos sociais*: fundamentos, judicialização e direitos sociais em espécie. Rio de Janeiro: Lumen Juris, 2008.

BARCELLOS, Ana Paula de. O mínimo existencial e algumas fundamentações: John Rawls, Michael Walzer e Robert Alexy. *In*: TORRES, Ricardo Lobo (Org.). *Legitimação dos direitos humanos*. Rio de Janeiro: Renovar, 2002.

BARROSO, Luís Roberto. A doutrina brasileira da efetividade. *In*: TORRES, Ricardo Lobo (Org.). *Temas de direito constitucional*. Rio de Janeiro: Renovar, 2005.

BARROSO, Luís Roberto. *O direito constitucional e a efetividade das suas normas*. 8. ed. Rio de Janeiro: Renovar, 2006.

BERNAL PULIDO, Carlos. *El principio de proporcionalidad y los derechos fundamentales*. Madrid: Centro de Estudios Políticos y Constitucionales, 2003.

BERNAL PULIDO, Carlos. Fundamento, conceito e estrutura dos direitos sociais: uma crítica a "existem direitos sociais?" de Fernando Atria. *In*: SOUZA NETO, Cláudio Pereira de; SARMENTO, Daniel (Coord.). *Direitos sociais*: fundamentos, judicialização e direitos sociais em espécie. Rio de Janeiro: Lumen Juris, 2008.

BITTENCOURT NETO, Eurico. *O direito ao mínimo para uma existência digna*. Porto Alegre: Livraria do Advogado, 2010.

BRASIL. Superior Tribunal de Justiça. Recurso Ordinário no Mandado de Segurança nº 6.564/RS, Relator Ministro Demócrito Reinaldo, Primeira Turma, julgado em 23.05.1996. *DJ*, 17 jun. 1996.

BRASIL. Supremo Tribunal Federal. Ação Direta de Inconstitucionalidade nº 3768. Relatora Ministra Cármen Lúcia Antunes Rocha. Tribunal Pleno, julgado em 19.09.2007. *DJe*-131, divulgado em 25.10.2007, publicado em 26.10.2007.

BRASIL. Supremo Tribunal Federal. Agravo de Instrumento nº 564.035. Relatora Ministra Cármen Lúcia Antunes Rocha, julgado em 30.04.07. *DJ*, 15 maio 07.

BRASIL. Supremo Tribunal Federal. Agravo de Instrumento nº 677.274. Relator Ministro Celso de Mello, julgado em 18.09.09. *DJE*, 1º out. 08.

BRASIL. Supremo Tribunal Federal. Agravo Regimental no Recurso Extraordinário com Agravo nº 639.337. Relator Ministro Celso de Mello. Segunda Turma, julgado em 23.08.2011. *DJe*-177, divulgado em 14.09.2011, publicado em 15.09.2011.

BRASIL. Supremo Tribunal Federal. Medida Cautelar na Arguição de Descumprimento de Preceito Fundamental nº 45. Relator Ministro Celso de Mello, julgado em 29.04.2004. *DJ*, 04 maio 2004.

BRASIL. Supremo Tribunal Federal. Medida Cautelar na Petição nº 1246. Presidente Ministro Sepúlveda Pertence. Decisão Proferida pelo Ministro Celso de Mello, julgado em 31.01.1997. *DJ*, 13 fev. 1997.

BRASIL. Supremo Tribunal Federal. Recurso Extraordinário nº 198.263. Relator Ministro Sydney Sanches, julgado em 12.02.2001. *DJ*, 30 mar. 2001.

BRASIL. Supremo Tribunal Federal. Recurso Extraordinário nº 342.413, Relatora Ministra Ellen Gracie, julgado em 14.10.2004. *DJ*, 09 nov. 2004.

BRASIL. Supremo Tribunal Federal. Recurso Extraordinário nº 410.715, Relator Ministro Celso de Mello, julgado em 27.10.05. *DJ*, 08 nov. 2005.

BRASIL. Supremo Tribunal Federal. Recurso Extraordinário nº 436.996, Relator Ministro Celso de Mello, julgado em 26.10.05. *DJ*, 07 nov. 2005.

BRASIL. Supremo Tribunal Federal. Recurso Extraordinário nº 467.255, Relator Ministro Celso de Mello, julgado em 22.02.06. *DJ*, 14 mar. 2006.

BRASIL. Supremo Tribunal Federal. Recurso Extraordinário nº 472.707, Relator Ministro Celso de Mello, julgado em 14.03.06. *DJ*, 04 abr. 2006.

BRASIL. Supremo Tribunal Federal. Suspensão de Segurança nº 3073. Relatora Ministra Presidente, Decisão Proferida pela Ministra Ellen Gracie, julgado em 09.02.2007. *DJ*, 14 fev. 2007.

BRASIL. Supremo Tribunal Federal. Suspensão de Tutela Antecipada nº 91. Relatora Ministra Presidente. Decisão Proferida pela Ministra Ellen Gracie, julgado em 26.02.2007. *DJ*, 05 mar. 2007.

BRASIL. Tribunal de Justiça do Estado do Rio de Janeiro. Mandado de Segurança nº 220/98. Relator Del. Antonio Lindberg Montenegro, julgado em 17. 12.1998.

BRASIL. Tribunal de Justiça do Estado do Rio Grande de Sul. Agravo de Instrumento nº 70013407242. Terceira Câmara Cível. Relator Des. Rogério Gesta Leal, julgado em 12.01.2006.

BRASIL. Tribunal de Justiça do Estado do Rio Grande de Sul. Agravo de Instrumento nº 70013844980. Terceira Câmara Cível. Relator Des. Rogério Gesta Leal, julgado em 16.03.2006.

CLÈVE, Clèmerson Merlin. A eficácia dos direitos fundamentais sociais. *In*: BACELLAR FILHO, Romeu Felipe; HACHEM, Daniel Wunder (Coord.). *Globalização, direitos fundamentais e direito administrativo*: novas perspectivas para o desenvolvimento econômico e socioambiental. Belo Horizonte: Fórum, 2011.

CLÈVE, Clèmerson Merlin; FREIRE, Alexandre Reis Siqueira. Algumas notas sobre colisão de direitos fundamentais. *In*: CUNHA, Sérgio Sérvulo da; GRAU, Eros Roberto (Org.). *Estudos de direito constitucional em homenagem a José Afonso da Silva*. São Paulo: Malheiros, 2003.

CRUZ, Álvaro Ricardo de Souza. Regras e princípios: por uma distinção normoteorética. *Revista da Faculdade de Direito da UFPR*, Curitiba, n. 45, p. 37-73, 2006.

DWORKIN, Ronald. *Levando os direitos a sério*. 3. ed. São Paulo: Martins Fontes, 2010.

FRANCISCO, José Carlos. Dignidade humana, custos estatais e acesso à saúde. *In*: SOUZA NETO, Cláudio Pereira de; SARMENTO, Daniel (Coord.). *Direitos sociais*: fundamentos, judicialização e direitos sociais em espécie. Rio de Janeiro: Lumen Juris, 2008.

GAVARA DE CARA, Juan Carlos. *Derechos fundamentales y desarrollo legislativo*: la garantia del contenido esencial de los derechos fundamentales en la Ley Fundamental de Bonn. Madrid: Centro de Estudios Constitucionales, 1994.

GEBRAN NETO, João Pedro. *A aplicação imediata dos direitos e garantias individuais*: a busca de uma exegese emancipatória. São Paulo: Revista dos Tribunais, 2002.

HACHEM, Daniel Wunder. A aplicabilidade imediata dos direitos fundamentais na Constituição Federal de 1988: 20 anos de obscuridade nas brumas do senso comum teórico. *EOS – Revista Jurídica da Faculdade de Direito*, v. 4, p. 102-127, 2008.

HACHEM, Daniel Wunder. *Mandado de injunção e direitos fundamentais*: uma construção à luz da transição do Estado Legislativo ao Estado Constitucional. Belo Horizonte: Fórum, 2012.

HACHEM, Daniel Wunder. *Princípio constitucional da supremacia do interesse público*. Belo Horizonte: Fórum, 2011.

HERRERA FLORES, Joaquín. Hacia una visión compleja de los derechos humanos. *In*: HERRERA FLORES, Joaquín (Coord.). *El vuelo de Anteo*: derechos humanos y crítica da la razón liberal. Bilbao: Desclée, 2000.

HONÓRIO, Cláudia. *Olhares sobre o mínimo existencial em julgados brasileiros*. 2009. 306 f. Dissertação (Mestrado em Direito) — Programa de Pós-Graduação em Direito, Universidade Federal do Paraná, Curitiba, 2009.

KRELL, Andreas J. *Direitos sociais e controle judicial no Brasil e na Alemanha*: os (des)caminhos de um direito constitucional "comparado". Porto Alegre: Sergio Antonio Fabris, 2002.

LEAL, Rogério Gesta. *Condições e possibilidades eficácias dos direitos fundamentais sociais*: os desafios do Poder Judiciário no Brasil. Porto Alegre: Livraria do Advogado, 2009.

LEIVAS, Paulo Gilberto Cogo. *Teoria dos direitos fundamentais sociais*. Porto Alegre: Livraria do Advogado, 2006.

MAGANO, Octávio Bueno. Revisão constitucional. *Cadernos de Direito Constitucional e Ciência Política*, São Paulo, n. 7, p. 108-112, abr./jun. 1994.

MANCUSO, Rodolfo de Camargo. A ação civil pública como instrumento de controle judicial das chamadas políticas públicas. *In*: MILARÉ, Edis (Coord.). *Ação civil pública*. São Paulo: Revista dos Tribunais, 2001.

MARÍN-BARNUEVO FABO, Diego. *La protección del mínimo existencial en el IRPF*. Madrid: Colex, 1996.

MAURÍCIO JR., Alceu. *A revisão judicial das escolhas orçamentárias*: a intervenção judicial em políticas públicas. Belo Horizonte: Fórum, 2009.

MELLO, Celso Albuquerque. A proteção dos direitos humanos sociais nas Nações Unidas. *In*: SARLET, Ingo Wolfgang (Org.). *Direitos fundamentais sociais*: estudos de direito constitucional, internacional e comparado. Rio de Janeiro: Renovar, 2003.

NOVAIS, Jorge Reis. *Direitos sociais*: teoria jurídica dos direitos sociais enquanto direitos fundamentais. Coimbra: Coimbra Ed., 2010.

PIOVESAN, Flávia. Proteção internacional dos direitos econômicos, sociais e culturais. *In*: SARLET, Ingo Wolfgang (Org.). *Direitos fundamentais sociais*: estudos de direito constitucional, internacional e comparado. Rio de Janeiro: Renovar, 2003.

PISARELLO, Gerardo. *Los derechos sociales y sus garantías*: elementos para una reconstrucción. Madrid: Trotta, 2007.

SAGGESE, Federico. *El derecho a un nivel de vida adecuado*: discurso jurídico y dimensión judicial: perspectivas desde el Derecho Constitucional y Administrativo. La Plata: Librería Ed. Platense, 2009.

SARLET, Ingo Wolfgang. *A eficácia dos direitos fundamentais*: uma teoria geral dos direitos fundamentais na perspectiva constitucional. 10. ed. Porto Alegre: Livraria do Advogado, 2010.

SARLET, Ingo Wolfgang. *Dignidade da pessoa humana e direitos fundamentais na Constituição Federal de 1988*. 4. ed. Porto Alegre: Livraria do Advogado, 2006.

SARLET, Ingo Wolfgang; FIGUEIREDO, Mariana Filchtiner. Reserva do possível, mínimo existencial e direito à saúde: algumas aproximações. *In*: SARLET, Ingo Wolfgang; TIMM, Luciano Benetti (Coord.). *Direitos fundamentais*: orçamento e "reserva do possível". 2. ed. Porto Alegre: Livraria do Advogado, 2010.

SARMENTO, Daniel. A proteção judicial dos direitos sociais: alguns parâmetros ético-urídicos. *In*: SOUZA NETO, Cláudio Pereira de; SARMENTO, Daniel (Coord.). *Direitos sociais*: fundamentos, judicialização e direitos sociais em espécie. Rio de Janeiro: Lumen Juris, 2008.

SILVA, José Afonso da. A dignidade da pessoa humana como valor supremo da democracia. *Revista de Direito Administrativo*, Rio de Janeiro, n. 212, p. 89-84, abr./jun. 1998.

SILVA, Virgílio Afonso da. Princípios e regras: mitos e equívocos acerca de uma distinção. *Revista Latino-Americana de Estudos Constitucionais*, Belo Horizonte, n. 1, p. 607-629, jan./jun. 2003.

SOUZA NETO, Cláudio Pereira de. A justiciabilidade dos direitos sociais: críticas e parâmetros. *In*: SOUZA NETO, Cláudio Pereira de; SARMENTO, Daniel (Coord.). *Direitos sociais*: fundamentos, judicialização e direitos sociais em espécie. Rio de Janeiro: Lumen Juris, 2008.

SOUZA NETO, Cláudio Pereira de. Fundamentação e normatividade dos direitos fundamentais: uma reconstrução teórica à luz do princípio democrático. *In*: MELLO, Celso de Albuquerque; TORRES, Ricardo Lobo (Org.). *Arquivos de direitos humanos*. Rio de Janeiro: Renovar, 2002.

TORRES, Ricardo Lobo. A jusfundamentalidade dos direitos sociais. *Revista de Direito da Associação dos Procuradores do Novo Estado do Rio de Janeiro*, Rio de Janeiro, v. 12, p. 349-374, 2003.

TORRES, Ricardo Lobo. *O direito ao mínimo existencial*. Rio de Janeiro: Renovar, 2009.

WANG, Daniel Wei Liang. Escassez de recursos, custos dos direitos e reserva do possível na jurisprudência do STF. *In*: SARLET, Ingo Wolfgang; TIMM, Luciano Benetti (Coord.). *Direitos fundamentais*: orçamento e "reserva do possível". 2. ed. Porto Alegre: Livraria do Advogado, 2010.

Informação bibliográfica deste texto, conforme a NBR 6023:2002 da Associação Brasileira de Normas Técnicas (ABNT):

HACHEM, Daniel Wunder. Mínimo existencial e direitos fundamentais econômicos e sociais: distinções e pontos de contato à luz da doutrina e jurisprudência brasileiras. *In*: BACELLAR FILHO, Romeu Felipe; HACHEM, Daniel Wunder (Coord.). *Direito público no Mercosul*: intervenção estatal, direitos fundamentais e sustentabilidade: anais do VI Congresso da Associação de Direito Público do Mercosul: homenagem ao Professor Jorge Luis Salomoni. Belo Horizonte: Fórum, 2013. p. 205-240. ISBN 978-85-7700-713-4.

ADMINISTRAÇÃO PÚBLICA E SEUS FUNDAMENTOS DE GESTÃO: EFICIÊNCIA, INTERESSE PÚBLICO, DIREITOS FUNDAMENTAIS E DESENVOLVIMENTO

EMERSON GABARDO

ENEIDA DESIREE SALGADO

1 A eficiência como critério de decisão

O poder, historicamente considerado, sempre precisou de legitimação. E o Estado, como centro privilegiado de poder na modernidade, por sua vez, sempre foi carente de legitimidade (ainda que seja possível apenas se tratar de uma legitimidade simbólica, pois a ideia de "legitimidade real" é um mito). Tal carência legitimatória do Poder Público acabou por desenvolver diferentes meios ou "instrumentos" de justificação/ fundamentação. Tais mecanismos podem ser agrupados em dois conjuntos-base (a partir da racionalidade que contemplam). Um deles mais ligado à moral, à ética, aos valores. O outro mais conexo à política, à eficiência, aos resultados.[1]

O primeiro grupo, que pode arbitrariamente ser chamado de "principiologista" (análogo ao esquema mental contratualista), poderia corresponder à espécie ética que Max Weber denominou de "ética da convicção". Tem como característica a busca da verdade e a construção de princípios fundamentais a partir da ideia de que a racionalidade humana deve voltar-se ao que é justo. Já o segundo grupo, aquele ligado ao que Weber chamaria de "ética da responsabilidade", caracteriza-se pelo foco nas consequências dos atos do ser humano, a fim de que seja possível realizar o bom para todos.[2] Mesmo para o autor criador da classificação, nenhuma destas éticas é capaz de fornecer, sozinha, a resposta adequada.

---

[1] Este assunto foi tratado com maior detalhamento em obra anterior: GABARDO. *Eficiência e legitimidade do Estado*. Em uma abordagem clássica, é possível fazer referência a seis critérios de legitimidade do exercício do poder político, submetidos a três princípios de legitimação: a natureza (a legitimidade do mais forte ou do mais sábio); a história (a tradição, como história passada, e a legitimidade de um grupo revolucionário, relacionado à história futura); e a vontade (vontade de Deus nas teocracias e vontade do povo, nas democracias, com toda sua problemática ficcional). Ver: BOBBIO. *Estado, governo, sociedade*: para uma teoria geral da política.

[2] A distinção é feita por Weber em seu texto "A política como vocação" (WEBER. A política como vocação. *In*: WEBER. *Ciência e política*: duas vocações). Sobre este assunto, ver as interessantes análises de Julien Freund e de Roberto J. Vernengo. Cf.: FREUND. *Sociologia de Max Weber*, p. 24 *et seq.*; VERNENGO. Ética reflexiva y ética de responsabilidad em Max Weber. *Revista Doxa*.

A história da filosofia política tem se debatido constantemente sobre estas questões. Uns, como Immanuel Kant e John Ralws, defendendo a primeira proposta (entendida em geral como "liberal"); outros, como John Locke ou Jeremy Bentham, sustentando a posição contrária (entendida usualmente como utilitarista).[3] De qualquer forma, é importante ressaltar que este é um debate não somente filosófico, mas que também tem sido, justificadamente, objeto da sociologia política. Trata-se de uma questão "cultural" que foca o exercício do poder (e na modernidade não pode deixar também de direcionar-se ao Direito).

Transpassando diversos momentos históricos, a discussão (ainda que implícita) entre diferentes critérios de decisão (tais como a tomada de posição por uma questão de princípio ou por uma questão de eficiência da ação), não se acanha; pelo contrário, está cada vez mais presente, notadamente nas esferas de decisão da Administração Pública.[4] Ora alguns projetos políticos tomam como base propostas fortemente pautadas pela convicção do que fazer (independentemente das consequências do que se faz); ora são eleitos grupos políticos de mentalidade pragmática, que abandonam convicções com grande facilidade a fim de atingirem os resultados que acreditam ser os mais pertinentes.

2 A proposta gerencial da década de 1990: aquém de princípios e deveres

O gerencialismo da década de 90 tentou ser uma proposta institucional e procedimental de intervenção na realidade a partir de uma fundamentação eminentemente consequencialista: a sua palavra-chave era a eficiência com vistas à superação do modelo burocrático. Todavia, não passou de mera retórica (até porque, em grande parte, a eficiência foi tomada, paradoxalmente, como um dogma típico da racionalidade de convicção). Ao contrário do discurso oficial que reinou no substrato ideológico do período (mais ou menos entre 1993 e 2003), o gerencialismo não conseguiu resolver, sequer atacar, os reais problemas que assolam a Administração Pública brasileira. Dificuldades tais como: corrupção, clientelismo, desperdício de recursos públicos, falta de investimento físico e humano, ausência de planejamento, desinteresse pelas peculiaridades locais, despreocupação com as externalidades negativas e, finalmente, a pouca correspondência entre o resultado formal dito alcançado e a realidade concreta. A tradicional diferença entre "ser" e "dever ser", tão típica na construção da sociedade e do Estado brasileiros, ainda se manteve, tal como no paradigma burocrático.

Ocorre que, para além dos já conhecidos problemas de realização do modelo burocrático (que foi transformado no Brasil em um "estamento burocrático"), o gerencialismo tem um "lado negro", um efeito colateral inerente, que o torna especialmente inadequado para a tentativa de estabelecimento de qualquer projeto de desenvolvimento.

---

[3]   Tais rótulos, obviamente, visam apenas a uma aproximação mental das propostas de análise da vida. Por certo existem discrepâncias significativas entres os autores. Ademais, existem diferentes espécies de principiologismo, contratualismo, liberalismo, utilitarismo, consequencialismo etc. Uma análise interessante a respeito das diferentes teorias da justiça que podem fundamentar escolhas pode ser vista em: SANDEL. *Justiça*: o que é fazer a coisa certa?.

[4]   Também é possível verificar atualmente uma tendência consequencialista nas decisões judiciais, que ora se aproximam ora se afastam de uma análise econômica do Direito. Como exemplo máximo da assunção desta postura pelo Supremo Tribunal Federal, tem-se a decisão na Ação Direta de Inconstitucionalidade nº 4.029, julgada em 07 de março de 2012. No dia seguinte, em questão de ordem suscitada pelo Advogado-Geral da União, decidiu-se pela modulação de efeitos da declaração de inconstitucionalidade de lei que não seguiu o rito constitucional de conversão de medida provisória.

Ele toma como ponto de partida a "demonização" do Estado (e de seus agentes). Tal feito retrata um pseudoparadoxo: sob o ponto de vista da racionalidade, o foco é na eficiência; todavia, a construção teórica do modelo foi realizada por teóricos libertários e correntes análogas (cuja principal característica é a de acreditar no mercado como a instituição mais adequada à promoção de escolhas e definição dos destinos do ser humano). Esta imagem voltada ao consequencialismo, na realidade, retrata muito mais uma convicção de caráter liberal, do que propriamente uma perspectiva ontologicamente utilitarista. Ou, quem sabe, signifique um modelo mentalmente utilitarista e filosoficamente liberal. Ou, ainda, talvez retrate apenas uma incongruência lógica do próprio liberalismo minimalista, que passou a ser denominado "neoliberalismo".[5]

Jaques Le Moüel, autor francês que se dedicou ao tema do gerencialismo neo-privatizante, apresentou já nos idos da década de 1980 uma grande desconfiança da possibilidade de êxito de uma doutrina cuja base ideológica era o que chamou de "empresomania" (a crença de que tudo o que ocorre no setor privado é bom e tudo o que ocorre no setor público é ruim). Segundo o autor, trata-se de uma ingenuidade imaginar que existam benefícios reais ao serem trazidos princípios da administração privada para a Administração Pública (como, por exemplo, seria o caso da implantação dos programas de qualidade total ou os projetos motivacionais na seara público-administrativa).[6]

Não há como se implantar um sistema de reorganização e desenvolvimento da estrutura pública a partir de um modelo cujo cerne é, por princípio, a sua depreciação. Ademais, é preciso ser consignado que nem sempre alguns institutos tomados como típicos do setor privado realmente o são. Exemplo disso é o próprio dever jurídico de eficiência: como princípio jurídico, trata-se de algo inerente (e decorrente) da Administração Pública. O setor privado não tem o "dever" de eficiência, ainda que sofra das consequências da ineficiência. A eficiência é típica do sistema republicano e, particularmente, surge com o modelo burocrático de gestão. Não é, certamente, uma invenção do gerencialismo. Isso porque quem administra o que não é seu tem o "dever" de gerenciar a organização com eficiência — abstraindo-se, então, a característica privada mais fundamental, que é a autonomia da vontade. No setor público não existe autonomia da vontade; o que prevalece é a heteronomia (pois se tem como princípio a indisponibilidade dos interesses).[7]

Falando-se particularmente do Brasil, e ao contrário do que possa parecer, as grandes questões da Administração Pública não envolvem a "otimização de sua *performance*" ou mesmo o foco nos resultados, mas dizem respeito a questões de princípio e mentalidade — ou seja, de cultura. Não é suficiente saber "o que eu faço" ou se "eu consegui fazer aquilo que me propus". É relevantíssimo conhecer "como eu faço". Os meios são tão importantes quanto os fins. Qualquer modelo de gestão que se pretenda constituir em um meio de desenvolvimento com sustentabilidade precisa voltar os olhos para o que realmente a sociedade brasileira é (e, por consequência, o que o Estado é).

---

[5]   Em que pese, no Brasil, um de seus principais mentores negar tal alcunha. Luiz Carlos Bresser-Pereira rejeita a ideia de que seja um neoliberal, preferindo autodenominar-se de "social liberal". Cf.: BRESSER-PEREIRA. *Crise econômica e reforma do Estado no Brasil*: para uma nova interpretação da América Latina.

[6]   MOÜEL. *Critica de la eficácia*: ética, verdad y utopia de um mito contemporâneo.

[7]   Esta lição é simples e uma das mais básicas do Direito Público. Tanto é assim que pode ser encontrada em livros clássicos, tais como: SUNDFELD. *Fundamentos de direito público*.

A Administração Pública é reflexo da sociedade civil na qual está inserida. Sem mudar os esquemas mentais comunitários, não há como alterar a sistemática de atuação das instituições.[8] Não há projeto de lei milagroso e não se muda a realidade por decreto.

Para ser construído um projeto de desenvolvimento é necessário que conjuntamente seja pensada alguma forma de revisão da cidadania atual. E isso implica não somente buscar resultados, mas alterar questões de princípio. Uma delas diz justamente respeito ao fato de que, após o período de transição da ditadura para o período democrático (e notadamente em face do sensível avanço decorrente da Constituição de 1988), os brasileiros somente pensam em direitos. A própria academia, ou mesmo o Poder Judiciário, tem se voltado quase que exclusivamente para o estudo e a tratativa dos direitos (e, com forte ênfase, dos direitos fundamentais). Isso é reflexo claro e notório de uma sociedade que tradicionalmente não tem seus direitos respeitados. Todavia, a consequência negativa de tal fato é que, mesmo após mais de vinte anos de redemocratização, não há (ou há muito pouca) tratativa dos deveres (e, principalmente, dos "deveres fundamentais" inerentes à cidadania). Os cidadãos brasileiros sentem-se apenas um receptáculo de direitos. Isso tanto nas suas relações particulares quanto em face do Estado.

Deveres como "solidariedade", "lealdade", "alteridade" e "reciprocidade" não estão em pauta. E isso tanto na esfera das ideias, quanto na esfera das mentalidades. Talvez por isso seja tão fácil para os brasileiros apagar o passado quando se trata daquilo que deles exigiria uma atitude pró-ativa e não apenas de expectação. E isso não se refere somente aos deveres éticos, mas também, e especialmente, aos jurídicos.

A democracia constitucional brasileira pressupõe um cidadão republicano e solidário.[9] Mas o ideal republicano não é incorporado na prática política nacional, seja por defeito de origem, totalmente alheia a qualquer tipo de manifestação popular,[10] seja por um comportamento filiado ao desejo de desigualdade e de privilégio. Há que se reconhecer que a Constituição de 1988 impõe valores cívicos, sem que isso aniquile a esfera de autonomia individual do cidadão: há necessariamente um compromisso com o bem público, mas sem a vinculação dos indivíduos como uma concepção moral vigorosa.[11] No entanto, a primeira parte desta premissa é esquecida, em uma visão bastante parcial e seletiva do sistema constitucional.

3 A eficiência como princípio jurídico

Eficiência, como princípio jurídico, já é uma realidade implícita ao ordenamento vigente desde a proclamação da República. Entretanto, como princípio constitucional geral expresso da Administração Pública brasileira, sua inclusão foi realizada pela Emenda Constitucional nº 19, de 1988. Mas tal alteração legislativa (que teve forte

---

[8]   A íntima relação entre o "ser" da sociedade e o "ser" do Estado foi defendida e pode ser mais bem compreendida a partir de um trabalho anterior: GABARDO. *Interesse público e subsidiariedade*: o Estado e a sociedade civil para além do bem e do mal.

[9]   Sobre o assunto, ver o item 1.3 da Parte I de SALGADO. *Princípios constitucionais estruturantes do direito eleitoral*.

[10] CARVALHO. *A formação das almas*: o imaginário da República no Brasil. Vale conferir também a análise do jornalista Hélio Silva. Cf.: SILVA. *1889*: a República não esperou o amanhecer.

[11] Roberto Gargarella demonstra preocupação com a imposição de um ideal de excelência por um republicanismo forte. Cf.: GARGARELLA. *As teorias da justiça depois de Rawls*: um breve manual de filosofia política, p. 183-221.

impacto simbólico) de pronto não foi bem recepcionada pela doutrina. Várias objeções foram realizadas à sua inclusão. Afinal, a desconfiança era grande. Tratava-se de um princípio fortemente ligado ao paradigma gerencial neoliberal. Celso Antônio Bandeira de Mello sem dúvida foi o principal crítico do novo princípio, denunciando as mazelas do gerencialismo e proclamando pela sua precariedade como novo modelo de gestão (vaticínio este confirmado poucos anos após suas defesas inflamadas do Estado social e da intervenção administrativa como fontes primordiais de desenvolvimento).[12]

Apesar da justificável resistência ao princípio, ele prevaleceu como elemento de integração do sistema constitucional. E não poderia ser diferente, considerando que se trata de norma constitucional e a Constituição não tem meros conselhos ou admoestações, mas sim dispositivos dotados de plena eficácia normativa. A eficiência administrativa foi tornando-se, paulatinamente, um elemento de controle dos atos da Administração. O que não implica a resolução das controvérsias relativas à sua aplicação. Isso é normal, considerando a sua ainda recente inclusão no ordenamento positivo.[13] É um princípio geral que congrega outros princípios específicos tais como o da eficácia (que se refere à produção do resultado) e o da economicidade (que se reporta ao uso de meios menos custosos para a obtenção do resultado). Finalmente, seu elemento conceitual estruturante, inevitavelmente, requer a obtenção do "ato ótimo".[14]

De fato, para analisar com acuidade a questão, torna-se preciso separar o "momento pré-emenda" do "momento pós-emenda". Em sendo inserida a eficiência como princípio jurídico na Constituição de 1988, a eficiência tem que ser interpretada como um elemento integrante da ideia de formação de um Estado Social tipicamente burocrático (até porque o Estado social e a burocracia foram os melhores modelos de gestão até então inventados pelo homem). Se existem dificuldades quanto à sua realização, é preciso ressaltar que o problema não está no conteúdo destes dois grandes modelos, mas sim nos comportamentos sociais que os impedem de conquistar efetividade. Trata-se, como já ponderado anteriormente, de uma questão cultural inerente ao complexo universo das mentalidades.

4 A questão da escolha pública: entre interesse público e direitos fundamentais

A modernidade ora aglutina, ora opõe o bom o e justo como critério racional de decisão (seja uma escolha pública, seja uma escolha privada). A lei (o Direito posto) foi um dos mecanismos formais resultantes da decisão moderna por segurança jurídica. Uma decisão que optou pelo justo como fundamento do ordenamento moderno. Todavia, tal escolha encontra-se cada vez mais colocada em xeque. A lei não mais satisfaz. A

---

[12] Sua posição está registrada nos anais de vários congressos, dentre os quais, destacam-se os Congressos Brasileiros de Direito Administrativo. Ademais, denota-se explicitada também em seu *Curso de direito administrativo*, seja no tópico (atualmente retirado da obra), relativo ao próprio princípio da eficiência; seja no capítulo (recentemente incluído na obra) intitulado "O neocolonialismo e o Direito Administrativo brasileiro" (Cf.: BANDEIRA DE MELLO. *Curso de direito administrativo*).

[13] Ainda, que a eficiência já estivesse prevista no artigo 26 do Decreto-Lei nº 200/67 (como fator de controle inerente à supervisão ministerial da Administração indireta). Ou mesmo no seu artigo 14, que assevera: "o trabalho administrativo será racionalizado mediante a simplificação de processos e supressão de controles que se evidenciarem como puramente formais ou cujo custo seja evidentemente superior ao risco". Curioso é que aqui já se tem não somente a eficiência, mas implicitamente também se denota presente o conceito de "sustentabilidade".

[14] Estas questões foram originalmente tratadas em obra anterior: GABARDO. *Princípio constitucional da eficiência administrativa*.

autonomização do Direito legal gerou um déficit de legitimidade do poder difícil de ser administrado e que reverbera na própria questão democrática.[15] Mais que isso, a lei é agora considerada culpada (junto com o Estado e com a democracia representativa) por todos os percalços do subdesenvolvimento. Apesar da recente (e pontual) recuperação do prestígio governamental no Brasil, tal fenômeno é pessoal e não institucional. As pessoas têm confiança em tal ou qual governante e não no Poder Executivo. O Legislativo, então, é o mais desacreditado. E o Judiciário, que era o receptáculo da tradicional legitimidade popular (ainda que isso seja um mito), agora também é posto contra a parede (notadamente com a contribuição paradoxal do Conselho Nacional de Justiça).

Nesta conjuntura, ressurge na pós-modernidade o debate entre principiologistas e pragmatistas (um debate que é muito mais amplo que a gestão administrativa, mas que obviamente a ela se refere). Em detrimento do positivismo clássico, ganha espaço o principiologismo (e em assim sendo o Direito passa a ser cada vez mais abstrato e axiológico) e também o pragmatismo (e nestes termos a eficiência é recolocada em pauta como um elemento fundamental de decisão pública). A questão que surge é: "como decidir com base em qual critério eu decido?" A resposta não é simples, considerando-se inclusive que os critérios de decisão muitas vezes discordam entre si.[16] De certa forma, em teoria, seria possível tudo funcionar perfeitamente. Contudo, na prática, são muitos os problemas que surgem quando se está perante a questão da "escolha pública".

Diretamente, o tema quase não é discutido no Brasil, mas suas implicações estão presentes em quase todas as grandes polêmicas jurídicas contemporâneas. Em destaque coloca-se a questão entre interesse público e direitos fundamentais. No ambiente nacional, a teoria do Direito Administrativo mais consagrada propõe a existência de um regime jurídico administrativo fundado nos princípios da supremacia do interesse público e na indisponibilidade dos interesses públicos pela Administração.[17] Ou seja, funda o regime em uma questão de princípio. Todavia, cada vez mais se denotam presentes perspectivas contestadoras deste fundamento; afinal hoje se encontra alterado o contexto. O arraigamento do neopositivismo e do neoconstitucionalismo (paradoxalmente) tornaram o Direito sobremaneira consequencialista mediante sua abertura a uma interpretação cada vez mais casuísta do sistema (a partir de um núcleo fundamental que é a dignidade humana a ser averiguada em concreto).

Paralelamente, a chamada "crise do Estado Social" proclamada na década de 90 forjou um ambiente fortemente liberal de crítica ao interesse público em geral. E, particularmente, de contraposição ao princípio da supremacia do interesse público (a doutrina portuguesa de Paulo Otero teve papel importante neste sentido — embora não trate especificamente do assunto).[18] Três argumentos têm sido constantemente levantados a fim de sustentar tal crítica: a) o Direito Administrativo é originalmente autoritário; b) o interesse público não é algo definível objetivamente (deveria ser substituído pela ideia de "dignidade"); e c) jamais pode existir um princípio geral que diga que o interesse público se sobrepõe aos direitos fundamentais. Todos os três são argumentos

---

[15] Sobre o assunto, ver trabalho anterior: GABARDO. A eficiência no desenvolvimento do Estado brasileiro: uma questão política e administrativa. *In*: MARRARA (Org.). *Princípios de direito administrativo*, p. 327 *et seq.*

[16] Por exemplo: como saber se determinada política pública tal como a de controle da natalidade deve ser conduzida por princípios ou por resultados?

[17] É a doutrina clássica de Celso Antônio Bandeira de Mello. Sobre o assunto, ver a recente e esclarecedora obra de Daniel W. Hachem (Cf.: HACHEM. *Princípio constitucional da supremacia do interesse público*).

[18] OTERO. *Legalidade e Administração Pública*: o sentido da vinculação administrativa à juridicidade.

fortemente inconsistentes, quando não incorrem em erro grosseiro de interpretação do objeto tratado.[19]

Não é o caso, aqui, de ser feita uma contestação pormenorizada dos argumentos. Quanto ao primeiro, remete-se a texto anterior em que foi possível demonstrar detalhadamente os motivos pelos quais é uma falácia asseverar que o Direito Administrativo possui uma origem autoritária.[20] Em segundo lugar, dizer que o Direito Administrativo não é definível objetivamente é um falso problema. É antigo o reconhecimento dos conceitos jurídicos indeterminados. E sabe-se que a indeterminação desaparece com a concretização. Ademais, imaginar que a dignidade é, por definição, um conceito mais objetivável que o interesse público é algo no mínimo ingênuo. Finalmente, não parece ser ruim que o interesse público seja um conceito abstrato e axiologicamente denso e controvertido. A autoevidência de valores só existe em sociedades autocráticas tendencialmente ditatoriais.

Finalmente, o mais fraco dos argumentos é aquele que defende a "substituição" do princípio da supremacia do interesse público pela "supremacia dos direitos fundamentais". De pronto é preciso destacar que, em abstrato, o conteúdo do interesse público não pode ser contrário aos direitos fundamentais, pelo que defender a substituição de um pelo outro é algo sem nexo. Por outro lado, em concreto, certamente pode existir um conflito entre o interesse público como fundamento de uma decisão administrativa e um direito fundamental. A grande questão é saber como, neste caso, seria possível tomar uma decisão.

A resposta talvez passe na afirmação da clássica (mas muito esquecida) distinção entre direito e interesse. E, em assim sendo, seria possível elencar duas hipóteses fundamentais passíveis de serem apreciadas: a) *se for um conflito entre um interesse público e um direito fundamental*: neste caso, não há supremacia em abstrato, seja do interesse público seja do direito em questão. O princípio da supremacia não resolve o problema sozinho, pois ele se reporta a um critério de preferência exclusivamente entre interesses e não entre interesses e direitos. Há que ser feito uso dos tradicionais mecanismos da ponderação entre direitos e deveres, bem como se torna interessante o critério hartiano da derrotabilidade; b) *se for um conflito entre interesse público e interesse privado*: há sempre supremacia do interesse público, em qualquer situação.

5 Razões públicas e desenvolvimento com sustentabilidade

Qualquer atuação do Estado na sua função regulatória, seja na regulação por políticas públicas (gestão), seja na regulação por fiscalização e controle (ordenação), vai ter que considerar (ou considera sem nem mesmo perceber) tais razões acima indicadas. Ocorre que, atualmente, a estas razões clássicas de decidir: eficiência, interesse público e direitos fundamentais, agregou-se outro fundamento de escolha pública: o desenvolvimento sustentável. Tal critério não é uma real novidade, pois já se tratava

---

[19] Para mais detalhes a respeito da inconsistência de tais argumentos, remete-se, novamente, à leitura dos seguintes trabalhos: GABARDO. *Interesse público e subsidiariedade*: o Estado e a sociedade civil para além do bem e do mal, p. 251 *et seq.*; e HACHEM. *Princípio constitucional da supremacia do interesse público*, p. 219 *et seq.*

[20] GABARDO; HACHEM. O suposto caráter autoritário da supremacia do interesse público e das origens do direito administrativo: uma crítica da crítica. *In*: DI PIETRO; RIBEIRO (Coord.). *Supremacia do interesse público e outros temas relevantes do direito administrativo*, p. 11 *et seq.*

do assunto desde a década de 1960. O próprio Luiz Carlos Bresser-Pereira foi um dos pioneiros ao defender um conceito de desenvolvimento que ultrapassasse o mero signo do crescimento econômico rumo à ideia de que deveria comportar elementos políticos, culturais e sociais.[21] Nesse sentido, não haveria nem mesmo sentido em falar-se de "desenvolvimento sustentável", pois o desenvolvimento não sustentável equivale ao mero crescimento (aumento do Produto Interno Bruto e da renda *per capita*). Crescimento é um surto; tem seu espectro delimitado temporalmente e depende de condições exógenas. Já o desenvolvimento, pela sua própria natureza, precisa ser autossustentável (deve possuir condições internas de autorreprodução).[22]

Para dar sentido ao conceito de sustentabilidade, é preciso ir além deste conceito de desenvolvimento autossustentado rumo à consideração de uma proposta não somente para as gerações atuais, como também para as gerações futuras. É neste sentido que o tema inova e problematiza a questão, pois vai tornar ainda mais difícil a questão da escolha pública. Se já era difícil tomar decisões quando se tinha como objeto da deliberação a humanidade presente, o que se pode esperar quando a conjuntura a ser considerada precisa ultrapassar as gerações presentes rumo a um novo público destinatário das ações atuais?

Certamente surgirão novos conflitos, tais como entre direitos fundamentais e sustentabilidade (por exemplo, no caso da decisão sobre o uso de um recurso energético atual necessário à concretização de direitos fundamentais, mas que pode ser prejudicial às gerações futuras ou que se esgote e não possa por elas ser utilizado). São decisões difíceis e que não se encerram na questão ambiental. Daí a interessante ideia do "socioambientalismo". Este é um real desafio contemporâneo a ser atribuído tanto à Administração Pública gestora, quanto ao Poder Judiciário e aos demais órgãos de controle. Se é que seja possível continuar fazendo tais distinções orgânicas formais. Do ponto de vista prático (e funcional, portanto), as linhas divisórias institucionais estão se rompendo. Veja-se que o Judiciário está promovendo políticas públicas de gestão frequentemente. E os Tribunais de Contas, para indicar outro exemplo, estão regulando em abstrato condutas administrativas tais como o que é ou não investimento em saúde.

Paradoxalmente, no caso do Judiciário, ainda hoje, são comuns decisões que trazem em sua fundamentação a seguinte assertiva: "ao Judiciário só é dado controlar a legalidade do ato administrativo, sendo impossível o controle do mérito do ato". Trata-se, evidentemente, de um despautério, que, de tanto repetido, tornou-se uma verdade teórica (utilizável segundo a conveniência do caso). Tal afirmação não possui qualquer respaldo no sistema jurídico positivo vigente. Não existe qualquer lei que afirme ser impossível o controle do mérito do ato administrativo. Ademais, a Constituição garante que não será afastada da apreciação do Poder Judiciário qualquer lesão ou ameaça de lesão a direito (sem exceções). Então, quando o Judiciário se recusa a analisar este aspecto, está agindo de maneira inconstitucional (às vezes chegando ao ponto absurdo de indeferir uma inicial — uma total arbitrariedade fruto do preconceito e de hábitos tradicionais na seara jurídica que não são contemplados pelo ordenamento). Ademais, afirmar que o Judiciário só pode controlar a legalidade é algo sem sentido na atualidade, pois não se sabe mais o que é, exatamente, respeitar a lei. O princípio da legalidade, de há muito,

---

[21] BRESSER-PEREIRA. *Desenvolvimento e crise no Brasil*.

[22] Sobre a questão crescimento/desenvolvimento, ver: RODRIGUES. *Desenvolvimento sustentável*: uma introdução crítica; e RISTER. *Direito ao desenvolvimento*: antecedentes, significados e conseqüências.

vem sendo contestado e substituído pela doutrina e jurisprudência, pelo princípio da juridicidade.[23] Ademais, mesmo que se saiba o que significa, isso não importa, pois os juízes estão deliberando cada vez mais a partir de suas próprias concepções de vida boa e não a partir de critérios de justiça (cujo caráter é ontologicamente mais abrangente).

Mesmo que se adote o sentido restrito de legalidade, o neoconstitucinalismo atualmente em ascensão aponta para uma direção abstrata, pautada por princípios que não possuem hierarquia entre si. Um controle amplo da Administração Pública não se restringe só à legalidade, mas deve analisar a eficiência do ato. E o mesmo ocorre no caso dos Tribunais de Contas, com uma diferença importante: o Judiciário tem uma atuação "concreta mais restrita" e "abstrata mais ampla" que os Tribunais de Contas.

A concreta judicial é mais restrita, pois, embora o juiz tenha que reconhecer a invalidade de um ato ineficiente, ainda que legal, é importante ressalvar que: a) a avaliação da eficiência fica bastante reduzida quando a lei prevê expressamente o ato a ser praticado (o ato ótimo); e b) se há uma vinculação específica, o ato eficiente já está previsto, e uma atuação contrária acarretará, sobretudo, uma ilegalidade. Portanto, a grande importância do princípio constitucional da eficiência se dá no controle incidente sobre os espaços discricionários do ato administrativo. É impossível para o legislador prever o ato ótimo em todos os casos. Então, cabe ao administrador encontrá-lo. Mas se se equivocar ao indicá-lo cabe ao Judiciário corrigir tal atuação (anulando ou convalidando-a). Entretanto, a função do juiz deve ser corretiva, sempre se ressalvando que prevalece em qualquer caso o princípio da presunção de legitimidade dos atos administrativos (uma decorrência do próprio princípio da supremacia do interesse público). Não pode o Judiciário emitir uma ordem positiva se estiver perante espaços discricionários de atuação; ou mesmo, não pode gerar uma obrigação de fazer ao agente público que não esteja expressamente vinculada.

Já os Tribunais de Contas podem estabelecer obrigações positivas aos agentes controlados, mesmo nos espaços discricionários de atuação (agindo com provocação, sem provocação ou preventivamente). Então, em concreto, o controle dos Tribunais de Contas é mais amplo que o judicial, só não tem, obviamente, o caráter definitivo típico da coisa julgada. Já o controle abstrato do Judiciário é, em tese, mais amplo que o dos Tribunais de Contas, embora este seja um assunto polêmico que implicaria a análise de uma temática sensível, que é a do controle de constitucionalidade (que não pode ser feito, em abstrato, pelos Tribunais de Contas).

Mas, de todo modo, no Brasil, o importante é reconhecer que o Judiciário, os Tribunais de Contas, o Executivo ou o Legislativo (e por que não pensar também no Ministério Público) têm o dever de decidir na qualidade de gestores públicos (não tendo mais lógica o foco da gestão somente pelo Executivo ou o Legislativo). E, em assim sendo, é preciso ser levado em consideração cada vez mais o tipo e a qualidade dos fundamentos apresentados para a decisão, bem como ampliar como objeto de reflexão os critérios que podem ser legítimos ou não para serem deliberados os conflitos entre fundamentos. Isso porque, atualmente, talvez diferentemente da década de 1990, o que se tem feito é cada qual decidir pragmaticamente, conforme sua consciência e seu senso subjetivo de justiça (sempre a partir de fundamentações pretensamente objetivas).

---

[23] Neste sentido, veja-se o pioneiro trabalho de Cármen Lúcia Antunes Rocha. Cf.: ROCHA. *Princípios constitucionais da Administração Pública.*

Referências

BANDEIRA DE MELLO, Celso Antônio. *Curso de direito administrativo*. 13. ed. São Paulo: Malheiros, 2000.

BANDEIRA DE MELLO, Celso Antônio. *Curso de direito administrativo*. 28. ed. São Paulo: Malheiros, 2010.

BOBBIO, Norberto. *Estado, governo, sociedade*: para uma teoria geral da política. São Paulo: Paz e Terra, 1985.

BRESSER-PEREIRA, Luiz Carlos. *Crise econômica e reforma do Estado no Brasil*: para uma nova interpretação da América Latina. Tradução de Ricardo Ribeiro e Martha Jalkauska. São Paulo: Ed. 34, 1996.

BRESSER-PEREIRA, Luiz Carlos. *Desenvolvimento e crise no Brasil*. 7. ed. São Paulo: Brasiliense, 1977.

CARVALHO, José Murilo de. *A formação das almas*: o imaginário da República no Brasil. São Paulo: Companhia das Letras, 1990.

FREUND, Julien. *Sociologia de Max Weber*. Tradução Luis Cláudio de Castro e Costa. 5. ed. Rio de Janeiro: Forense, 2000.

GABARDO, Emerson. A eficiência no desenvolvimento do Estado brasileiro: uma questão política e administrativa. *In*: MARRARA, Thiago (Org.). *Princípios de direito administrativo*. São Paulo: Atlas, 2012.

GABARDO, Emerson. *Eficiência e legitimidade do Estado*. São Paulo: Manole, 2003.

GABARDO, Emerson. *Interesse público e subsidiariedade*: o Estado e a sociedade civil para além do bem e do mal. Belo Horizonte: Fórum, 2009.

GABARDO, Emerson. *Princípio constitucional da eficiência administrativa*. São Paulo: Dialética, 2002.

GABARDO, Emerson; HACHEM, Daniel W. O suposto caráter autoritário da supremacia do interesse público e das origens do Direito Administrativo: uma crítica da crítica. *In*: DI PIETRO, Maria Sylvia Zanella; RIBEIRO, Carlos Vinícius Alves (Coord.). *Supremacia do interesse público e outros temas relevantes do direito administrativo*. São Paulo: Atlas, 2010.

GARGARELLA, Roberto. *As teorias da justiça depois de Rawls*: um breve manual de filosofia política. Tradução Alonso Reis Freire. São Paulo: Martins Fontes, 2008.

HACHEM, Daniel W. *Princípio constitucional da supremacia do interesse público*. Belo Horizonte: Fórum, 2011.

LE MOÜEL, Jacques. *Crítica de la eficácia*: ética, verdad y utopia de um mito contemporâneo. Tradução Irene Agoff. Buenos Aires: Paidós, 1992.

OTERO, Paulo. *Legalidade e Administração Pública*: o sentido da vinculação administrativa à juridicidade. Coimbra: Almedina, 2003.

RISTER, Carla Abrantkoski. *Direito ao desenvolvimento*: antecedentes, significados e conseqüências. Rio de Janeiro: Renovar, 2007.

ROCHA, Cármen Lúcia Antunes. *Princípios constitucionais da Administração Pública*. Belo Horizonte: Del Rey, 1994.

RODRIGUES, Valdemar. *Desenvolvimento sustentável*: uma introdução crítica. Parede: Princípia, 2009.

SALGADO, Eneida Desiree. *Princípios constitucionais estruturantes do direito eleitoral*. Curitiba. 2010. 345 f. Tese (Doutorado em Direito do Estado) – Universidade Federal do Paraná, Curitiba, 2010.

SANDEL, Michael J. *Justiça*: o que é fazer a coisa certa?. Tradução Heloisa Matias e Maria Alice Máximo. 4. ed. Rio de Janeiro: Civilização Brasileira, 2011.

SILVA, Hélio. *1889*: a República não esperou o amanhecer. Porto Alegre: L&PM, 2005.

SUNDFELD, Carlos Ari. *Fundamentos de direito público*. 4. ed. São Paulo: Malheiros, 2011.

VERNENGO, Roberto J. Ética reflexiva y ética de responsabilidad em Max Weber. *Revista Doxa*. Disponível em: <http://descargas.cervantesvirtual.com/servlet/sirreobras/doxa/013616208245738391/quadernos15/volII/doxa15_03.pfd>. Acesso em: 19 maio 2007.

WEBER, Max. A política como vocação. *In*: WEBER, Max. *Ciência e política*: duas vocações. Tradução de Jean Meville. São Paulo: Martin Claret, 2002.

Informação bibliográfica deste texto, conforme a NBR 6023:2002 da Associação Brasileira de Normas Técnicas (ABNT):

GABARDO, Emerson; SALGADO, Eneida Desiree. Administração Pública e seus fundamentos de gestão: eficiência, interesse público, direitos fundamentais e desenvolvimento. *In*: BACELLAR FILHO, Romeu Felipe; HACHEM, Daniel Wunder (Coord.). *Direito público no Mercosul*: intervenção estatal, direitos fundamentais e sustentabilidade: anais do VI Congresso da Associação de Direito Público do Mercosul: homenagem ao Professor Jorge Luis Salomoni. Belo Horizonte: Fórum, 2013. p. 241-251. ISBN 978-85-7700-713-4.

CORRUPCIÓN ADMINISTRATIVA, DEMOCRACIA Y DERECHOS HUMANOS

JOSÉ LUIS SAID

1 Introducción: *excursus* sobre la interpretación económica del Derecho

Hace treinta años Martín del Burgo y Marchand puso de manifiesto la existencia de vías de asedio a la Administración.[1] Sus quejas eran otras, la corrupción en la función pública no había alcanzado la gravedad y trascendencia que ahora presenta; o al menos, no constituía un tema de la agenda de juristas, científicos políticos, sociales o económicos, ni de los organismos internacionales multilaterales.[2]

El asedio al que se somete a la estructura administrativa del Estado es fácil de comprender: ella cuenta con la posibilidad de obtener recursos, de distribuirlos y de proveer los servicios públicos y sociales y las funciones básicas del Estado, que son los espacios en los que la corrupción puede encontrar el suelo para arraigarse.[3]

La propuesta de considerar la corrupción administrativa (fenómeno que envuelve tanto los casos de improbidad como los delitos referidos a la gestión de la función pública) desde la perspectiva de la interpretación económica del Derecho (IED) (*economic analysis of law*) me impone transitar caminos que no son los que frecuento.

La corriente conocida como *"Law & economics"* es en verdad poco novedosa en su planteo fundamental: la ponderación de las implicancias económicas de las decisiones valorativas.[4] Se trata de un método para comprobar qué decisiones económicas han

---

[1] Martín del Burgo y Marchand, *"La Administración asediada"*, en la Revista de Administración Pública nº 100-102, volumen I, Enero/Diciembre 1983, p. 805 y siguientes, Centro de Estudios Constitucionales, Madrid.

[2] A modo de ejemplo, obsérvese que la Convención Interamericana contra la corrupción fue aprobado por la Organización de Estados Americanos en la sesión plenaria celebrada el 29 de marzo de 1996.

[3] Sobre el problema general de la corrupción, puede verse de Robert Klitgaard, *"Controlando la corrupción"*, Ed. Quipus, Bolivia, 1990.

[4] Juan C. Cachanosky en *"Economía, derecho y el 'Análisis económico del derecho'"* expone que ya en la Antigua Grecia, Aristóteles se preguntaba por el "precio justo" y dejó abiertas dudas sobre el problema de la justicia en los intercambios. La escolástica retomará el problema y se preguntará qué es, cómo se determina y por qué varía el precio de una cosa. Es fácil ver que son los filósofos los que efectuaron las preguntas básicas que darían base a la teoría económica. Aparecerán los conceptos de "pocos/muchos comparadores/vendedores" para explicar porque subían o bajaban los precios, los criterios de determinación del precio justo (sea el costo de producción, sea la necesidad y escasez etc.). Es el intento por resolver un problema de Justicia dio base a las primeras y rudimentarias explicaciones que dieron base a la ciencia económica. La explicación de la Economía por fuera

determinado la adopción de principios jurídicos y qué efectos económicos tienen los principios jurídicos vigentes.[5] Se ha puntualizado que Cesare Beccaria, en su célebre obra "De los delitos y de las penas" (1764) realizó un análisis del derecho criminal desde el punto del daño y del beneficio social.[6] También Marx hizo un detallado análisis de "crimen" desde la perspectiva de la "producción inmaterial" para exponer las consecuencias económicas del fenómeno.[7]

La IED intenta aplicar la teoría económica tanto a un estudio *positivo* como *normativo* de las reglas legales.[8] Pretende aplicar la *teoría económica de la eficiencia* al sistema de derecho en su conjunto, con la finalidad de estudiar las formas bajo las cuales tienen que modelarse las normas jurídicas y cómo deben interpretarse los efectos de éstas en los mercados y en la distribución de los recursos.[9]

Mi discrepancia fundamental reside en que esa corriente parte de una antropología mezquina (el *homo economicus*) y de una perspectiva ética que no comparto (el utilitarismo).[10] La crítica a esta corriente ha puesto sobre el tapete que la IED que parte de una concepción distorsionada de los mercados económicos, que el ser humano no actúa siempre por móviles de racionalidad economicista, que a veces el altruismo o la pereza determinan una acción, que las conductas racionales no siempre son eficientes en términos económicos (como las acciones supererogatorias dirigidas a fines de bondad y justicia); que el Derecho no se reduce a una operación de reparto de ventajas y desventajas.[11] Y se ha señalado también que *"bajo las vestiduras inocuas de la 'eficiencia económica' se ocultan escalas de valores bastante precisas y predeterminadas que son empleadas con desenvoltura por los economistas, y que los juristas tienen que someter a un análisis crítico"*.[12]

No obstante, no cabe rechazar sin más ciertos aportes a la comprensión del problema de la corrupción, a partir de las herramientas de investigación empírica que emplean en la detección de las implicancias económicas de las decisiones legislativas. Así, por ejemplo, se ha demostrado que niveles más altos de corrupción implican menores tasas de crecimiento económico;[13] que la existencia de mayor cantidad de agentes

---

de parámetros predominantemente matemáticos estuvo determinada por la formación filosófica de los padres de la Economía Moderna. Adam Smith antes de escribir *"La riqueza de las naciones"* redactó su *"Theory of Moral Sentiments"* y sus *"Lectures on Jurisprudence"*. Hay también en John Stuart Mill y en Karl Marx una explicación y exposición de una teoría social a la que se agrega una teoría económica que la complementa. Adam Smith, con su teoría de la mano invisible concebía un verdadero sistema en el que predominaba el *homo economicus* (consultar en: <http://cdi.mecon.gov.ar/biblio/docelec/fundatlas/cachanosky.pdf>).

[5] Guido Alpa, *"La interpretación económica del derecho"*, Themis – Revista de Derecho nº 42, en <http://xa.yimg.com/kq/groups/22139527/711942924/name/La+interpretacion+economica.pdf>.

[6] Dante Cracogna, *"Aproximación al análisis económico del derecho"*, en Anuario de Filosofía Jurídica y Social, nº 12, Año 1992, Abeledo Perrot, Buenos Aires, p. 255, nota 3.

[7] Karl Marx, *"Matériaux pour l'Économie"*, en OEuvres - Économie II, Gallimard, 1968, p. 399 a 401.

[8] Alfredo Juan Canavese, *"Instituciones, corrupción y análisis económico del derecho"*, en Económica, la Plata, Vol. LV, Enero-Diciembre 2009, en <http://economica.econo.unlp.edu.ar/documentos/20100408095616AM_Economica_564.pdf>; del mismo autor: *"Corrupción: Disuasión y Asignación de Recursos"* en <http://eco.mdp.edu.ar/cendocu/repositorio/00234.pdf>.

[9] Guido Alpa, citado en nota 5.

[10] Una explicación, breve, clara y aguda del utilitarismo puede consultarse en Roberto Gargarella, *"Las teorías de la justicia después de Rawls – Un breve manual de filosofía política"*, Paidos, 1999, Capítulo 1.

[11] José María Monzón, *El análisis económico del derecho*, en Anuario de Filosofía Jurídica y Social, nº 7, Año 1987, Abeledo Perrot, Buenos Aires, p. 108.

[12] Guido Alpa, trabajo citado en nota 5.

[13] Jesús Lizcaino, presidente en España de Transparencia Internacional (TI), sostuvo el 23/09/2008 para la agencia de prensa EFE que "el Gobierno debe seguir trabajando para mejorar la percepción de la corrupción en España,

corruptos en un procedimiento de asignación de un "bien" lleva a una subutilización de los recursos ya que el elevado precio final que los sobornos imponen al producto desestimula su uso; que el crimen organizado es malo, pero que el crimen desorganizado es peor pues torna más ineficiente la asignación del producto social,[14] entre otros aportes.

La IED parte de la base de la existencia una tensión entre la Economía y el Derecho y de la necesidad de aplicar conceptos y métodos de aquella al análisis de fenómeno jurídico. Los escritos fundantes de esta corriente datan de principios de la década de 1960.[15] En cuanto al problema criminal, Gary Becker examinó el comportamiento criminal desde la perspectiva económica y presentó un modelo formal que explica el comportamiento de un delincuente racional siguiendo los patrones que los economistas utilizan para considerar las decisiones de un consumidor tipo[16] a comienzos de los años 70 del siglo XX. Desde Chicago, Richard Posner efectuará la propuesta interpretativa más radical de las escuelas de la IED y postulará la aplicación de los principios de la economía del bienestar a las decisiones del legislador y de los jueces. De tal forma extiende el método interpretativo a todos los sectores del ordenamiento.[17]

Tanto la Escuela de Chicago como la Yale, pretenden la sumisión del Derecho a la Economía. A mi modo de ver, la situación debe ser la inversa. Debe recordarse que las preguntas sobre la distribución y los intercambios nacieron como cuestiones de filosofía práctica, como problemas referidos al valor Justicia. Con el correr de los siglos, escindida la Economía de la Filosofía, y luego cooptada por las Matemáticas, llegaremos a Posner, Coase, Stigler o Calabrese.

Creo que la antropología economicista que subyace en estas escuelas impone al fenómeno jurídico un sesgo que elimina la multiplicidad de dimensiones del ser humano, que no pueden verse satisfechas con la valoración de su desempeño tomando en cuenta si se desempeña en forma racional y económicamente óptima cuando adopta decisiones de cualquier tipo. El hombre no puede ser reducido a un operador mercantil. Y la sociedad no debe ser abordada con una perspectiva y una política normativa que responda sólo a criterios de eficiencia y eficacia distributiva (el optimo de Pareto), como postulan estas escuelas conservadoras y neoliberales.

2 Aproximación conceptual a la corrupción

Abordajes

Es preciso ensayar un concepto sobre lo que es la corrupción. Partiré del Preámbulo de la Convención Interamericana contra la Corrupción. Se expresa allí que la corrupción *"socava la legitimidad de las instituciones públicas, atenta contra la sociedad, el orden moral y la justicia, así como el desarrollo integral de los pueblos"*. Esas palabras asumen los distintos núcleos que son, usualmente, abordados al considerar esta forma

---

ya que se estima que perder un punto en el índice implica perder inversión extranjera equivalente al 0,5 % del PIB" y en lo que respecta a las conclusiones globales del estudio, subrayó que se mantiene la relación entre pobreza y corrupción (<http://www.elmundo.es/elmundo/2008/09/23/espana/1222169139.html>).

[14] Alfredo Juan Canavese, citado en nota 8.

[15] El artículo de Ronald H. Coase (Chicago) *"El problema del coste social"* es de ese año y el de Guido Calabresi (Yale) *"Some thoughts on risk distribution an de law of Torts"* de 1961.

[16] La referencia la tomo de Alfredo Juan Canavese, trabajo mencionado en nota 8.

[17] Richard A. Posner, *"Economic Analysis of Law"*, 7th. ed, Aspen Publishers, 2007.

de criminalidad: la dimensión *moral,* la dimensión *política* y la dimensión *económica.* De acuerdo al horizonte desde el que nos aproximemos al concepto de corrupción serán diferentes las propuestas para contrarrestarla.[18]

Para algunos, el problema de la corrupción es esencialmente moral, y las soluciones deben apuntar, por una parte, a corregir los mecanismos de selección y control de los funcionarios públicos, y por otra, a la educación moral cívica de gobernantes y gobernados.

Otros consideran que se trata de un problema político referido a la estructura de la organización político-administrativa del Estado, ya que concentra en los funcionarios superiores amplios poderes de decisión, con una gran cuota de discrecionalidad y escasa o nula transparencia y control. El poder sin control concluye, así, en la corrupción. Para esta perspectiva, las soluciones deben apuntar a la organización administrativa y a los procedimientos de actuación y publicidad.

Hay quienes sitúan el problema en el modelo de economía que rige en el Estado. Desde esta perspectiva, se abren dos versiones: a) según algunos, la corrupción es un efecto de la regulación estatal de la economía, que introduce al funcionario público como un factor de perturbación del libre juego de las fuerzas económicas; b) otra variante de la interpretación economicista de la corrupción plantea que en los países subdesarrollados el empresariado no acepta las reglas básicas del mercado (competencia, riesgo, inversión) y busca, por principio, el privilegio indebido, la ganancia fácil, la competencia desleal o el monopolio que puede concederle el Estado. Las soluciones deberán partir, consecuentemente, de la reorganización estructural del modelo económico y del sistema político del país.

Concepto

En un trabajo anterior,[19] sostuve que podía considerarse a la corrupción como *el incumplimiento de una obligación institucional inherente al cargo por parte de un funcionario, para la obtención de un beneficio personal extraposicional, otorgado al funcionario por un particular o empresa que lo soborna, o al que el funcionario extorsiona; generalmente dirigido a obtener para el particular o empresa beneficios propios.* Intenté poner en claro que la cuestión se centra en la obtención de beneficios personales por los funcionarios, quienes aprovechan el cargo que ejercen en la Administración Pública para "negociar" los espacios de ilicitud.[20]

3 Corrupción y Democracia

Me interesa señalar que la falta de probidad de los funcionarios pone en debate el problema capital de la *lealtad democrática.*[21] Debe ser remarcado, la proliferación de las

---

[18] Revista Pena y Estado, n° 1 *"Corrupción de los funcionarios públicos",* Editores del Puerto, 1996, en el Editorila de ps. 17 a 20 se reseñan las distintas líneas de abordaje del problema que expongo en este punto.

[19] José Luis Said, *"La corrupción como causa de nulidad del acto administrativo y del reglamento"* en "Cuestiones de Acto Administrativo, Reglamento y otras fuentes del Derecho Administrativo". Año 2009, RAP: Ediciones Especiales, p. 489 y ss.

[20] Desde otro enfoque, se ha señalado que la corrupción es un "precio" desde el punto de vista microeconómico, y su función puede ser la de un "seguro" de no ser perseguido y sancionado por violar la ley, o la de un "impuesto" para evitar obrar dentro de la legalidad; así: Enrique Ghersi, *"Economía de la Corrupción",* en: <http://www.ilustracionliberal.com/6-7/economia-de-la-corrupcion-enrique-ghersi.html>.

[21] Ernesto Garzón Valdés, *Acerca de la calificación moral de la corrupción – tan sólo una propuesta.* Isonomía n° 21, Octubre de 2004.

actividades corruptas indican la existencia de un problema de una envergadura mayor y más profunda, a saber: *la tendencia a sustituir el ideal democrático de cooperación por formas de competencia y de imposición de los propios intereses que contradicen radicalmente ese ideal.*[22]

En el curso del mes de mayo de 2012 se difundieron en la República Argentina los resultados de dos encuestas de opinión, una de la consultora "Mora y Araujo" y otra de "Poliarquía". En ellas se informa que el 90% de los encuestados creen que en el gobierno argentino, en todos niveles (nacional, provincial y municipal), los funcionarios son corruptos (en el sentido que propuse). También indican las encuestas que ese dato no tiene incidencia en la elección de los gobernantes.[23]

Esta situación llama la atención. Uno tiende a pensar que la sociedad no elegirá personas corruptas para el Gobierno. Pero no es así. Hay una escisión entre la consideración moral que merecen los funcionarios y la exigencia moral que se formula al Gobierno. Parecería que del Gobierno se esperan otras cosas, pero no que sean honestos. Eso marca que las expectativas sociales no incluyen la ética pública como un punto realmente relevante de la agenda política. Y ello ocurre no obstante que en la reforma de la Constitución nacional de 1994 se estableció una disposición referida a la exigencia de honestidad en el desempeño de la función pública. Se dijo, y es parte de la Constitución vigente que *"Atentará asimismo contra el sistema democrático quien incurriere en grave delito doloso contra el Estado que conlleve enriquecimiento, quedando inhabilitado por el tiempo que las leyes determinen para ocupar cargos o empleos públicos./El Congreso sancionará una ley sobre ética pública para el ejercicio de la función"* (artículo 36, Constitución de la Nación Argentina). Se trata de una norma que es hija del des-encanto de la sociedad civil con la dirigencia política y gubernativa: *"¿Qué es lo que ha llevado al malestar con la política?.* **La homologación de las formas de hacer política con las formas de hacer negocios. La reconversión de la sociedad civil en sociedad mercante.** *La confusión de los límites entre lo público y lo privado. La desintegración del Estado como garante territorial y funcional de la universalidad de la ley y de la igualdad ante la ley. [...]. La entronización de la racionalidad económica que lleva a la consagración de criterios mercantiles en la política. El abismo entre lo que se dice y lo que se hace, entre lo que se dijo ayer y lo que se dice hoy. [...] Como nunca es evidente que la principal amenaza a la democracia emerge de nuestra propia incoherencia e inoperancia.* **La decadencia moral como clase política es el principal peligro para la democracia. Y esto no se remedia exclusivamente con medidas de carácter punitivo contra quienes roban o hacen negociados desde la función pública:** *está bien, hay que reformar al Parlamento, a los partidos, al Estado para que sean la mediación entre la sociedad y ella misma, para que la sociedad se reconozca a sí misma como sujeto de derechos y obligaciones en condiciones de igualdad y libertad. Vencer la anomia boba de la que habla el recordado Carlos Nino en su libro Un país al margen de la ley"*.[24]

---

[22] No es casual, entonces, que la mayor parte de las propuestas para combatir la corrupción estén directamente relacionadas con el reforzamiento del sistema democrático, tales como la vigencia del principio de publicidad, la reconsideración del siempre problemático tema de las potestades discrecionales y su control, la participación ciudadana en los procedimientos administrativos y aún en los judiciales, los mecanismos de selección y designación de los funcionarios de los tres poderes del Estado y órganos extrapoderes etcétera.

[23] "Estas son algunas de las conclusiones de la última encuesta realizada por la consultora Ipsos-Mora y Araujo del 11 al 21 de mayo en Capital, Gran Buenos Aires, Mar del Plata, Rosario, Córdoba, Mendoza, Tucumán y Neuquén. Cuando al entrevistado se le pidió que califique al gobierno en términos de honestidad/corrupción, apenas el 8% consideró que es "nada corrupto". El 15% dijo "algo corrupto", el 27% "medianamente corrupto", el 28% bastante corrupto" y el 22% "muy corrupto" (en <http://www.rionegro.com.ar/diario/la-sensacion-hay-corrupcion-en-el-gobierno-897984-9532-nota.aspx>).

[24] Expresiones del convencional Carlos Auyero en el debate de la Convención Constituyente. Consultado en la pagina web: <www.infoleg.mecon.gov.ar. Sin resaltar en el texto original>.

4 Corrupción y Derechos Humanos

Hay consenso en que, de algún modo, que la corrupción es un problema serio para las sociedades. La Organización de las Naciones Unidas (ONU) ha tomado el problema de la corrupción en la función pública como un problema global. Y lo ha enmarcado como un crimen que impacta en muchos puntos, como un crimen contra los derechos humanos de las personas y de los pueblos. Es que el fenómeno de la corrupción generalmente entraña una violación del derecho a la igualdad ante la ley y conduce a la sustitución del interés público por el interés privado de quienes se corrompen. Se establece así una vinculación esencial la corrupción, los derechos humanos y la democracia.[25] Afortunadamente, en nuestra disciplina se avanza en investigaciones que ponen en relación estas temáticas.[26]

Siguiendo, el esquema de análisis que se formula en "Track", es dable considerar la corrupción como:

Un crimen que afecta el desarrollo y la prosperidad

Aunque es un fenómeno generalizado que afecta a los países desarrollados y en desarrollo por igual, sus implicancias en las naciones periféricas son de mayor gravedad. En estos, intereses espurios condicionan indebidamente una amplia gama de actividades tanto del sector público como del ámbito privado. Los efectos distorsivos de las política públicas y del destino de los recursos representan un serio obstáculo para el crecimiento económico. Las condiciones de vida de los sectores más pobres de la población se ven agravadas por la interferencia de la corrupción en la entrega de ayuda y asistencia. Los recursos públicos se asignan ineficientemente y son derivados a bolsillos de funcionarios corruptos o empresarios amigos de los funcionarios. La ayuda exterior disminuye y los proyectos quedan inconclusos o se retardan en demasía. La inversión extranjera se retrae frente a los altos costos que la falta de honestidad de los funcionarios recarga en el los proyectos.

La corrupción es uno de los principales obstáculos para la paz, la estabilidad, el desarrollo sustentable, la democracia y los derechos humanos a nivel mundial. La corrupción del sector público y del sector privado son dos aspectos del mismo problema, por lo que se deben desarrollar acciones que involucren no sólo a los funcionarios públicos, sino también quienes tienen los recursos para corromper a las funcionarios, como es el caso de las grandes empresas industriales y comerciales multinacionales y nacionales, los bancos etcétera. Los esfuerzos deben estar orientados, en primer lugar, a reducir los incentivos para ofrecer sobornos La corrupción permite y a la vez opaca graves crímenes como la trata de personas, el trafico de drogas y de armas, que se incrementa con la lenidad de los funcionarios.

---

[25] Se afirma en "Track", que es una publicación electrónica de la ONU dedicada a la corrupción, que "*La buena noticia es que parece existir una correlación inversa entre la democracia y la corrupción; instituciones democráticas fuertes y robustas resultan en la disminución de la corrupción en todo el sistema. El papel de las instituciones democráticas sólidas, incluido un poder judicial independiente y una prensa independiente, junto con la participación política activa, es crucial para la lucha contra la corrupción*" (traducción personal del inglés; texto bajado de <http://www.track.unodc.org/CorruptionThemes/Pages/home.aspx>).

[26] Romeu Felipe Bacellar Filho, Emerson Gabardo, Daniel Wunder Hachem, coordenadores, "*Globalização, Direitos Fundamentais e Direito Administrativo...*" Ed. Fórum, 2011.

Un crimen contra la justicia

La independencia, probidad y transparencia del sistema judicial son puestos en tela de juicio por la corrupción. Sólo un poder judicial democrático se constituye en una garantía contra la mala administración desleal y venal. La independencia judicial y el derecho a un juicio justo son derechos humanos básicos que quedan sin protección cuando los jueces dan cobertura al crimen que afecta a las personas y a las empresas. La salvaguarda de la independencia judicial es esencial para controlar la corrupción administrativa, que se despliega e intensifica cuando los jueces se desvían de su función específica.

Un crimen contra la democracia

He señalado ya que la corrupción cuestiona la vigencia del principio de lealtad democrática. Tiene un efecto devastador de de las instituciones democráticas y el buen gobierno Los procesos electorales e, incluso, el dictado de las leyes quedan sospechados de falta de legitimidad. La corrupción degrada tanto las instituciones como los procedimientos de actuación de los órganos públicos. Pero más grave aún es que se erosiona la creencia en la importancia de los valores que deberían regir una sociedad democrática, tales como la confianza del pueblo en sus gobernantes, la supremacía del interés público sobre los intereses privados[27] etc.

Un crimen contra el medio ambiente

La corrupción que se produce en el gerenciamiento estatal de las actividades de riesgo para el medio ambiente puede tener consecuencias irrecuperables. La irregularidad en el otorgamiento de permisos, licencias o concesiones de uso y explotación de los recursos naturales; el descontrol de las operaciones productivas, generalmente acarrean la pérdida de recursos, el deterioro de los hábitats y la degradación de los ecosistemas. A ello debe agregarse el frecuente desvío de fondos destinados a la ejecución de programas de prevención y protección medio ambientales.

Un crimen contra la salud

La corrupción puede afectar múltiples aspectos del sistema de salud. Por lo general las acciones ilícitas se dirigen apropiarse de los recursos destinados a brindar prestaciones fraguando la existencia, cantidad y calidad de las atenciones; también operan prácticas corruptas en la producción y adquisición de suministros médicos. La financiación de los servicios de salud (en especial el que proveen las obras sociales) parece estar altamente afectado por la corrupción. Los actos de corrupción suelen incidir en el aumento de los costos de la atención y servicios de salud.

Un crimen contra la educación

La adopción de estrategias para reducir la corrupción requiere incorporar a los jóvenes como sujetos de la transformación cultural que necesariamente debe realizarse para obtener resultados positivos. El área de la educación se ve afectado no sólo por la sustracción de recursos que debían destinarse a prácticas de educación de buena calidad, con el consiguiente rendimiento inferior, altas tasas de abandono, y reproducción de las

---

[27] Sobre esta cuestión, puede verse el completo estudio de Daniel Wunder Hachem, "*Princípio Constitucional da Supremacia do interesse público*", Ed. Fórum, 2011.

condiciones de marginalidad. Y lo que es más grave, se educa a las nuevas generaciones en la tolerancia a la corrupción como regla para tener "éxito" dentro de la sociedad.

Un crimen contra la vida

Si bien en la publicación de ONU que sigo en este capítulo no se menciona expresamente, Argentina tiene ejemplos de inusitada gravedad que muestran que la corrupción, finalmente, da forma a crímenes contra la vida humana. La corrupción mata. Mencionare sólo tres o cuatro casos. Para ocultar la compraventa de armas a otro país se hizo explotar el polvorín de un regimiento militar provocando la muerte de personas y la destrucción de la ciudad de Río Tercero en la Provincia de Córdoba. Se encuentra en plena investigación la venta a obras sociales de medicamentos oncológicos adulterados y falsificados que eran inútiles para el tratamiento indicado. En febrero de 2012 fallecieron 51 personas en un accidente ferroviario — fallas en el sistema de frenos de un tren interurbano — pese a que la empresa concesionaria del servicio recibió cientos de millones de pesos en concepto de subsidios del Estado, que debían destinarse a mantener en condiciones de seguridad las formaciones. Repito, la corrupción, finalmente, mata.

5 Insuficiencia de la IED para considerar la corrupción

La multiplicidad de dimensiones que se ven afectadas por la corrupción no pueden ser explicadas con el análisis económico del derecho como método de interpretación. Se ha afirmado que toda ideología supone una antropología, es decir una idea de lo que los hombres son y de cómo deben ser tratados. Considero que las escuelas enmarcadas en "Law & Economics" presentan una antropología magra, que mira al ser humano como un recurso económico, o como un componente de procesos económicos y a la sociedad como un entramado de múltiples mercados.

Con sabiduría, el constitucionalista alemán Peter Häberle ha precisado que *"el éxito de la teoría de la 'economía de mercado' ejerce una gran fascinación que cada ciencia debe aún analizar y explicar", y sobre el que las explicaciones de la teoría económica no resultan suficientes ni meramente receptables".*[28] El destacado jurista enseña que debe formularse una *"teoría constitucional del mercado"* que la defina como parte de una sociedad pluralista y lo clasifique al interior del conjunto de valores fundamentales del Estado y la democracia constitucional, **exigiendo, además, la vinculación recíproca entre el derecho, la ecología y la economía.**

Se parte del paradigma de la "democracia constitucional" que, en palabras de Luigi Ferrajoli, requiere ser desarrollado en tres dimensiones: a) en primer lugar, hacia la garantía de todos los derechos, no sólo de los derechos de libertad sino también de los derechos sociales; b) en segundo orden, garantía frente a todos los poderes, no sólo frente a los poderes públicos sino también frente a los poderes privados; y c) en tercer lugar, no sólo en el derecho estatal sino también en el derecho internacional.[29]

---

[28] Peter HÄBERLE, *Nueve ensayos constitucionales y una lección jubilar*, Palestra-Asociación Peruana de Derecho Constitucional, Lima, 2004, en particular: "Incursus. Perspectiva de una doctrina constitucional del mercado: siete tesis de trabajo", ps. 98 a 120.

[29] Luigi FERRAJOLI, *Sobre los derechos fundamentales*, en Cuestiones Constitucionales, nº15, julio-diciembre 2006.

Volviendo a Häberle, entre sus tesis establece:

a) que el mercado en el Estado constitucional no es un espacio libre de Ética ni del Derecho del Estado, el mercado es una parte de la esfera abrazada por el contrato social: *life, liberty, estate, property*. El mercado es una espacio constituido y sus libertades son desde el inicio, culturales no naturales. De allí que el Estado coloca al mercado a su servicio, como sustrato material irrenunciable de sus fines ideales, orientados a favor de la dignidad del hombre y de la democracia;

b) que la pregunta relativa a las estructuras y a las funciones del mercado es también una pregunta sobre la correcta comprensión de la Constitución; ya que la posición del mercado y la economía se expresan en relación con otros valores constitucionales como la dignidad del hombre, la libertad individual, los límites a los abusos, la justicia, el bienestar general, la democracia, la ciudadanía etc.;

c) el Estado constitucional extiende el principio de la división de poderes (de un sentido restringido limitado a la organización del Estado) al ámbito social (también al económico) para evitar los procesos de distorsión del poder (así, leyes sobre competencia, función social de la propiedad, asignación al Estado de la tarea de promover el desarrollo equitativo etc.).

El jurista alemán señala límites constitucionales a los principios de la economía de mercado: a) El mercado no es la medida de cada cosa y no puede convertirse en el principal metro para valorar al hombre; b) El mercado es, en el Estado constitucional, un instrumento al servicio hombre; c) el modelo de mercado no es aplicable a determinados ámbitos culturales (educación, familia, investigación etc.) ni a determinados sectores sociales (los más esenciales del derecho del trabajo: seguridad, salubridad, jornada laboral, salario mínimo etc.; y agrego por mi parte: los desposeídos, los marginales, los desocupados).

En suma: el *ethos* de los derechos humanos no debe detenerse frente a la vida económica. Si la Constitución no entroniza al *homo economicus*, conviene que las construcciones jurídicas (sean legislativas, jurisprudenciales o doctrinarias) no avancen en el intento de desplazar al *ser humano* del eje del sistema normativo. Ya que el ser humano en — contra de lo que afirma "Law & Economics" — no tiene precio.

Informação bibliográfica deste texto, conforme a NBR 6023:2002 da Associação Brasileira de Normas Técnicas (ABNT):

SAID, José Luis. Corrupción Administrativa, Democracia y Derechos Humanos. *In*: BACELLAR FILHO, Romeu Felipe; HACHEM, Daniel Wunder (Coord.). *Direito público no Mercosul*: intervenção estatal, direitos fundamentais e sustentabilidade: anais do VI Congresso da Associação de Direito Público do Mercosul: homenagem ao Professor Jorge Luis Salomoni. Belo Horizonte: Fórum, 2013. p. 253-261. ISBN 978-85-7700-713-4.

EL PROCEDIMIENTO ADMINISTRATIVO MULTIDIMENSIONAL COMO TÉCNICA REGULATORIA EN MATERIA AMBIENTAL, DE PATRIMONIO CULTURAL Y DE PUEBLOS ORIGINARIOS

JUSTO JOSÉ REYNA

1 Marco teórico: el Derecho Administrativo Multidimensional[1]

La dogmática está trabajando en el Derecho Administrativo Global, como técnica de armonización de sistemas jurídicos, por medio de la cual, desde el Derecho Administrativo, se ensaya una respuesta jurídica al fenómeno de la globalización; destacándose en ese contexto que una construcción sobre los derechos humanos y la centralidad de la persona constituyen la vía fecunda para no contemplar a la aludida globalización y su posible derecho como limitados al ámbito económico.

Se ha dicho que: "La atención a un posible Derecho Administrativo global se ha producido, en gran medida, por la realidad de la globalización desde su vertiente económica. Entiendo que la comprensión de un Derecho Administrativo Global seria parcial si se redujese a esa faceta, sin duda catalizadora de atención... El Derecho Global tiende a la universalización y ésta se corresponde con la humanidad. Y precisamente los derechos humanos se encuentran en el fundamento de principios que deben regir el Derecho Administrativo Global".[2]

El Prof. Jaime Rodríguez Arana-Muñoz plantea al Derecho Administrativo Global, al igual que el Prof. Meilán Gil,[3] como un derecho "in fieri" cuyo estudio debe focalizarse a la construcción, partiendo del Estado de Derecho y de la centralidad de la dignidad del ser humano, de una teoría de los principios del derecho administrativo global. Ha dicho que: "A través de los postulados del pensamiento abierto, plural, dinámico y complementario, pienso que es más sencillo comprender el alcance del

---

[1] Reyna, Justo José en "Globalización, pluralidad Sistémica y derecho Administrativo: apuntes para un Derecho Administrativo Multidimensional"; publicado en "Globalização, Direitos Fundamentais e Direito Administrativo. Novas Perspectivas para o desenvolvimento econômico e socioambiental"; Ed. Forum; Belo Horizonte; 2011; pags-25/53. En dicho artículo he propuesto el concepto del título que, por ahora, sostengo en relación al tema.

[2] Meilàn Gil, José Luis; en "Una aproximación al Derecho Administrativo Global"; Ed. Global Law Press; Editorial Derecho Global; Sevilla 2011; p. 15.

[3] Ib idem. p. 161, 177 y ccss.

Derecho Administrativo Global, de entre sus muchas versiones y aproximaciones, a partir de esta perspectiva de garante y asegurador de los derechos de los ciudadanos. Si nos quedamos en un enfoque funcional que legitime los excesos y los abusos de una tecnoestructura que no aspira más que al dominio global a través del poder y la economía, entonces habremos perdido el tiempo".[4]

Es una construcción dogmática concebida desde lo general, desde las fuentes hacia abajo.

La pregunta es si puede pensarse en esta instancia, en ese marco conceptual, en las bases para construir un régimen jurídico especial destinado a un proceso de armonización desde "abajo hacia arriba". No desde abajo hacia arriba como proceso de armonización del sistemas de fuentes; es decir desde las fuentes endonacionales al encuentro global, construyendo encuentros normativos generales y principios globales.

Será una construcción desde "el caso concreto hacia arriba"; construyendo el sistema "ad hoc" para tutelar una situación jurídica subjetiva que afecta la centralidad de la persona humana.

Una sincronización de los derechos administrativos domésticos (local, provincial y nacional) en función del cual, participativamente, las respectivas administraciones públicas de distintas dimensiones jurídicas actuarán conjuntamente o en red, en una situación del mundo de la realidad.

Será así, ante casos concretos que las convocan por ser ellos inherentes a derechos humanos o derechos de incidencia colectiva tutelados en la Constitución Nacional Federal y frente a los cuales inclusive el gobierno federal ha asumido compromisos en el orden internacional.

Reitero, se trata de una propuesta de construcción dogmática para operar, no ya de un modo general desde las fuentes, como el derecho administrativo global, sino desde los casos concretos hacia la pluralidad de fuentes de los distintos derechos domésticos convocados por el caso; generando de este modo las bases para una regulación especial de relaciones intersistémicas por medio de las cuales se comunican los sistemas respectivos.

Dichos intereses, bienes o valores protegidos constitucionalmente y afectados en un caso concreto, de este modo, operan como " portales dimensionales"; es decir como un factor o circunstancia que trae como consecuencia el nacimiento de un "espacio intersistémico" o, como prefiero llamarlo, como un "espacio multidimensional".

Será un espacio de encuentro participativo entre Administraciones Públicas domésticas y sus sistemas jurídicos (dimensiones jurídicas objetivas), cuya finalidad será definir en sede administrativa los alcances o límites del derecho humano o de incidencia colectiva comprometidos en el caso (dimensiones jurídicas subjetivas) para su concreta atención por parte de las Administraciones responsables. De este modo se encontrarían las administraciones en sede administrativa, sin necesidad de intervención judicial, cumpliendo una manda y compromiso constitucional de actuación conjunta para la tutela de los bienes, intereses y valores aludidos en el presente.

El concepto que se propone es el "Derecho Administrativo" multidimensional" como disciplina jurídica especial de comunicación intersistémica resultante de relaciones

---

[4] Rodríguez Arana Muñoz, Jaime; en "El Derecho Administrativo global: un derecho principal"; en Revista Andaluza de Administración Pública; 76/2010; Separata; Instituto Andaluz de Administración Pública; Universidad de Sevilla; p. 68.

jurídicas particulares convocantes. Es una construcción dogmática nueva, en lo que al Derecho Administrativo refiere.

Lo he caracterizado como "régimen jurídico complejo, especial y derivado que regula la organización y actuación sincronizada de administraciones públicas de distintas dimensiones jurídicas y de particulares, conectados jurídicamente por portales dimensionales correspondientes a un caso determinado".

2 El procedimiento administrativo multidimensional

2.1 Noción básica: el procedimiento administrativo multidimensional es una técnica administrativa del derecho administrativo multidimensional

El derecho administrativo multidimensional es el régimen jurídico especial, complejo y derivado, regulatorio de casos de dimensiones múltiples. Un caso de dimensiones múltiples puede necesitar o abarcar uno o varios procedimientos administrativos multidimensionales.

El procedimiento multidimensional es una técnica de aquel derecho administrativo multidimensional, por medio del cual se organiza y pone en funcionamiento una red público/privada para un derecho fundamental individual o de incidencia colectiva afectado. En el derecho del caso de dimensiones múltiples pueden, como dije, coexistir distintos procedimientos administrativos multidimensionales cuyo objetivo sea atender distintas situaciones jurídicas subjetivas involucradas en el caso.

El procedimiento puede verse como la técnica por medio de la cual las Administraciones públicas de distinto nivel, cumplen con el mandato jurídico de actuación conjunta para atender en sede administrativa derechos fundamentales afectados en el caso concreto.

El procedimiento administrativo multidimensional puede verse también como técnica regulatoria de una relación jurídica intersistémica, que aquella actuación conjunta importa.

El procedimiento administrativo multidimensional, en primer término seleccionará los componentes claves de los sistemas jurídicos para el armado de una red pública/privada que funcionará como la regulación intersistémica; a cuyo efecto, en el desarrollo del presente, se propondrá la consideración de distintos ejes para el armado de la citada red administrativa multidimensional público-privada.

En su faz dinámica el procedimiento, según observaremos es una técnica administrativa que cierra el sistema jurídico "ad hoc" para determinación y tutela del derecho fundamental en sede administrativa .Una técnica funcional para las bases republicanas, en tanto pretende evitar que se trasladen a los órganos jurisdiccionales la responsabilidad de decidir y transformar la realidad respecto de la operatividad de los derechos fundamentales en los casos concretos.

2.2 El concepto del procedimiento administrativo multidimensional

Es una técnica administrativa que articula, en un caso concreto, el imperativo jurídico de actuación conjunta de administraciones públicas de distinto nivel. Lo he propuesto como un "principio constitucional de actuación conjunta o en red para la tutela de derechos fundamentales"; y ello, en sustancia, como correlato de la reforma constitucional de 1994, conforme a la cual nuestra Nación ha asumido un compromiso de orden internacional para la tutela de derechos fundamentales en cuyo contexto no puede invocar razones de derecho interno para asumir sus responsabilidades.

El procedimiento administrativo multidimensional, de este modo, concreta en el mundo del derecho y de la realidad del mundo físico, una relación jurídica intersistémica (dimensión objetiva) para la tutela y atención de derechos fundamentales o de incidencia colectiva (dimensión subjetiva).

De este modo, por un lado, es una técnica regulatoria por la cual se seleccionan y ordenan elementos subjetivos y objetivos claves de distintos derechos administrativos domésticos (dimensiones objetivas públicas). La selección y ordenación de elementos claves, concreta el diseño de una red interadministrativa público-privada (dimensión objetiva privada), nacida por y para el caso concreto que convoca a dichos elementos claves. La intervención en red es a lo largo de un eje vertical (Nación – Provincia – Municipios – Comunas), como horizontal (al interior de cada uno de esos niveles).

Propongo, por ahora, seis ejes de necesaria consideración para la selección de los elementos claves del sistema de la red: a) eje político; b) eje participativo; c) eje jurídico; d) eje hacendal; e) eje técnico; y f) eje controlante

Debo decir que, por cierto, el procedimiento administrativo multidimensional desde la realidad del mundo físico — no como técnica regulatoria — debe entenderse como el conjunto de actos administrativos de diversa naturaleza producidos por los elementos subjetivos y objetivos extraídos de distintos derechos administrativos — previamente seleccionados y ordenados; cuya finalidad común consiste en cumplir con la obligación constitucional y normativa de hacer efectivos en sede administrativa, derechos fundamentales o de incidencia colectiva afectados en el caso concreto. Decidir y promover, en sede administrativa, las medidas de acción positivas que garanticen el pleno goce y concreticen el ejercicio de los intereses jurídicos necesitados de atención en el caso (dimensión subjetiva).

El procedimiento administrativo puede considerarse, asimismo, como una técnica de cierre del sistema jurídico "ad hoc" para determinación y tutela del derecho fundamental.

Por todo lo expuesto puede definirse al procedimiento administrativo multidimensional como una técnica administrativa de organización y puesta en funcionamiento de una red interadministrativa de sustrato participativo, formada con los elementos claves del orden jurídico (nacional, provincial y local), de base constitucional y democrática, destinada a determinar la dimensión subjetiva de intereses bienes o valores fundamentales comprometidos en casos multidimensionales.

2.2.1 El procedimiento administrativo multidimensional como técnica de articulación del imperativo jurídico de actuación conjunta para la tutela de derechos fundamentales en los casos concretos

La actuación multinivel (nacional, provincial y local), a la que he denominado "actuación multidimensional"; se construye, cuanto menos, sobre bases de "federalismo cooperativo". Digo cuanto "cuanto menos" pues considerado que en realidad deben partirse de premisas superadoras de él. La actuación es, de este modo, resultante de un imperativo jurídico constitucional de actuación conjunta o en red para la tutela del mínimo de los derechos fundamentales.

La actuación multidimensional, así, debe entenderse como un imperativo jurídico de actuar apoyado en una relectura del federalismo en aras de homogeneizar la actuación de los distintos niveles de poder, en decisiones inherentes al reconocimiento del alcance de intereses jurídicos de particulares (situaciones jurídicas subjetivas).

Los intereses jurídicos se vincularán, por cierto, a derechos fundamentales del hombre y a los derechos sociales en su contenido mínimo o nuclear a ser reconocido dentro del sistema jurídico y que, por ende, no forma parte de su entorno (al ser reconocido por el derecho en el caso, en su contenido minino o nuclear).

He propuesto calificar a dicho principio como "principio constitucional de actuación conjunta o en red para la tutela de derechos fundamentales". Esta premisa, según estimo, subyace en nuestro sistema jurídico proveniente de la reforma constitucional de 1994, conforme a la cual nuestra Nación ha asumido un compromiso de orden internacional para la tutela de derechos fundamentales.

La aplicación de este principio importará que, en cada caso, no se tomará todo orden jurídico nacional, provincial o local; sino sólo los componentes claves de cada uno de ellos que son convocados para sincronizarse entre sí, para armar una red interadministrativa cuyo objeto será determinar y atender la "garantía mínima del derecho fundamental".[5]

Los derechos fundamentales, de este modo, operan en el Estado constitucional de derecho, como condicionantes y guías del ejercicio de la discrecionalidad administrativa; imponiendo obligaciones de hacer a las autoridades administrativas. Aludo a la siguiente doctrina: "Los derechos fundamentales actúan como límite a las habilitaciones de intervención administrativa, guían el ejercicio de la discrecionalidad administrativa e imponen el otorgamiento reglado de determinadas autorizaciones normativas. También imponen obligaciones de hacer a la Administración y sirven para la solución de las colisiones normativas".[6]

En el funcionamiento del sistema, frente a sentencias de condena de los Tribunales internacionales, la Nación Argentina y el resto de los ordenamientos domésticos no pueden invocar razones de derecho interno para justificar la falta de adopciones de medidas para superar la no atención de derechos humanos afectado en el caso.[7]

Corolario razonable de esto es que, si a la salida del sistema (con la sentencia de la CIDH), no pueden esconderse las Administraciones domésticas en razones de derecho interno o de federalismo dual para actuar y responder frente a la persona humana, tampoco pueden hacerlo al inicio del funcionamiento del sistema frente al caso concreto; es decir, en sede administrativa frente a personas humanas lesionadas en el contexto de una relación jurídica compleja. Una relación jurídica, por ende, donde las Administraciones Públicas domésticas (Nación, Provincia y orden local) comprometidos en el caso, son legitimados pasivos directos por obligaciones jurídicas provenientes del sistema jurídico argentino al que hemos dado nacimiento en ejercicio de competencias propias (art. 75 Inc. 22 de la CN).

---

[5] CSJN Q.64.XLVI; 27/4/12.

[6] Schmidt-Assmann, Eberhard, en "Teoría General del Derecho Administrativo como Sistema- Objeto y fundamentos de la construcción sistémica"; Instituto Nacional de Administración Pública; Marcial Pons; Ediciones Jurídicas y Sociales SA; Madrid; Barcelona; 2003, p. 71.

[7] CSJN L.733 XLII. Originario. Causa Lavado; Considerando 6º.

2.2.2 El procedimiento administrativo multidimensional como técnica regulatoria de una relación jurídica intersistémica

El procedimiento administrativo multidimensional, como dije, concreta en el mundo del derecho y de la realidad del mundo físico, una relación jurídica intersistémica.

Los conceptos de relación jurídica con sus elementos (sujetos, objeto y contenido) en su variante intersistèmica, son las nociones de necesario tratamiento para determinar la dimensión objetiva y subjetiva del procedimiento multidimensional.

La noción conceptual de relación jurídica la traigo, básicamente de los autores clásicos de derecho administrativo; y para la variante "intersistémica" refiero a los "portales dimensionales" como puntos de encuentro de los sistemas jurídicos endonacionales o domésticos conectados entre sí por medio de "portales dimensionales".[8]

El medio ambiente, el patrimonio cultural y los derechos de los pueblos originarios, afectados en un caso concreto, son uno de esos portales; en tanto la lesión a ellos en un caso concreto determina la aparición y el contenido mismo de una relación jurídica intersistémica. Una relación jurídica particular entre distintos elementos de derecho administrativo endonacionales de distintos nivel.

Por ende la consideración de una relación jurídica intersistémica, con todos sus elementos (sujeto, objeto y contenido), es la definición de un espacio nuevo regulatorio del caso.

Ello debe hacese desde la dogmática clásica. Pienso que es más fácil que los sistemas jurídicos se encuentren (los derechos administrativos domésticos de los distintos niveles), en la medida que recurramos a las bases mínimas y centrales que forjaron nuestros autores clásicos. Dejar de lado, inicialmente, las pautas particulares de cada sistema jurídico en un esfuerzo para dirigirnos hacia el centro de las construcciones, quizás sea el mejor camino metodológico para encontrar el diálogo y la regulación de espacios comunes de actuación.

2.2.3 El procedimiento administrativo multidimensional como selección de los componentes claves del orden jurídico, destinados a la regulación intersistémica: los ejes para el armado de la red interadministrativa

La actuación multidimensional, en tanto trata de una actuación conjunta multinive es una actuación "ad hoc". Es un espacio común compuesto por los elementos claves de los distintos sistemas jurídicos endonacionales (local, provincial o nacional). No es una actuación bajo las premisas de federalismo dual, donde los distintos niveles se presentan entre sí de una manera cerrada y por medio de la articulación de todos sus componentes dentro de cada uno de esos niveles.

Es una actuación donde deben seleccionarse los componentes claves de cada sistema jurídico endonacional, que integrarán o se sincronizarán con los otros componentes claves de los otros sistemas. No tomo todo el sistema nacional, provincial o

---

[8] Reyna Justo; ob. cit.

local; sino sólo los componentes claves de cada uno de ellos que son convocados para sincronizarse entre sí, para armar una red interadministrativa cuyo objeto será determinar y atender la "garantía mínina del derecho fundamental".[9] Trátase del armado de una red interadministrativa de base constitucional y democrática, compuesta por elementos claves de las estructuras y sistemas jurídicos endonacionales para la tutela conjunta de derechos fundamentales, Una actuación "ad hoc", como dije, donde los distintos niveles y órdenes jurídicos se encuentran para determinar y reconocer de modo conjunto el alcance del derecho fundamental del hombre o el derecho social en su contenido mínimo o nuclear comprometido en un caso concreto.[10]

El cumplimiento del mandato constitucional dirigido a las autoridades de preservar la "garantía mínima del derecho humano" el su "núcleo indisponible"; necesita de dos tipos de actividades de la Administración.

Una de orden jurídico estableciendo el bloque jurídico regulatorio de la organización, relaciones y procedimientos que permitan en conjunto arribar a los actos, contratos que, conforme a derecho, permitan actuar en el campo de la realidad.

Otra de orden práctico, es decir, transformando la realidad preservando y refuncionalizando concretamente el derecho fundamental en su "núcleo indisponible" conforme a la relación compleja.

El derecho administrativo, según estimo con fuerte convicción, no nos brinda todos los elementos para la ingeniería jurídica que se necesita diseñar para la actuación conjunta o, si se quiere, para determinar objetiva y útilmente la dimensión de los derechos fundamentales.

La cantidad de elementos dispersos y la inexistencia de parámetros normativos que regulen estos supuestos de actuación conjunta y/o de articulación de redes entre Administraciones Públicas — que atraigan a los ciudadanos alcanzados por principios democráticos básicos —, convierten a estos casos en supuestos de alta complejidad, que exorbitan a las normas de organización, acción y relaciones establecidas en el orden federal y local dirigidas, básicamente, para actuar solo en su ámbito competencial.

Las aplicaciones de los conceptos de las ciencias duras a las ciencias sociales para explicar los fenómenos de la complejidad que circunda a la Administración contemporánea; no pueden ser soslayados para diseñar actuaciones conjuntas que le confieran dimensión subjetiva a derechos fundamentales.[11] La teoría de la complejidad es el marco teórico que propone una explicación de los aspectos que subyacen tales como: complejidad, incertidumbre, imprevisibilidad; etc., los que son de suma utilidad para comprender la realidad y para diseñar una administración que actúe frente al desorden o caos aparente que plantea la modernidad. Un elogio al movimiento de la Administración y la sociedad civil en interacción dinámica y simultánea.[12]

Sobre dichas bases se han también desarrollado propuestas metodológicas para el estudio de las administraciones públicas, y la necesidad del planteamiento estratégico de ellas; encontrándose en dichos desarrollos, por ejemplo, conceptos vinculados a las

---

[9]   CSJN Q.64.XLVI; 27/4/12.

[10]   PIETRO SANCHIS, Luis; en "El Constitucionalismo de los Derechos"; en "Teoría del Neoconstitucionalismo. Ensayos Escogidos"; Edición de Miguel Carbonell; Instituto de Investigaciones Jurídicas UNAM; Editorial; Madrid; 2007, p. 233.

[11]   Balandier, Georges. "El Desorden, La Teoría del Caos y las Ciencias Sociales"; 2da. Edición; Gedisa, Barcelona; 1994.

[12]   Iglesias Alonso, Ángel y Arriola Arriola, Javier; ob. cit. p. 157/159 y ccss.

estructuras de las redes que marcan que ellas no son equivalentes a organigramas, por lo que cuando se habla de redes nos referimos a "configuraciones de interrelaciones entre los componentes claves del sistema".[13]

La elección de los componentes claves — en nuestro caso: políticos y profesionales de carrera con competencia jurídica y técnica — es una de las decisiones centrales para traspasar transversal y eficazmente, las estructuras cerradas de las organizaciones federal y municipal.

Debe crearse un diseño con la jerarquía que el caso exige, que sea dinámico y con capacidad de generar un flujo de los procesos por los cuales se les dará preservación a los derechos fundamentales concretamente afectados y de impulso del mismo por medio de su refuncionalización para fines públicos de responsabilidad de todas las administraciones.

La definición conjunta de la estrategia — entendida como objetivos generales y particulares resultantes de combinación de metas y políticas de fines federales, provinciales y locales; la definición del modelo organizacional o en su caso de las relaciones Interadministrativas — como planeamiento operativo y las consiguientes previsiones presupuestarias; sumado a las definiciones de los marcos procedimentales por los cuales se vincularán en cada caso concreto las tres dimensiones jurídicas (municipal, provincial y federal), que según estimo, constituyen las bases inexorables a ser consideradas para la producción de los actos por los que se dará dimensión subjetiva a los concretos derechos fundamentales.

Propongo, por ahora, seis ejes necesarios para la selección de los elementos claves del sistema de la red: **(i)** eje político; **(ii)** eje participativo; **(iii)** jurídico; **(iv)** eje técnico; **(v)** eje hacendal; y **(vi)** eje controlante.

Los ejes son simplemente propuestas de canales de análisis para la definición estratégica y organizacional por parte de todos los actores responsables.

Es una propuesta que, por ahora, considera que el armado de una red interadministrativa puede estructurarse analizando distintos aspectos, que entiendo insusceptibles de ser soslayados. No quiere decir que todos esos canales deban estar presentes en toda red que se construya con motivo de un caso de dimensiones múltiples. Es factible que alguno no esté presente por las particularidades del caso; o que, asimismo, un caso por su propios ribetes exija del análisis y consideración de otros ejes especiales.

El modelo organizacional y funcional "ad hoc", se construye, reitero, con elementos claves de los distintos sistemas endonacionales. El carácter de "elemento clave", es un concepto jurídico que debe determinarse al momento de la selección Es resultante de su carácter de participación necesaria o prevalente frente a otro elemento de su propia dimensión o de otra dimensión. La calificación y selección de un elemento como "clave" cuando no lo es, por presentarse otro elemento de participación prevalente o jurídicamente insoslayable, trae aparejada una ilegitimidad de la elección y, según en el caso, en la propia conformación de la red a la que dicho elemento se integra.

Los elementos pueden ser subjetivos (funcionarios solamente) u objetivos de cada organización (el órgano completo en su concepción objetiva como conjunto de atribuciones, medios y finalidades sumado a todos los elementos personales que lo integran). Quiero decir con esto que puedo traer al modelo organizacional "ad hoc",

---

[13] Ibidem p. 62.

según corresponda en cada caso, o bien el oficio completo de la dimensión jurídica o sólo su componente personal; es decir el funcionario como persona física. Por ejemplo, un funcionario de carrera de la dimensión nacional que pasa a ser titular exclusivo de un órgano unipersonal especial del espacio multidimensional o, si se quiere a integrar un órgano complejo especial junto a otros funcionarios de carrera de otras dimensiones jurídicas conformando entre todos ellos un oficio del espacio multidimensional; diferente del espacio o dimensión nacional, provincial o local del que provine o provienen, según se trate. Traigo, por ejemplo, todo el oficio unipersonal y complejo de una dimensión endonacional para que actúe en el espacio de confluencia de administraciones.

(i) Eje político. Es el de mayor trascendencia, no solo en orden a su juridicidad sino también en orden a la eficacia del modelo transversal. Pasa por dos vertientes a ser consideradas: el eje político administrativo y el eje político legisferante.

En principio estimo que todo ejercicio de función administrativa que exorbite a la función administrativa del federalismo dual está reservado a los superiores jerárquicos de cada dimensión involucrada. Toda actuación administrativa que salga de los límites normales del derecho administrativo nacional, provincial o del derecho público local, para generar una actuación conjunta con otra u otras dimensiones jurídicas, sólo puede ser desplegada con la participación directa de los responsables máximos de los las Administraciones públicas involucradas. Un encuentro jurídicamente obligatorio para definir el núcleo indisponible de un derecho fundamental; es decir un encuentro sin jerarquías entre las administraciones endonacionales. Sostengo que debe sostenerse como regla que las jerarquías son insusceptibles de ser pretendidas por cualquiera de los titulares de las administraciones públicas en un contexto de confluencia de legitimados pasivos directos en un caso concreto.

Sin embargo no desconozco que razones operativas, de estrategias generales o de contexto histórico pueden ameritar delegaciones en oficios con competencia específica, debidamente justificados e instrumentados por procedimientos que garanticen el control y participación de cada Superior jerárquico endonacional al momento de decidir sobre la dimensión subjetiva del derecho fundamental.

El eje político administrativo debe analizar la necesidad de sincronizar niveles políticos intermedios con potestades administrativas de decisión en aras de la configuración definitiva de lo que ser reconocerá como núcleo indisponible.

El eje político no pude prescindir de la dimensión funcional relativa a los órganos legisferantes. La integración de parlamentarios de todos los niveles endonacionales, en actuación en oficios especiales integrando la red público privada, es central como elemento clave del sistema. Permite, cuanto menos, un control concomitante y transparente de la actuación multidimensional, pues recaerá en los titulares de los oficios parlamentarios o legisferantes, activar los procedimientos internos dentro de su respectiva dimensión funcional (Congreso, Cámara, Concejo Deliberante u órgano competente) para controlar las decisiones o actuaciones que se tomen en el espacio multidimensional conforme a su propio régimen jurídico endonacional.

Más importante es considerar que esos legisladores, son quienes estarán en condiciones de impulsar los procesos internos de sus respectivos espacios legisferantes que resulten necesarios para validar la actuación multidimensional que se decida, dentro de cada espacio endonacional, siempre que ello por las particularidades del caso resulte exigible. No quiero, por ende, decir con esto que toda decisión de atender el núcleo mínimo de un derecho fundamental en un espacio multidimensional necesite de leyes posteriores o de ordenanzas para perfeccionar la decisión. La decisión puede, en principio y básicamente, perfeccionarse conforme a las habilitaciones e imperativos jurídicos expuestos en el presente trabajo.

(ii) Eje participativo. Es inherente al modelo organizacional y estratégico de la red, la integración del mismo con la dimensión privada que se encuentre más cerca al derecho fundamental comprometido en el caso multidimensional.

No puede pensarse la conformación de un espacio multidimensional sólo integrado con elementos claves de los distintos derechos administrativos nacionales, provinciales o locales convocados por el caso.

Debe tenerse presente que todo espacio multidimensional sale de los cánones normales de las organizaciones jurídicas, en sus dimensiones espaciales, temporales y funcionales clásicas.

La alteración del federalismo dual y de la forma clásica de distribución de competencias y de organización estatal argentina exige de un modelo que concrete una democracia de proximidad; es decir una democracia que conecte directamente la acción estatal con los intereses ciudadanos más próximos al conflicto, objeto de atención multidimensional.

Se tratará, por ende de un espacio de confluencia nacional, provincial o local — cada uno con su dimensión objetivo o derecho administrativo —, con la dimensión privada más próxima al caso concreto; configurativa esta última de un elemento clave imprescindible para la configuración del modelo.

Doctrina prestigiosa ha dicho que: "Por eso, la determinación de los objetivos de las políticas públicas no pueden hacerse realmente si no es desde la participación ciudadana. Esta, se configura como un objetivo público de primer orden, ya que constituye la esencia misma de la democracia. Una actuación pública que no persiga, que no procure un grado más alto de participación ciudadana, no contribuye al enriquecimiento de la vida democrática y se hace, por lo tanto, en detrimento de los mismos ciudadanos a los que se pretende servir. Pero la participación no se formula solamente como objetivo político, sino que las nuevas políticas públicas exigen la práctica de la participación como método político".[14]

Estas redes, por ende, no solo deben diluir las fronteras verticales entre las administraciones públicas nacionales, provinciales y locales, sino también las de éstas con los ciudadanos que deben ser atraídos horizontalmente para su cooperación y participación en el cometido por razones esenciales de democracia.[15]

La alteración de los diseños constitucionales y legales construidos para las actuaciones normales de las distintas administraciones públicas, en sus ámbitos competenciales, trae como consecuencia que se potencie la necesidad democrática de que los intereses individuales y grupales se encuentren directamente involucrados en las

---

[14] Rodríguez-Arana Muñoz, Jaime en "Reforma Administrativa y Nuevas Políticas Públicas"; Diputación Provincial de Lugo; 2007, p. 33.

[15] Iglesias Alonso, Ángel y Arriola, Javier R.; en "El Planteamiento Estratégico de las Organizaciones Públicas. Una visión desde la teoría del caos"; Universidad Reyna Juan Carlos; Ed. Dykinson; Madrid 2004, a fs. 109 cita a Hervé Seneyc diciendo que el citado autor "... Considera que una democracia refinada en sus prácticas y capaz de convertir unos ciudadanos = organizados en redes= en actores menos pasivos puede convertirse en el gran "atractor" de la actual desintegración de las amplias paredes del mundo. Para ello rescata el importante papel de la participación de la sociedad civil en la reflexión sobre la evolución de la democracia en lo relativo a su metodología y sus instrumentos de acción. "El Big Bang de las organizaciones;1994; p. 225 a 229".

decisiones públicas de estos casos, en los que subyace aquella una "...relación compleja entre el titular de la pretensión, el legitimado pasivo directo que es el Estado y el legitimado pasivo indirecto que es el resto de la comunidad que, en definitiva, soporta la carga y reclama de otros derechos".[16]

No debe, por ende, soslayarse la discusión pública de los intereses en conflicto; lo cual importa que debe concretarse un diseño organizacional que salga de canales cerrados construidos sobre bases exclusivas de democracia representativa; improcedente para la toma de decisiones públicas multidimensionales.

(iii) Eje jurídico. La red que se construya debe dirigirse a integrarse con los elementos claves de los distintos niveles endonacionales en materia jurídica. Es un eje técnico que amerita un tratamiento diferenciado.

La integración a la red público-privada de elementos claves en materia jurídica es insoslayable. Destaco, sin embargo que puede no ser cuestionable jurídicamente una red en la que alguna dimensión jurídica (nacional, provincial o local) no aporte elementos de sus respectivas dimensiones en materia jurídica. Dicho de otra forma, alguna dimensión puede tomar una decisión estratégica de dejar que los aspectos jurídicos de un espacio multidimensional sean cubiertos por elementos personales u objetivos de las otras dimensiones jurídicas.

Es necesario, por lo tanto, la integración de la red con elementos jurídicos, pero no por elementos jurídicos de todas las dimensiones jurídicas.

Debe tenerse presente en lo relativo a este eje jurídico que los elementos claves en esta materia pasan por dos vertientes: una política y otra de carrera. Creo que deben analizarse la pertinencia de integración de la red en estas dos vertientes. Generando, por un lado, un oficio complejo multidimensional, donde confluyan los máximos niveles políticos en materia jurídica (Procurador del Tesoro de la Nación; Fiscales de Estado o Asesores Generales de Gobiernos provinciales; Fiscales de Estado Municipales u oficios análogos); y, por el otro, un oficio complejo multidimensional de menor jerarquía o dependiente de aquél donde confluyan los máximos niveles de carrera o administrativos de aquellos órganos (Procurador del Tesoro, Fiscalías etc.) con competencia específica en la materia involucrada en el caso multidimensional. La integración de las dos vertientes, en un doble nivel, puede resultar una decisión estratégica adecuada para la eficacia del modelo y para una profesionalización de los cuadros administrativos permanentes de carrera, frente a eventuales casos futuros que convoquen a ellos y donde puedan trasladar experiencias compartidas.

(iv) Eje técnico. Es un eje de amplio porte; es decir de difícil consideración en términos generales como canal a ser tenido en cuenta para la configuración de una red.

De modo genérico refiero que las cuestiones de orden técnico que se informen o aconsejen en un procedimiento administrativo multidimensional, se reconvierten en razones de orden jurídico, al ser decididas o asumidas en los actos finales de los procedimientos.

La decisión estratégica al configurar la red deberá seleccionar los elementos válidos de los sistemas jurídicos con competencia en la materia técnica involucrada en el caso de dimensiones múltiples, para la configuración de un asesoramiento o asistencia para el dictado del acto final. Puede tratarse, por ejemplo, de materia de

---

[16] Considerando 11º) fallo CSJN de la cita 7.

salud, de bioética, de materia medio ambiental, de materia cultural, de niñez, madres en situación de lactancia, de bioética o de otra cuestión multidisciplinar que amerite recurrir a elementos que estén fuera de los propios derechos administrativos endonacionales (nacional, provincial o local).

De modo general puede pensarse que puede configurarse una red donde la competencia en materia técnica se deje, total o parcialmente, a cuidado de un elemento extraído de sólo una dimensión jurídica, en razón de particulares circunstancias que así lo ameriten por buena administración, economía o eficacia. El caso de dimensiones múltiples es la circunstancia básica sobre la que se ameritará la decisión estratégica de seleccionar el elemento clave en materia técnica. No podrá cuestionarse jurídicamente, conforme a lo expuesto, una red en la que alguna dimensión jurídica (nacional, provincial o local) no aporte elementos personales u objetivos de sus respectivas dimensiones en materia técnica.

No puedo dejar de destacar que toda decisión estratégica relativa a casos de dimensiones múltiples debe analizar la pertinencia de atraer al caso a las Universidades Nacionales cercanas; en la medida que las particularidades del conflicto se presenten como multidisciplinares y no puedan encontrarse en las organizaciones administrativas endonacionales elementos personales y objetivos aptos o conducentes para atender los perfiles del caso.

Una atracción al caso de otras dimensiones públicas que comprometidas con su sociedad civil, pueden, según el caso, resultar el camino conducente para el mejor tratamiento de estos casos especiales pero centrales en orden a asumir las responsabilidades públicas en estos tiempos de transversalidad y de centralidad de la persona humana.

(v) Eje hacendal. Es un eje técnico que amerita también un tratamiento diferenciado. Es por lo tanto un eje técnico acotado a las incumbencias en materia hacendal; es decir que no se presenta como una materia de amplio porte. Al igual que el eje jurídico la integración de la red con los componentes claves en materia hacendal es insoslayable y se debe presentar como un canal de análisis para el montaje del modelo por las dos vertientes a saber: la política y la administrativa o de carrera.

La red que se construya, al igual que el eje jurídico, debe tender o valorar una integración con los elementos claves políticos de los distintos niveles endonacionales (Ministros o Secretarios competentes); acompañados en un nivel inferior de asistencia o coordinación por otro oficio complejo multidimensional conformado por funcionarios de carrera de las distintas administraciones endonacionales.

La integración de las dos vertientes, en un doble nivel, es una decisión estratégica necesaria para la eficacia del modelo. Debe tenerse presente que es importante tanto en lo relativo al legitimado activo (ciudadano o persona humana que reclama la tutela del núcleo indisponible de su derecho fundamental), como en lo relativo al legitimado pasivo directo (nación, provincia y administración local) e indirecto (comunidad).

Así es clave en la determinación de la flexibilidad o inflexibilidad de los presupuestos de los ordenamientos domésticos para atender el núcleo del derecho fundamentela (la dimensión subjetivo o el "núcleo indisponible del derecho fundamental") destinando los recursos presuestarios necesarios para su atención. Frente al ciudadano responden los presupuestos sin fronteras.

Y atendido que sea dicho "núcleo", sin fronteras, corresponderá luego desplegar una actividad administrativa interna de determinación de créditos y deudas entre las haciendas públicas endonacionales (nacional, provincial y local) surgido del modo y alcance en que fue atendido presupuestariamente el derecho fundamental.

Esta actividad interna de determinación de créditos y deudas entre haciendas públicas no es una cuestión menor. Debe reflejar, si correspondiere de acuerdo a las particularidades del caso, el grado de responsabilidad que a cada administración le cabe en la tutela efectiva de derecho fundamental afectado. Es esto demostrativo, reitero, de la necesaria presencia de los máximos niveles hacendales en la integración de las redes multidimensionales.

Es importante en lo relativo a los legitimados pasivos indirectos (el resto de la comunidad y los otros intereses en conflicto) pues el ámbito presupuestario y sus ejecuciones en los distintos niveles reflejan y permiten traer, en sustancia, a la red los datos necesarios relativos al modo y alcance en el que las Administraciones públicas endonacionales atienden o atendieron a los otros intereses de la sociedad que están en juego indirectamente en el conflicto multidimensional.

Por lo tanto este eje es, por un lado, el eje técnico especial, en función del cual se colocará al eje político en condiciones de dictar un acto final que evite desequilibrios en la tutela de los derechos fundamentales comprometidos en la "relación jurídica compleja" del espacio multidimensional. Por otro lado, luego de que se despliegue la actividad interna de determinación de créditos y deudas entre haciendas públicas, será el ámbito en que se reflejará concretamente el modo y alcance en que las Administraciones han distribuido su responsabilidad para atender los derechos fundamentales.

(vi) Eje controlante. Debe controlarse en dos vertientes: por un lado el procedimiento y su acto final; y, por el otro, la concreta transformación de la realidad tutelando la "garantía mínima del derecho fundamental", lo que es lo mismo que decir que se cumpla el acto final que ordena la tutela.

El eje controlante debe ser analizado sobre la base de lo previamente decidido en materia de los otros ejes (político, participativo, jurídico, técnico y hacendal). Esos ejes serán la base para definir los elementos claves de los sistemas endonacionales que se tomen para establecer el sistema de control.

Las definiciones del eje político en su vertiente legisferante son trascendentes para adentrarse a esta definición controlante. Debe tenerse presente que las integraciones de parlamentarios u órganos legisferantes al diseño y al procedimiento, si bien pueden hacerse con fines de asesoramiento, en sustancia, habilitan e instaurarán un control político concomitante de la actividad multidimensional, en la medida que dichos funcionarios pueden o deben informar a sus respectivas Cámaras, Consejos Deliberantes u órganos competentes para que ellos formulen el control político que constitucional y legalmente les compete respecto de las actividades del Poder Ejecutivo de su dimensión jurídica.

Lo mismo puede decirse del eje político en su vertiente ejecutiva, sobre todo si se seleccionan y sincronizan niveles políticos intermedios con potestades administrativas de decisión, en aras de la configuración definitiva de lo que se reconocerá como núcleo indisponible de los derechos fundamentales. Podrá asignarse a dichos oficios o elementos personales de los oficios multidimensionales el control de la concreta transformación de la realidad; es decir que se ha tutelado la "garantía mínima del derecho fundamental" ordenada en el acto final multidimensional que dispuso dicha tutela.

A los oficios técnicos y hacendales, se les podrá asignar también competencias en aras de controlar el cumplimiento efectivo del acto final que reconoce el "núcleo indisponible del derecho fundamental", si las particularidades del caso así lo ameritan.

Las definiciones que se tomen en lo relativo al eje participativo, concretan no sólo principios de democracia de proximidad, sino también un sistema de control externo a la actividad multidimensional, a cargo de responsables de la sociedad civil en aras a la defensa de los intereses en juego en el caso.

La selección de elementos personales u objetivos de órganos de control externo (Tribunales de Cuentas, Auditoria General de la Nación u órganos creados a esos efectos) y de los Defensores del Pueblo u oficios creados especialmente dentro de las distintas dimensiones constituyen canales de análisis que no pueden ser soslayados al momento de la conformación de la estrategia y del modelo elegido.

Especial consideración debe hacerse en lo relativo al control judicial del acto final del procedimiento administrativo multidimensional.

No pueden formularse consideraciones definitivas respecto de la jurisdicción competente para revisar esta especial actividad administrativa conjunta de administraciones públicas, pues ese aspecto dependerá de las particularidades que cada caso presente.

Es pauta interpretativa para determinar la jurisdicción competente, considerar que se trata de un régimen jurídico especial que se construye desde el caso hacia arriba; desde la ciudad hacia los niveles superiores. En esencia trata de una relación de derecho público, donde es a las ciudades , por estar más próximas a los ciudadanos, a quienes les corresponde gestar las acciones y tomar las decisiones que permitan, en definitiva, integrar y sacar del aislamiento a las diferentes administraciones y organizaciones involucradas en el caso.[17]

"El principio de subsidiariedad postula que, en principio, la ordenación política administrativa y los correspondientes ordenamientos jurídicos se construyan de abajo a arriba, resolviendo en cada nivel cuando sea posible, lo más cerca de la base y de los legítimos intereses correspondientes...En otras palabras, la subsidiariedad es igual a resolución en el nivel más próximo al ciudadano de los asuntos públicos".[18]

Doctrina extranjera relevante ha destacado las distintas doctrinas judiciales para que los jueces puedan cumplir con su función integradora que permite sacar del aislamiento a los diferentes sistemas u ordenamientos jurídicos situados en los más variados niveles; en cuyo contexto resaltan la doctrina de la Subsidiariedad "según la cual un ordenamiento jurídico se abstiene de intervenir en un asunto particular sobre el que tiene jurisdicción otro régimen jurídico menos alejado de los intereses en juego".[19]

---

[17] En dos trabajos me he ocupado de esta temática, uno donde justificaba el carácter local del conflicto y otro donde estime que el conflicto era de competencia originaria de la Corte Suprema de Justicia por aplicación del art. 117 de la CN. De dichos trabajos nutro las ideas de este punto. Ellos son: a) "Las facultades locales sobre los establecimientos de utilidad nacional – Facultades locales concurrentes. A propósito de la situación de inmuebles públicos de valor cultural de la ciudad de Santa Fe"; en "Cuestiones de Organización Estatal, Función Pública y Dominio Público", Jornadas organizadas por la Universidad Austral, Facultad de Derecho; Ed. RAP; Buenos Aires; 2012; p. 391 y sgtes.; y b) "El arbitraje como medio de solución de conflictos en materia de servicios públicos. – El nacimiento de un sistema jurídico complejo": en "Cuestiones de Intervención Federal, Servicios Públicos, Poder de Policía y Fomento", Jornadas organizadas por la Universidad Austral, Facultad de Derecho; Ed. RAP; Buenos Aires; 2011; p. 519 y sgtes.

[18] Rodríguez Arana.- Muñoz, Jaime; en "Estudios de Derecho Local"; Editorial Montecorvo, S.A. 1997; Madrid; p. 21.

[19] Cassese, Sabino, en "Los Tribunales ante la Construcción de un Sistema Jurídico Global"; Ed. Global Law Press, Editorial Derecho Global; Sevilla 2010; p. 24.

Si bien "el principio de subsidiariedad" expuesto es un principio que se construye en el contexto de la Unión Europea, en la inteligencia que contribuye a salvaguardar las identidades nacionales de los Estados miembros y de sus atribuciones; no es menos cierto que él configura un concepto nuclear que se expande o debe expandirse a todo proceso de integración de sistemas jurídicos; como, en definitiva lo constituye un "caso multidimensional" por afectación de derechos fundamentales focalizados en ciudades.

La pauta interpretativa expuesta en los párrafos precedentes puede servir de base para que, al momento de conformarse la red por parte de todos los actores administrativos y políticos; entre todos ellos definan y elijan como juez competente a aquel juez contencioso administrativo que esté más cerca del caso y de la relación jurídica intersistémica.

Puede tenerse en cuenta a estos efectos, como pauta interpretativa vinculada a las relaciones intersistémicas, que nuestra Corte Suprema de Justicia Federal no ha flexibilizado su competencia originaria del art. 117 de la C.N.; por lo menos según se infiere de la causa "Papel Misionero" del 5 de mayo de 2009, en la que se retoman tradicional doctrina más cerrada para habilitar su competencia. No admite su competencia exigiendo " — cuando en la causa es parte la Provincia — es preciso que en la demanda no se planteen además de las cuestiones federales, otros asuntos que — por ser de naturaleza local — resultarían ajenos a su competencia, pues la eventual necesidad de hacer mérito de ellos, obsta a su radicación por la vía intentada frente a la necesidad de no interferir el ejercicio de atribuciones que las provincias no han delegado al conocimiento exclusivo de esta Corte (Fallos 314:810 y 620).[20]

Puede recurrirse, asimismo, a estos efectos a las mismas nociones de "materia federal preponderante" aludida en el precedente "Zavalía" que se utilizan pretorianamente en orden a la determinación de presencia de "materia federal"; por presentarse, en su correcto significado y alcance, como una expresión acertada y más permeable al caso, surgido en los tiempos que condicionan a los modelos estatales verticales anteriores a la reforma constitucional del año 1994. Se impulsa, de este modo, la consiguiente visión del derecho como una pluralidad de órdenes jurídicos superador de nociones estancas de la organización estatal.

2.2.4 El procedimiento administrativo multidimensional como técnica administrativa que cierra del sistema jurídico "ad hoc" para la determinación y tutela del derecho fundamental

Armar una red, seleccionando los elementos claves, importa definir: la estrategia común y el modelo organizacional. Crear el contexto normativo general en materia de

---

[20] Fallo P.582 XXXIX ORIGINARIO, Papel Misionero SAIFC c/ Misiones, Provincia de, 5 de Mayo de 2009; considerando 4º) La Corte en otro precedente resolviendo cuestiones vinculadas a su competencia originaria y exclusiva en una causa de un vecino de una Provincia y Senador nacional contra el Estado Nacional y contra la Provincia relacionada a materia federal y local –acto de un interventor federal que sancionó la ley 6667 por la que declaró la necesidad de reforma parcial de la Constitución provincial y convocó a elecciones para elegir convencionales constituyente -; concluyó que la causa era de su competencia, en sustancia, por que la cuestión federal era la "predominante en la causa" interpretando sobre dicha premisa que la pretensión se fundaba "**exclusivamente** en prescripciones constitucionales de carácter nacional, en leyes del Congreso, o en tratados". CSJN "Zavalía, José Luis c/ Provincia de Santiago del Estero y Estado Nacional s/ Amparo". 21 de septiembre de 2004. Causa. Z. 236 XL ORIGINARIO. Considerando 15.

organización, acción y finalidad, que habilitará el desarrollo del procedimiento administrativo multidimensional; entendido en este último sentido, no ya como conjunto de normas, sino como conjunto de actos administrativos heterogéneos y de actos de particulares, cuyo acto final tiene la finalidad de tutelar el derecho fundamental afectado en el caso de dimensiones múltiples. En esta noción se abarca tanto la organización como la puesta en funcionamiento de la red; es decir una faz estática de configuración normativa, como dinámica de aplicación de aplicación de la misma.

El dictado del acto administrativo final del procedimiento, como conjunto de actos, es la faz dinámica normativa que cierra el sistema jurídico en sede administrativa. Se ha generado y cerrado el espacio administrativo de dimensiones múltiples en lo que al interés jurídico refiere.

Entiendo, en la afirmación efectuada, a la norma jurídica como una proposición de amplio porte. Puede ser una proposición simple, una proposición compleja o, hasta, un "sistema jurídico momentáneo o estático". Es posible denominar norma tanto al conjunto normativo, como al acto administrativo final que cierra el sistema.

Se ha dicho, en tal sentido que: "La norma jurídica es, en el primer caso, una proposición simple, esto es, un enunciado prescriptivo con sentido, una unidad normativa o un elemento simple del ordenamiento jurídico. La norma jurídica es, en el segundo caso, una proposición compleja, esto es, un conjunto de enunciados simples relacionados, entre sí. En el tercer caso la norma es un sistema jurídico momentáneo`, utilizando ahora el término con el sentido que le dieron Alchourron y Bulygin en 1971. Estos dos autores elaboraron un modelo analítico de sistema como instrumento conceptual operativo, según el cual un sistema sería el conjunto de enunciados jurídicos (que constituyen la base axiomática del sistema) que contienen todas sus consecuencias. Normas serían desde aquí los enunciados que correlacionan ciertas circunstancias fácticas (casos) con determinadas consecuencias jurídicas (soluciones)".[21]

En el ámbito del derecho administrativo unidimensional (de la nación, de la Provincia o del gobierno local) la doctrina se ocupa de este proceso de creación y de aplicación del ordenamiento jurídico administrativo en el caso concreto; pero todo dentro de un mismo ordenamiento jurídico autónomo.

En el ámbito del derecho administrativo multidimensional, nos ocupamos de una sincronización de administraciones y de sus sistemas jurídicos autonomos. El procedimiento administrativo multidimensional, según dijimos, es una técnica de aquél derecho por la que se organiza y pone en funcionamiento de una red interadministrativa. Este concepto importa optar dogmáticamente por una concepción dinámica del funcionamiento del derecho.

Una visión sistémica, según la cual, la noción de sistema momentáneo o "ad hoc", contiene tanto el aspecto del conjunto de enunciados simples aplicables al caso, como el acto final (en nuestro caso el acto administrativo multidimensional final que determina el alcance o núcleo del derecho fundamental); acto final éste que opera como cierre operativo de dicho sistema.

El sistema, de este modo, cuando cierra dinámicamente en sede administrativa, puede ser graficado como que provoca el nacimiento de una especie de cinta o "banda" flexible; es decir como una franja o cinta unida en sus extremos). Tomo esta idea

---

[21] Serrano, José Luis; en "Validez y vigencia. La aportación garantista a la teoría de la norma jurídica"; Ed. Trotta; Valladolid; 1999; p. 87.

de doctrina relevante, con la que he podido interactuar personalmente a los fines del presente.[22] Es la figura de la "banda de möbius" del Prof. Serrano, que es una cinta en la que, antes de unirse a sus dos extremos, se hace girar a uno de ellos en 180º.

Con el acto final y su cumplimiento se une la franja o cinta que ha atravesado las distintas dimensiones jurídicas endonacionales (nacional, provincial y local), primeramente organizando una red por medio de la cual se unieron elementos objetivos o subjetivos claves de esas dimensiones (unos elementos quedan dentro del sistema ad hoc y otros quedan fuera — en su entorno); y luego mediante la puesta en funcionamiento de dicha red, que culmina con el acto final que cierra la banda. Dicho de otro modo: el acto final cumplido, cierra el sistema dinámico en el caso concreto inherente a un derecho fundamental.

3 Los portales dimensionales del medio ambiente, el patrimonio cultural y los pueblos originarios

En desarrollo del trabajo he utilizado de manera promiscua la calificación de los intereses jurídicos susceptibles de generar la presencia de un caso de dimensiones múltiples. De modo general he referido a: derechos fundamentales; derechos humanos; intereses, bienes o valores protegidos constitucionalmente; derechos de incidencia colectiva; y otras a derechos sociales.

La promiscuidad ha sido intencional pues considero que no debe cerrarse el mundo de dimensiones múltiples a definiciones que limiten su aplicación frente a valores similares de la comunidad comprometidos en un tiempo determinado puedan convocar una actuación transversal o en red.

Traigo a consideración tres casos particulares donde distintitos intereses jurídicos han provocado o deben provocar una actuación conjunta. Uno la contaminación ambiental de un río argentino, donde la actuación conjunta y transversal es provocada por una decisión jurisdiccional de la Corte Suprema de Justicia. Otro es la situación de bienes del patrimonio cultural de la ciudad de Santa Fe que se corresponden a establecimientos de utilidad nacional del orden federal. Por último, el tercero, es la situación de una comunidad indígena argentina localizada de la Provincia de Santa Fe.

3.1 Medio ambiente

En trabajo anterior,[23] relativo a una sentencia vinculada a la contaminación ambiental de la cuenca del río Matanza-Riachuelo,[24] he sosenido que esa sentencia nos ha

---

[22] Serrano, José Luis; en "De las fuentes del sistema al sistema de las fuentes" en www.joseluisserrano.eu. He tenido la oportunidad de interactuar personalmente con el autor en oportunidad de un Seminario desarrollado en la Facultad de Ciencias Jurídicas y Sociales de la Universidad Nacional del Litoral y en reuniones personales; en las que he consultado a los fines de temas ejes de las propuestas. Mi agradecimiento hacia su persona.

[23] Reyna, Justo José; en "Fundamentos y consecuencias del actual control judicial de la inactividad administrativa. La administración sincronizada"; en "Cuestiones de Control de la Administración Pública. Administrativo, Legislativo y Judicial" Jornadas organizadas por al Universidad Austral, Facultad de Derecho; Ed RAP; año 2010; p. 491 y sgtes.

[24] CSJN Mendoza, Beatriz Silvia y Otros c/ Estado Nacional y otros s/ daños y perjuicios (daños derivados de la contaminación ambiental del Río Matanza-Riachuelo) M-1569 XL ORIGINARIO, sentencia del 8 de julio de 2008.

colocado frente a la necesidad del desarrollo de una especial función administrativa sincronizada entre administraciones públicas y regidas por pautas y principios diferenciados de las normas aplicables a cada una de las administraciones involucradas en el caso. La sentencia, de este modo, ha generado un espacio de dimensiones múltiples al que he denominé "administración sincronizada".

3.1.1 La sentencia de la causa Mendoza

Los ejes conductores de la sentencia que sustenta la afirmación pueden agruparse según lo que seguidamente indico.

La demanda se trabó, en sustancia, contra el Estado Nacional, la Provincia de Buenos Aires, el Gobierno de la Ciudad Autónoma de Buenos Aires, contra 44 empresas y contra 14 Municipios en que se extiende la cuenca de un río. La Corte admitió originalmente la radicación de la causa por tratarse de la contaminación de recursos ambientales ínter jurisdiccionales y ser partes el Estado Nacional y la Provincia de Buenos Aires — Art. 41 y 43 de la Constitución y 30 de la ley 25675, y tiene por objeto la defensa de un bien de incidencia colectiva — de uso común e indivisible — configurado por el ambiente (visto 1º de la sentencia).

La Corte ordenó la intervención de la Universidad de Buenos Aires con fines técnicos (visto 8º; 10º y 12º).

El objeto decisorio se orienta hacia el futuro y fija los criterios generales para se cumpla con el mismo.

Deja al ámbito de discrecionalidad de la administración la determinación de los procedimientos para llevarlos a cabo; instituye, por medio de delegación, a un juzgado federal de primera instancia la "garantía de la inmediatez de las decisiones y el efectivo control jurisdiccional de su cumplimiento"; y en lo relativo al cumplimiento de la condena lo relaciona a un Plan Integral presentado para la cuenca (considerando 15º).

La Corte instituyó a la autoridad de la cuenca que contempla la ley 26.168[25] como la obligada a la ejecución del programa, sin perjuicio de "mantener intacta en cabeza del Estado Nacional, de la Provincia de Buenos Aires y de la Ciudad Autónoma de Buenos Aires, la responsabilidad que primariamente les corresponde en función del asentamiento territorial de la cuenta hídrica y de las obligaciones impuestas en materia ambiental (Considerando 16º).

Trae al caso a la Auditoria General de la Nación como autoridad responsable de llevar un control específico de la asignación de los fondos y de ejecución presupuestaria

---

[25] La ley 26168 creó la Autoridad de Cuenca Matanza Riachuelo como ente de derecho público interjurisdiccional en el ámbito de la Secretaría de Ambiente y Desarrollo Sustentable de la Jefatura de Gabinete (Art. 1º); está compuesta por ocho miembros – 3 por el PEN, 2 por Provincia de Buenos Aires, 2 por Ciudad Autónoma de Buenos Aires y presidida por la titularidad de la Secretaría aludida (Art. 2º); se prevé un Consejo municipal con funciones de cooperar, asistir y asesorar al Ente (Art. 3º); se prevé una Comisión participativa con funciones consultivas (Art. 4º); asigna a la Autoridad facultades de regulación, control y fomento respecto de actividades industriales, servicios públicos y cualquier otra actividad con incidencia ambiental en la cuenca, dotándola de amplias facultades normativas prevalentes sobre el orden local (Art. 5º y 6º); asigna a la Presidencia de la Autoridad a tomar medidas preventivas de amplio porte , previéndose contra las decisiones de la Autoridad el recurso de alzada ante el P.E. previsto en la reglamentación respectiva (Art. 7º); ratifica el Acuerdo Compromiso "Cuenca Hídrica Matanza Riachuelo suscripto en agosto de 2006 que forma parte como anexo de la ley, en cuyo contexto se obligaron los entes involucrados a dictar las normas en el ámbito de sus jurisdicciones que materialicen la ejecutividad del cometido (Art. 13º).

de todo lo relacionado con el plan (Considerando 18º); e impone un Coordinador con funciones de control del cumplimiento del programa indicando, que el mismo debe recaer en el Defensor del Pueblo de la Nación y que esa autoridad debe conformar un cuerpo colegiado integrado con representantes de organizaciones no gubernamentales que intervienen en la causa, coordinando su funcionamiento y distribuyendo funciones. (Considerando 19º).

3.1.2 El espacio multidimensional y la administración sincronizada de la causa Mendoza

La causa Mendoza, a mi entender, ha instituido pretorianamente una organización administrativa especial por medio de la técnica de asignación de competencias a oficios, a titulares de oficios y/o entes ya existentes; y pertenecientes y gobernados por sus propias normas y grupos normativos (dimensiones jurídicas), con el objeto de recomponer y prevenir daños al ambiente para que ellos administren ese cometido de manera sinérgica.

De modo transversal traspasó los límites de los modelos de organización tradicionales, del principios de control y tutela surgidos de acuerdo al nuestro sistema constitucional originario.

Los principios de esas organizaciones, por lo tanto, se verán afectados o incididos en las acciones administrativas que particularmente se desplieguen por medio de la administración sincronizada. El traspasamiento llega a tal punto que en el Considerando 20º atribuye a la Autoridad instituida al "desmantelamiento de las consecuencias derivadas de todo acto por el cual — sin importar la autoridad local que lo hubiera dictado, en que condiciones ni bajo que nomin iuris —, se haya intentado neutralizar, paraliza o desconocer, en todo o en parte los mandatos; asignando competencia contencioso administrativa a un Juzgado Federal de Primera Instancia (impugnación de los actos de la autoridad de la cuenca y concentrando en ella las decisiones declinando la intervención de toda otra sede).

Párrafo aparte merece el Considerando15 cuando al establecer que está fijando los criterios generales para que se cumpla con la finalidad de recomposición y prevención de daños del medio ambiente indica que se lo hace "respetando el modo en que se concreta, lo que corresponde al ámbito de discrecionalidad de la administración... quedando dentro de sus facultades la determinación de los procedimientos para llevarlas a cabo"

Creo que este es un jalón que no debe pasar desapercibido; pues remite a lo que denomino como "procedimiento administrativo multidimensional". La Corte no deja dentro de la competencia de la administración desarrollar los procedimientos, sino la de "determinarlos"; siendo ésta una diferencia semántica no menor. No se trata de articulación del principio de la competencia mediante el desarrollo individual del procedimiento, sino de una etapa anterior consistente en el ejercicio de la potestad normativa para establecer el acto general, normativo o no normativo por el que se desarrollarán las distintas funciones administrativas sinérgicas entre órganos u oficios de pertenencia variada.

El procedimiento administrativo multidimensional, analizado en este trabajo, ha sido exigido por nuestra Corte Suprema para la materia ambiental. El establecimiento del procedimiento administrativo, de esta forma, se configura en el eje central de la legitimidad del ejercicio de la actividad administrativa sincronizada. En su determinación o establecimiento, en definitiva, se está decidiendo sobre la preeminencia de las normas de los sistemas jurídicos involucrados en la actividad. Su determinación debe dirigirse al configuración del eje administrativo común que permita el cumplimiento de los fines perseguidos por la norma general de procedimiento; proceso en que, de modo fundado, deben indicarse cuáles son las inaplicaciones centrales de los distintos sistemas administrativos que se han desplazado en el caso y sobre todo las vinculadas a la competencia técnica en razón de la materia y del control de los aspectos jurídicos y económico financieros involucrados, de modo tal que se ordene y establezca jurídicamente el flujo de la función administrativa sincronizada.[26]

La decisión judicial ha generado un espacio multidimensional, como consecuencia de la necesidad de proteger derechos garantizados constitucional y transversalmente (art. 75 inc. 22 y 41 de la CN).Es fuente formal y material de una nueva actividad administrativa especial y sinérgica,[27] ajustada a los tiempos y que irrumpe de modo brutal en la clásica visión del ejercicio de la función jurisdiccional circunscripta a una sola dimensión jurídica.

3.2 Patrimonio cultural

El supuesto de hecho, como dije, es la situación de establecimientos de utilidad nacional donde se presentan bienes del patrimonio cultural de la ciudad de Santa Fe; situación que fue tratada en trabajo anterior.[28]

El establecimiento de utilidad nacional configura un ámbito espacial-funcional complejo, que, como tal, convoca de modo general o especial a las dimensiones jurídicas (federal, provincial y local), en lo atinente al ejercicio de sus respectivas competencias; sean ellas correspondientes a su orden competencial vertical; o provenientes de los derechos fundamentales reconocidos en el texto; es decir una serie de intereses, bienes o valores que siendo fundamentales operan transversalmente o en red en nuestro sistema federal de gobierno.

---

[26] A estos efectos debe tenerse presente los antecedentes y la doctrina relacionada a los procesos de integración como el de la Unión Europea que se hacen realidad "en lo que ahora nos interesa, por medio de normas de procedimiento. Éstas pueden encerrar tensiones y conflictos entre ambos niveles de gobierno...El Procedimiento constituye igualmente un instrumento para armonizar la acción administrativa nacional, bien sea por medio de una armonización de mínimos por obra de los jueces con la ayuda de la doctrina del "efecto útil"; bien a través de la armonización normativa de determinadas reglas de procedimiento; o bien, por último, con os procedimientos que se siguen en el marco de la integración de las administraciones nacionales en una suerte de conjunción, compuesto o asociación para la aplicación del Derecho Comunitario (Administración compuesta). Rohl, Hans Christian en "El Procedimiento Administrativo y la Administración =Compuesta =de la Unión Europea" en la Obra "La Transformación del Procedimiento Administrativo" Javier Barnes (Editor) Global Law Press Editorial Derecho Global, Sevilla 2008, p. 119 y 120 y ccss.

[27] Sinergia como concurso activo de distintos órganos de distintas administraciones que ejercen una función administrativa de bases diferentes a las características y normales que cada una de ellas desarrolla conforme a las normas y principios aplicables de modo característico o normal a su ámbito de actuación. Concertación o concurso de órganos para desplegar, bien sea una actividad administrativa del orden jurídico — es decir como declaraciones de voluntad, juicio, deseo o conocimiento producidos por la Administración en ejercicio de función administrativa desde el punto de vista jurídico; o como actividad administrativa del orden material o del mundo físico — como actividad concreta, práctica, positiva desarrollada en ejercicio de función administrativa desde el punto de vista sustancial.

[28] Reyna, Justo José; en "Las Facultades Locales sobre los establecimientos de utilidad nacional. Facultades locales concurrentes. A propósito de la situación de inmuebles públicos de valor cultural en la ciudad de Santa Fe"; en "Cuestiones de Organización Estatal, Función Pública y Dominio Público"; Jornadas de la Universidad Austral, Facultad de Derecho; Ed. Rap. 2012; p. 391 y sgtes.

En el trabajo sostuve que el caso de los dos inmuebles de valor cultural, exigen de los poderes públicos actuaciones conjuntas multidimensionales, no susceptibles de ser obstaculizadas con fundamentos competenciales jurisdiccionales (del Municipio o del orden federal) previstos y diseñados para el anterior modelo dual de la aludida organización estatal vertical y cerrada.

3.2.1 Los inmuebles de valor cultural: la "Estación Belgrano" y el "Correo Central"

(i) La "Estación Belgrano": Valor cultural y su situación actual.

"La estación del Ferrocarril Santa Fe es uno de los edificios más suntuosos de esa capital. Cuenta con todas las comodidades necesarias para una estación de gran movimiento. Dichas comodidades no las experimenta tan sólo el público sino también los pasajeros y empleados de esa rama de la administración de esa línea férrea...";[29] siendo un "Lugar de conflicto entre la innovación y la tradición, entre la tecnología de punta y las bellas artes, la estación ferroviaria tiene su historia estrechamente ligada a aquella de la civilización industrial y de arquitectura modera".[30]

Desde el punto de vista jurídico la Estación Belgrano es un patrimonio cultural pues está dotado de un "sentido de pertenencia" social que exorbita a la comunidad de la ciudad de hoy para constituirse en un patrimonio de las comunidades futuras. Un bien cultural que se ha ido trasladando entre las distintas generaciones de la ciudad.[31]

El sentido de pertenencia colectivo crece y crecerá en solidez cuantitativa y cualitativa, a medida que se va desarrollando el proceso de traslado intergeneracional. Con el transcurso del tiempo las generaciones crecerán cuantitativamente y el sentido de pertenencia crecerá también por la mayor solidez del sentimiento de pertenencia de un inmueble que sigue allí quieto ediliciamente pero, en movimiento y vivo en cuanto a su inserción en el medio social que interactuará en su interior y a su alrededor como un punto de referencia creciente en lo que hace a su valor urbanístico. El ímpetu del mismo también crecerá cuantitativa y cualitativamente con los traspasos futuros de generación en generación.

---

[29] Álbum de la Pcia. de Santa Fe; s/f; cit en "Arquitectura, sociedad y Territorio. El Ferrocarril Santa Fe a las Colonias"; Muller, Luis (Editor); Collado, Adriana; Macor, Darío y Piazzesi, Susana; Revista Polis Científica N° 2; Ed. Centro de Publicaciones de la Universidad Nacional del Litoral; FADU; año 2001, p. 70.

[30] Ragon, Michel; en "Lárchitecture des gares, Naissance, apogeé et déclin des gares de chemín de fer; Dënoel; Paris, 1984; cit en Muller Luis (Editor); op. cit p. 68.

[31] Levrand, Norma; en "Política Legislativa vs. Diversidad Cultural: el desafío de proteger nuestra patrimonio cultural"; en "La Protección del Patrimonio Cultural. Estudios Sociojurídicos para su construcción"; Sozzo, Gonzalo/Director Coordinador); Universidad Nacional del Litoral; Santa Fe; 2009 p. 59. Ha dicho que: "La protección del Patrimonio Cultural es una práctica novedosa en el ámbito estatal , que comenzó, podríamos decir, en la segunda mitad del siglo XX. Desde entonces distintas disciplinas ligadas a las ciencias sociales y humanas comenzaron a identificar una materia nueva de análisis: el Patrimonio Cultural. El interés del mismo deviene de las concepciones antropológicas de identidad cultural entendida como el "sentido de pertenencia" a un pueblo o sociedad. Esta identidad se forja a través de las generaciones por el legado que se va transmitiendo, ya sea oralmente o a través de testimonios que constituyen el Patrimonio Cultural de un pueblo. "El patrimonio, muchas veces identificado con la herencia, es en sí mismo un concepto que alude a la historia, que entronca con la esencia misma de la cultura y es asumido directamente por los grupos locales. El Patrimonio es la síntesis simbólica de los valores identitarios de una sociedad que los reconoce como propios (Iniesta: 1990:2). Ello implica un proceso de reconocimiento, generalmente intergeneracional, de elementos (desde el territorio a la ruina) como parte del bagaje cultural y su vinculación con el sentimiento del grupo. Reconocida en él, la comunidad se presenta a otros. En ese instante el bien concreto estará a salvo momentáneamente. Si bien su conservación no está garantizada al menos su destrucción o pérdida será sentida como propia" (Santana, 1998).

Creo sí, con fuerte convicción, que a los distintos actores de las generaciones contemporáneas nos corresponde analizar la tutela de estos intereses, bienes o valores desde una situación de perspectiva, superadora de la realidad y conflictos coyunturales de intereses de los tiempos en los que nos toca vivir. Tener siempre presente, desde una posición racional y de compromiso, que formamos parte de un proceso sin tiempo — con la eternidad por delante —, en el que como responsables de esa coyuntura, debemos analizar y actuar frente a las necesidades conforme a lo actual pero también representándonos de modo razonable, las necesidades e intereses colectivos futuros que recibirán, en el caso, al bien cultural de todos los participantes del proceso sin tiempo.

Por ende, cada generación debe recibirlo con mayor solidez e ímpetu que la generación anterior, por el mero transcurso del tiempo y la actuación responsable de la generación precedente. Si se quiere, una responsabilidad existencial que nos obliga a mirar más allá de nuestros intereses individuales y colectivos de los tiempos en los que nos toca atender.

La situación actual se presenta como de finalización o freno de la tensión entre el orden local y el orden nacional con motivo del inmueble. Han firmado la Municipalidad de Santa Fe y la Administración de Infraestructura Ferroviaria (ADIF) un acta acuerdo, de fecha 27 de octubre de 2011, por la que las partes manifiestan su intención de superar las divergencias y dejar sin efecto la postura de las partes; restableciendo la situación jurídica que vincula las partes al 1º de mayo de 2011. Seguidamente expongo como se han desarrollado los desencuentros entre las dimensiones jurídicas.

(ii) El correo central: valor cultural y su situación actual.

Es un edificio de fuerte raigambre en la ciudad y de fuerte impacto visual en la zona sudeste de la misma, cuyo terreno originariamente fuera cedido en 1953 por la Provincia a la Nación para la construcción del correo. Linda, al Este, con el corazón de la zona céntrica de la ciudad y, al Oeste, con el Puerto administrado por un Ente público no estatal.[32] Una zona hoy convertida en un fuerte polo de desarrollo urbano y turístico. En ella confluyen esfuerzos del Gobierno de la ciudad, de la Provincia y del Ente especialmente creado para la Administración de la zona portuaria.

Su presencia es marcada para los habitantes por ubicarse en una zona histórica y de desarrollo urbano. Su fuerte impacto visual no sólo es para los habitantes de la ciudad sino también para la mayor parte de los viajeros que se dirigen a la Mesopotamia desde el sur del país; pues por allí transitan para pasar a la Provincia de Entre Ríos y a los corredores del Mercosur. La solidez y volumen de su construcción, en definitiva, no pasan desapercibidos para cualquier observador ciudadano o pasajero.

"Las obras se iniciaron el 30 de abril de 1954 y fue inaugurado el 25 de mayo de 1959. El partido arquitectónico se enrola en la arquitectura corbusierana de la segunda posguerra que llega a nuestro medio en el contexto de la difusión internacional de los postulados del funcionalismo. Esta decisión proyectual es común a varios edificios de correos (Córdoba, Buenos Aires y Mar del Plata, entre otros) lo que habla de un volumen de expresión del servicio postal bajo un signo de modernidad y eficiencia. Su clara

---

[32] La ley nacional 24093 habilitó al Poder Ejecutivo Nacional a transferir a la Provincia el Puerto de Santa Fe y la ley provincial nº 11011 creo un Ente Administrador, de sustrato participativo y republicano integrado por distintos actores jurídicos públicos y privados, a cuyo cargo está la Administración del Puerto.

inscripción en los preceptos del International Style permite valorar a esta obra como un hito singular de la ciudad...".[33]

El patrimonio cultural y arquitectónico, se resalta acertadamente, es un concepto evolutivo que se aleja de los criterios originales apoyados en la idea de "monumento histórico" basado en la antigüedad de su construcción; sosteniendo que en los últimos cuarenta años el concepto ha continuado extendiéndose al incluir conjuntos, ciudades, paisajes culturales e itinerarios culturales y, en consecuencia grandes partes del territorio.[34]

La riqueza de hoy, puede buscarse no sólo en el aspecto objetivo del valor del bien cultural, sino también en el aspecto subjetivo aludido relativo al "sentido de pertenencia". Este puede presentarse, según estimo y en casos excepcionales, aún sin la presencia del paso del tiempo en relación a una obra cultural. Una obra cultural actual, de hoy, es factible que provoque un impacto social de tal magnitud cuantitativa y cualitativa que imponga su reconocimiento y tratamiento como un patrimonio cultural a ser protegido por las autoridades públicas.

El edificio del "correo central" — de propiedad nacional —, en definitiva, es uno de los edificios más emblemáticos del éjido municipal, constituyendo una parte invaluable del patrimonio arquitectónico y cultural de la comunidad santafesina.[35] Esta arraigado en la comunidad dentro de los parámetros del "sentido de pertenencia" a que ha aludido precedentemente.

La situación actual es la firma de un Convenio Tripartito de Colaboración entre la Municipalidad de Santa Fe, la Provincia de Santa Fe y el Correo Oficial de la República Argentina SA, firmado en el mes de mayo de 2012, con el objeto de la restauración y puesta en valor del edificio de correos, a cuyo efecto prevén la posibilidad de la firma de convenios bilaterales.

3.2.2 El espacio multidimensional de la Estación Belgrano y del Correo Central

El patrimonio cultural, como interés jurídico, descansa en criterios extrajurídicos. Es una categoría, abierta, flexible y amplia,[36] que es tutelada jurídicamente en la constitución, por medio de tratados, por vía legal y por ordenanzas municipales.[37]

---

[33] Reinante, Carlos M (Dirección Académica) y Collado Adriana (Dirección Ejecutivo); Ob cit. p. 301.

[34] Ib idem. p. 14.

[35] La afirmación se corresponde al primer considerando del convenio marco celebrado entre el Correo Oficial de la República Argentina SA y la Municipalidad de Santa Fe el 14 de noviembre de 2008 dirigido a lograr acordar poner en valor y reacondicionar el edificio; Convenio Marco que fuera Numerado y Registrado conforme se dispuso en el Decreto M.M. 01517, del 24 de Noviembre de 2008 dictado en el expediente DE0447-00549056-0.

[36] Berros, María Valeria y Levrand, Norma; en "Apuntes sobre la Construcción del concepto normativo de patrimonio cultural en Argentina; en "La Protección del Patrimonio Cultural. Estudios Sociojurídicos para su construcción"; Sozzo, Gonzalo (Director Coordinador); Universidad Nacional del Litoral ; Santa Fe; 2009 p. 107.

[37] Sozzo, Gonzalo; en "La Protección del Patrimonio Cultural. Estudios Sociológicos para su Construcción; UNL; Santa Fe; 2009. Es el resultado del trabajo de un excelente grupo de investigación, contenidos en los respectivos trabajos citados en el presente artículo. El grupo normativo regulatorio del patrimonio cultural en la Argentina está contenido en los trabajos pertinentes. No soslayan, por cierto, al art. 75 Inc. 19 que refiere a la competencia del legislador para dictar leyes que "protejan la identidad y pluralidad cultural, la libre creación y circulación de obras del autor, el patrimonio artístico y los espacios culturales y audiovisuales". Tampoco a la producción normativa de protección del patrimonio cultural, por conducto de los tratados a que refiere el art. 75 Inc. 22 en su primer párrafo y por las leyes y actos normativos; cuya referencia sucinta formula frente a la hipótesis que los destinatarios de este trabajo puedan necesitar datos relativos al tratamiento normativo del patrimonio cultural.

Es un derecho fundamental, el cual puede ser exigido ante el Estado y los ciudadanos,[38] conforme y con los alcances que cada caso permita.

El carácter de Derecho Fundamental está dado, cuanto menos, conforme a los clásicos criterios formales que aluden a su forma de positivización; según la cuál serían derechos fundamentales todos los enunciados en el capitulo a ellos inherentes en la ley fundamental, y con independencia del contenido y estructura de los mismos. Se ha dicho que "A partir de este último criterio, se conceptualiza como derecho fundamental el de protección del Patrimonio Cultural, que está incluido en el Capítulo respectivo de los derechos y garantías" y que "constituye un mínimo que el legislador debe respetar";[39] más allá que al reconocerse no se lo hace como un derecho de los ciudadanos sino como una obligación de las autoridades.

En mi opinión el carácter de derecho fundamental también debe reconocerse conforme a criterios estructurales que apuntan a la necesaria existencia de un interés jurídico de los ciudadanos tutelados constitucionalmente.

En primer lugar conforme a una correcta interpretación del art. 41 de la CN el que al imponer una obligación jurídica a las autoridades, en derecho, está confiriendo como contracara una posición jurídica favorable a los ciudadanos que se encuentran en el centro de la organización estatal y del derecho.

En segundo lugar conforme a una interpretación armónica del citado art. 41 con el reconocimiento constitucional de los derechos de incidencia colectiva del art. 43 y la jurisprudencia de nuestra Corte Suprema de Justicia en precedentes centrales que reconocen a los derechos de incidencia colectiva relativos a bienes colectivos. El juego de los dos artículos dota a la tutela del Patrimonio Cultural del carácter de Derecho Fundamental conforme a criterios estructurales que apuntan a la tutela del ordenamiento al interés jurídico de los ciudadanos, confiriendo legitimación para su reacción.[40]

Creo que, desde el punto de vista constitucional, el art. 41 al imponer de modo general e indiscriminado a las autoridades la preservación del patrimonio cultural[41] está formulando nuestra aludida imposición constitucional de actuación transversal o en

---

También destaco del trabajo como ha puesto a la luz la evolución del concepto del patrimonio cultural, para a proteger tanto el patrimonio cultural tangible, es decir materializados en bienes muebles (documentos , obras de arte, piezas históricas, arqueológicas, etc.) e inmuebles (edificios de valor cultural o arquitectónico, monumentos, ruinas, etc.); como también se protege el patrimonio cultural intangible como puede ser el caso de la música.

[38] Sozzo, Gonzalo; en "El arca cultural: entre lo público y lo privado, un proyecto democratizador de la Propiedad Privada (el caso de la tutela del Patrimonio Cultural en la Provincia de Santa Fe, República Argentina"; trabajo correspondiente a la obra "La Protección del Patrimonio Cultural", ob. cit. p. 1/58; se despliega en propuesta relativas a la relación del Estado con los ciudadanos en relación al derecho de propiedad. No es el objeto de esta publicación pero, no puede dejar de destacar que para el eje público-privado del derecho de propiedad propone superar el modelo dicotómico público- privado. Que sea sustituido por un modelo dialógico publico privado; aludiendo a esos efectos a las necesidad de democratizar la propiedad privada asegurando el acceso al disfrute como mecanismo de inclusión social, relacionado al espacio mundial más allá de lo local y generando, entre otros aspectos un modelo de cooperación y diálogo entre intereses individuales y colectivos.

[39] Berros, María Valeria y Levrand, Norma; en "Apuntes sobre la construcción del concepto normativo de Patrimonio Cultural en la Argentina"; ob. cit. p. 111/112; Levrand, Norma en "Política Legislativa vs. Diversidad Cultural: el desafío de proteger nuestro patrimonio cultural" en ob. cit. p. 64/102 (en especial f. 92 y sgtes en cuanto a los tratados refiere).

[40] Causa CSJN "Mendoza, Beatriz Silvia y otros c/ Estado Nacional y otros s/ daños y perjuicios (daños derivados de la contaminación ambiental del Río Matanza-Riachuelo" M.1569 XL; ORIGINARIO; 8 de julio de 2008.

[41] La reforma constitucional de 1949 tenía una previsión que aludía expresamente al "patrimonio cultural". Su art. 37 IV, Inc. 7 establecía que: "Las riquezas artísticas e históricas, así, como el paisaje natural cualquiera que sea su propietario, forman parte del patrimonio cultural de la Nación y estarán bajo la tutela del Estado, que puede decretar las expropiaciones necesarias para su defensa y prohibir la exportación o enajenación de tesoros artísticos. El Estado organizará un registro de la riqueza artística e histórica que asegure su custodia y atienda su conservación".

red, que convoca obligatoriamente a todas las autoridades o administraciones — cada una con su propia dimensión jurídica —, alcanzadas por el caso particular inherente a la preservación del patrimonio cultural. El juego de la norma, con los derechos de incidencia colectiva reconocidos por el art. 43 y la transversalidad inherente al tratamiento de los tratados del art. 75 Inc. 22; potencia el principio constitucional de actuación conjunta o en red de todos los derechos fundamentales.

Las ciudades tienen un rol especial para la tutela de los derechos fundamentales. Deben jugar un papel preponderante en la tutela del patrimonio cultural, que se ubica dentro de su ejido. Ellas tienen la relación inmediata con los ciudadanos y en su éjido se condensan, gran parte del patrimonio cultural entendido como conjunto de bienes, valores o intereses que son expresión de la comunidad o que poseen un interés histórico, artístico o estético.

Las ciudades son las que deben luchar imponiendo sus normas de tutela de los patrimonios urbanísticos o que dichas normas se sincronicen, desde el caso hacia arriba, con las otras normas producidas por los otros sistemas jurídicos provinciales, nacionales o internacionales.

Por estar más próximas a los ciudadanos, son ellas a quienes les corresponde gestar las acciones y tomar las decisiones que permitan, en definitiva, integrar y sacar del aislamiento a las diferentes administraciones y organizaciones involucradas en el caso.

La Estación Belgrano y el Edificio de Correo nos han permitido observar como el "patrimonio cultural" correspondientes a establecimientos de utilidad pública, ha operado en el derecho como un "portal dimensional". Un espacio, de mayor o menor porte, por medio del cual se deben conectar, cuanto menos, dos dimensiones jurídicas. La Nación y la Municipalidad, han recurrido a técnicas administrativas — convenios interjurisdiccionales; y a pesar de ello están inmersas en desencuentros opositivos (Estación Belgrano) o desencuentros silenciosos (Correo Central).

Son tiempos de reivindicar la potencia jurígena del texto constitucional adoptado, en el sentido de que sus cláusulas y disposiciones deben ser dotadas de operatividad directa por medio de actividades administrativas multidimensionales para los casos particulares.

3.3 Pueblos originarios

3.3.1 El caso Como Caia

El supuesto de hecho se relaciona a un conflicto relativo a los derechos de ocupación y de arrendamiento a empresarios del negocio de la soja y el trigo, de unos terrenos que se encuentran adjudicados y escriturados a favor de la Comunidad Mocoví Com Caia.[42]

En el interior de la comunidad existen severas disidencias con la política adoptada por el "cacique" Coria, quien es acusado de negociar económicamente con las tierras para su provecho personal.

En el marco de estas contiendas, el grupo disidente de la Comunidad Com Caia decidió ocupar el terreno, donde se encuentra habitando — en viviendas sumamente precarias — desde entonces. La porción de la comunidad que responde a Coria pretende su desalojo por vía del aparato coercitivo estatal.

---

[42] Decretos de la Provincia de Santa Fe registrados bajo el 2046/08 y 879/09.

El abogado patrocinante de la Comunidad Mocoví, junto con integrantes de la Comunidad Com Caia, respectivamente, solicitan la intervención de la Fiscalía de Estado de la Provincia, a los fines de brindar una solución urgente a la problemática de la explotación económica de las tierras y la emergencia habitacional y social de numerosas familias mocovíes.

Estamos técnicos de la Provincia (Directora General de Asesoramiento Jurídico de la Secretaría de Regiones, Municipios y Comunas), fijó posición respecto de los derechos de ocupación y arrendamiento de los terrenos restituidos, considerando que resulta inadmisible en los términos de la ley provincial n°12.086 su utilización para arrendamiento a empresarios del negocio de la soja y el trigo.

En definitiva, a la fecha, los terrenos se encuentran adjudicados y escriturados a favor de la Comunidad Mocoví Com Caia y en el interior de la comunidad se oponen a las decisiones de arrendamiento del "cacique" Coria. El grupo disidente de la Comunidad Com Caia decidió ocupar el terreno, donde se encuentra habitando — en viviendas sumamente precarias — desde entonces. La porción de la comunidad que responde a Coria pretende su desalojo por vía del aparato coercitivo estatal.

El supuesto de hecho, en sustancia, exige del análisis de los paradigmas constitucionales que nacen de la reforma del 1994 en lo relativo a la relación entre las dimensiones estatales endonacionales con sus comunidades indígenas preexistentes. La aplicación de los paradigmas constitucionales en el ámbito del derecho santafesino en el caso al portal dimensional de los pueblos originarios ("Com Caia" en nuestro caso) y el consiguiente espacio multidimensional que dicho portal ha generado.

3.3.2 La relación horizontal entre el Estado Nacional, las provincias y los órdenes locales con los pueblos originarios

La reforma en el art. 75 Inc. 17, como atribución del congreso, establece la de reconocer la preexistencia étnica y cultural de los pueblos indígenas argentinos. Entre otros aspectos prevé como atribución garantizar el respeto a su identidad y el derecho a una educación bilingüe e intercultural; reconocer su personería jurídica de sus comunidades y la posición y propiedad comunitaria de las tierras que tradicionalmente ocupan; y regular la entrega de otras aptas y suficientes para el desarrollo humano; ninguna de ellas será enajenable, transmisibles ni susceptible de gravámenes o embargos. En la última de la parte de la norma consagra que las provincias pueden ejercer concurrentemente estas atribuciones.

La Provincia de Santa Fe es señera en materia del cumplimiento de los cometidos constitucionales de la reforma de la Constitución Nacional de 1994, en materia de pueblos originarios. Es más, antes de la reforma constitucional ya se había dictado la ley 11078 de Comunidades Aborígenes, en donde se reconocía la diversidad cultural en sus art. 1, 5 y 6, pero dicho reconocimiento era en un modelo de subordinación de los pueblos originarios a la dimensión pública estatal.

En el contexto de la nueva capa constitucional de 1994 se creó el Registro Especial de Comunidades Aborígenes (decreto 1179/09). En ese marco se estableció que el art. 75 Inc. 17 al reconocer la preexistencia étnica y cultural de los pueblos originarios significa que se les reconoce autonomía cultural y su personalidad jurídica sin necesidad de someterlos a las formas jurídicas de organización propias del derecho moderno occidental; siendo competencia concurrente del Estado Nacional y de las provincias "reconocer la personalidad jurídica de sus comunidades".[43]

---

[43] Dictamen Fiscalía de Estado de la Provincia de Santa Fe 0416:08; punto 1.

Se reconoce a la norma constitucional como directamente operativa y que ella establece un nuevo paradigma de relación horizontal entre el Estado Nacional, la Provincia y los pueblos originarios (propio del derecho internacional público). Se reconoce su carácter pre-estatal, con reconocimiento de su diversidad cultural y, en ese marco, de las formas de organización de sus comunidades que le son propias.[44]

Específicamente se sostiene que el reconocimiento de la diversidad cultural, es una declaración de multiculturalidad que tiene forma de principio jurídico que se traduce en la existencia de reglas específicas tales como el respeto de usos y costumbres propios para la elección de sus representantes, sus formas de organización colectivas y su lenguaje ancestral, entre otras.[45]

3.3.3 El espacio multidimensional

La dimensión subjetiva de los derechos fundamentales inherentes a la comunidad aborigen "Com Caia", está discurriendo en sede administrativa.

El caso presenta cuestiones claves respecto de las relaciones y límites de este espacio multidimensional. En tal sentido se debe valorar: a) establecer el alcance de las prohibiciones que el Estado provincial pueda imponer en sede administrativa, respecto del uso económico de las tierras que puedan pretender hacer los miembros de la comunidad, en virtud de la legislación vigente; y b) la procedencia de desactivar la pretensión de la parte dominante de la comunidad de solicitar la intervención coercitiva del Estado bajo la figura del desalojo

El camino que puede seguirse primeramente, si se comparten las consideraciones dogmáticas del presente trabajo, es reconocer expresamente la presencia de una dimensión pública pre-estatal, diferente y horizontal en muchos aspectos respecto de las dimensiones públicas estatales involucradas en el caso. Profundizar, de esta forma, el criterio del dictamen 416:2008 — de manera directa para el caso como una de las interrelaciones horizontales entre la juridicidad aborigen y la juridicidad estatal.

Finalmente proponer, si lo estima procedente, un diseño organizacional y de acción multidimensional, participativo e inter-orgánico para la gestión y resolución de las contiendas internas de la comunidad que puedan repercutir sobre aspectos esenciales de la política estatal en materia aborigen.

El diseño de un sistema administrativo "ad hoc" que abarque distintas instancias ministeriales y comunales y a los miembros de las comunidades aborígenes y organizaciones sociales. Así de manera coordinada y horizontal, en red público-privada, se puede gestionar la tensión existente entre la autodeterminación de los pueblos originarios y la autoridad del Estado para velar sobre el cumplimiento de las leyes con vigencia en su territorio, específicamente de aquellas leyes que se dirigen a intervenir, en uno u otro sentido, en la situación de las comunidades originarias (como, por ejemplo, las normas que regulan la asignación de tierras).

En proyecto de consejo relativo a este conflicto se ha propuesto que: "El objetivo de este sistema administrativo multidimensional es el de trascender la falsa dicotomía planteada por las pretensiones universalistas de la concepción tradicional de los derechos humanos como promulgados por las instancias centrales de los Estados, favoreciendo

---

[44] Dict. 416:08 puntos 2., 3; en ccss. con el puntos 6.

[45] Dict. 416, punto 9.

en cambio pretensiones de tipo multiculturalistas que presuponen una concepción que el sociólogo Boaventura de Sousa Santos llamó *"concepción mestiza de los derechos humanos: una concepción que, en lugar de restaurar falsos universalismos se organice a sí misma como una constelación de significados locales mutuamente inteligibles y de redes que transfieran poder a referencias normativas"* posibilitando así experiencias de interpretación mutua o *"hermenéutica diatópica"*.[46]

4 Conclusión

He intentado una construcción que sea funcional, combinando realidades, procedimientos y variantes metodológicas. Es decir no sólo desde los mapas conceptuales personales construidos como consecuencia de mis circunstancias de vida.

He relevado y extraído inductivamente conceptos, categorías y posiciones personales con motivo de procedimientos cognitivos sobre doctrina relevada en la investigación. También recurrido a procedimientos heurísticos por los que he intentado indagar y descubrir las consecuencias dogmáticas de precedentes centrales de nuestro máximo tribunal federal, en orden a demostrar empíricamente y dogmáticamente la construcción propuesta, tal como fue expuesto en la parte principal de este trabajo.

La demostración empírica de la propuesta, básica y sustancialmente, está en la presentación general de los tres casos del medio ambiente, el patrimonio cultural y de los derechos fundamentales inherentes a los pueblos originarios; como portales dimensionales generadores de un caso de dimensiones múltiples.

Un espacio del "derecho administrativo multidimensional" como régimen jurídico, dentro de cuyo contexto se formula la propuesta de nuestro "procedimiento administrativo multidimensional" como una técnica de cierre del sistema jurídico para la atención concreta en sede administrativa de derechos fundamentales.

Informação bibliográfica deste texto, conforme a NBR 6023:2002 da Associação Brasileira de Normas Técnicas (ABNT):

REYNA, Justo José. EL procedimiento Administrativo Multidimensional como Técnica Regulatoria en Materia Ambiental, de Patrimonio Cultural y de Pueblos Originarios. *In*: BACELLAR FILHO, Romeu Felipe; HACHEM, Daniel Wunder (Coord.). *Direito público no Mercosul*: intervenção estatal, direitos fundamentais e sustentabilidade: anais do VI Congresso da Associação de Direito Público do Mercosul: homenagem ao Professor Jorge Luis Salomoni. Belo Horizonte: Fórum, 2013. p. 263-290. ISBN 978-85-7700-713-4.

---

[46] Boaventura de Sousa Santos, De la Mano de Alicia: el derecho y la política en la transición paradigmática, Uniandes, 2006, p. 357. De acuerdo con este autor, "La hermenéutica diatópico se basa en la idea de que los topoi de una determinada cultura individual son tan incompletos como la cultura en que se producen, no importa lo fuertes que sean. Tal incompletitud no es visible desde adentro de la propia cultura, puesto que la aspiración a la totalidad induce a tomar la parte por el todo. El objetivo de la hermenéutica diatópica no es, por tanto, alcanzar la completitud puesto que este es un objetivo imposible de alcanzar sino, por el contrario, elevar lo máximo posible la conciencia de la incompletitud recíproca, involucrándose en un diálogo con pie en cada cultura" (p. 357) El párrafo se corresponde a un ante- proyecto de dictamen elaborado por el Prof. Guillermo Moro, en el expediente de la Provincia registrado bajo el nº 00103-0039446-4, donde tramita el conflicto relativo a la explotación indebida del predio. He interactuado con él con motivo de mis investigaciones, lo cual me lleva a aprovechar esta oportunidad para agradecerle, ahora y siempre, sus invalorables aportes.

CIUDADANÍA SOCIAL

PABLO ANGEL GUTIÉRREZ COLANTUONO

1 Palabras dedicadas al Profesor Jorge Luis Salomoni

En primer lugar quisiera hacerles una breve referencia del homenajeado: mi gran amigo y destacadísimo profesor Jorge Salomoni. Su labor académica, al menos desde mi análisis, discurrió bajo tres principales ejes temáticos: a) una visión humanística del derecho administrativo, explicando a cada una de sus instituciones desde el paradigma de los derechos humanos, y en especial, la dignidad y la libertad del hombre; b) una visión social del derecho administrativo incardinada en la perspectiva social del hombre como integrante de una sociedad determinada; c) un análisis critico y renovado de las fuentes del derecho administrativo, bajo una fuerte discusión de cuáles eran los cimientos del derecho público argentino descartando influencias foráneas que no pertenecían a la ideología ni a la tradición argentina para desde allí revitalizar la historia patria argentina en el derecho en general. Ya más en el terreno específico, su gran aporte fue sin dudas aquella obra en la que instaló una teoría general del servicio público. La misma comporta una verdadera *tesis doctoral* de cómo debía pensarse al servicio público.

Muchos aprendimos de él a pensar el derecho en general y el derecho administrativo en especial desde una manera crítica, repensando y analizando una y otra vez cada una de las instituciones para tratar de mirarlas desde el derecho constitucional nacional y desde allí asistir al concierto de las experiencias comparadas. Fue un gran profesor en nuestras universidades nacionales y latinoamericanas, sin dudas.

En lo personal tuve la suerte de ser su amigo. Es parte de aquello que puedo con Uds. compartir de quién fuera brillante profesor y uno de esos grandes amigos que la vida nos regala...

2 Ciudadanía social

Es interesante siempre en los ámbitos universitarios introducir a los alumnos en la discusión de determinadas categorías del derecho administrativo que a priori damos por ciertas con sólidos fundamentos y, en cierta manera, consolidadas.

En tal sentido y ya en forma más general, cuestionarnos junto a ellos cuál es el rol del derecho administrativo en el moderno constitucionalismo, importa asumir el desafío de revisar el pasado para pensar el presente e intentar proyectar hipótesis de cara al futuro.

Criticar, cuestionar, son tareas nada sencillas ya que requieren despojarnos de preconceptos y de ciertos dogmas que frecuentemente casi sin advertirlo nos predeterminan una mirada estática del derecho.

En tal sentido siempre me ha despertado la atención analizar los niveles de intensidad con los cuales el derecho administrativo se ha ocupado efectiva, sostenida y estructuralmente del hombre como centralidad de su regulación tanto desde la perspectiva individual como colectiva y social de sus derechos. O si, por el contrario, el derecho administrativo estuvo fuertemente influido por una perspectiva más de orden económico — en términos de mercados, de empresarios y contratistas — que de aquella que el estado social de derecho nos impone: la dimensión del hombre en un marco de solidaridad social y de unas administraciones públicas que gestionan activamente el desarrollo social de nuestros ciudadanos promoviendo su dignidad, su libertad y los necesarios índices de igualdad. Es bueno reflexionar sobre este y otros aspectos de nuestra disciplina ya que considero encontrarnos frente a un punto de inflexión en el derecho en general y en el derecho administrativo en particular.

¿El derecho administrativo seguirá tematizando grandes temas que se vinculan desde la mirada económica del derecho? ¿Se ocupará de reforzar y profundizar la línea humanística-social como fundamento propio de la disciplina?

El derecho administrativo como parte de la regulación estatal se explica, en nuestro criterio, a partir de ser instrumental de la concreción de la dignidad del hombre; ello bajo la injerencia respectiva en las relaciones sociales con el fin de lograr aquellos niveles de igualdad que no se han alcanzado en la formulación clásica constitucional y estatal de nuestros países latinoamericanos.

Creemos en un abordaje del derecho administrativo en cada una de sus instituciones que descubra su perspectiva social en armonía con la libertad y los derechos que componen e integran al valor de la dignidad humana.

3 El rol del ciudadano

El moderno constitucionalismo sitúa al ciudadano en el principal lugar de la realidad constitucional. Cabe preguntarse si el derecho administrativo ha hecho centro en la mirada del ciudadano, si las potestades públicas, las regulaciones de sector privado de la economía miran la satisfacción del hombre; o si por el contrario el derecho administrativo, en alguna porción, sólamente se dedica a administrar mecánicas legales para favorecer determinados núcleos económicos permaneciendo indiferente a las grandes inequidades de nuestros sistemas actuales.

En tal línea de pensamiento, cabe preguntarnos cual es la razón y fin del derecho público. Justamente por su cercanía al Estado en el objeto de estudio en las distintas disciplinas, debería conectar fácil y rápidamente las competencias estatales con la realización del hombre, la protección y promoción de sus derechos fundamentales para promover el triunfo de una sociedad mas justa, equitativa y solidaria. ¿La regulación estatal se ha ocupado de mirar si determinadas actividades — entre ellas las que se rigen pura y exclusivamente por *las reglas de mercado* — obedecen en sus finalidades últimas a la promoción del bienestar general de nuestras sociedades?

El ciudadano, decíamos, posee un rol transcendental en el nuevo contexto constitucional, con aptitudes suficientes y efectivas para desplegar sus derechos tanto en relación a las administraciones como a sus propios conciudadanos en búsqueda del bienestar individual, colectivo y social. Sus derechos son asignados desde la propia constitución, dotándolos de las necesarias herramientas para que ellos se tornen efectivos.

El disfrute de los derechos implica siempre que toda la sociedad pueda tener asegurado el acceso a la esencia mínima igualitaria de los mismos, y esta igualdad en el goce efectivo de los contenidos esenciales de los derechos es una prestación a la que están obligados tanto los poderes del Estado como los propios ciudadanos. Es el deber de concurrir, desde la perspectiva social de sus derechos, a la concreción del mandato constitucional de igualdad.

En tal marco, creemos, el ciudadano puede controlar a sus administraciones, e imponerles determinadas orientaciones a sus programas políticos, sociales y culturales.

En otras palabras, las políticas públicas deben ser permeables a la participación ciudadana, que supone a su vez como condición previa el derecho al acceso a la información publica. Difícil será discutir los niveles de incidencia del ciudadano en las políticas públicas, si aquellos no poseen herramientas jurídicas que le permitan efectivamente saber, conocer y acceder a la información pública.

Brasil, en tal sentido, muestra a nuestra Latinoamérica un logro reciente: su propia ley de acceso a la información pública. Marco legal del cual carece Argentina. Carecer de una ley en tal sentido es continuar, a nuestro criterio, agravando la brecha ya existente entre el ciudadano y las corporaciones económicas, ya que estas por su propia posición de poder logran acceder en tiempo y forma a aquella información que al ciudadano le es denegada. El consabido complejo de asistencia técnica con que cuentan generalmente determinados sectores de la economía vinculadas al Estado permite encontrar caminos sencillos de *acceso al* poder, y también de clara incidencia sobre sus decisiones.

El acceso a la información pública por nuestros días es un tema ya más complejo. No tan sólo se trata de conocer los asuntos ordinarios de nuestras administraciones públicas, sino por el contrario el ciudadano se interesa especialmente por aquellos temas de primerísimo orden en el Estado de Derecho. Así es que también se destaca que la libertad de expresión y de prensa, en su dimensión social, es un derecho colectivo a recibir cualquier información y a conocer la expresión del pensamiento ajeno y, como tal, una piedra angular de una sociedad democrática, y condición esencial para que ésta esté suficientemente informada.[1]

Muestra de ello es en distintos países la presión social ejercida con el fin, por ejemplo, que se cree una comisión de la verdad. Conocer la *verdad* en un espacio y tiempo determinados de la historia de su propia sociedad es un valor que se ha convertido en un derecho colectivo el cual terminó por permear decisiones estatales. Se habla entonces de un derecho social a saber y conocer la propia identidad, la identidad colectiva de un pueblo.

Quizás podamos decir a esta altura de nuestra exposición que es una verdad absoluta que el rol del ciudadano como tal necesariamente se encuentra condicionado al efectivo acceso a la información pública. Peticionar e incidir en las políticas publicas presupone conocer; en tal sentido colocar obstáculos para acceder a los temas de

---

[1] Corte IDH, *Kimel Vs. Argentina. Fondo, Reparaciones y Costas.* Sentencia de 2 de mayo de 2008 Serie C No. 177, párr. 53; *Herrera Ulloa Vs. Costa Rica. Excepciones Preliminares, Fondo, Reparaciones y Costas.* Sentencia de 2 de julio de 2004. Serie C No. 107, párr. 68; OC Nº 5, *entre otros.*

gobierno importa no tan sólo impedir el control de la cosa pública sino antes bien una prohibición a incidir directamente en las políticas públicas.

Respecto del control en general, es bueno resaltar que desde nuestro derecho administrativo mucho se ha aportado, aunque por estos tiempos debemos ampliar aquella mirada contractualista y de Montesquieu, claramente insuficiente por nuestros días, del control casi exclusivamente estructurada desde los propios órganos — internos o externos — de nuestras administraciones, para centrar en el escenario del control al ciudadano.

¿Cuál es, entonces, la conexión entre ciudadanía y control? Pues que el ciudadano quiere incidir, impactar, afectar transformar efectivamente la gestión pública. No tiene sentido que el ciudadano acceda a la información pero no logre *impactar* a la actividad estatal. Y en este sentido debemos avanzar en el diseño de herramientas desde nuestra disciplina que permitan reflejar en la agenda de los asuntos políticos la voluntad efectiva de la ciudadanía. En tal sentido, las administraciones deben diseñar procedimientos que viabilicen la opinión del ciudadano respecto del diseño y ejecución de sus programas de políticas públicas.

4 El control de las políticas públicas en materia económica, social y cultural

Un último tema que al menos quiero dejar insinuado, es si puede efectivamente el ciudadano controlar las políticas pública tanto en sede administrativa como en el ámbito de la justicia. En especial aquellas que instrumentan planes sociales de desarrollo de nuestras comunidades.

Creemos que sí, ya que en nuestro actual Estado de Derecho es posible cuestionar efectivamente los programas sociales y/o de contenido económico.

Por estos nuevos tiempos los poderes tienen la obligación de planificar sus políticas en materia social, económica y cultural bajo determinados parámetros propios de la sistemática de los derechos humanos los cuales son y deben ser pasibles del control ciudadano respectivo.

La distribución de los recursos y su asignación bajo criterios de igualdad y no discriminación permiten controlar la razonabilidad de la decisión adoptada en la materia.

Este parece ser el criterio adoptado recientemente por la Corte Federal Argentina[2] en la que sienta algunos principios en la materia. El caso se trataba, esto debemos remarcarlo, quizás de una de las mayores situaciones de vulnerabilidad que pueda encontrarse en una situación de este tipo. Madre sola en situación de calle — sin solución habitacional — a cuyo cargo se encuentra un hijo menor de edad que sufre una discapacidad. El reclamo se centraba principalmente en el acceso a la vivienda — efectuado contra la Ciudad Autónoma de Buenos Aires — como derecho social que se integra dentro de la dignidad del hombre como eje central del ordenamiento jurídico.

La Corte Federal Argentina sentó algunos principios sobre el tema que bien pueden proyectar alguna teoría general sobre el control en materia de derechos sociales y el control de las administraciones públicas. Allí se dijo: a) el derecho a la vivienda como derecho social se encuentra contenido en una norma constitucional cuya naturaleza

---

[2] RECURSO DE HECHO Q. C., S. Y. c/ Gobierno de la Ciudad de Buenos Aires s/ amparo, Buenos Aires, 24.04.2012. Puede ser consultado en <http//www.csjn.gov.ar>.

es *de operatividad derivada en tanto consagra obligaciones de hacer a cargo del Estado;* b) *los derechos fundamentales que consagran obligaciones de hacer a cargo del Estado con operatividad derivada, están sujetos al control de razonabilidad por parte del Poder Judicial;* c) *La razonabilidad significa entonces que, sin perjuicio de las decisiones políticas discrecionales, los poderes deben atender a las garantías mínimas indispensables para que una persona sea considerada como tal en situaciones de extrema vulnerabilidad.*

Es clara, en nuestro criterio, la fuerza que contiene en los modernos textos constitucionales el mandato de igual protección en los mínimos esenciales de los derechos. Desatenderlo implica una discriminación no aceptada. El control judicial de razonabilidad es la herramienta con la que cuenta el juez constitucional para verificar la adecuación en términos de constitucionalidad del obrar estatal a determinados parámetros objetivos. Y ello es sin perjuicio de reconocer y respetar las competencias de los otros poderes tanto en diseñar, planificar como ejecutar las políticas públicas sociales, económicas y culturales.

Este es parte del cambio paradigmático del rol de los jueces en el moderno constitucionalismo a nuestro criterio.

5 Reflexiones finales

Mis reflexiones finales para no quitar más tiempo a los demás expositores.

Mucho es aquello que tenemos por delante que discutir en el plano del derecho administrativo.

Coincido con aquellos que indican al moderno constitucionalismo como el movimiento que viene a saldar una obligación pendiente de los anteriores ciclos constitucionales: las desigualdades que se observan en nuestras sociedades.

Me pregunto si el derecho administrativo estará dispuesto a planificar herramientas jurídicas que nos permitan bajar los niveles de inequidad y de desigualdad social que tienen nuestros pueblos.

Juntos pensemos en la respuesta, y proyectemos esas herramientas que a su vez tendrán que ser coordinadas en un marco constitucional en el cual la dignidad del hombre, su libertad y su solidaridad son ejes centrales de la regulación normativa.

Soy partidario de pensar al derecho administrativo como instrumental: debe brindar respuestas metodológicas y prácticas a las realidades sociales de la cual es parte.

En síntesis, la mirada social del derecho administrativo seguramente puede generar diversas tensiones, pero el bienestar individual debe mirase en la perspectiva social, ya que quien debe finalmente triunfar es nuestra sociedad. La sociedad es la que debe realizarse, ya que su realización presupone el bienestar también desde la dimensión individual.

Muchas gracias por su atención.

Informação bibliográfica deste texto, conforme a NBR 6023:2002 da Associação Brasileira de Normas Técnicas (ABNT):

GUTIÉRREZ COLANTUONO, Pablo Angel. Ciudadanía Social. *In*: BACELLAR FILHO, Romeu Felipe; HACHEM, Daniel Wunder (Coord.). *Direito público no Mercosul*: intervenção estatal, direitos fundamentais e sustentabilidade: anais do VI Congresso da Associação de Direito Público do Mercosul: homenagem ao Professor Jorge Luis Salomoni. Belo Horizonte: Fórum, 2013. p. 291-295. ISBN 978-85-7700-713-4.

GOVERNABILIDADE E DIREITOS FUNDAMENTAIS

RAFAEL VALIM

I Introdução

1 Ambiciona-se com o presente estudo lançar luz sobre o *uso* do termo "governabilidade" e sua relação com a afirmação dos direitos fundamentais.

2 Convém, desde logo, esclarecer que "governabilidade" não é um vocábulo "inocente". Empregado frequentemente na forma negativa, como "ingovernabilidade", e carregada de conotações pessimistas,[1] traduz-se, em verdade, na lição do Professor José Luís Fiori, em uma "categoria estratégica, cujos objetivos imediatos podem variar segundo o tempo e o lugar, mas que será sempre e irremediavelmente situacionista".[2]

Com efeito, a palavra "governabilidade", dotada de acentuada carga ideológica, foi e ainda é capaz de turvar a compreensão da realidade em prol de interesses inconfessáveis e, adiante-se, invariavelmente amesquinhadores da plena efetivação dos direitos fundamentais. Eis porque buscaremos desvelar a *semântica sub-reptícia desse termo*, é dizer, procuraremos desmascarar o sentido estratégico que assume a tão propalada "governabilidade".

II Governabilidade: uma mirada histórica

3 Afigura-se-nos importante identificar, a partir da vasta, porém assistemática bibliografia sobre o tema, os principais significados atribuídos ao termo "governabilidade".[3]

4 Pois bem. É na década de 60 que a "governabilidade" passa a protagonizar os debates acadêmicos e políticos, constituindo um conceito indispensável para a compreensão da guinada conservadora que culminou no movimento neoliberal e, nos países periféricos, na instalação de regimes autoritários.[4]

---

[1] BOBBIO; MATTEUCCI; PASQUINO. *Dicionário de política*, p. 547.

[2] FIORI. Por que governabilidade?: qual governabilidade?. *In*: FIORI. *Os moedeiros falsos*, p. 39.

[3] Compartilhamos a impressão de Gianfranco Pasquino: "Não é tarefa fácil extrair da bibliografia que trata do assunto, vasta, mas pouco sistemática, ampla, mas frequentemente confusa, hipóteses claramente delineadas" (BOBBIO; MATTEUCCI; PASQUINO. *Dicionário de política*, p. 548). Exceção digna de nota é a produção do Professor José Luis Fiori, de que nos servimos amplamente neste estudo.

[4] FIORI. Globalização e governabilidade democrática. *Physis*, p. 142.

5 Em uma primeira fase, é de assinalar-se a investigação sobre a "governabilidade" de autoria de Samuel Huntington, quem, na década de 70, ao lado de Michel Crozier e Joji Watanuki — a chamada "comissão trilateral" —, sustentou a existência de uma "crise democrática" decorrente da sobrecarga de demandas sociais.[5] *A governabilidade, assim, já em seu nascedouro, apontava para a necessidade de restrição das demandas democráticas.*[6]

A propósito, é esclarecedora a conclusão alcançada por Marco Aurélio Nogueira:

> Diferentemente do conceito de representação — que privilegia a capacidade que têm os governados de controlar a ação dos governantes e deste modo participar do governo —, o conceito de governabilidade costuma focalizar, naquela relação, o movimento inverso, insistindo na capacidade que têm os governantes de tomarem decisões que atendam demandas efetivas dos governados e de viabilizarem a reprodução das condições de preservação do poder. Visto desse ângulo, o conceito de governabilidade colide frontalmente com a idéia de participação, pois acaba por interpretá-la como foco gerador de propostas e reivindicações incômodas, potencialmente opostas à racionalidade governamental. *Não por acaso, o conceito emergiu na ciência política pela ótica da "ingovernabilidade" com um claro viés conservador, já que dirigido basicamente para a justificação de procedimentos destinados à redução dos fatores e exigências interpostas pela sociedade ao "bom" funcionamento do sistema político, ou, para falar com termos mais rigorosos, destinados a diminuir os custos de legitimação do sistema político.*[7] (grifos nossos)

6 Já em um segundo momento, nos anos 80, a "governabilidade", a esta altura incorporada ao léxico neoliberal, serviu à ideia de redução do papel do Estado e de desregulação dos mercados.[8]

7 A partir dos anos 90 a governabilidade passou a ocupar a agenda do Banco Mundial e de outras instituições multilaterais, sob o rótulo de *governance* ou *good governance*, e fundamentou processos de "Reforma do Estado" marcadamente liberais.[9] Apesar da identidade de propósitos entre a "governabilidade" e a "governança", operaram-se sutis mudanças conceituais, de modo a reforçar neste último termo uma aparência de objetividade e neutralidade. Sob o discurso de que, no contexto da "governança", cuidar-se-ia apenas da capacidade financeira e administrativa de um governo implementar políticas, introduziu-se uma concepção neoliberal de Estado, segundo a qual, em última análise, à máxima redução das atividades estatais deveria corresponder a máxima ampliação do mercado, para com isso, obviamente, franquear aos países cêntricos generosas oportunidades de negócio.[10]

---

[5] *The crisis of democracy.* Nova York: New York University Press, 1975. Disponível em: <http://www.trilateral.org/download/doc/crisis_of_democracy.pdf>.

[6] Merecem referência os ensinamentos do Professor Jacques Chevallier: "A questão da 'governabilidade' havia sido colocada ao longo dos anos 70, notadamente pelos especialistas da Tricontinental (M. CROZIER, S. HUNTINGTON, J. WATANUKI, 1975), como um problema estrutural com o qual as democracias ocidentais se encontrariam confrontadas em virtude do bloqueio dos mecanismos de regulação das demandas sociais; esse problema não podia ser eliminado senão ao custo de um enquadramento dos mecanismos democráticos. A forte carga ideológica e política de que ele se encontra dotado contribui para manter uma profunda dúvida em torno de um conceito suscetível de legitimar um processo de recuo democrático" (*O Estado pós-moderno*, p. 271).

[7] NOGUEIRA. Para uma governabilidade democrática progressiva. *Lua Nova*, p. 105-106.

[8] FIORI. Globalização e governabilidade democrática. *Physis*, p. 144.

[9] DUFOUR. Gobernanza versus gobierno. *Cuadernos de Administración*, p. 32.

[10] ALLI ARANGUREN. *Derecho administrativo y globalización*, p. 316.

A este respeito, seja-nos permitida a transcrição do seguinte excerto da lavra de John Brown:

> La gobernanza se presenta como el proyecto de constitución política más adaptado al neoliberalismo, para el cual ha llegado la hora de eliminar todo riesgo de que las mayorías sociales hagan oir su voz [...]. *Su proyecto de devolución del poder a la sociedad civil significa la desaparición misma del espacio público de la participación política ciudadana que queda sustituido por el espacio privado del mercado y de la "sociedad civil". Los arreglos privados en el seno de la sociedad civil pasan a sustituir el principio de legalidad.*[11] (grifos nossos)

8 No Brasil, a "governança" esteve no cerne do Plano Diretor da Reforma do Aparelho do Estado — aprovado em 21 de setembro de 1995 pela Câmara da Reforma do Estado — e colaborou na justificação de inúmeras mutilações da Constituição de 1988, em um fenômeno que o eminente Professor Paulo Bonavides apelidou, com inteira razão, de "golpe de Estado institucional".[12]

9 São produtos destas ideais políticas no direito positivo brasileiro, por exemplo, as desnacionalizantes Emenda Constitucional nº 6 — que eliminou o conceito de empresa brasileira de capital nacional e o tratamento favorecido que lhe poderia ser dado, além de permitir que empresas de capital e controle estrangeiro construídas sob as leis brasileiras pudessem explorar as riquezas minerais e os potenciais de energia hidráulica do país —, Emenda Constitucional nº 7 — que suprimiu a exigência de que fossem brasileiros os armadores, proprietários, comandantes e dois terços, pelo menos, dos tripulantes de embarcações nacionais e que, salvo caso de calamidade pública, fossem privativas de embarcações nacionais a navegação de cabotagem e a interior —, Emenda Constitucional nº 8 — que extinguiu a reserva da União, ou de empresas sob controle acionário estatal, sobre a exploração dos serviços telefônicos, telegráficos, de transmissão de dados e demais serviços públicos de telecomunicações —, e, por fim, a Emenda Constitucional nº 9 — que "flexibilizou" o monopólio estatal do petróleo.

Tais reformas constitucionais oportunizaram, como assinala o Professor Celso Antônio Bandeira de Mello, a realização de privatizações altamente deletérias aos interesses nacionais, de que são exemplos notórios a alienação da Cia. Vale do Rio Doce, maior exportadora de minério de ferro do mundo, e das empresas estatais de telecomunicações.[13]

10 Também podem ser arrolados novos institutos jurídicos, inspirados especialmente no direito norte-americano e no direito comunitário europeu,[14] como os contratos

---

[11] Trata-se do pseudônimo de um autor que prefere guardar o anonimato (*De la gobernanza o la constitución de la política del neoliberalismo*. Disponível em: <http://www.attac.org>).

[12] São dignas de transcrição as palavras do preclaro constitucionalista: "Em nome da fé na globalização propõe-se um capitalismo de última geração que, ao mesmo passo, desfere, em silêncio, o que denominamos de golpe de Estado institucional. Golpe muito mais devastador e funesto que aquele do modelo clássico e tradicional — sem tanques nas ruas, sem interdição dos veículos de opinião, sem fechamento das Casas do Congresso —, mas que se serve justamente desses meios para coagir a Nação, anestesiar a sociedade, paralisar-lhe os nervos, calar a reação popular e sufocar a consciência do País" (BONAVIDES. *Do país constitucional ao país neocolonial*: a derrubada da Constituição e a recolonização pelo golpe de Estado institucional, p. 23).

[13] *Curso de direito administrativo*, p. 1093.

[14] DI PIETRO. *Parcerias na Administração Pública*: concessão, permissão, franquia, terceirização, Parceria Público-Privada e outras formas, p. 29.

de gestão, as agências reguladoras, as organizações sociais, as organizações da sociedade civil de interesse público e as parcerias público-privadas, todos com dificílima acomodação à ordem constitucional brasileira.

Curioso observar que, no tocante às organizações sociais, a *dissimulação privatista* alcançou o paroxismo e foi plasmada no direito positivo. Com efeito, a Lei nº 9.637/98, em seu art. 20, conferiu o nome de "Programa Nacional de Publicização – PNP" à privatização consistente na "absorção de atividades desenvolvidas por entidades ou órgãos públicos da União por organizações sociais".

11 Anote-se ainda que o programa neoliberal preconizado pela "governabilidade" também foi responsável por investidas contra os serviços públicos — de que é exemplo a inconstitucional "despublicização" de certos serviços procedida pela Lei Geral de Telecomunicações (Lei nº 9.472/97)[15] — e está na base das tentativas, empreendidas por alguns doutrinadores, de "desconstrução" do princípio da supremacia do interesse público sobre o privado.[16]

12 Registre-se, por fim, que o ideário neoliberal não influenciou apenas o Executivo e o Legislativo, senão que também o Judiciário, igualmente "compromissado com a governabilidade".[17] Basta ver que as incontáveis inconstitucionalidades resultantes daquelas ideias receberam o beneplácito do Supremo Tribunal Federal.

III Por uma nova governabilidade

13 Não é difícil perceber que todo este acervo de ideias, de que foi portadora a palavra "governabilidade", ao lado de outras palavras caras ao léxico neoliberal, é absolutamente antitético à evolução do constitucionalismo e, mais especificamente, à plena afirmação dos direitos fundamentais.

No verbo eloquente do Professor Celso Antônio Bandeira de Mello, "ditas teses se propõem justamente a exaltar o mais desenfreado 'liberalismo', o qual parecia já ter sido sepultado na poeira da História".[18]

Ora, a História já provou e continua a provar que o absenteísmo do Estado e a correspondente primazia da "mão invisível do mercado" prodigalizam, em vez de liberdade, escravidão.[19] Convém sempre relembrar a frase célebre de Lacordaire: "Entre le fort et le faible, entre le riche et le pauvre, entre le maître et le serviteur, c'est la liberté qui opprime et la loi qui affranchit".

---

[15] BANDEIRA DE MELLO. Serviço público e telecomunicações. *Revista Trimestral de Direito Público*, p. 52-60.

[16] Parece-nos que tal tese já está suficientemente refutada em trabalhos de grande valor, entre os quais podemos citar o de autoria dos professores Emerson Gabardo e Daniel Wunder Hachem (O suposto caráter autoritário da supremacia do interesse público e das origens do direito administrativo: uma crítica da crítica. *In*: DI PIETRO; RIBEIRO. *Supremacia do interesse público e outros temas relevantes do direito administrativo*).

[17] Curioso observar que juristas dóceis ao ideário neoliberal se valem da ideia de "compromisso com a governabilidade" para justificar vulnerações à Constituição. Exemplo do que estamos a afirmar encontramos em Carlos Ari Sundfeld, em cuja mais recente obra grafou: "Minha tese é que a histórica política desses anos posteriores a 1988 conseguiu construir e manter um forte compromisso com a governabilidade, que compensou o potencial desestabilizador de uma Constituição tão rígida; mas o germe da crise continua dentro dela, para atacar se e quando o compromisso se enfraquecer. *O sólido compromisso com a governabilidade tem sido uma força vital do fenômeno constitucional brasileiro, que modula a aplicação da Constituição e abre caminho para sua alteração, por emenda*" (*Direito administrativo para céticos*, p. 58).

[18] *Curso de direito administrativo*, p. 1089.

[19] VALIM. Apontamentos sobre os direitos sociais. *In*: MALHEIROS; BACARIÇA; VALIM. *Direitos humanos*: desafios e perspectivas, p. 173-174.

14 Destarte, ou sepultamos o termo "governabilidade" ou a ele emprestamos um conteúdo consentâneo com a vocação emancipatória da Constituição Federal de 1988. É imperativa, portanto, uma governabilidade obsequiosa aos objetivos que a Constituição Federal, em seu art. 3º, assina ao Estado brasileiro, quais sejam: construir uma sociedade livre, justa e solidária; garantir o desenvolvimento nacional; erradicar a pobreza e a marginalização e reduzir as desigualdades sociais e regionais; promover o bem de todos, sem preconceitos de origem, raça, sexo, cor, idade e quaisquer outras formas de discriminação.

Só há, pois, uma governabilidade possível no Brasil e é por essa razão que evitamos adjetivá-la. Ou a governabilidade é democrática e social ou não tem lugar no seio do sistema constitucional brasileiro.

15 Alvissareiramente, nos últimos anos, assistimos a um refluxo das ideias neoliberais no Brasil. Revelam-no o protagonismo do Estado no desenvolvimento nacional e os esforços na redução das desigualdades sociais e regionais.

No mundo jurídico brasileiro, indicia-se a mesma tendência. Merecem citação nesse sentido a incorporação do direito à alimentação ao rol dos direitos sociais por meio da Emenda Constitucional nº 64/2010 e a consagração, através da Lei nº 12.349/2010, da "promoção do desenvolvimento nacional sustentável" entre as finalidades da licitação (art. 3º da Lei nº 8.666/93), abrindo-se a possibilidade de instauração de margem de preferência para produtos manufaturados e para serviços nacionais que atendam a normas técnicas brasileiras (art. 3º, §5º, da Lei nº 8.666/93).

16 Subsiste, entretanto, o legado do neoliberalismo. Por isso, é indispensável insistirmos na concretização do modelo de Estado Social de Direito consagrado na Constituição de 1988, o que nos conduz, fundamentalmente, ao reconhecimento da supremacia do interesse público sobre o interesse privado e à defesa intransigente da soberania nacional e dos serviços públicos.

Referências

ALLI ARANGUREN, Juan-Cruz. *Derecho administrativo y globalización*. Madrid: Civitas, 2004.

BANDEIRA DE MELLO, Celso Antônio. *Curso de direito administrativo*. 29. ed. São Paulo: Malheiros, 2012.

BANDEIRA DE MELLO, Celso Antônio. Serviço público e telecomunicações. *Revista Trimestral de Direito Público*, n. 54, p. 52-60.

BERCOVICI, Gilberto. *Soberania e Constituição*: para uma crítica do constitucionalismo. São Paulo: Quartier Latin, 2008.

BOBBIO, Norberto. *O futuro da democracia*: uma defesa das regras do jogo. 6. ed. Rio de Janeiro: Paz e Terra, 1986.

BOBBIO, Norberto; MATTEUCCI, Nicola; PASQUINO, Gianfranco. *Dicionário de política*. 13. ed. Brasília: Ed. UnB, 2007. v. 1.

BONAVIDES, Paulo. *Do país constitucional ao país neocolonial*: a derrubada da Constituição e a recolonização pelo golpe de Estado institucional. 3. ed. São Paulo: Malheiros, 2004.

BROWN, John. *De la gobernanza o la constitución de la política del neoliberalismo*. Disponível em: <http://www.attac.org>.

CHEVALLIER, Jacques. *O Estado pós-moderno*. Belo Horizonte: Fórum, 2009.

DI PIETRO, Maria Sylvia Zanella. *Parcerias na Administração Pública*: concessão, permissão, franquia, terceirização, Parceria Público-Privada e outras formas. 8. ed. São Paulo: Atlas, 2011.

DUFOUR, Dany-Robert. Gobernanza versus gobierno. *Cuadernos de Administración*, n. 41, p. 27-37.

FERREIRA FILHO, Manoel Gonçalves. Constituição e governabilidade. *Revista de Informação Legislativa*, n. 123, p. 219-226.

FIORI, José L. Globalização e governabilidade democrática. *Physis*, 7, p. 144.

FIORI, José L. Por que governabilidade?: qual governabilidade?. *In*: FIORI, José L. *Os moedeiros falsos*. 2. ed. Petrópolis: Vozes, 1997.

GABARDO, Emerson; HACHEM, Daniel Wunder. O suposto caráter autoritário da supremacia do interesse público e das origens do direito administrativo: uma crítica da crítica. *In*: DI PIETRO, Maria Sylvia Zanella; RIBEIRO, Carlos Vinícius Alves. *Supremacia do interesse público e outros temas relevantes do direito administrativo*. São Paulo: Atlas, 2010.

HUNTINGTON, Samuel; CROZIER, Michel; WATANUKI, Joji. *The crisis of democracy*. Nova York: New York University Press, 1975.

NOGUEIRA, Marco Aurélio. Para uma governabilidade democrática progressiva. *Lua Nova*, n. 36, p. 105-106.

SUNDFELD. Carlos Ari. *Direito administrativo para céticos*. São Paulo: Malheiros, 2012.

VALIM, Rafael. Apontamentos sobre os direitos sociais. *In*: MALHEIROS, Antonio Carlos; BACARIÇA, Josephina; VALIM, Rafael. *Direitos humanos*: desafios e perspectivas. Belo Horizonte: Fórum, 2011.

Informação bibliográfica deste texto, conforme a NBR 6023:2002 da Associação Brasileira de Normas Técnicas (ABNT):

VALIM, Rafael. Governabilidade e direitos fundamentais. *In*: BACELLAR FILHO, Romeu Felipe; HACHEM, Daniel Wunder (Coord.). *Direito público no Mercosul*: intervenção estatal, direitos fundamentais e sustentabilidade: anais do VI Congresso da Associação de Direito Público do Mercosul: homenagem ao Professor Jorge Luis Salomoni. Belo Horizonte: Fórum, 2013. p. 297-302. ISBN 978-85-7700-713-4.

DIREITO À INFORMAÇÃO E A APLICAÇÃO DA LEI Nº 12.527/11 ÀS ORGANIZAÇÕES SOCIAIS

ROMEU FELIPE BACELLAR FILHO
ADRIANA DA COSTA RICARDO SCHIER

1 Considerações iniciais

O acesso à informação pública, como o direito de "exigir contas a qualquer agente público da sua administração," teve origem na Declaração dos Direitos do Homem e do Cidadão, de 1789. Seu conteúdo foi aperfeiçoado no art. 19, da Declaração Universal dos Direitos Humanos, sendo assegurado a todos os indivíduos o direito de "procurar, receber e transmitir informações e ideias, por quaisquer meios e independentemente de fronteiras". Igualmente, o art. 19 do Pacto Internacional dos Direitos Civis e Políticos garante que o direito à liberdade de expressão inclui "a liberdade de procurar, receber e difundir informações e ideias de qualquer natureza".

A Suécia foi o primeiro país a regulamentar tal direito na esfera nacional, ainda em 1766. Nos Estados Unidos, a Lei de Liberdade de Informação (*Freedom of Information Act*) foi aprovada em 1966. Entre os países da América Latina, a Colômbia foi pioneira em criar um Código que permitiu o acesso a documentos públicos, ainda em 1888. Atualmente, México, Chile e Uruguai também contam com legislação específica sobre o acesso à informação.[1]

No Brasil, o direito à informação foi previsto, ainda de maneira incipiente, no art. 113, 35, da Constituição Federal de 1934. Mas é na Carta de 1988 que ele assume o *status* de direito fundamental, sob o signo da universalização, conforme sustenta José Afonso da Silva.[2]

Após 23 anos e diante de enorme comoção pública, o Congresso Nacional finalmente regulamenta o art. 5º, XXXIII, da Constituição Federal, editando a Lei nº 12.527, de 18 de novembro de 2011, popularmente conhecida como a Lei da Transparência.[3]

---

[1] No México, a disciplina legal da matéria é dada pela *Ley Federal de Transparencia y Acceso a la Informácion Pública Gubernamental*. No que tange à mencionada regulamentação sul-americana, a temática encontra guarida no *Código de Organización Política y Municipal* da Colômbia e nas legislações uruguaia e chilena, cujos contornos são traçados, respectivamente, pela Lei nº 18.381, de 07 de outubro de 2008, e pela Lei nº 20.285, de 11 de julho de 2008.

[2] SILVA, José Afonso da. *Comentário contextual à Constituição*. São Paulo: Malheiros, 2005. p. 130.

[3] Não se olvide, entretanto, que a Lei nº 8.159, de 08 de janeiro de 1991, que regulamentou a Política Nacional de Arquivos, já tratava de tal direito estabelecendo, em seu art. 4º: "Todos têm direito a receber dos órgãos públicos

O alcance de tal regulamentação está previsto no art. 1º, da Lei nº 12.527, que determina:

> Art. 1º Esta Lei dispõe sobre os procedimentos a serem observados pela União, Estados, Distrito Federal e Municípios, com o fim de garantir o acesso a informações previsto no inciso XXXIII do art. 5º, no inciso II do §3º do art. 37 e no §2º do art. 216 da Constituição Federal.

Prescreve, ainda, o art. 2º, da precitada Lei:

> Art. 2º Aplicam-se as disposições desta Lei, no que couber, às entidades privadas sem fins lucrativos que recebam, para realização de ações de interesse público, recursos públicos diretamente do orçamento ou mediante subvenções sociais, contrato de gestão, termo de parceria, convênios, acordo, ajuste ou outros instrumentos congêneres.
> Parágrafo único. A publicidade a que estão submetidas as entidades citadas no *caput* refere-se à parcela dos recursos públicos recebidos e à sua destinação, sem prejuízo das prestações de contas a que estejam legalmente obrigadas.

Referida lei foi regulamentada pelo Decreto nº 7.724, de 16 de maio de 2012.

Diante de tais preceitos legais, no presente texto pretende-se tecer uma análise sobre a incidência da Lei nº 12.527/2011 às entidades do terceiro setor, notadamente às Organizações Sociais. Para tanto, em uma primeira parte será tratado do regime jurídico das Organizações Sociais, a partir da Lei nº 9.637/98. Após, será analisado o alcance da precitada lei aos contratos de gestão firmados por tais entidades.

2 O regime jurídico das Organizações Sociais

Na discussão envolvendo os novos papéis assumidos pelo Estado contemporaneamente, tornou-se necessária a busca por uma mudança nos contornos do aparelho estatal, visando ao estabelecimento de novos padrões de Administração Pública. Pretende-se, com tais diretrizes, fornecer melhores respostas às demandas sociais, principalmente no que atine à eficiência na gerência da coisa pública e na prestação dos serviços públicos.

Neste sentido, o desenho que se busca para o Estado brasileiro é esboçado por uma Administração Pública que, sem descurar de seu papel, seja estruturada sob os matizes gerenciais, nos aspectos em que tal adaptação seja possível. Tal cenário tem por pano de fundo a chamada Reforma do Aparelho do Estado, promovida, principalmente, a partir do início dos anos 90, com a edição do Plano Diretor da Reforma do Aparelho do Estado, editado pela Presidência da República, através de sua Câmara de Reforma do Estado, em 1995.

---

informações de seu interesse particular ou de interesse coletivo ou geral, contidas em documentos de arquivos que serão prestadas no prazo da lei, sob pena de responsabilidade, ressalvadas aquelas cujo sigilo seja imprescindível à segurança da sociedade e do Estado, bem como à inviolabilidade da intimidade, da vida privada, da honra e da imagem das pessoas". Além disso, a Lei nº 11.111, de 05 de maio de 2005, também cuidou da matéria, em seu art. 2º: "O acesso aos documentos públicos de interesse particular ou de interesse coletivo ou geral será ressalvado exclusivamente nas hipóteses em que o sigilo seja ou permaneça imprescindível à segurança da sociedade e do Estado, nos termos do disposto na parte final do inciso XXXIII do *caput* do art. 5º, da Constituição Federal".

Norteia tal concepção o pressuposto de que "o paradigma gerencial contemporâneo, fundamentado nos princípios da confiança e na descentralização de decisão, exige formas flexíveis de gestão, horizontalização de estruturas, descentralização de funções, incentivos à criatividade",[4] contrapondo-se à "ideologia do formalismo e do rigor técnico da burocracia tradicional".[5]

Visava-se, naquele momento, à criação de uma nova estrutura para a Administração Pública brasileira, formada pelo (i) *primeiro setor* — ou setor do núcleo estratégico, integrado pela cúpula dos três poderes e pelo Ministério Público; (ii) *segundo setor* — integrado pelas agências executivas e reguladoras, responsáveis pela prestação dos serviços exclusivos dos Estados; e (iii) *terceiro setor* — integrado pelas Organizações Sociais e Organizações da Sociedade Civil de Interesse Público, entidades de apoio e serviços sociais autônomos.

Buscou-se orientar a atuação do Estado para o cidadão-usuário através de diversas políticas, entre elas, a diminuição do aparelho estatal mediante parcerias com a iniciativa privada.

Para Maria Sylvia Zanella Di Pietro, a parceria é um termo "utilizado para designar todas as formas de sociedade que, sem formar uma nova pessoa jurídica, são organizadas entre os setores público e privado, para a consecução de fins de interesse público. Nela existe a colaboração entre o poder público e a iniciativa privada".[6] Luiz Carlos Bresser-Pereira, o principal mentor intelectual da Reforma do Estado, sustenta que é fundamental, no Estado contemporâneo, a busca por uma maior parceria entre o Estado e a sociedade, na qual "o Estado continuará a financiar as atividades públicas, absorvidas pela organização social qualificada para tal, e esta será responsável pelos resultados".[7]

Tem-se, com isso, o incremento das atividades de fomento do Estado. Nessa medida, "De produtor direto de bens e serviços públicos o Estado passa a constituir o fomentador das atividades publicizadas, exercendo, ainda, um controle estratégico de resultados dessas atividades".[8]

É este o contexto que justifica a criação do chamado terceiro setor, formado por entidades privadas que irão atuar em parceria com o Poder Público, com o qual "se pretende dar conta a um vastíssimo conjunto de organizações sociais que não são nem estatais nem mercantis [...], sendo privadas, não visam fins lucrativos [...] animadas por objetivos sociais, públicos ou coletivos, não são estatais".[9]

Tais entidades caracterizam-se como entes paraestatais, já tratados pela doutrina clássica do Direito Administrativo brasileiro como pessoas jurídicas "de direito privado [quando] na regência de interesse coletivo [para] realizar cometimentos paralelos ao

---

[4] BRASIL. Presidência da República, Câmara da Reforma do Estado. *Plano Diretor da Reforma do Aparelho do Estado*. Aprovado pela Câmara da Reforma do Estado em 21.09.1995 e pelo Presidente da República. Brasília: Presidência da República, 1995. p. 133. Disponível em: <http://www.bresserpereira.org.br/Documents/MARE/PlanoDiretor/planodiretor.pdf>.

[5] *Idem.*

[6] DI PIETRO, Maria Sylvia Zanella. *Parcerias na Administração Pública*. 3. ed. São Paulo: Atlas, 1999. p. 31-2.

[7] BRESSER-PEREIRA, Luiz Carlos. Organizações sociais. *Cadernos do MARE*, Brasília, p. 4., 1997

[8] *Informativo STF*. ADI nº 1.923/MCF.

[9] SANTOS, Boaventura de Sousa. *A reinvenção solidária e participativa do Estado. In*: SEMINÁRIO INTERNACIONAL SOBRE SOCIEDADE E A REFORMA DO ESTADO. Brasília: MARE 1998. p. 1-7. Trabalho apresentado.

Estado",[10] na definição Oswaldo Aranha Bandeira de Mello. São essas entidades que irão concretizar as parcerias entre o Poder Público e a sociedade, colmatando os objetivos do Estado Democrático de Direito.[11]

A emergência do terceiro setor, então, responde à tendência de "publicização" das atividades não exclusivas do Estado, o que, "além de viabilizar a ação pública com mais agilidade e maior alcance, torna mais fácil e direto o controle social".[12] Para Maria Inês Barreto, "é nessa esfera que se cria o capital social, que é a cola que une a sociedade. Para tanto, à sociedade compete construir uma nova força política intermediária em cada local e em cada país, e ao Estado, instituir parcerias oficiais com a sociedade civil nos vários setores sociais: saúde, educação, habitação, meio ambiente, entre outros".[13]

Entre as entidades que integram o terceiro setor, no Brasil, importa a tratativa das Organizações Sociais, descritas como

> um modelo de organização pública não-estatal, destinado a absorver atividades publici-záveis mediante qualificação específica. Trata-se de uma forma de propriedade pública não-estatal, constituída pelas associações civis sem fins lucrativos, que não são propriedade de nenhum indivíduo ou grupo e estão orientadas diretamente para o atendimento do interesse público.[14]

A organização social constitui-se, então, a partir de uma qualificação concedida pelo Poder Público a pessoas jurídicas de direito privado, sem fins lucrativos, que desempenhem atividades de interesse público, notadamente nas áreas de educação, saúde, cultura e proteção ambiental, conforme previsto no art. 1º, da Lei nº 9.637, de 15 de maio de 1998, que regulamenta a matéria em nível federal.

Instrumentos voltados à redefinição do modo de intervenção na esfera social, as Organizações Sociais têm por desiderato implementar maior eficiência na prestação dos serviços sociais e ampliar o espaço de participação popular na consecução de atividades que sejam relevantes ao interesse público.[15]

---

[10] BANDEIRA DE MELLO, Oswaldo Aranha. *Princípios gerais de direito administrativo*. Rio de Janeiro: Forense, 1969. v. 2, p. 266-267.

[11] Sobre o assunto, Sérgio de Andréa Ferreira averba que, "Não obstante a grande variedade de pessoas adminis-trativas, o Estado necessita, dada a complexidade da atividade administrativa, de lançar mão de outras formas de descentralização, formas estas cuja característica geral é a de dizerem respeito a pessoas que se situam fora da Administração Pública, embora exerçam parcelas de atividade administrativa. Veremos que há um progressivo afastamento em relação à Administração Pública. A descentralização por cooperação é, dentre estas formas, a que faz surgir as pessoas jurídicas mais próximas da Administração Pública, embora, como acentuamos, posicionadas fora da mesma. Estas novas pessoas jurídicas são os chamados entes de cooperação, que se caracterizam por serem pessoas que podemos denominar de para-administrativas, exatamente porque, sendo limítrofes da Administração Pública, nela não se incluem. É a Para-Administração. A denominação — descentralização por cooperação — denota a própria natureza do processo de criação, de funcionamento, e a ligação dessas pessoas para-administra-tivas com a Administração Pública. Através da descentralização por cooperação o Estado cria entidades de direito privado, isoladamente ou em conjugação com particulares; transforma pessoas jurídicas criadas pelos particulares, ou ainda nelas interfere; ou cria ofícios em que investe pessoas físicas. O termo cooperação explica-se, porque estas entidades cooperam com o Poder Público na execução da atividade administrativa, havendo, outrossim, em geral, coparticipação do Estado e dos particulares na criação e no funcionamento dos entes de cooperação" (FERREIRA, Sérgio de Andréa. *Direito administrativo didático*. 3. ed. Rio de Janeiro: Forense, 1985. p. 80-83).

[12] BRESSER-PEREIRA, *op. cit.*, p. 4.

[13] BARRETO, Maria Inês. As organizações sociais na reforma do aparelho do Estado brasileiro. *In*: BARRETO, Maria Inês. *O público não estatal na Reforma do Estado*. Rio de Janeiro: Ed. FGV, 1999. p. 107-150.

[14] BRESSER-PEREIRA, *op. cit.*, p. 5.

[15] VIOLIN, Tarso Cabral. Peculiaridades dos convênios administrativos firmados com as entidades do terceiro setor. *In*: GUIMARÃES, Edgar (Coord.). *Cenários do direito administrativo*: estudos em homenagem ao Professor Romeu Felipe Bacellar Filho. Belo Horizonte: Fórum, 2004. p. 487.

Lúcia Valle Figueiredo[16] ressalva que tais entidades não integram a Administração Pública, razão que as impede de exercer atividades típicas e exclusivas de Estado, constituindo-se como uma nova forma de parceria entre o ente privado e o Poder Público.[17]

De acordo com a regulamentação legal, a Organização Social se constitui, no Brasil, a partir da já referida qualificação jurídica, outorgada mediante ato discricionário do Poder Executivo, desde que cumpridos os requisitos previstos nos artigos 1º e 2º, da Lei nº 9.637/98, dos quais se destacam:

a) ser entidade sem fins lucrativos, e com a obrigação de realizar investimentos de seus excedentes financeiros no desenvolvimento de suas atividades, proibida a distribuição de bens ou de parcelas do patrimônio líquido;

b) ter como órgão superior um Conselho de Administração, com atribuições normativas e de controle, formado por representantes do Governo e representantes da sociedade civil, tudo conforme definido no Estatuto da entidade;

c) dedicar-se, com caráter altruístico, a atividades sociais, entre as quais o ensino, a pesquisa, o desenvolvimento tecnológico e a saúde.

Sobre a qualificação de entidades como Organizações Sociais, Paulo Modesto aponta que são três os propósitos buscados:

> Em primeiro lugar, *diferenciar* as entidades qualificadas, beneficiadas com o título, relativamente às entidades comuns, destituídas dessa especial qualidade jurídica. Essa diferenciação permite inserir as entidades qualificadas em um regime específico. Em segundo lugar, a concessão do título permite *padronizar* o tratamento normativo de entidades que apresentem *características comuns relevantes, evitando o tratamento legal casuístico dessas entidades*. Em terceiro lugar, a outorga de títulos permite o estabelecimento de um *mecanismo de controle* de aspectos da atividade das entidades qualificadas, flexível por excelência, entre outras razões, porque o título funciona como um instrumento que não admite apenas concessão, mas também suspensão e cancelamento.[18]

O modelo das Organizações Sociais permite, por um lado, que a sociedade civil possa participar mais ativamente na prestação de serviços que, embora não possam ser considerados serviços públicos — porque serão prestados num regime de direito privado — constituem-se inegavelmente atividades de interesse público. Por outro lado, desonera o Poder Público, em certa medida, da prestação exclusiva dessas atividades, estabelecendo um verdadeiro regime de parceria.

A criação de Organizações Sociais, entretanto, não poderá eximir o Estado de manter a prestação dos serviços que são a elas imputados, principalmente no que se refere às atividades de saúde e de educação. Por isso, as Organizações Sociais só poderão "existir complementarmente, sem que o Estado se demita de encargos que a Constituição lhe irrogou", conforme ressalva feita, com propriedade, por Celso Antônio Bandeira de Mello.[19]

As entidades qualificadas como Organizações Sociais, por desenvolverem atividades de cunho social, gozarão de benefícios, podendo haver a transferência de recursos,

---

[16] FIGUEIREDO, Lúcia Valle. *Curso de direito administrativo*. São Paulo: Malheiros, 2008. p. 61.

[17] FIGUEIREDO. *Curso de direito administrativo*, p. 84.

[18] MODESTO, Paulo. Reforma do marco legal do terceiro setor no Brasil. *Revista de Direito Administrativo*, Rio de Janeiro, n. 214, p. 55-68, out./dez. 1998.

[19] BANDEIRA DE MELLO, Celso Antônio. *Curso de direito administrativo*. 18. ed. São Paulo: Malheiros, 2005. p. 232.

bens e serviços públicos, como previsto nos arts. 11 a 15, da Lei nº 9.637/98. Tais benefícios serão alcançados quando a Organização Social firmar com o Poder Público o contrato de gestão, nos termos do art. 5º, da citada lei.

O contrato de gestão, além de estabelecer as prerrogativas das Organizações Sociais também se constitui como importante mecanismo de controle de suas atividades pelo Poder Público, como se verifica da dicção do art. 5º da citada Lei nº 9.637/98:

> Art. 5º Para os efeitos desta Lei, entende-se por contrato de gestão o instrumento firmado entre o Poder Público e a entidade qualificada como organização social, com vistas à formação de parceria entre as partes para fomento e execução de atividades relacionadas no art. 1º.

Fernando Facury Scaff ressalta que a ideia do contrato de gestão é originária do direito francês, fazendo parte do que se chama de *economia concertada ou planificada*, "na qual o Estado estabelece com entes privados metas a serem alcançadas no desenvolvimento de suas atividades e que, caso obtidas, obrigarão o Estado a cumprir determinado compromisso econômico, usualmente creditício ou fiscal no interesse daquele específico setor da economia".[20] Diogo de Figueiredo Moreira Neto afirma que os contratos de gestão "são atos complexos destinados ao exercício negociado de competências de entidades públicas e de competências delegadas, com vistas a uma finalidade comum a todos os pactuantes".[21]

Nos moldes da norma regulamentadora, no contrato de gestão serão consignadas as obrigações atribuídas a cada parte contratante, a finalidade a ser atingida com a execução das atividades, sempre concernentes ao ensino, à pesquisa científica, ao desenvolvimento tecnológico, à proteção e preservação do meio ambiente, à cultura e à saúde. Para tanto, o Poder Público poderá, também no mesmo instrumento, destinar recursos orçamentários, bens e servidores públicos, como antes referido. Também deve constar o programa de trabalho a ser realizado pela Organização Social, com os prazos e metas a serem atingidas, a forma de avaliação e as demais exigências da legislação específica.[22] Por isso, "o acompanhamento da execução do contrato de gestão é direito e também dever da Administração e está a cargo do órgão ou entidade supervisora do Poder Público que assinou o contrato".[23]

De maneira a permitir o devido controle do cumprimento do contrato de gestão, a Organização Social deverá apresentar relatórios, demonstrando o alcance das metas propostas e dos resultados obtidos, realizando, com isso, a devida prestação de contas correspondentes ao exercício financeiro.[24] Tal entendimento se depreende do art. 8º, da Lei nº 9.637/98:

---

[20] SCAFF, Fernando Facury. Contrato de gestão, serviços sociais autônomos e intervenção do estado. *Revista de Direito Administrativo*, n. 225, p. 287. A Emenda Constitucional nº 19, de 04.06.98, estendeu a utilização do contrato de gestão a outras entidades e órgãos da Administração Pública, inserindo tal instituto no §8º, do art. 37, como um mecanismo através do qual a Administração Pública poderia ampliar sua autonomia gerencial, orçamentária e financeira.

[21] MOREIRA NETO, Diogo de Figueiredo. *Apontamentos sobre a reforma administrativa*. Rio de Janeiro: Renovar, 1999. p. 27.

[22] MOREIRA NETO, *op. cit.*, p. 76-7.

[23] MOREIRA NETO, *op. cit.*, p. 128.

[24] MOREIRA NETO, *op. cit.*, p. 129.

Art. 8º A execução do contrato de gestão celebrado por Organização Social será fiscalizada pelo órgão ou entidade supervisora da área de atuação correspondente à atividade fomentada.

§1º A entidade qualificada apresentará ao órgão ou entidade do poder público supervisora signatária do contrato, ao término de cada exercício ou a qualquer momento, conforme recomende o interesse público, relatório pertinente à execução do contrato de gestão, contendo comparativo específico das metas propostas com os resultados alcançados, acompanhado da prestação de contas correspondente ao exercício financeiro.

Ainda sobre a perspectiva dos mecanismos de controle que incidem sobre as Organizações Sociais, entende-se que, por ostentarem natureza jurídica de direito privado, "estão excluídas, pela Constituição Federal, da obrigatoriedade de observar os parâmetros propostos acerca do controle fiscal, contábil e financeiros, nos moldes dos artigos 71 a 75 [...] imperativos apenas para as pessoas jurídicas de direito público, integrantes das administrações direta, indireta e fundacionais".[25] Por isso, a prestação de contas deverá ser realizada de forma indireta aos Tribunais de Contas: a Organização Social prestará contas ao ente contratante, nos moldes exigidos no contrato de gestão, e este prestará contas aos Tribunais de Contas, entendimento que encontra fundamentação no art. 9º da Lei nº 9.637/98.[26]

A matéria referente às Organizações Sociais deverá ser regulamentada pelos estados e municípios, em respeito ao princípio federativo. Como restará adiante referido, tal princípio assegura aos estados e aos municípios autonomia administrativa e financeira. Assim, sendo o título de Organização Social uma prerrogativa do Poder Público que permite, com a sua concessão, o desempenho de atividades de fomento, é inegável que se está diante de matéria ínsita à organização administrativa. Por isso, pode-se afirmar que as disposições da Lei nº 9.637/98 aplicam-se tão somente na esfera federal, sendo necessário que os estados e municípios editem leis específicas, como fez, exemplificativamente, o Município de Curitiba, com a edição da Lei nº 9.226/97.

Feitas essas breves considerações sobre o regime jurídico que regulamenta as Organizações Sociais, cabe verificar o alcance da Lei da Transparência sobre tais entidades.

3 O regime da Lei nº 12.527/11 e a sua aplicação às Organizações Sociais

A Lei nº 12.527, de 18 de novembro de 2011, chamada de Lei de Acesso à Informação (LAI), regulamenta os dispositivos da Constituição Federal que dispõem sobre o acesso à informação, pretendendo garantir a eficácia de tal direito fundamental. Para Vincent Defourny, Representante da UNESCO no Brasil, "A implementação exitosa de leis como a brasileira, já existentes em cerca de 90 nações, produziu sociedades mais bem informadas, com direitos humanos ainda mais protegidos, com administrações públicas mais transparentes, eficientes e eficazes, e com cidadãos mais conscientes de seus direitos e responsabilidades coletivos".

---

[25] MOREIRA NETO, *op. cit.*, p. 132.

[26] Aplicar interpretação diversa seria impor uma submissão das Organizações Sociais a um regime publicista que, até por sua natureza, não lhe é característico. Afinal, não se pode perder de vista que "Com a organização social [...] pretende-se descobrir nova parceria para a Administração Pública, que possa desenvolver as entidades de interesse público, *sem as amarras burocráticas que dificultam a atuação da máquina estatal*" (ALVES, Francisco de Assis. *Fundações, organizações sociais, agências executivas, organizações da sociedade civil de interesse público e outras modalidades de serviço público*. São Paulo: LTr, 2000. p. 187).

Para tanto, a referida lei estabelece, em seu art. 3º, as diretrizes a serem adotadas pelos entes a ela subordinados, assegurando (i) a observância da publicidade e o sigilo como exceção (art. 3º, I); (ii) a divulgação de informações *de interesse público*, independente de solicitações (art. 3º, II); (iii) a utilização de meios de comunicação viabilizados pela tecnologia da informação (art. 3º, III); (iv) o fomento ao desenvolvimento da cultura da transparência na administração pública (art. 3º, IV); e, por fim, (v) o desenvolvimento do controle social da administração pública (art. 3º, V).

A lei, buscando garantir o amplo acesso de todos às informações de interesse público, assegura como direito de qualquer cidadão ser orientado sobre os procedimentos de consecução de tal direito, bem como o local onde poderá ser encontrada a informação. Cria, para tanto, um dever de transparência ativa para o Poder Público de todas as esferas federativas, que estará obrigado a manter uma estrutura organizacional básica, com horários e locais de atendimento ao público.

A lei ainda disciplina o que deliberou denominar de *transparência passiva*, estabelecendo o procedimento de acesso à informação, a partir do seu art. 10.

A proteção ao sigilo também foi objeto de tratativa pela lei, assim como o resguardo de dados pessoais.

Interessantes as prescrições do art. 16, da lei, que estabelece, como regra geral que "não poderá ser negado acesso à informação necessária à tutela judicial ou administrativa de direitos fundamentais". O parágrafo único, do mencionado dispositivo, estabelece, ainda, que "As informações ou documentos que versem sobre condutas que impliquem violação dos direitos humanos, praticada por agentes públicos ou a mando de autoridades públicas, não poderão ser objeto de restrição de acesso".

A lei indica, de maneira geral, as informações que necessariamente deverão ser divulgadas: (i) aquelas contidas em registros ou documentos, produzidos ou acumulados pelos órgãos públicos ou pelas entidades integrantes da Administração Pública, recolhidas ou não a arquivos públicos (art. 7º, II); (ii) as produzidas ou custodiadas por pessoas físicas ou entidades privadas decorrentes de vínculos com a Administração Pública (art. 7º, III); (iii) aquelas sobre atividades exercidas pelos órgãos ou entidades, inclusive as relativas à sua política, organização e serviços (art. 7º, V); (iv) as pertinentes à administração do patrimônio público, utilização de recursos públicos, licitações, contratos administrativos (art. 7º, VI); (v) as informações relativas à implementação, acompanhamento e resultados dos programas, projetos e ações dos órgãos e entidades públicas, bem como metas e indicadores propostos (art. 7º, VII, "a"); e (vi) as informações relativas ao resultado das inspeções, auditorias, prestações e tomadas de contas realizadas pelos órgãos de controle interno e externo, incluindo prestações de contas relativas a exercícios anteriores.

A lei prescreve, ademais, um conjunto de sanções administrativas aos *agentes públicos* que neguem o acesso às informações, basicamente mediante as prescrições dos arts. 32, 33 e art. 7º, §4º.

Diante desses postulados, verifica-se que a análise da Lei nº 12.527, de 18 de novembro de 2011, permite a conclusão de que se ampliam as bases para a consolidação do regime democrático do país, ampliando-se a participação cidadã e fortalecendo-se os instrumentos de controle da gestão pública.

Conforme referiu Jorge Hage, Ministro Chefe da Controladoria-Geral da União, "Ao regulamentar o artigo 5º, inciso XXXIII da Constituição Federal, o Brasil, além de garantir ao cidadão o exercício do seu direito de acesso à informação, cumpre, também, o compromisso assumido pelo país ante a comunidade internacional em vários tratados e convenções".

Reconhecido como um direito humano fundamental, o acesso à informação pública foi assegurado em diversas convenções e tratados internacionais já assinados pelo Brasil. Destarte, com a aprovação da referida lei o país integra-se a um grupo de mais de 90 países que reconhecem "ser a informação sob a guarda do Estado um bem público. Preceito que, como mostra a experiência internacional, favorece a boa gestão e, fundamentalmente, fortalece os sistemas democráticos, resultando em ganhos para todos".

Destarte, cabe verificar a sua incidência sobre as atividades desempenhadas pelas Organizações Sociais.

Como já se fez referência, o art. 2º, da Lei nº 12.527/2011, estabelece:

> Art. 2º Aplicam-se as disposições desta Lei, no que couber, às entidades privadas sem fins lucrativos que recebam, para realização de ações de interesse público, recursos públicos diretamente do orçamento ou mediante subvenções sociais, contrato de gestão, termo de parceria, convênios, acordo, ajuste ou outros instrumentos congêneres.
>
> Parágrafo único. A publicidade a que estão submetidas as entidades citadas no *caput* refere-se à parcela dos recursos públicos recebidos e à sua destinação, sem prejuízo das prestações de contas a que estejam legalmente obrigadas.

Com isso, o legislador impõe aos entes integrantes do terceiro setor o dever de transparência das informações públicas que detém, notadamente em relação aos recursos recebidos do Poder Público.

Fábio de Macedo Soares Pires Condeixa, ao comentar tais dispositivos, assinala que "A LAI também se aplica ao chamado terceiro setor, ou seja, as entidades que recebam recursos públicos, como as Organizações Sociais e as Organizações Sociais da Sociedade Civil de Interesse Público (art. 2º)". Ressalva que "a incidência da LAI nessas hipóteses diz respeito apenas aos recursos públicos recebidos, estando livre da obrigação de divulgação de outras informações em poder dessas organizações (art. 2º., par. ún.)".[27]

Pode-se entender que os preceitos da LAI aplicam-se às entidades privadas sem fins lucrativos que recebam recursos públicos e impõe a transparência em relação à utilização de tais recursos. Entretanto, não serão todos os dispositivos da lei que vão incidir no regime das Organizações Sociais, mas somente aqueles que sejam cabíveis a tais entidades.

Em verdade, com exceção do referido art. 2º e do art. 33, a lei não estende expressamente às entidades privadas sem fins lucrativos os seus comandos. Quando trata, por exemplo, do Acesso à Informação e da Sua Divulgação, no Capítulo II, o art. 6º determina que "Cabe aos órgãos e entidades do poder púbico, [...] assegurar...".

No que se refere ao art. 7º, que trata dos limites do acesso à informação, a redação também não faz qualquer menção às entidades privadas. Contudo, como aqui o legislador não restringiu a sua aplicação aos "órgãos e entidades do poder público", é possível entender que suas prescrições também poderiam incidir, "no que couber", em

---

[27] CONDEIXA, Fábio de Macedo Soares Pires. Comentários à Lei de Acesso à Informação. *Jus Navigandi*, Teresina, ano 17, n. 3199, 04 abr. 2012. Disponível em: <http://jus.com.br/revista/texto/21436>. Acesso em: 23 ago. 2012.

relação às atividades das Organizações Sociais. Nesse diapasão, importa a análise de cada um de seus incisos, para identificar sua eventual aplicação às Organizações Sociais:

- Fornecer orientações sobre os procedimentos para a consecução de acesso, bem como sobre o local onde poderá ser encontrada a informação (art. 7º, I)

Entende-se que tal obrigação poderá ser cumprida através de dados disponibilizados no sítio oficial das Organizações Sociais e/ou dos entes públicos com quem mantenham contrato de gestão.

- Divulgar informação contida em registros ou documentos, produzidos ou acumulados por seus órgãos ou entidades, recolhidos ou não a arquivos públicos (art. 7º, II)

A redação dá a entender que o legislador refere-se aos entes públicos. No entanto, caso se admita que a Organização Social também estará subordinada a tal determinação, entende-se que a divulgação, em face desse dispositivo, está relacionada apenas aos contratos de gestão firmados com os entes públicos.

- Informação produzida por pessoa física ou entidade privada decorrente de qualquer vínculo com seus órgãos e entidades, mesmo que esse vínculo já tenha cessado (art. 7º, III)

Entende-se que esse dispositivo se aplica apenas ao Poder Público. Isto porque, as relações travadas pelas Organizações Sociais com pessoas físicas ou entidades privadas são relações de direito privado. Afinal, não se pode desconsiderar que as entidades do terceiro setor, ainda que realizem atividades de interesse público, não prestam tipicamente *serviços públicos.* Daí por que suas atividades são de natureza privada, subordinadas às regras do direito privado.

Somente no que se refere ao seu relacionamento com o ente público, com quem mantiver contrato de gestão é que terá incidência o regime publicista.

Assim, forçoso reconhecer que as informações produzidas por pessoas físicas ou entidades privadas que travem com a OS relações jurídicas não são *informações públicas* e, por isso mesmo, não estão subordinadas à lei em comento.

- Informação primária, íntegra, autêntica e atualizada (art. 7º, IV)

Tal inciso trata, em verdade, das características que deverão ter as informações prestadas pelas entidades compreendidas pela lei. Interpretado em conjunto com o art. 4º, entende-se por informação primária a "qualidade da informação coletada na fonte, com o máximo de detalhamento possível, sem modificações" (art. 4º, IX). Já informação íntegra é aquela "não modificada, inclusive quanto à origem, trânsito e destino" (art. 4º, VIII). Autenticidade, por sua vez, "é a qualidade da informação que tenha sido produzida, expedida, recebida ou modificada por determinado indivíduo, equipamento ou sistema" (art. 4º, VII).

- Informação sobre atividades exercidas pelos órgãos e entidades, inclusive as relativas à sua política, organização e serviços (art. 7º, V)

Novamente a incidência do referido dispositivo parece alcançar apenas os entes públicos, em face das justificativas já apresentadas acima. Entretanto, caso se pretenda fazer incidir tal preceito às Organizações Sociais, entende-se que tais informações seriam apenas aquelas pertinentes aos contratos de gestão firmados.

- Informação pertinente à administração do patrimônio público, utilização de recursos públicos, licitação, contratos administrativos (art. 7º, VI)

Dos comandos desse preceito legal somente poderá ter aplicação às Organizações Sociais o dever de divulgar os dados referentes à utilização de recursos públicos, em face dos contratos de gestão firmados com o Poder Público. As demais informações são pertinentes apenas aos entes públicos, sob pena, até mesmo, de criação de obrigações acima e além do dever das entidades privadas sem fins lucrativos.

Com efeito, não se poderá imaginar que é dever da Organização Social prestar informações aos particulares sobre os contratos administrativos de prestação de serviços por elas assinados.

A publicidade de tais contratos, subordinados à Lei nº 8.666/93, será realizada pelo poder público competente, nos termos exigidos pela legislação. Até porque, nestes contratos, especificamente, as entidades do terceiro setor atuam como qualquer particular, não recebendo repasse de recursos, como adiante será melhor tratado.

Por essa razão, impor a uma entidade do terceiro setor que forneça tais informações seria criar, para ela, uma obrigação que não se estende às demais contratantes com o Poder Público (concessionárias de serviços públicos, por exemplo). Tal compreensão não se coaduna, por certo, com o princípio da isonomia entre os particulares, previsto, especificamente nesta matéria, no art. 3º da citada Lei nº 8.666/93.

*- Informação relativa à implementação, acompanhamento, resultados dos programas, projetos e ações **dos órgãos e entidades públicas**, bem como metas e indicadores propostos (art. 7º, VII, "a")*

Não se aplica às Organizações Sociais, por disposição expressa da Lei.

- Informação relativa ao resultado de inspeções, auditorias, prestações e tomadas de contas realizadas pelos órgãos de controle interno e externo, incluindo prestações de contas relativas a exercícios anteriores (art. 7º, VII, "b")

Novamente se aplica somente ao Poder Público, em face da sistemática adotada pelo ordenamento brasileiro no que se refere à prestação de contas das entidades do terceiro setor, como antes tratado.

No mais, o art. 8º, que estabelece o dever de transparência ativa, já mencionado, como o dever de divulgação, em local de fácil acesso, das informações de interesse coletivo ou geral, o que se aplica somente aos "órgãos e entidades públicas".

De igual forma, o art. 9º, que determina procedimentos que deverão assegurar o acesso a informações, também se estende exclusivamente, por determinação da lei, aos "órgãos e entidades do poder público".

Quanto ao Procedimento de Acesso à Informação, regulado no Capítulo III, da lei, em face da redação dos arts. 10 e 11, também condiciona apenas as entidades referidas no art. 1º, não incluindo, portanto, as entidades privadas sem fins lucrativos.

Pode-se concluir, assim, que sem embargo da louvável iniciativa de assegurar a transparência das informações públicas, no que se refere àquelas pertinentes às Organizações Sociais a lei limitou-se a assegurar a *transparência passiva* em relação às informações pertinentes ao contrato de gestão.

Com isso, entende-se que os interessados que preencherem os requisitos legais poderão requerer às Organizações Sociais informações exclusivamente referentes aos contratos de gestão firmados com o Poder Público.

4 O Decreto nº 7.724, de 16 de maio de 2012, e sua aplicação às Organizações Sociais

A matéria foi regulamentada pelo Decreto nº 7.724, de 16 de maio de 2012, que tratou, em seu capítulo VIII, das Entidades Privadas sem Fins Lucrativos.

Já no art. 63, o decreto estabelece que tais entidades deverão dar publicidade à "cópia do estatuto social atualizado da entidade", "cópia nominal atualizada dos dirigentes da entidade" e "cópia integral dos convênios, contratos, termos de parcerias, acordos, ajustes ou instrumentos congêneres realizados com o Poder Executivo federal, respectivos aditivos, e relatórios finais de prestação de contas, na forma da legislação aplicável".

Estabelece, ainda, que tais informações "serão divulgadas em sítio na Internet da entidade privada e em quadro de avisos de amplo acesso público em sua sede" (art. 63, §1º).

O art. 64 prevê que os pedidos de informações deverão ser apresentados diretamente aos órgãos e entidades responsáveis pelos repasses de recursos.

Ocorre que tais prescrições não encontram previsão legal, por isso, entende-se que tais dispositivos, do decreto, não são compatíveis com a Constituição Federal, notadamente porque produzem inaceitável inovação no ordenamento jurídico, apresentando-se como decreto autônomo.

É certo que, no Brasil, a atividade regulamentar típica é atividade reservada ao Poder Executivo. Cabe, num primeiro enfoque, ao Presidente da República regulamentar as leis para permitir sua execução de forma fiel (art. 84, IV, da Constituição de 1988). Em determinadas situações admite, ainda, o sistema constitucional, a manifestação de poder regulamentar emanada de autoridade diversa do Presidente da República.

Nesse quadro, *a atividade regulamentar é uma manifestação jurídica limitada pela Constituição e pela lei, eis que se trata de atividade infralegal*. A matéria, neste tópico, deve ser apreciada sob o prisma do alcance que tem a competência regulamentar em face da dimensão atribuída ao princípio da legalidade no ordenamento jurídico pátrio.

A função regulamentar, no Direito brasileiro, é uma espécie de atividade administrativa, mediante a qual o agente público expede ato geral e, em regra, abstrato, com a finalidade de "produzir as disposições operacionais uniformizadoras necessárias à execução de lei cuja aplicação demande atuação da Administração Pública".[28]

O regulamento é, portanto, ato infralegal, por força do princípio da legalidade, consagrado no art. 5º, II, da Constituição Federal, que estabelece que "ninguém será obrigado a fazer ou deixar de fazer alguma coisa senão em virtude de lei". Tal princípio também é consagrado no art. 37, *caput*, da Constituição Federal de 1988, tomado como pedra de toque do Estado Democrático de Direito, conforme afirma J. J. Gomes Canotilho.[29]

Celso Antônio Bandeira de Mello, ao discorrer sobre o Regime Jurídico Administrativo, afirma que o princípio da legalidade

> é o específico do Estado de Direito, é justamente aquele que o qualifica e que lhe dá identidade própria. Por isso mesmo é o princípio basilar do regime jurídico-administrativo,

---

[28] BANDEIRA DE MELLO, *op. cit.*, p. 315.

[29] CANOTILHO, J. J. Gomes; MOREIRA, Vital. *Fundamentos de direito constitucional*. Coimbra: Coimbra Ed., 1987. p. 360.

já que o direito administrativo (pelo menos aquilo que como tal se concebe) nasce com o Estado de Direito: é uma conseqüência dele. É o fruto da submissão do Estado à lei. É, em suma: a consagração de que a Administração só pode ser exercida na conformidade da lei e que, de conseguinte, a atividade administrativa é atividade sublegal, infralegal, consistente na expedição de comandos complementares à lei.[30]

Em verdade, o princípio da legalidade, desde o seu nascimento, desdobra-se em um duplo sentido: por um lado, determina que os agentes públicos, no exercício do poder de Estado, estão *obrigados* a fazer aquilo que a lei permite (legalidade estrita) e, por outro, implica que ao particular é dado fazer tudo o que a lei não proíbe (autonomia da vontade). Assim, "para os indivíduos e pessoas privadas, o princípio da legalidade constitui-se em garantia do direito de liberdade",[31] consagrando-se, destarte, a autonomia individual, "cuja atuação somente deverá ceder ante os limites impostos pela lei".[32] Já os agentes públicos, como afirmado, somente poderão agir por imposição ou autorização legal. Ou seja, "inexistindo lei, não haverá atuação administrativa legítima [...] Tudo aquilo que não resulta da prescrição legal é vedado ao administrador".[33]

Daí se entende que a competência regulamentar, infralegal, deverá ser exercida pela Administração Pública nos termos estritos da complementação legal, ou seja, ainda que se reconheça à autoridade administrativa a possibilidade de editar atos gerais e abstratos de conteúdo normativo, há que se preservar a ideia de que *apenas a lei "pode introduzir inovações primárias, criando novos direitos e novos deveres na ordem jurídica como um todo considerada"*.[34]

Tem-se, nesta dimensão, a aplicação concreta do chamado princípio da preeminência da lei, decorrência direta do próprio princípio da legalidade, que implica que "todo e qualquer ato infralegal será inválido se estiver em contraste com alguma lei".[35] Ou seja, a partir da preeminência da lei resta estabelecido um sentido hierárquico: "a lei prevalece sobre as categorias inferiores".[36]

Por isso que no âmbito da Constituição Federal de 1988 consideram-se, sob o critério formal, atos legislativos apenas aqueles inscritos no artigo 59. Estes são os atos normativos primários, unicamente subordinados à norma constitucional, com a qual mantêm uma relação de compatibilidade (e, pois, não de conformidade), e que, então, podem inovar originariamente a ordem jurídica. *Os demais, tais como Portarias, Resoluções, Instruções Normativas, são atos normativos que não podem inovar originariamente a ordem jurídica.*

Ou seja, no arranjo constitucional da distribuição de funções admite-se a existência de função normativa acessória àquela desempenhada pela lei, através do manejo de atividade administrativa, mediante os chamados regulamentos administrativos. Porém estes são necessariamente orientados pela característica da infralegalidade.

---

[30] BANDEIRA DE MELLO, *op. cit.*, p. 91.

[31] BARROSO, Luís Roberto. Princípio da legalidade: delegações legislativas: poder regulamentar: repartição constitucional das competências legislativas. *Boletim de Direito Administrativo*, p. 15-28, p. 16, jan. 1997.

[32] BARROSO, *ibidem*.

[33] BARROSO, *ibidem*.

[34] CARDOZO, José Eduardo Martins. Princípios constitucionais da administração pública. *In*: MORAES, Alexandre (Coord.). *Os 10 anos da Constituição Federal*. São Paulo: Atlas, 1999. p. 152.

[35] BARROSO, *op. cit.*, p. 15.

[36] BARROSO, *ibidem*.

No Brasil, portanto, mesmo depois do advento da Emenda Constitucional nº 32, de 11 de setembro de 2001, que admitiu um sensível elastecimento do poder normativo da Administração Pública, o poder regulamentar, como ato de eficácia externa, goza de uma *função acessória, secundária*, apresentando-se, sempre, como medida destinada a facilitar a execução da lei que o precede e, mais, que o vincula. Não há, aqui, lugar para o regulamento autônomo, para a partilha de matérias entre a lei e o regulamento (como ocorre *v.g.* na França),[37] sequer admitindo-se, exceto a eventualidade da lei delegada, possibilidade de lícita delegação de poder normativo do legislador para a Administração.

É por esta razão que a atividade regulamentar do Poder Executivo (estrita — quando exercida pelo Chefe do Executivo com fundamento no art. 84, IV, da Carta Magna; ou ampla — quando exercida por outras entidades ou autoridades do quadro estatal) é orientada por determinados princípios que se prestam, em última *ratio*, a limitar, formal e materialmente, o manejo desta competência e preservar a legalidade e a reserva de lei enquanto mecanismos de proteção dos cidadãos.

Na perspectiva material, todas as limitações convergem, basicamente, para o reconhecimento de diferentes dimensões do princípio da legalidade. Ou seja, trata-se de limitações extraídas das múltiplas relações que a atividade regulamentar estabelece com a lei.

Cumpre, aqui, salientar algumas dessas dimensões relacionais: (i) princípio da primazia ou da preeminência da lei, (ii) princípio da precedência da lei, (iii) princípio da acessoriedade da atividade regulamentar e (iv) princípio da autonomia da atribuição regulamentar. Tais princípios, reitere-se, não esgotam as diversas dimensões relacionais que fundam entre lei e regulamento.

De acordo com o *princípio da primazia* ou *da preeminência da lei*, afirma-se que a lei está, hierarquicamente, acima do regulamento. A atividade regulamentar ampla não pode contrariar aquela. Daí o direito brasileiro não admitir regulamentos revocatórios e suspensivos de normas legais. Está-se, aqui, diante da ideia de vinculação negativa, ou seja, da exigência de nulificação da atividade regulamentar contrária à lei.

Porém, no quadro do Estado Democrático de Direito, a relação lei *versus* atividade regulamentar não pode se esgotar numa dimensão meramente negativa. E, assim, exsurge o *princípio da precedência da lei*. Através dele, para além da vinculação negativa (dever de não contrariar), impõe-se igualmente uma vinculação positiva (dever de apontar o fundamento legal), de modo que se compreende, então, a atividade regulamentar como mecanismo que se presta para favorecer a aplicação da lei (por isso, em nosso sistema, são admitidos apenas os regulamentos de execução). E, com isso, emerge, destarte, uma terceira dimensão, que se expressa pelo *princípio da acessoriedade*, através do qual se demandará que a atividade regulamentar seja, sempre, acessória à lei e, assim, não possa tomar o lugar dela, não possa assumir o papel que a Constituição reservou à lei. A atividade regulamentar compreende a edição de atos normativos sujeitos à lei e dela dependentes. Nesta linha, portanto, como ensina Oswaldo Aranha Bandeira de Mello,

> os seus preceitos [da atividade regulamentar] constituem regras técnicas de boa execução da lei, para melhor aplicação. Complementar os seus preceitos, neles apoiados, como meros elementos de sua execução, como procedimentos de sua aplicação.[38]

---

[37] A propósito, cf. FAVOREU, Louis (Dir.). *Le domaine de la loi et du règlement*. 10ᵉ éd. Paris: Economica, 1981; TREMEAU, Jérôme. *La réserve de loi*: compétence législative et constitution. Paris: Economica, 1997.

[38] BANDEIRA DE MELLO, Oswaldo Aranha. *Princípios gerais de direito administrativo*. 3. ed. São Paulo: Malheiros, 2007. p. 312.

Finalmente, há que se fazer referência ao *princípio da autonomia da atribuição regulamentar*, segundo o qual a atribuição regulamentar independe de autorização legislativa, por já ter sido antes concedida pelo constituinte.

Diante desse contexto, compreende-se a ideia de que à lei cabe inovar originariamente a ordem jurídica e à atividade regulamentar cabe a criação de mecanismos para a fiel execução das leis.

Daí é inevitável reconhecer a inconstitucionalidade dos dispositivos antes citados do Decreto nº 7.724/2012, em face da afronta ao princípio da legalidade, na medida em que estabelecem obrigação de fazer às Organizações Sociais, notadamente no que se refere ao dever de dar publicidade a documentos sem previsão legal, e no dever de divulgar tais informações na internet, em sítio próprio. Isto porque, inexistindo legislação que determine tal obrigatoriedade, a atividade normativa secundária está fazendo as vezes do papel da lei, quebrando a garantia constitucional da reserva legal.

5 Considerações finais

O Estado Social e Democrático de Direito, para sua efetivação como um Estado vocacionado ao respeito da dignidade da pessoa humana em todas as suas dimensões, demanda um aperfeiçoamento da democracia. Faz-se necessária a criação de mecanismos que permitam ao cidadão um maior controle da gestão pública. É neste contexto que se insere a Lei nº 12.527/2011, como instrumento que visa à concretização do regime democrático, assegurando-se o atendimento do interesse público.

Entretanto, o incremento das práticas de controle deverá ser realizado de maneira a consagrar as garantias resguardadas pela Carta Constitucional.

Com isso, tem-se que a Lei da Transparência deverá incidir sobre as entidades do terceiro setor, notadamente sobre as Organizações Sociais, de modo a assegurar a devida divulgação às informações públicas que integram o acervo de tais entidades.

Entretanto, a aplicação dos dispositivos da citada lei deverá considerar que tais entidades ostentam personalidade jurídica de direito privado e não integram a Administração Pública, ainda que submissas em menor intensidade ao regime jurídico administrativo porquanto desempenham atividades de interesse coletivo. De qualquer forma é imperioso preservar o caráter privado das Organizações Sociais, que atuam como parceiras do Poder Público e, por esta razão, não poderão ser oneradas, principalmente em seus negócios privados, com obrigações que só se justificam em relação às entidades responsáveis pela gestão de recursos públicos.

Informação bibliográfica deste texto, conforme a NBR 6023:2002 da Associação Brasileira de Normas Técnicas (ABNT):

BACELLAR FILHO, Romeu Felipe; SCHIER, Adriana da Costa Ricardo. Direito à informação e a aplicação da Lei nº 12.527/11 às Organizações Sociais. *In*: BACELLAR FILHO, Romeu Felipe; HACHEM, Daniel Wunder (Coord.). *Direito público no Mercosul*: intervenção estatal, direitos fundamentais e sustentabilidade: anais do VI Congresso da Associação de Direito Público do Mercosul: homenagem ao Professor Jorge Luis Salomoni. Belo Horizonte: Fórum, 2013. p. 303-317. ISBN 978-85-7700-713-4.

O REGIME JURÍDICO DOS PARTIDOS POLÍTICOS NO BRASIL

TARSO CABRAL VIOLIN

> *En la democracia representativa contemporánea los partidos políticos desempeñan un papel estelar, al grado de que se les puede considerar consustanciales a ella, por lo que a pesar de sus vicios y desprestigio no se ha encontrado, hasta ahora, substituto para ellos.*
>
> (Jorge Fernández Ruiz)

Desde a conclusão do mestrado na Universidade Federal do Paraná, em 2006, e publicação da obra *Terceiro setor e as parcerias com a Administração Pública: uma análise crítica* — já na 2ª edição —, muitos colegas publicistas cobravam um estudo mais específico com relação aos partidos políticos no Brasil. Eis o momento.

A Constituição Social e Democrática da República Federativa do Brasil de 1988 determina que todo o poder emana do povo, e que o povo exerce esse poder por meio de representantes eleitos ou diretamente.

Se almejamos uma Democracia substancial — e não apenas formal —, se acreditamos na Democracia representativa — por mais que seja essencial também a Democracia participativa —, se acreditamos que o Estado ainda tem um papel essencial no campo econômico e no social, ainda mais em face dos ditames da Constituição Social e Democrática de Direito do Brasil, de 1988, o estudo dos partidos políticos é fundamental, pois, como aduz Hans Kelsen, "a moderna democracia funda-se inteiramente nos partidos políticos".

1 Dos partidos políticos

Quando Hans Kelsen trata do povo, em sua consagrada obra *A democracia*, dispõe que "um dos elementos mais importantes da democracia real" são os partidos políticos, que "agrupam os homens de mesma opinião, para lhes garantir influência efetiva sobre a gestão dos negócios públicos". Para ele, "os impulsos provenientes dos partidos políticos são como numerosas fontes subterrâneas que alimentam um rio que só sai à superfície na assembleia popular ou no parlamento, para depois correr em leito único do lado de cá". Kelsen diz que "a moderna democracia funda-se inteiramente nos partidos políticos, cuja importância será tanto maior quanto maior for a aplicação encontrada pelo princípio democrático". Segundo o autor:

> está claro que o indivíduo isolado não tem, politicamente, nenhuma existência real, não podendo exercer influência real sobre a formação da vontade do Estado. Portanto, a democracia só poderá existir se os indivíduos se agruparem segundo afinidades políticas, com o fim de dirigir a vontade geral para os seus fins políticos, de tal forma que, entre o indivíduo e o Estado, se insiram aquelas formações coletivas que, como partidos políticos, sintetizem as vontades iguais de cada um dos indivíduos.

Ainda, para Kelsen, "só a ilusão ou a hipocrisia pode acreditar que a democracia seja possível sem partidos políticos". Note-se que todo esse ideário kelseniano vem junto com a concepção de que a democracia direta não é mais possível em face das dimensões do Estado moderno e da multiplicidade dos seus deveres, e a democracia do Estado moderno é a indireta, parlamentar.[1]

Também um defensor dos partidos políticos, Antonio Gramsci entende que o partido político deve ser capaz de, ao mesmo tempo, elaborar e agir, deve proporcionar o surgimento de operadores de ideias, de novos projetos ideológicos, e não de determinar a simples reprodução de ideias de comando, e o compromisso do partido é servir de protótipo de sociedade do futuro e possibilitar a confrontação entre as mais diferentes correntes de pensamento.[2]

Pela essencialidade da existência de partidos políticos, o professor publicista mexicano Jorge Fernández Ruiz expõe que "en la democracia representativa contemporânea los partidos políticos desempeñan un papel estelar, al grado de que se les puede considerar consustanciales a ella, por lo que a pesar de suas vícios y desprestigio no se ha encontrado, hasta ahora, substituto para ellos".[3] O professor define partido político:

> Es la agrupación permanente de una porción de la población, vinculada por ciertos princípios y programas, derivados de sus interesses o de su interpretación del papel que corresponde a los depositarios del poder público y a los diversos segmentos sociales en el desarollo socioeconómico del Estado, con miras a hacerse de dicho poder para, en ejercicio del mismo, poner en práctica los princípios y programas que postula.[4]

---

[1] KELSEN. *A democracia*, p. 35-43. Sobre o Estado de partidos e o Estado com partidos, ver LEITE. Estado de partidos e Estado com partidos: considerações sobre as nuances do sistema partidário brasileiro e seus reflexos sobre a representação política. *Revista Brasileira de Direito Eleitoral – RBDE*, p. 13-40.

[2] GRAMSCI, Antonio. Maquiavel, a Política e o Estado Moderno *apud* MEZZAROBA. *Introdução ao direito partidário brasileiro*, p. 120-123. Gramsci alerta que "um jornal (ou um conjunto de jornais), uma revista (ou um grupo de revistas), são também eles 'partidos', 'frações de partidos' ou 'funções de um determinado partido'. Veja-se a função do *Times* na Inglaterra, a que teve o *Corriere dela Sera* na Itália, e também a função da chamada 'imprensa de informação', supostamente 'apolítica', e até a função da imprensa esportiva e da imprensa técnica" (GRAMSCI. *Maquiavel, a política e o Estado moderno*, p. 23).

[3] FERNÁNDEZ RUIZ. *Tratado de derecho electoral*, p. 241.

[4] FERNÁNDEZ RUIZ. *Tratado de derecho electoral*, p. 244.

Para Orides Mazzaroba, um estudioso dos partidos políticos no Brasil, cabe aos partidos políticos "indubitavelmente a tarefa de aglutinar as vozes individuais e transportá-la para a esfera do espaço público e, finalmente, para a estrutura do Estado".[5]

Norberto Bobbio ainda analisa que o partido político "compreende formações sociais assaz diversas, desde os grupos unidos por vínculos pessoais e particularistas às organizações complexas de estilo burocrático e impessoal, cuja característica comum é a de se moverem na esfera do poder político".[6]

O ex-Ministro do Supremo Tribunal Federal Carlos Mário da Silva Velloso e o jurista Walber de Moura Agra entendem que quem mais contribuiu para o aparecimento dos partidos políticos foram Lenin e Max Weber, o primeiro no sentido de que a classe trabalhadora se organizaria e tomaria o poder e seria o partido político importante para se chegar à sociedade sem classes, e Weber ao dividir os partidos em dois tipos, patronagem, que queriam chegar ao poder para adquirir benesses, e os ideólogos, que queriam implementar sua visão de mundo. Mas, conforme os autores:

> a idéia de criação de partidos políticos também foi muito criticada. Impingiam a eles a nefanda função de dividir a sociedade, gerando antagonismos e animosidades. Ainda maculavam sua função com a idéia de que serviria como um corpo intermediário entre o cidadão e o governo, impedindo a participação direta do cidadão nos negócios governamentais. Compartilhavam dessa opinião Rousseau e Hobbes.[7]

Num dos últimos textos de Max Weber, *Parlamento e governo na Alemanha reordenada*, o sociólogo faz uma crítica aos partidos políticos, que estariam virando organizações de indicação de cargos, os partidos ideológicos, que buscavam a consecução de ideais políticos, estariam se burocratizando no mau sentido da palavra.[8] Alerta, ainda, que "seus meios de alcançar o poder podem ser bem variados, indo da violência crua de qualquer tipo à disputa de votos através de expedientes grosseiros ou sutis: dinheiro, influência social, o poder oratório, sugestão, embustes primários".[9]

Eneida Desiree Salgado ressalta que "os partidos políticos são pessoas jurídicas de direito privado que desempenham importante função pública na democracia brasileira. Pelo desenho constitucional, detêm o monopólio para a apresentação de candidatos a cargos eletivos, a partir de uma seleção em seus próprios quadros, e são destinatários de garantias e vedações fixadas constitucionalmente".[10]

É difícil sob o ponto de vista prático implementarmos a Democracia *direta* nos moldes de Atenas dos séculos V e IV a.C. Assim, na Democracia *indireta* ou *representativa*, na qual os cidadãos escolhem seus representantes, a representação se faz por meio dos partidos políticos, já que não há no Direito Eleitoral brasileiro a possibilidade de candidaturas avulsas.

---

[5] MEZZAROBA. O partido político no Brasil: princípios constitucionais balizadores para criação e funcionamento. *In*: GONÇALVES; PEREIRA (Coord.). *Direito eleitoral contemporâneo*, p. 58.

[6] BOBBIO; MATTEUCCI; PASQUINO. *Dicionário de política*, p. 899.

[7] VELLOSO; AGRA. *Elementos de direito eleitoral*, p. 80.

[8] WEBER. *Parlamento e governo na Alemanha reordenada*: crítica política do funcionalismo e da natureza dos partidos, p. 47-48. Sobre o tema, ver, ainda, WEBER. *Economia e sociedade*, p. 544-560.

[9] WEBER. Classe, *status*, partido. *In*: VELHO (Org.). *Estrutura de classes e estruturação social*, p. 61-83.

[10] SALGADO. *Princípios constitucionais eleitorais*, p. 210. A professora paranaense é contrária ao voto distrital misto, e uma das razões é a possibilidade de enfraquecimento dos partidos políticos, com a eleição de "notoriedade de aldeia" (*op. cit.*, p. 168). Sobre os partidos políticos, consultar ainda as páginas 86 a 103 da obra citada.

Cada vez mais falamos em Democracia *semidireta* ou *mista*, que concilia mecanismos da Democracia direta (plebiscito, referendo e iniciativa popular) com os da Democracia representativa, o que seria uma democracia *participativa*. Mas neste trabalho trataremos basicamente dos partidos políticos, que são "donos" dos mandatos público-eletivos — e não as pessoas físicas eleitas —, nos termos de posição do Tribunal Superior Eleitoral consolidada pelo Supremo Tribunal Federal.[11] Posições essas severamente criticadas por Eneida Desiree Salgado, pois segundo a autora não há fundamento constitucional.[12]

Há no Brasil, portanto, monopólio dos partidos políticos para a postulação de candidatos nas eleições. Jorge Fernández Ruiz informa que no México nas eleições federais também há monopólio dos partidos, mas não nas eleições municipais, nas quais são permitidos candidatos independentes ou avulsos.[13]

2 História dos partidos políticos

Os partidos políticos surgiram na Inglaterra a partir da atuação de deputados na Assembleia, quando no século XVII começaram a contestar os excessos do poder monárquico absolutista. Inicialmente, lutavam pela implementação do Estado Liberal, com a garantia das liberdades individuais perante o Estado, e mais à frente os partidos políticos foram impulsionados pelos movimentos socialistas com a Revolução Industrial.

Existia o partido Conservador (Tories) e o partido Liberal (Whigs), e, ao mesmo tempo que surgia a burguesia industrial, a massa trabalhista foi formada por operários sindicalizados, sendo criado posteriormente o Partido Trabalhista (Labour Party), de cunho socialista reformista. Até hoje quem domina a política na Inglaterra é o Partido Conservador e o Partido Trabalhista.[14]

No Brasil há divergência sobre o surgimento dos partidos políticos. Para José Jairo Gomes,[15] foi em 1831 o surgimento do primeiro partido político, o Partido Liberal, e em 1838 o Partido Conservador, que dominaram todo o período do Segundo Reinado, entre a abdicação de Dom Pedro I e a proclamação da República em 15.11.1889, mas que ideologicamente eram muito semelhantes.

Entretanto, Vamireh Chacon esclarece que na verdade o primeiro foi o Partido da Independência, de 1822, mas que em 1821 já existiam facções pré-partidárias no Rio de Janeiro: os constitucionais (centro), os republicanos (esquerda) e os "corcundas"[16] (direita).

---

[11] TSE. Resoluções nºs 22.526/2007, 22.563/2007 e 22.610/2007 e Consulta nº 1.407/DF de 16.10.2007; e STF, em 04.10.2007: MS nºs 26.602, 26.603 e 26.604.

[12] SALGADO. A representação política e sua mitologia. *In*: FERNÁNDEZ RUIZ (Coord.). *Estudios de Derecho Electoral, memoria del Congresso Iberoamericano de Derecho Electoral*, p. 120. A autora ainda informa que a perda de mandato por infidelidade partidária foi discutida na constituinte, mas foi tese derrotada. SALGADO. *Constituição e democracia*: tijolo por tijolo em um desenho (quase) lógico: vinte anos de construção do projeto democrático brasileiro, p. 193.

[13] FERNÁNDEZ RUIZ. Los partidos políticos y la postulación de candidatos. *In*: FERNÁNDEZ RUIZ (Coord.). *Estudios de Derecho Electoral, memoria del Congresso Iberoamericano de Derecho Electoral*, p. 221-240.

[14] GOMES. *Direito eleitoral*, p. 81. José Afonso da Silva informa que antes já existiam facções, como os Guelfos e Gibelinos na Itália no século XII. SILVA. *Curso de direito constitucional*, p. 396.

[15] GOMES,. *Direito eleitoral*, p. 82.

[16] Inclusive "corcunda" ou "carcunda" era sinônimo de restaurador, regressista, reacionário, saudoso ativista do retorno do domínio colonial português, segundo Chacon (CHACON, Vamireh. *História dos partidos brasileiros*. 2. ed. UnB, 1985. p. 23).

Na visão de Jorge Fernández Ruiz os partidos políticos podem ser classificados por sua ideologia: de esquerda, de centro e de direita. Os de esquerda postulam a igualdade social, redistribuição de renda e a intervenção do Estado na economia, além de defenderem a classe trabalhadora; os de direita lutam por manter o *status quo*, a livre empresa, as diferenças sociais, econômicas e de renda, assim como o mercado livre, e protegem a classe empresarial; e os partidos de centro seriam intermediários e moderados entre as tendências.[17]

Na década iniciada em 1870, surgiu o Partido Republicano, decisivo na derrocada do Império em 1889. Com a Primeira República ocorreu a política do café com leite, depois a revolução de 1930 e o Estado Novo. Surgem então três importantes partidos: o PSD (Partido Social Democrático), a UDN (União Democrática Nacional) e o PTB (Partido Trabalhista Brasileiro). O Partido Comunista já existia e passou para a clandestinidade em 1948.

Com o golpe militar de 1964 e o AI-2, os partidos foram extintos dando início ao bipartidarismo entre a ARENA (Aliança Renovadora Nacional), partido da situação, e o MDB (Movimento Democrático Brasileiro), partido da oposição à ditadura militar. Os dois extintos em 1979. Inicia-se a redemocratização e a partir da década de 80 surgiram partidos como o PDS (ex-ARENA), PDT (criado por Leonel Brizola por ter perdido a sigla PTB), PT, PTB, PMDB (antigo MDB), e logo depois o PFL (de uma divisão do PDS) e o PSDB (de uma divisão do PMDB). Também nessa época voltaram a funcionar na legalidade partidos históricos como o PCB e o PCdoB.

Em 1978, pouco antes da redemocratização no Brasil, Fernando Henrique Cardoso — que em 1995 viraria presidente da República com o apoio de partidos advindos da ARENA — e Bolivar Lamounier fizeram a seguinte análise:

> As falhas da questão democrática no Brasil derivam da miopia ou da esperteza (que às vezes são a mesma coisa) das elites políticas que não se animam a enfrentar os verdadeiros problemas da representatividade e da democratização.
>
> Se as elites continuarem acreditando, como até agora, que o cheiro do povo faz mal à nação e que a diversidade e a contraposição de interesses é um risco à integração nacional que deve ser contido pela ação repressora, então a desconfiança face ao sistema político-partidário, e mesmo ao Estado, deixará de ser apanágio apenas dos que vivem nos limites extremos da cidadania, para constituir característica da lucidez na avaliação daqueles que, por formarem o núcleo mesmo da cidadania, ou por tentarem expressá-lo, acabarão por crer que a "apatia" e o "desinteresse" são uniformes adequados para esperar por dias melhores.[18]

Hoje no Brasil são três os maiores partidos políticos:

O Partido dos Trabalhadores (PT), que representa a centro-esquerda, é o partido do ex-presidente Luiz Inácio Lula da Silva (2003-2010) e da atual presidenta Dilma Rousseff. Além da presidenta, tem 88 deputados federais, 13 senadores e 5 governadores. Tem 28 prefeitos nas 100 maiores cidades brasileiras. Sua ideologia é a defesa de programas sociais estatais que busquem a diminuição das desigualdades, o Estado como importante agente na economia e no social, aceitando poucas privatizações, e a boa relação política e econômica entre os países da América Latina e do BRICS.

---

[17] FERNÁNDEZ RUIZ. *Tratado de derecho electoral*, p. 268.
[18] CARDOSO; LAMOUNIER. Introdução. *In*: CARDOSO; LAMOUNIER. *Os partidos e as eleições no Brasil*, p. 12-13.

O Partido do Movimento Democrático Brasileiro (PMDB) é de centro e costuma sempre apoiar o governo de plantão. Em alguns estados é um partido mais à esquerda, como no Paraná, e em outros estados mais à direita, como em Pernambuco. É o antigo MDB, partido de oposição na ditadura militar. Tem 79 deputados federais, 19 senadores e 5 governadores, 17 prefeitos nas 100 maiores cidades do Brasil, além do vice-presidente Michel Temer. Não tem uma ideologia definida.

O Partido da Social Democracia Brasileira (PSDB), dissidência do PMDB, desde o governo do ex-presidente Fernando Henrique Cardoso (1995-2002) é considerado de centro-direita, ao implementar políticas neoliberais-gerenciais de desmonte do Estado Social[19] e aliança com partidos conservadores. Tem 54 deputados federais, 10 senadores e 8 governadores, além de 13 prefeitos nas 100 maiores cidades do país. Com a ideologia de que o Estado deve apenas regular a economia, defende privatizações radicais e uma relação maior com os Estados Unidos da América, ao invés dos países da América Latina e outros emergentes.

Luís Virgílio Afonso da Silva, sobre o atual quadro político-eleitoral brasileiro, faz a seguinte análise:

> É notória a idéia de que os partidos políticos brasileiros pouco ou nada significam. É notório que, para vários candidatos, não faz diferença o partido pelo qual se candidatam, já que o importante é a campanha pessoal.
>
> O problema reside no incentivo à consolidação de grupos de deputados que, independente dos partidos a que pertençam e, consequentemente, do programa partidário que deveriam defender, pautem suas decisões apenas e tão somente por princípios corporativos, o que colabora ainda mais para perpetuar o caótico quadro parlamentar brasileiro.
>
> Enquanto forem adotadas listas não-hierarquizadas, com a possibilidade de voto nominal, as campanhas continuarão sendo feitas na base do compromisso e do carisma pessoal, e os partidos políticos, e consequentemente os programas partidários, continuarão a ser meras siglas e meros libretos inúteis e desconhecidos do eleitorado.
>
> É normal que o poder econômico influa [nas eleições], mas não é normal que seja o fator decisivo.[20]

Após esse histórico dos partidos políticos, analisaremos o regime jurídico dessas entidades.

3 O regime jurídico dos partidos políticos

As pessoas jurídicas podem ser de direito público ou de direito privado, e podem fazer parte do Estado, do mercado ou do chamado "terceiro setor".[21]

No Brasil, as pessoas jurídicas que fazem parte do Estado são a União, os estados, os municípios, as autarquias, as fundações autárquicas (ou fundações estatais de direito público) — estas, pessoas jurídicas de direito público; e as fundações estatais de direito privado, as empresas públicas e as sociedades de economia mista, pessoas jurídicas de direito privado.

---

[19] Sobre o tema, ver o nosso VIOLIN. *Terceiro setor e as parcerias com a Administração Pública*: uma análise crítica.

[20] SILVA. *Sistemas eleitorais*, p. 160-167.

[21] Sobre terceiro setor recomendamos o nosso VIOLIN. *Terceiro setor e as parcerias com a Administração Pública*: uma análise crítica.

As sociedades em geral, pessoas jurídicas de direito privado com fins econômicos ou lucrativos, que distribuem entre seus sócios os lucros, fazem parte do chamado mercado.

As entidades privadas sem fins econômicos ou lucrativos, que são pessoas jurídicas de direito privado que pertencem à sociedade civil organizada, não distribuem lucros entre os seus associados, são aquelas previstas no Código Civil brasileiro. Fazem parte do chamado "terceiro setor", ou da sociedade civil organizada.

Segundo o Código Civil brasileiro,[22] as pessoas jurídicas de direito privado sem fins econômicos ou lucrativos são:

a) as associações;

b) as fundações privadas;

c) as organizações religiosas; e

d) os partidos políticos, objeto de estudo do presente trabalho.

Por mais que a legislação não seja expressa, os partidos políticos não têm fins lucrativos, pois não podem distribuir seus lucros entre os membros da entidade.[23]

Portanto, os partidos políticos também fazem parte do chamado terceiro setor, pois não compõem nem o Estado em sentido estrito e muito menos o mercado, que seriam o primeiro e o segundo setores.[24]

Os partidos políticos são pessoas jurídicas de direito privado, não fazem parte do Estado, são elos de ligação e estão entre o Estado e a sociedade civil, mas fazem parte desta.

José Afonso da Silva conceitua partido político como "uma forma de agremiação de um grupo social que se propõe organizar, coordenar e instrumentalizar a vontade popular com o fim de assumir o poder para realizar seu programa de governo".[25]

Segundo Torquato Jardim, os partidos políticos surgem "ora de circunstâncias históricas, como os tradicionais partidos ingleses e americanos, saídos da Revolução Gloriosa e da Guerra Civil, ora da mobilização de interesses de classes, como os partidos operários na busca dos chamados direitos sociais; seja da força de uma forte personalidade carismática (caudilhismo), seja da luta pela imposição forçada de uma ideologia, como os partidos totalitários do passado recente".[26]

Entendemos que os incisos XVII, XVIII, XIX, XX e XXI do art. 5º da Constituição, que tratam das associações, aplicam-se, no que couber, aos partidos políticos:

> XVII - é plena a liberdade de associação para fins lícitos, vedada a de caráter paramilitar;
>
> XVIII - a criação de associações e, na forma da lei, a de cooperativas independem de autorização, sendo vedada a interferência estatal em seu funcionamento;
>
> XIX - as associações só poderão ser compulsoriamente dissolvidas ou ter suas atividades suspensas por decisão judicial, exigindo-se, no primeiro caso, o trânsito em julgado;

---

[22] Lei nº 10.406/2002, com a alteração realizada pela Lei nº 10.825/2003, que incluiu no rol as organizações religiosas e os partidos políticos.

[23] No mesmo sentido, MEZZAROBA. *Introdução ao direito partidário brasileiro*, p. 266.

[24] Fernando Mânica também cita as organizações partidárias como pertencentes ao terceiro setor (MÂNICA. *Terceiro setor e imunidade tributária*, p. 63).

[25] SILVA. *Curso de direito constitucional*, p. 395.

[26] *Op. cit.*, p. 94. O autor ainda informa que George Washington advertiu que os partidos políticos eram uma ameaça ao Estado, pois dividiam e agitavam o povo; Rousseau os condenava no Contrato Social, pois corrompiam e particularizavam a vontade geral; e o Código Penal francês de 1810 os baniu.

XX - ninguém poderá ser compelido a associar-se ou a permanecer associado;

XXI - as entidades associativas, quando expressamente autorizadas, têm legitimidade para representar seus filiados judicial ou extrajudicialmente;

Sobre os partidos políticos, o Supremo Tribunal Federal já se manifestou:

> Não se pode pensar em democracia sem partidos políticos, nem se pode deixar de assegurar-lhes posição proeminente dentro do funcionamento das instituições democráticas. Estas não existem sem partidos políticos e nem existem também com um partido único. (Voto do Ministro Néri da Silveira, ADIn nº 1.096 RS, 1995)

> Partidos políticos e Estado Democrático de Direito. – A Constituição da República, ao delinear os mecanismos de atuação do regime democrático e ao proclamar os postulados básicos concernentes às instituições partidárias, consagrou, em seu texto, o próprio estatuto jurídico dos partidos políticos, definindo princípios, que, revestidos de estatura jurídica incontrastável, fixam diretrizes normativas e instituem vetores condicionantes da organização e funcionamento das agremiações partidárias. Precedentes. – A normação constitucional dos partidos políticos — que concorrem para a formação da vontade política do povo — tem por objetivo regular e disciplinar, em seus aspectos gerais, não só o processo de institucionalização desses corpos intermediários, como também assegurar o acesso dos cidadãos ao exercício do poder estatal, na medida em que pertence às agremiações partidárias — e somente a estas — o monopólio das candidaturas aos cargos eletivos. – A essencialidade dos partidos políticos, no Estado de Direito, tanto mais se acentua quando se tem em consideração que representam eles um instrumento decisivo na concretização do princípio democrático e exprimem, na perspectiva do contexto histórico que conduziu à sua formação e institucionalização, um dos meios fundamentais no processo de legitimação do poder estatal, na exata medida em que o Povo — fonte de que emana a soberania nacional — tem, nessas agremiações, o veículo necessário ao desempenho das funções de regência política do Estado. As agremiações partidárias, como corpos intermediários que são, posicionando-se entre a sociedade civil e a sociedade política, atuam como canais institucionalizados de expressão dos anseios políticos e das reivindicações sociais dos diversos estratos e correntes de pensamento que se manifestam no seio da comunhão nacional. (MS nº 26603/DF, Relator Ministro Celso de Mello, 04.10.2007, Tribunal Pleno, e ADIn nº 1.096/RS, Relator Ministro Celso de Mello, 1995)

3.1 Os partidos políticos na Constituição de 1988

É o art. 17 da Constituição da República Federativa do Brasil de 1988 que normatiza os partidos políticos, no sentido de que "é *livre* a criação, fusão, incorporação e extinção de partidos políticos, resguardados a soberania nacional, o regime democrático, o pluripartidarismo, os direitos fundamentais da pessoa humana".

Segundo o dispositivo, os partidos políticos ainda devem ser constituídos com caráter nacional; não poderão receber recursos financeiros ou ser subordinados a entidades ou governos estrangeiros; devem prestar contas à Justiça Eleitoral; e devem seguir um funcionamento parlamentar de acordo com a lei.[27]

---

[27] Note-se que o partido político sendo uma entidade privada, aplica-se a ele o princípio da legalidade nos termos do direito privado, e não do direito público. Ou seja, ele pode fazer tudo aquilo que não for proibido. Ao contrário das entidades que fazem parte da Administração Pública, que podem fazer apenas aquilo que estiver previsto no ordenamento jurídico.

Só é admitido o registro do estatuto de partido político no TSE que tiver caráter nacional, assim considerado pela Lei dos Partidos Políticos apenas se comprovar o apoiamento de eleitores correspondente a, pelo menos, 0,5% dos votos dados na última eleição geral para a Câmara dos Deputados (não computados brancos/nulos), distribuídos em pelo menos 1/3 dos estados, com um mínimo de 0,1% do eleitorado que haja votado em cada um desses estados. Orides Mezzaroba entende que esse dispositivo legal é inconstitucional, pois o art. 17, §2º, da Constituição diz que os partidos políticos registrarão seus estatutos no TSE na forma da lei, e a lei criou uma nova cláusula de barreira. Mas alerta que se subentende que o STF define a lei como constitucional (Medida Liminar nº 1.355-6, ADI, PDT, voto de Carlos Velloso).[28]

A Constituição assegura aos partidos políticos *autonomia* para definir sua estrutura interna, organização e funcionamento, devendo seus estatutos estabelecer normas de disciplina e *fidelidade* partidária. A Lei nº 9.096/95 ainda dispõe que a ação do partido é exercida de acordo com seu estatuto e programa. Armando Antonio Sobreiro Neto alerta que a Constituição, "ao vincular a fidelidade à autonomia partidária, ensejou o que hodiernamente se entende por 'legendas de aluguel', vale dizer, a supremacia do interesse individual em detrimento do interesse público imanente ao papel dos partidos políticos".[29]

A Emenda Constitucional nº 52/2006 assegurou autonomia aos partidos políticos para que adotem os critérios de escolha e o regime de suas coligações eleitorais, sem obrigatoriedade de vinculação entre as candidaturas em âmbito nacional, estadual, distrital ou municipal, o que acabou com a obrigatoriedade de verticalização.

Os partidos políticos, após serem criados como pessoa jurídica de direito privado, na forma da legislação civil, segundo nossa Constituição deverão *registrar seus estatutos no Tribunal Superior Eleitoral.*[30]

Essas instituições, no Brasil, têm direito a recursos do fundo partidário e acesso gratuito ao rádio e à televisão, na forma da lei.

Por fim, é vedada a utilização, pelos partidos políticos, de organização paramilitar. A Lei dos Partidos Políticos é clara ao vedar que o partido ministre instrução militar ou paramilitar e adote uniforme para seus membros.

3.2 Outros mandamentos constitucionais sobre os partidos políticos

Os partidos políticos com representação no Congresso Nacional poderão impetrar mandado de segurança coletivo (art. 5º, LXX, "a"), ação direta de inconstitucionalidade e ação declaratória de constitucionalidade (art. 103).[31] Nos termos do art. 74, §2º, da Constituição, qualquer partido político (também cidadãos, associações ou sindicatos) é

---

[28] MEZZAROBA. *Introdução ao direito partidário brasileiro.* p. 251-252, 268.

[29] SOBREIRO NETO. *Direito eleitoral*, p. 86.

[30] A Lei dos Partidos Políticos define que, após o registro do estatuto do partido no TSE, fica assegurada a exclusividade da sua denominação, sigla e símbolos, e vedada a utilização, por outros partidos, de variações que venham a induzir a erro ou confusão.

[31] STF sobre o tema: "A posição institucional dos partidos políticos no sistema consagrado pela Constituição do Brasil confere-lhe o poder-dever de, mediante instauração do controle abstrato de constitucionalidade perante o STF, zelarem tanto pela preservação da supremacia normativa da Carta Política quanto pela defesa da integridade jurídica do ordenamento consubstanciado na Lei Fundamental da República" (ADIn nº 1.096. Relator Ministro Celso de Mello, 1995).

parte legítima para, na forma da lei, denunciar irregularidades ou ilegalidades perante o Tribunal de Contas da União.

Conforme o art. 62, §1º, I, "a", da Constituição (EC nº 32/2001), é vedada ao Presidente da República a edição de medidas provisórias relativas a partidos políticos e Direito Eleitoral, mesmo em casos de relevância e urgência.

É vedado aos juízes (art. 95, parágrafo único, III) e aos membros do Ministério Público (art. 128, §5º, II, "e") a dedicação à atividade político-partidária. Os militares ativos também não podem ser filiados a partidos políticos (art. 142, §3º, V).

É proibido ao Poder Público instituir impostos sobre patrimônio, renda ou serviços dos partidos políticos, inclusive suas fundações, atendidos os requisitos da lei (art. 150, VI, "c").

Nos termos do art. 14, §3º, da Constituição, o cidadão brasileiro, em pleno exercício dos seus direitos políticos,[32] alistado na Justiça Eleitoral, com domicílio eleitoral e idade mínima (35 presidente, 30 governador, 21 deputado e prefeito e 18 vereador), apenas poderá ser eleito ser for filiado a partido político. Portanto, uma das condições de elegibilidade é a filiação partidária.

4 O Código Eleitoral e a Lei dos Partidos Políticos

A Lei nº 4.737/65 (Código Eleitoral) expressa em seu art. 2º que "todo poder emana do povo e será exercido em seu nome, por mandatários escolhidos, direta e secretamente, dentre candidatos indicados por partidos políticos nacionais, ressalvada a eleição indireta nos casos previstos na Constituição e leis específicas". Segundo o seu art. 22, compete ao Tribunal Superior Eleitoral processar e julgar o registro e a cassação de registro de partidos políticos.

A Lei nº 9.096/95 dispõe sobre os partidos políticos no Brasil, ao regulamentar os arts. 14 e 17 da Constituição, e deixa claro que eles são pessoas jurídicas de direito privado destinadas a assegurarem, no interesse do regime democrático, a autenticidade do sistema representativo e a defenderem os direitos fundamentais definidos na Constituição Federal.

A lei assegura igualdade de direitos e deveres entre os seus filiados.

O requerimento do registro em cartório do Registro Civil das Pessoas Jurídicas,[33] da Capital Federal, deve ser subscrito por pelo menos 101 fundadores, com domicílio eleitoral em, no mínimo, 1/3 dos estados.[34]

Realizado o requerimento nos termos do ordenamento jurídico, será efetuado o *registro pelo cartório*, com a expedição de certidão. Adquirida a personalidade jurídica, o partido promoverá a obtenção do *apoiamento* mínimo para a comprovação do caráter nacional e realizará os atos necessários para a constituição de seus órgãos e escolha dos dirigentes. Ato contínuo, os dirigentes nacionais promoverão o *registro do estatuto do partido junto ao TSE*.[35]

---

[32] Direito de votar e de ser votado (ver art. 14 da Constituição).

[33] Registro público nos termos da Lei nº 6.015/73.

[34] O requerimento será acompanhado de cópia autêntica da ata de fundação; publicação no *Diário Oficial* do inteiro teor do programa e estatuto; relação dos dados dos fundadores; e indicação do nome e função dos dirigentes provisórios e o endereço da sede do partido na Capital Federal.

[35] Com o requerimento acompanhado do programa e estatuto registrados, certidão de registro civil e certidões dos cartórios eleitorais que comprovem o caráter nacional.

Qualquer alteração no programa ou estatuto deve ser registrada no cartório e no TSE.

No estatuto do partido deve constar o nome, a sigla e a sede em Brasília; normas sobre filiação, desligamento, direitos e deveres dos filiados; normas de organização e administração nos âmbitos municipal, estadual e nacional; duração dos mandatos e processo de eleição dos seus membros; normas disciplinares, financeiras e de contabilidade; critérios de distribuição dos recursos do fundo partidário; e o procedimento de reforma do programa e do estatuto.

A Lei dos Partidos Políticos foi alterada para a inclusão de norma que responsabiliza juridicamente cada órgão partidário municipal, estadual ou nacional que tiver cometido algum ato ilícito, ou possíveis dívidas, excluída a solidariedade entre eles.[36]

Sobre a filiação, a lei exige que apenas ocorrerá com eleitores em pleno gozo de seus direitos políticos, e que atendam as regras estatutárias. Para concorrerem em eleições devem estar filiados com um ano de antecedência das eleições, podendo o partido fixar prazo maior no estatuto, desde que não faça essa alteração em ano eleitoral. Para a desfiliação, o cidadão deve fazer comunicação escrita ao órgão de direção municipal e ao Juiz Eleitoral da sua Zona. Há cancelamento imediato da filiação partidária nos casos de morte, perda dos direitos políticos, expulsão e outras formas estatutárias. Nova filiação apenas no dia seguinte de sua desfiliação e, ocorrendo duplicidade de filiações, as duas serão nulas.

É o estatuto que define os deveres, tipifica as proibições, e fixa as penalidades e as normas sobre o processo administrativo para as apurações de possíveis ilícitos praticados pelos filiados, em conformidade ao devido processo legal.

Serão cancelados os registros em cartório e no TSE dos partidos que se dissolvam, se incorporem ou se fundem; ou que descumpram as determinações do art. 17 da Constituição da República.

Os partidos políticos, em todos os seus órgãos, devem manter escrituração contábil[37] que permita o conhecimento da origem de receitas e a destinação de despesas, sendo *vedado* receberem valores pecuniários ou estimáveis em dinheiro, inclusive por meio de publicidade, procedentes de:

a) entidades ou governo estrangeiros;

b) autoridades, órgãos ou entidades estatais, da Administração Pública direta e indireta, concessionárias de serviços públicos, ressalvadas as dotações do fundo partidário;

c) entidade de classe ou sindical.[38]

---

[36] Redação da Lei nº 12.034/2009.

[37] Deverá enviar, anualmente, à Justiça Eleitoral, o balanço contábil do último exercício, e, no ano em que ocorrem eleições, o partido deve enviar balancetes mensais à Justiça Eleitoral, durante os quatro meses anteriores e os dois meses posteriores ao pleito.

[38] Art. 31 da Lei dos PP: É vedado ao partido receber, direta ou indiretamente, sob qualquer forma ou pretexto, contribuição ou auxílio pecuniário ou estimável em dinheiro, inclusive através de publicidade de qualquer espécie, procedente de: I - entidade ou governo estrangeiros; II - autoridade ou órgãos públicos, ressalvadas as dotações referidas no art. 38; III - autarquias, empresas públicas ou concessionárias de serviços públicos, sociedades de economia mista e fundações instituídas em virtude de lei e para cujos recursos concorram órgãos ou entidades governamentais; IV - entidade de classe ou sindical.

Portanto, países estrangeiros e organizações não governamentais – ONGs (Greenpeace, por exemplo) não podem repassar dinheiro para os partidos políticos brasileiros.

Os partidos também estão proibidos de receber da União, dos estados e dos municípios, de qualquer um dos Poderes (Executivo, Legislativo, Judiciário, Ministério Público, Tribunais de Contas) qualquer contribuição.

A mesma vedação existe com relação às entidades da Administração Pública indireta, sejam as autarquias (INSS, Universidades Federais, Anatel), as fundações públicas de direito público (FUNAI) ou privado criadas pelo Poder Público (Fundação Padre Anchieta), empresas públicas (Caixa Econômica Federal, Correios) ou sociedades de economia mista (Petrobras, Banco do Brasil).

Também são vedados auxílios de qualquer concessionária de serviços públicos (Ecovia). Entendemos que essa proibição deve ser interpretada de forma ampla, ou seja, também estariam vedadas contribuições de empresas permissionárias de serviços públicos e entidades do terceiro setor que recebam dinheiro público para prestação de serviços ou atividades públicas, como as organizações da sociedade civil de interesse público (OSCIPs) e organizações sociais (OS).

Note-se que não é apenas a contribuição em dinheiro que está vedada, mas qualquer bem ou serviço estimável financeiramente. Portanto, os partidos políticos não podem receber emprestado, por exemplo, um caminhão de som de um sindicato ou de uma entidade de classe como o CREA (Conselho Regional de Engenharia e Arquitetura) ou a OAB (Ordem dos Advogados do Brasil).

Segundo o art. 36, II, da Lei dos PP, se desobedecidas essas vedações com o recebimento dos recursos mencionados, ficará o partido político suspenso de receber a participação no fundo partidário por um ano.

O fundo partidário, chamado de Fundo Especial de Assistência Financeira aos Partidos Políticos, é constituído por: multas pecuniárias; recursos financeiros destinados por lei; doações de pessoa física ou jurídica (desde que não vedadas); e dotações orçamentárias da União.[39]

Em ano eleitoral, os partidos políticos poderão aplicar ou distribuir pelas diversas eleições os recursos financeiros recebidos de pessoas físicas e jurídicas, observando-se o disposto no §1º do art. 23, no art. 24 e no §1º do art. 81 da Lei nº 9.504/97, e os critérios definidos pelos respectivos órgãos de direção e pelas normas estatutárias.

Os recursos do fundo partidário poderão ser aplicados na manutenção das sedes e serviços do partido, permitido o pagamento de pessoal (limite máximo de 50% do total recebido), na propaganda política; em campanhas eleitorais; manutenção de entidade de estudos políticos (mínimo de 20%); manutenção de programas de promoção da participação política das mulheres (mínimo de 5%). A Lei dos Partidos Políticos é expressa ao disciplinar que esses gastos não estão sujeitos ao regime da Lei nº 8.666/93, a Lei Nacional de Licitações e Contratos Administrativos.

Como se verifica do texto da Lei dos PP, é possível que os partidos apliquem os recursos do fundo partidário na criação e manutenção de fundação ou instituto de direito privado, destinado ao estudo e pesquisa, à doutrinação e à educação política.

---

[39] Em valor nunca inferior, cada ano, ao número de eleitores inscritos em 31 de dezembro do ano anterior ao da proposta orçamentária, multiplicados por trinta e cinco centavos de real, em valores de agosto de 1995.

Essa entidade será uma associação ou fundação privada, regida pelo Código Civil e não terá as "amarras" dos partidos. Essas entidades do terceiro setor têm total autonomia para contratar com instituições públicas e privadas, prestar serviços e manter estabelecimentos de acordo com suas finalidades, ou manter intercâmbio com instituições não nacionais. Possibilidades não permitidas aos partidos políticos.

Sobre o acesso gratuito ao rádio e à televisão, a Lei dos PP prevê a propaganda partidária gratuita, para a divulgação dos programas e eventos partidários, inclusive com a promoção da participação política feminina. É proibida a propaganda paga. As emissoras de rádio e televisão terão direito a compensação fiscal pela cedência do horário gratuito.[40]

Os partidos políticos podem utilizar gratuitamente escolas públicas ou Casas Legislativas para a realização de suas reuniões.

5 Da natureza jurídica dos partidos políticos

O italiano Pietro Virga considera os partidos políticos sob dois aspectos jurídicos: (a) como uma associação, uma união de pessoas estavelmente organizadas e juridicamente vinculadas para a consecução dos fins políticos comuns e como (b) órgão do Estado, no que tange à sua característica de grupo eleitoral e de grupo parlamentar. Biscaretti di Ruffia entende que são associações não reconhecidas e não são órgãos do Estado nem ente público controlado pelo Estado, mas sim entidades auxiliares do Estado, reconhecendo em sua atividade um exercício privado de funções públicas.[41]

Mas, para José Afonso da Silva, no Direito Constitucional brasileiro os partidos políticos são expressamente pessoas jurídicas de direito privado, que adquirem personalidade jurídica na forma da legislação civil, no cartório de Registro de Títulos e Documentos, para depois ter o seu registro no TSE. No mesmo sentido Orides Mezzaroba, J. J. Gomes Canotilho e Vital Moreira.[42]

Assim, não se aplica mais o art. 2º da Lei nº 5.682/71, que reconhecia aos partidos políticos a natureza de pessoas jurídicas de direito público interno, e que eles adquiriam personalidade jurídica com o registro no TSE. Note-se que mesmo na vigência desse dispositivo legal José Afonso já questionava essa natureza de direito público dos partidos.

Entretanto, Torquato Jardim, ex-Ministro do TSE, diz que os partidos políticos "deixam de ser mera associação civil, para se tornarem partido político no sentido próprio e, assim, *tornarem-se pessoa jurídica de direito público interno*, no plano do direito constitucional, quando do registro de seus estatutos no Tribunal Superior Eleitoral"[43] (grifos nossos).

O referido autor baseia sua posição em voto do Ministro Sepúlveda Pertence, que em nenhum momento dispõe que os partidos políticos, pessoas jurídicas de direito privado, transformam-se em pessoas jurídicas de direito público ao registrarem seus estatutos no TSE. O voto apenas informa que em determinados momentos os partidos políticos exercerão função pública no processo eleitoral e por isso devem ser controlados

---

[40] Ver Decreto nº 5.331/2005.

[41] *Apud* SILVA. *Curso de direito constitucional*, p. 404.

[42] MEZZAROBA. *Introdução ao direito partidário brasileiro*, p. 264.

[43] *Op. cit.*, p. 99.

pela Justiça Eleitoral, e que o registro de seus estatutos no TSE não fere a autonomia dos partidos para seus assuntos internos (TSE, Acórdão nº 12.209, Relator Ministro Américo Luz, voto do Ministro Sepúlveda Pertence, Recurso nº 9.464, *DJU*, 27 abr. 1992).

Discordando, com muito respeito, da conclusão de Torquato Jardim, entendemos que exercer determinadas funções públicas não transforma uma entidade privada em pessoa jurídica de direito público. Por mais que determinadas entidades privadas, que venham a exercer funções públicas, possam sofrer um influxo de normas de direito público, isso não altera o regime jurídico da entidade.

Seria o mesmo que dizer que as empresas privadas concessionárias que prestam serviços públicos, por estarem parcialmente adstritas ao regime jurídico-administrativo (deveres e poderes, prerrogativas e sujeições), transformar-se-iam em pessoas jurídicas de direito público pertencentes à Administração Pública indireta. Ora, as concessionárias continuam sendo empresas privadas de fora da Administração Pública, de direito privado, mesmo quando prestam serviços públicos, que é uma função pública, uma função administrativa.[44]

Assim, concordamos com a posição do professor José Afonso da Silva e da doutrina dominante no Direito Constitucional e Eleitoral brasileiro. Partidos políticos são entidades privadas que fazem parte do terceiro setor, da sociedade civil organizada. É entidade privada com estatuto registrado em cartório, quando passa a existir como pessoa jurídica.

Reafirmamos: não é porque o ordenamento jurídico exige que a entidade partidária também registre seu estatuto no TSE, que o partido se transformará em entidade de direito público.

Pessoas jurídicas de direito público são a União, estados e municípios e, por óbvio, os partidos políticos não teriam a mesma natureza jurídica dessas entidades. Se os partidos políticos fossem pessoas jurídicas de direito público, fariam parte da Administração Pública indireta. Seriam, assim, autarquias ou fundações autárquicas, que são criadas apenas mediante lei, nos termos do art. 37, inc. XIX, da Constituição. Não é um simples registro no TSE que transforma uma entidade de direito privado em pessoa jurídica de direito público.

Se o registro dos partidos políticos no TSE os transformasse em pessoas jurídicas de direito público, isso geraria reflexos inclusive no Direito Administrativo. Os partidos passariam a serem obrigados a realizar licitação prévia aos seus gastos, concurso público para a contratação de pessoal, entre outras obrigações típicas das pessoas jurídicas de direito público, e as de direito privado pertencentes à Administração Pública, nos termos do art. 37 da Constituição, entre outros dispositivos constitucionais e legais.

A condição de existência como pessoa jurídica dos partidos políticos é o registro do seu estatuto em cartório civil, como qualquer outra pessoa jurídica de direito privado. *O registro no TSE é uma condição de participação do jogo democrático, de recebimento de recursos públicos e acesso à TV*, mas não uma condição de existência.

O registro no TSE permite que o partido participe do processo eleitoral, receba recursos do fundo partidário e tenha acesso ao rádio e à TV; assim como assegura a exclusividade da sua denominação, sigla e símbolos, segundo a Lei dos Partidos Políticos.

---

[44] Sobre o regime jurídico-administrativo, serviço público, poder de polícia e demais temas do Direito Administrativo brasileiro, recomendamos BANDEIRA DE MELLO. *Curso de direito administrativo*.

A Lei das Eleições (nº 9.504/97), em seu art. 4º, estabelece que apenas poderá participar das eleições o partido que, até um ano antes do pleito, tenha registrado seu estatuto no Tribunal Superior Eleitoral, conforme o disposto em lei, e tenha, até a data da convenção, órgão de direção constituído na circunscrição, de acordo com o respectivo estatuto.

Enfim, os partidos políticos, por mais que exerçam atividades públicas, não são pessoas de direito público.[45]

6 Da obtenção do apoiamento

Cumpre observar que, após o partido político registrar seu estatuto em cartório, sendo criada a pessoa jurídica, a entidade deverá promover a obtenção do apoiamento mínimo para a comprovação do caráter nacional. E realizará os atos necessários para a constituição de seus órgãos e escolha dos dirigentes, para apenas depois o estatuto ser registrado também no TSE.

Para obter o caráter nacional, o partido deverá comprovar o apoiamento de eleitores correspondente a, pelo menos, 0,5% dos votos dados na última eleição geral para a Câmara dos Deputados (não computados brancos/nulos, o que hoje representa aproximadamente 500 mil assinaturas), distribuídos em pelo menos 1/3 dos estados (hoje são 27), com um mínimo de 0,1% do eleitorado que haja votado em cada um desses estados.

No Brasil, com a existência da fidelidade partidária, o prefeito de São Paulo, a maior cidade do país, Gilberto Kassab, resolveu criar um partido para que os políticos descontentes em partidos de oposição ao governo da Presidenta Dilma Rousseff (PT) pudessem sair de seus partidos, sem a perda do mandato, e participar de um partido que não fosse "nem de direita, nem de centro, nem de esquerda".

Principalmente políticos do Democratas (DEM, ex-PFL, ex-ARENA) e do Partido Progressista (PP, ex-PDS, ex-ARENA) poderiam se transformar em "independentes" e com maior facilidade ficar mais próximos das benesses do governo.

Criaram o Partido Social Democrático (PSD). O problema é que, além de ser criado para fugir da regra da fidelidade partidária e perda de mandato, há denúncias de que, para fins de conseguir o apoiamento necessário, o PSD utilizou até assinatura de pessoas mortas, além de prefeitos exigirem que seus servidores recolhessem as assinaturas necessárias, entre outras supostas irregularidades.[46] Mesmo assim foram conseguidas as assinaturas, o PSD foi registrado no TSE e hoje já é um dos maiores partidos do Brasil, com 47 deputados federais. Obtiveram, inclusive, por decisão do STF, tempo de TV e recursos do fundo partidário. Portanto, mesmo sem ter recebido nenhum voto, o STF entendeu que os parlamentares que se filiaram ao PSD levaram consigo os seus tempos de TV e percentual do fundo partidário, o que transformou o PSD num partido concorrido para alianças na eleição de 2012.

---

[45] Na Espanha os partidos políticos também são pessoas jurídicas de direito privado, conforme PÉREZ GALVEZ. *Los partidos politicos en España: studio sectorial. In*: FERNÁNDEZ RUIZ (Coord.). *Estudios de derecho electoral, memoria del Congresso Iberoamericano de Derecho Electoral*, p. 291-306.

[46] Conforme reportagem do jornal *Folha de S. Paulo* (LIMA. Coleta de assinaturas para criar PSD é alvo de dois novos inquéritos).

7 Resolução nº 23.282 do TSE, que disciplina a criação, fusão, incorporação e extinção dos partidos políticos

Por fim, por mais que para Eneida Desiree Salgado "não parece ser adequado [...] a edição de instrução pelo Tribunal Superior Eleitoral com conteúdo impositivo aos partidos, como o faz a Resolução nº 23.282, que 'disciplina a criação, organização, fusão, incorporação e extinção de partidos políticos'",[47] informamos algumas disciplinas dessa norma.

Além do que já está estipulado na Lei nº 9.096/95, a Resolução/TSE nº 23.282 normatiza, em especial:

a) que deverá ser publicado no *Diário Oficial da União* o inteiro teor do programa e do estatuto (art. 8º da Lei nº 9.096/95) aprovados em reunião de fundadores do partido político (art. 8º, parágrafo único);

b) o apoiamento de eleitores (após registro civil e antes do registro no TSE) se dará por meio de lista com nome completo, assinatura e número do título de eleitor; inclusive eleitores analfabetos, mediante aposição da impressão digital (conforme Resolução/TSE nº 21.853/2004);

c) a assinatura na lista de apoiamento não implica filiação partidária (Resolução/TSE nº 21.853/2004);

d) os cartórios eleitorais fazem a conferência das assinaturas e em 15 dias devem lavrar atestado e, havendo dúvida sobre a autenticidade das assinaturas, poderá determinar diligências. As listas serão divulgadas e podem ser impugnadas em 5 dias;

e) obtido o apoiamento mínimo, o partido constituirá seus órgãos de direção regional e municipal e nacional; fará o registro desses órgãos nos Tribunais Regionais Eleitorais, e depois o registro do Estatuto e do órgão de direção nacional no TSE;

f) os partidos deverão encaminhar ao TSE o nome da fundação de pesquisa, doutrinação e educação política de que trata o inc. IV do art. 44 da Lei nº 9.9096/95.

Apenas o número do título eleitoral pode constar das listas de apoiamento, e não o registro geral (RG), segundo Resolução nº 22.510/2007.

Além disso, essa lista de apoiamento deve ser física, não podendo ser realizada via internet, conforme Resolução/TSE nº 22.553. A legislação brasileira poderia ser alterada sobre o tema, uma vez que na atualidade existe a possibilidade de se fazerem listas pela internet com segurança, utilizando-se, por exemplo, assinaturas digitais.

8 Das conclusões

Diante de todo o exposto, concluímos que:

1 Em face da Constituição Social e Democrática de Direito da República Federativa do Brasil de 1988, na Democracia representativa, efetivada por meio de representantes eleitos pelo povo, o papel do partido político é essencial como agente intermediário para que o povo possa influenciar na formação do interesse público;

---

[47] SALGADO. *Os partidos políticos e o Estado democrático*: a tensão entre a autonomia partidária e a exigência de democracia interna. Texto no prelo. Ver, também, SALGADO. *Princípios constitucionais eleitorais*, p. 233-247.

2 Nos partidos políticos ocorrerão a confrontação dos ideais, das ideologias, que serão colocadas em debate para que o povo possa escolher o melhor projeto, dependendo das suas concepções e momento histórico vivido;

3 Não se quer, muito pelo contrário, deixar de lado a ideia de que o aprimoramento da Democracia participativa é essencial para o futuro de qualquer país, com uma sociedade que participa dos assuntos públicos independentemente dos partidos políticos, por meio dos movimentos sociais e demais instrumentos de controle do Estado disponibilizados para a sociedade civil organizada;

4 No Brasil, para que o cidadão participe do jogo da Democracia representativa, deverá se filiar a um partido político;

5 Os partidos políticos no Brasil são pessoas jurídicas de direito privado, são entidades sem fins lucrativos ou econômicos, que fazem parte da sociedade civil organizada, do chamado "terceiro setor" e não da Administração Pública;

6 Os partidos políticos são de livre criação, fusão, incorporação e extinção, em consonância com princípios como soberania nacional, Democracia, pluripartidarismo e direitos fundamentais da pessoa humana;

7 Os partidos políticos ainda deverão ser de âmbito nacional, sem subordinação ou dependência estrangeira; autônomos, mas ao mesmo tempo controlados pela Justiça Eleitoral; e funcionar conforme algumas regras definidas em lei;

8 Os partidos políticos, como pessoas de direito privado, começam a existir como pessoas jurídicas a partir do registro do seu estatuto em cartório; posteriormente deverão ter o apoiamento de um número representativo de brasileiros; e, ainda, deverão se registrar no Tribunal Superior Eleitoral, o que lhes permitirá receberem recursos do fundo partidário, acesso gratuito ao rádio e à televisão bem como exclusividade da sua denominação, sigla e símbolos. O registro no TSE é uma condição de participação do jogo democrático, mas não uma condição de existência;

9 Os partidos políticos não podem receber dinheiro de entidades estrangeiras, órgãos e entidades da Administração Pública, concessionárias de serviços públicos, entidades de classe/sindical e demais entidades do terceiro setor que sejam contratadas para prestação de serviços públicos sociais como organizações sociais (OS) e organizações da sociedade civil de interesse público (OSCIPs). Do Estado apenas é possível receber as dotações do fundo partidário;

10 Os partidos políticos não precisam realizar licitação para os gastos com os recursos do fundo partidário;

11 Os partidos políticos poderão criar ou manter fundação/associação do terceiro setor destinado ao estudo e pesquisa, à doutrinação e à educação política;

12 No Brasil, por mais que nossa Democracia ainda esteja em construção, uma vez que vivemos um longo período de ditadura militar, entre 1964 e 1985, e para a história de um país o período de Democracia é recente, os cidadãos brasileiros conseguem verificar cada dia a importância de seu voto e de se elegerem representantes que pensem no interesse público e na aplicação de nossa Constituição Social e Democrática de Direito, e não em interesses privados específicos. Mas apenas com um ordenamento jurídico que fortaleça os partidos políticos daremos um passo adiante, reduzindo o personalismo na política e com a implementação de um ideário mais coletivo nas decisões dos governos eleitos, seja no Poder Executivo, seja no Poder Legislativo.

13 Não foi objeto de estudo do presente trabalho, o que talvez seja efetivado em artigo futuro, mas propomos, para o fortalecimento dos partidos políticos e da própria

Democracia, o financiamento público de campanha, que aumentaria a isonomia entre candidatos das elites econômicas e os cidadãos em geral e permitiria que os programas partidários estivessem menos adstritos aos interesses do grande capital; como também o voto em lista fechada, o que diminuiria o personalismo na política brasileira e aumentaria a discussão sobre projetos políticos nas eleições, e não projetos pessoais.[48]

Referências

BANDEIRA DE MELLO, Celso Antônio. *Curso de direito administrativo*. 27. ed. São Paulo: Malheiros, 2010.

BOBBIO, Norberto; MATTEUCCI, Nicola; PASQUINO, Gianfranco. *Dicionário de política*. 12. ed. Brasília: UnB, 2004.

CARDOSO, Fernando Henrique; LAMOUNIER, Bolivar. Introdução. *In*: CARDOSO, Fernando Henrique; LAMOUNIER, Bolivar (Coord.). *Os partidos e as eleições no Brasil*. 2. ed. Rio de Janeiro: Paz e Terra, 1978.

CHACON, Vamireh. *História dos partidos brasileiros*. 2. ed. Brasília: UnB, 1985.

FERNÁNDEZ RUIZ, Jorge. Los partidos políticos y la postulación de candidatos. *In*: FERNÁNDEZ RUIZ, Jorge (Coord.). *Estudios de derecho electoral, memoria del Congreso Iberoamericano de Derecho Electoral*. México: [s.n.], 2011. p. 221-240.

FERNÁNDEZ RUIZ, Jorge. *Tratado de derecho electoral*. México: Porrúa, 2010.

GOMES, José Jairo. *Direito eleitoral*. 6. ed. São Paulo: Atlas, 2011.

GRAMSCI, Antonio. *Maquiavel, a política e o Estado moderno*. 7. ed. Rio de Janeiro: Civilização Brasileira, 1989.

JARDIM, Torquato. *Direito eleitoral positivo*. Brasília: Brasília Jurídica, 1998.

KELSEN, Hans. *A democracia*. 2. ed. São Paulo: Martins Fontes, 2000.

LEITE, Cassio Prudente Vieira. Estado de partidos e Estado com partidos: considerações sobre as nuances do sistema partidário brasileiro e seus reflexos sobre a representação política. *Revista Brasileira de Direito Eleitoral – RBDE*, Belo Horizonte, ano 3, n. 5, p. 13-40, jul./dez. 2011.

LIMA, Daniela. Coleta de assinaturas para criar PSD é alvo de dois novos inquéritos. *Folha de S. Paulo*, São Paulo, 29 jun. 2011.

MÂNICA, Fernando. *Terceiro setor e imunidade tributária*. Belo Horizonte: Fórum, 2005.

MEZZAROBA, Orides. *Introdução ao direito partidário brasileiro*. Rio de Janeiro: Lumen Juris, 2003.

MEZZAROBA, Orides. O partido político no Brasil: princípios constitucionais balizadores para criação e funcionamento. *In*: GONÇALVES, Guilherme de Salles; PEREIRA, Luiz Fernando Casagrande (Coord.). *Direito eleitoral contemporâneo*. Belo Horizonte: Fórum, 2008. p. 45-60.

PÉREZ GALVEZ, Juan Francisco. Los partidos politicos en España: studio sectorial. *In*: FERNÁNDEZ RUIZ, Jorge (Coord.). *Estudios de derecho electoral, memoria del Congreso Iberoamericano de Derecho Electoral*. México: [s.n.], 2011. p. 291-306.

SALGADO, Eneida Desiree. A representação política e sua mitologia. *In*: FERNÁNDEZ RUIZ, Jorge (Coord.). *Estudios de derecho electoral, memoria del Congreso Iberoamericano de Derecho Electoral*. México: [s.n.], 2011. p. 107-125.

SALGADO, Eneida Desiree. *Constituição e democracia*: tijolo por tijolo em um desenho (quase) lógico: vinte anos de construção do projeto democrático brasileiro. Belo Horizonte: Fórum, 2007.

SALGADO, Eneida Desiree. O sistema eleitoral brasileiro. *In*: SALGADO, Eneida Desiree (Coord.). *Sistemas eleitorais*. Belo Horizonte: Fórum, 2012. p. 139-172.

---

[48] Contra a proposta do voto fechado em lista, ver SALGADO. O sistema eleitoral brasileiro. *In*: SALGADO (Coord.). *Sistemas eleitorais*, p. 169.

SALGADO, Eneida Desiree. *Os partidos políticos e o Estado democrático*: a tensão entre a autonomia partidária e a exigência de democracia interna. No prelo.

SALGADO, Eneida Desiree. *Princípios constitucionais eleitorais*. Belo Horizonte: Fórum, 2010.

SILVA, José Afonso da. *Curso de direito constitucional*. 16. ed. São Paulo: Malheiros, 1999.

SILVA, Luís Virgílio Afonso da. *Sistemas eleitorais*. São Paulo: Malheiros, 1999.

SOBREIRO NETO, Armando Antonio. *Direito eleitoral*. 3. ed. Curitiba: Juruá, 2004.

VELLOSO, Carlos Mário da Silva; AGRA, Walber de Moura. *Elementos de direito eleitoral*. São Paulo: Saraiva, 2009.

VIOLIN, Tarso Cabral. *Terceiro setor e as parcerias com a Administração Pública*: uma análise crítica. 2. ed. Belo Horizonte: Fórum, 2010.

WEBER, Max. Classe, *status*, partido. *In*: VELHO, O. G. (Org.). *Estrutura de classes e estruturação social*. Rio de Janeiro: Zahar, 1967. p. 61-83.

WEBER, Max. *Economia e sociedade*. Brasília: Ed. UnB, 1999. v. 2.

WEBER, Max. *Parlamento e governo na Alemanha reordenada*: crítica política do funcionalismo e da natureza dos partidos. Petrópolis: Vozes, 1993.

Informação bibliográfica deste texto, conforme a NBR 6023:2002 da Associação Brasileira de Normas Técnicas (ABNT):

VIOLIN, Tarso Cabral. O regime jurídico dos partidos políticos no Brasil. *In*: BACELLAR FILHO, Romeu Felipe; HACHEM, Daniel Wunder (Coord.). *Direito público no Mercosul*: intervenção estatal, direitos fundamentais e sustentabilidade: anais do VI Congresso da Associação de Direito Público do Mercosul: homenagem ao Professor Jorge Luis Salomoni. Belo Horizonte: Fórum, 2013. p. 319-337. ISBN 978-85-7700-713-4.

PRINCÍPIOS INFORMADORES DA LEI DE ACESSO À INFORMAÇÃO

WEIDA ZANCANER

A Constituição Cidadã obrigou, em seu artigo 37, *caput*, a Administração Pública de qualquer dos Poderes a obedecer, entre outros, ao princípio da publicidade.

Ao alçar a publicidade à categoria de princípio, quis a Constituição que o exegeta privilegiasse a publicidade ao interpretar as normas constitucionais, pois, conforme leciona Celso Antônio Bandeira de Mello,

> Princípio é, pois, por definição, mandamento nuclear de um sistema, verdadeiro alicerce dele, disposição que se irradia sobre diferentes normas, compondo-lhes o espírito e servindo de critério para sua exata compreensão e inteligência, precisamente porque define à lógica da racionalidade do sistema normativo, conferindo-lhe a tônica que lhe dá sentido harmônico.[1]

Sem embargo, a Constituição, não fixou apenas o princípio da publicidade como norte para a Administração Pública. Fez mais, determinou o acesso dos usuários a registros e informações sobre atos de governo, com o fito de garantir-lhes a participação na Administração Pública direta e indireta.

O direito à informação, conferido aos cidadãos abrange, não apenas, os interesses particulares que lhes dizem respeito, mas abarcam, também, o direito de conhecer a vida intestina do Estado, de seus órgãos e pessoas auxiliares, pois estes, inobstante afetarem à coletividade como um todo, afetam a cada indivíduo singularmente.

Se, por um lado, a Constituição garantiu o amplo acesso à informação, por outro, deixou claríssimo que este não é irrestrito ou ilimitado, pois também privilegiou o direito à intimidade e à vida privada, condições essenciais à dignidade da pessoa humana.

A Lei nº 12.527, de 18 de novembro de 2011, veio dar concreção ao princípio da publicidade e regular de forma bastante clara sua aplicação, a fim de impedir que os chefetes ou tiranetes que pululam na Administração Pública brasileira amesquinhem o princípio da publicidade, emprestando-lhe contornos tão exíguos que o descaracterizem a ponto de impossibilitar sua aplicação.

---

[1] BANDEIRA DE MELLO, Celso Antônio. *Curso de direito administrativo*. 29. ed. São Paulo: Malheiros, 2012. p. 54.

A Lei de Acesso à Informação tem os seguintes destinatários, de conformidade com o disposto nos artigos 1º e 2º: *I – Os órgãos públicos da administração direta dos Três Poderes, de todas as esferas de governo, incluindo as Cortes de Contas e o Ministério Público; II - autarquias, fundações públicas, empresas públicas, as sociedades de economia mista e demais sociedades controladas direta ou indiretamente pela União, Estados, Distrito Federal e Municípios.*

É importante frisar que as entidades privadas, sem fins lucrativos, que recebam recursos públicos a qualquer título, também estão obrigadas, pela Lei da Transparência, a prestar informações sobre o emprego e a utilização desses recursos.

As entidades privadas ficam, portanto, desobrigadas de demostrar, publicamente, a utilização de recursos quando oriundos da iniciativa privada.

Como o direito à informação é a regra e o sigilo é a exceção, do pedido de acesso à informação só necessita constar a identificação do interessado e a especificação dos dados requeridos. As razões pelas quais alguém pleiteia as informações são pessoais e não interessam ao Poder Público.

A busca e o fornecimento da informação devem ser gratuitos, em obediência ao disposto no artigo 12 da lei em exame. Se o interessado necessitar reproduzir os documentos consultados arcará, apenas, com o custo e serviços dos materiais utilizados. Ficará desobrigado do pagamento referente à reprodução aquele que se declarar pobre nos termos da Lei nº 7.115/83.

O Poder Público deve colocar à disposição dos administrados todas as informações necessárias para que estes possam conhecer não apenas as informações de interesse público, mas a vida estatal em sua intimidade.

Para tanto, mister que o Estado e entidades auxiliares informem as políticas públicas e quais as formas de implementá-las e o façam através de fácil acesso, como a disponibilização desses dados via internet.

As informações prestadas pelos destinatários desta lei devem ser íntegras, primárias, autênticas e atualizadas. O dever de atualização não pode implicar manuseio deturpador da informação.

Qualquer um do povo tem acesso às informações: a) contidas em registros e documentos, produzidas ou acumuladas, recolhidas ou não em arquivo público; b) referentes à administração do patrimônio público, utilização de recursos públicos, licitação e contratos administrativos; c) à politica, organização e serviços públicos; d) registros de repasses ou transferências de recursos financeiros; e f) concernentes a procedimentos licitatórios, editais e contratos celebrados pelos destinatários desta lei.

A Lei nº 12.527 contempla a necessidade de não se olvidar das pessoas com deficiência. Assim, as informações divulgadas devem ser acessíveis às pessoas com deficiência, para que estas também possam conhecer os serviços postos à disposição da coletividade, usufruir de dados que possam ser de seu interesse e sindicar a atuação estatal.

Merecem proteção estatal informações pessoais e as necessárias à segurança nacional e ao desenvolvimento científico e tecnológico do Estado.

A Lei da Transparência derroga a restrição de acesso a documentos ou informações que impliquem violação dos direitos humanos.

Para as informações parcialmente sigilosas, o Estado dará acesso ao interessado, por certidão, da parte não sigilosa, ficando ilegível a parte sigilosa.

O sigilo só poderá ser invocado para a proteção da soberania nacional; a proteção dos territórios nacionais; da vida, segurança e saúde da população; estabilidade econômico-financeira e monetária do país e nos casos de pesquisas tecnológicas e científicas.

As informações pessoais, cerne da vida privada, bem como a honra e a imagem têm acesso restrito a certos agentes públicos e à própria pessoa por cem anos.

Esse acesso pode ser liberado pela própria pessoa ou pode ocorrer sem consentimento desta nos seguintes casos: 1) prevenção e diagnóstico médico de incapacitados, unicamente para tratamento médico; 2) cumprimento de ordem judicial; 3) a defesa de direitos humanos; 4) a proteção do interesse público geral e preponderante; 5) para a realização de estatísticas e pesquisas científicas, vedada a identificação da pessoa cujos dados foram coletados.

O §4º do artigo 31 da Lei de Acesso à Informação, explicita o já determinado no §3º, ao dispor: *A restrição de acesso à informação relativa à vida privada, honra e imagem de pessoa não poderá ser invocada com o intuito de prejudicar processo de apuração de irregularidades em que o titular das informações estiver envolvido, bem como em ações voltadas para a recuperação de fatos históricos de maior relevância.*

Como visto, a lei trabalha com dois princípios constitucionais básicos: a dignidade da pessoa humana e o interesse público.

Honra, vida privada e imagem fazem parte do núcleo do princípio básico: dignidade da pessoa humana.

Não há Estado de Direito sem dignidade da pessoa humana, mas também não há Estado de Direito sem *interesse público*.

Para tratar deste tema evoco as lições magistrais de Celso Antônio Bandeira de Mello, quando grafa: *interesse público deve ser conceituado como o interesse resultante do conjunto dos interesses que os indivíduos **pessoalmente** têm quando considerados **em sua qualidade de membros da Sociedade e pelo simples fato de o serem.***[2]

Ora, o interesse público pode, em raríssimos casos, é verdade, derrogar o direito à intimidade e à vida privada de uma pessoa em particular, como, por exemplo, quando alguém tem sua vida exposta, para a preservação de fatos históricos de interesse relevante para o país ou vê sua vida pregressa desnudada em razão de violação dos direitos humanos.

O interesse público enquanto princípio jurídico não se opõe, em tese, ao princípio X ou Y, é apenas, como diz Celso Antônio, *a visão coletivizada dos interesses individuais.*

Informação bibliográfica deste texto, conforme a NBR 6023:2002 da Associação Brasileira de Normas Técnicas (ABNT):

ZANCANER, Weida. Princípios informadores da Lei de Acesso à Informação. *In*: BACELLAR FILHO, Romeu Felipe; HACHEM, Daniel Wunder (Coord.). *Direito público no Mercosul*: intervenção estatal, direitos fundamentais e sustentabilidade: anais do VI Congresso da Associação de Direito Público do Mercosul: homenagem ao Professor Jorge Luis Salomoni. Belo Horizonte: Fórum, 2013. p. 339-341. ISBN 978-85-7700-713-4.

---

[2] BANDEIRA DE MELLO. *Curso de direito administrativo*, p. 62. Sobre o tema, *vide*, também, BACELLAR FILHO, Romeu Felipe; HACHEM, Daniel Wunder (Coord.). *Direito administrativo e interesse público*: estudos em homenagem ao Professor Celso Antônio Bandeira de Mello. Belo Horizonte: Fórum, 2010; e HACHEM, Daniel Wunder. *Princípio constitucional da supremacia do interesse público*. Belo Horizonte: Fórum, 2011.

PARTE III

SUSTENTABILIDADE

LICITAÇÕES NOS ESTADOS DO MERCOSUL: É POSSÍVEL SER ISONÔMICO E SUSTENTÁVEL AO MESMO TEMPO?

CLÓVIS BEZNOS

É possível instituir um marco regulatório para licitações e contratações no âmbito do Mercosul sem ferir a soberania dos países que o integram. Em primeiro lugar, também peço licença para discordar desta expressão "marco regulatório". Esta expressão, eu me lembro de um acórdão do Supremo Tribunal Federal em que o Eros Grau era relator e ele de repente suscitou: "Mas marco regulatório, o que é isso? Eu sempre pensei que era 'lei'!". E o ministro Sepúlveda Pertence disse: "Ministro, isso é coisa pra enganar jurista". E o Peluso atalhou: "Eu sempre pensei que isso era um nome de uma pessoa". O professor Márcio Cammarosano propôs substituir a expressão por "obelisco deôntico", mas eu tenho minha antipatia pela expressão por uma questão ideológica, porque marco dá a ideia de início, dá a ideia de uma estaca fincada num terreno vazio daonde se começa alguma coisa. Em São Paulo o marco zero é na Praça da Sé. E com isso se leva ao equívoco de se pensar que a disciplina de um determinado tema nasce com a lei, quando na verdade toda disciplina normativa nasce com a Constituição. Então eu quero lembrar o mestre Geraldo Ataliba que pregava isto, que se dava muito mais valor a um decreto, a uma portaria, mas se esquecia da Constituição. Em função da supremacia da Constituição é que eu rejeito esta expressão e agora o torno público.

A questão que é colocada envolve uma breve digressão sobre a natureza jurídica dos tratados, convenções, acordos internacionais, o que eles significam entre nós. Na verdade, tirante os tratados e convenções sobre os direitos fundamentais humanos que têm a natureza jurídica de emendas à Constituição, portanto têm o caráter constitucional, as demais emendas, já conforme reiteradamente decidido pelo Supremo Tribunal Federal, têm a natureza jurídica de lei ordinária, ou seja, têm o caráter de lei ordinária, o que significa que, pelo preceito de *lex posterior derrogat priori*, elas podem ser derrogadas pela lei ordinária, não obstante isso possa trazer muitas vezes complicações no aspecto internacional, mas a verdade é que pode.

Para tratar essa questão especificamente há que se fazer a distinção entre as licitações e contratações oriundas de financiamento do FOCEM (Fundo de Convergência Estrutural do Mercosul) e as comuns, não decorrentes de financiamento do FOCEM. Mas pra isso eu tenho que dizer o que é o FOCEM. O FOCEM é um fundo criado pelos Estados parte do Mercosul, exatamente para desenvolver uma série de atividades pertinentes às necessidades dos países envolvidos. Eu não vou aqui fazer um exame destas atividades, mas elas envolvem saúde, moradia, habitação e outra tantas. Como este fundo é constituído? Por uma doação anual de cem milhões de dólares, distribuída entre os Estados parte, Brasil, Argentina, Uruguai e Paraguai. E na verdade a peculiaridade quanto a esta constituição é que há uma distribuição de encargo de contribuição de acordo com o PIB de cada país, de sorte que o Brasil contribui com 70%, a Argentina com 27%, o Uruguai com 2% e o Paraguai com 1%, e a disponibilização deste financiamento em relação a estes países é o inverso. Brasil e Argentina têm apenas disponíveis 10% da arrecadação anual, cada um, enquanto que o Paraguai tem 47% e o Uruguai o resto. Então, com isto se faz já uma equalização em função da capacidade de contribuição e necessidade de cada país.

Há regras estabelecidas no regulamento do FOCEM. O primeiro regulamento foi baixado entre nós pelo Decreto nº 5.985 de 13 de dezembro de 2006, e o segundo regulamento é de 2010, pelo Decreto nº 7.362 de 22 de novembro de 2010. O professor Juarez Freitas falou na lei que alterou o artigo 3º da Lei nº 8.666/93, estabelecendo como finalidade da licitação, além da busca pelo melhor negócio, da isonomia, a contratação sustentável. Mas, além disto, esta lei estabeleceu uma série de outros requisitos, de outras disposições, no sentido da preferência do produto nacional. O artigo 5º e o artigo 7º falam em preferência dos produtos manufaturados e serviços nacionais, de sorte que as nossas licitações, atendendo a este dispositivo, as licitações internacionais, ou licitações internas, porém com a participação de empresas autorizadas a funcionar no país, estabelecem a preferência para determinado segmento de produtos em relação a bens manufaturados e serviços. Ocorre que já o acordo que estabeleceu o Mercosul fixava a igualdade dos participantes, sem qualquer discriminação. Então, nós temos aí um conflito entre o tratado internacional a que o Brasil aderiu e internalizou, e a lei atual que estabelece preferências. Então, como compatibilizar esta questão em termos de tratado?

Bom, na verdade eu devo dizer que um exame deste regulamento do FOCEM baixado pelo Decreto nº 7.362 de 22 de novembro de 2010 enuncia em primeiro lugar a igualdade de tratamento dos países dos Estados membros. Há uma igualdade preconizada. E existe também um dispositivo, tal como no caso da micro e da pequena empresa, que diz que essa igualdade se manterá ainda que as ofertas sejam 10%, haja uma diferença de 10%. E como se resolver o desempate? O desempate é resolvido em relação à aquisição de bens, seja quando a aquisição de bens seja a finalidade, seja quando a aquisição de bens seja meio para a prestação de outras atividades e serviços ou construção de obra pública, mas que esta produção de bens seja regional, ou seja, seja na região do Mercosul, e aí é feito o desempate. Todavia, persistindo a igualdade a questão se resolve pelo sorteio. Então os senhores estão vendo que há uma disciplina também em relação à licitação com financiamento pelo FOCEM.

Mas não é só isso: esse regulamento também toca na questão do meio ambiente. A leitura desse regulamento estabelece como requisito de aceitabilidade do produto, em última análise, que atenda o desenvolvimento sustentável. Então, quanto a esse aspecto é o mesmo; quanto ao aspecto da preferência, todavia, diverge. Bem, como solucionar? Eu entendo que, para estabelecer uma disciplina que vincule os Estados parte, não existe outra modalidade senão o tratado, acordo, enfim, com posição internacional. Não existe ninguém que tenha competência legislativa supranacional, logo, tem que haver um tratado, uma convenção. Este tratado, todavia, terá efeito de lei, de tal sorte que, em contraste com a lei nacional, ele pode ser revogado. Então o que eu digo é o seguinte:

no meu modo de ver esse citado pressuposto marco regulatório seria alcançado pelas contratações e licitações derivadas do fundo, porque a parte que quiser poderá se retirar do FOCEM, sem eliminar a disciplina do FOCEM, ou seja, tanto a parte de contribuições acertadas, quanto a parte de distribuição, de tal sorte que nós temos dois regimes possíveis em termos de licitação ligada ao Mercosul: uma licitação de caráter nacional ou internacional, financiada pelo próprio erário, e uma licitação financiada pelo fundo.

Na licitação financiada pelo erário, há também nessa lei que altera o artigo 3º a possibilidade de ser estendida aos Estados parte do Mercosul, de tal sorte que pode existir o mesmo critério de preferência estendido aos Estados parte. Mas, de qualquer sorte, se a licitação for para efeito de uma contratação com financiamento próprio do Estado parte, a disciplina será a do Estado parte. Todavia, se for uma licitação para ordenar uma contratação com fundos do FOCEM, essa licitação será feita pelo Estado parte com a sua disciplina e, além disso, com a do regulamento do FOCEM, o que significa o atendimento da igualdade e da preferência, não mais pela nacionalidade, mas simplesmente pelo critério da produção regional. Então eu creio que esta é a resposta que eu tenho para a pergunta que foi formulada.

Quanto à questão da sustentabilidade, entendo que ela não diz respeito apenas ao meio ambiente natural, mas, entre outros, parece-me que ela deve existir em relação ao meio ambiente urbano, ao tratar da ecologia referente ao homem, à ecologia humana, que também diz respeito ao seu *habitat*. E nós temos visto algumas incoerências do governo que altera o art. 3º da Lei nº 8.666/93 para incluir o desenvolvimento sustentável como objetivo das licitações, que baixa o Decreto nº 7.746/2012 para regulamentar essa questão, e, no entanto, produz um incentivo para a implementação maior da comercialização de veículos sem rodovias suficientes.

Eu falo de São Paulo. Em São Paulo alguém chega e diz: "Eu tenho uma boa notícia, acabou a hora do *rush*. Mas eu tenho uma má notícia: o *rush* agora é o dia inteiro". E é verdade, chegaremos um dia ao Cairo. Quem já foi ao Cairo terá enfrentado uma situação que para rodar uma "quadra" se leva às vezes duas horas, fora quando há jogo importante de futebol, daí realmente o egípcio vai para a televisão e abandona a via pública. A verdade é essa: que sustentabilidade? Que plano de sustentabilidade há para o meio ambiente urbano? Eu vejo que nenhum. Todo mundo aplaude se aumenta o financiamento — eu estou dando apenas um exemplo — de veículos e não há vias suficientes. Atende-se, na verdade, o anseio da indústria.

Aqueles que andam no trânsito de São Paulo, e provavelmente de outras cidades, já devem ter se acostumado com esse negócio de motoqueiros passando por entre os carros. Havia um dispositivo no Código de Trânsito Brasileiro que proibia essa prática. Surpreendentemente, todavia, foi vetado, evidentemente atendendo um interesse das indústrias asiáticas que queriam vender motos. Em São Paulo também houve o fenômeno do transporte clandestino de passageiros. De repente São Paulo foi infestado por bestas da Ásia, e por outros tipos de utilitários, e isso acabou com o transporte regular em vários locais do mundo, que eu me lembre na Cidade do México, e tal como ocorreu em São Paulo. Mas isso atendia o interesse de quem? Das empresas produtoras desses bens.

Eu só estou trazendo isso à baila porque é necessário ficar-se atento porque, normalmente, as pessoas que defendem esse equilíbrio sustentável, entre as quais eu me incorporo, esquecem-se de que existem outros interesses ecológicos relevantíssimos que dizem respeito à própria sobrevivência da vida da atual geração e também das futuras gerações, porque em São Paulo já existe um rodízio de um dia, e agora se fala em rodízio de dois dias, quer dizer, chegaremos realmente a uma paralisação total por falta de via, e todo mundo terá o seu automóvel. Isso atenderá o interesse de quem? Da indústria, de arrecadação do governo, mas não vai atender o interesse público. Era apenas isso que eu queria agregar, manifestando minha adesão à bandeira do professor Juarez Freitas na luta pela sustentabilidade, pela defesa da preservação ambiental.

Informação bibliográfica deste texto, conforme a NBR 6023:2002 da Associação Brasileira de Normas Técnicas (ABNT):

BEZNOS, Clóvis. Licitações nos Estados do Mercosul: é possível ser isonômico e sustentável ao mesmo tempo?. *In*: BACELLAR FILHO, Romeu Felipe; HACHEM, Daniel Wunder (Coord.). *Direito público no Mercosul*: intervenção estatal, direitos fundamentais e sustentabilidade: anais do VI Congresso da Associação de Direito Público do Mercosul: homenagem ao Professor Jorge Luis Salomoni. Belo Horizonte: Fórum, 2013. p. 345-348. ISBN 978-85-7700-713-4.

PROMOVENDO O DESENVOLVIMENTO SUSTENTÁVEL, NO MERCOSUL E NO BRASIL, PELA VIA DAS LICITAÇÕES E DOS CONTRATOS ADMINISTRATIVOS

DANIEL FERREIRA

Considerações prévias

Foi no ano de 1997 que, pela primeira vez, debruçamo-nos sobre o tema das licitações públicas no cenário internacional, o que se deu por ocasião do *I Congresso Sul-Americano de Direito Administrativo – O Direito Administrativo no Mercosul*, igualmente realizado na cidade de Foz do Iguaçu (PR).

Essa iniciativa consistiu em pequeno ensaio monográfico intitulado "As licitações públicas e seu regime jurídico no âmbito do Mercosul"[1] e que, afinal, restou agraciado com o prêmio *Valmir Pontes*.

Destarte, reprisar o tema, outra vez inspirado pelas Cataratas do Iguaçu, não constitui tarefa, mas renovado prazer, e serve para provar que a participação ativa de congressistas, mediante encaminhamento de artigos e monografias, bem pode refletir o "primeiro passo" na construção de uma carreira de pesquisa devidamente reconhecida pela sociedade científica.

Portanto, toda oportunidade deve ser aproveitada, porque todo caminho inicia em algum lugar, ainda quando não se saiba, de antemão, qual é o destino efetivamente pretendido.

Introdução

O objetivo principal deste artigo é verificar se as licitações e os contratos administrativos podem ou devem figurar como instrumento juridicamente idôneo para a deliberada promoção do desenvolvimento sustentável no Brasil e no Mercado Comum do Sul (Mercosul).

Para tanto, a investigação inicia por detalhar em que consiste o chamado desenvolvimento, sua predicação pleonástica como sustentável e, ademais, sua feição de

---

[1] FERREIRA. As licitações públicas e seu regime jurídico no âmbito do Mercosul. *GENESIS – Revista de Direito Administrativo Aplicado*, p. 922-929.

direito-dever, portanto contemplando sua multidimensionalidade intrínseca e as relações que se constroem nesse entorno.

Ou seja, analisa *o porquê, para quê* e *para quem* desse desenvolvimento, notadamente mediante a consideração de que todos os Estados partes do Mercosul figuram como membros da Organização das Nações Unidas desde 1945, entidade responsável pela "Declaração sobre o Direito ao Desenvolvimento" de 1986.

Afinal, revela certa crítica acerca da atuação dos Estados partes na promoção do desenvolvimento e traz a lume as alterações havidas na Lei nº 8.666/93 e que colocam essa diretiva como terceira finalidade legal da licitação pública no Brasil, ao lado da garantia da isonomia e da seleção da proposta mais vantajosa.

Enfim, este breve ensaio revisita outros, na expectativa de constar se houve ou não evolução na harmonização das normas regionais acerca das licitações e dos contratos administrativos, inclusive em relação ao cumprimento de uma função social.

Compreendendo o desenvolvimento como necessariamente sustentável

De fato, nem é preciso referir a desenvolvimento *sustentável* porque onde houver desenvolvimento há de haver sustentabilidade.

Nada obstante, a predicação do termo serve de reforço retórico, ainda que pleonástico, no sentido de advertir acerca da multidimensionalidade intrínseca do desenvolvimento, que pressupõe, no mínimo, *crescimento econômico socialmente justo e benigno do ponto de vista ambiental,* de forma a externar um tripé de valores/interesses simultaneamente reclamados. Mas a eles se somam, ainda, outros fatores, como de índole cultural e política.

Crescimento econômico

O Crescimento econômico é usualmente mensurado por meio do Produto Interno Bruto (PIB), que tem por escopo representar a soma de todos os bens e serviços finais produzidos em determinado tempo e em certo território. Crescendo o PIB (e, pois, a disponibilidade objetiva desses bens e serviços finais) cresce a economia.

Contudo, ainda assim persiste um problema, qual seja a referida disponibilidade objetiva não se apresenta assim para todos, ficando os menos favorecidos alijados da sua fruição por falta de condições econômico-financeiras de acesso.

Melhor dizendo, o crescimento econômico tende a produzir efeitos benéficos para alguns; não necessariamente para todos.

Minimização das desigualdades e inclusão social mediante geração de empregos e (melhor) distribuição de renda

Não por acaso, Ignacy Sachs afirma que o crescimento é *conditio sine qua non* para o desenvolvimento, mas não suficiente em si. O aumento do PIB pode permanecer insensível à melhor distribuição de renda ou acentuar ainda mais as desigualdades sociais, beneficiando uma pequena minoria já originalmente abastada.[2]

---

[2] SACHS. *Rumo à ecossocioeconomia*: teoria e prática do desenvolvimento, p. 97, 99.

O crescimento econômico deve, pois, vir necessariamente acompanhado da geração de empregos e (melhor) distribuição de renda e de riquezas, propiciando que mais pessoas possam pretender melhorar sua condição de vida (no caminho da dignidade) mediante acesso razoável aos novos bens e serviços colocados à disposição.

Assim, abre-se espaço para a adequada utilização do Índice de Desenvolvimento Humano (IDH), que, mentado para comparar países em relação ao grau de desenvolvimento humano, usa como referenciais a expectativa de vida ao nascer, o acesso ao conhecimento e o padrão de vida das pessoas (PIB *per capita*).

Prevenção e precaução relativamente às mudanças e danos irreversíveis ao meio ambiente

É preciso, ainda, "minimizar as mudanças irreversíveis e, sobretudo, os danos irreversíveis" ao meio ambiente, sob pena de revelação do "mau-desenvolvimento".[3]

Ou seja, é preciso considerar que o crescimento econômico usualmente traz consigo nefastos efeitos ao meio ambiente, quer pela utilização desmedida de recursos naturais finitos, quer pelo fato de a atividade produtiva naturalmente (*sic*) gerar resíduos.

Talvez por isso a insistência em justapor desenvolvimento e sustentabilidade, aqui tomada em sua feição ambiental propriamente dita, que conduziu José Eli da Veiga a previamente justificar e, afinal, concluir que *sociambientalismo* se escreve junto, "sem hífen", compondo algo que essencialmente é indissociável.[4]

Sustentabilidade econômica, social e ambiental

Entretanto, também a sustentabilidade comporta diversas especializações, notadamente em seara econômica, social e ambiental, ao assumir como núcleo essencial sua perspectiva de constância, de estabilidade, de efeitos para o futuro.

É dizer, e ilustrativamente, que só se propõe a temática da sustentabilidade econômica da atividade empresarial quando houver crescimento e resultados aptos a permitir reinvestimentos ordinários. Isto é, uma atividade empresarial não lucrativa está fadada ao fracasso, tanto pela falta de competitividade no mercado como pela inviabilização da inovação.

O desenvolvimento como necessariamente sustentável

Em suma, tanto quanto o socioambientalismo, o desenvolvimento também mira o futuro, pretendendo comportamentos como coletivamente desejados daqui a cinco, cinquenta e quinhentos anos.

Desse modo, eventuais picos de crescimento econômico, de distribuição de renda e geração de empregos ou de conscientização ambiental nada têm a ver com desenvolvimento, porque este — reprise-se à exaustão — reclama estabilidade, constância no

---

[3] SACHS. *Rumo à ecossocioeconomia*: teoria e prática do desenvolvimento, p. 99.

[4] VEIGA. *A emergência socioambiental*, p. 127-129. José Eli da Veiga registra, ainda, que "para que seja compreendida a relação dialética que existe entre as temáticas do desenvolvimento e da sustentabilidade, ou do crescimento econômico e da conservação ambiental, são necessários conhecimentos sobre os comportamentos humanos (ciências sociais e humanas), sobre a evolução da natureza (ciências biológicas, físicas e químicas) e sobre suas configurações territoriais, três âmbitos que interagem e se sobrepõem, afetando-se e condicionando-se mutuamente. O que significa que as revoluções científicas iniciadas por Darwin e Marx não podem continuar a ser subestimadas. Pode parecer estranho, mas o processo de adoção do termo *socioambiental* nada tem de fortuito ou de acaso. Responde a uma necessidade objetiva. A um imperativo que nunca poderá ser entendido — e muito menos explicado — por quem insista em negar ou rejeitar que a relação entre cultura e natureza tenha um caráter essencialmente dialético" (VEIGA. *A emergência socioambiental*).

rumo certo da ecossocioeconomia. Os acertos não são aleatórios ou episódicos, fazem parte, necessariamente, da realização material de um projeto calçado no planejamento.

O porquê do desenvolvimento, para quê e para quem

Mas, afinal, existe alguma razão, e "jurídica-de-ser", para uma deliberada preocupação com o desenvolvimento, especialmente do Estado?

Sim. De fato, o desenvolvimento não constitui um presente, uma benesse. Ao revés, constitui direito fundamental reconhecido na "Declaração sobre o Direito ao Desenvolvimento" — adotada pela Resolução nº 41/128 da Assembleia Geral das Nações Unidas, de 1986.

Isso não significa dizer, todavia, que todos tenham direito a ele indiferentemente, ou seja, mesmo aqueles em injustificada inércia. É preciso fazer-se merecedor dele e, ao mesmo tempo, permitir-se que as pessoas possam almejar alcançá-lo e não de forma a perpetuar as desigualdades materiais, mas de modo a propiciar meios de igualização formal.

Nesse ambiente é que ganha relevo a adoção de ações afirmativas, expressivas de políticas públicas e/ou de determinações normativas, sejam elas internacionais ou nacionais (e, pois, constitucionais, legais e mesmo regulamentares).

Desenvolvimento como direito fundamental de solidariedade

Como anotam Peixinho e Ferraro,

> o direito do desenvolvimento é considerado na categoria de "direito de solidariedade" pertencente à terceira geração dos direitos humanos. [...]
>
> [...] direito ao desenvolvimento é um processo no qual os direitos fundamentais e liberdades fundamentais possam ser plenamente realizados e que todas as pessoas humanas e todos os povos devem participar deste processo, uma vez que participação é um dos pontos centrais do direito ao desenvolvimento. [...]
>
> Contudo, o problema para o desenvolvimento está na falta de efetividade das normas, quer por falta de interesse político e da insuficiente iniciativa da sociedade civil no controle dos atos públicos. No entanto, existem instrumentos jurídicos que podem direcionar a atuação estatal rumo ao desenvolvimento, a exemplo da adoção de políticas públicas aliadas à transparência na gestão pública e ao controle do Judiciário que podem ser o elo entre a positivação constitucional e a efetivação do direito ao desenvolvimento.[5]

Portanto, conforme o caso, deixar de promover o desenvolvimento não equivale a um simples descumprimento de dever ético, moral[6] ou mesmo jurídico; revela desatenção qualificada em desprestígio a direito fundamental.[7]

---

[5] PEIXINHO; FERRARO. Direito ao desenvolvimento como direito fundamental. *In*: CONGRESSO NACIONAL DO CONPEDI, p. 6971.

[6] Nada obstante, o direito moral ao desenvolvimento é evidente: "A moralidade é o fundamento do direito ao desenvolvimento porque, se se conectar os aspectos individual e coletivo deste direito, percebe-se ele como possibilitador de alcance dos projetos de felicidade, tanto individuais quanto coletivos. Se a função do Direito, no final das contas, é esta, parece claro que se se partir da idéia de que o direito ao desenvolvimento permite maior desenvolvimento do sujeito, então está fundamentado o direito ao desenvolvimento, por que seria uma máxima generalizável temporalmente e espacialmente" (RECK. Fundamentos filosóficos do direito ao desenvolvimento sustentável. *In*: BACELLAR FILHO; GABARDO; HACHEM (Coord.). *Globalização, direitos fundamentais e direito administrativo*: novas perspectivas para o desenvolvimento econômico e socioambiental: Anais do I Congresso da Rede Docente Eurolatinoamericana de Direito Administrativo, p. 147).

[7] "[...] a efetivação dos direitos sociais, econômicos, culturais e ambientais não é apenas uma obrigação moral dos Estados, mas também uma obrigação jurídica, que tem por fundamento os tratados internacionais de proteção

Nesta mesma linha de raciocínio, assumindo o desenvolvimento como direito que é — de índole econômica, ambiental e social (pelo menos), e, ainda, *fundamental* —, então em face dele é que se propõe verificar o papel do Estado — dos Estados integrantes do Mercosul, melhor dizendo — na consecução desse desiderato.

Desenvolvimento no Mercosul

Nem é preciso investigar as constituições ou mesmo a legislação dos países integrantes do Mercosul para verificar o seu dever em relação à promoção do desenvolvimento (sustentável). Para facilitar, basta confirmar quais se obrigavam (e ainda se obrigam) por conta da Resolução nº 41/128:

ARTIGO 2º

§1. A pessoa humana é o sujeito central do desenvolvimento e deveria ser participante ativo e beneficiário do direito ao desenvolvimento.

§2. Todos os seres humanos têm responsabilidade pelo desenvolvimento, individual e coletivamente, levando-se em conta a necessidade de pleno respeito aos seus direitos humanos e liberdades fundamentais, bem como seus deveres para com a comunidade, que sozinhos podem assegurar a realização livre e completa do ser humano e deveriam por isso promover e proteger uma ordem política, social e econômica apropriada para o desenvolvimento.

§3. *Os Estados têm o direito e o dever de formular políticas nacionais adequadas para o desenvolvimento, que visem ao constante aprimoramento do bem-estar de toda a população e de todos os indivíduos, com base em sua participação ativa, livre e significativa, e no desenvolvimento e na distribuição eqüitativa dos benefícios daí resultantes.*

ARTIGO 3º

§1. *Os Estados têm a responsabilidade primária pela criação das condições nacionais e internacionais favoráveis à realização do direito ao desenvolvimento.*

§2. A realização do direito ao desenvolvimento requer pleno respeito aos princípios do direito internacional, relativos às relações amistosas de cooperação entre os Estados, em conformidade com a Carta das Nações Unidas.

§3. *Os Estados têm o dever de cooperar uns com os outros para assegurar o desenvolvimento e eliminar os obstáculos ao desenvolvimento.* Os Estados deveriam realizar seus direitos e cumprir suas obrigações, de modo tal a promover uma nova ordem econômica internacional, baseada na igualdade soberana, interdependência, interesse mútuo e cooperação entre todos os Estados, assim como a encorajar a observância e a realização dos direitos humanos.

ARTIGO 4º

Os Estados têm o dever de, individual e coletivamente, tomar medidas para formular as políticas internacionais de desenvolvimento, com vistas a facilitar a plena realização do direito ao desenvolvimento. É necessária ação permanente para promover um desenvolvimento mais rápido dos países em desenvolvimento. Como complemento dos esforços

---

dos direitos humanos, em especial o Pacto Internacional dos Direitos sociais, econômicos, culturais e ambientais. Os estados têm, assim, o dever de respeitar, proteger e implementar os direitos [...] enunciados no Pacto. [...] Nos termos em que estão previstos pelo Pacto, estes direitos apresentam realização progressiva, estando condicionados à atuação do Estado, que deve adotar todas as medidas, até o máximo de seus recursos disponíveis, com vistas a alcançar progressivamente a completa realização desses direitos (pacto, art. 2º, §1º)" (PIOVESAN. Direitos sociais, econômicos, culturais e ambientais e direitos civis e políticos. *In*: SILVA; OLIVEIRA (Coord.). *Socioambientalismo*: uma realidade: homenagem a Carlos Frederico Marés de Souza Filho, p. 129).

dos países em desenvolvimento, uma cooperação internacional efetiva é essencial para prover esses países de meios e facilidades apropriados para incrementar seu amplo desenvolvimento. [...]

ARTIGO 10º

Os Estados *deverão tomar medidas para assegurar o pleno exercício e o fortalecimento progressivo do direito ao desenvolvimento*, incluindo a formulação, adoção e implementação de políticas, medidas legislativas e outras, em níveis nacional e *internacional*. (grifos nossos)

Nessa toada, até se pode considerar que um marco regulatório comum acerca do desenvolvimento "regional" dos integrantes do bloco — originalmente constituído de Argentina, Brasil, Paraguai e Uruguai — seria mais do que útil,[8] mas é preciso relembrar que todos eles ingressaram na ONU quando da sua criação, em 1945, oportunidade em que o desenvolvimento (ainda despreocupado do meio ambiente) assumia o papel de assunto central. E isso estava literalmente assentado na Carta assinada em São Francisco, que assim estipulava em seu artigo 55:

Com fim de criar a condição de estabilidade e bem-estar, necessárias às relações pacíficas e amistosas entre as Nações, baseada no respeito ao princípio de igualdade de direito e de autodeterminação dos povos, as Nações Unidas promoverão: a) *a elevação dos níveis de vida, o pleno emprego e condições de progresso e desenvolvimento econômico*; b) *a solução dos problemas internacionais econômicos, sociais, de saúde e conexos*, bem como a cooperação internacional, de caráter cultural e educacional; c) o respeito universal e efetivo dos direitos de homem e das liberdades fundamentais para todos, sem distinção de raça, sexo, língua ou religião. (grifos nossos)

Portanto, a Resolução nº 41/128, de 04 de dezembro de 1986, apenas veio melhor esclarecer e reiterar aquilo que se declarava coletivamente em 1945 de sorte que os Estados partes do Mercosul sempre se obrigaram, *individual* e *coletivamente*, em relação ao desenvolvimento dos seus nacionais e de todos os cidadãos do bloco.

A questão da sustentabilidade (ambiental), por sua vez, veio a integrar a pauta de discussões internacionais na Conferência das Nações Unidas sobre Meio Ambiente de 1992, realizada no Rio de Janeiro. Ali se consagrou que o direito (humano) ao desenvolvimento não deve se basear "somente na perspectiva econômica, mas numa visão humanista de desenvolvimento, que leve em consideração os seguintes termos: 'o social no comando, *o ecológico enquanto restrição assumida* e o econômico em seu papel instrumental'".[9]

O modelo brasileiro de desenvolvimento (nacional)

Certamente sensível a isto tudo, o Constituinte de 1988 antecipadamente anunciou para que veio a República Federativa do Brasil e a reconheceu, de plano, como fundada em certos valores e plasmada para atingimento de deliberados fins. Melhor dizendo,

---

[8] Sobre o desenvolvimento em sua feição ambiental, confira: GUTIERREZ, Maria Bernadete Sarmiento. Desenvolvimento sustentável no Mercosul: a proposta de um marco regulatório. Disponível em: <http://www.ipea.gov.br/pub/td/td0580.pdf>. Acesso: 11 ago. 2012; e ainda: FARIA. Licitação e compras sustentáveis. *Revista Zênite – Informativo de Licitações e Contratos – ILC*, p. 588-591.

[9] KINOSHITA; FERNANDES. O direito ao desenvolvimento como um Direito Humano e prerrogativa dos Estados nas relações internacionais do século XXI. *Âmbito Jurídico*.

Nossa capacidade política, humanismo e tolerância é que transmutam indivíduos em pessoas e as pessoas em uma coletividade que dá vida ao Estado. E se o estado morresse, ainda assim restaria o seu espírito. Porque é dele que se torna possível cobrar o desenvolvimento necessário à garantia do interesse público, buscando-se sempre um retorno à Constituição de 1988, como símbolo do projeto socializador de um povo que não desiste de ser justo, solidário e feliz.[10]

E isso se constata no próprio texto constitucional. Dada a importância, em seu art. 3º a Constituição de 1988 fixou como "objetivos fundamentais" da República (i) construir uma sociedade livre, justa e solidária; (ii) garantir o desenvolvimento nacional; (iii) erradicar a pobreza e a marginalização e reduzir as desigualdades sociais e regionais; e (iv) promover o bem de todos, sem preconceitos de origem, raça, sexo, cor, idade e quaisquer outras formas de discriminação.

Ou seja, é com essa vocação que se deve conceber o Estado brasileiro, portanto compulsoriamente comprometido com o desenvolvimento nacional, mas que, num primeiro súbito, poderia supor-se confundível com o crescimento econômico, pura e simplesmente.

No entanto, os três outros objetivos elencados, de cunho nitidamente social, revelam outra preocupação, a de que não basta o crescimento da economia nacional, sendo necessário que a ele se dê caráter *instrumental*, no sentido de, repita-se, (a) construção de uma sociedade livre, justa e solidária; (b) erradicação da pobreza e da marginalização e redução das desigualdades sociais e regionais; e (c) promoção do bem de todos.

Sem medo de errar, pois, a análise sistemática dos objetivos da República revela a busca de um *crescimento econômico socialmente benigno, portanto que propicie, afinal, uma transformação social estrutural*.

De conseguinte, pelo menos no Brasil, qualquer atuação estatal, para ser conforme ao Direito, deve amoldar-se a essa matriz normativo-axiológica, de modo que até mesmo no campo das licitações e dos contratos administrativos nunca houve válido espaço para a indiferença de sua utilização na promoção do desenvolvimento nacional.

A isso se deve somar, evidentemente, a cautela com o meio ambiente e na precisa dicção do art. 225 da CR: "Todos têm direito ao meio ambiente ecologicamente equilibrado, bem de uso comum do povo e essencial à sadia qualidade de vida, impondo-se ao Poder Público e à coletividade o dever de defendê-lo e preservá-lo para as presentes e futuras gerações".

Justapondo isso tudo à previsão da dignidade da pessoa humana como um dos fundamentos da nossa República (art. 1º, inciso III, CR), pode-se afirmar que

Em que pesem as inúmeras transformações pelas quais passa o Estado contemporâneo, com ele permanece (e no caso brasileiro por expressa previsão constitucional) o *papel de indutor, promotor e garantidor do desenvolvimento nacional*. E se no centro da noção de desenvolvimento encontra-se a *pessoa humana*, cumpre à organização estatal — mormente por meio de seu aparato administrativo — exercer ações em número, extensão e profundidade suficientes para bem desincumbir-se da obrigação constitucional de realizar um dos valores que fundamentam a República Federativa do Brasil: *a dignidade da pessoa humana* [...].[11]

---

[10] GABARDO. *Interesse público e subsidiariedade*: o Estado e a sociedade civil para além do bem e do mal, p. 381.

[11] OLIVEIRA. Direito ao desenvolvimento na Constituição brasileira de 1988. *Revista Eletrônica de Direito Administrativo Econômico – REDAE*.

Assim, o desenvolvimento nacional almeja, em essência, a dignidade da pessoa humana, de cada brasileiro, melhor dizendo, e com todas as nuanças que isso requer.

Uso do *poder de compra estatal* no Mercosul rumo ao desenvolvimento sustentável

Perceba-se, ademais, que, como mercado comum, o Mercosul sempre objetivou liberar os fatores produtivos, permitindo a livre circulação de produtos, pessoas, serviços e capitais e, nessa ambiência, as licitações públicas, sem sombras de dúvida, assumem papel de relevante interesse.

Logo, é preciso verificar a viabilidade jurídica de as licitações e os contratos administrativos virem a promover o desenvolvimento (como dever dos estados e direito do homem)[12] sob os auspícios do Mercosul e, afinal, como dever-poder discricionário ou vinculado.

O uso do *poder de compra estatal* na realização do "mercado interior único como objetivo final do Mercosul" já foi objeto de depurada análise por Fabrício Motta, que em 2010 chegou ao extremo de cotejar os princípios licitatórios que regem os certames nos quatro estados inauguralmente integrantes do bloco. E assim o fez para, afinal, concluir pela necessidade de compatibilização das normas internas, até mesmo para evitar discriminações e propiciar rápido incremento do grau de integração entre os países.[13]

Outro que se debruçou sobre o assunto foi César A. Guimarães Pereira,[14] que, ainda antes, nos idos de 2001, realizou uma retrospectiva história das tratativas do bloco acerca da adoção de medidas associadas ao regime de compras governamentais, ao lado de outras, como deliberado instrumento de promoção de políticas públicas. E, naquela oportunidade, referido jurista concluiu que, "desde que atendidos certos critérios, fatores e valores, consideramos possível cogitar-se do estabelecimento de preferências nacionais ou regionais".[15]

Um bom exemplo dessa possibilidade pode ser extraído do próprio regime de contratações do FOCEM (Fundo para a Convergência Estrutural e Fortalecimento Institucional do Mercosul), que prevê incentivos ao abastecimento por meio da produção regional, portanto dos países que integram o mercado comum:

> Artigo 68 – Tratamento MERCOSUL
>
> 1. As ofertas de bens, serviços e obras públicas realizadas no quadro de projetos FOCEM somente poderão ser apresentadas por pessoas físicas ou jurídicas dos Estados Partes do MERCOSUL que cumpram as condições previstas no Artigo 69 do presente Regulamento.
>
> 2. Nas ofertas de bens, serviços e obras públicas, com relação à aquisição de bens, tanto isoladamente quanto destinados à prestação de serviços ou execução de obra pública, será

---

[12] Ou, quem sabe, assumir os direitos humanos — entre os quais o direito ao desenvolvimento do homem — como *guião emancipatório* do atuar estatal na região. Portanto, de sorte a, quem sabe, influenciar os gestores públicos na consideração de deliberado uso do poder de compra estatal para fins gerais mais elevados, como a busca de avanços regionais que partam de sentidos locais para a concretização da dignidade humana (SANTOS. Por uma concepção multicultural de direitos fundamentais. *In*: BALDI (Org.). *Direitos humanos na sociedade cosmopolita*, p. 239-277).

[13] MOTTA. A harmonização das normas sobre licitação nos Estados partes do Mercosul. *Revista Eletrônica de Direito do Estado – REDE*.

[14] PEREIRA. O regime jurídico das licitações no Brasil e o Mercosul. *Revista Diálogo Jurídico*.

[15] PEREIRA. O regime jurídico das licitações no Brasil e o Mercosul. *Revista Diálogo Jurídico*, p. 17.

dada prioridade, em caso de empate ou sempre que a diferença de preços entre as ofertas não supere 10% (dez por cento) do valor total da oferta mais baixa, àqueles ofertantes cujas ofertas optem em maior grau por um abastecimento de produção regional, de acordo com as regras de origem vigentes no MERCOSUL.

Persistindo a situação de empate, o Organismo Executor solicitará uma nova oferta de preços, que deverá ser apresentada em um prazo máximo de 15 (quinze) dias. Continuando a situação de igualdade, a mesma será resolvida por meio de sorteio público.

3. Para a determinação do grau de abastecimento de produção regional, será considerada tanto a quantidade dos bens adquiridos quanto o valor unitário dos mesmos.[16]

Resta evidente, portanto, que as contratações mantidas com recursos do FOCEM se voltam, ainda que timidamente, à promoção do desenvolvimento regional mediante priorização de parcerias com os produtores/prestadores dos Estados partes.

O uso do *poder de compra estatal* no Brasil rumo ao desenvolvimento sustentável, nacional e regional

Desde muito o Brasil vem dando sinais de que a licitação e os contratos administrativos devem cumprir *função social*. Isto é, que devem realizar outros interesses gerais que não se confundem com a simples satisfação da necessidade ou da utilidade, administrativa ou coletiva.

De fato,

a licitação pública no Brasil sempre pôde se voltar para outro fim — adicional, secundário — que não a satisfação da necessidade direta e imediata decorrente da execução do objeto contratado. Em suma, que os procedimentos licitatórios também poderiam mirar outro objetivo, *indireto* e *mediato*, porém não menos importante, sua vocação para cumprimento de uma função social: *latente, e de difícil precisão e delimitação*, desde 15 de outubro de 1988 (data da promulgação da Constituição da República Federativa do Brasil); *politizada em matéria ambiental* por ocasião da realização da Conferência das Partes — COP 8 no Estado do Paraná (Decreto Estadual nº 6252, de 22 de março de 2006); *economicamente segmentada* a partir de 14 de dezembro de 2006 (dia da publicação da Lei Complementar nº 123/2006 — o Estatuto Nacional da Microempresa e da Empresa de Pequeno Porte); *regionalmente dirigida para o desenvolvimento sustentável* (na Amazônia, com a Lei Estadual nº 135, de março de 2007; e em São Paulo, com a Lei Estadual nº 13.798, de novembro de 2009, dentre outras); *nacionalmente especializada em matéria ambiental* (Lei Nacional sobre a Mudança do Clima — Lei nº 12.187, de 29 de dezembro de 2009) e, por fim — desde a edição da Medida Provisória nº 495, de 19 de julho de 2010 (que alterou a Lei nº 8.666/93) — *genérica e abstratamente dirigida à promoção desenvolvimento* (econômico e social) *nacional*, e como *condição de validade* a ser observada por todos os Poderes da União, dos Estados, do Distrito Federal e dos Municípios, bem como pelos órgãos da administração direta, além dos fundos especiais, das autarquias, das fundações públicas, das empresas públicas, das sociedades de economia mista e demais entidades controladas direta ou indiretamente pela União, Estados-Membros, Distrito Federal e Municípios.[17]

---

[16] Disponível em: <http://www.mercosur.int/innovaportal/v/2377/1/secretaria/decis%C3%B5es_2010>. Acesso em: 14 ago. 2012.

[17] FERREIRA. Função social da licitação pública: o desenvolvimento nacional sustentável (*no* e *do* Brasil, antes e depois da MP 495/2010). *Fórum de Contratação e Gestão Pública – FCGP*, p. 51-52.

No entanto, foi com o advento da Lei nº 12.349/2010 que se pôs uma pá de cal na discussão teórica acerca dessa possibilidade, na exata medida em que, alterando a Lei Geral de Licitações (a Lei nº 8.666/93), acrescentou-se um novo fim legal para as licitações. Logo, inclui-se no *caput* do art. 3º da lei a promoção do desenvolvimento nacional sustentável ao lado da garantia da isonomia e da seleção da proposta mais vantajosa.

Mas não só. A lei foi além da previsão teleológica e indicou os meios necessários ao cumprimento desse desiderato, estabelecendo "margem de preferência para produtos manufaturados e para serviços nacionais que atendam a normas técnicas brasileiras" (§5º do art. 3º).

Contudo, o que realmente chama a atenção é o fato de a própria lei ter mantido as pretensões do Mercosul acerca da não discriminação e, assim, viabilizado a extensão dos efeitos protecionistas da indústria nacional à indústria regional dos países do bloco, como se infere do mesmo dispositivo legal: "§10. A margem de preferência a que se refere o §5º poderá ser estendida, total ou parcialmente, aos bens e serviços originários dos Estados Partes do Mercado Comum do Sul – Mercosul".

Registre-se, ainda, que esse "poderá", evidentemente, não comporta discrição alguma, quanto o mais num juízo de oportunidade e conveniência, porém reclama por satisfação de uma condição evidente, qual seja, a necessária reciprocidade de tratamento.

Em suma, o Brasil saiu na frente e legislativamente estatuiu as licitações e os contratos administrativos como adequados e jurídicos instrumentos para a promoção do desenvolvimento nacional (e regional) e, destarte, da própria dignidade dos brasileiros (e dos seus irmãos, no Mercosul). Portanto, não apenas dando concreção às determinações da Carta da República como também às pretensões da "Declaração sobre o Direito ao Desenvolvimento" (de 1986), da Conferência das Nações Unidas sobre Meio Ambiente (de 1992) e do Tratado de Assunção (de 1991).

Considerações finais

Há quinze anos concluímos no sentido de que "mister se faz o reconhecimento de um Regime Jurídico Mínimo aplicável às licitações em âmbito do Mercosul, o qual, após aprovado, nos termos do Protocolo de Ouro Preto, deverá ser incorporado ao ordenamento jurídico nacional de cada Estado-Parte para fins de realização material dos princípios e propósitos que lhe ensejaram a criação".[18]

Hoje, o cenário continua o mesmo, haja vista que a materialização do Protocolo de Contratações Públicas do Mercosul encontra-se em curso, a partir da iniciativa de 2003, construída em Montevidéu, e que resultou na Decisão do Conselho do Mercado Comum Mercosul/CMC/Dec. nº 27/04: Protocolo de Contratações Públicas do Mercosul.[19]

Nada obstante, contemporaneamente ainda parece faltar harmonização no sentido de necessária consideração da possibilidade (para os demais) e do dever (relativamente ao Brasil) de promover o desenvolvimento sustentável também pela via das licitações e dos contratos administrativos.

---

[18] FERREIRA. As licitações públicas e seu regime jurídico no âmbito do Mercosul. *GÊNESIS – Revista de Direito Administrativo Aplicado*, p. 925-926.

[19] Disponível em: <http://www.sice.oas.org/trade/mrcsrs/decisions/dec2704p.asp>. Acesso em: 14 ago. 2012.

Contudo, essa omissão não traz grandes problemas. Ao contrário, a simples participação dos Estados partes na ONU desde 1945, e, ainda, a superveniência da "Declaração sobre o Direito ao Desenvolvimento" (de 1986) bem como da própria Conferência das Nações Unidas sobre Meio Ambiente, de 1992, levam o desenvolvimento sustentável, no plano nacional e do mercado comum, ao patamar de *direito-dever*.

Logo, a despeito da real necessidade de atualização da compatibilização das normas dos Estados partes na seara desenvolvimentista, ainda assim subsiste para cada Estado, e isoladamente considerado, o cumprimento de suas obrigações perante os seus e perante todos.

Nesse sentido, pelo menos o Brasil parece ter feito a lição de casa, inclusive ao criar os padrões legislativos dessa promoção que permitem aos demais parceiros no Mercado Comum do Sul usufruírem das mesmas vantagens, por meio de seus fornecedores "nacionais", desde que, por evidente, minimamente garantam a reciprocidade necessária.

Quando isso se der, então realmente mais um passo terá sido dado no fortalecimento do Mercosul, na melhoria das condições da indústria regional e, principalmente, na concretização da dignidade da pessoa humana, e num ambiente ainda marcado pelas diferenças internas e externas, que, por isso mesmo, reclama urgente atenção e solução.

Aliás, dessa possibilidade ninguém olvida, mormente porque o Regulamento de Contratações, com recursos do FOCEM, faz prova robusta de que o caminho está definido e que só falta apressar o passo no rumo do desenvolvimento regional sustentável, que contemple crescimento econômico socialmente justo e benigno do ponto de vista ambiental.

Referências

FARIA, Ana Maria Jara Boton. Licitação e compras sustentáveis. *Revista Zênite – Informativo de Licitações e Contratos – ILC*, Curitiba, n. 172, p. 588-591, jun. 2008.

FERREIRA, Daniel. *A licitação no Brasil e sua nova finalidade legal*: a promoção do desenvolvimento nacional sustentável. Belo Horizonte: Fórum, 2012.

FERREIRA, Daniel. As licitações públicas e seu regime jurídico no âmbito do Mercosul. *GENESIS – Revista de Direito Administrativo Aplicado*, Curitiba, ano 4, n. 15, p. 922-929, out./dez. 1997.

FERREIRA, Daniel. Função Social da licitação pública: o desenvolvimento nacional sustentável (*no e do* Brasil, antes e depois da MP 495/2010). *Fórum de Contratação e Gestão Pública – FCGP*, Belo Horizonte, ano 9, n. 107, nov. 2010.

GABARDO, Emerson. *Interesse público e subsidiariedade*: o Estado e a sociedade civil para além do bem e do mal. Belo Horizonte: Fórum, 2009.

GUTIERREZ, Maria Bernadete Sarmiento. Desenvolvimento sustentável no MERCOSUL: a proposta de um marco regulatório. Disponível em: <http://www.ipea.gov.br/pub/td/td0580.pdf>. Acesso: 11 de agosto de 2012

KINOSHITA, Fernando; FERNANDES, Joel Aló. O direito ao desenvolvimento como um Direito Humano e prerrogativa dos Estados nas relações internacionais do século XXI. *Âmbito Jurídico*, Rio Grande, v. 11, n. 50, fev. 2008. Disponível em: <http://www.ambito-juridico.com.br/site/?n_link=revista_artigos_leitura&artigo_id=5912&revista_caderno=16>. Acesso em: 11 ago. 2012.

MOTTA, Fabrício M. A harmonização das normas sobre licitação nos Estados partes do Mercosul. *Revista Eletrônica de Direito do Estado – REDE*, Salvador, n. 21, jan./mar. 2010. Disponível em: <http://direitodoestado.com/revista/REDE-21-JANEIRO-2010-FABRICIO-MOTTA.pdf>. Acesso: 11 ago. 2012.

OLIVEIRA, Gustavo Henrique Justino de. Direito ao desenvolvimento na Constituição brasileira de 1988. *Revista Eletrônica de Direito Administrativo Econômico – REDAE*, Salvador, n. 16, nov./jan. 2009. Disponível em: <http://www.direitodoestado.com.br/redae.asp>. Acesso em: 10 jul. 2012.

PEIXINHO, Manoel Messias; FERRARO, Suzani Andrade. Direito ao desenvolvimento como direito fundamental. *In*: CONGRESSO NACIONAL DO CONPEDI, 16., Belo Horizonte, 2007. *Anais...* Florianópolis: Fundação Boiteux, 2008. p. 6971. Disponível em: <http://www.conpedi.org.br/manaus/arquivos/anais/bh/manoel_messias_peixinho.pdf>. Acesso em: 11 ago. 2012. (p. 6952-6973).

PEREIRA, César A. Guimarães. O regime jurídico das licitações no Brasil e o Mercosul. *Revista Diálogo Jurídico*, Salvador, ano 1, n. 9, dez. 2001. Disponível em: <http://www.direitopublico.com.br>. Acesso em: 14 ago. 2012.

PIOVESAN, Flávia. Direitos sociais, econômicos, culturais e ambientais e direitos civis e políticos. *In*: SILVA, Letícia Borges da; OLIVEIRA, Paulo Celso de (Coord.). *Socioambientalismo*: uma realidade: homenagem a Carlos Frederico Marés de Souza Filho. Curitiba: Juruá, 2008.

RECK, Janrié Rodrigues. Fundamentos filosóficos do direito ao desenvolvimento sustentável. *In*: BACELLAR FILHO, Romeu Felipe; GABARDO, Emerson; HACHEM, Daniel Wunder (Coord.). *Globalização, direitos fundamentais e direito administrativo*: novas perspectivas para o desenvolvimento econômico e socioambiental: Anais do I Congresso da Rede Docente Eurolatinoamericana de Direito Administrativo. Belo Horizonte: Fórum, 2011.

SACHS, Ignacy. *Rumo à ecossocioeconomia*: teoria e prática do desenvolvimento. Organização Paulo Freire Vieira. São Paulo: Cortez, 2007.

SANTOS, Boaventura de Sousa. Por uma concepção multicultural de direitos fundamentais. *In*: BALDI, César Augusto (Org.). *Direitos humanos na sociedade cosmopolita*. Rio de Janeiro: Renovar, 2004.

VEIGA, José Eli da. *A emergência socioambiental*. São Paulo: Ed. Senac, 2007.

Informação bibliográfica deste texto, conforme a NBR 6023:2002 da Associação Brasileira de Normas Técnicas (ABNT):

FERREIRA, Daniel. Promovendo o desenvolvimento sustentável, no Mercosul e no Brasil, pela via das licitações e dos contratos administrativos. *In*: BACELLAR FILHO, Romeu Felipe; HACHEM, Daniel Wunder (Coord.). *Direito público no Mercosul*: intervenção estatal, direitos fundamentais e sustentabilidade: anais do VI Congresso da Associação de Direito Público do Mercosul: homenagem ao Professor Jorge Luis Salomoni. Belo Horizonte: Fórum, 2013. p. 349-360. ISBN 978-85-7700-713-4.

LICITAÇÃO E POLÍTICAS PÚBLICAS: INSTRUMENTOS PARA A CONCRETIZAÇÃO DO DESENVOLVIMENTO NACIONAL SUSTENTÁVEL

EDGAR GUIMARÃES
CAROLINE DA ROCHA FRANCO

1 Introdução

Em dezembro de 2010 foi promulgada a Lei nº 12.349, que tem como objeto, entre outros, a alteração de dispositivos da Lei nº 8.666/93. Por meio dela se incluiu no regime jurídico das licitações uma terceira finalidade aos processos de contratação, qual seja, a promoção do desenvolvimento nacional sustentável.

Propõe-se neste trabalho que o desenvolvimento almejado pela norma não se resume à garantia de crescimento econômico puro, contemplando outras variáveis qualificadas pelas diversas dimensões inerentes à sustentabilidade. Com isso as licitações públicas se tornaram mais amplas e complexas, extrapolando a ideia de decisão e processo administrativo em prol da satisfação das necessidades de produtos, serviços ou obras essenciais às atividades desempenhadas pela Administração.

Evidencia-se que as inclusões feitas na Lei nº 8.666/93 fazem com que o certame licitatório seja também política pública que visa à promoção do desenvolvimento nacional sustentável. E é com o intuito de se implementar esta política determinada pelos novos dispositivos da LGL que se promulgaram os Decretos nºs 7.546/2011 e 7.746/2012.

2 Finalidades do processo licitatório

As finalidades do processo licitatório são expressas pelo art. 3º da Lei nº 8.666/93,[1] conhecida como Lei Geral das Licitações e Contratos Administrativos (LGL). Este dispositivo recebeu alteração pela Lei nº 12.349, de 15 de dezembro de 2010, fruto da

---

[1] A redação original do artigo dispunha o seguinte:
"Art. 3º A licitação destina-se a garantir a observância do princípio constitucional da isonomia e a selecionar a proposta mais vantajosa para a Administração e será processada e julgada em estrita conformidade com os princípios básicos da legalidade, da impessoalidade, da moralidade, da igualdade, da publicidade, da probidade administrativa, da vinculação ao instrumento convocatório, do julgamento objetivo e dos que lhes são correlatos".

conversão da Medida Provisória nº 495/2010, inserindo-se como um dos objetivos da licitação a garantia do desenvolvimento nacional sustentável.[2]

Anteriormente a esta modificação, da inteligência do artigo 3º da Lei nº 8.666/93, concluía-se que a licitação deveria cumprir dois fins básicos: garantir a isonomia na atuação administrativa e obter a proposta mais vantajosa para o cumprimento do interesse público.

Considerando-se a norma atualizada, constata-se a manutenção destas duas finalidades, acrescendo-se a promoção do desenvolvimento nacional sustentável como intuito a ser perquirido de igual forma.

Para atingir estes objetivos, instaurado o certame licitatório, abre-se a possibilidade de qualquer interessado formular sua proposta, participando, em igualdade de condições, com outros proponentes e, em caso de eventual vitória, com o Poder Público contratar,[3] materializando-se, assim, o princípio constitucional da isonomia.

Eduardo García de Enterría e Tomás-Ramón Fernández destacam que o processo licitatório, "pretende garatizarse tanto la igualdad de los particulares como la obtención por la Administración, a través de la competencia, de las condiciones más ventajosas para el interés público".[4]

De fato, em razão da licitação, nasce para a Administração Pública licitadora a possibilidade de selecionar e obter a melhor proposta para um dado objeto que satisfará o interesse público almejado. Dessa forma, identificada está a outra finalidade do processo licitatório: selecionar a melhor oferta em razão de um negócio jurídico que pretende a Administração celebrar, sempre pautando o interesse público no centro das atenções. Como bem resume Regina Maria Macedo Nery Ferrari: "A Administração, através de uma licitação, deve buscar o melhor contrato possível, obter a melhor qualidade, pagando o menor preço, de modo a buscar a consecução do interesse público".[5]

José Afonso da Silva atribui tamanha importância ao instituto da licitação, a ponto de erigi-la a princípio instrumentalizador de outros, conforme se pode constatar de sua lição, nestes termos registrada: "licitação é um procedimento administrativo destinado a provocar propostas e a escolher proponentes de contratos de execução de obras, serviços, compras ou de alienações do Poder Público. O princípio da licitação significa que essas contratações ficam sujeitas, como regra, ao procedimento de seleção de propostas mais vantajosas para a Administração Pública. Constitui um princípio instrumental de realização dos princípios da moralidade administrativa e do tratamento isonômico dos eventuais contratantes com o Poder Público".[6]

Em harmonia com esta relevância conferida ao processo de licitação sobreveio a Medida Provisória nº 495/2010,[7] sendo convertida na Lei nº 12.349/2010, a qual positivou

---

[2] Entendemos que desenvolvimento nacional sustentável é finalidade de qualquer ação governamental, não apenas das licitações.

[3] É bem verdade que a possibilidade de participação fica condicionada ao atendimento das condições fixadas no ato convocatório.

[4] GARCÍA DE ENTERRÍA; FERNÁNDEZ. *Curso de Derecho Administrativo*, p. 487.

[5] FERRARI. *Direito constitucional*, p. 285.

[6] SILVA. *Curso de direito constitucional positivo*, p. 674.

[7] Pode-se afirmar que a quantidade excessiva de temas que adentram o ordenamento jurídico por Medida Provisória qualifica o campo das licitações tal como o de um Estado em exceção. É possível valer-se das lições de Giorgio Agamben neste sentido, notadamente quanto aos recentes temas do processo licitatório, como o RDC. Nas palavras do autor: "Em nosso estudo do estado de exceção, encontramos inúmeros exemplos de confusão entre atos do

o desenvolvimento nacional sustentável[8] como fim a ser implementado por meio das contratações públicas.

Constata-se um incremento na concepção de licitação. Antes o elemento essencial do processo licitatório era o intuito de satisfazer os interesses da Administração como compradora, ressalvando aos licitantes a igualdade na disputa. A licitação não detinha propriamente uma função social.

Entretanto, dado o avanço teórico relativo à matéria e ao atual entendimento do legislador, esposado pela mudança da LGL, não cabe mais colocar a questão nestes termos. Como se vê pela doutrina, a definição de licitação conferida pelos juristas sinaliza a apropriação das alterações provenientes da Lei nº 12.349/2010.

Celso Antônio Bandeira de Mello acrescentou ao seu entendimento os ditames da recente mudança legal: "A Licitação, nos termos que hoje estabelece a legislação, visa a alcançar um triplo objetivo: proporcionar às entidades governamentais possibilidades de realizarem o negócio mais vantajoso (pois a instauração de competição entre os ofertantes preordena-se a isto), assegurar aos administrados ensejo de disputarem a participação nos negócios que as pessoas governamentais pretendam realizar com os particulares *e concorrer para a promoção do desenvolvimento nacional sustentável*"[9] (grifos nossos).

Nesta senda, Marçal Justen Filho define: "A licitação é um procedimento administrativo disciplinado por lei e por um ato administrativo prévio, que determina critérios objetivos visando à seleção da proposta de contratação mais vantajosa e *à promoção do desenvolvimento nacional*, com observância do princípio da isonomia, conduzido por um órgão dotado de competência específica"[10] (grifos nossos).

É relevante consignar ressalva neste ponto, pois ainda que Marçal Justen Filho tenha se preocupado em trazer para a definição de licitação a nova finalidade atribuída legalmente a este processo administrativo, o autor discorda de que ela é adequada. Nas palavras do jurista paranaense: "Logo, a Lei 12.349 incorreu em equívoco na redação atribuída ao art. 3º, objeto do presente comentário. [...] Ora, a promoção do desenvolvimento nacional sustentado não é uma finalidade da licitação, mas da contratação administrativa. *A licitação é um mero procedimento seletivo de propostas — esse procedimento não é hábil a promover ou a deixar de promover o desenvolvimento nacional*. O que o legislador pretendia era determinar que a contratação pública fosse concebida como um instrumento interventivo estatal para produzir resultados mais amplos do que o simples aprovisionamento de bens e serviços necessários à satisfação das necessidades dos entes estatais"[11] (grifos nossos).

---

poder executivo e atos do poder legislativo; tal confusão define, como vimos, uma das características do estado de exceção. Porém, do ponto de vista técnico, o aporte específico do estado de exceção não é tanto a confusão entre os poderes, sobre a qual já se instituiu bastante, quanto o isolamento da 'força de lei' em relação à lei. Ele define um 'estado da lei' em que, de um lado, a norma está em vigor, mas não se aplica (não tem 'força') e em que, de outro lado, atos que não tem valor de lei adquirem a sua 'força'" (AGAMBEN. *Estado de exceção*, p. 60-61).

8   A Lei nº 12.349/2010 aditou ao disposto pela MP nº 495/2010 o termo "sustentável", visto que ele não era objeto da MP. Nota-se a partir desta inserção o dever expresso de se privilegiarem nas contratações públicas produtos e serviços que levem em conta as consequências ambientais, econômicas e sociais, incentivando o mercado ao consumo de bens e promoção de serviços que atendam a critérios de responsabilidade sustentável.

9   BANDEIRA DE MELLO. *Curso de direito administrativo*, p. 530.

10   JUSTEN FILHO. *Curso de direito administrativo*, p. 448.

11   JUSTEN FILHO. Desenvolvimento nacional sustentado: contratações administrativas e o regime introduzido pela Lei nº 12.349. *Informativo Justen, Pereira, Oliveira e Talamini*.

Com a devida vênia, não acreditamos ser esta a mais apropriada inteligência para o acréscimo promovido no art. 3º da Lei de Licitações. Isto porque a concretização de direitos fundamentais perpassa o cotidiano do administrador público. Não só realiza as garantias constitucionais quando traça alguma política pública com esse fim, mas deve materializá-las sempre que necessária seja esta postura, inclusive no bojo dos processos administrativos.

Vislumbrando-se a Administração Pública como garantidora de direitos fundamentais, é de se defender que a estrutura organizacional articulada para o atendimento das necessidades internas da máquina estatal deve ser realinhada a também compreender o atendimento de políticas sociais. E é neste sentido que a licitação como processo permite que esta não se restrinja a um mero instrumento de satisfação dos interesses secundários da administração.[12] Vai muito além disso, o certame licitatório possui finalidade social.

Destarte, a Administração Pública, especialmente por seu poder de compra, pode se colocar como interventora no mercado por meio de práticas diferenciadas de consumo, estimulando e criando políticas que fortaleçam um modelo menos pautado no acúmulo despropositado e que seja mais racional. Não só o contrato apreende este objetivo, mas o processo prévio de escolha do contratante, incluindo-se habilitação, propostas, elaboração da especificação técnica do produto/serviço, revela esta função.

Como assegura Roberto Dromi: "La importancia de la licitación es tal que no solo regla el comienzo del contrato; su normativa se proyecta durante todo el desarrollo de la vinculacion contractual, pues las bases de la licitacion, el pliego de condiciones y la documentación licitatoria presenteada en la oferta por el contratista rigen a lo largo de la ejecución contractual".[13]

Portanto, assinala-se a importância do instituto da licitação e o seu escopo de permitir o melhor negócio para a Administração em consonância ao interesse público, notadamente a partir de condições isonômicas e competitivas, da garantia de uma atuação administrativa proba, moral, eficiente e legal, e da racionalização do processo em prol do desenvolvimento nacional sustentável.

3 Desenvolvimento sustentável: um conceito controverso

A ideia de desenvolvimento sustentável não é consensual, especialmente ante a complexidade da expressão "desenvolvimento". Diversos autores buscaram — e continuam o fazendo — analisar aspectos fundamentais para o progresso humano.

Alguns pautam o conceito compreendendo reflexos não só das taxas de crescimento econômico, mas também considerando índices de participação popular democrática e de acesso a direitos fundamentais, tais como indicadores educativos — qualidade

---

[12] Registre-se distinção feita por Celso Antônio Bandeira de Mello, segundo a qual "os interesses públicos ou interesses primários — que são os interesses da coletividade como um todo — são distintos dos interesses secundários, que o Estado (pelo só fato de ser sujeito de direitos) poderia ter como qualquer outra pessoa, isto é, independentemente de sua qualidade de servidor de interesses de terceiros:os da coletividade". O autor ressalta que "os interesses secundários não são atendíveis senão quando coincidem com interesses primários, únicos que podem ser perseguidos por quem axiomaticamente os encarna e representa. Percebe-se, pois que a Administração não pode proceder com a mesma desenvoltura e liberdade com que agem os particulares, ocupados na defesa das próprias conveniências, sob pena de trair sua missão própria e sua própria razão de existir" (BANDEIRA DE MELLO. *Curso de direito administrativo*, p. 72-73).

[13] DROMI. *Licitación publica*, p. 44.

educacional, evasão escolar, jovens cursando ensino superior, analfabetismo etc. —, promoção do incentivo à saúde, alimentação efetivamente nutritiva, entre outros.

Não obstante, ainda se constata a supervalorização do econômico no exame de planejamento feito por alguns governantes e estudiosos. Basta analisar a máxima do regime ditatorial brasileiro, especialmente defendida por Delfim Netto durante o governo Figueiredo, para o qual era "preciso fazer o bolo crescer para depois dividi-lo" e se chegar ao conceito difundido da necessidade em realizar um *desenvolvimento em si*, para, após, a população receber os benefícios deste processo. Ou seja, acumular riquezas para somente depois investir em estruturas que proporcionem melhora na qualidade de vida da população.

Já sob a égide da Constituição de 1988, a qual se destaca pelos aspectos sociais nela dispostos, o Ministro do Planejamento do governo Lula, Guido Mantega, que ocupava a mesma pasta de Delfim Netto, utilizou-se de declaração semelhante ao afirmar que o Brasil precisa "primeiro crescer, segundo distribuir a riqueza".[14]

Amartya Sen entende que há duas análises realizadas para o processo de desenvolvimento. Uma delas, a que despreza, é justamente a que assemelha o desenvolvimento como sinônimo de crescimento econômico; o desenvolver como altas taxas do Produto Nacional Bruto (PNB). Nas palavras do autor: "duas atitudes gerais a respeito do processo de desenvolvimento que podem ser encontradas tanto na análise econômica profissional como em discussões e debates públicos. Uma visão considera o desenvolvimento como um processo 'feroz', com muito 'sangue, suor e lágrimas' — um mundo no qual sabedoria requer dureza. Requer, em particular, que calculadamente se negligenciem várias preocupações que são vistas como 'frouxas', mesmo que em geral (mesmo que em geral os críticos sejam demasiado políticos para qualificá-las com esse adjetivo). Dependendo de qual seja o veneno favorito do autor, as tentações que se deve resistir podem incluir as redes de segurança social para proteger os muito pobres, o fornecimento de serviços sociais para a população, o afastamento de diretrizes institucionais inflexíveis em resposta a dificuldades identificadas e o favorecimento — 'cedo demais' — de direitos políticos e civis e o 'luxo' da democracia. Essas coisas, adverte-se com pose austera, podem vir a se favorecidas posteriormente, quando o processo de desenvolvimento houver produzido frutos suficientes: o necessário aqui e agora é 'dureza e disciplina'".[15]

Sen defende o desenvolvimento como um processo das liberdades reais que as pessoas desfrutam. Propõe a expansão da liberdade como *o fim primordial* (papel constitutivo) e o *principal meio* (papel instrumental) do desenvolvimento. Todavia, ressalta que entre as liberdades instrumentais (liberdades políticas, facilidades econômicas, oportunidades sociais, garantias de transparência, segurança protetora) se concentram as facilidades econômicas como recursos oponíveis para o consumo, produção ou troca.[16]

Dessa forma, ele as considera como um dos meios, e não o fundamental, para aferir o desenvolvimento. Nas palavras do autor: "uma concepção adequada de desenvolvimento deve ir muito além da acumulação de riqueza e do crescimento do Produto Nacional Bruto e de outras variáveis relacionadas à renda. Sem desconsiderar a importância do crescimento econômico, precisamos enxergar muito além dele".[17]

---

[14] MAIO. Mantega repete Delfim e diz que é preciso crescer para depois distribuir. *Folha de S. Paulo.*

[15] SEN. *Desenvolvimento como liberdade*, p. 51-52.

[16] SEN. *Desenvolvimento como liberdade*, p. 53-54.

[17] SEN. *Desenvolvimento como liberdade*, p. 28.

Em definição semelhante, Ignacy Sachs apresenta que: "Igualdade, equidade e solidariedade estão, por assim dizer, embutidas no conceito de desenvolvimento, com consequências de longo alcance para que o pensamento econômico sobre o desenvolvimento se diferencie do economicismo redutor. Em vez de maximizar o crescimento do PIB, o objetivo maior se torna promover a igualdade e maximizar a vantagem daqueles que vivem nas piores condições, de forma a reduzir a pobreza, fenômeno vergonhoso, porquanto desnecessário, no nosso mundo de abundância. [...] O crescimento, mesmo que acelerado, não é sinônimo de desenvolvimento se ele não amplia o emprego, não se reduz a pobreza e se não atenua as desigualdades [...] O desenvolvimento exige, conforme mencionado, um equilíbrio de sintonia entre cinco diferentes dimensões. Ele também exige que se evite a armadilha da competitividade espúria e, em última instância, autodestrutiva, com base na depreciação da força de trabalho e dos recursos naturais".[18]

Posta a polêmica no que tange às diferentes concepções de desenvolvimento, cabe estabelecer o conceito de sustentabilidade. Valeremo-nos dos ensinamentos de Juarez Freitas, expostos em obra notável sobre o tema, o qual propugna ser a sustentabilidade "princípio constitucional que determina, com eficácia direta e imediata, a responsabilidade do Estado e da sociedade pela concretização solidária do desenvolvimento material e imaterial, socialmente inclusivo, durável e equânime, ambientalmente limpo, inovador, ético e eficiente, no intuito de assegurar, preferencialmente de modo preventivo e precavido, no presente e no futuro, o direito ao bem-estar". Ainda, bem ressalta o autor: "como se percebe, assim formulado, o desenvolvimento sustentável não é uma contradição em termos, tampouco se confunde com o delírio do crescimento econômico como fim em si". A partir desta definição, Freitas qualifica o desenvolvimento, considerando outros aspectos para além do crescimento econômico puro.

Consoante a estes ensinamentos é a nossa defesa de que o conceito de desenvolvimento nacional sustentável inserido como finalidade da Lei nº 8.666/93, o qual se ressalta que é preceito almejado como escopo de qualquer ação governamental, é muito amplo, sendo ele aberto, complexo e inclusivo, de viés combativo ao lucro a qualquer preço e em curto prazo.

4 Licitações e políticas públicas

Maria das Graças Rua define políticas públicas (*policies*) como: "'outputs', resultantes da atividade política (*politics*): compreendem o conjunto das decisões e ações relativas à alocação imperativa de valores".[19] A autora também faz uma distinção interessante entre políticas públicas e as decisões políticas: "Uma política pública geralmente envolve mais do que uma decisão e requer diversas ações estrategicamente selecionadas para implementar as decisões tomadas. Já uma decisão política corresponde a uma escolha dentre um leque de alternativas, conforme a hierarquia das preferências dos atores envolvidos, expressando — em maior ou menor grau — uma certa adequação entre os fins pretendidos e os meios disponíveis. Assim, embora uma política pública implique decisão política, nem toda decisão política chega a constituir uma política pública".[20]

---

[18] SACHS. *Desenvolvimento includente, sustentável e sustentado*, p. 14.

[19] RUA. Análise de políticas públicas. *In*: RUA; CARVALHO (Org.). *O estudo da política*: tópicos selecionados.

[20] RUA. Análise de políticas públicas. *In*: RUA; CARVALHO (Org.). *O estudo da política*: tópicos selecionados.

Regina Maria Macedo Nery Ferrari traz definição semelhante. Para ela, as políticas públicas compreendem o conjunto de atividades destinadas à realização do interesse público. São, portanto, o complexo de ações estatais que visam à concretização dos fins definidos pela Constituição, notadamente os direitos fundamentais".[21]

Considerando-se estas definições, que trazem o conceito de política pública como um conjunto de ações desempenhadas pelo governo para realizar alguma demanda que esteja na agenda política, depreende-se que a inclusão de nova finalidade para a LGL faz com que o processo licitatório seja também política pública que visa à promoção do desenvolvimento nacional sustentável. Isto porque, ao se incluir esta finalidade, racionalizou-se o processo de compra no sentido de que o governo deve buscar atender uma demanda (o desenvolvimento nacional sustentável) por meio de um conjunto de ações desempenhadas quando da realização dos contratos públicos.

Nesta senda, ao determinar pela contratação por meio de licitação pública, o Administrador não está somente buscando satisfazer a necessidade de sua repartição, mas está também contribuindo para a promoção de uma finalidade maior, o desenvolvimento sustentável do país. E é com o escopo de se implementar esta política determinada pelos novos dispositivos da LGL que se promulgaram os Decretos nº 7.546, de 02 de agosto de 2011,[22] e nº 7.746, de 05 de junho de 2012.[23]

5 Decreto nº 7.746/2012

Há certa tendência ao se tratar das modificações impostas pela Lei nº 12.349/2010 à Lei nº 8.666/93 em identificá-las à necessidade de a Administração Pública adquirir produtos e serviços ambientalmente amigáveis. No entanto, mesmo que este preceito esteja contido na ideia de sustentabilidade, licitações sustentáveis não devem ser restritas à ótica verde.[24]

Como propugna Juarez Freitas, os pilares da sustentabilidade englobam uma natureza multidimensional, compreendendo os aspectos social, ético, jurídico-político,[25] econômico e ambiental. Tais dimensões se entrelaçam, constituindo-se mutuamente numa dialética que não pode ser rompida.[26]

---

[21] FERRARI. A constitucionalização do direito administrativo e as políticas públicas. *Revista Eletrônica sobre a Reforma do Estado – RERE*, p. 16.

[22] Regulamenta o disposto nos §§5º a 12 do art. 3º da Lei nº 8.666, de 21 de junho de 1993, e institui a Comissão Interministerial de Compras Públicas.

[23] Regulamenta o art. 3º da Lei nº 8.666, de 21 de junho de 1993, para estabelecer critérios, práticas e diretrizes para a promoção do desenvolvimento nacional sustentável nas contratações realizadas pela administração pública federal, e institui a Comissão Interministerial de Sustentabilidade na Administração Pública (CISAP).

[24] Biderman e outros identificam termos equivalentes para as "licitações sustentáveis": "A licitação sustentável é também conhecida como 'compras públicas sustentáveis', 'ecoaquisição', 'compras verdes', 'compra ambientalmente amigável' e 'licitação positiva'" (BIDERMAN; MACEDO; MONZONI; MAZON (Org.). *Guia de compras públicas sustentáveis*: uso do poder de compra do governo para a promoção do desenvolvimento sustentável, p. 21). Pensamos que alguns destes equivalentes acabam por restringir a ideia de sustentabilidade, olvidando-se que ela detém outras dimensões além da responsabilidade ambiental.

[25] Freitas defende que para além do tradicional tripé sustentável (dimensões social, econômica e ambiental) devem ser acrescidas as dimensões ética e jurídico-política. Aquela com o condão de restabelecer a solidariedade não só entre seres humanos, mas também entre humanos e bens naturais, no sentido de maior interação com a natureza e seres vivos em geral e esta como "dever constitucional de proteger a liberdade de cada cidadão (titular de cidadania ambiental ou ecológica), nesse *status*, no processo de estipulação intersubjetiva do conteúdo intertemporal dos direitos e deveres fundamentais das gerações presentes e futuras, sempre que viável diretamente" (FREITAS. *Sustentabilidade*: direito ao futuro, p. 67).

[26] FREITAS. *Sustentabilidade*: direito ao futuro, p. 71.

Em conformidade a esta acepção, o Decreto nº 7.746/2012 traz em seu art. 4º algumas diretrizes de sustentabilidade, postas nos seguintes termos:

> Art. 4º São diretrizes de sustentabilidade, entre outras:
> I - menor impacto sobre recursos naturais como flora, fauna, ar, solo e água;
> II - preferência para materiais, tecnologias e matérias-primas de origem local;
> III - maior eficiência na utilização de recursos naturais como água e energia;
> IV - maior geração de empregos, preferencialmente com mão de obra local;
> V - maior vida útil e menor custo de manutenção do bem e da obra;
> VI - uso de inovações que reduzam a pressão sobre recursos naturais; e
> VII - origem ambientalmente regular dos recursos naturais utilizados nos bens, serviços e obras.

O Decreto nº 7.746/2012 buscou pormenorizar os objetivos e estabelecer diretrizes gerais para a efetivação da política de desenvolvimento nacional sustentável. Embora tenha ressaltado as intenções das contratações ecológicas, importantíssimas para se remodelar o consumo despreocupado com as gerações futuras, não olvidou critérios de eficiência na gestão, criação de empregos e desenvolvimento da indústria e mercado local.

Criou também uma comissão, de natureza consultiva e permanente, para acompanhar a implementação de critérios, práticas e ações de logística sustentável no âmbito da Administração Pública federal direta, autárquica e fundacional e das empresas estatais dependentes. Denomina-se Comissão Interministerial de Sustentabilidade na Administração Pública (CISAP) e contempla composição relativamente heterogênea, o que a torna interessante.[27]

A partir das proposições da CISAP, a Secretaria de Logística e Tecnologia da Informação (SLTI), como órgão central do Sistema de Serviços Gerais (SISG), expedirá normas complementares sobre critérios e práticas de sustentabilidade, bem como exercerá a função de Secretaria-Executiva da CISAP.[28]

Ainda, estabelece que os entes vinculados à Administração federal devem elaborar e implementar um Plano de Gestão de Logística Sustentável (o qual dependerá de prazo estipulado pela SLTI), contendo no mínimo: I - atualização do inventário de bens e materiais do órgão e identificação de similares de menor impacto ambiental para substituição; II - práticas de sustentabilidade e de racionalização do uso de materiais e serviços; III - responsabilidades, metodologia de implementação e avaliação do plano; e IV - ações de divulgação, conscientização e capacitação.[29]

---

[27] Art. 10. A CISAP será composta por:
I - dois representantes do Ministério do Planejamento, Orçamento e Gestão, sendo:
a) um representante da Secretaria de Logística e Tecnologia da Informação, que a presidirá; e
b) um representante da Secretaria de Orçamento Federal;
II - um representante do Ministério do Meio Ambiente, que exercerá a vice-presidência;
III - um representante da Casa Civil da Presidência da República;
IV - um representante do Ministério de Minas e Energia;
V - um representante do Ministério do Desenvolvimento, Indústria e Comércio Exterior;
VI - um representante do Ministério da Ciência, Tecnologia e Inovação;
VII - um representante do Ministério da Fazenda; e
VIII - um representante da Controladoria-Geral da União.
[28] Art. 15, §2º, do Decreto nº 7.746/2012.
[29] Art. 16 do Decreto nº 7.746/2012.

Portanto, embora se tenha regulamentado neste Decreto o pretendido com o acréscimo da finalidade do desenvolvimento nacional sustentável à Lei de Licitações, o Executivo federal concedeu relativa margem discricionária aos entes administrativos, bem como delegou à SLTI maior normatização sobre o tema.

6 Decreto nº 7.546/2011

O Decreto nº 7.546/2011 igualmente buscou estabelecer diretrizes com o escopo de se promover o desenvolvimento nacional sustentável. Faz parte do Plano Brasil Maior, lançado em 02 de agosto de 2011, que visa ao incremento da competitividade da indústria nacional, tendo como lema "Inovar para competir. Competir para crescer".[30]

A norma tem o intuito de esclarecer certos conceitos trazidos à LGL pela Lei nº 12.349/2010, notadamente os de I - Margem de preferência normal; II - Margem de preferência adicional; III - Medida de compensação industrial, comercial ou tecnológica; IV - Produto manufaturado nacional; V - Serviço nacional; VI - Produto manufaturado estrangeiro e serviço estrangeiro; VII - Normas técnicas brasileiras. Tais conceitos mostram-se fundamentais para se implementar a margem de preferência a produtos manufaturados e serviços nacionais.

Cuidou de assegurar a margem de preferência apenas aos produtos e serviços nacionais que atendam, além das normas técnicas conforme o previsto pelo art. 3º, §5º, os regulamentos técnicos pertinentes.[31] Ademais, garantiu prioridade à indústria nacional e não sua exclusividade ante os produtos estrangeiros.[32]

---

[30] As medidas legais integrantes do Plano Brasil Maior podem ser visualizadas em: <http://www.brasilmaior.mdic. gov.br/images/data/201207/367670d00255e82fd7624f8d8fc61ae5.pdf>, evidenciando-se que a instituição de margens de preferência nas compras governamentais se encontra entre elas.

[31] De acordo com as definições do INMETRO:
"Regulamento Técnico:
Documento aprovado por órgãos governamentais em que se estabelecem as características de um produto ou dos processos e métodos de produção com eles relacionados, com inclusão das disposições administrativas aplicáveis e *cuja observância é obrigatória*. Também pode incluir prescrições em matéria de terminologia, símbolos, embalagem, marcação ou etiquetagem aplicáveis a um produto, processo ou método de produção, ou tratar exclusivamente delas.
Norma Técnica:
Documento aprovado por uma instituição reconhecida, que prevê, para um uso comum e repetitivo, regras, diretrizes ou características para os produtos ou processos e métodos de produção conexos, e cuja observância não é obrigatória. Também pode incluir prescrições em matéria de terminologia, símbolos, embalagem, marcação ou etiquetagem aplicáveis a um produto, processo ou método de produção, ou tratar exclusivamente delas. Tanto normas quanto regulamentos técnicos referem-se às características dos produtos, tais como: tamanho, forma, função, desempenho, etiquetagem e embalagem, ou seja, a grande diferença entre eles reside na obrigatoriedade de sua aplicação.
As implicações no Comércio Internacional são diversas. Se um produto não cumpre as especificações da regulamentação técnica pertinente, sua venda não será permitida, no entanto, o não cumprimento de uma norma apesar de não inviabilizar a venda, poderá diminuir sua participação no mercado" (INMETRO. Instituto Nacional de Metrologia, Qualidade e Tecnologia. *Definições de Regulamento Técnico, Norma e Procedimento de Avaliação da Conformidade*. Disponível em: <http://www.inmetro.gov.br/barreirastecnicas/definicoes.asp>. Acesso em: 03 ago. 2012).

[32] *"A determinação de que os produtos a serem adquiridos mediante licitação sejam, necessariamente, de fabricação nacional é ilícita, por constituir restrição indevida ao caráter competitivo do certame*: Por conta de representação, o Tribunal tratou de supostas irregularidades no Pregão Presencial 162/2011, do Município de Castelo/ES, destinado à aquisição de retroescavadeira, plantadeira e sulcador para atender às necessidades da Secretaria Municipal de Agricultura, certame o qual fora financiado com recursos oriundos do Contrato de Repasse 0324480-25/2010/ MAPA/CAIXA. Dentre elas, constou a exigência de que a retroescavadeira a ser adquirida fosse de fabricação nacional. A esse respeito, o Relator destacou que a Lei 8.666/1993 não impediria a oferta de produtos estrangeiros nas licitações realizadas pela Administração Pública. Para ele, *"mesmo com as inovações da Lei 12.349/2010, que*

Propõe, também a possibilidade de os demais entes federativos adotarem as margens de preferência estabelecidas nos §§5º e 7º do art. 3º da Lei nº 8.666/93,[33] disposição que, dado caráter restrito contemplado pelo decreto, por ser medida destinada apenas aos entes da Administração federal, entendemos depender de regulamentação própria feita pelos estados/municípios.

Ainda, indica que deve haver norma específica para o estabelecimento do benefício, consoante dispõe seu art. 5º: "O decreto que estabelecer as margens de preferência discriminará a abrangência de sua aplicação e poderá fixar o universo de normas técnicas brasileiras aplicáveis por produto, serviço, grupo de produtos e grupo de serviços para os fins do disposto neste decreto".

Desse modo, constitui a exigência de decretos específicos para informar quais produtos serão atingidos por ele, bem como qual será a margem percentual indicada para a preferência. Alguns já foram editados, tais como os Decretos nº 7.709/2012[34] (aquisição de retroescavadeiras e motoniveladoras), nº 7.713/2012[35] (aquisição de fármacos e medicamentos) e nº 7.756/2012[36] (aquisição de produtos de confecções, calçados e artefatos).

A norma também institui a Comissão Interministerial de Compras Públicas (CI-CP) que detém a competência de: I - elaborar proposições normativas referentes a margens de preferência normais e adicionais máximas e a medidas de compensação tecnológica, industrial, comercial ou de acesso a condições vantajosas de financiamento; II - analisar estudos setoriais para subsidiar a definição e a implementação das margens de preferência por produto, serviço, grupo de produtos ou grupo de serviços e das medidas de compensação referidas no inciso I do *caput* do Decreto nº 7.546/2011; III - promover avaliações de impacto econômico, para examinar os efeitos da política de margem de preferência e de medidas de compensação nas compras públicas sobre o desenvolvimento nacional; IV - acompanhar e avaliar a evolução e a efetiva implantação das margens de preferência e medidas de compensação no processo de compras públicas; V - propor o universo de normas técnicas brasileiras aplicáveis por produto, serviço, grupo de produtos e grupo de serviços para a obtenção das preferências.

---

introduziu o conceito de 'Desenvolvimento Nacional Sustentável', tem-se apenas reservas, disciplinadas pelos Decretos 7.546/2011 e 7.709/2012, e não vedação absoluta de oferta de produtos estrangeiros". Logo, a exigência em comento seria ilegal e, por si só, macularia o procedimento, pela restrição ao caráter competitivo do certame, em afronta ao art. 3º, *caput* e §1º, inciso I, da Lei 8.666/1993, bem como ao art. 3º, inciso II, da Lei 10.520/2002. Por conseguinte, votou para que o Tribunal fixasse prazo à Prefeitura Municipal de Castelo/ES visando a adoção de medidas necessárias à anulação do Edital do Pregão Presencial 162/2011, bem como determinando que a municipalidade se abstivesse de exigir que o bem a ser adquirido seja obrigatoriamente de fabricação nacional, o que foi aprovado pela segunda Câmara. *Acórdão nº 3.769/2012-2ª Câmara, TC 000.262/2012-9, rel. Min. Aroldo Cedraz, 31.5.2012"* (TCU. *Informativo sobre Licitações e Contratos*).

[33] Art. 3º, §2º: Os estados, o Distrito Federal, os municípios e os demais poderes da União poderão adotar as margens de preferência estabelecidas pelo Poder Executivo federal, previstas nos §§5º e 7º do art. 3º da Lei nº 8.666, de 1993.

[34] Decreto nº 7.709, de 03 de abril de 2012, publicado no *Diário Oficial da União*, 04 abr. 2012. Estabelece a aplicação de margem de preferência nas licitações realizadas no âmbito da Administração Pública Federal para aquisição de retroescavadeiras e motoniveladoras descritas no Anexo I, para fins do disposto no art. 3º da Lei nº 8.666, de 21 de junho de 1993.

[35] Decreto nº 7.713, de 03 de abril de 2012, publicado no *Diário Oficial da União*, 04 abr. 2012. Estabelece a aplicação de margem de preferência nas licitações realizadas no âmbito da Administração Pública Federal para aquisição de fármacos e medicamentos descritos no Anexo I, para fins do disposto no art. 3º da Lei nº 8.666, de 21 de junho de 1993.

[36] Decreto nº 7.756, de 14 de junho de 2012, publicado no *Diário Oficial da União*, 15 jun. 2012. Estabelece a aplicação de margem de preferência em licitações realizadas no âmbito da administração pública federal para aquisição de produtos de confecções, calçados e artefatos, para fins do disposto no art. 3º da Lei nº 8.666, de 21 de junho de 1993.

Assim, como afirma Ricardo Alexandre Sampaio, o Decreto nº 7.546/2011 regulamentou (um pouco) a concessão de preferência a produtos e serviços nacionais, mas ainda falta regulamentar (mais um pouco) o assunto para aplicá-lo nas licitações.[37] Ressaltamos como essencial a diligência para que a prioridade de contratação objeto desta norma não se concretize como política de fomento isolada, tendo-se em vista que apenas a consignação desta preferência tende a ser uma ação inócua e a gerar dispêndio exagerado de recursos públicos. Ademais, para melhor interpretação desta norma é importante lembrar nossa defesa de que o desenvolvimento sustentável não deve ser sinônimo de crescimento econômico puro.

7 Considerações finais

As contratações públicas, em regra, precisam ser antecedidas de licitação, sendo que este processo administrativo deve visar à satisfação do interesse público, não se atendo a somente compreender aquisições vantajosas à vontade econômica e organizacional da máquina estatal.

O instrumental normativo sobre o tema vem ganhando maior forma e complexidade de conteúdo, cabendo ao administrador público compreender a conjuntura e eleger a sustentabilidade como objetivo de políticas públicas, acompanhando as atualizações normativas neste sentido, até para se precaver de eventuais responsabilizações.

Constata-se que com a positivação da Lei nº 12.349/2011, a qual inseriu como nova finalidade das licitações o desenvolvimento nacional sustentável, as contratações feitas pela Administração Pública inserem-se em um quadro mais amplo, contemplando reflexos sociais relevantes.

Para se implementarem os objetivos propostos por esta norma foram editados decretos específicos, bem como outros devem ser promulgados. Consoante a este paradigma, conclui-se que o desenvolvimento nacional sustentável é política que não se restringe ao crescimento econômico puro.

Referências

AGAMBEN, Giorgio. *Estado de exceção*. Tradução Iraci D. Poleti. São Paulo: Boitempo, 2004.

BANDEIRA DE MELLO, Celso Antônio. *Curso de direito administrativo*. 28. ed. São Paulo: Malheiros, 2011.

BIDERMAN, Rachel; MACEDO, Laura Silvia; MONZONI Mario; MAZON, Rubens (Org.). *Guia de compras públicas sustentáveis*: uso do poder de compra do governo para a promoção do desenvolvimento sustentável. Rio de Janeiro: Ed. FGV, 2006.

DROMI, Roberto. *Licitación publica*. Buenos Aires: Ediciones Ciudad Argentina, 1995.

FERRARI, Regina Maria Macedo Nery. A constitucionalização do direito administrativo e as políticas públicas. *Revista Eletrônica sobre a Reforma do Estado – RERE*, Salvador, n. 19, set./nov. 2009. Disponível em: <http://www.direitodoestado.com/revista/RERE-19-SETEMBRO-2009-REGINA NERY.pdf>. Acesso em: 05 fev. 2011.

FERRARI, Regina Maria Macedo Nery. *Direito constitucional*. São Paulo: São Paulo: Revista dos Tribunais, 2011.

FREITAS, Juarez. *Sustentabilidade*: direito ao futuro. 2. ed. Belo Horizonte: Fórum, 2012.

---

[37] SAMPAIO. Decreto nº 7.546/2011 regulamenta (um pouco) a preferência a produtos e serviços nacionais nas licitações. BLOG ZÊNITE.

GARCÍA DE ENTERRÍA, Eduardo; FERNÁNDEZ, Tomás-Ramón. *Curso de derecho administrativo*. Madrid: Civitas, 1977. v. 1.

INMETRO. Instituto Nacional de Metrologia, Qualidade e Tecnologia. *Definições de Regulamento Técnico, Norma e Procedimento de Avaliação da Conformidade*. Disponível em: <http://www.inmetro.gov.br/barreirastecnicas/definicoes.asp>. Acesso em: 03 ago. 2012.

JUSTEN FILHO, Marçal. *Curso de direito administrativo*. 7. ed. rev. e atual. Belo Horizonte: Fórum, 2011.

JUSTEN FILHO, Marçal. Desenvolvimento nacional sustentado: contratações administrativas e o regime introduzido pela Lei nº 12.349. *Informativo Justen, Pereira, Oliveira e Talamini*, Curitiba, n. 50, abr. 2011. Disponível em: <http://www.justen.com.br//informativo.php?informativo=50&artigo=528>. Acesso em: 17 out. 2011.

MAIO, Caio. Mantega repete Delfim e diz que é preciso crescer para depois distribuir. *Folha de S. Paulo*, 26 jan. 2004. Disponível em: <http://www1.folha.uol.com.br/folha/brasil/ult96u57561.shtml>. Acesso em: 05 jun. 2011.

RUA, Maria das Graças. Análise de políticas públicas. *In*: RUA, Maria das Graças; CARVALHO, Maria Izabel Valladão (Org.). *O estudo da política*: tópicos selecionados. Brasília: Paralelo 15, 1998. Disponível em: <vsites.unb.br/ceam/webceam/núcleos/omni/observa/downloads/pol_publicas.PDF>. Acesso em: 16 maio 2012.

SACHS, Ignacy. *Desenvolvimento includente, sustentável e sustentado*. Rio de Janeiro: Garamond, 2006.

SAMPAIO, Ricardo Alexandre. Decreto nº 7.546/2011 regulamenta (um pouco) a preferência a produtos e serviços nacionais nas licitações. *In*: BLOG ZÊNITE, 04 ago. 2011. Disponível em: <http://www.zenite.blog.br/decreto-n%C2%BA-7-54611-%E2%80%93-regulamenta-um-pouco-a-preferencia-a-produtos-e-servicos-nacionais-nas-licitacoes/>. Acesso em: 08 jul. 2012.

SEN, Amartya Kumar. *Desenvolvimento como liberdade*. Tradução Lucas Teixeira Motta. São Paulo: Companhia das Letras, 2000.

SILVA, José Afonso da. *Curso de direito constitucional positivo*. São Paulo: Malheiros, 2012.

TRIBUNAL DE CONTAS DA UNIÃO – TCU. *Informativo sobre Licitações e Contratos*, n. 108, sessões 30/31 maio 2012.

Informação bibliográfica deste texto, conforme a NBR 6023:2002 da Associação Brasileira de Normas Técnicas (ABNT):

GUIMARÃES, Edgar; FRANCO, Caroline da Rocha. Licitação e políticas públicas: instrumentos para a concretização do desenvolvimento nacional sustentável. *In*: BACELLAR FILHO, Romeu Felipe; HACHEM, Daniel Wunder (Coord.). *Direito público no Mercosul*: intervenção estatal, direitos fundamentais e sustentabilidade: anais do VI Congresso da Associação de Direito Público do Mercosul: homenagem ao Professor Jorge Luis Salomoni. Belo Horizonte: Fórum, 2013. p. 361-372. ISBN 978-85-7700-713-4.

LICITAÇÕES SUSTENTÁVEIS: CONCEITO E DESAFIOS

JUAREZ FREITAS

1 Introdução

As licitações precisam incorporar, ao escrutínio das propostas, os incontornáveis critérios paramétricos de sustentabilidade para ponderar os custos (diretos e indiretos) e os benefícios sociais, ambientais e econômicos. Não se trata de simples faculdade, tampouco de modismo passageiro, como costuma objetar o conservadorismo redutor. Tampouco matéria de discricionariedade, que restasse isenta de controle quanto à licitude em sentido amplo. Trata-se de assumir, vez por todas, que, em qualquer processo licitatório, o Estado tem de implementar políticas públicas, com o desempenho da *função indutora* de práticas sustentáveis, ao lado da *função isonômica* de oferecer igualação formal e substancial de oportunidades.

Vale dizer, as licitações e as contratações públicas obrigatoriamente terão de ser praticadas e controladas num horizonte intertemporal dilatado e mais consequente. E não só: impõe-se adicionalmente que todos *os atos e contratos administrativos passem a ser sindicados à base do mandamento da sustentabilidade*, que não é simples declaração programática. É *diretriz vinculante*, orientada para procedimentos e resultados, de cuja força normativa se podem extrair as regras aptas a depurar as cores, ora cinzentas, da gestão pública. Mais do que "verde", quer-se uma licitação com todas as cores limpas.

As gerações futuras são, desde já, titulares de direitos fundamentais, de modo que o longo prazo, acompanhado do controle preventivo, torna-se variável obrigatória no julgamento das propostas administrativas. Nessa perspectiva, eis as ideias de fundo, a serem formuladas na presente exposição:

(a) a sustentabilidade, no sistema brasileiro, é princípio de envergadura constitucional, não somente aplicável na seara do Direito Ambiental, mas também no Direito Administrativo, entre outras províncias do sistema;

(b) as licitações, com a observância justificada dos critérios de sustentabilidade, encontram-se forçadas a conferir, desde a tomada de decisão, prioridade fática e jurídica máxima às políticas públicas que ensejam o bem-estar das gerações presentes, sem impedir que as gerações futuras produzam o seu próprio bem-estar;

(c) as licitações sustentáveis trabalham com modelos paramétricos de estimativas razoáveis dos custos, diretos e indiretos, sociais, ambientais e econômicos, na ciência de que o melhor preço é aquele que implica os menores impactos e externalidades negativas e, concomitantemente, os maiores benefícios globais.

2 Sustentabilidade e licitações públicas

2.1 Princípio constitucional da sustentabilidade ou do desenvolvimento sustentável é norma de aplicabilidade direta e obrigatória nas licitações e contratações públicas brasileiras

A Constituição brasileira, no seu preâmbulo, consagra o desenvolvimento como "valor supremo", ladeado pelo bem-estar, pela igualdade e pela justiça. Mas qual desenvolvimento? A leitura sistemática da Carta indica que só pode ser o desenvolvimento sustentável, sobretudo em função dos arts. 3º, 170, VI, e 225, da CF. Com efeito, o desenvolvimento, constitucionalmente pretendido, é multidimensional (social, ambiental, econômico, ético e jurídico-político) e sistêmico. Tais dimensões precisam ser promovidas integradamente. Em outras palavras, bem observadas as coisas, o sistema normativo prescreve o desenvolvimento intra e intergeracional, promotor do ambiente limpo e da equidade social, na ciência de que ambientes iníquos afetam a sociedade inteira, em especial no atinente à saúde.[1]

Quer dizer, o constituinte pretende fomentar o *desenvolvimento integrado*, o qual, sem preconizar uma postura passiva perante a natureza, determina razoabilidade à atuação humana que precisa gerar, com limites e cautelas, a prosperidade contínua, não o simplório e utilitarista crescimento econômico, medido no não menos simplório Produto Interno Bruto. Para ilustrar o raciocínio: a poluição do ar pode ser o subproduto do crescimento econômico de curto prazo, mas se, em determinadas condições, implicar custos ambientais e sociais desmesurados, colide com o imperativo do desenvolvimento sustentável e será reprovável. *Há, sem maiores controvérsias, atividades econômicas venenosas que provocam mais danos do que valor agregado.*[2] Não são tais atividades, por certo, que o Estado Constitucional colima fomentar.

Nesse diapasão, a Carta estabelece o desenvolvimento sustentável como "valor supremo" e, a partir do art. 225, fácil inferir que se trata de princípio constitucional,[3] imediatamente vinculante, o qual obriga em todos os campos do sistema jurídico. Gera regras derivadas, desse modo, até sem carência de *interpositio legislatoris*, à esfera dos atos, procedimentos e contratos administrativos, que precisam contribuir para a qualidade de vida das gerações presentes, sem a supressão do bem-estar das gerações futuras.

Portanto, além de "valor supremo", o desenvolvimento sustentável é um mandamento *constitucional.*[4] Dito de outra maneira, sem admitir retrocesso hermenêutico,

---

[1] *Vide* WILKINSON; PICKETT, Kate. *The Spirit Level*: why greater equality makes societies stronger. New York: Bloomsbury Press, 2009. Mostram, com dados convincentes, que a iniquidade causa danos à sociedade inteira. Comparam pessoas de mesma renda, educação ou classe, entre vários países, e constatam, não por acaso, que apresentam melhor saúde (inclusive mental) aquelas que vivem em sociedades menos desiguais.

[2] *Vide* MULLER, Nicholas; MENDELSOHN, Robert; NORDHAUS, William. Environmental Accounting for Pollution in the United States Economy. *American Economic Review*, 101(5), p. 1649-75, 2011. Trata-se de rigoroso estudo sobre o custo social da poluição do ar, em termos de saúde e produtividade, apontando aquelas indústrias ("solid waste combustion, sewage treatment, stone quarrying, marinas, and oil and coal-fired power plants") nas quais os danos ambientais são superiores ao valor agregado. Ademais, propõem, com pertinência, a inclusão das externalidades ambientais no "system of national accounts".

[3] *Vide* FREITAS, Juarez. *Sustentabilidade*: direito ao futuro. 2. ed. Belo Horizonte: Fórum, 2012, sobre a sustentabilidade como princípio constitucional. Tal enfoque tem o condão de modificar o próprio modo de conceber e interpretar o sistema jurídico, em todas as suas áreas.

[4] *Vide* ADIn nº 3.540 MC/DF, Rel. Min. Celso de Mello, em cuja ementa se lê: "O princípio do desenvolvimento sustentável, além de impregnado de caráter eminentemente constitucional, encontra suporte legitimador em

o *Estado-Administração tem o dever de aplicar a Lei Fundamental de ofício*, construindo e reconstruindo as regras instrumentalmente voltadas a vivificar o princípio constitucional da sustentabilidade, entendido em consórcio indissolúvel com os demais princípios.[5] Mais: *toda discricionariedade administrativa encontra-se plenamente vinculada à sustentabilidade*: não se depende de regras legais por acréscimo (ainda que esclarecedoras normas legislativas tenham surgido recentemente, como será enfatizado) para cobrar a aplicação imediata do princípio constitucional.

Justamente do caráter vinculante, surge o lastro que ampara, por exemplo, o ato administrativo que fixa limites razoáveis para emissões de poluentes ou que limita o cancerígeno benzeno em líquidos.[6] Não se trata de o administrador empreender inovação legislativa, nem de cometer usurpação de competência, senão de cumprir o dever de, no âmbito das atribuições regulatórias ou fiscalizatórias, imprimir a eficácia máxima possível à Constituição, no cerne.

Nessa chave, nas licitações e contratações administrativas, força assumir que a proposta mais vantajosa será sempre aquela que, entre outros aspectos a serem contemplados, apresentar-se *a mais apta a causar, direta ou indiretamente, o menor impacto negativo e, simultaneamente, os maiores benefícios econômicos, sociais e ambientais*. Por esse prisma, *o sistema de avaliação de custos, sob pena de violação flagrante ao princípio constitucional em apreço, terá de ser reformulado e incluir os custos indiretos*, no intuito de estimar os dispêndios futuros a serem efetuados em função dos previsíveis impactos sistêmicos das decisões administrativas tomadas e dos riscos assumidos. Ou seja, *antes de licitar, não se podem ignorar, candidamente, os custos ambientais, sociais e econômicos de cada escolha administrativa.*

Cumpre, nessa perspectiva, ao *Estado-Administração influenciar a matriz produtiva*, num foco de convergência para que os fornecedores comecem a se tornar vigilantes quanto à *sustentabilidade do ciclo de vida[7] dos produtos* — desde a obtenção de matérias-primas e insumos, passando pelo processo produtivo e consumo até a disposição final. Por exemplo, imprescindível assumir, nos contratos administrativos, a responsabilidade compartilhada pela destinação final dos resíduos e, quando couber, pela logística reversa. Novamente, não se trata de matéria de maior ou menor predileção do administrador, mas de *incontornável obrigação legal e constitucional, ainda profundamente negligenciada pelos administradores e, não raro, pelos controladores.*

Sempre para ilustrar: o reuso de água e a adoção de medidas de poupança de energia não são simples escolhas, escravas de supostos juízos de conveniência e de oportunidade. Não. Apresentam-se, na realidade, como resultantes deontológicas do princípio constitucional da sustentabilidade e das regras que, expressamente ou por inferência, auxiliam a densificá-lo. No limite, a obra errada e inútil, o serviço nefasto e o produto nocivo compõem o quadro das inadmissíveis violações fáticas e jurídicas ao princípio.

---

compromissos internacionais assumidos pelo Estado brasileiro e representa fator de obtenção do justo equilíbrio entre as exigências da economia e as da ecologia".

[5] Trata-se — convém reiterar — de diretriz vinculante e de pronta concretização administrativa, jurisprudencial e legislativa, que se encontra entrelaçada a outros princípios, como prevenção e precaução, e que guarda sinergia, por exemplo, com o princípio do poluidor-pagador. *Vide*, a propósito, CF, art. 225, §3º, e Lei nº 6.938/81, art. 4º, VII.

[6] A propósito, MPF em Minas Gerais firmou, em 2011, termo de ajustamento de conduta com três grandes fabricantes de refrigerantes, segundo o qual as empresas assumiram o compromisso de, no prazo de até cinco anos, tomar as providências para que todos os seus refrigerantes de baixas calorias ou dietéticos cítricos observem, como máximo, a quantidade de 5 partes por bilhão ou 5 microgramas por litro de benzeno, limite estabelecido pela Anvisa para a água potável.

[7] *Vide* Lei nº 12.305, de 2010, art. 3º, IV, sobre o ciclo de vida do produto.

Ademais, importa ter presente, em nome da judiciosa e renovada calculabilidade, que, não raro, o custo para investir, por exemplo, no monitoramento do uso de recursos hídricos ou da energia costuma significar investimento de "x", contudo propiciar, ao longo de alguns anos, uma economia da ordem de várias vezes "x".

Também os financiamentos públicos, mercê do princípio em tela, encontram-se compelidos, normativamente, a inserir considerações precisas de viabilidade no longo prazo, de ordem a considerar, transparentemente, os custos diretos e indiretos, bem como os riscos associados às externalidades negativas. Não somente: o financiamento tem de contemplar a sustentabilidade, em todas as suas facetas, inclusive para evitar o ingresso em empreendimentos temerários e para manter distante a "tragédia grega" da insolvência ou da execução falha.

Na esfera licitatória, portanto, mister imediatamente *induzir* (um dos papéis fulcrais do edital sustentável), a redução dramática do uso de produtos ambientalmente nocivos e tóxicos, com o incentivo de técnicas e propostas alternativas. Por exemplo, as merendas escolares devem ser compostas exclusivamente de alimentos isentos de agrotóxicos (seriamente certificados), com mais antioxidantes e sem cancerígenos.[8] Por sua vez, os edifícios públicos devem ser construídos de maneira sustentável, não apenas com a adoção de pontuais tecnologias "verdes" de fachada, mas convertidos em microusinas de energias renováveis. Mais: uma construção em área contaminada simplesmente não pode ser tolerada (às vezes, com a cúmplice e censurável leniência dos controles), sem que se proceda à completa descontaminação prévia. Outra aplicação: os projetos básicos e executivos, para a contratação de obras e serviços de engenharia, devem contemplar opções que reduzam os custos de manutenção e de operacionalização, não apenas os de construção. Eis a concretização da sustentabilidade.

Ainda: os veículos a serem adquiridos pelo Poder Público haverão de ser os menos poluentes, não emitindo níveis nocivos de enxofre e de outros venenos. A preferência deve recair sobre veículos elétricos, híbridos ou movidos a biocombustível, que adotem rigorosos controles de emissão,[9] no intuito de enfrentar a poluição do ar, nos grandes centros urbanos, fenômeno que, frequentes vezes, assume proporções humanamente fatais (comprovadamente, milhares de mortes acontecem, cada ano, com nexo causal diretamente formado, a partir da contaminação do ar).

Adicional observação, no rol das ilustrações: apresenta-se inescapável a implementação, *também por intermédio dos certames licitatórios*, daquelas políticas públicas que valorizam a mobilidade urbana, com incentivo deliberado e prioritário ao transporte público de qualidade,[10] a par do incremento de outros modais de transportes (ferrovias e hidrovias) para o escoamento de pessoas e produção, haja vista a saturação crítica do modal rodoviário.[11] Como se afigura incontendível, o trânsito, nas metrópoles,[12] é

---

[8] *Vide*, para ilustrar, a experiência exitosa de Itaipu, no Programa Cultivando Água Boa, em parceria com os municípios lindeiros ao lago, com avanços nos projetos de educação ambiental e agricultura orgânica e com repercussão expressiva na merenda escolar sem veneno.

[9] A certificação, dotada de credibilidade, assume caráter decisivo.

[10] *Vide* o Comunicado do IPEA nº 113, Poluição Veicular Atmosférica, setembro de 2011, p. 24, que aposta em alternativas tecnológicas limpas e, em lugar de políticas contraditórias que favoreçam o transporte individual, postula a prioridade do transporte coletivo.

[11] *Vide*, sobre o sistema intermodal, BESSERMAN, Sérgio; VEIGA, José Eli da; ABRANCHES, Sérgio. *In*: GIAMBIAGI, Fábio; BARROS, Octavio de (Org.). *Brasil pós-crise*. Rio de Janeiro: Campus, 2009. p. 320.

[12] Cidades fazem esforço meritório para vencer gargalos, como Copenhague e Oslo. Em toda parte, exige-se acentuada mudança de concepção e de planejamento dos centros urbanos, muitos dos quais verdadeiramente impróprios para a vida digna.

robusto e estressante testemunho da falta crônica de planejamento sistêmico, que se revela, cada dia, mais e mais insustentável.

Enfim, tais exemplos são suficientes para realçar o papel que o Estado-Administração deve exercer no atinente à implementação inadiável de licitações e contratações públicas, em consonância com o princípio positivo da sustentabilidade multidimensional.[13] Portanto, numa primeira conclusão, consigne-se que *não se trata de simples faculdade, mas de obrigação constitucional e legal realizar as licitações e contratações administrativas sustentáveis, em todos os Poderes e por todos os Poderes.*

Dito de outro modo, *o dever de efetuar contratações públicas sustentáveis* implica promover a reconformação da arquitetura das instituições e dos comportamentos: *guiado pelo imperativo fundamental da sustentabilidade, o gestor precisa, em todas as relações de administração, promover o bem-estar das gerações presentes, sem inviabilizar o bem-estar das gerações futuras, cujos direitos fundamentais são, desde logo, plenamente reconhecidos pelo ordenamento jurídico.*[14]

2.2 Nas licitações e contratações, o Estado-Administração tem de ser suficiente e eficaz na proteção ativa dos direitos fundamentais das gerações presentes e futuras

Assentado esse ponto, cumpre notar que o controle mais significativo dos atos, procedimentos e contratos administrativos passa a ser o da eficácia (CF, art. 74), em lugar da simples eficiência ou da mera legalidade (CF, art. 37). Com efeito, a eficiência, em situações paradoxais, pode até produzir mais velozmente o insustentável. Logo, a *densificação do princípio da eficácia* (entendido como obtenção de resultados e processos compatíveis com os objetivos fundamentais da Carta, não apenas aptidão de produzir efeitos no mundo jurídico) é o que mais importa para o desenvolvimento sustentável. O Estado-Administração não pode prosseguir insuficiente, omisso e ineficaz na proteção dos direitos fundamentais das gerações presentes e futuras.[15]

Nesse enfoque, podem-se catalogar determinadas regras densificadoras do princípio do desenvolvimento sustentável em três grandes grupos: (i) regras legais; (ii) regras administrativas expressas ou decorrentes do poder regulamentar; e (iii) regras interpretativas inferíveis do sistema constitucional, que servem para colmatar lacunas eficaciais e suprir a tópica insuficiência na proteção dos direitos fundamentais. Convém grifar: revela-se despropositada e temerária qualquer espera excessiva por adicionais regras expressas, uma vez que a demora pode ser — e tem sido — corrosiva da eficácia do princípio constitucional em tela. Enfatize-se, pois, a vinculatividade

---

[13] Para ilustrar a reciprocidade causal entre as múltiplas dimensões, *vide* pesquisa da FVG, intitulada "Benefícios econômicos da expansão do saneamento ambiental", de julho de 2010.

[14] Trata-se de variação do conceito, centrado em necessidades, contido no Relatório Brundtland (1987), em que pese o grande avanço que representou. O conceito de sustentabilidade, aqui defendido, é o de princípio constitucional que determina, independentemente de regulamentação legal, com eficácia direta e imediata, a responsabilidade do Estado e da sociedade para a concretização solidária do desenvolvimento material e imaterial, socialmente inclusivo, durável e equânime, ambientalmente limpo, inovador, ético e eficiente, no intuito de assegurar, no presente e no futuro, o direito ao bem-estar, conforme a minha proposta em *Sustentabilidade*: direito ao futuro, *op. cit.*

[15] *Vide*, a propósito, entre outros, DIETLEIN, Johannes. *Die Lehre Von den grundrechtichen Schultzpflichten*. Berlim: Duncker und Humblot, 2005.

direta do sistema, a qual *não pode ser ofuscada ou obliterada pela morosidade ou pela inércia administrativa inconstitucional.*

Quer dizer, o Estado-Administração não pode dar de ombros para os deveres adaptativos requeridos pelo desenvolvimento sustentável, sob a alegação pusilânime de carência de regras expressas. As regras jurídicas podem perfeitamente ser inferidas à base do dever de imprimir eficácia crescente ao sistema normativo e destinadas a propiciar a catalização eficacial dos princípios, objetivos e direitos fundamentais.[16]

Dito isso, convém destacar que, no grupo das regras expressas, no sistema brasileiro, (i), figura a Lei de Mudanças Climáticas (Lei nº 12.187, de 2009). Tal diploma estipula a adoção de providências que estimulem, com celeridade,[17] o desenvolvimento de processos e tecnologias, aptos a contribuir para a economia de baixo carbono, assim como para a adaptação, com o estabelecimento de *critérios seguros de preferência*, nas licitações públicas, para aquelas propostas que propiciem maior economia de energia, água e outros recursos naturais (art. 6º, XII). Note-se que tais critérios de preferência devem ser aplicados até para a simples autorização e, *a fortiori*, para a celebração dos contratos públicos, que requerem estabilidade e pressupõem alta previsibilidade das condutas.

Outra regra densificadora digna de menção está alojada no corpo da Lei de Licitações, alterada pela Lei nº 12.349, de 2010,[18] estabelecendo que a licitação "destina-se a garantir a observância do princípio constitucional da isonomia, a seleção da proposta mais vantajosa para a administração e a promoção do desenvolvimento nacional sustentável". Isonomia e sustentabilidade social, econômica e ambiental são, numa equação responsável a longo prazo, princípios compatibilizáveis e de aplicação obrigatória conjunta.

Curiosamente, a experimental Lei do Regime Diferenciado de Contratações (Lei nº 12.462, de 2011) teve o cuidado de repetir, no seu art. 3º, que as licitações e contratações realizadas em conformidade com o princípio do desenvolvimento sustentável e, no art. 4º, fez constar inovadoramente que, nas licitações e contratos, terá de ser observada, entre outras, a diretriz de "busca da maior vantagem para a administração pública, considerando custos e benefícios, diretos e indiretos, de natureza econômica, social ou ambiental, inclusive os relativos à manutenção, ao desfazimento de bens e resíduos, ao índice de depreciação econômica e a outros fatores de igual relevância". Trata-se, pois, de exigir a avaliação inédita, pelos controles interno e externo, dos *custos, diretos e indiretos*.

Certamente, a referência abrangente a custos econômicos, sociais e ambientais é oportuna tradução, em seu amplo espectro, do princípio constitucional da sustentabilidade, ainda que veiculada em diploma a ser aperfeiçoado. Mas não só: no art. 10, admite-se, com a pertinente motivação, na contratação das obras e serviços, a remuneração variável vinculada ao desempenho da contratada, com base em metas e critérios de sustentabilidade, estipulados no instrumento convocatório e no contrato. E mais: dispõe o art. 19 que o julgamento pelo menor preço ou menor desconto terá de considerar o menor

---

[16] *Vide*, para aprofundar, FREITAS, Juarez. *A interpretação sistemática do direito*. 5. ed. São Paulo: Malheiros, 2010. p. 228-271.

[17] *Vide*, a propósito, as recomendações do TCU, em auditoria operacional sobre políticas públicas e mudanças climáticas, em TC nº 026.061/2008-6, Acórdão nº 2.462/2009, Rel. Min. Aroldo Cedraz.

[18] Como acentua PEREIRA JUNIOR, Jessé Torres. Desenvolvimento sustentável: a nova cláusula geral das contratações públicas brasileiras. *Interesse Público – IP*, Belo Horizonte, ano 13, n. 67, p. 71, maio/jun. 2011: "Em verdade, a Lei 12.349/10 veio dar cobro à omissão do regime legal geral das licitações e contratações [...] que não explicitava [...] o que já decorria da Constituição da República e vinha sendo alvo de regras em leis setoriais e normas infralegais específicas".

dispêndio da administração, porém atendidos os parâmetros de qualidade, convindo sublinhar que os custos indiretos haverão de ser necessariamente contemplados na definição do menor dispêndio.

Entretanto, a consagração da sustentabilidade, no plano das regras legais, não cessa por aí.

Entre os objetivos da Política Nacional de Resíduos Sólidos (Lei nº 12.305, de 2010, art. 7º, XI), consta a prioridade obrigatória, nas aquisições e contratações governamentais, para produtos reciclados e recicláveis e bens, serviços e obras que considerem os critérios compatíveis com padrões de consumo social e ambientalmente sustentáveis. Desse modo, sempre que possível optar entre um ou outro bem, a escolha legítima só pode recair sobre aquele que estiver em sintonia com as exigências globais da sustentabilidade. Não se admite, pois, esposar retoricamente o sentido fraco da prioridade estipulada, dado que se impõe descartar os produtos que não apresentarem as citadas características, sobremodo perante alternativas com preços razoáveis e condições técnicas abalizadas para atender os requisitos da sustentabilidade. O que se objetiva, nesse diploma, é acelerar a transição para os negócios "verdes" e, com isso, para novos padrões de consumo, na certeza de que os métodos usuais (*business as usual*) simplesmente tendem a tornar a vida humana inviável.

O segundo grupo apontado (ii) é o das regras administrativas expressas, as quais, a seu modo, também visam a concretizar o princípio constitucional da sustentabilidade, no exercício do poder regulamentar. A título ilustrativo, cumpre citar a Instrução Normativa nº 1/2010, da Secretaria de Logística, do Ministério do Planejamento, que dispõe sobre os critérios obrigatórios de sustentabilidade, na aquisição de bens, contratação de serviços ou obras pela Administração Pública Federal direta, autárquica e fundacional. Com acerto, esclarece o ato administrativo que tais critérios, no atinente às especificações, devem constar no instrumento convocatório, "considerando os processos de extração ou fabricação, utilização e descarte dos produtos e matérias-primas" (art. 1º). Ao lado disso, remete, judiciosamente, ao art. 12 da Lei nº 8.666, e desdobra a regra legal, orientando-a no sentido de que as especificações e demais exigências do projeto básico ou executivo, para contratação de obras e serviços de engenharia, devem ser elaboradas visando à economia da manutenção e operacionalização da edificação, além da utilização de tecnologias que reduzam o impacto ambiental.

Como se constata, o ato administrativo em apreço detalha, de forma organizada, relevantes mandamentos presentes no sistema. Por sinal, no caso de bens e serviços, o art. 5º deixa estampado que as Administrações poderão[19] exigir que os bens sejam constituídos, no todo ou em parte, por material reciclado, atóxico, biodegradável ou que sejam observados os requisitos ambientais para a obtenção de certificação do Inmetro como produtos sustentáveis ou de menor impacto ambiental em relação a similares. A despeito da literalidade, não se trata de mera faculdade, mas de obrigação constitucional, dado que o princípio da sustentabilidade impõe prevenção e precaução.[20] Nessa linha,

---

[19] Por isso, convém enfatizar que, a rigor, não se trata de faculdade, mas de poder-dever, haja vista que o art. 225, par. 1º, V, da Carta, estabelece que se impõe ao Poder Público controlar a produção e a comercialização de "substâncias que comportem risco para a vida, a qualidade de vida e o meio ambiente", o que implica não permanecer inerte e condescendente com práticas nocivas contra os seres humanos e os seres vivos em geral.

[20] *Vide*, sobre prevenção e precaução, MACHADO, Paulo Afonso Leme. *Direito ambiental brasileiro*. 18. ed. São Paulo: Malheiros, 2010.

em acréscimo, prescreve corretamente que, antes de iniciar o processo de aquisição, a Administração Pública precisa verificar a disponibilidade e a vantagem de reutilização de bens, por meio de consulta ao fórum eletrônico de materiais ociosos.

Dito de modo sintético, tal ato administrativo, ainda que mereça ser aperfeiçoado, revela-se, para já, vetor útil de aplicação do mandamento *constitucional da sustentabilidade*, que determina condutas estatais voltadas ao desenvolvimento ambientalmente limpo, eficiente e ético, socialmente equânime, de modo a assegurar, no presente e no futuro, as condições efetivas para o bem-estar.

Regras similares existem ou devem existir, no âmbito dos estados, municípios e Distrito Federal, sendo lícito asseverar que regras[21] federativas já se encontram perfeitamente acessíveis para que as contratações públicas passem, de pronto, a ser sustentáveis, em todos os Poderes e esferas. Contudo, caso se constate remanescente omissão de regra legal ou administrativa expressa, resta o caminho inteiramente plausível de extrair o intérprete-administrador ou o controlador, por força de inferência, as regras do terceiro grupo (iii), isto é, aquelas construídas, por assim dizer, pelo aplicador que não se subtrai do compromisso de oferecer, motivadamente, a contribuição à eficácia do princípio da sustentabilidade. A não ser assim, a suposta falta de regras seria usada como arma contra a força vinculante do sistema constitucional, arma que nenhum agente público idôneo tem porte para carregar.

Em suma, conclui-se que existem regras suficientes (dos três grupos citados) para se considerar plena e imediatamente aplicável o princípio constitucional do desenvolvimento sustentável, nas licitações e contratações administrativas brasileiras.

2.3 Licitações e contratações: a proposta mais vantajosa é aquela que se encontra alinhada com políticas públicas sustentáveis

Nada mais justifica que a licitação siga presa a critérios simplistas ou à metodologia tradicional e míope de julgamento e de controle. Melhor preço, frequentes vezes, é diferente do menor preço, contemplado sob o prisma do longo prazo. O certo é que os controladores, inclusive os Tribunais de Contas, deveriam assumir, na perspectiva abraçada, o protagonismo da redefinição da arquitetura licitatória, ao cobrarem, sem morosidade, o exame motivado dos custos e benefícios, diretos e indiretos, em termos econômicos, sociais e ambientais, de maneira parametricamente convincente.

Não é lícito negligenciar que a sustentabilidade representa — ao contrário do que dizem os seus críticos superficiais — um potencial ganho de eficiência, com redução significativa de custos, às vezes no plano imediato. Não por outro motivo, a sustentabilidade deixa de ser, gradativamente, um simples ardil para ganho de imagem ou de reputação, para se converter numa estratégia disseminada de agregação de valor para a Administração Pública e para as contratadas.

Afortunadamente, começa a se difundir a noção de que a sindicabilidade das decisões administrativas haverá de se estender no tempo e no espaço, para contemplar os múltiplos efeitos, numa permanente reavaliação, com reforço da programação, do planejamento e do monitoramento, no tocante aos impactos nos meios físico, biótico e socioeconômico.

---

[21] O art. 3º, da Lei de Licitações, ao consagrar o princípio do desenvolvimento sustentável, veicula, como parece incontroverso, norma geral, logo aplicável a todas as esferas federativas.

É que os critérios estratégicos da sustentabilidade, no processo de tomada da decisão administrativa, requerem o maior distanciamento temporal e *a capacidade de prospecção de longo prazo,* com o abandono resoluto da visão reducionista dominante, segundo a qual o sistema jurídico cuidaria apenas do imediato.

Nessa ótica nova, o gestor público responsável não pode mais realizar juízos adstritos ao curto prazo, típico comportamento daqueles que não apenas desprezam os princípios constitucionais, como se alienam a interesses secundários. Em outras palavras, o gestor e o controlador devem vencer todo e qualquer traço de indolência acomodatícia que os impedem de fazer o melhor possível para todas as gerações: o *horizonte haverá de ser o horizonte do Estado Sustentável,*[22] no qual o ciclo de vida dos produtos e serviços passa a ser escrutinado, preferencialmente de modo cautelar e antecipatório, oferecendo respostas aceitáveis, no teste da sustentabilidade, a ser descrito a seguir.

2.4 Só as lentes da sustentabilidade permitem enxergar os novos critérios a serem observados, nas respectivas etapas do certame licitatório

Avulta, nesse contexto de afirmação do princípio constitucional da sustentabilidade, uma tríade de questões centrais para a sua implementação exitosa nas licitações e contratações públicas.

Uma primeira questão concerne aos antecedentes da licitação. Quer dizer, antes de o certame ser levado a efeito, impõe-se responder à indagação típica da sustentabilidade: *é a licitação realmente necessária e apresenta benefícios que superem os custos diretos e indiretos?* Considerou o administrador público, com esmero e capacidade de cálculo[23] (no sentido confiável do termo) a hipótese de resolver a demanda, com medidas de racionalização ou com o emprego daquilo que está disponível e ocioso? Mais: a decisão administrativa de licitar coaduna-se com o princípio da sustentabilidade em todas as suas dimensões, inclusive sociais e econômicas? Favorece a visão sistêmica ou contribui para formação de gargalos que só dificultam a vida de todos?

O dever de motivação, exercido nessa fase, terá de enfrentar, coerente e consistentemente, o mérito dessas questões conjuntas, na ciência de que o certame supérfluo ou lesivo — muito comum — não pode mais ser tolerado. Como se trata de questão que antecede a licitação, apropriado cogitar, desde o nascedouro, de licitações sustentáveis, e não apenas de contratações sustentáveis.

O certo, em homenagem ao art. 50, da Lei nº 9.784/99, é reconhecer o caráter cogente dessa motivação de maneira generalizada, em todas as licitações e contratações públicas e encapsular, na justificação do certame, o exame minucioso dos requisitos da sustentabilidade. Não se deve esquecer que, consoante o inciso I, do citado art. 50, da Lei nº 9.784, a motivação é obrigatória quando os atos administrativos "neguem, limitem ou *afetem direitos e interesses".* Ora bem, por conta das atuais circunstâncias, nada está mais exposto ao exame dos efeitos e do impacto sobre os direitos do que as decisões administrativas escrutináveis à luz do princípio constitucional da sustentabilidade. Numa frase: o que afeta o futuro, afeta o direito fundamental à sustentabilidade, logo deve ser devidamente justificado.

---

[22] *Vide* FREITAS. *Sustentabilidade:* direito ao futuro, cap. 10.

[23] Cálculo relativo à estima dos custos (diretos e indiretos) e benefícios ambientais, sociais e econômicos.

Prosseguindo no teste: uma segunda questão típica de desenvolvimento sustentável envolve a implementação propriamente dita do certame licitatório. Isto é, superada a primeira fase, é chegado o momento de definir o objeto e de inserir, no exame da habilitação e no rol dos critérios de avaliação da proposta mais vantajosa, os requisitos da sustentabilidade ambiental, econômica e social. Requisitos que, na etapa do julgamento das propostas, transcendem — sem excluir — o exame da mera legalidade.

Reitere-se: no projeto básico, quando se cogita de orçamento detalhado, cumpre que, doravante, constem estimativas razoáveis dos custos, diretos e indiretos, relacionados às externalidades negativas, de sorte que, por exemplo, não se considere exclusivamente o custo econômico imediato para a construção de um prédio, mas também o da manutenção e o da operação, à vista das soluções adotadas.

Finalmente, uma terceira questão própria do teste da sustentabilidade é aquela relativa à fase de celebração e execução do contrato administrativo, isto é, ao cumprimento das obrigações pactuadas. Nessa fase, que não pode ser separada logicamente das anteriores, conferir-se-á, fiscalizatoriamente, se a estimativa compreensiva dos custos diretos e indiretos, acolhida no texto do contrato, resultou bem-sucedida na execução, consoante o sopesamento e a pesagem dos custos e benefícios, expostos à reavaliação permanente dos aspectos comensuráveis e incomensuráveis, sempre com proporcionalidade e respeito ao equilíbrio econômico-financeiro intangível.

Estas três questões, que compõem o teste da sustentabilidade, são indissociáveis para o olhar que não se deixa confinar pela vista curta. De fato, só as lentes da sustentabilidade permitem enxergar dinamicamente os elementos a serem enquadrados, nas respectivas etapas do certame licitatório. Não são, por certo, elementos triviais, mas cruciais.

Em síntese, no intuito de melhor retê-los, eis os tópicos que se afiguram os mais relevantes para o teste dinâmico da sustentabilidade, aplicável às licitações e contratações administrativas:

(a) antes de começar a licitação, crucial responder se existe conveniência motivada para iniciar o certame, inclusive verificar se existem, disponíveis ou disponibilizáveis, bens, produtos ociosos ou alternativos. No ponto, as perguntas centrais são: a decisão administrativa de licitar é compatível com o princípio da sustentabilidade em todas as suas dimensões? A licitação pode auxiliar o cumprimento das variadas regras protetivas, gerais ou individuais, da sustentabilidade? A quais políticas públicas, de estatura constitucional, a licitação específica deve atender prioritariamente, a partir da definição do objeto?

(b) Na fase de implementação do certame e na etapa de celebração e fiscalização subsequente do contrato administrativo, destacam-se indagações a serem respondidas a contento: quais são as especificações do objeto que, sem realizar discriminação negativa, reclamam tratamento diferenciado, segundo o princípio constitucional da sustentabilidade? A contratação administrativa contemplará o ciclo de vida dos produtos ou restará adstrita à variável do preço, numa perspectiva imediatista? A contratação traz resultados defensáveis a longo prazo ou reduz as oportunidades de gerações futuras produzirem o seu próprio bem-estar?

(c) Finalmente, as obrigações pactuadas, segundo o edital sustentável, são cumpridas de fato?

Uma vez diligentemente enfrentadas essas questões fulcrais, reciprocamente implicadas, resulta que, na hipótese de a licitação ser considerada necessária, haverá, ato contínuo, de passar pelo filtro, segundo o qual a escolha da proposta mais vantajosa não pode ser guiada pelo critério excludente e vesgo do preço, uma vez que, em determinadas circunstâncias, o gasto maior no presente pode representar expressivo ganho adiante, com a induzida redução dos custos futuros. Nessa ótica, a licitação e a contratação precisam tomar parte maiúscula no bojo das políticas de desenvolvimento sustentável, com o intento de estimular a formação de *negócios de cores limpas* e empreendimentos sustentáveis *lato sensu*, inclusive eticamente.

Os critérios de sustentabilidade passam a ser concebidos, nessa linha, como instrumentos redefinidores do estilo, do modo e do tempo da gestão pública, mediante o redesenho do bloco de sindicabilidade e dos elementos vinculados dos julgamentos administrativos. *Não se admite, portanto, qualquer contratação que comprometa irresponsavelmente a qualidade de vida das gerações presentes e futuras.*

Nesse contexto, o princípio constitucional da sustentabilidade *proíbe*, simultaneamente, a ineficiência e a ineficácia, nas licitações e contratações públicas (finalidade inibitória). *Obriga* a prevenção e a antecipação, com planejamento estratégico e antevisão dos resultados de obras, serviços e utilização dos bens (finalidade antecipatória e prospectiva). *Permite* induzir os comportamentos intertemporalmente responsáveis (finalidade indutora).

Em razão disso, novos métodos menos sistemicamente onerosos serão sempre preferíveis. Exemplo: o processo eletrônico será preferível, *prima facie*, na comparação com os processos de consumo de papel, ainda que as licitações de informática tenham de considerar, adequadamente, a destinação dos equipamentos digitais, como determina a Lei de Resíduos Sólidos.

Merece ênfase que a licitação sustentável supõe *tomada de decisão que leve em consideração os efeitos públicos e privados, diretos e indiretos, prospectivamente.* Vale dizer, a decisão administrativa idônea tem de respeitar processos e resultados futuros. Dito de outro modo, a licitação, norteada pelo mandamento da sustentabilidade (com o cumprimento das regras instrumentais relacionadas), pode-deve servir como promotora de políticas voltadas à equidade de longo alcance, com apreço à saúde pública[24] e à redução (ou internalização) de externalidades negativas, nada se licitando que não se submeta ao crivo ampliado da ponderação custo-benefício, reconstruído para ser um julgamento mais rico, confiável e complexo do que o rotineiro.

Pode parecer tarefa simples, mas não é. O maior inimigo mora nos desvios cognitivos e emotivos que turbam a qualidade das decisões.[25] Entretanto, se o desafio se mostra complexo, daí não segue qualquer impossibilidade paralisante de construção do desenvolvimento que importa.

Quando empregados devidamente, os novos critérios de julgamento se metamorfoseiam e evoluem para operar como autênticos critérios de sustentabilidade: *o exame da razoabilidade dos custos (diretos e indiretos) passa a incorporar, necessariamente, a projeção includente de previsíveis demandas, materiais e imateriais, das gerações presentes e futuras.*

---

[24] *Vide* ELKINGTON, John. *Sustentabilidade*: canibais com garfo e faca. São Paulo: M. Books, 2012. p. 110: "a sociedade depende da economia — e a economia depende do ecossistema global, cuja saúde representa o pilar derradeiro".

[25] *Vide*, sobre viés, KAHNEMAN, Daniel; SLOVIC, Paul; TVERSKY, Amos (Ed.). *Judgment under Uncertainty*: Heuristic and Biases. New York: Cambridge University Press, 1982.

Assim, a licitação, em lugar dos conhecidos vícios, começará a ser produtivamente responsável por notáveis transformações políticas, jurídicas, sociais, econômicas, ambientais e éticas. Não por acaso, as licitações, contendo especificações sustentáveis do objeto, ajudam a ensejar observância da diretriz de garantia do "direito a cidades sustentáveis",[26] isto é, livres dos males trazidos pelo jugo excessivo dos combustíveis fósseis, com edifícios saudáveis e eficientes, o controle de qualidade do ar, a pertinente destinação dos resíduos (logística reversa e responsabilidade compartilhada), a economia de água potável e, sobretudo, com o planejamento integrado que leve em conta as condições reais de vida, em vez do urbanismo caótico e insalubre, comandado pelo indiferente império das coisas.

Em suma, mudanças de estilo e de valores podem ser fortemente favorecidas pelas opções administrativas,[27] que se deixem impregnar pelo princípio da sustentabilidade. Naturalmente, para intensificar a boa resposta aos desafios do desenvolvimento includente,[28] urge investir num sistema idôneo e confiável de avaliação dos custos, que migre para parâmetros sérios de avaliação dos custos indiretos, sociais, ambientais e econômicos, de maneira a permitir a governança eticamente responsável e prospectiva.

Deveras, as licitações e contratações sustentáveis demandam a observância cabal de critérios que incluam projeções inteligíveis dos custos de longo espectro dos produtos e serviços, de ordem a atentar para a avaliação do ciclo de vida dos bens, contemplado o impacto, efetivo ou potencial, em todos os momentos, do início até a destinação final.

3 Conclusões

Tudo considerado, útil propor o conceito de licitações norteadas pelo princípio constitucional da sustentabilidade: *são aquelas que, com isonomia e compromisso efetivo com o desenvolvimento sustentável, visam à seleção de proposta mais vantajosa para a Administração Pública, ponderados, com a máxima objetividade possível, os custos e benefícios (diretos e indiretos) sociais, econômicos e ambientais.*

Ou, de forma mais completa, são os procedimentos administrativos, por meio dos quais um órgão ou entidade da Administração Pública convoca interessados — no bojo de certame isonômico, probo e objetivo — com a finalidade de selecionar a melhor proposta, isto é, a *mais sustentável,* quando almeja efetuar ajuste relativo a obras e serviços, compras, alienações, locações, arrendamentos, concessões e permissões, exigindo na fase de habilitação as provas realmente indispensáveis para assegurar o cumprimento das obrigações pactuadas.

Reitere-se: a *sustentabilidade é mandamento constitucional.* Incide em todas as províncias do sistema jurídico, de maneira a tornar inadiável a sua exteriorização imediata,

---

[26] *Vide* Estatuto da Cidade (Lei nº 10.257, de 2001), art. 2º, I: A política urbana tem por objetivo ordenar o pleno desenvolvimento das funções sociais da cidade e da propriedade urbana, mediante as seguintes diretrizes gerais: I - garantia do direito a cidades sustentáveis, entendido como o direito à terra urbana, à moradia, ao saneamento ambiental, à infra-estrutura urbana, ao transporte e aos serviços públicos, ao trabalho e ao lazer, para as presentes e futuras gerações;

[27] *Vide,* outra vez, John Elkington (*op. cit.,* p. 170): "não será suficiente 'esverdear' os produtos que as pessoas compram ou mesmo as indústrias que fabricam tais produtos. A mudança necessária para estilos de vida mais sustentáveis somente pode ocorrer com a mudança apropriada dos nossos valores".

[28] *Vide* Ignacy Sachs in *Desenvolvimento includente, sustentável, sustentado* (Rio de Janeiro: Garamond, 2004).

também na seara administrativa. Assim, as licitações e contratações públicas, com a observância cogente dos critérios de sustentabilidade, precisam *encarnar, em larga medida, as políticas públicas que ensejam o bem-estar das gerações presentes, sem impedir que as gerações futuras produzam o próprio bem-estar.*

Devem operar, para tanto, com modelos e estimativas seguras, inteligíveis e confiáveis dos custos e benefícios sociais, ambientais e econômicos, levando em conta a preferência simultânea por menores impactos negativos e maiores benefícios globais.

Em última instância, formal e materialmente, o princípio constitucional da sustentabilidade, se aplicado, *mudará, por inteiro, o Direito Administrativo.* A Administração Pública terá de assumir o irrenunciável papel histórico de, em vez de externalização, induzir a internalização dos custos e incentivar os benefícios sistêmicos e duradouros para o florescimento humano, tingido por limpas cores naturais, em lugar dos corantes do falso progresso. Tudo isso requer ativismo lúcido, objetivo e imparcial: o ativismo vinculado à Constituição. Afinal, na seara das relações administrativas, o Estado Constitucional tem de passar a cumprir, de ofício, o dever estratégico de, antes de mais nada, salvaguardar o *direito ao futuro.*

Informação bibliográfica deste texto, conforme a NBR 6023:2002 da Associação Brasileira de Normas Técnicas (ABNT):

FREITAS, Juarez. Licitações sustentáveis: conceito e desafios. *In:* BACELLAR FILHO, Romeu Felipe; HACHEM, Daniel Wunder (Coord.). *Direito público no Mercosul:* intervenção estatal, direitos fundamentais e sustentabilidade: anais do VI Congresso da Associação de Direito Público do Mercosul: homenagem ao Professor Jorge Luis Salomoni. Belo Horizonte: Fórum, 2013. p. 373-385. ISBN 978-85-7700-713-4.

ASPECTOS DA MOBILIDADE URBANA: UMA ANÁLISE SOBRE AS DEFINIÇÕES DA POLÍTICA NACIONAL E O DIREITO À CIDADE

LIGIA MARIA SILVA MELO DE CASIMIRO

1 Introdução

Os problemas que se relacionam à mobilidade das pessoas e ao transporte de cargas nos centros urbanos afetam diretamente a qualidade de vida da população, piorando as desigualdades socioespaciais, sendo sua causa e consequência. O desempenho econômico das atividades urbanas também contribui para tal desigualdade ao maltratar as relações do indivíduo urbano com o meio ambiente, cada vez menos sustentável em se tratando de trânsito e tráfego, tal como o que envolve a poluição do ar que todos respiram.

Entre as questões sobre a mobilidade no Brasil, tem-se uma repetição de situações que envolvem: excesso de veículos nas ruas, transporte coletivo deficitário e precário, política tarifária desconectada das condições da própria prestação do serviço, execução lenta de obras de infraestrutura e falta de ações conjuntas entre municípios da mesma região metropolitana. A evolução econômica traz consigo a necessidade de mais infraestrutura nas cidades, nos mais diversos setores que estão conectados, todos, pelo acesso à habitação e ao trabalho, pelo menos. Em se tratando de mobilidade e considerando os diversos tipos de transportes existentes, tais como carro, moto, bicicleta, ônibus, metrô e veículo leve sobre trilhos (VLT), a escolha a ser feita pela população está vinculada a uma série de fatores como conforto, tempo de trajetória, segurança, custo e acessibilidade, entre outros, a ser considerados pela política pública competente sob a ótica do planejamento.

Sob tal perspectiva e diante de tantos problemas gerados a partir da necessidade de mobilidade no meio ambiente urbano, atividade inerente à condição humana e à sua subsistência, é que se vê, aos poucos e a passos lentos, a política urbana tomando corpo por meio de documentos normativos a reforçar o que está descrito na Constituição de 1988 e na Lei nº 10.257/2001, o Estatuto da Cidade. Na esteira dos princípios assumidos pelo texto constitucional, o Brasil, no início do ano de 2012, recebeu um novo marco normativo: a Lei nº 12.587, de 03 de janeiro de 2012, sobre Mobilidade Urbana.

2 O direito à cidade no sistema jurídico brasileiro

Para localização do tema, é possível afirmar que o direito à cidade está positivado na Constituição Federal, inicialmente no rol de direitos fundamentais, para depois ser ressaltado no capítulo sobre Política Urbana, em que estão inclusos o direito à moradia, ao trabalho, à saúde e ao lazer, o bem-estar social, bem como o dever público de planejamento, entre outros. O acesso à dignidade humana é o objetivo das realizações do Estado e o usufruto de tais direitos é a sua possibilidade de promoção que, mais frequentemente, tem se dado no território urbano.

No capítulo sobre Política Urbana, artigos 182 e 183, as funções sociais da cidade recebem atenção específica, pois os objetivos da política de desenvolvimento urbano brasileira se concentram em ordenar o pleno desenvolvimento das funções sociais da cidade e garantir o bem-estar de seus habitantes. Trata-se de interesses difusos legítimos que devem influenciar o planejamento urbano, dada sua importância na realidade urbana não somente brasileira, mas em todo o mundo.

São consideradas funções sociais da cidade, segundo definição dada pela Carta de Atenas, elaborada no IV Congresso Internacional de Arquitetura Moderna em 1933, em Atenas, a habitação, o trabalho, a recreação e a circulação no espaço urbano. A circulação prevista como função da cidade está ligada à possibilidade e capacidade de locomoção do cidadão e se vincula às condições de acesso ao trabalho, à escola, ao lazer, ao local de moradia, permitida por meio de planejamento urbano que deve criar e manter um sistema viário compatível com as necessidades do cidadão. A promoção do acesso ao trabalho e a possibilidade da livre circulação permite a satisfação dos direitos fundamentais do cidadão, auxiliando, também, na redução das distâncias que costumam gerar segregação social.

Sob tal perspectiva, o Estatuto da Cidade, Lei nº 10.257/2001, desdobra os comandos constitucionais para o desenvolvimento urbano pleno, fortalecendo a concepção do planejamento e de que a cidade se configura nas funções que exerce na vida do cidadão urbano. A busca pela vida na cidade é a busca por mais e melhor qualidade de vida, a ser usufruída de maneira legítima e igualitária por todos, ainda que a realidade seja mais dura e diversa do que o que se deseja encontrar.

A mobilidade urbana está ligada à circulação e trata-se de uma necessidade humana. A característica funcional resulta da sua representatividade para a sociedade local,[1] já que, para se atingir o pleno desenvolvimento socioeconômico, transitar, deslocar-se, trafegar, são ações elementares e inerentes ao bom funcionamento das cidades, de acordo com sua vocação, incluindo, nesse caso, tanto a zona rural como a zona urbana.

As noções de cidadania, bem como a de infraestrutura social e urbana para as cidades brasileiras não são as mesmas compreendidas no século XIX e primeira metade do século XX. A distinção se deu tanto no campo sociocultural, econômico, institucional, quanto no campo jurídico, tendo a industrialização como condutora rápida e massiva do crescimento populacional das cidades. As consequências de tal urbanização acelerada são uma série de problemas sociais, entre eles as dificuldades relativas à mobilidade urbana.

As ideias sobre os direitos sociais e seu reconhecimento foram, por muito tempo, desconsideradas pela mentalidade arcaica e ruralista que dominava as instituições públicas. O termo mentalidade é reconhecido aqui pela inteligência de Emerson Gabardo,

---

[1] DI SARNO. *Elementos de direito urbanístico*, p. 14.

como aquela "inserida fundamentalmente em certa cultura política englobadora de práticas e representações",[2] repetidora de ações e pensamentos que atrasam o desenvolvimento socioeconômico do país, tal o seu conservadorismo. Entre outros fatores, tal postura comprometeu o reconhecimento da importância de planejamento, organização dos espaços habitáveis e investimentos nos equipamentos e serviços sociais e urbanos, implicando a negativa da promoção de ações que favorecessem a mobilidade e a melhoria dos transportes urbanos.

Também é fato, não se pode olvidar, que, no trato sobre as funções sociais da cidade, cada uma delas reconhecida tanto distinta como coletivamente, não há cultura jurídica solidificada. O que na compreensão de Rogério Gesta Leal significa ausência significativa de preocupação com a cidade como espaço público a ser ocupado devidamente, diferenciado dos interesses privados.[3]

A cidade é a materialização das relações sociais, cotidianas, intersubjetivas, um organismo vivo, resultado de fatores históricos, econômicos, religiosos, onde as pessoas se reúnem em torno de um valor que lhes proporcione desenvolvimento.[4] A cidade é um ponto de encontro de onde os indivíduos vêm e vão à busca de algo que lhes complete a essência.

O usufruto do direito à cidade é resultante de um conjunto de políticas públicas de planejamento urbano que se entrelaçam em torno da prestação de serviços, do investimento em infraestruturas urbanas, a dar suporte material a um conjunto de sistemas e funções públicas que garantam o funcionamento da cidade de acordo com as demandas da sociedade moderna. Desta feita, falar em investimentos na área da mobilidade urbana é atender às necessidades de deslocamento das pessoas de acordo com suas demandas sociais e econômicas, garantindo maior eficiência tanto na movimentação humana quanto na de mercadorias.

3 A importância da Lei nº 12.587/2012 para a realização do direito à cidade

A Constituição de 1988 definiu as incumbências do Estado brasileiro quanto à diminuição das desigualdades e injustiças sociais, indicando o dever de promoção do acesso aos direitos fundamentais. Os princípios fundamentais descritos no artigo 3° do texto constitucional identificam sua razão de ser e seus objetivos, relacionando, portanto, os fins que se deve buscar para promover a transformação social sem desconhecer que persiste a realidade injusta e se faz necessária uma proposta para reduzi-la, eliminá-la.[5]

Sendo assim, definiu como uma das competências da União elaborar e executar planos de ordenamento do território nacional, bem como instituir diretrizes para o desenvolvimento urbano, incluindo habitação, saneamento e transportes urbanos. Para cumprir com tal função administrativa federal, desde 1989 tramitam diferentes projetos de lei com a finalidade de estabelecer normas, diretrizes e princípios, que de início estavam restritas ao transporte coletivo, mas foram evoluindo para uma abordagem mais geral e completa sobre mobilidade urbana.

---

[2] GABARDO. *Interesse público e subsidiariedade*, p. 56.
[3] LEAL. *Direito urbanístico*: condições e possibilidades da constituição do espaço urbano, p. 26.
[4] LUFT. *Políticas públicas urbanas*: premissas e condições para a efetivação do direito à cidade, p. 113.
[5] BERCOVICI. *Desigualdades regionais, Estado e Constituição*, p. 294.

O respaldo jurídico específico sobre o tema, diante da previsão constitucional, só veio depois de mais de 15 (quinze) anos de tramitação e alterações no Congresso Nacional, chegando em momento conturbado, repleto de reivindicações sociais no tocante ao direito à cidade, tendo parte dos conflitos provocados pela preparação do país para a recepção de alguns megaeventos esportivos. Com a Copa do Mundo de 2014 e a Olimpíada de 2016, o país deve receber bilhões em investimentos, que, espera-se, sejam encaminhados para a infraestrutura de transportes. Os principais projetos apresentados até agora envolvem ampliação e construção de novas vias e principalmente a implantação do sistema Trânsito Rápido de Ônibus (BRT, na sigla em inglês), nas cidades-sede dos jogos, que permitirá o deslocamento rápido dos passageiros por meio de estações de transferência e corredores exclusivos. São esses os mais recentes investimentos feitos na área, representando uma significativa mudança de postura pelo Poder Público.

Por conta de tais eventos, e para os mesmos, é que também se vivenciam alguns momentos alternados entre a fragilidade social e jurídica e o fortalecimento dos direitos ligados à cidade, envolvendo a promulgação de normativas que alteram temporariamente parte do ordenamento jurídico infraconstitucional, como é o caso da Lei Geral da Copa e, por outro lado, fortalecem juridicamente as solicitações de promoção dos direitos sociais. Com a chegada da Lei nº 12.587/2012, aprovada pelo Congresso no final de 2011 e sancionada em janeiro de 2012, com vetos pela presidente, sua estrutura essencial trata da organização da mobilidade urbana por meio de 27 (vinte e sete) artigos estruturados em sete capítulos, instituindo as diretrizes da Política Nacional de Mobilidade Urbana.

A rotina do cidadão urbano caracteriza-se pelo intenso uso do transporte individual motorizado e todos os efeitos que pode representar na vida da população urbana, com destaque para os problemas ambientais, a perda de tempo da própria vida, pessoalmente considerada, bem como o aumento de acidentes de trânsito. Nesse ínterim tem-se a deficiência do transporte público, ausência de investimentos nos alquebrados corredores de circulação motorizada, penalizando a população que, pelo padrão de consumo exercido, ainda não elevou seu poder aquisitivo o suficiente para adquirir um automóvel para seu deslocamento. Pois a cultura da acumulação e do transporte individual ainda se mostra incrustada no imaginário popular, apesar de todos os debates, pesquisas e resultados sobre suas consequências para o meio ambiente e para a qualidade de vida do ser humano.

A lei que trata da política sobre mobilidade urbana traz em seu bojo, especificamente, a definição do Sistema Nacional de Mobilidade Urbana indicando-o como o conjunto organizado e coordenado dos modos de transporte, de serviços e de infraestruturas que garantam os deslocamentos de pessoas e cargas no território do município. Trata-se de significativo ganho para a política urbana o reconhecimento e a nomeação do sistema de mobilidade urbana a partir da denominação dos modos de transporte, serviços e infraestrutura, seu dever de acessibilidade universal, ainda que se trate de serviço público já, há muito, balizado pelo princípio da universalidade do atendimento.

A descrição dos princípios e diretrizes que indicam o dever de integração no planejamento urbano e na elaboração de planos urbanísticos específicos induz à sistematização, ao menos por meio de norma, garantindo previsões sobre a articulação necessária para que a mobilidade urbana se transforme em exercício real de um direito social.

A definição de diretrizes para o planejamento e gestão dos sistemas de mobilidade urbana, que envolve inclusive as atribuições mínimas dos órgãos, grifa competências e reforça a ideia da irrenunciabilidade da função administrativa para o planejamento e gestão pública em tal área, resgatando a todo instante o dever de agir em nome dos direitos a serem promovidos.

Ainda, há a previsão, também, da diretriz que indica a integração entre cidades gêmeas localizadas em faixa de fronteira com outros países, autorizando o planejamento e a execução de serviços comuns, que deverão acontecer por meio de convênios ainda que em território estrangeiro. Embora a conurbação entre as cidades brasileiras e suas cidades vizinhas noutros países provoque uma série de desafios do ponto de vista da gestão urbana, tal preocupação relativa ao transporte urbano entre as cidades e sua integração encontrava-se negligenciada até então.

Sobre a política tarifária, tem-se a previsão sobre a transparência da contratação do serviço pelos municípios, que deverão divulgar os impactos das gratuidades no valor das tarifas do transporte público, bem como sobre a tarifa de remuneração, que representa o preço pago pelo usuário somado à receita oriunda de outras fontes de custeio e deverá cobrir todos os custos do serviço. Nesse ponto é feita uma distinção com relação a tarifa pública, preço público pago pelo usuário pela utilização do transporte público, ou seja, o valor da passagem paga diariamente pelo cidadão, poderá receber a concessão de desconto no valor da tarifa pública, em determinado período do dia, da semana ou do mês, desde que haja concordância do órgão gestor do transporte público, sem a preocupação que esse tipo de desconto possa fundamentar solicitações na revisão da tarifa, por parte de interessados.

Cabe destaque também para as questões que envolvem as diretrizes para a regulação dos serviços de transporte que se somarão às já existentes no regime jurídico da prestação do serviço público, reforçando juridicamente os valores ligados à função social da cidade.

No que diz respeito às diretrizes para licitação, há a previsão de fixação de metas de qualidade e desempenho a serem atingidas com respectivos instrumentos de controle e avaliação, bem como alocação dos riscos econômicos e financeiros entre os contratados e o poder concedente, a identificação de eventuais fontes de receitas alternativas, complementares, acessórias ou de projetos associados, bem como da parcela destinada à modicidade tarifária.

Especificamente quanto ao transporte, o transporte privado coletivo, serviço conhecido como *fretamento*, por exemplo, passa a depender de autorização pública, devendo ser disciplinado mediante legislação e fiscalizado pelo Poder Público competente. Tal definição pela lei garante a proteção do usuário de tal tipo de serviço que, até então, possuía como amparo jurídico tão somente o código do consumidor e algumas regras impostas, minimamente, pelo município de origem do transporte, relativas especificamente à autorização para circulação. Para o transporte público individual de passageiros, conhecido como táxi, o mesmo, reforça-se, deverá ser prestado por termo de permissão, sendo objeto de licitação pública, disciplinados e fiscalizados pelo Poder Público municipal. Aqui, deve-se ficar no aguardo da eficaz aplicação da lei, já que o município já detinha tal competência.

Os instrumentos de gestão do sistema de transporte e da mobilidade urbana, tais como a restrição e o controle do acesso e circulação, seja de maneira permanente ou temporária, de veículos motorizados em locais e horários predeterminados garante a legitimidade da função pública diante do, também, direito de ir e vir, reforçando a funcionalidade social para cada direito garantido. Os municípios passam, a partir da nova lei, a ter competência para tal limitação, antes só conhecida pela experiência na cidade de São Paulo. Tal limitação poderá amenizar as situações de trânsito caótico, em cidades com excessivo número de veículos das mais variadas dimensões, nas ruas a rivalizarem pelo espaço urbano. Ainda, verifica-se aqui um reforço à ideia da cidade sustentável, princípio norteador da política urbana, a ser observado pelos municípios quando da elaboração de seus respectivos planos.

Outro avanço que se pode verificar é a presença do princípio da "justa distribuição dos benefícios e ônus decorrentes do uso dos diferentes modos e serviços" e a "equidade no uso do espaço público de circulação, vias e logradouros", presente de maneira expressa e implícita na Lei nº 10.257/2001 – Estatuto da Cidade, e que ganha grifo com a lei sobre mobilidade urbana. A questão ressaltada é sobre a forte referência de justiça social e repartição entre benefícios e ônus ainda não vista em normativas que envolvem a prestação de serviços públicos de transporte. A função social da prestação do serviço é mais uma vez reforçada.

O crescimento urbano e os investimentos públicos feitos na cidade causam impactos tanto nas condições econômicas quanto sociais da população. A previsão da justa distribuição de ônus e benefícios é, também, um princípio previsto no Estatuto da Cidade, apresentado de maneira mais ampla relativamente aos investimentos decorrentes do processo de urbanização. Ora, consequência do processo de urbanização é o aumento na procura por transporte público, dificuldade de transitar e trafegar, gerando a necessidade de readequação das condições de vida nas cidades, o que envolve investimentos públicos e privados para atender a gama de demandas por mais e melhores meios de transporte, novas possibilidades de deslocamento, todas as questões de interesse público que cabe ao Poder Público gerir e regular.

De forma subjacente, portanto, a lei imprime um princípio de equidade na execução da Política de Mobilidade Urbana pelos municípios, no sentido de reconhecer a existência de desigualdades tanto no uso do espaço público (vias e logradouros) como na externalização dos custos do uso dos diferentes modos de transportes (entre o transporte público e individual motorizado, por exemplo).

No que se refere à integração de tal instrumento de política urbana, o plano de mobilidade urbana deverá ser recepcionado pelo Plano Diretor Municipal em prazo específico de até 3 (três) anos, sob pena de ficarem impedidos de receber recursos orçamentários federais destinados à mobilidade urbana até que atendam às exigências da Lei. Entende-se, nesse caso, que a exigência é constitucional tendo em vista as previsões sobre o direito à cidade, a garantia do acesso às suas funções, a descrição de que as funções sociais da cidade são, no ordenamento brasileiro, direitos fundamentais sociais.

O espaço para uma análise mais minuciosa é pouco diante das questões abordadas na lei, no entanto é possível verificar que a mesma aborda a temática da mobilidade por meio de diretrizes, metas e princípios, contribuindo verdadeiramente com a definição expressa de determinados institutos e objetos que substanciam tal política urbana. As diretrizes e metas são importantes, mas o grau de generalidade reforça a capacidade que alguns gestores têm de dizer muito sem fazer nada. Já os princípios interligam as áreas do Direito, vinculando a atuação na área urbanística a quem cuida do meio ambiente, que por sua vez exerce função administrativa e tem o regime jurídico administrativo como referência. Tal vinculação serve como indicativo para os estudiosos da área do Direito Público que deverão se debruçar sobre o Direito Urbanístico, Ambiental e Administrativo com a mesma intensidade.

Historicamente, vivencia-se um período de forte atenção ao transporte urbano integrado à ideia de desenvolvimento urbano sustentável, ainda não visto no país.[6] A promulgação do Estatuto da Cidade e a criação do Ministério das Cidades, órgão federal responsável por traçar e propor políticas urbanas, bem como promovê-las, em 2003, tem significativa responsabilidade sobre tal situação, pois a presença orgânica do tema da mobilidade foi além, passando à institucionalidade. O agir administrativo na prestação do serviço, que está vinculado juridicamente aos direitos fundamentais,[7] sendo parte de sua essencialidade, passa a ser reconhecido diretamente em rol de normas próprias. Agora, garante-se sua presença definitiva nas atividades de planejamento municipal e regional a partir de um instrumento legal que define sua importância para a cidade, destacando a compreensão do tema sob a perspectiva social e econômica.

A circulação de pessoas representa um dos direitos provenientes da condição de cidadão urbano, de tal maneira que se costuma dizer que cabe à cidade permitir seu exercício. Trata-se de uma atividade essencial para o bom funcionamento das cidades, para a sua sustentabilidade, e está relacionado ao transporte público, que também deve ser prestado com qualidade e eficiência.

O direito à cidade deve ser interpretado como direito à cidade sustentável, o que significa, sobretudo, que o planejamento territorial de áreas urbanas e seus usos devem contemplar o respeito ao meio ambiente, a promoção do acesso à moradia adequada, a prestação de serviços que auxiliem, instrumentalizem e promovam a cidadania e a justiça social. Ao se debruçar sobre o tema da mobilidade urbana, verifica-se nitidamente sua confluência com os valores defendidos.

O acesso à mobilidade pelos usuários de baixa renda tem se apresentado cada vez mais difícil e de maneira precária, diante do custo das tarifas, das condições da prestação do serviço e da ausência de qualidade. A garantia da circulação adequada às necessidades de determinada população é a garantia do acesso ao trabalho e ao emprego, tratando de permitir o desenvolvimento humano, componente essencial do desenvolvimento sustentável. De outra maneira, tem-se o reforço à situação de exclusão socioeconômica, ainda que tais pessoas estejam incluídas no mercado de trabalho.

Não é possível deixar de ressaltar o problema da ausência de integração entre os serviços de transporte público e que afeta significativamente o uso do mesmo, bem como a sua finalidade precípua, o deslocamento de pessoas. A falta de integração leva os usuários a buscarem formas alternativas de transporte, estimulando o uso individual do automóvel em detrimento do uso coletivo, gerando consequências graves ao ambiente urbano. A diretriz indicada pela lei sobre mobilidade urbana deve ser observada pelos municípios de maneira responsável e eficaz, sob pena de desrespeito à lei e à Constituição.

O arcabouço normativo que se forma em torno das funções sociais da cidade reforça a garantia do exercício do direito à cidade. Intensifica-se a promoção do acesso aos direitos sociais, atendendo às definições internacionais sobre o que vem a ser a moradia adequada, envolvendo o direito ao saneamento básico, ao abastecimento de água potável, ao transporte público de qualidade a custos acessíveis, acesso ao trabalho, emprego, lazer, entre outros.

---

[6] SOUZA. *As políticas federais de desenvolvimento urbano no biênio 1989/1990.*

[7] BACELLAR FILHO. *Processo administrativo disciplinar*, p. 122-123, 129.

A cidade deve permitir o desenvolvimento humano sendo o espaço para o exercício da cidadania, para a realização de sonhos, desejos e necessidades. Assim sendo, tal regramento sobre a mobilidade urbana tem a função de indicar o caminho, garantir o direito, permitir a materialização de preceitos de ordem pública que resultam, em última *ratio*, na redução da marginalidade socioeconômica, das desigualdades sociais e, quiçá, na promoção da dignidade humana. Embora possa, também, ser vista como, tão somente, uma carta de intenções, fato é que a lei foi promulgada e corresponde em princípios e diretrizes ao traçado na Constituição Federal e no Estatuto da Cidade.

Promover a mobilidade urbana é, diante do cenário das cidades brasileiras contemporâneas, a promoção de condições de acesso a uma vida melhor.

Referências

BACELLAR FILHO, Romeu Felipe. *Processo administrativo disciplinar*. 2. ed. São Paulo: Max Limonad, 2003.

BANDEIRA DE MELO, Celso Antônio. *Curso de direito administrativo*. 27. ed. rev. e atual. até a Emenda Constitucional nº 64, de 04.02.2010. São Paulo: Malheiros, 2010.

BERCOVICI, Gilberto. *Desigualdades regionais, Estado e Constituição*. São Paulo: Max Limonad, 2003.

BUCCI, Maria Paula Dallari. *Direito administrativo e políticas públicas*. São Paulo: Saraiva, 2002.

COMPARATO, Fábio Konder. Ensaio sobre o juízo de constitucionalidade das políticas públicas. *In*: BANDEIRA DE MELLO, Celso Antônio (Org.). *Estudos em homenagem a Geraldo Ataliba*: direito administrativo e constitucional. São Paulo: Malheiros, 1997.

DECLARAÇÃO DE DUBLIN. Disponível em: <http://www.agda.pt/declaracao-de-dublin.html>. Acesso em: 1º ago. 2012.

DI SARNO, Daniela Campos Libório. *Elementos de direito urbanístico*. Barueri: Manole, 2004.

INSTITUTO DE PESQUISA ECONÔMICA APLICADA. Infraestrutura social e urbana no Brasil: subsídios para uma agenda de pesquisa e formulação de políticas públicas. Brasília: IPEA, 2010.

LEAL, Rogério Gesta. *Direito urbanístico*: condições e possibilidades da constituição do espaço urbano. Rio de Janeiro: Renovar, 2003.

LUFT, Rosângela Marina. *Políticas públicas urbanas*: premissas e condições para a efetivação do direito à cidade. Belo Horizonte: Fórum, 2011.

MELO, Lígia. *Direito à moradia no Brasil*: política urbana e acesso por meio da regularização fundiária. Belo Horizonte: Fórum, 2010.

SAULE JÚNIOR, Nelson. *A proteção jurídica da moradia nos assentamentos irregulares*. Porto Alegre: Sergio Antonio Fabris, 2004.

Informação bibliográfica deste texto, conforme a NBR 6023:2002 da Associação Brasileira de Normas Técnicas (ABNT):

CASIMIRO, Ligia Maria Silva Melo de. Aspectos da mobilidade urbana: uma análise sobre as definições da política nacional e o direito à cidade. *In*: BACELLAR FILHO, Romeu Felipe; HACHEM, Daniel Wunder (Coord.). *Direito público no Mercosul*: intervenção estatal, direitos fundamentais e sustentabilidade: anais do VI Congresso da Associação de Direito Público do Mercosul: homenagem ao Professor Jorge Luis Salomoni. Belo Horizonte: Fórum, 2013. p. 387-394. ISBN 978-85-7700-713-4.

REGULAÇÃO FINANCEIRA E SUSTENTABILIDADE

LUCIANE MOESSA DE SOUZA

1 Introdução

O presente trabalho busca analisar, de uma forma que certamente carecerá de aprofundamento futuro, qual o potencial da regulação da atuação de instituições financeiras no que concerne à sustentabilidade, entendida esta não apenas sob o prisma ambiental, como é comumente utilizada, mas encarada sob o aspecto *socioambiental*.

Trata-se de uma seara ainda pouco explorada em termos de regulação financeira, já que esta costuma lidar tão somente com a "sustentabilidade", por assim dizer, sob o prisma econômico, de instituições financeiras, de maneira a garantir que estas não assumam riscos excessivos com relação aos recursos dos investidores que lhes fornecem capitais. Este aspecto é a chamada regulação prudencial e ele não toma em conta o impacto socioambiental das atividades de crédito, mas busca garantir que a inadimplência se mantenha em níveis aceitáveis para que os credores não venham a perder os recursos investidos, na hipótese de quebra da instituição.

Dois esclarecimentos preliminares são necessários: quando se aborda regulação financeira, seria possível tratar também da regulação do mercado de seguros (desenvolvida no Brasil pela SUSEP – Superintendência de Seguros Privados), o que não se fará aqui; tampouco será feita abordagem específica da regulação do mercado de capitais (desenvolvida no Brasil pela CVM – Comissão de Valores Mobiliários). O que se pretende abordar neste breve estudo é a regulação do crédito, mais especificamente das atividades de *financiamento*, ou seja, concessão de crédito com finalidades específicas (crédito rural, crédito empresarial em geral etc.), deixando de lado, portanto, os simples empréstimos, nos quais a concessão de crédito não perquire acerca da utilização dos recursos tomados, mas leva em conta tão somente a capacidade de pagamento do tomador do empréstimo (o exemplo mais comum é o crédito pessoal).

É bom lembrar que, ao contrário do que se dá tocante ao desenvolvimento de empreendimentos de pequeno e médio portes, os quais em grande parte são financiados com capital próprio, quando são tomados em consideração grandes empreendimentos — desde a construção de novas fábricas, até a realização de obras de infraestrutura (rodovias, ferrovias etc.), no setor de energia (usinas hidrelétricas, termoelétricas) ou no de mineração, para ficar apenas em alguns exemplos clássicos — a regra é a utilização de capitais provenientes do setor financeiro. Assim, as decisões acerca da realização de obras de grande impacto socioambiental passam normalmente pelo sistema financeiro — razão mais do que suficiente para que a atividade de regulação financeira não possa descurar destes aspectos, que são extremamente relevantes na construção de qualquer política pública regulatória.

2 Objetivos da regulação financeira no que concerne à sustentabilidade

Basicamente, é possível dividir os propósitos a serem atingidos com a regulação financeira que leve em conta critérios de natureza socioambiental em dois feixes: a) aqueles que buscam evitar um impacto socioambiental negativo; b) aqueles que buscam fomentar um impacto socioambiental positivo.[1]

Em relação aos primeiros, a utilização dos critérios deve gerar ou a negativa de financiamento do empreendimento; ou a apresentação de condicionantes para que o financiamento seja concedido; ou a conclusão de que o financiamento deve ser concedido porque todos os impactos socioambientais negativos serão minimizados de forma adequada e/ou compensados suficientemente por impactos positivos. Como bem observa Yoshida (2012, p. 117), "o momento da concessão do crédito é estratégico para ser exigido do empreendedor e do órgão licenciador o adequado cumprimento das normas ambientais e a adequada implementação dos clássicos instrumentos de comando e controle preventivos".

Com relação aos segundos, a utilização dos critérios deve gerar a priorização de financiamento de empreendimentos com impacto positivo relevante e/ou a concessão de financiamentos em condições privilegiadas (taxas de juros menores, maiores prazos de carência ou maior número de parcelas, por exemplo) para empreendimentos que demonstrem seu impacto positivo sob o aspecto socioambiental de forma suficientemente relevante.

Ademais, pode-se observar que o primeiro feixe de objetivos atende também a outros dois aspectos absolutamente relevantes para as instituições financeiras: a) o fato de se evitar a criação de um passivo ambiental, trabalhista ou similar torna mais segura a concessão do crédito, minimizando riscos de inadimplemento; b) a proteção da imagem da instituição, evitando que ela seja vinculada a empreendimentos com impacto socioambiental negativo.

Tosini (2006, p. 158-159) ilustra muito bem a questão dos riscos à imagem, com exemplos extraídos do cenário internacional:

> O elevado nível de conscientização da sociedade em relação às questões ambientais fez surgir grandes organizações não-governamentais voltadas para a defesa do meio ambiente. Essas ONGs exercem forte pressão sobre todos os setores da economia e, nas duas últimas décadas, de forma especial sobre o setor de serviços financeiros. Algumas instituições financeiras já sofreram com pesadas campanhas dessas organizações e foram obrigadas a

---

[1] Sintetiza Raslan (2012, p. 139): "O crédito, portanto, detém a capacidade de regular o ritmo da atividade produtiva no aspecto quantitativo, o que afeta diretamente a pressão sobre os estoques de recursos naturais. De outra parte, a qualidade da produção também é influenciada pelo crédito ao possibilitar adoção de novas tecnologias produtivas e de máximo aproveitamento dos insumos e resíduos, o que necessita de permanente investimento na busca da máxima eficiência, representada aqui, por exemplo, no aumento da produção com menor quantidade de matéria-prima, energia, entre outros".

alterar sua atuação em relação ao meio ambiente como resposta a esses movimentos que se fortaleceram com as facilidades dos meios de comunicação, principalmente com a internet. De acordo com Scharf (2001), ao longo das últimas décadas os bancos também viram crescer a pressão das ONGs, que esquadrinham cada vez mais o destino de seus empréstimos. A International Rivers Network (IRN), uma ONG dos EUA, moveu, em 2000, uma campanha contra o Banco Morgan Stanley Dean Witter, propondo um boicote a um de seus principais produtos — o cartão de crédito Discover — por contestar o envolvimento desse banco no polêmico, sob o ponto de vista social e ambiental, financiamento da barragem de Três Gargantas, na China.

Outro banco a sofrer pressão de uma ONG ambientalista foi o Citigroup. A Rain Forest Action Network (RAN) boicotou o cartão sob o argumento de que a carteira desse banco inclui investimentos em mineração e em indústrias madeireiras e petroquímicas que provocam grandes danos ao meio ambiente.

Com relação à imagem, cabe ressaltar que, da mesma forma, a consideração do fomento a projetos benéficos no plano socioambiental, acompanhada da devida divulgação, produz impactos positivos na reputação da instituição financeira.

Villalobos (2005, p. 146-147) propõe uma classificação mais elaborada, assinalando três funções ao crédito: a) função de controle (prevenção) de danos ambientais; b) função de recuperação do meio ambiente — pela qual as instituições financeiras devem priorizar o financiamento de projetos destinados a recuperar o meio ambiente degradado; c) função de promoção de "projetos verdes", pela qual as instituições devem ir além das exigências legais e contribuir para o financiamento de atividades benéficas ao meio ambiente. Na classificação que propus acima, os itens " b" e "c" estão agrupados conjuntamente.

3 Normas e padrões voluntários já existentes no âmbito internacional

O primeiro marco em nível internacional sobre este assunto se deu em Nova Iorque em 1992, com a criação, no âmbito do Programa das Nações Unidas para o Meio Ambiente (PNUMA), do "United Nations Environment Program" (UNEP), que abrange a chamada "Finance Initiative" (UNEP-FI), a qual levou à assinatura da Declaração Internacional da Banca sobre Ambiente e Desenvolvimento Sustentável.[2] Esse documento veio a ser assinado pelas maiores instituições financeiras do planeta e corporifica o compromisso de levar em conta critérios de natureza ambiental na análise de propostas de financiamento.

Outro documento de importância fundamental constitui os chamados Princípios do Equador,[3] elaborado em 2003 pela International Finance Corporation (IFC), banco de investimentos ligado ao Banco Mundial, que, segundo Reis (2012, p. 474), já foi assinado por 71 instituições financeiras em todo o mundo. Inicialmente, sua abrangência se restringia aos projetos que envolvessem financiamentos superiores a USD 50 milhões, mas, a partir de 2006, foi estendida para financiamentos superiores a USD 10 milhões. Ele categoriza projetos de acordo com o risco de impactos

---

[2] Disponível em: <http://www.unepfi.org/fileadmin/statements/fi/fi_statement_pt.pdf>. Acesso em: 04 ago. 2012.

[3] Disponível em: <http://equator-principles.com/resources/equator_principles_portuguese.pdf>. Acesso em: 04 ago. 2012.

ambientais (classe A – possíveis impactos significativos; classe B – potenciais impactos limitados; classe C – sem impactos ou com impactos mínimos) e, conforme o risco, obriga à realização de análise socioambiental previamente à aprovação do financiamento, define cláusulas contratuais obrigatórias, bem como exige que seja elaborado pelo proponente plano de ação para as questões sociais e ambientais, que sejam realizadas consultas às comunidades afetadas, entre outros requisitos. É importante notar que "as instituições financeiras envolvidas com o projeto podem, para garantir o seu cumprimento, liberar o capital por lotes, de acordo com o plano de ação proposto" (RIBEIRO; OLIVEIRA, p. 8). Como relatam estes autores:

> Assim, as instituições financeiras têm o papel de exigir adequações como condições para o fornecimento de recursos e monitorar os processos, para garantir que eventuais descontroles operacionais sejam prontamente corrigidos para evitar o impacto sócio-ambiental. Com isso, promovem a preservação sócio-ambiental, no pressuposto de que uma atividade poluente deixará de ser instalada. (RIBEIRO; OLIVEIRA, p. 7)

Também na esfera de autorregulação, tem-se a série de normas ISO 14000, desenvolvida pela International Standards Organization (entidade não governamental reconhecida mundialmente), com objetivos de avaliar a qualidade da gestão ambiental de uma grande organização.

Ainda, deve ser mencionada a Global Reporting Initiative,[4] organização internacional que desenvolve uma metodologia adequada para a elaboração e divulgação de relatórios de sustentabilidade, que já foi adotada por cerca de 5 mil empresas no mundo todo, muito embora outras cerca de 77 mil multinacionais não divulguem nada do gênero.

Merece referência, por fim, no âmbito do mercado de capitais, o Índice de Sustentabilidade da Bolsa Dow Jones, chamado "Dow Jones Sustainability World Index", que rastreia o desempenho das 250 maiores companhias que nela negociam títulos e que são líderes em seu campo em termos de sustentabilidade.[5]

Vale registrar a proposta de Oliveira (2012, p. 218-219) no sentido de ser firmada uma Convenção Internacional sobre Relatórios de Sustentabilidade a serem elaborados pelas grandes corporações, de maneira a padronizar em nível mundial as exigências de informações que devem constar de tais relatórios, além de criar mecanismos internacionais, nacionais e regionais de controle da observância das regras. Nesta convenção, deve ser prevista a integração de critérios de sustentabilidade no desenvolvimento de atividades financeiras.

Um bom espaço para debater esta ideia seria o *Global Compact*, que constitui uma iniciativa da ONU que busca envolver o setor privado em compromissos de responsabilidade social corporativa, com o propósito de alcançar uma economia global sustentável e inclusiva. Várias agências da ONU participam desta iniciativa: a Organização Internacional do Trabalho (OIT), o Alto Comissariado para Direitos Humanos, a Organização das Nações Unidas para o Desenvolvimento Industrial (UNIDO), o Programa das Nações Unidas para o Meio Ambiente (PNUMA) e o Programa das Nações Unidas para o

---

4   Ver: <http://www.globalreporting.org>.

5   Para saber mais, ver: <http://www.sustainability-indexes.com/dow-jones-sustainability-indexes/index.jsp>.

Desenvolvimento (PNUD). A iniciativa está baseada em dez princípios, relacionados a quatro temas centrais: direitos humanos, direitos do trabalho, proteção ambiental e princípios contra a corrupção. Os princípios de proteção ambiental são: a) apoiar uma perspectiva de prevenção aos desafios ambientais; b) promover a responsabilidade ambiental; c) estimular tecnologias que não danem o meio ambiente.

Além das normas/recomendações de cunho autorregulatório, merecem registro as iniciativas da sociedade civil nesta temática, como a Rede Bank Track,[6] que é uma "rede de monitoramento de operações e impactos das operações do setor financeiro privado sobre a sociedade e o meio ambiente", formada por indivíduos e organizações da sociedade civil. Segundo consta do relatório do Instituto Brasileiro de Defesa do Consumidor (IDEC) intitulado "Avaliação comparativa da responsabilidade socioambiental dos bancos no Brasil" (2008, p. 51), a Rede Bank Track já publicou um manual de boas práticas socioambientais que serve como referência de conduta para os bancos — trata-se do guia "O que fazer e não fazer em um banco sustentável".[7]

4 Padrões voluntários (autorregulação) no âmbito interno

No Brasil, em 1995, foi firmada pela primeira vez por instituições financeiras públicas[8] a Carta de Princípios para o Desenvolvimento Sustentável, mais conhecida como "Protocolo Verde", que consagrou dez princípios relacionados à incorporação da variável ambiental nas atividades financeiras.[9] Transcrevo as mais relevantes:

> 3. O setor bancário deve privilegiar de forma crescente o financiamento de projetos que não sejam agressivos ao meio ambiente ou que apresentem características de sustentabilidade.
> 4. Os riscos ambientais devem ser considerados nas análises e nas condições de financiamento. [...]
> 7. As leis e regulamentações ambientais devem ser aplicadas e exigidas, cabendo aos bancos participar da sua divulgação. [...]
> 9. A eliminação de desperdícios, a eficiência energética e o uso de materiais recicláveis são práticas que devem ser estimuladas em todos os níveis operacionais.

Em 2008, as mesmas instituições renovaram o compromisso, firmando nova versão denominada "Protocolo de Intenções pela Responsabilidade Socioambiental".

Versão quase idêntica, com algum grau de redução nos compromissos, foi firmada em abril de 2009 entre o Ministério do Meio Ambiente e a Federação Brasileira de Bancos (FEBRABAN), no intuito de abranger as instituições financeiras privadas. Parece que se caminha, assim, para o fim do que os bancos públicos tachavam de "concorrência desleal" por parte dos bancos privados, que nem sempre levavam em conta a variável ambiental em seus financiamentos, deixando de arcar com os custos correspondentes (VILLALOBOS, p. 144).

---

[6] Este é o endereço do sítio eletrônico da organização: <http://www.banktrack.org>.
[7] Disponível em: <http://www.febraban.org.br/7Rof7SWg6qmyvwJcFwF7I0aSDf9jyV/sitefebraban/Banco_Sustentavel.pdf>.
[8] BNDES, Caixa Econômica Federal, Banco do Brasil S/A, Banco da Amazônia S/A e Banco do Nordeste do Brasil (BNB). Também é signatário o Ministério do Meio Ambiente.
[9] *Apud* RASLAN, 2012, p. 148.

No setor privado, merece menção o Conselho Empresarial Brasileiro para o Desenvolvimento Sustentável, que tem como uma de suas Câmaras Temáticas a de Finanças Sustentáveis, a qual adota como missão "contribuir para que as instituições financeiras assumam seu papel na promoção do desenvolvimento sustentável, fomentando a discussão de princípios e melhores práticas".[10]

Ainda, a Bolsa de Valores do Estado de São Paulo (BOVESPA) adota, desde 2005, o chamado "Índice de Responsabilidade Empresarial" (ISE), o qual, segundo consta em seu sítio eletrônico, "é uma ferramenta para análise comparativa da performance das empresas listadas na BM&F BOVESPA sob o aspecto da sustentabilidade corporativa, baseada em eficiência econômica, equilíbrio ambiental, justiça social e governança corporativa".[11]

5 Normas já existentes no plano interno

A primeira norma relevante na legislação brasileira veio prevista já no artigo 12 da Lei nº 6.938, de 1981, embora restrita, segundo sua expressão literal, às instituições financeiras públicas:

> Art. 12. As entidades e órgãos de financiamento e incentivos governamentais condicionarão a aprovação de projetos habilitados a esses benefícios ao licenciamento, na forma desta Lei, e ao cumprimento das normas, dos critérios e dos padrões expedidos pelo CONAMA.
>
> Parágrafo único. As entidades e órgãos referidos no *caput* deste artigo deverão fazer constar dos projetos a realização de obras e aquisição de equipamentos destinados ao controle de degradação ambiental e à melhoria da qualidade do meio ambiente.

Como noticia Maria de Fátima Tosini (2006, p. 94), não obstante a redação faça menção apenas a instituições públicas, na doutrina são encontráveis duas posições estendendo tal obrigação ao setor privado: "(i) a extensão da lei às demais instituições financeiras em qualquer tipo de financiamento de projeto; (ii) a extensão da lei às demais instituições financeiras quando se tratar de projetos de créditos oficiais". A primeira é defendida por Machado (2004, p. 320) e a outra por Santilli (2001):

> A obrigação legal das instituições financeiras de exigirem que os projetos beneficiários de créditos oficiais cumpram a legislação ambiental é estabelecida na própria lei que dispõe sobre a Política Nacional do Meio Ambiente, seus fins e mecanismos de formulação e aplicação (Lei 6.938/81). [...]
>
> Saliente-se que a exigência de condicionamento de concessão de créditos e incentivos oficiais não se restringe aos bancos e instituições financeiras com personalidade jurídica de direito público, mas a todos que recebem dinheiro público, ainda que com personalidade de direito privado.

---

[10] Para mais informações, ver: <http://www.cebds.org.br/financas/>.

[11] Mais informações: <http://www.bmfbovespa.com.br/indices/ResumoIndice.aspx?Indice=ISE&idioma=pt-br>.

A mesma lei contém norma destinada a alcançar todos os poluidores, no que diz respeito ao seu acesso a crédito em instituições oficiais:

> Art. 14. Sem prejuízo das penalidades definidas pela legislação federal, estadual e municipal, o não cumprimento das medidas necessárias à preservação ou correção dos inconvenientes e danos causados pela degradação da qualidade ambiental sujeitará os transgressores: [...]
> III - à perda ou suspensão de participação em linhas de financiamento em estabelecimentos oficiais de crédito.

No mesmo compasso, o artigo 8º, V, da lei em questão inclui entre as competências do Conselho Nacional de Meio Ambiente (CONAMA) "determinar, mediante representação do IBAMA, a perda ou restrição de benefícios fiscais concedidos pelo Poder Público, em caráter geral ou condicional, e a perda ou suspensão de linhas de financiamento em estabelecimentos oficiais de crédito".

Ainda, o parágrafo único do artigo 12 da mesma Lei nº 6.938, de 1981, estabelece que as entidades e órgãos financiadores deverão fazer constar dos projetos "a realização de obras e aquisição de equipamentos destinados ao controle de degradação ambiental e à melhoria da qualidade do meio ambiente".

Bastante relevante na matéria é a norma contida no parágrafo 3º do artigo 19 do Decreto nº 99.274, de 1990, a qual abrange todas as instituições financeiras como possíveis destinatárias da comunicação do órgão ambiental federal:

> Iniciadas as atividades de implantação e operação *antes* da expedição das respectivas licenças, os dirigentes dos órgãos setoriais do Ibama deverão, sob pena de responsabilidade funcional, comunicar o fato às *entidades financiadoras dessas atividades*, sem prejuízo da imposição de penalidades, medidas administrativas de interdição, judiciais, de embargo e outras providências cautelares. (grifos nossos)

A Lei da Política Nacional de Biossegurança, tanto em sua primeira versão, hoje revogada (Lei nº 8.974, de 1995), quanto na versão em vigor (Lei nº 11.105, de 2005), estabelece a responsabilidade civil do financiador ou do patrocinador quanto a projetos que envolvam organismos geneticamente modificados.[12]

Mais recentemente, a Lei nº 12.305, de 2010, que regulou a Política Nacional de Resíduos Sólidos, trouxe dispositivo que exige que, para que estados, municípios e o Distrito Federal tenham acesso a créditos, incentivos ou financiamentos oriundos de entidades federais destinados a empreendimentos e serviços relacionados à gestão de resíduos sólidos ou limpeza urbana, estes deverão dispor de planos estadual, municipal ou distrital de gestão integrada de resíduos sólidos, conforme o caso (arts. 16 e 18 da referida lei).

---

[12] "Art. 2º. As atividades e projetos, inclusive os de ensino, pesquisa científica, desenvolvimento tecnológico e à produção industrial ficam restritos ao âmbito de entidades de direito público ou privado, que serão responsáveis pela obediência aos preceitos desta lei e de sua regulamentação, bem como pelas eventuais conseqüências ou efeitos advindos de seu descumprimento. [...] §4º. As organizações públicas e privadas, nacionais, estrangeiras ou internacionais, financiadoras ou patrocinadoras de atividades ou de projetos referidos no *caput* deste artigo devem exigir a apresentação de Certificado de Qualidade em Biossegurança, emitido pela CTNBio, sob pena de se tornarem co-responsáveis pelos eventuais efeitos decorrentes do descumprimento desta lei ou de sua regulamentação".

No âmbito da regulação financeira propriamente dita, praticamente a primeira norma relevante surge em 2008, com a edição da Resolução do Conselho Monetário Nacional nº 3.545, que estabelece requisitos específicos para a concessão de crédito rural no bioma Amazônia.

Deve-se lembrar ainda que a Lei nº 4.829, de 1965, que disciplina o crédito rural, estipula como um de seus objetivos o de "incentivar a introdução de métodos racionais de produção, visando ao aumento da produtividade e à melhoria do padrão de vida das populações rurais, e à adequada defesa do solo".

O Decreto nº 6.961, de 2009, que estabelece o zoneamento agroecológico da cana-de-açúcar, determinou que o Conselho Monetário Nacional estabelecesse normas para as operações de financiamento ao setor sucroalcooleiro, nos termos do zoneamento. Para cumprir tal determinação, o Conselho Monetário editou as Resoluções nº 3.803 e nº 3.804, de 2009, que vieram a ser revogadas em seguida pelas Resoluções nº 3.813 e nº 3.814, do mesmo ano. Basicamente, tais normas vedam o financiamento da produção se esta ocorrer em terras indígenas, nos biomas Amazônia, Pantanal ou Bacia do Alto Paraguai, em áreas com declividade superior a 12% ou ocupadas com cobertura de vegetação nativa ou reflorestamento, remanescentes florestais, áreas de proteção ambiental, dunas, mangues, escarpas e afloramentos de rocha, áreas urbanas e de mineração. Determina-se também que sejam observadas as recomendações do zoneamento agroecológico.

Sob o aspecto positivo, de privilegiar financiamentos que tenham impactos socioambientais benéficos, destaca-se a Lei nº 12.187, de 2009 (Lei da Política Nacional sobre Mudança do Clima), que, em seu artigo 8º, dispõe que as instituições financeiras oficiais deverão disponibilizar linhas de crédito e financiamento específicas para desenvolver ações e atividades relacionados às mudanças climáticas, de forma a induzir a conduta dos agentes privados à observância da política nacional nesta seara.

Aliás, como bem lembra Tosini (2006), a própria legislação básica de regulação do sistema financeiro, Lei nº 4.595, de 1964, que criou o Banco Central do Brasil, o Conselho Monetário Nacional e definiu-lhes competências e princípios de atuação, já dispõe, em seu artigo 4º, ser competência do Conselho Monetário Nacional:

> IX - limitar, sempre que necessário, as taxas de juros, descontos, comissões e qualquer outra forma de remuneração de operações e serviços bancários e financeiros, inclusive os prestados pelo Banco Central do Brasil, *assegurando taxas favorecidas aos financiamentos que se destinem a promover: recuperação e fertilização do solo; reflorestamento*; combate a epizootias e pragas, nas atividades rurais; eletrificação rural; mecanização; irrigação; investimentos indispensáveis às atividades agropecuárias. (grifos nossos)

A mesma autora dá notícia de norma emitida pelo Conselho Federal de Contabilidade (Resolução nº 1.003, de 19.08.2004), que entrou em vigor em 1º de janeiro de 2006, estipulando parâmetros sobre a divulgação de informações de natureza social e ambiental.

Não obstante seja possível identificar estas normas específicas, deve-se concordar com Raslan quando este afirma que "uma política pública que ombreie o financiamento e a defesa do meio ambiente ainda carece de elaboração e execução por parte do Estado, não sendo suficiente para tanto a edição de normas legais ou regulamentares e a adoção voluntária de políticas de crédito por parte dos financiadores. Certamente, uma política pública que atenda esta relação prestigiará a prevenção em face da sempre insuficiente repressão dos danos ambientais" (2012, p. 178-179). Em outras palavras, as normas sobre o assunto não incorporaram ainda de forma suficientemente clara e abrangente, nas políticas públicas reguladoras da concessão de crédito, a variável ambiental, e, permito-me acrescentar, menos ainda a variável social.

6 A questão da responsabilidade civil e criminal das instituições financeiras

O Superior Tribunal de Justiça tem entendido, em recentes precedentes, que a responsabilidade do financiador de empreendimentos com impactos ambientais é objetiva,[13] com esteio no art. 14, parágrafos 1° e 3°, IV, da Lei n$^\circ$ 6.938, de 1981. Muito embora, de modo geral, a doutrina sobre o assunto defenda este posicionamento, há quem adote entendimento diverso, no sentido de que ela deve ser subjetiva.

Esposando o primeiro entendimento, Paulo Afonso Leme Machado defende uma responsabilidade em moldes bastante amplos para as instituições financeiras:

> ainda que a co-responsabilidade não esteja expressamente definida nessa lei, parece-nos que ela está implícita. A alocação de recursos do financiador para o financiado, com a transgressão induvidosa da lei, coloca o financiador numa atividade de cooperação ou de co-autoria com o financiado em todos os atos lesivos ambientais que ele fizer, por ação ou omissão. (2004, p. 306)

Num sentido que parece encaminhar-se para a responsabilidade subjetiva, coloca-se a posição de Ana Luci Esteves Grizzi:

> o financiador [...] tem o dever de, inicialmente, exigir a apresentação de documentação necessária, o que, no caso em tela, corresponde às licenças, para só assim, depois de constatada a regularidade junto aos critérios pré-estabelecidos, conceder o financiamento, sem, contudo, deixar de controlar as atividades do financiado, sob pena de ser responsabilizado integralmente pelos danos por ele causados. (2003, p. 36)

Destaquem-se as ponderações de Reis no que se refere às repercussões no custo do crédito:

> Sabe-se, por outro lado, que, a exemplo do que ocorreu nos Estados Unidos, a responsabilização indiscriminada de agentes financiadores por danos ambientais tem, em regra, efeito significativamente redutor (ou ao menos "encarecedor") sobre a oferta de crédito no país e que tal impacto, em última análise, afeta a sociedade como um todo. (2012, p. 469)

Para ele, esta responsabilidade somente deveria se caracterizar quando houver norma obrigando expressamente as instituições financeiras a levarem em conta critérios de natureza ambiental na análise de propostas de financiamento.[14]

---

[13] Ver, por exemplo, Resp n$^\circ$ 1071741-SP, Relator Ministro Herman Benjamin; Resp n$^\circ$ 650.728-SC e REsp n$^\circ$ 1090968-SP.

[14] "Ora, é possível e razoável sustentar que, ao deixar de observar os critérios previstos na legislação e nos acordos regularmente firmados, os agentes financiadores atuariam como infratores e que, nessa condição, suas condutas serão consideradas lesivas ao meio ambiente" (2012, p. 475).

Defende o autor, com acerto, a necessidade "de se regulamentar a questão como forma de se incentivar financiamentos sustentáveis, garantindo-se a necessária segurança jurídica aos investimentos" (2012, p. 478).

Lembra ele, ainda, que, além da possível responsabilização por danos, "os agentes financiadores devem estar atentos ao risco — concreto no cenário legal atual — de responsabilização pela recuperação ambiental de passivos associados a ativos (*e.g.*, imóveis) eventualmente adquiridos por meio da execução de garantias reais (*foreclosure*)" (2012, p. 477).

Também Tosini (2006, p. 99) salienta ser necessário

> verificar os riscos ambientais a que as instituições financeiras do Sistema Financeiro Nacional se expõem ao se tornarem proprietárias de imóveis oferecidos em garantia de financiamentos. [...]
>
> No direito comparado, como nos Estados Unidos, por exemplo, segundo Weinberg & Reilly (1998), o novo proprietário deve demonstrar que não tinha motivo para saber da existência das substâncias perigosas; para isso, precisa provar que realizou uma inspeção sobre a natureza da titularidade anterior e os prévios usos da propriedade, consistente com uma boa prática comercial. Significa dizer que, ao comprar um imóvel, o pretenso comprador deve fazer uma análise da sua qualidade ambiental, para que mais tarde ele possa provar que tomou as providências que lhe eram cabíveis e mesmo assim não identificou o problema. Caso ele não tome essas providências poderá ser obrigado a reparar o dano ambiental causado pelo proprietário anterior, uma vez que adquiriu um imóvel contaminado sem verificar suas condições ambientais, o que demonstra negligência.

Ressalte-se que, no direito brasileiro, não é necessário caracterizar-se a negligência ou qualquer outra forma de culpa do adquirente do imóvel, já que a responsabilidade ambiental do proprietário é objetiva, de acordo com farto entendimento doutrinário e jurisprudencial.[15]

No mesmo compasso de Reis, refutando a adoção da responsabilidade objetiva para o financiador, encontra-se a posição de Souza:

> A teoria do risco criado é a que melhor se aplica aos bancos, pois os financiadores têm a obrigação legal de exigir o licenciamento dos projetos (obrigação de meio), mas o capital não os vincula à atividade desenvolvida, não podendo eles responder pelo resultado do empreendimento, como se pretende pela teoria do risco integral. (2005, p. 288)

---

[15] Vejam-se, por exemplo, as seguintes ementas de acórdãos do Superior Tribunal de Justiça: "Administrativo. Reserva Florestal. Novo proprietário. Legitimidade passiva. 1. O novo adquirente do imóvel é parte legítima passiva para responder por ação de dano ambiental, pois assume a propriedade do bem rural com a imposição das limitações ditadas pela Lei Federal. 2. Cabe analisar, no curso da lide, os limites da sua responsabilidade. 3. Recurso provido" (REsp nº 222349/PR, 1ª Turma, Relator Min. José Delgado, julgamento: 23.03.2000, publicação: *DJ*, 2 maio 2000, p. 105); "[...] 2. A obrigação da reparação dos danos ambientais é *propter rem*, por isso que a Lei 8.171/91 vigora para todos os proprietários rurais, ainda que não sejam eles os responsáveis por eventuais desmatamentos anteriores" (REsp nº 1090968/SP, 1ª Turma, Relator Min. Luiz Fux, julgamento: 15.06.2010, publicação: *DJe*, 03 ago. 2010); "[...] 12. As obrigações ambientais derivadas do depósito ilegal de lixo ou resíduos no solo são de natureza *propter rem*, o que significa dizer que aderem ao título e se transferem ao futuro proprietário, prescindindo-se de debate sobre a boa ou má-fé do adquirente, pois não se está no âmbito da responsabilidade subjetiva, baseada em culpa" (REsp nº 650728/SC, 2ª Turma, Relator Ministro Antonio Herman Benjamin, julgamento: 23.10.2007, publicação: *DJe*, 02 dez. 2009). No mesmo sentido: REsp nº 295.797-SP, Relatora Ministra Eliana Calmon (2ª Turma).

Merece registro, por outro prisma, a coerente posição externada por Yoshida, que sustenta a adoção de um sistema de responsabilidade compartilhada (apropriado à cadeia real de fatos), em substituição ao de responsabilidade solidária que tem sido adotado, e que acaba penalizando muitas vezes em primeiro lugar o financiador.[16]

7 A observância de normas e padrões voluntários na prática das instituições financeiras

Ribeiro (ao lado de outros pesquisadores) já coordenou ao menos duas pesquisas sobre a efetividade da análise de crédito de acordo com critérios socioambientais. A primeira (em conjunto com Oliveira) toma por base o ano de 2006 e abrange 6 instituições financeiras brasileiras signatárias dos Princípios do Equador: ABN Amro Real, Banco do Brasil, Bradesco, HSBC, Itaú e Unibanco. Neste ano, o ABN Amro Real financiou 12 projetos de acordo com estes princípios, o Banco do Brasil 9, o Bradesco 11 e o Itaú 16, sendo este o único que declarou ter financiado projeto classificado como de alto risco socioambiental. Apenas o ABN Amro Real declarou ter se recusado a financiar dois projetos por falta de adequação aos critérios socioambientais. A pesquisa em questão verificou, por exemplo, que "a prática de visitas ao local do projeto não é exercida por todas as instituições financeiras analisadas; o que eleva o risco de crédito das instituições que não adotam esse procedimento" (p. 13).

Em outra pesquisa mais abrangente, realizada em 2005, envolvendo três bancos públicos (BB, CEF e BNDES) e sete privados (ABN, Bradesco, Citigroup, HSBC, Itaú, Itaú BBA e Unibanco), da mesma forma Ribeiro e outros concluíram que há sérias limitações na avaliação das informações ambientais fornecidas pelos proponentes de projetos: "a auditoria ambiental e os indicadores de desempenho ambiental não são instrumentos utilizados pela maioria dos bancos" (p. 14). Ainda, concluiu-se que "não há preocupação da totalidade das instituições pesquisadas sobre os danos ambientais já provocados pelo cliente ou autuações decorrentes, a preocupação maior continua na capacidade de pagamento imediata, fato que pode implicar na concessão de recursos que serão utilizados para novos prejuízos ambientais" (p. 12). Também ficou claro que a regra é a inexistência de "denominação específica para os créditos destinados a atender objetivos ambientais" (p. 7), pois apenas duas das instituições pesquisadas identificam tais créditos (p. 9).

No mesmo sentido as conclusões da equipe da UFRJ, coordenada pelo Professor Aloísio Teixeira, que realizou uma avaliação do Protocolo Verde no ano de 2002:

> As "auditorias ambientais", incluindo o monitoramento e avaliação ex post de projetos financiados (com problemas ambientais diagnosticados oportunamente, e medidas propostas para a moderação e controle incluídas como condições de financiamento, por meio

---

[16] Portanto, dentro das lógicas da sustentabilidade e da observância das normas ambientais, a solidariedade passiva, que possibilita a responsabilização de um só coobrigado (geralmente o de maior capacidade econômica) pela totalidade das obrigações em caso de descumprimento por qualquer dos coobrigados, passa a ser de aplicação subsidiária em relação à responsabilidade compartilhada que alcança todos os atores (estatais, econômicos e sociais) na gestão público-privada, proativa e integrada das questões socioambientais. Não sendo exitosos os resultados esperados com a utilização da responsabilidade compartilhada, cabe a responsabilidade solidária, de aplicação subsidiária neste sentido.

de termos de compromisso) não costumam ser realizadas organicamente em nenhuma das IFF e não se identificou informação articulada sobre esta função.

h) Em todas as IFF se detectam demandas e déficits declarados de capacitação dos quadros funcionais em questões ambientais.

Já Tosini (2006, p. 132-135) dá notícias de uma pesquisa realizada no plano internacional por Ganzi *et al.* (2004) junto a 80 escritórios de 38 instituições financeiras líderes no mercado financeiro internacional, que teria concluído que, "mais de 90% delas, de alguma forma, já consideram as questões ambientais em suas gestões de risco", sendo esta proporção mais intensa entre os bancos signatários da Declaração do UNEP, suprarreferida, os quais efetivamente levam em conta o risco ambiental já na fase de classificação do risco na concessão do crédito, conhecida como *rating*, muito antes portanto de qualquer problema ambiental se manifestar. Pelo que se pode averiguar pelas pesquisas anteriores, este quadro não se repete com a mesma intensidade no Brasil.

Ainda, merece referência a pesquisa realizada pela Rede Bank Track que buscou avaliar o compromisso dos bancos e suas políticas específicas para a concessão de crédito em 14 diferentes setores e temas, como direitos humanos, mudanças climáticas, biodiversidade, mineração, agricultura, direitos trabalhistas etc., além da transparência e prestação de contas pelas instituições financeiras. Nesta pesquisa, as instituições poderiam receber notas de 0 a 4, de acordo com a seguinte tabela:

Nota	Critério
0	Nenhuma política sobre o assunto disponível publicamente.
1	A política é descrita vagamente ou mostra apenas intenções, sem compromissos claros.
2	A política inclui alguns elementos importantes, mas não é suficientemente consistente.
3	A política é bem definida e consistente, mas está aquém dos melhores padrões internacionais em alguns pontos.
4	A política é totalmente consistente com os melhores padrões internacionais.

Entre as instituições participantes do estudo no âmbito internacional estiveram ABN Amro, HSBC e Grupo Santander. Entre as instituições brasileiras participantes incluem-se Banco do Brasil, BRADESCO e Itaú. Segundo o referido relatório do IDEC (2008, p. 56):

Em geral, as instituições brasileiras não passaram de notas 0 e 1, chegando a 2 em poucos casos. O Banco do Brasil obteve uma avaliação 3 em prestação de contas de negócios (deal accountability), o que significa que ele estabeleceu um mecanismo independente de reclamações sobre os negócios em que o banco está envolvido.

Em âmbito internacional, o ABN Amro é o benchmarking em relatórios sobre os Princípios do Equador. O HSBC tem notas 3 em relação a políticas para concessão de créditos relacionadas a florestas e mineração e 4 em relação a represas. O Santander teve a maioria de suas políticas avaliada como 0 ou 1.

8 As minutas de normas do Banco Central do Brasil submetidas a processo de consulta pública

Em 13 de junho de 2012, o Banco Central do Brasil deu início a processo de consulta pública[17] para elaboração de duas resoluções: a) a primeira, destinada a regular a política de responsabilidade socioambiental (PRSA) de instituições financeiras e outras instituições autorizadas a funcionar pela autarquia; b) a segunda, dispondo sobre a elaboração e a divulgação de Relatório de Responsabilidade Socioambiental.

Quanto à primeira norma, a minuta dispõe que a PRSA deverá ter em conta os impactos e riscos socioambientais de produtos e serviços financeiros; a oferta de serviços e produtos financeiros adequados às necessidades dos clientes e dos usuários; o relacionamento com clientes e usuários; as condições para participação de partes interessadas na execução da política. Existe menção expressa aos riscos e oportunidades relativos às mudanças climáticas e à biodiversidade. Prevê-se a criação de uma estrutura específica de governança, que poderá ser uma só por conglomerado financeiro ou por central (ou confederação) de cooperativas de crédito. Estabelece-se que a avaliação de risco socioambiental deverá contemplar a análise documental da operação e do cliente, a qualidade da gestão socioambiental e do cliente, informações públicas, instrumentos de mitigação dos impactos, entre outros. Os bancos deveriam implementar tal política até 30 de junho de 2013 e o BACEN deverá detalhar a norma e adotar medidas necessárias para a implementação das regras.

Quanto à segunda, estipula-se que o relatório deverá ter periodicidade anual e ser publicado em sítio eletrônico onde ficará disponível por 5 anos, no mínimo, sendo que sua elaboração deverá ser monitorada por auditor independente.

De um modo geral, percebe-se que a norma contempla apenas diretrizes, tornando bastante inviável que as opiniões apresentadas se limitem a versar sobre seu conteúdo, de cunho genérico. Passo, assim, no próximo item, a formular contribuições que entendo devam constar de tais normas, de modo que fique clara a obrigação das instituições financeiras de levar em conta tais critérios por ocasião da concessão de financiamentos.

Vale transcrever aqui a informação obtida por Tosini (2006, p. 170-171) ao entrevistar o diretor-sócio do Centro Latino-Americano para Competitividade e Desenvolvimento Sustentável (CLACDS), em Alajuela, Costa Rica:

> merece ser citada a observação de Lawrence Pratt, vice-presidente do Grupo de Trabalho Latino-Americano do Programa das Nações Unidas para o Meio Ambiente e para as instituições financeiras (LAFT-UNEP FI), e professor do INCAE, International School of Business:
>
> "El problema fundamental para bancos que quieren o consideran establecer programas ambientales es el de los riesgos de ser el primero en hacerlo. Ningún banco quiere ser el único exigiendo elementos adicionales. Sin embargo, probablemente todos (al entender los riesgos) se sentirían mucho mas cómodos si se les exigiera a todos por igual...
>
> Hay otros mecanismos para establecer reglas comunes. Uno es un tema relevante para la región en este momento: ? Deberían entrar al tema los superintendentes bancários? ?En que forma? Aunque esse tema es para otra ocasión, hay que reconocer que el mecanismo

---

[17] Edital de audiência pública 41, de 2012. Disponível em: <http//www.bacen.gov.br>.

tradicional (y de excelência) para resolver el problema de implementar prácticas que: a) ayudan a todos pero b) nadie quiere ser el único implementando, es através de la superintendencia".

A falta de orientação da supervisão faz com que os bancos que exigem o cumprimento da legislação ambiental corram o risco de perder negócios e, por outro lado, os bancos menos atentos aos riscos ambientais tendem a concentrar maiores riscos em suas carteiras.

A autora em questão, Analista do Banco Central que tratou do assunto em sua dissertação de mestrado na UNICAMP, identificou em seu estudo vários exemplos de normas regulatórias da atividade financeira que determinam a regulação do risco ambiental. Além dos diversos exemplos nos Estados Unidos da América, país que conta com diferentes agências com funções de regulação financeira e legislou sobre o tema desde 1991, ela aponta também a legislação paraguaia sobre o assunto (Circular SB. SG nº 0441/2003), que estabelece que "La Declaración de Impacto Ambiental será requisito ineludible en las siguientes tramitaciones relacionadas con el proyecto: para obtención de créditos o garantias; para obtención de autorizaciones de otros organismos públicos; y para obtención de subsídios y exenciones tributarias" e, ainda, a regra contida no Regulamento para Classificação de Devedores, emitido pelo Consejo Nacional de Supervisión del Sistema Financiero da Costa Rica:

> Artículo 7. Análisis de la capacidad de pago
> La entidad debe definir los mecnismos adecuados para determinar la capacidad de pago de los deudores del Grupo 1. Según se trate de personas físicas o jurídicas, estos mecanismos deben permitir la valoración de los siguientes aspectos: [...]
> e. Otros factores: Análisis de otros factores que incidan sobre la capacidad de pago del deudor. *En el caso de personas jurídicas, los aspectos que pueden evaluarse,* pero no limitado a éstos, *son los ambientales,* tecnológicos, patentes y permisos de explotación, representación de productos o casas extranjeras, relación con clientes y proveedores significativos, contratos de venta, riesgos legales y riesgo país. (grifos nossos)

No Brasil, não contamos ainda com norma reguladora que tenha exigido a incorporação da variável ambiental no processo de seleção dos tomadores de crédito. No entanto, ainda que a única preocupação do órgão regulador fosse a redução do risco financeiro, sem qualquer consideração com a proteção ambiental ou outra política pública qualquer propriamente dita, já seria necessário exigir a avaliação do risco ambiental. Vale transcrever aqui as lições de Maria de Fátima Tosini em seu precioso estudo sobre a relevância da mensuração do risco ambiental:

> A performance ambiental representa riscos sobre empréstimos comerciais e demais operações de crédito porque:
> a) Reduz o valor das garantias (colaterais):
> • A existência de passivo ambiental reduz o valor das garantias (colaterais) porque o custo de descontaminação é considerado ao se calcular o valor das propriedades.
> • As transações com a propriedade (alienação dos bens) podem ser proibidas até que a área seja descontaminada (despoluída).
> b) Existência de potencial responsabilização do emprestador:
> • O banco pode ser responsabilizado por descontaminar imóvel hipotecado ou penhorado como garantia de empréstimos.

- O banco pode ser demandado a pagar indenizações pessoais devido a dano moral e material a terceiros prejudicados.
- O banco pode ser responsabilizado por danos a propriedades de terceiros.

c) Existem riscos de *default* do tomador de crédito:

- Problemas com fluxo de caixa devido a custos de descontaminação ou outras responsabilidades ambientais.
- Problemas de fluxo de caixa no longo prazo por assumir estratégia de negócio errada, ignorando as questões ambientais que têm afetado o mercado.
- Problemas com fluxo de caixa devido a investimentos inesperados para alteração de processo produtivo devido à exigência legal ou para melhorar a competitividade.
- Redução nas prioridades de pagamento quando há falência. Em caso de falência, quando há problemas ambientais que colocam em risco a saúde da coletividade, ou há grande risco de acidente ambiental, normalmente os gastos para evitar tais problemas são prioritários em relação aos débitos com os bancos. (p. 111-112)

O impacto da variável ambiental no risco de inadimplemento de créditos resta, assim, evidenciado, o que justificaria por si só a regulação. Entretanto, dada a necessidade de articulação entre diferentes políticas públicas torna-se útil e necessária uma regulação que incorpore outras variáveis além da ambiental no momento da análise de risco realizada pela instituição financeira. Buscarei formular a seguir uma proposta de norma regulatória que abranja diferentes variáveis de caráter social, além da ambiental.

9 Propostas de critérios a serem incluídos na norma reguladora brasileira

9.1 Respeito à legislação ambiental e urbanística

Sob o aspecto ambiental propriamente dito, deve ser abrangido também o respeito à legislação urbanística, no caso de empreendimentos situados no perímetro urbano. Assim, deverá ser exigida por parte das instituições financeiras que analisem a solicitação de financiamento a apresentação de documentação comprobatória de regularidade junto à municipalidade competente.

No que toca ao prisma ambiental em sentido mais estrito, a par da exigência básica de apresentação das licenças ambientais cabíveis, conforme o nível de risco do empreendimento, deve ser analisado de forma minuciosa o relatório de impactos ambientais (RIMA), verificando-se como se dará a destinação de resíduos, quais medidas compensatórias e mitigadoras dos impactos serão utilizadas, se estas são adequadas e suficientes, quais as condicionantes da licença, bem assim como se dará o monitoramento do cumprimento destas condicionantes e de todo o plano apresentado pelo empreendimento no que diz respeito à utilização de recursos naturais.

Quando se tratar de empreendimentos na área rural, deve-se apurar a averbação e a efetiva existência da reserva legal (nos termos do art. 29 do novo Código Florestal), bem assim o respeito às áreas de preservação permanente.

A par das verificações de licenças ambientais e documentos correlacionados, deve-se exigir a apresentação de certidões acerca da eventual existência de processos administrativos que possam levar à aplicação de sanção por infração de natureza ambiental, junto aos órgãos federais, estaduais e municipais competentes, bem como a existência de inquéritos civis ou ações civis públicas ajuizadas pelo Ministério Público Federal e Estadual. A mesma verificação deve ser feita junto ao Judiciário federal e estadual.

9.2 Respeito à legislação trabalhista e previdenciária

No âmbito das relações de trabalho, é preciso considerar, sem dúvida, a existência de autuações perante o Ministério do Trabalho, competente para fiscalizar desde o registro das relações de emprego, a existência de trabalho escravo, a realização de trabalho infantil, o cumprimento de normas de saúde e segurança do trabalho, entre várias outras. Ademais, poderá ser apurado o índice de acidentes de trabalho e de empregados afetados por doenças ocupacionais, considerando o número total de empregados. Também deve ser verificada a eventual existência de inquéritos ou ações civis públicas movidas pelo Ministério Público do Trabalho.

Além disso, deve ser apurado perante a Justiça do Trabalho e tido em conta o número de reclamações trabalhistas ajuizadas contra a empresa (realizando-se evidentemente um juízo de proporcionalidade com relação ao número total de empregados) e o seu resultado final, com a existência ou não de condenação e verificação do cumprimento espontâneo ou não das eventuais sentenças condenatórias. A apuração do passivo trabalhista, ademais, atine também ao risco de inadimplemento ou não do crédito.

Ainda, na esfera previdenciária, idêntica apuração deve ser feita na esfera administrativa (junto ao Instituto Nacional de Seguro Social e à Receita Federal do Brasil) e judicial, mediante a obtenção de certidões que relatem a existência de processos, seu objeto e fase atual.

9.3 Respeito ao consumidor e à legislação concorrencial

Quando se tratar de empresa que presta serviços ou fornece produtos ao consumidor final, cabe tomar em conta, ainda, o índice de reclamações realizadas e sobretudo não resolvidas junto aos órgãos de defesa do consumidor.

Também é cabível, quando for o caso, a verificação da existência ou não de autorização para o desenvolvimento do empreendimento ou a inexistência de autuação junto ao Conselho Administrativo de Defesa Econômica (CADE), órgão competente para a aplicação da legislação de proteção da concorrência.

9.4 Respeito a populações tradicionais

No Brasil, temos ao menos duas espécies de populações tradicionais que são encontráveis praticamente em todo o território nacional: comunidades indígenas e descendentes de quilombolas — ambas gozando de proteção constitucional.

No caso de atividades de mineração, extrativismo, agropecuária ou usinas de geração de energia, é bastante comum que grandes empreendimentos desta natureza possam afetar populações tradicionais, sendo claro que a proteção destas merece prioridade em relação a interesses de natureza meramente econômica.

Por outro lado, a lentidão nos processos de demarcação de terras indígenas e de delimitação de territórios quilombolas gera grande insegurança jurídica nesta matéria. É necessário verificar, assim, a existência de processos desta natureza em curso junto à

Fundação Nacional do Índio – FUNAI (no que diz respeito a terras indígenas) e junto ao Instituto Nacional de Colonização e Reforma Agrária – INCRA (no que diz respeito à delimitação de territórios quilombolas).

9.5 Respeito a normas regulatórias específicas

A depender da área de atuação do empreendimento financiado, poderá haver normas regulatórias específicas a serem respeitadas, o que deve necessariamente ser verificado. Citem-se como exemplos o setor de mineração, cuja atividade é controlada pelo Departamento Nacional de Produção Mineral (DNPM); o setor de aviação civil, regulado pela Agência Nacional de Aviação Civil (ANAC); o setor de transporte terrestre, regulado pela Agência Nacional de Transportes Terrestres (ANTT); o setor elétrico, regulado pela Agência Nacional de Energia Elétrica (ANEEL); o setor de saneamento, regulado pela Agência Nacional de Águas (ANA); o setor de educação, regulado pelo Ministério da Educação e/ou pelos órgãos estaduais ou municipais competentes; o setor de saúde, regulado tanto por normas dos conselhos de classes profissionais quanto por normas do Ministério da Saúde e de órgãos estaduais e municipais; os setores que desenvolvem atividades sujeitas à fiscalização da vigilância sanitária, e assim por diante.

Devem ser exigidas pelas instituições financeiras tanto a comprovação de que o empreendimento possui a autorização ou licença necessária para o seu regular financiamento quanto uma certidão de que este não possui contra si processos administrativos que possam levar à aplicação de sanção por irregularidades graves ou mesmo à perda da licença ou autorização.

9.6 Respeito à legislação tributária e existência de passivos junto a entes públicos

Também atende ao interesse público, já que as atividades do Estado são financiadas basicamente por tributos, bem como ao interesse de gestão do risco de crédito, a verificação da existência de eventual passivo tributário. Assim, deverá ser apurada a existência de processos administrativos ou judiciais versando sobre a cobrança de créditos de natureza tributária ou outros débitos inscritos em dívida ativa envolvendo o empreendimento que solicita o financiamento.

9.7 Esfera criminal

Determinadas condutas de natureza grave podem levar à responsabilização criminal dos dirigentes de pessoas jurídicas e, em alguns casos, até mesmo destas. Cabe também, portanto, apurar a existência de processos de natureza criminal envolvendo tais pessoas e avaliar a probabilidade de que a conduta narrada seja verdadeira, de acordo com as provas já produzidas.

9.8 Critérios positivos

De outra parte, devem também ser ponderados na decisão de conceder ou não o financiamento, atribuindo-se peso positivo, os seguintes critérios: a) número de empregos (diretos e indiretos) gerados e/ou mantidos, bem como valor médio do rendimento pago; b) investimentos em pesquisa e desenvolvimento; c) utilização de tecnologias sustentáveis, notadamente quanto a fontes de energia ou destinação de resíduos; d) estimativa de receitas tributárias (diretas e indiretas) geradas; e) impactos positivos na comunidade local, sob o ponto de vista socioambiental.

10 Conclusões

Quando se analisa o quadro atual, em especial no âmbito nacional, de relevância da variável socioambiental nas atividades de concessão de crédito, percebe-se que predominam normas de caráter autorregulatório, de caráter bastante genérico e baixo grau de eficácia. De outra parte, como foi visto, em especial no que concerne ao risco ambiental propriamente dito, existe uma clara tendência jurisprudencial de responsabilização solidária e objetiva das instituições financeiras pelos danos causados por empreendimentos financiados. Verifica-se assim claro descompasso entre a definição exata das obrigações das instituições financeiras no momento da concessão do crédito e o nível de risco financeiro assumido por estas sob este aspecto. A proposta acima descrita nada mais faz do que detalhar diligências que estão ao pleno alcance de qualquer instituição financeira. Elas guardam grande semelhança com o procedimento que se costuma denominar, no mundo corporativo, de *due diligence*, procedimento de verificação de todo o potencial passivo de uma empresa que é comprada por outra, justamente para chegar a um preço justo na negociação.

A regulação financeira tem uma contribuição essencial a dar nesta matéria. As obrigações das instituições financeiras podem e devem ser devidamente detalhadas, com o que ganharão estas últimas em segurança jurídica e respeito à livre concorrência (já que as obrigações serão idênticas para todas elas), redução de riscos financeiros e de imagem e, ainda mais importante, ganhará toda a coletividade com um sistema financeiro que seja efetivamente social e ambientalmente responsável.

Referências

GRIZZI, Ana Luci Esteves *et al*. *Responsabilidade civil ambiental dos financiadores*. Rio de Janeiro: Lumen Juris, 2003.

INSTITUTO BRASILEIRO DE DEFESA DO CONSUMIDOR – IDEC. *Avaliação comparativa da responsabilidade socioambiental dos bancos no Brasil*. São Paulo, 2008. Disponível em: <http://www1.spbancarios.com.br/download/14/relatorio_resp_socioamb_bancos.pdf>.

MACHADO, Paulo Affonso Leme. *Direito ambiental brasileiro*. 12. ed. São Paulo: Malheiros, 2004.

OLIVEIRA, Carina Costa de. Un système global sur le reporting comme une alternative à une convention sur la responsabilité sociale et environnementale des entreprises?. *In*: OLIVEIRA, Carina Costa de; SAMPAIO, Rômulo Silveira da Rocha (Org.). *Instrumentos jurídicos para a implementação do desenvolvimento sustentável*. Rio de Janeiro: Fundação Getulio Vargas, 2012. p. 202-219.

RASLAN, Alexandre Lima. *Responsabilidade civil ambiental do financiador*. Porto Alegre: Livraria do Advogado, 2012.

REIS, Antonio Augusto Rebello. Financiamentos e a responsabilidade civil ambiental: uma análise comparada da responsabilidade dos agentes financiadores à vista do modelo norte-americano e da jurisprudência do STJ. *In*: SAMPAIO, Rômulo S. R.; LEAL, Guilherme J. S.; REIS, Antonio Augusto (Org.). *Tópicos de direito ambiental*: 30 anos da Política Nacional do Meio Ambiente. Rio de Janeiro: Lumen Juris, 2012. p. 459-478.

RIBEIRO, Maísa de Souza; OLIVEIRA, Otávio José Dias de. Os princípios do Equador e a concessão de crédito socioambiental. Disponível em: <http://www.congressousp.fipecafi.org/artigos82008/594.pdf>. Acesso em: 04 ago. 2012.

SANTILLI, Juliana. A co-responsabilidade das instituições financeiras por danos ambientais e o licenciamento ambiental. *Revista de Direito Ambiental*, São Paulo, v. 21, jan./mar. 2001.

SCHLISCHKA, Hermann Erich; REIS, Solange Garcia dos; RIBEIRO, Maísa de Souza; REZENDE, Amaury José. Crédito ambiental: análise para concessão de crédito sob a ótica da responsabilidade socioambiental. Disponível em: <http://www.congressousp.fipecafi.org/artigos72007/71.pdf>. Acesso em 4: ago. 2012.

SOUZA, Paula Bagrichevsky de. As instituições financeiras e a proteção ao meio ambiente. *Revista do BNDES*, Rio de Janeiro, v. 12, n. 23, p. 267-300, jun. 2005.

TOSINI, Maria de Fátima Cavalcante. *Risco ambiental para as instituições financeiras*. São Paulo: Annablume, 2006.

VILLALOBOS, Ruy de. Las instituciones financieras y el medio ambiente en América Latina. *In*: PARREIRA, Clélia; ALIMONDA, Héctor (Org.). *As instituições financeiras públicas e o meio ambiente no Brasil e na América Latina*. Brasília: FLACSO Brasil – Abaré, 2005. p. 133-218.

YOSHIDA, Consuelo Yatsuda Moromizato. Responsabilidade das instituições financeiras: da atuação reativa à atuação proativa. *In*: OLIVEIRA, Carina Costa de; SAMPAIO, Rômulo Silveira da Rocha (Org.). *Instrumentos jurídicos para a implementação do desenvolvimento sustentável*. Rio de Janeiro: Fundação Getulio Vargas, 2012. p. 115-134.

Informação bibliográfica deste texto, conforme a NBR 6023:2002 da Associação Brasileira de Normas Técnicas (ABNT):

SOUZA, Luciane Moessa de. Regulação financeira e sustentabilidade. *In*: BACELLAR FILHO, Romeu Felipe; HACHEM, Daniel Wunder (Coord.). *Direito público no Mercosul*: intervenção estatal, direitos fundamentais e sustentabilidade: anais do VI Congresso da Associação de Direito Público do Mercosul: homenagem ao Professor Jorge Luis Salomoni. Belo Horizonte: Fórum, 2013. p. 395-413. ISBN 978-85-7700-713-4.

ENERGIA ELÉTRICA: PRODUÇÃO, CONSUMO E SUSTENTABILIDADE

LUIZ ALBERTO BLANCHET

1 Introdução[1]

Nada se faz sem energia. A própria origem do universo, até onde se consegue conceber algo compatível com sua natureza e peculiaridades atuais, surgiu de uma explosão de energia. A sua imprescindibilidade torna menos sensacionalista a frase, de efeito, sem dúvida, mas nem por isso menos fundada, que vem sendo repetida em canais de televisão paga: a energia é o alimento de nosso mundo, somos viciados nela. Desprezados os aspectos relativos aos "efeitos especiais" da frase, realmente é a energia que mantém vivos o mundo e as sociedades humanas; é ela também que impulsiona o desenvolvimento.

A energia é, pois, em conjugação com o trabalho humano (físico e intelectual), pressuposto material imprescindível e insubstituível para a promoção do desenvolvimento. Ao contrário do trabalho humano, porém, sua produção impõe cuidados especiais sem cuja observância não se alcançarão os padrões desejáveis de sustentabilidade. O trabalho, por sua vez, seja braçal ou intelectual, deve ser produtivo, deve criar novos bens ou comodidades que contribuam para o bem-estar do ser humano, sem o que, não passará de mera brincadeira ou perda de tempo.

Promotores de efeitos benéficos no mundo real e, assim, do desenvolvimento, energia e trabalho impulsionaram a formação de sociedades nas quais as relações de consumo assumiram importante papel e grande complexidade não tardou a ser valorada econômica e juridicamente.

2 Energia e Direito da Energia

O objeto do chamado Direito da Energia é mais amplo do que o estudo simplesmente da energia elétrica, inclusive porque esta resulta da conversão de outras modalidades de energia, especialmente das energias térmica e mecânica. Abrange, portanto,

---

[1] As ideias que integram este estudo resultaram dos debates levados a efeito no 6º Debate — Energia Sustentável, Financiamento e Consumo: Questão Econômica, Jurídica ou Cultural? — do VI Congresso da Associação de Direito Público do Mercosul, realizado nos dias 7 a 9 de junho de 2012, em Foz do Iguaçu.

também as normas que definem o regime jurídico das demais modalidades energéticas, assim como o de suas fontes, dentre as quais, merecem destaque as mais conhecidas: o gás, o carvão, o petróleo e demais hidrocarbonetos fluidos, a fissão nuclear, a geração eólica e a solar.

O que se costuma denominar Direito da Energia, porém, é constituído, sob um primeiro enfoque, do sistema de normas jurídicas que regem a energia, mas também a regulação das atividades a ela inerentes, os serviços públicos e as atividades econômicas, bem como a execução direta dos primeiros pelo Estado, a concessão ou permissão a particulares, a autorização[2] etc.

O usualmente denominado Direito da Energia, apesar da especificidade de seu objeto, não é um ramo autônomo, mas apenas um tópico do Direito Administrativo. Os princípios jurídicos que o distinguem de outras áreas do Direito, como, por exemplo, o Tributário ou o Ambiental, são exatamente os mesmos que determinam o regime jurídico do Direito Administrativo. E assim é também com o seu sub-ramo Direito da Energia Elétrica.

É grande a diversidade dos aspectos que justificam o tratamento especial que a Ciência Jurídica vem dedicando a esse tema particular do Direito Administrativo. Tal como sucede com o chamado Direito das Telecomunicações, há uma alta complexidade técnica envolvendo o objeto material dessa disciplina jurídica, o que exige maior rigor na exigência, pelo Estado, da observância de certos princípios que, comuns a todos os serviços públicos, não exigem critério tão profundo e especializado em relação a outros serviços públicos, dentre os quais podem ser destacados o de transporte coletivo de passageiros, o funerário e, até certo ponto, também o de distribuição de água potável canalizada.

São dignos de lembrança, para os fins do presente estudo, em especial, os princípios da atualidade, da continuidade, da regularidade, da universalidade e da eficiência. Há fatores técnicos que favorecem o cumprimento de tais princípios, mas há também aqueles que o dificultam, e somente quem domine o conhecimento técnico tem condições de discernir as diversas opções possíveis e escolher a solução tecnicamente ótima para cada novo impasse que desafia o cumprimento dos mandamentos normativos pertinentes.

Outra particularidade da energia, de fundamental e insubstituível relevância, que também a afasta dos substratos dos demais serviços públicos, é a sua natureza de suporte material, ou verdadeiro pressuposto material imprescindível do desenvolvimento.

3 Energia, princípio do empreendedorismo, consumo e sustentabilidade

O homem é consumidor por natureza. Primitivamente, os antepassados dos atuais seres humanos consumiam o que a natureza lhes disponibilizava, tal como qualquer outro ser vivo. A rigor, o processo não era muito diferente daquele desenvolvido por uma bactéria que assimila e processa quimicamente aquilo que absorve do ambiente.

---

[2] No que concerne à energia elétrica, o serviço público a ela pertinente pode ser prestado por particulares somente mediante concessão ou permissão, é o que sucede com o serviço de distribuição de energia elétrica para atendimento dos consumidores (usuários) cativos. Atividades econômicas, a seu turno, podem ser executadas por particulares mediante autorização da União, através da Agência Nacional de Energia Elétrica (ANEEL), como é o caso da comercialização de energia elétrica para atendimento de consumidores livres.

Este mecanismo estabeleceu-se com tanto arraigo na mente e nas culturas humanas que até as religiões o admitem e utilizam para definir o papel e o espaço do homem no mundo.[3] Estas considerações preliminares são necessárias para se esclarecer com maior clareza e concisão o que se deva entender por *sociedade de consumo* e qual seria seu impacto sobre a sustentabilidade.

Impende, pois, inicialmente, delimitar os aspectos determinantes daquilo que se pode hoje chamar *sociedade de consumo*. O homem há muito já transpôs a barreira que no planeta separa dos primeiros seres vivos que apenas nascem, consomem parte do que lhes é acessível no ambiente, um dia morrem e contribuem para o ambiente apenas com os seus restos que, ao se decomporem, produzem nutrientes, ou nem isso, como acontece com ossos e conchas que simplesmente permanecem inertes até se misturarem aos elementos do solo.

Ao contrário dos outros seres vivos e de seus remotos antepassados, o homem aprendeu a separar as melhores sementes e os melhores espécimes animais e, em lugar de consumi-los, os multiplicou. Além de cultivar, replantar, criar e recriar, o homem desenvolve técnicas para melhorar as qualidades daquilo que planta ou cria. Sociedade de consumo e sustentabilidade, portanto, não são ideias antagônicas nem reciprocamente excludentes, ambas se conjugam e convergem para o desenvolvimento.

Pode-se a este passo, pois, substituir a frase inicial deste item — "o homem é consumidor por natureza" — por outra que destaca uma das principais peculiaridades que o distinguem dos animais em geral: "o homem é empreendedor[4] por natureza". É, portanto, ele o único ser vivo conhecido que consegue produzir o que consome. O primeiro impulso ao desenvolvimento do ser humano deu-se quando ele passou a recriar e replantar ou, simplesmente, multiplicar o que a natureza já fornecia; isto levou à obtenção de alimentos em maior quantidade e, consequentemente, ao crescimento das populações humanas. Este primeiro passo para o desenvolvimento foi também o primeiro para a

---

[3] Bastante para tal constatação é a leitura do Livro do Gênesis da *Bíblia* cristã: "Deus disse: 'também vos dou todas as ervas com sementes que existem à superfície da terra, assim como todas as árvores de fruto com semente, para que vos sirvam de alimento. E a todos os animais da terra, a todas as aves dos céus e a todos os seres vivos que sobre a terra existem e se movem, igualmente dou por alimento toda a erva verde que a terra produzir'" (BÍBLIA SAGRADA. *Gênesis*, cap. 1, vers. 29). Como se vê, se o homem ainda hoje se limitasse a essa vida em "harmonia com a natureza", como os grupos humanos primitivos o faziam, já teria devastado muito mais o ambiente, eliminando muito mais espécies animais e vegetais do que conseguiu até nossos dias. O homem não se limita a extrair, o homem empreende, cria, planta, fabrica.

[4] Verdade, enfim, é, que empregados e empregadores, ao lado dos autônomos, são *empreendedores*, todos podem inovar ou com o produto de seu trabalho físico ou com o produto de seu trabalho intelectual. O ser humano, afinal, nem sempre tem um patrimônio porque o recebeu de seus ascendentes ou porque ganhou na loteria. São inúmeros os casos de pessoas que conseguiram, com sua inteligência, persistência e empreendedorismo, patrimônios muito mais invejáveis. E é exatamente neste segundo grupo que se encontram as pessoas que conseguem manter seu patrimônio e, quase sempre, acrescê-lo. Estariam eles explorando mais pesadamente seus empregados do que os "empregadores" que receberam seu patrimônio por herança? Ou haveria um fator — aliás, aquele que distingue o homem dos animais irracionais — que não vem sendo visto e levado em consideração por esses gênios teóricos que, no final da história, acabam alimentando as mentes mais vazias (nessas há muito mais espaço para "ideias" alheias oportunistas) e menos aptas para criar situações e bens necessários à sobrevivência própria e, mais que isto, a sobrevivência e o progresso dele e, se possível, dos demais? Por que, afinal, o homem hoje vive muito melhor e por mais tempo que seus antepassados? Assim estaria ocorrendo porque ele trabalha mais ou porque ele vem sendo remunerado com mais justiça? Ou seria porque há mentes empreendedoras que, além do trabalho manual, oferecem um trabalho menos visível, mas de benefícios igualmente, ou muito mais, perenes (comodidades e confortos) que independem de trabalho manual, como curas ou novos tratamentos para problemas de saúde? (BLANCHET. *Concessão de serviços públicos*: Estado, iniciativa privada e desenvolvimento sustentável, p. 6).

sustentabilidade, pois o homem passa a ter capacidade de alimentar-se sem caçar ou colher o que a natureza produz. Ao lado, e inseparavelmente, do empreendedorismo como princípio constitucional implícito, emerge do sistema normativo constitucional o princípio da reciprocidade.[5]

Se, pois, *sociedade de consumo* já foi ideia incompatível com sustentabilidade, passa a ser compatível com o *empreendedorismo* humano, além de impulsionar o desenvolvimento. Empreendedorismo, desenvolvimento e sustentabilidade, convergem para a constante melhoria da vida humana com dignidade.

4 Energia e desenvolvimento

Enquanto o empreendedorismo é o pressuposto do desenvolvimento sustentável, a energia é o suporte físico. Já se afirmou nas linhas iniciais deste estudo que nada se faz sem energia. Tudo que a vida moderna disponibiliza para o bem-estar, saúde, segurança, difusão do conhecimento, informação, etc., das pessoas é movido por alguma modalidade de energia.

Por sua importância para o desenvolvimento, compete ao Estado, no caso a União, destinar recursos públicos para o setor energético, se optar pela execução direta, ou, caso a opção seja pela outorga a particulares, assegurar a justa amortização dos investimentos privados feitos para produção, transmissão e distribuição da energia. Não basta, todavia, que apenas os investimentos sejam, amortizados de forma justa, o particular investe e passa a prestar um serviço, o qual deve também ser remunerado, o que se opera por meio da tarifa de energia,[6] por isso mesmo deve ela ser módica.[7]

---

[5] A reciprocidade aponta para o fato de que ninguém obtém um direito patrimonial sem o esforço correspondente. Há, sem dúvida, direitos cuja obtenção não se condiciona à reciprocidade. É o que ocorre com os direitos resultantes de sucessão hereditária ou de aposta em jogos lícitos, por exemplo. Todavia, mesmo na hipótese da herança, confirma-se o princípio da reciprocidade, pois a pessoa é incentivada a inovar, produzir utilidades ou comodidades, ainda que não haja expectativa de vida longa, porque a seus sucessores estará assegurado o direito ao produto de seu esforço. O tratamento normativo em muito contribui para o desenvolvimento, pois estimula a produção das mentes mais experientes que já passaram por longos anos de aprimoramento e, inexistisse esse incentivo, simplesmente cairiam em sua derradeira improdutividade esperando o fim chegar (BLANCHET. *Concessão de serviços públicos*: Estado, iniciativa privada e desenvolvimento sustentável, p. 7).

[6] A palavra *tarifa*, de origem árabe, designa em nosso sistema o valor de apenas uma unidade de determinado serviço público prestado sob regime de concessão ou permissão. Assim, embora de uso corrente, é incorreta a frase "paga-se tarifa pela fruição de serviços públicos concedidos", porquanto o valor que realmente o usuário do serviço público paga é o resultado do cálculo pelo qual se multiplica a tarifa pela quantidade efetivamente usufruída do serviço público correspondente. Somente em algumas hipóteses o valor pago coincide com a tarifa, como, por exemplo, no caso do serviço público de transporte coletivo de passageiros. Ao resultado desse cálculo, ademais, são acrescidos ainda outros elementos, como, por exemplo, encargos e tributos. No que concerne aos serviços de energia elétrica, portanto, o valor da fatura e o da tarifa são coisas diferentes.
Oportuno discernir desde logo tarifa e taxa. A primeira é contraprestação decorrente de contrato, e a segunda, derivada de imposição legal, é devida pela prestação efetiva ou pela simples disponibilização de serviço público de caráter específico e divisível, consoante estatui a Constituição da República em seu art. 145, II (BLANCHET. *Concessão de serviços públicos*: Estado, iniciativa privada e desenvolvimento sustentável, p. 81).

[7] Para a determinação da modicidade na prática, é necessário, portanto, que sejam consideradas as peculiaridades da situação fática (espécie de serviço, amplitude e características da necessidade pública a ser suprida, custos da execução do serviço etc.), e que se perquira cada fator mediante critérios juridicamente apropriados.
A modicidade da tarifa não pode ser tal a ponto de comprometer a adequação do serviço. A concessão, ao ser licitada, deve apresentar condições atrativas para o particular, sob pena de não acorrerem interessados. O edital de concorrência para concessão que não observa este princípio está restringindo a competitividade, podendo, inclusive, ser alvo de anulação.
A modicidade, além de não poder prejudicar a adequação do serviço a ser prestado, também não pode comprometer o equilíbrio econômico-financeiro do contrato de concessão.

Outros momentos ainda há em que o particular, ao qual foi outorgado o direito de explorar o serviço público de energia, deve proceder a desembolsos sem os quais a adequação na prestação do serviço público (imposta pela Lei nº 8.987, de 13.02.1995) jamais será alcançada. É o que sucede com o princípio da atualidade, por força do qual o concessionário deve investir em melhorias impostas, por exemplo, por inovações tecnológicas ou por qualquer outro fator imprevisível, não provocado pelo particular outorgado e por ele inevitável, que venha a aumentar o âmbito dos direitos exigíveis pelos usuários.

O desenvolvimento proporcionado pela energia não se limita ao resultado daqueles esforços aos quais está obrigado o concessionário para produzir e distribuir a energia. O concessionário não obtém do Poder Concedente uma outorga apenas para gerar e distribuir, mas para operar a expansão, promover a universalidade e até fomentar alguns aspectos da vida privada em sociedade. O concessionário, afinal, atua em lugar do Estado e, assim, deve comportar-se como se fosse o próprio titular dos interesses envolvidos. O que se conclui é que o princípio da atualidade, ao lado, especialmente, dos princípios da generalidade, universalidade e expansão, integram o subsistema de normas que asseguram e impulsionam o desenvolvimento.

5 Empreendimentos energéticos e sustentabilidade

A sustentabilidade ambiental é, sem dúvida, a primeira que o espírito socialmente consciente faz aflorar, porém a sustentabilidade abrange também outros enfoques que, longe de serem apenas "outros", se conjugam simbioticamente com a sustentabilidade ambiental; dentre estas, sobressaem a sustentabilidade técnica, a econômico-financeira, a social, a administrativa e a jurídica.

Figurando entre os principais empreendimentos energéticos, as usinas hidrelétricas são o exemplo mais didático para se apontar os parâmetros da sustentabilidade. Usinas hidrelétricas ou, simplesmente, barragens são quaisquer estruturas construídas em curso permanente ou temporário de água para fins de contenção, compreendendo o barramento e as estruturas associadas (Lei nº 12.334, de 20 de setembro de 2010).

Imprescindível lembrar que segurança é um dos aspectos fundamentais da sustentabilidade de hidrelétricas. Este aspecto, ao lado dos fatores mencionados linhas acima, assegura com maior estabilidade um empreendimento efetivamente sustentável. É a mesma Lei nº 12.334, de 20 de setembro de 2010, quem define os elementos da

---

Tarifa módica é, pois, a que propicia ao concessionário condições para prestar serviço adequado e, ao mesmo tempo, possibilita-lhe a justa remuneração dos recursos comprometidos na execução do objeto da concessão. Sem esta garantia, o Estado jamais contaria com a colaboração honesta da iniciativa privada.

O particular, afinal, não tem obrigação de custear o atendimento de necessidades públicas. Isto é dever do Estado. Note-se que a lei refere-se a modicidade das *tarifas*, ou *preços públicos*, isto é, daqueles valores pagos pelo usuário a título de contraprestação pelo serviço efetivamente prestado. Se a lei fizesse menção a *modicidade dos preços*, a conclusão seria mais preocupante, pois *preço* é gênero ao qual pertencem os *preços públicos* e também os *preços políticos*, e, enquanto os preços públicos devem ser compatíveis com os custos do concessionário, os preços políticos podem ser bem inferiores aos custos necessários para a execução do serviço, de tal forma que a diferença entre o valor cobrado e o efetivo custo será remunerada mediante utilização de recursos derivados da arrecadação de impostos.

Torna-se, pois, evidente que a *modicidade* deve considerar os custos da adequação do serviço e a justa remuneração do capital que o concessionário precisa comprometer na execução do serviço (BLANCHET. *Concessão de serviços públicos*: Estado, iniciativa privada e desenvolvimento sustentável, p. 57).

segurança em barragens: complexo de condições destinadas a manter a integridade estrutural e operacional da obra e a preservação da vida, da saúde, da propriedade e do meio ambiente.

Permitindo-se, para maior clareza, o recurso à analogia, pode-se afirmar que existe um "gene" da sustentabilidade, ele tem natureza normativa: em todo empreendimento privado ou público, há aquilo que o empreendedor ou o Estado: a) *deve* fazer; b) *não pode* fazer. Paralelamente, há fatores contingenciais (imprevisíveis, não provocados, inevitáveis etc. (*ou previsíveis, mas não nas circunstâncias usuais da fase interna do procedimento administrativo*). Sustentabilidade resulta daquilo que *se deve* fazer e *é feito*. Insustentabilidade resulta daquilo que *não se pode* fazer e *é feito*. Ou seja, *sustentabilidade integra o mandamento da norma* cuja hipótese de incidência é a implementação de empreendimentos potencialmente insustentáveis.

Para garantir a ulterior sustentabilidade, portanto, a elaboração do projeto da hidrelétrica implica observância de fatores condicionantes inevitáveis: 1) deve ser sustentável tecnicamente, econômico-financeiramente, juridicamente, socialmente e ambientalmente; 2) se consubstancia com segurança somente quando os estudos prévios forem completos e adequados; 3) no caso da sustentabilidade ambiental, esse momento é o da elaboração do Estudo de Impacto Ambiental — ele não é mero documento preliminar ou ensaio, ele deve ser definitivo e de efeitos certos (*princípio da certeza, subsidiário do princípio da finalidade na administração pública*).

Assim, devem ser observadas, como integrantes de um procedimento administrativo (sequência *lógica* de atos) as etapas da construção de barramentos para produção de energia (hidrelétrica): 1) estudos de inventário da bacia hidrográfica; 2) estudos prévios de viabilidade sob os mais variados aspectos e enfoques da sustentabilidade; 3) elaboração do Estudo de Impacto Ambiental e o correspondente Relatório de Impacto Ambiental (versão menos técnica e mais didática, para divulgação à sociedade); 4) análise do órgão ambiental; 5) audiências públicas; 6) concessão de licenças; e 7) licitação para definir quem será o concessionário.

Produzem impactos positivos e negativos todos os aspectos de empreendimento energético. Para ilustração mais concisa, podem ser lembrados, entre os impactos de caráter ambiental: 1) clima, qualidade da água, recursos minerais e geologia, entre outros; 2) meio biótico (plantas e animais); 3) meio socioeconômico (atividades econômicas, condições de vida etc.); 4) patrimônio histórico e cultural; 5) saúde, educação etc.; 6) comunidades atingidas. No que concerne à sustentabilidade ambiental, portanto, os pressupostos são: 1) boa e adequada elaboração do EIA; 2) boa condução das audiências públicas; 3) controle (inclusive informal).

O que se pode concluir, quanto à sustentabilidade de empreendimentos para produção de energia elétrica a partir de potenciais hidráulicos é que sua obtenção resulta de um *devido procedimento legal*, ela não é produto de sorte ou azar, não é presente de "entidades superiores", não algo pelo que se "torce" e espera, não é resultado do acaso; é um resultado *certo*.

No que concerne à geração sustentável de energia elétrica, o primeiro obstáculo cuja técnica de neutralização até hoje a Ciência não conseguiu respaldar é o armazenamento da energia produzida. Energia não consumida é energia perdida.

Quando a preocupação específica e exclusiva é com a sustentabilidade ambiental, alguns processos de produção são mais sustentáveis que outros. Na geração de eletricidade pela conversão da energia mecânica mediante queima de carvão, gás, hidrocarbonetos fluidos, serragem, palha de cana, etc., estas substâncias se consomem e transformam-se em resíduos. Na geração eólica, solar e hidráulica, por sua vez, o ar, os raios solares e a água não se alteram, resultando, desta forma, em situações de maior sustentabilidade, embora caibam ressalvas relativamente à produção hidráulica, o que será objeto do item 7 deste trabalho.

6 Financiamento, investimento e sustentabilidade

Se empreendedorismo é pressuposto necessário do desenvolvimento, se energia é o suporte físico sem o qual o crescimento necessário para garantir vida digna às pessoas seria mero anseio de improvável e distante satisfação, não pode remanescer qualquer dúvida de que o ser humano com seu trabalho físico ou intelectual é a figura central. Desde suas origens o homem trabalha para obter os meios que lhe preservem a dignidade. Os parâmetros e peculiaridades daquilo que se pode entender por *dignidade* evoluíram até os dias de hoje, o trabalho porém continua dependendo do esforço e da capacidade empreendedora de cada um. Não é, todavia, diretamente com a execução do trabalho que se obtêm os bens e comodidades ensejadoras de dignidade, mas com a sua remuneração em dinheiro. Permitindo-se figurativamente imaginar a economia como uma máquina, o dinheiro seria a um só tempo seu combustível e lubrificante.

Todo empreendimento, enfim, exige a alocação de recursos, do próprio empreendedor ou de terceiros.

A figura mais frequente é o mútuo. O detentor dos recursos necessários os aplica na execução dos empreendimentos cujos titulares aparentem maior certeza de restituição e remuneração. Remanesce patente o posicionamento daquele que oferece os recursos: seu interesse está na remuneração que sua privação temporária do valor lhe trará.

Este é o mecanismo do *financiamento*. A rigor, há remuneração, mas inexiste propriamente trabalho. O *financiador* tem um papel de grande utilidade, sem dúvida, na economia, mas perde totalmente seu — fraco — brilho diante do *investidor*.

O *financiador* tem sempre garantias — gerais e específicas — de que reaverá seu dinheiro e a correspondente remuneração. O financiador *tem certeza* dos resultados de sua atividade. O financiador *jamais perde*.

O *investidor*, aquele que separa parte de seu patrimônio para pôr em execução uma ideia de cujos resultados tem boas perspectivas, o faz não porque inexistia opção melhor para aplicar seu capital, mas porque *acredita* no bom êxito de seu projeto. Se o seu projeto perecer, perece ele também.

Enquanto o financiador tem certeza de que seu objetivo será satisfeito, o investidor acredita que seu objetivo será alcançado.

Enquanto o financiador segue solitária e egoisticamente seu caminho até o objetivo, o investidor o segue com o intuito de produzir bens e comodidades, pelos quais vai ser remunerado, sem dúvida, mas gera empregos, movimenta a economia e proporciona aos consumidores ou usuários de seu produto condições de maior dignidade, ainda que seu objetivo imediato seja outro. No caso de energia elétrica, apenas o comprador de energia junto a comercializadoras são consumidores, os demais são usuários.[8]

---

[8] "O contrato administrativo de prestação de serviço público não deve ser equiparado a contrato de relação de consumo. Diferentemente da situação de consumo, a relação contratual entre concessionária e o Poder concedente, já

O investidor, afinal, é um empreendedor. Se o financiador-aplicador *ajuda*, ainda que involuntariamente, no desenvolvimento, o investidor-empreendedor *faz* o desenvolvimento.

No setor elétrico, são bastante conhecidos os investidores, os empreendedores que geram, transmitem, distribuem e comercializam energia. Estes empreendedores são especializados em energia. Os financiadores, entretanto, são os mesmos que, paralelamente ao financiamento de projetos energéticos, aplicam seu dinheiro em qualquer outro setor indiferentemente, pois seu interesse está apenas na remuneração do capital aplicado.

7 Geração de energia e o mito das hidrelétricas como produtoras de energia limpa

A matriz energética do Brasil é predominantemente hidrelétrica muito mais em razão da abundância de potenciais hidrelétricos em seus cursos de água, e não porque em algum momento tivesse havido preocupação, e eficiente planejamento, em prol de um sistema elétrico gerado por fontes da apelidada energia limpa. Oportuno lembrar que o termo potencial hidrelétrico refere-se àqueles existentes em cursos fluviais, mas também aos que têm por base o movimento das águas do mar; para os fins do presente estudo, as considerações ora levadas a efeito concernem apenas aos potenciais fluviais. A expressão "energia limpa" deve ser lida e interpretada com critério suficiente para não comprometer a congruência entre a impressão que dela temos e o que ela efetivamente é.

Afirmar-se que a geração termelétrica não seria energia limpa, com base apenas na fumaça que se vê liberada por essas usinas, e supor-se que a energia elétrica gerada pela conversão da energia hidráulica dos potenciais existentes no país em energia elétrica seria energia limpa só porque a água que entra nos dutos e passa pelas turbinas sai inalterada da usina é um equívoco.

Usinas termelétricas não podem ser classificadas todas indiferentemente na mesma categoria relativamente aos impactos ambientais que produzem. Enquanto uma usina termelétrica movida a carvão, a gás ou a diesel, por exemplo, realmente polui mais, hidrelétricas movidas a bagaço ou a palha de cana têm sua emissão de gases tóxicos compensada pelo oxigênio que a planta liberou na atmosfera durante seu desenvolvimento.

Uma hidrelétrica, a seu turno, gera graves impactos antes mesmo de sua instalação e operação. A simples movimentação de profissionais no local da futura usina para proceder a levantamentos prévios de viabilidade já é suficiente para gerar nos habitantes da região curiosidade, apreensão e disputas, especialmente se o futuro reservatório alcançar terras indígenas. No início dos preparos para implantação do empreendimento, os acessos viários já se veem tumultuados.

---

que estamos diante da existência de dois contratos: um principal e o outro acessório" (ROCHA. *As irregularidades no consumo de energia elétrica*: doutrina, jurisprudência e legislação, p. 114).

"A defesa do usuário de serviço público não é atribuição do PROCON, e sim da respectiva agência reguladora, cujo desafio atual é organizar-se adequadamente para isso. Como a lei prevista no art. 27 da Emenda Constitucional n. 19 até hoje não foi aprovada pelo Congresso Nacional, o usuário de serviço público tem tido sua defesa calcada na Lei n. 8078, que claramente não se aplica à relação de serviço público, e sim à de consumo, conceitualmente diversa daquela" (CINTRA DO AMARAL. Distinção entre usuário de serviço público e consumidor. *Revista Brasileira de Direito Público – RBDP*, p. 263).

Na limpeza da área a ser inundada pelo lago artificial, espécimes vegetais e animais são retiradas de seu *habitat*, correndo o risco de se extinguirem como espécies, produzindo efeitos danosos no ecossistema imediata e mediatamente, dando início a uma cadeia de danos e perdas ambientais em efeito dominó.

Com a subida do nível das águas, restos de plantas que não puderam ser retirados apodrecem comprometendo, por isso, o grau oxigenação, de acidez e demais peculiaridades das águas.

Nessa etapa, normalmente as águas escurecem, matando outras espécies para as quais a alteração da acidez e da oxigenação tenha sido até então inofensiva.

A economia e a estabilidade social na região também sofrem profundos impactos. Isto ocorre no início, quando as empresas atraem trabalhadores de locais distantes. Esse problema se agrava quando, concluída a obra, essa multidão fica desempregada e, muitas vezes, impossibilitada de retornar a sua cidade de origem.

Assim, considerada a amplitude dos impactos, especialmente os de ordem ambiental e social, a energia produzida pela exploração de potenciais hidrelétricos, é, com certeza, renovável, porém menos "limpa" do que se afirma.

Referências

BÍBLIA SAGRADA. São Paulo: Stampley Publicações Ltda., 1974.

BLANCHET, Luiz Alberto. *Concessão de serviços públicos*: Estado, iniciativa privada e desenvolvimento sustentável. 3. ed. Curitiba: Juruá, 2012.

BLANCHET. Luiz Alberto. *Direito da energia e desenvolvimento*. Belo Horizonte: Fórum, 2012.

CINTRA DO AMARAL, Antônio Carlos. Distinção entre usuário de serviço público e consumidor. *Revista Brasileira de Direito Público – RBDP*, Belo Horizonte, ano 2, n. 5, abr./jun. 2004.

ROCHA, Fábio Amorim da. *As irregularidades no consumo de energia elétrica*: doutrina, jurisprudência e legislação. Rio de Janeiro: Synergia, 2011.

Informação bibliográfica deste texto, conforme a NBR 6023:2002 da Associação Brasileira de Normas Técnicas (ABNT):

BLANCHET, Luiz Alberto. Energia elétrica: produção, consumo e sustentabilidade. *In*: BACELLAR FILHO, Romeu Felipe; HACHEM, Daniel Wunder (Coord.). *Direito público no Mercosul*: intervenção estatal, direitos fundamentais e sustentabilidade: anais do VI Congresso da Associação de Direito Público do Mercosul: homenagem ao Professor Jorge Luis Salomoni. Belo Horizonte: Fórum, 2013. p. 415-423. ISBN 978-85-7700-713-4.

RESPONSABILIDADE DO ESTADO POR DANO AMBIENTAL

REGINA MARIA MACEDO NERY FERRARI

1 Introdução

A Constituição Federal de 1988, além de tratar da proteção e defesa do meio ambiente, de modo concentrado no artigo 225 e de forma difusa ao longo do seu texto, quando, por exemplo: (i) faz menção expressa aos objetivos da ação popular e da ação civil pública; (ii) determina a competência dos entes federativos parciais; (iii) discorre sobre os princípios da ordem econômica e (iv) identifica, como patrimônio cultural brasileiro, os sítios de valor ecológico.

Nesta toada é importante lembrar Konrad Hesse ao ressaltar, em seu estudo sobre a força normativa da Constituição, que, "embora a Constituição não possa, por si só, realizar nada, pode impor tarefas", as quais, uma vez efetivadas convertem a Constituição em uma força ativa.[1]

Assim, ao desvendar o conteúdo normativo constitucional, para sua concretização, o intérprete deve determinar qual o universo da expressão "meio ambiente" para caracterizar o elenco de encargos do Poder Público e da coletividade, na medida em que reza o *caput* do artigo 225: "Todos têm direito ao meio ambiente ecologicamente equilibrado, bem de uso comum do povo e essencial à sadia qualidade de vida, impondo-se ao Poder Público e à coletividade o dever de defendê-lo e preserva-lo para as presentes e futuras gerações".

Um estudo sobre a responsabilidade do Estado por danos ao meio ambiente deve considerá-lo de modo amplo, ou seja, abranger os que danifiquem os bens naturais, os artificiais e culturais de valor juridicamente protegido, isto é, o solo, a água, o ar, a flora, a fauna, as belezas naturais e artificiais, o patrimônio artístico, histórico, turístico e arqueológico, o que deve ser protegido contra inúmeras agressões, as quais podem, por exemplo, advir tanto do desmatamento das florestas por queimadas ou por outras formas de extração, como da poluição da água e do ar e, ainda, de atividades econômicas e estratégicas potencialmente predatórias.

---

[1] HESSE, Konrad. *A força normativa da Constituição*. Porto Alegre: Sergio Anonio Fabris, 1991. p. 19.

Isto posto e de conformidade com os termos do artigo 3º da CF, são objetivos do Estado brasileiro: a construção de uma sociedade livre, justa e solidária para garantir o desenvolvimento nacional, a erradicação da pobreza, a marginalização, a desigualdade social e regional, de modo a promover o bem de todos, sem preconceito de origem, raça, sexo, cor e idade.

Tais objetivos impõem que a ordem econômica esteja fundada na valorização do trabalho humano e na livre iniciativa, a fim de assegurar para todos existência digna, conforme os ditames da justiça social, observados, entre outros, os princípios da função social da propriedade, da defesa do consumidor, da preservação e defesa do meio ambiente.

Em nosso sistema constitucional a compreensão do meio ambiente exige uma interpretação sistemática e teleológica, na medida em que interage com o direito à vida e à saúde. A proteção e defesa da boa qualidade do ambiente, como encargo do Poder Público e da coletividade, cria um direito subjetivo público, na medida em que cabe ao Estado o dever jurídico de agir, a fim de criar condições para uma sadia condição de vida, a ser desfrutada por todos. Portanto, para atingir tal desiderato, cabe, ao Poder Público, a realização de prestações positivas e negativas, sob pena de cometimento de violação à Constituição.

2 Dano ao meio ambiente

Etimologicamente, quando se fala em dano, se quer dizer "Qualquer prejuízo, especialmente financeiro ou patrimonial, sofrido por alguém, em que houve ação, influência ou omissão de outrem",[2] ou, como alerta De Plácido e Silva, equivale à perda ou prejuízo.[3]

Nossa Constituição Federal de 1988, no parágrafo 6º, de seu artigo 37, prevê que "As pessoas jurídicas de direito público e as de direito privado prestadoras de serviço público responderão pelos danos que seus agentes, nessa qualidade, causarem a terceiros, assegurado o direito de regresso contra o responsável nos casos de dolo ou culpa".

O Código Civil brasileiro adverte, no art. 927: aquele que por ato ilícito causar dano a outrem fica obrigado a repará-lo e determina, no seu parágrafo único: "Haverá a obrigação de reparar o dano, independentemente de culpa, nos casos especificados em lei, ou quando a atividade normalmente desenvolvida pelo autor do dano implicar, por sua natureza, risco para os direitos de outrem".

Como se sabe, nos dias atuais e segundo reza a Lei Fundamental brasileira, entre os direitos fundamentais está aquele que diz respeito ao meio ambiente ecologicamente equilibrado, bem de uso comum do povo e essencial à sadia qualidade de vida, vale dizer, às necessidades do corpo social como um todo e dão origem ao que se denomina de "direitos ou interesses coletivos e difusos", tuteláveis, segunda a ótica constitucional, pelo Poder Judiciário como transindividuais, ou seja, aqueles próprios de uma multiplicidade de indivíduos que aspiram a uma mesma pretensão indivisível.

Nos direitos difusos a titularidade transindividual decorre de uma origem circunstancial e fática, não formal, da qual surge a indeterminabilidade dos seus titulares,

---

[2]   HOUAISS, Antonio. *Dicionário Houaiss da língua portuguesa*. Rio de Janeiro: Objetiva, 2001.

[3]   SILVA, De Plácido e. *Vocabulário jurídico*. 12. ed. Rio de Janeiro: Forense. v. 2, p. 2.

não sendo, portanto, uma proteção abstrata, mas determinada em face de um universo indivisível e até indeterminável.

Sob o aspecto da multiplicidade dos titulares e da indivisibilidade do direito violado ou ameaçado de violação, o dano ambiental é difuso, o que pode ser também olhado a partir de uma pluralidade de fontes, já que pode ser provocado por várias atividades e por uma infinidade de pessoas.

Assim, a previsão constitucional do artigo 225 ao assegurar, a todos, um meio ambiente ecologicamente equilibrado, impõe, ao Poder Público e à coletividade, o dever de defendê-lo e preservá-lo, para a presente e para as futuras gerações. Porém, no mais das vezes, é o próprio Poder Público que autoriza e até pratica atividades de risco ou prejuízo ambiental, sob o argumento de serem necessárias para o desenvolvimento econômico e social. Mas é bom que se diga que não é fácil harmonizar a ação permitida ou desenvolvida pelo Estado com a preservação do meio ambiente, na medida em que a exigência do emprego da tecnologia disponível, em certa época, possa vir a ser insuficiente para assegurar um meio ambiente saudável para as futuras gerações.

Não resta dúvida em reconhecer que uma das formas de dano ao meio ambiente é a que decorre da poluição, o que, segundo o artigo 3º, inciso III, da Lei nº 6.938, de 31 de agosto de 1981, Lei de Política Nacional do Meio Ambiente, significa a degradação da qualidade ambiental resultante de atividades que direta ou indiretamente: a) prejudiquem a saúde, a segurança e o bem-estar da população; b) criem condições adversas às atividades sociais e econômicas; c) afetem desfavoravelmente a biota, isto é, "A flora e a fauna de uma região, ou de determinado período geológico"; d) afetem as condições estéticas ou sanitárias do meio ambiente; e) lancem materiais ou energia em desacordo com os padrões ambientais estabelecidos.[4]

O dano ambiental se caracteriza pela pulverização das vítimas, sua difícil valoração e reparação, o que torna difícil determinar o nexo de causalidade entre o objeto da reparação, o causador do dano e a identificação das vítimas. Em face disto, o *caput* do artigo 13 da Lei nº 7.347/85 destina a indenização pelo dano ao meio ambiente para um fundo criado para gerir os valores arrecadados, com o objetivo de reconstruir os bens lesados, em que pese a dificuldade que se pode identificar para esta restauração.[5]

Isto posto, o dano ambiental pode advir, entre outras, da ação do homem voltada a produzir a poluição, tanto da atmosfera como das águas e do solo; a extinção das espécies vegetais e animais com a consequente desertificação; a alteração da camada de ozônio e a irradiação nuclear.

Conforme Erasmo Ramos, no Brasil, no que diz respeito à proteção ambiental, o dever-ser e o ser se encontram antagonizados, pois se de um lado criam-se novas leis e órgãos de proteção ambiental, por outro muitas violações não são corrigidas pelo descaso das autoridades, já que, geralmente, ficam em segundo plano, diante de outros interesses como, por exemplo, o crescimento econômico e o bem-estar social.[6]

---

[4] FERREIRA, Aurelio Buarque de Holanda. *Mini Aurélio*: o dicionário da língua portuguesa. 6. ed. Curitiba: Posigraf, 2004. p. 178.

[5] MILARÉ, Édis. *Direito do ambiente*: a gestão ambiental em foco. 5. ed. São Paulo: Revista dos Tribunais, 2007. p. 814-815.

[6] RAMOS, Erasmo. *Brasil/Alemanha/EUA*: uma análise exemplificada dos instrumentos ambientais comparados à luz do direito comparado. Maringá: Midiograf II, 2009. p. 64.

O parágrafo 3, do artigo 225 da Constituição Federal reza que "As condutas e atividades consideradas lesivas ao meio ambiente, sujeitarão os infratores, pessoas físicas ou jurídicas, a sanções penais e administrativas, independentemente da obrigação de reparar os danos causados".

Portanto, nos moldes previstos no artigo 14, parágrafo 1º da Lei nº 6.938/81, os danos causados ao meio ambiente podem, ao mesmo tempo, afetar a terceiros, ou seja, um dano coletivo, sobre o meio ambiente com sua natureza difusa e um dano individual, quando atinge, também, a uma só pessoa, individualmente considerada. É o que se chama de dano reflexo, quando legitima à vítima buscar a reparação pelo prejuízo que sofreu, o qual pode ser de índole patrimonial ou extrapatrimonial.

Quando se identifica um dano de caráter coletivo sua tutela poderá ser efetivada por meio de uma ação civil pública, cabendo ao Ministério Público buscar a reparação ou prevenção do dano ambiental.

3 Responsabilidade por dano ambiental

Conforme ponderou Bobbio, em sua obra *A era dos direitos*, ao analisar a evolução dos direitos fundamentais, ao lado dos direitos sociais, chamados de segunda geração, emergiram os direitos de terceira geração, que constituem uma categoria, ainda excessivamente heterogênea e vaga, o que impede compreender do que efetivamente trata. Porém, afirma que o mais importante deles é o reivindicado pelos movimentos ecológicos: "o direito de viver num ambiente não poluído".[7]

Para Jeanne da Silva Machado os anos oitenta podem ser caracterizados como o início da "década ecológica", pois nesta época surgiram leis ambientais em profusão. Em 1980, a Lei nº 6.803 traça as diretrizes básicas para o zoneamento industrial, e torna obrigatório o estudo preventivo de impacto ambiental. Em 1981, foi estabelecida a Política Nacional do Meio Ambiente, pela Lei nº 6.938, e, em 1986, a resolução CONAMA nº 001 conceituou impacto ambiental.[8]

A Constituição Federal de 1988, depois de declarar que todos têm direito ao meio ambiente ecologicamente equilibrado e essencial à sadia qualidade de vida, impôs ao Poder Público e à coletividade o dever de defendê-lo e preservá-lo, para a presente e futuras gerações, e determinou, no §1º, do artigo 225, que:

> Para assegurar a efetividade desse direito, incumbe ao Poder Público:
> I - preservar e restaurar os processos ecológicos essenciais e prover o manejo ecológico das espécies e ecossistemas;
> II - preservar a diversidade e a integridade do patrimônio genético do País e fiscalizar as entidades dedicadas à pesquisa e manipulação de material genético;
> III - definir, em todas as unidades da Federação, espaços territoriais e seus componentes a serem especialmente protegidos, sendo a alteração e a supressão permitidas somente através de lei, vedada qualquer utilização que comprometa a integridade dos atributos que justifiquem sua proteção;

---

[7] BOBBIO, Norberto. *A era dos direitos*. Rio de Janeiro: Campus, 1992. p. 5.

[8] MACHADO, Jeanne da Silva. *A solidariedade na responsabilidade ambiental*. Rio de Janeiro: Lumen Juris, 2006. p. 31.

IV - exigir, na forma da lei, para instalação de obra ou atividade potencialmente causadora de significativa degradação do meio ambiente, estudo prévio de impacto ambiental, a que se dará publicidade;

V - controlar a produção, a comercialização e o emprego de técnicas, métodos e substâncias que comportem risco para a vida, a qualidade de vida e o meio ambiente;

VI - promover a educação ambiental em todos os níveis de ensino e a conscientização pública para a preservação do meio ambiente;

VII - proteger a fauna e a flora, vedadas, na forma da lei, as práticas que coloquem em risco sua função ecológica, provoquem a extinção de espécies ou submetam os animais a crueldade.

Do mesmo modo, determina o parágrafo 2º deste artigo que:

§2º Aquele que explorar recursos minerais fica obrigado a recuperar o meio ambiente degradado, de acordo com solução técnica exigida pelo órgão público competente, na forma da lei.

Isto significa que, se compete à coletividade e ao Estado a defesa e preservação do meio ambiente saudável, cabe ao Poder Público uma série de deveres, os quais, além de sujeitarem às suas ações, também não podem deixar de ser cumpridos, sob pena de responsabilidade.

Nesta toada, reza seu parágrafo 3º: "As condutas e atividades consideradas lesivas ao meio ambiente sujeitarão os infratores, pessoas físicas ou jurídicas, a sanções penais e administrativas, independentemente da obrigação de reparar os danos causados".

A responsabilidade administrativa e penal possui índole preventiva e repressiva e tem como pressuposto uma conduta ilícita. Já a responsabilidade civil é de índole reparatória e preventiva, pois tem como finalidade reparar ou ressarcir o dano, embasado em um nexo de causalidade entre ele e o ato que o acarretou.

É neste sentido que Paulo Affonso Leme Machado se pronunciou, ao dizer que a atividade poluente acaba sendo uma apropriação do direito de outrem e representa o confisco do direito de alguém respirar o ar puro, beber água saudável e viver com tranquilidade, o que não determina o simples dever de indenizar, mas de fazer cessar a causa do mal, "pois um carrinho de dinheiro não substitui a saúde dos brônquios ou a boa formação de uma feto".[9]

No Estado Democrático de Direito as condutas estatais, assim como de todas as demais pessoas físicas e jurídicas, necessitam estar pautadas na lei, o que significa que o Estado também deve responder por seus atos, principalmente quando violem a ordem jurídica.

Carolina Zancaner Zockun pondera que "se é fato que o Direito regula condutas humanas de modo coercitivo para que a vida em sociedade se torne possível, não é menos verdade que o Direito atua dessa forma para fornecer ao cidadão um mínimo de segurança".[10]

---

[9] MACHADO, Paulo Affonso Leme. *Direito ambiental brasileiro*. 19. ed. São Paulo: Malheiros, 2011. p. 369.

[10] ZOCKUN, Carolina Zancaner. Da responsabilidade do Estado na omissão da fiscalização ambiental. *In*: FREITAS, Juarez (Org.). *Responsabilidade civil do Estado*. São Paulo: Malheiros, 2006. p. 70.

O nosso atual Código Civil brasileiro admite, no *caput* do artigo 927, a obrigação de reparar o dano causado a outrem por ato ilícito, e, no seu parágrafo único, que "Haverá obrigação de reparar o dano, independentemente de culpa, nos casos especificados em lei, ou quando a atividade normalmente desenvolvida pelo autor do dano, implicar, por sua natureza, risco para os direitos de outrem".

Reconhece, portanto, a responsabilidade civil fundada na culpa, como, também, aquela fundada no risco criado, ou seja, considerada objetivamente, porque se alguém realiza situação de risco ou de prejuízo para terceiros, deve responder pelos danos que a partir de tal atividade resultarem. É o risco que motiva a obrigação de indenizar e tem como fundamento os princípios de equidade e justiça comutativa.

A Lei nº 6.543, de 17 de outubro de 1977, previu a responsabilidade civil objetiva por danos ambientais decorrente de exploração nuclear e foi sancionada quando da instalação da Usina Nuclear em Angra dos Reis.

Esta inovação foi muito bem recebida, pois, até então, a caracterização da culpa ou dolo eram essenciais para a indenização, o que propiciava eximir a responsabilidade ao alegar que o dano não era nem previsível nem premeditado. "Daí a busca de instrumentos legais mais eficazes, aptos a sanar a insuficiência das regras clássicas perante a novidade da abordagem jurídica do dano ambiental".[11]

A Lei nº 6.938, em 1981, cria a Política Nacional do Meio Ambiente e determina no artigo 14, parágrafo 1º, que "Sem obstar a aplicação das penalidades previstas neste artigo, é o poluidor obrigado, independentemente da existência de culpa, a indenizar ou reparar os danos causados ao meio ambiente e a terceiros, afetados por sua atividade. O Ministério Público da União e dos Estados terá legitimidade para propor a ação de responsabilidade civil e criminal, por danos causados ao meio ambiente".

Busca-se, assim, maior e melhor proteção ao meio ambiente e ao individual lesado, na medida em que o autor do dano não pode se eximir do dever de reparação, ainda que tenha recebido autorização para a exploração da atividade e que, portanto, esteja dentro dos limites da legalidade.

Por fim, a Constituição Federal de 1988 proclamou, no artigo 225, parágrafo 3º, que as condutas ou atividades poluentes, sujeitarão os infratores, pessoas físicas ou jurídicas, a sanções penais, civis e administrativas, independentemente da obrigação de reparar o dano.

Cresce de importância o momento em que a atividade deixa de ser tolerável e passa a ser uma infração ao meio ambiente, para a identificação do nexo de causalidade entre a ação e o dano.

4 Responsabilidade do Estado por dano ambiental

Portanto, se no século XVIII e XIX marcados pelo absolutismo, se adota a teoria da irresponsabilidade do Estado, quando não respondia por nada, se chega a um segundo momento onde surge sua responsabilidade civil, a par das regras básicas do direito privado, vale dizer, a responsabilidade subjetiva do agente, quando o Estado deveria responder, nos mesmos moldes em que o patrão respondia pelos atos de seus empregados.

---

[11] MILARÉ. *Direito do ambiente*: a gestão ambiental em foco, p. 896.

No final do século XIX surge, na França, o que se denomina de teoria da culpa anônima do serviço, ou seja, para a obtenção da reparação devida não é mais necessário demonstrar a culpa do agente, basta apenas comprovar o mau funcionamento do serviço, que ele não funcionou ou que funcionou atrasado.

Há, todavia, como núcleo da responsabilidade subjetiva, a necessidade de que a conduta geradora do dano "revele deliberação na prática do comportamento proibido ou desatendimento indesejado dos padrões de empenho, atenção ou habilidade normais (culpa) *legalmente exigíveis*, de tal sorte que *o direito em uma ou outra hipótese resulta transgredido*. Por isso é sempre responsabilidade por comportamento ilícito quando o Estado, devendo atuar, e de acordo com certos padrões, *não atua ou atua insuficientemente* para deter o ato lesivo".[12]

Mais tarde, surge o entendimento que para a caracterização da responsabilidade do Estado é imperioso demonstrar o nexo de causalidade entre a atuação estatal e o dano. Adota-se, assim, a teoria objetiva da responsabilidade, preconizada, na Constituição Federal de 1988, no parágrafo 6º do artigo 37, nos seguintes termos: "As pessoas jurídicas de direito público e as de direito privado prestadoras de serviço público responderão pelos danos que seus agentes, nessa qualidade, causarem a terceiros, assegurado o direito de regresso contra o responsável nos casos de dolo ou culpa".

Agente público será aquele que tome decisão ou realize atividade própria do Estado, em nome dele, englobando desde a mais alta autoridade até o trabalhador mais modesto. O que importará é saber se, na qualidade de agente público, sua conduta foi determinante para o dano.

É, no dizer de Celso Antônio Bandeira de Mello, irrelevante saber se o Estado, por ato de seu agente, agiu ou não culposamente, o "Relevante é a perda da situação juridicamente protegida".[13]

A Lei Fundamental brasileira em nenhum momento quis determinar que o Estado estivesse sendo constitucionalmente erigido em segurador universal, pois determinou que, uma vez assegurado o direito do terceiro prejudicado pela atuação do agente estatal, o Estado deve buscar, do seu agente, o ressarcimento pelos danos por causa dele cometidos, uma vez comprovado seu dolo ou culpa.

O que se vê, atualmente, é a responsabilidade objetiva do ente estatal pelos danos causados a terceiros por seus agentes, mas sua completa ignorância quanto a procurar o seu direito de regresso contra o agente que ocasionou o dano. Este é um problema de natureza prática e até certo ponto oficiosamente convencional de nossas autoridades, e não uma questão de favorecimento decorrente de norma constitucional.

Porém, não adianta ter um ótimo sistema jurídico se ele não é efetivamente observado, ou seja, do mesmo modo não adianta a Constituição Federal determinar deveres para o Poder Público se este não lhes der efetividade. Certo é que, ao lhe impor tarefas, nossa Lei Fundamental deixa, em algumas vezes, que sejam eleitas as formas ou modos deste cumprimento, o que não significa que esteja autorizado a não cumpri-las. Tais obrigações estão veiculadas por normas constitucionais do tipo programático, mas, hoje em dia, já se reconhece que são, como qualquer norma que integra a Constituição, dotadas de normatividade e imperatividade.

---

[12] BANDEIRA DE MELLO, Celso Antônio. *Curso de direito administrativo*. 19. ed. São Paulo: Malheiros, 2005. p. 935.
[13] BANDEIRA DE MELLO. *Curso de direito administrativo*, p. 941.

Neste sentido o artigo 225 da Constituição Federal, depois de reconhecer como fundamental o direito ao meio ambiente ecologicamente equilibrado, essencial à sadia qualidade de vida, previu, em seu parágrafo 3º: "As condutas e atividades consideradas lesivas ao meio ambiente sujeitarão os infratores, pessoas físicas ou jurídicas, a sanções penais e administrativas, independentemente da obrigação de reparar os danos causados".

A mesma conduta lesiva ao meio ambiente pode dar ensejo a três tipos de sanções: penais; administrativas e civis. Registre-se, neste particular, como já aventado, que no campo da responsabilidade civil, o artigo 14, parágrafo 1º da Lei nº 6.938/81, prevê: "Sem obstar a aplicação das penalidades previstas neste artigo, é o poluidor obrigado, independentemente da existência de culpa, indenizar ou reparar os danos causados ao meio ambiente e a terceiros por sua atividade. O Ministério Público da União e dos Estados terá legitimidade para propor ação de responsabilidade civil e criminal, por danos causados ao meio ambiente".

O artigo 3º, IV, da Lei nº 6.938/81, considera poluidor "a pessoa física ou jurídica, de direito público ou privado, responsável direta ou indiretamente, por atividade causadora da degradação ambiental".

Isto posto, vê-se que a referida Lei de Política Nacional do Meio Ambiente adota a responsabilidade objetiva do poluidor para indenizar ou reparar os danos causados ao meio ambiente e propicia opiniões doutrinárias como a de Nelson Nery Junior, quando afirma que, mesmo havendo autorização da autoridade competente e a emissão esteja dentro dos padrões estabelecidos em normas de segurança e de que tenham sido tomados todos os cuidados para evitar o dano, pois, se ele ocorreu em virtude da atividade do poluidor, há o nexo causal que faz nascer o dever de indenizar.

Para o citado autor, "o poluidor deve assumir integralmente todos os riscos que advêm de sua atividade, como se isto fora um começo da socialização do risco", vale dizer, não é só a população que deve ser prejudicada pelo dano ambiental por ele causado, mas quem poluiu deve arcar com sua parcela de sacrifício, "ainda quando o dano seja oriundo de caso fortuito ou força maior".[14]

Existe, também, conforme anota Celso Antônio Bandeira de Mello, a hipótese de responsabilidade estatal quando a atuação do Estado não produz o dano, mas sua atividade cria uma situação propiciadora do dano. Assim, é diferente a ação causadora do dano da ensejadora ou propiciadora do dano.[15]

A responsabilidade do Estado em reparar o dano que decorre de sua ação, é objetiva e repousa no nexo de causalidade existente entre o evento poluidor e o dano. Tal conduta tanto pode ser legítima como ilegítima, pois o que importa é a consumação do dano, mas, para que seja postulada sua reparação, é necessário sua identificação e mensuração, pois o objetivo consiste em desfazer o dano, recompor a situação primitiva e anular a lesão juridicamente protegida.

Quando se enfoca a atuação estatal como poluidora, é preciso fazer uma distinção, porque é diferente a responsabilidade do Estado quando o dano resulta do próprio desempenho do Estado, isto é, quando ele é o titular da conduta, daquele que resulta de sua não atuação, da sua omissão, na hipótese em que detinha o dever de evitar o dano, quando se identifica um comportamento estatal ensejador do dano.

---

[14] NERY JUNIOR, Nelson. Responsabilidade civil por dano ecológico e a ação civil pública. *Justitia*, 128/174 e 175.
[15] BANDEIRA DE MELLO. *Curso de direito administrativo*, p. 935.

Nossa atual Lei Fundamental admite ser violada tanto por uma ação estatal em desconformidade com seus postulados, como por uma omissão, vale dizer, quando o Poder Público, obrigado a agir em determinadas situações ou a realizar certa tarefa, permanece inerte e não propicia a sua efetividade e prevê, no artigo 103, parágrafo 2º, que, "Declarada a inconstitucionalidade por omissão de medida para tornar efetiva norma constitucional, será dada ciência ao Poder competente para a adoção das providências necessárias e, em se tratando de órgão administrativo, para fazê-lo em trinta dias".

A não atuação da Administração no que tange ao cumprimento das tarefas constantes do parágrafo 1º, do artigo 225 da CF, caracterizará uma omissão inconstitucional, que, declarada pelo Supremo Tribunal Federal e dada sua ciência ao órgão competente, deverá adotar, em trinta dias, as providências necessárias para seu atendimento, sob pena de caracterização de improbidade administrativa e até de impedimento para o exercício do cargo, conforme a autoridade omissa.

O grande problema, principalmente no que tange à responsabilidade do Estado em reparar ou ressarcir o dano, é o que decorre de uma omissão estatal, ou seja, quando, em virtude de imposição constitucional ou legal, o Poder Público sendo obrigado a atuar, a fiscalizar, a prevenir, não age e permanece inerte. Não é o autor do dano, mas, obrigado, não o impediu ou evitou que acontecesse, o que vem a caracterizar um comportamento omissivo ilícito. É importante registrar que, não havendo a obrigação estatal de atuar, fiscalizar e prevenir, não existe a possibilidade de reconhecer sua responsabilidade.

Identificado o dano que advém da omissão estatal, como, por exemplo, aquele embasado na falta de atuação ou em uma atuação deficiente, ou seja, na falta de um serviço, deve estar caracterizada, não só dentro de padrões legais exigíveis no momento, mas, ainda, dentro dos recursos técnicos e científicos à disposição da sociedade, em uma determinada época. Só após esta constatação se pode dizer se o desempenho do Estado atendeu a um padrão mínimo de habilidade e competência, aqui entendido como capacidade possível.

Porém, o Poder Público tem o dever de fiscalizar: o uso dos recursos ambientais; as atividades suscetíveis de degradarem sua qualidade; o licenciamento de produtos químicos e nucleares; os critérios, normas e padrões de seus atributos, conforme determinam os artigos: 2º, III; 6º, IV; 10 e 11 da Lei nº 6.938/81.

É dever do Estado, por meio de seus órgãos e agentes, controlar o exercício de atividades que envolvam a utilização do meio ambiente, o que se não for realizado caracterizará uma omissão ilícita e poderá acarretar, no entender de Lúcia Valle Figueiredo, a responsabilidade objetiva do Estado.[16]

Celso Antônio Bandeira de Mello defende que a responsabilidade do Estado por omissão da Administração deve ser subjetiva, ou seja, a obrigação de indenizar advém de um procedimento contrário ao Direito que pode ser tanto culposo quanto doloso, independentemente de identificação de uma culpa individual. Isto porque uma coisa é tratar da objetividade de dada conduta, outra é da objetividade da responsabilidade da conduta, o que quer dizer que, se a falta do serviço é um dado objetivo, a responsabilidade deve ser subjetiva, "pois nem todo funcionamento defeituoso do serviço acarreta responsabilidade". Tal hipótese decorre sempre de um ato ilícito, quando devendo

---

[16] FIGUEIREDO, Lúcia Valle. *Curso de direito administrativo*. 7. ed. São Paulo: Malheiros, 2004. p. 269.

atuar, o Estado não atua ou atua insuficientemente para deter o evento lesivo, o que leva à necessidade da apreciação se foi realizado com dolo ou culpa.[17]

Não é aceitável responsabilizá-lo quando, atendendo e com o emprego de todas as possibilidades técnicas e jurídicas que lhe estão ao alcance, não lhe foi possível evitar o dano, como, por exemplo, vimos acontecer no Japão com o tsunami em Fukushima. Aqui se identifica uma situação caracterizadora do que se considera como força maior, o que decorre de três fatores: imprevisibilidade, irresistibilidade e exterioridade e exclui o nexo causal entre o prejuízo e a ação ou a omissão da pessoa a quem se atribui a responsabilidade pelo prejuízo.

A responsabilidade de indenizar os danos que decorrem de uma omissão estatal exige a inversão do ônus da prova, o que propicia que não seja considerada como um requisito deflagrador da irresponsabilidade do Estado, nem permite aceitar que, em virtude de não ser necessária identificação do nexo de causalidade, deixe de estar assegurado o direito de regresso contra o agente responsável pela inércia.

Marinoni estuda a tutela inibitória para os casos de omissão do Poder Público, quando de sua não atuação por meio de medidas necessárias à proteção ao meio ambiente. Registra que, se o meio ambiente é bem de uso comum do povo, não há razão para não se admitir que o Ministério Público, ou qualquer outro legitimado para a ação coletiva, possa vir a recorrer ao Judiciário para obrigar a Administração a agir. "Toda vez que a Administração atua de forma negativa, abstendo-se de tomar um comportamento ao qual está obrigada por lei, abre margem para que a sua atuação seja questionada e corrigida através da via judicial. [...] sendo assim, e se há uma norma no sistema que estabelece para a Administração o dever de agir em determinada situação, o descumprimento do dever é pura e simplesmente violação da lei, como tal passível de corrigenda pelo Poder Judiciário". Conclui: "Se o processo serve para permitir a obtenção da tutela do direito, e o direito material, visando a *prevenção* do meio ambiente, confere ao Poder Público determinado dever, é evidente que a ação processual, ao tomar em consideração este dever, objetiva fazer atuar uma *norma de conteúdo preventivo, e assim evitar que uma omissão ilícita se perpetue como fonte de danos*".[18]

Afirma, ainda, que não agir, quando o Estado possui o dever de atuar para evitar violação de direito, configura "ação" que precisa ser suprimida para que a fonte dos danos não fique aberta, o que dá ensejo não a uma simples ação relativa à tutela de um dever de fazer, mas a uma prestação jurisdicional de natureza inibitória, ou seja, a própria prevenção prevista na norma ignorada. Isto só é possível quando se estabelece a distinção entre dano e ilícito, de tal modo que, se depois de violado o dever, a Administração realizar o ato, não haverá simples outorga de ressarcimento, mas evitar-se-á que novos danos sejam ocasionados, pois, sempre que a omissão ilícita tiver que ser suprimida para que danos não sejam produzidos, a ação objetivará impedir a continuação do ilícito.

Anota o citado autor que nesta hipótese a Jurisdição, "em razão da ação coletiva, não cria políticas públicas ambientais, mas apenas impõe aquelas estabelecidas pela na Constituição ou na lei" o que não significa que interferiu nas opções de ordem técnica e política da Administração.[19]

---

[17] BANDEIRA DE MELLO. *Curso de direito administrativo*, p. 932-935.

[18] MARINONI, Luiz Guilherme. *Tutela inibitória*. 3. ed. São Paulo: Revista dos Tribunais, 2003. p. 101-110.

[19] MARINONI. *Tutela inibitória*, p. 101-110.

Para embasar tal entendimento traz à colação sentença do Juízo da 5ª Vara Civil da Comarca de Sorocaba que, ao apreciar ação civil pública proposta pelo Ministério Público do Estado de São Paulo, impôs à Prefeitura Municipal de Sorocaba a obrigação de submeter a prévio tratamento todos os afluentes advindos da rede pública de coleta de esgotos urbanos, antes do seu lançamento no Rio Sorocaba ou qualquer de seus tributários, diretos ou indiretos.[20]

Deste modo, se um tsunami não acarreta para o Estado o dever de indenizar, não deixa de ser deflagrador de políticas públicas que venham atender aos desabrigados e ajudar a superar os efeitos de um ato da natureza.

Tal justificativa não pode ser utilizada para eximi-lo de seu dever de fiscalização, em razão das licenças ou autorizações por ele concedidas para edificar. Assim, cabe-lhe o dever de impedir que a população construa suas moradias em região suscetível de inundação, ou até, sobre antigos lixões e encostas. Porque é presumível, é possível antever o perigo e evitar consequências danosas.

Portanto, reconhecer que existem excludentes da responsabilidade estatal não quer dizer que ele não pode ser responsabilizado, muito pelo contrário, em certos casos, não se pode falar em dolo ou culpa, mas numa excludente de juridicidade, já que não poderia agir de outra maneira. Contudo, nem sempre o Estado observa tais padrões e age com zelo no atendimento de suas obrigações, apresentando uma omissão que viola o seu dever de ação.

As normas constitucionais que tratam da preservação do meio ambiente sadio, ecologicamente equilibrado, versam sobre direitos difusos, os quais, por sua natureza, são indivisíveis e obrigam ao Poder Público e à sociedade defendê-lo, para a presente e para as futuras gerações, o que indica uma solidariedade. Portanto, em matéria ambiental o dano pode advir de uma ação ou de uma omissão, o que quer dizer que tanto um comportamento como o outro deve ser evitado, mas surge nesta seara o problema quanto ao caráter objetivo ou subjetivo da responsabilidade do Estado por omissão.

Nem sempre é possível identificar, com certeza, qual a fonte poluidora, como por exemplo, quando se trata da escassez de água potável, pode-se ter como causa a contaminação por produtos químicos usados na agricultura, na indústria, ou pelos esgotos residenciais e industriais lançados nos rios, ou pela chuva ácida, decorrente da poluição do ar, e, ainda, pelos aterros municipais que contaminam os lençóis freáticos. Às vezes o nexo de causalidade é tão indireto que é difícil apontar um responsável, na medida em que as ações poluentes são difusas, imprecisas, as quais, mesmo com a utilização de perícias científicas e complexas, não podem ser identificadas com certeza.

Neste sentido é o que registra Jeanne da Silva Machado, ao dizer que o dano ambiental pode decorrer de uma sucessão ou pluralidade de eventos que precedem a lesão, o que torna extremamente difícil determinar sua causa real ou eficiente, a fim de atribuir a responsabilidade pela reparação.[21]

O Superior Tribunal de Justiça reconheceu tal dificuldade no Recurso Especial nº 229302/PR, cuja relatoria coube ao Ministro Garcia Vieira, *DJ*, 07 fev. 2000, quando considerou que, "Embora independa de culpa, a responsabilidade por danos ambientais necessita a demonstração do nexo causal entre a conduta e o dano". Porém, é preciso

---

[20] MANCUSO, Rodolfo de Camargo. *Ação civil pública*. São Paulo: Revista dos Tribunais, 1966. p. 281 *et seq.*

[21] MACHADO. *A solidariedade na responsabilidade ambiental.*

observar que não se pode ignorar a responsabilidade, mesmo porque os danos são reais e injustos.

Para os casos de omissão do Poder Público, para os casos de sua não atuação através de medidas necessárias à proteção ao meio ambiente, como já dito anteriormente, o Ministério Público, ou qualquer outro legitimado para a propositura de ações coletivas, deve vir a recorrer ao Judiciário para obrigar a Administração a agir e evitar o dano decorrente da omissão do Poder Público, o qual deverá se defender e demonstrar se sua ação decorre de um dolo ou culpa.

A Desembargadora Marga Inge Barth, do Tribunal Regional Federal da 4ª Região, já se pronunciou no sentido de que, nas ações civis públicas voltadas à tutela do meio ambiente e do consumidor, o juiz deve abandonar os formalismos e fazer com que tenham tutela efetiva todos os direitos não patrimoniais, em especial os relativos à vida, à saúde, ao ambiente e ao consumo seguro.[22]

Outro ponto que merece ser lembrado é que o dano ambiental dificilmente poderá ser quantificado economicamente, a partir de um padrão monetário. Pergunta-se, quanto vale o buraco na camada de ozônio, quanto custa o aquecimento global? Ora, o fundamento da responsabilidade é a reparação ou o ressarcimento do dano sofrido, o que aqui parece ser individualmente impossível.

Mas, quando se trata desta proteção e defesa compartilhada, é preciso algumas considerações quanto à responsabilidade estatal, na medida em que a garantia do desenvolvimento econômico, com a erradicação da pobreza, da marginalização, com a redução das desigualdades sociais e regionais, são objetivos do Estado brasileiro previstos no artigo 3º da CF, o que pode trazer grande impacto ambiental.

Em matéria ambiental a precaução, a prevenção e a fiscalização assumem relevo especial, porque dificilmente o dano poderá ser reparado, e mais, a pessoa e o meio ambiente são interdependentes, isto é, preservando-o e defendendo-o se está defendendo a vida da pessoa, ao respeitar a natureza se está respeitando a dignidade da pessoa humana. Mas a preservação e defesa da natureza dependem, também, da ação dos indivíduos e deve estar fundada no conhecimento dos efeitos que suas ações possam produzir no meio ambiente como um todo.

Neste particular, a Constituição Federal no artigo 225, VI, impõe, ao Poder Público, a tarefa de promover a educação ambiental em todos os níveis de ensino e a conscientização pública para a preservação do meio ambiente, porque esta só será efetiva na medida em que sejam criadas soluções solidárias entre todos os segmentos da sociedade, tais como: o Estado, a atividade empresarial e a comunidade.

Como afirma Heraldo Garcia Vitta, a "responsabilidade civil é solidária de todos os que derem causa ao dano ambiental", e, no caso do Estado, só deve responder solidariamente em situações onde tenha ocorrido a culpa *in omittendo, ou in vigilando*, quando houver a omissão do agente público, como acontece na hipótese de uma licença expedida legalmente, mas que o particular não atende as normas que a regulam e tenha havido a ausência de fiscalização ou omissão do Poder Público. Demonstrada a ausência do serviço, o Poder Público deverá, por culpa ou dolo, responder solidariamente com o particular, pelos danos ambientais.[23]

---

[22] BARTH, Marga Inge. Tribunal Regional Federal da 4ª Região. *In*: PALLAZO, Fernando Procópio. *Julgamentos históricos do direito ambiental*. Coordenador Vladimir Passos de Freitas. Campinas: Millennium, 2010. p. 63-75.

[23] VITTA, Heraldo Garcia. *Responsabilidade civil e administrativa por dano ambiental*. São Paulo: Malheiros, 2008. p. 89-98.

Conclui que, havendo dois ou mais responsáveis pelo dano ambiental, todos devem solidariamente responder, podendo a reparação ser feita por um deles, com direito de regresso contra os demais.[24]

Tratando da aplicação do princípio da solidariedade, Ikeda afirma que os problemas ambientais não são simples questões políticas, econômicas ou tecnológicas. O caminho de sua proteção só será encontrado quando, questionando e redirecionando os relacionamentos humanos, uns com os outros, com o meio ambiente e com toda a sociedade, se possa dizer que a dignidade humana foi conquistada no seu autêntico sentido.[25]

Informação bibliográfica deste texto, conforme a NBR 6023:2002 da Associação Brasileira de Normas Técnicas (ABNT):

FERRARI, Regina Maria Macedo Nery. Responsabilidade do Estado por dano ambiental. *In*: BACELLAR FILHO, Romeu Felipe; HACHEM, Daniel Wunder (Coord.). *Direito público no Mercosul*: intervenção estatal, direitos fundamentais e sustentabilidade: anais do VI Congresso da Associação de Direito Público do Mercosul: homenagem ao Professor Jorge Luis Salomoni. Belo Horizonte: Fórum, 2013. p. 425-437. ISBN 978-85-7700-713-4.

---

[24] VITTA. *Responsabilidade civil e administrativa por dano ambiental*, p. 89-98.
[25] IKEDA, Daisaku. *Terceira civilização*. São Paulo: Brasil Seikyo, 2001. p. 10.

LA EFICIENCIA ECONÓMICA DE LAS ASOCIACIONES PÚBLICO-PRIVADAS Y DEL FINANCIAMIENTO DE PROYECTOS (*PROJECT FINANCE*) COMO MECANISMO PARA EL DESARROLLO DE INFRAESTRUCTURA ESTATAL

RODRIGO PIRONTI AGUIRRE DE CASTRO

1 Introducción

Los contratos administrativos en Brasil, sobre todo aquellos que están relacionados a las contrataciones de obras de gran complejidad y desarrollo de infraestructura estatal, adquieren nuevos contornos desde la sanción de la Ley 11.079/2004, que trata de las asociaciones público-privadas (*parcerias público-privadas*) en el ámbito Federal.

Esta legislación permitió una ampliación del concepto clásico de concesión de servicios públicos, que tiene como norma fundamental la Ley 8.987/1995 (Ley General de Concesiones), y amplió el espectro de vinculación entre la iniciativa privada y el Poder Público, creando de esta manera dos nuevas modalidades de concesión de servicios públicos: la concesión patrocinada y la concesión administrativa.

Aunque la Ley 11.079/2004 tiene definidas claramente las dos "nuevas" modalidades de concesión por ella abarcadas, algunos aspectos importantes del desarrollo de la infraestructura estatal dependen de mayor análisis, principalmente aquellos relacionados a la ingeniaría económico-financiera capaz de soportar obras que, en su esencia, reúnen altos costos y complejidad, así como largo plazo de ejecución y de vigencia.

Así, la relevancia del tema guarda relación con el papel desarrollador que debe ser adoptado por el Estado brasileño para el cumplimiento de las nuevas demandas sociales y al crecimiento económico que se ansia de una nación en franco desarrollo.

Consiguiente, el presente ensayo pretende por medio del Análisis Económico del Derecho ofrecer algunos matices a estas modalidades de contractos administrativos, analizando aspectos de la teoría general de los contractos que permitan la conformación de las nuevas demandas de infraestructura a la realidad de la legislación brasileña, bien como comprobar que la adopción de esas asociaciones pueden representar un paso importante en la concreción de la eficiencia económica en los convenios entre el Estado y los particulares.

2 Los contractos de asociación público-privada y el desarrollo de la infraestructura estatal

La Ley 11.079/2004 instituyó normas generales de licitación y contratos de asociación público-privadas en el ámbito de la Administración Pública Federal, instituto incorporado en al sistema del *common law* y frecuentemente utilizado en el derecho comunitario europeo, sin que, en esos países, haya un modelo único de contratualización para esas asociaciones.

Por innovar el ordenamiento jurídico, el legislador ordinario — aunque sin dar una atención específica de los reflejos positivos o negativos de la importación de este instituto e su adecuación al sistema brasileño[1] [2] — permitió diversas garantías que pueden ser concedidas por el Poder Público a los asociados privadas y financiadores de proyectos, bajo las más diversas justificaciones apuntadas en la exposición de motivos que acompañó el proyecto de la Ley encaminado al Congreso Nacional (el cual posteriormente fue reformado por el Senado Federal).

---

[1]   En este punto, en el cual las innovaciones deben guardan rígido criterio de proporcionalidad en su implementación, importante acordar la lección de Marçal Justen Filho, al comentar una necesidad de adaptación de las innovaciones, tanto jurídicas como sociales en la realidad nacional, cuando mencionaba un fenómeno aclarador diagnosticado por antropólogos como "Trobiand Cricket", que sirve de todo para explicar la importancia de una transposición correcta de un instituto alienígena, para una realidad completamente diversa. Veamos:
"La expresión deriva del título de un famoso documentario, grabado en 1974 por Jerry W. Leach e Gary Kildea, que obtuvo un enorme suceso por todo el mundo. En el comienzo del siglo XX, misionarios ingleses llegaran a las islas Trobriand, en Papúa Nueva Guinea. Quedaran sorpresas con algunos de los hábitos de los nativos, especialmente con los seguidos y sangrientos combates entre los moradores de islas diversas. Como forma de canalizar positivamente las divergencias, resolvieron introducir la práctica del críquet, deporte británico de gran formalismo y tradición.
En1974, el documentario relevó la nueva realidad de las Islas Trobriand. El críquet había sido objeto de un proceso de aculturación distintivo. En primer lugar, se eliminó el número máximo de jugadores. Todos los habitantes de la isla participaban del partido. La disputa era precedida y acompañada de canciones y rituales, con los jugadores llevando pinturas de guerra. Se adoptó la regla de que el equipo local de la ubicación donde se realizaba el partido siempre lograba vencedora. Los árbitros pasaban a ser los hechiceros de la tribu local, los cuales lanzaban, en cuanto la disputa ocurría, encantamientos para destruir los adversarios.
La expresión Trobiand Criket pasó a utilizarse, en el ámbito de la Antropología, para designar el fenómeno de la transformación en el cual una cultura menos desarrollada impone a instituciones menos sofisticadas, oriundo de un ambiente externo. El resultado, de manera usual, es un proceso folclórico y delirante, en que el fenómeno externo es transformado y institucionalizado por la comunidad menos desarrollada en términos absolutamente incontrolables e imprevisibles" (traducción libre).
Texto original: "*A expressão deriva do título de um famoso documentário, rodado em 1974 por Jerry W. Leach e Gary Kildea, que obteve um enorme sucesso em todo mundo. No início do século XX, missionários ingleses chegaram às Ilhas Trobriand, em Papua-Nova Guiné. Ficaram chocados com alguns dos hábitos dos nativos, especialmente com os seguidos e sangrentos combates entre moradores de ilhas diversas. Como forma de canalizar positivamente as divergências, resolveram introduzir a prática do críquete, esporte britânico de grande formalismo e tradição.*
Em 1974, o documentário revelou a nova realidade das Ilhas Trobriand. O críquete tinha sido objeto de um processo de aculturação marcante. Em primeiro lugar, eliminou-se o número máximo de jogadores. Todos os habitantes da ilha participavam do jogo. A disputa era precedida e acompanhada de cantos e rituais, com os jogadores portando pinturas de guerra. Adotou-se a regra de que a equipe do local onde se realizava o jogo era sempre a vencedora. Os árbitros passavam a ser os feiticeiros da tribo local, os quais lançavam, enquanto a disputa ocorria, encantamentos para destruir os adversários.
A expressão Trobriand Cricket passou a ser utilizada, no âmbito da Antropologia, para designar o fenômeno da transformação a que uma cultura menos desenvolvida impõe a instituições altamente sofisticadas, oriundas de um ambiente externo. O resultado, usualmente, é um processo folclórico e delirante, em que o fenômeno externo é transformado e institucionalizado pela comunidade menos desenvolvida em termos absolutamente incontroláveis e imprevisíveis". JUSTEN FILHO, Marçal. **O direito das agências reguladoras independentes**. São Paulo: Dialética, 2002.

[2]   También en este sentido: "El contexto social en que las transacciones son incorporadas, o costumbres, hábitos, y así sucesivamente, tiene una influencia y, por tanto, debe de ser tenido cuándo dislocado de una cultura a otra" (traducción libre).
Texto original: "*O contexto social no qual as transações são incorporadas, os costumes, hábitos, e assim por diante, têm uma influência e, portanto, devem ser tidos em conta quando da deslocação de uma cultura para outra*". WILLIAMSON, Oliver E. *The economic institutions of capitalism*: firms, markets, relational contracting. Nueva York: The Free Press, 1985, p. 15-42.

El referido mensaje, después de declarar el éxito alcanzado por las asociaciones público-privadas en países como Inglaterra, Portugal, África del Sur y otros más, destaca la importancia de la institución en Brasil, pues representaría una alternativa al crecimiento económico del país, en razón de la sinergia entre los sectores público y privado, para una actuación positiva buscando desatar las carencias sociales y económicas existentes y, enaltece el hecho de que la asociación público-privada permitiría al Poder Público ampliar su espectro de actuación, con inversiones en innúmeras demandas de manera simultánea, como en sectores como la seguridad, el saneamiento básico, la energía, etc.

El Plan Plurianual del Gobierno Federal, con vigencia posterior a la promulgación de la Ley 11.079/04, también resalta la importancia del establecimiento de una política de asociación entre la iniciativa privada y el Poder Público, que se refleja en el dato estadístico de que serían necesarios inversiones en la proporción de 21,7% (veintiuno punto siete por ciento) del Producto Nacional Bruto hasta 2007 para que fuera posible el logro y el mantenimiento del crecimiento económico brasileño.

Sin embargo, con una simple lectura de los motivos señalados, así como, de las justificaciones presentadas por el Gobierno y por algunos teóricos de la reforma administrativa del Estado, se puede percibir que el aspecto fundamental de la institución de las Asociaciones Público-Privadas es darle posibilidad de desarrollo de infraestructura estatal para las cuales el Poder Público no dispone de recursos suficientes.[3]

Es decir, las asociaciones público-privadas se ponen como una alternativa al desarrollo de infraestructura estatal, tanto en el que refiere a los altos costos para la ejecución de esas obras, cuanto por su complejidad, permitiendo que los riesgos de la actividad sean disueltos y que haya una mayor fluidez en la relación contractual, una vez que se accede a nuevos conocimientos y se comparte con los particulares poseedor de *know-how* específico para el atendimiento de los objetivos propuestos.

2.1 Las APP's como especie de los contractos relacionales

Los contractos de asociación público-privadas previsto en la Ley 11.079/04[4] son contractos administrativos por naturaleza, es decir, se somete al Régimen Jurídico Administrativo[5] y son afectados por sus normas. Son, en realidad, contractos de concesión de actividad estatal a la iniciativa privada, es decir, transfieren la prestación del servicio o del desarrollo de la infraestructura al particular, que los ejecuta de acuerdo con los términos pre-fijados en el instrumento contractual.

Las asociaciones público-privadas son, por lo tanto, especies del género contractos administrativos, que apuntan una nueva modalidad de contratación administrativa

---

[3] Tal justificativa merece críticas por parte de algunos autores, una vez que afirman ellos que las modalidades de asociación (concesiones) establecidas por la Ley 11.079/04 permiten al asociado privado ser integralmente recompensado por su actuación, sea por el cobro de tarifa a través de uno de los modelos (patrocinada), sea por la contribución integral por parte del Poder Público (administrativa). Ver a: DI PIETRO, Maria Sylvia Zanella. Parcerias na Administração Pública. 8. ed. Editora Atlas: San Pablo, 2011.

[4] A pesar de la adopción de las asociaciones público-privadas por el Gobierno Federal, otros miembros de la federación aprobaron sus respectivas Leyes de APP, como pasa con la Ley del Estado Federado de Minas Gerais, n. 14.862, de 16.12.03; Ley del Estado de Santa Catarina, n. 12.930, de 04.02.04; Ley del Estado de São Paulo n. 11.688, de 19.05.04; Ley del Estado de Goiás n. 14.910, de 11.08.04; Ley del Estado de Ceará nº 13.557, de 30.12.04 y Ley del Estado de Rio Grande do Sul nº 12.234, de 13.01.05.

[5] En ese sentido buscar: MELLO, Celso Antônio Bandeira de. **Curso de direito administrativo**. 28 Ed. São Paulo: Malheiros, 2011.

para atender objetivos de largo plazo y aspectos de confianza recíproca (fundado en contrato) entre el Poder Público y los concesionarios.

La definición clásica de contractos administrativos lo define como acto bilateral, que posee contenido relacionado a la manifestación de dos entidades, con la exigencia de que al menos uno de ellos sea una entidad administrativa, es decir, vinculada directa o indirectamente a la Administración Pública.[6]

Se clasifican los contratos administrativos en dos grupos;, los que llevan intereses comunes de las entidades implicadas y los que llevan intereses contrapuestos de los entes implicados.[7]

En la primera hipótesis, estamos ante una situación en que las partes del contrato buscan el mismo fin, el mismo resultado frente al objeto del contratado y, aunque existan algunas prestaciones diferenciadas y segregadas entre los contratantes, anhelan todos la obtención del mismo desenlace contractual.

En los contratos de intereses contrapuestos, objeto de mayor preocupación en este estudio, las partes poseen pretensiones e intereses distintos, es decir, cada una de las partes posee un interés diferenciado respecto del contrato. Obviamente, sin apartarse del interés público envuelto en la contratación. Así, en la mayoría de los supuestos, en los contratos administrativos contrapuestos celebrados entre la Administración y un particular, este último pretende obtener el pago referido en el contrato, es decir, objetiva el lucro ante su prestación.[8]

Analizado este primer aspecto distintivo de los contractos administrativos, conviene para el objeto estudiado analizar brevemente otra relevante clasificación de los contratos administrativos de intereses contrapuestos.

La Administración, en ciertos casos, puede utilizar *formas contractuales de derecho privado*, o sea, puede celebrar un contracto bajo la regencia de las *reglas* de derecho privado, sin que, por ello tenga que renunciar a los relevantes principios administrativos de la *supremacía del interés público* sobre el privado y de la *indisponibilidad del interés público*. En algunas modalidades contractuales es permitido que el encaje sea parcialmente sometido a las *reglas* de derecho privado, como es el caso de encajes (contratos coligados) relativos al financiamiento de proyectos (Project Finance) con el Poder Público.

Además de las clasificaciones tradicionales, conviene clasificar el contrato de asociación público-privada como contrato relacional, teniendo como premisa la distinción propuesta por Ian Macneil[9] entre contratos discontinuados y contratos relacionales.

Para este autor los contratos discontinuados son contratos en los cuales cada acto contractual es tenido en cuenta como un acto aislado, y las acciones realizadas en este contrato no tienen vinculación a las expectativas y decisiones establecidas antes de la

---

[6]   En ese aspecto, ver a MARTINS, Ricardo Marcondes. CONTRATOS ADMINISTRATIVOS. **Revista Eletrônica de Direito do Estado (REDE)**, Salvador, Instituto Brasileiro de Direito Público, no. 17, enero/febrero/marzo, 2009. Disponible en la página web: <http://www.direitodoestado.com.br/rede.asp>. Acceso en: 05 de agosto de 2011.

[7]   Tomase nota de que la expresión "contrato" es utilizada en sentido amplio, o sea, para abarcar todos los contratos administrativos, sean ellos vinculantes de intereses contrapuestos o comunes.

[8]   Subrayase, todavía, que nada impide la celebración de contratos de interés contrapuesto entre dos entidades administrativas o entre dos Estados soberanos, y de la misma manera, nada impide que la pretensión del particular no esté relacionada a un pago pecuniario, pero si, v.g, a la obtención de una autorización para ejercer determinada actividad.

[9]   MACNEIL, Ian. The Many Futures of Contracts. California Law Review, v. 47, 1974. In. MACEDO JÚNIOR, Ronaldo Porto. Contrato previdenciário como contrato relacional. Revista de Direito do Consumidor. n. 22, abr.-jun. Editora Revista dos Tribunais: 1997, p. 105-116.

vigencia contractual, tampoco son flexibles de modo a permitir una adecuación de los términos cuando un comportamiento transgresor aquél que fuera antes establecido.[10] Por la misma lógica, son contratos con plazo reducidos resultante de la instabilidad de las relaciones negóciales.

De otro lado, los contratos relacionales son contratos de larga duración, con soporte en la dinámica de la propia relación contractual, es decir, son contratos que permiten una mayor fluidez en el vínculo entre las partes, una relación apoyada en la ética y en el equilibrio económico-financiero pactado y justo entre las partes.

En los contratos relacionales no es posible especificar de manera inmutable, frente a su larga duración, criterios de precios, cantidad, calidad y entrega, una vez que en consecuencia de su mutabilidad puede haber alteraciones justificables en eses atributos, una vez que su objeto engloba prestaciones no fácilmente mensurables y con alto grado de flexibilidad.

Así, son contratos en los cuales los objetivos son obtenidos de forma solidaria y conjunta, permitiendo que en la esfera individual de cada contratante que haya un acrecentamiento económico, productivo o de realización de otros intereses comunes vinculados al contrato. Es decir, el "lucro" (o interés buscado por el contratante privado) deja de ser producto de la negociación instrumental y pasa a ser resultado de la cooperación entre los participantes.[11]

En ese aspecto, los contratos de asociación público-privada (concesión patrocinada y administrativa) pueden ser entendidos como contratos relacionales, pues son convenios de larga duración, con objetos complejos que imponen dificultad extrema de previsibilidad de aspectos contractuales futuros y necesitan de cláusulas flexibles de análisis de su reequilibrio económico-financiero. La dimensión procesal que los envuelve es inequívoca; una vez que la complejidad de sus prestaciones en el tiempo, congregado la necesidad de adecuación constante de nuevas demandas y la satisfacción de los intereses involucrados, hace que las previsiones establecidas en él dependan del reequilibrio pautado en criterios objetivos de colaboración y realización del interés público.

2.2 Las APP's y el financiamiento de proyectos (*project finance*)

Las innumerables posibilidades de asociación entre el Poder Público y la iniciativa privada, con diferentes contornos y formas jurídicas, por su amplitud y complejidad,

---

[10] En la misma línea de raciocinio, es el importante argumento de Robert Axelrod, que en crítica a la inestabilidad de las relaciones negóciales, que se armoniza con la crítica al criterio de presentificación de los contratos discontinuos, afirma que hay dos razones por las cuales el futuro es típicamente menos importante que el presente: a) en primer lugar, la interacción puede no continuar. Un u otro jugador puede morir, ir a la quiebra, alejarse, o la relación puede acabar por cualquier otro motivo. Como eses factores no pueden ser previstos con seguridad, el próximo paso no es tan importante como el actual. Puede no haber ningún movimiento siguiente; b) Una segunda razón por la cual el futuro es menos importante que el presente es que los individuos generalmente prefieren tener un beneficio hoy a tener que esperar por el mismo beneficio mañana. Ambos los efectos acuerdan en para tornar el próximo paso menos importante que el actual. Y agrega a esta crítica la ponderación de que ninguna forma de cooperación es estable cuando el futura no es importante suficientemente en relación al presente. Esta conclusión destaca la importancia del método de promover la cooperación por medio de la ampliación de la "sombra del futuro", o sea, por lo que denominase de interacciones durables y frecuentes. AXELROD, Robert. The evolution of cooperation. Nueva York: Basic Books Inc. Publishers, 1984.

[11] En ese sentido, según la enseñanza de Robert Axelrod, es necesario solamente hacer el incentivo de largo plazo para la mutua cooperación más grande que el incentivo de corto plazo para la deserción. AXELROD, op. cit.

hace que sea frecuente las confusiones entre las APP's y los financiamiento de proyectos (corrientemente conocido como *Project Finance*).

El financiamiento de proyectos puede ser conceptuado de distintas formas, dependiendo del abordaje que se dé y del objeto abarcado en el proyecto. A los efectos de este estudio, se propone la conceptualización bajo un prisma tanto jurídico como económico, de modo que el Project Finance sea conjugado en el contexto de las asociaciones público-privadas en esos dos aspectos principales.

Bajo un enfoque puramente económico, el financiamiento de proyectos es

> [...] una técnica de colaboración financiera por medio de la cual, por un lado, el emprendedor puede captar recursos para viabilizar un proyecto sin exponer su patrimonio total y balancearlo, o en menor grado, al endeudamiento oriundo del financiamiento, y, de otro, el financiador externo puede conceder un préstamo vinculado a la exploración de determinado proyecto, satisfaciéndose esencialmente la capacidad de generar ganancias y activos vinculados al proyecto, como fuentes primarias de pago.[12] (traducción libre)

Es, por lo tanto, un instrumento de ingeniaría, fundado en la realización de un flujo de fondos predeterminado, con apoyo en los activos del mismo proyecto, de manera que compete a las participantes el análisis y la mitigación de los riesgos.[13]

Los financiamientos de proyecto son, por lo tanto, aplicados en actividades administrativas de prestación de servicios públicos que permitan esa ingeniaría, es decir, que traigan resultado económico y bajo monopolio legal o natural, como por ejemplo los sectores de energía, derivados del petróleo o telecomunicaciones. En el Project Finance el establecimiento de riesgos encontrase fijado teniendo en cuenta el flujo de fondos, que por su vez es vinculado al desempeño del proyecto, no habiendo la necesidad de que esté presente una condicionante de interés público para su desarrollo.

A su vez las asociaciones público-privadas tienen como principio rector la satisfacción del interés público, o sea, aunque no estén presentes aspectos inmediatos de previsibilidad o suficiencia de flujo de fondos, habrá vínculo contractual , como pasa con la asociación en la modalidad de concesión administrativa para desarrollo de infraestructura carcelaria; una vez que el análisis de los riesgos tiene como fundamento la posibilidad de manutención del flujo de fondos bajo el prisma político y en la preservación del término regulatorio, siendo vinculada siempre a la atención de una condicionante de interés público.

Otro aspecto distintivo entre los dos institutos es que en los contratos de concesión vinculados a la Ley de Asociaciones Público-Privadas, por lo general, los asociados privados asumen la responsabilidad integral de implantación y desarrollo del proyecto. También las ya presentadas condicionantes de interés público, que serán mantenidas en cooperación independientemente de las condicionantes de mercado.

---

[12] Texto original: "[...] *uma técnica de colaboração financeira por meio da qual, de um lado, o empreendedor pode captar recursos para viabilizar um projeto sem expor seu patrimônio total e balanço, ou expondo-os em menor grau, ao endividamento oriundo do financiamento, e, de outro, o financiador externo pode conceder um empréstimo vinculado à exploração de certo projeto, satisfazendo-se essencialmente com a capacidade de geração de receitas, e ativos alocados ao projeto, como fontes primárias de pagamento*". ENEI. José Virgílio Lopes. Project Finance. Editora Saraiva: San Pablo, 2007. p. 38.

[13] Se nota que la obtención de mayor grado de eficiencia se relaciona con los estándares de conducta de los contratantes y la posición que adoptan en la organización y coordinación de los aspectos económicos de los contratos. En este sentido ver a: WILLIAMSON, Oliver E. *The economic institutions of capitalism*: firms, markets, relational contracting. New York: The Free Press, 1985, p. 15-42.

Desde el punto de vista económico, es posible relacionar también algunas semejanzas importantes entre las asociaciones público-privadas y el financiamiento de proyectos. Esa aproximación resulta, principalmente, del hecho de que en ambos institutos se busca el compromiso de las partes en una actuación adecuada y conjunta para la obtención de los mejores resultados posibles frente al objeto pretendido, es decir, las metas establecidas serán, en ambos los casos, obtenidas por medio de un análisis detallado de los riesgos involucrados en la actividad y de una efectiva cooperación para su alcance.

Es decir, la cooperación y actuación de las partes en el sentido de disminuir la presencia del oportunismo y de la racionalidad limitada en este tipo de convenio, tiene como consecuencia una reducción de los costos de transacción involucrados y privilegia la realización eficiente del objeto.[14][15]

Aunque la conceptualización económica conferida al financiamiento de proyectos pueda parecer completa para realizar un análisis comparativo con las asociaciones público-privadas, vale también definirlo bajo un enfoque jurídico, atendiendo a la conformación de su naturaleza en nuestro derecho. El financiamiento de proyectos, bajo el análisis de este prisma, es

> [...] una red de contratos coligados que, ubicando los riegos a las diversas partes vinculadas, busca permitir que el empresario-patrocinador, o sociedad constituida por él, capte recursos para el desarrollo y exploración de un proyecto segregado, ofreciendo como garantías a los acreedores, de manera exclusiva o preponderante, las ganancias y bienes del propio proyecto financiado.[16] (traducción libre)

El financiamiento de proyectos se configura por una red coligada de contratos que, aunque integrada por contratos individualmente considerados (como pasa v.g. con el contrato de seguro etc.), poseen una función específica y objetiva en torno a una finalidad inmediata: el cumplimiento de la tarea y la obtención eficiente del objeto deseado en el proyecto.

Es decir, el financiamiento de proyectos debe ser entendido como un tipo contractual (aunque constituido por una red coligada de contratos), caracterizada por cuatro rasgos distintivos: segregación de la tarea, apalancamiento financiero, garantías limitadas y desplazamiento de riesgos, destinados a la obtención de un objetivo mayor, con limitación de la responsabilidad al accionista y suceso del proyecto.[17]

---

[14] Em este sentido, ver: COASE, R. H. (1937). The Nature of the Firm. *Economica*, Vol. 4, nov; e WILLIAMSON, Oliver E. *The economic institutions of capitalism*: firms, markets, relational contracting. Nueva York: The Free Press, 1985.

[15] Hay otros aspectos de similitud entre los institutos, como por ejemplo: a) la no transferencia de activos para el sector privado, pero un búsqueda de mejor gestión de activos públicos, por medio de asociados privados, optimizando el desembolso presupuestario; b) la importancia de análisis y modelaje, de identificación y de mitigación de riesgos constituye punto fundamental en la negociación y en el acompañamiento de los contratos; c) la análisis diferenciada en las fases de implantación y de operación, o sea, en una fase inicial y otra con la receta ya "estabilizada", con el establecimiento de contratos o condiciones diferenciadas; d) posibilidad de creación de fondos de inversiones para captación de recursos desde el mercado y la dilución de los riesgos del negocio de los demás. BONOMI, Claudio A. MALVESSI, Oscar. Project Finance no Brasil. Fundamentos e Estudo de Casos. Editora Atlas: San Pablo, 2008, p. 79.

[16] Texto original: "[...] *uma rede de contratos coligados que, alocando os riscos às diversas partes envolvidas, visa permitir que o empresário-patrocinador, ou sociedade por ele constituída, capte recursos para o desenvolvimento e exploração de um empreendimento segregado, oferecendo como garantia aos credores, de forma exclusiva ou preponderante, as receitas e bens do próprio empreendimento financiado*". ENEI. José Virgílio Lopes. Op. cit. p. 38-39.

[17] ENEI. Op. cit. p. 306.

Frente eses conceptos es posible entender exactamente cuál es el límite distintivo entre las asociaciones público-privadas y el financiamiento de proyectos, y además, verificar que al tratar de desarrollo de infraestructura estatal, especialmente por la complejidad y altos costos de esas contrataciones, un financiamiento de proyectos podrá representar beneficios para el Poder Público, por medio de los contratos de APP's, en actividades reguladas, como es el caso de los sectores de energía, petróleo y sus derivados, saneamiento, entre otros.

3 La eficiencia económica de las asociaciones público-privadas como mecanismo para el desarrollo de infraestructura estatal

Las asociaciones público-privadas ejercen una importante función en el estado brasileño, en tanto ensanchan el espectro de eficiencia estatal y direccionan recursos privados para el desarrollo de infraestructura estatal. Teniendo como base un análisis de casos, un estudio publicado en los Estados Unidos en el año 1989[18] demostró que la inversión en infraestructura activa y estimula el desarrollo económico, reduciendo costos y fomentando los medios productivos.

En este mismo sentido, y analizando las inversiones en infraestructura en Brasil, comenta Marcos Barbosa Pinto:

> No por casualidad, las inversiones en infraestructura se mantuvieron elevadas en Brasil en períodos de rápido crecimiento económico. A lo largo de la década de 1970, por ejemplo, ellas se mantuvieran siempre encima de 5% del Producto Bruto Nacional – PBN, llegando al 14% en el comienzo de la década de 1980. En ese período, Brasil presentaba tasas de crecimiento siempre superiores a 4% al año.
>
> Desde mediados de la década de 80, con todo, las inversiones en infraestructura cayeron rápidamente, llegando a menos de 2% del PBN en el viraje del siglo. Cuando las inversiones en infraestructura no acompañan el ritmo del crecimiento de la producción, se forman los llamados 'cuellos de botellas' estructurales, cuyos efectos son extremamente prejudiciales para la economía del país. Fue lo que pasó con el sector eléctrico brasileño en el año 2000, con el 'apagón' y la consecuente reducción de las expectativas de crecimiento. Es lo que ocurre hoy en el sector de transportes. Nuestras carreteras, ferrovías y puertos no consiguen atender la demanda, hecho este que obstaculiza el crecimiento de la producción y encarece los productos nacionales.[19] (traducción libre)

---

[18] ASCHAUER, David. Is Public Expenditure Productive, *Journal of Monetary Economics*, 1989, v. 23, p. 177-200.

[19] Texto original: *"Não por acaso, os investimentos em infra-estrutura mantiveram-se elevados no Brasil em períodos de rápido crescimento econômico. Durante a década de 1970, por exemplo, eles mantiveram-se sempre acima de 5% do Produto Interno Bruto (PIB), tendo chegado a 14% no início da década de 1980. Nesse período, o Brasil apresentava taxas de crescimento sempre superiores a 4% ao ano.*
A partir de meados da década de 80, contudo, os investimentos em infra- estrutura caíram rapidamente, chegando a menos de 2% do PIB na virada do século. Quando os investimentos em infra-estrutura não acompanham o ritmo de crescimento da produção, formam-se os chamados "gargalos" estruturais, cujos efeitos são extremamente deletérios para a economia do país. Foi o que se viu no setor elétrico brasileiro em 2000, com o "apagão" e a conseqüente redução das expectativas de crescimento. É o que ocorre hoje no setor de transportes. Nossas estradas, ferrovias e portos não conseguem atender à demanda, o que atrapalha o escoamento da produção e encarece os produtos nacionais".
PINTO, Marcos Barbosa. A Função Econômicas das PPP's. **Revista Eletrônica de Direito Administrativo Econômico**, Salvador, Instituto de Direito Público da Bahia, n.2, mayo-jun-jul, 2005. Disponible en el sítio web: <http://www.direitodoestado.com.br>. Acceso en: 05 de agosto de 2011.

Como soporte en esta relevante constatación, es posible afirmar que Brasil — en tanto logre realizar un plan estratégico y adoptar prácticas modernas y bien definidas de contratación[20] — experimentará un crecimiento económico considerable en los próximos años, con expansión de sus riquezas productivas e inversión en infraestructura.

Sin embargo, aunque la solución para el desarrollo de infraestructura sea conocida, no lo es posible realizarla en razón de innúmeras cuestiones económicas, jurídicas y sociales y, teniendo en vista la imposibilidad del Estado para aumentar su presupuesto por medio de la elevación de la carga tributaria[21] y de ampliar su endeudamiento con la contratación de nuevas deudas (en razón de múltiples factores y limitaciones legales). La realización de asociaciones con la iniciativa privada capaz de lograr esas realizaciones, de manera coordinada y sostenible, se vuelve indispensable a las necesidades sociales indispensables al desarrollo de infraestructura estatal.

La elección de esa asociación es determinada por la naturaleza de la infraestructura pretendida, es decir, si la actividad otorgada es auto-sostenible, o sea, si la remuneración del asociado privado es realizada por la cobranza de tarifa de los usuarios, se está a hablar de una opción por la Ley General de Concesiones. Es el ejemplo de algunas concesiones de actividades realizadas en el sector eléctrico y de telecomunicaciones, en los cuales en valor cobrado por la tarifa es suficiente para remunerar el contractado de manera a permitir un retorno al propio servicio, la amortización de su inversión y la tasa de retorno esperada (lucro).

Sin embargo, cuando las condiciones de sostenibilidad del proyecto son más complejas, se busca la realización de los denominados contratos de asociación público-privada en sentido estricto (concesión patrocinada y administrativa). Es lo que sucede, por ejemplo, en la construcción y explotación de las líneas de metro, en los cuales los costos de inversión superan el valor de retorno alcanzado por el cobro directo de tarifa, imposibilitando la amortización de inversiones y el lucro esperado por el particular (concesión patrocinada); o, todavía, en las hipótesis en que la actividad concedida no permite el cobro de tarifa o remuneración directa por la explotación del servicio, como pasa en la construcción y gestión de cárceles (concesión administrativa).

Es decir, como ya he apuntado anteriormente, aunque no haya sostenibilidad económica del proyecto, todavía él puede interesar al Estado, una vez que las externalidades positivas envueltas en la actividad adquiere relevancia, no sólo para aquellos participantes, si no también para la realización del interés de toda la colectividad. Las asociaciones público-privadas poseen, por tanto, una función esencial de estimular el desarrollo en actividades, por lo general, no sostenibles y que inciten el desarrollo del Estado.

Otra función relevante de las asociaciones en sentido estricto está relacionada a su eficiencia económica, de modo a transferir a los particulares la prestación de una actividad estatal que puede ser ejecutada por un costo reducido y con la gestión de riesgo calculable, a través de la estructuración de un contrato relacional de largo plazo con condiciones de calidad de prestación e inversiones definidos y concertados. Esta estructuración relacional es posible pues los contratos de APP's no son contratos de

---

[20] La exceptuación se hace una vez que la escasez presupuestaria para inversiones en sectores de infraestructura es conocida y será optimizada por medio de una actuación conjunta de adecuación de gastos estatales, una política de reducción de dispendios corrientes y un plan de incrementación de inversiones.

[21] Elevación de 21,4% del PBN en 1991, para 33,58% del PBN en 2009. Fuente: Receita Federal do Brasil. Disponible en la página web: <http://www.receita.fazenda.gov.br/Publico/estudoTributarios/estatisticas/CTB2009.pdf.>. Acceso en: 05 de agosto de 2011.

construcción de obra pública, pero sí de prestación de servicios que, por lo general, para ser prestados necesitan la realización de una obra anterior. O sea, es posible que sea estructurado un modelo contractual, con incentivos económicos, adecuado a permitir que el asociado privado reduzca sus costos y maximice sus lucros, sin que para ello sea disminuida la calidad en la prestación del servicio.

Esa "ingeniaría" contractual benéfica no ocurre sólo en pos del asociado privado; una vez que el Estado también puede reducir sus costos por medio, v.g., de la realización de un procedimiento licitatorio adecuado y transparente, que permita amplia competencia y seleccione la propuesta que represente el valor "justo" de la prestación, es decir, sin que haya gran prejuicio o lucro al particular, permitiéndoselo así que comparta con el Estado las "ventajas" de un proceso de contratación eficiente.[22]

De este modo, el asociado privado estará siempre vinculado al atendimiento del interés público, o sea, la prestación adecuada del objeto del contrato, y en caso de no hacerlo, experimentar una variación a menor de su remuneración.[23] Esta variación viene a confirmar el carácter relacional del contrato de APP y refuerza la noción de incentivo económico proporcionado por la Ley para la integral realización del objeto contractual.

La mitigación de los riesgos también es un principio rector de la Ley de APP's y constituye importante instrumento de eficiencia económica para las asociaciones público-privadas. Marcos Barbosa Pinto destaca que:

> [...] riesgos son costos y seguramente deben de ser considerados por el particular en su propuesta de remuneración. Si el Estado transfiere al particular riegos que podría absorber mejor que el contratista, él está en verdad pagando caro por un servicio de que no necesita. Por otro lado, al transferir al sector privado riesgos que pueden ser mejor gestionados por este, el Estado baja sus costos y promociona la eficiencia económica.[24] (traducción libre)

La división de los riesgos entre el Poder Público y el asociado privado constituye importante instrumento para la manutención del convenio, una vez que la Ley 11.079/04 innovó al presentar la posibilidad de división consensual de los riesgos entre las partes y el establecimiento de factores convenidos, en el análisis de cada caso, de manera más eficiente al objeto del contrato.[25]

Así, las asociaciones público-privadas en el derecho brasileño, esencialmente en el que toca al desarrollo de infraestructura estatal, subrayan claramente su búsqueda en la obtención de la eficiencia económica, exceptuando, obviamente, que los riesgos soportados por el asociado privado deben de ser razonables, porque si hecho de otra manera podrá inviabilizar la adecuada prestación del servicio y perjudicar los intereses envueltos.

---

[22] Se nota que la preparación y los gastos envueltos en el proceso de licitación de la APP están directamente vinculados al denominado coste de transacción, una vez que los proyectos licitados son, normalmente, de alta complejidad y demandan coste elevado al Poder Público; por su vez, los gastos realizados para el control de la actividad del particular y verificación de su adecuación con el que fuera establecido en el contrato, represente el coste de agencia, que es el coste asumido por una de las partes para la verificación de eventual actitud oportunista de la otra parte. En ese sentido, ver a MACKAAY, Ejan; ROUSSEAU, Stéphane. Le droit des sociétés. Analyse Economique du droit. Dalloz: Paris: 2008. p. 482-502.

[23] Cf. art. 6, parágrafo único, de la Ley 11.079/04.

[24] Texto original: "[...] riscos são custos e certamente serão levados em consideração pelo particular na sua proposta de remuneração. Se o Estado transfere ao particular riscos que poderia absorver melhor do que o contratado, ele está na verdade pagando caro por um serviço de que não necessita. Por outro lado, ao transferir ao setor privado riscos que este pode gerenciar melhor, o Estado reduz seus custos e promove a eficiência econômica". PINTO, Marcos Barbosa. Op. cit. Acceso en 05 de agosto de 2011.

[25] Se nota, todavía, que aunque se esté versando sobre una relación contractual de largo plazo, la ubicación de los riesgos es extremamente relevante teniendo en cuenta los altos costes de transacción envueltos en este tipo contractual.

En suma, la eficiencia económica en los contratos de asociación público-privadas no es garantizada sólo por el traslado de la prestación de servicios a los particulares, sino principalmente por el establecimiento de criterios contractuales concertados, que permiten la conjugación, en el análisis de cada caso, de la mitigación de factores de riesgo y el entusiasmo de los servicios prestados con calidad.[26]

Referéncias bibliográficas

ASCHAUER, David Alan. Is Public Expenditure Productive, *Journal of Monetary Economics*, 1989, v. 23, p. 177-200.

AXELROD, Robert. The evolution of cooperation. Nueva York: Basic Books Inc. Publishers, 1984.

BONOMI, Claudio A.; MALVESSI, Oscar. Project Finance no Brasil. Fundamentos e Estudo de Casos. Editora Atlas: São Paulo, 2008.

COASE, Ronald H. The Nature of the Firm. *Economica*, Vol. 4, nov. 1937, p. 386-405.

_____. The Problem of Social Cost, *The Firm, the Market and the Law*, Chicago, 1988.

DI PIETRO, Maria Sylvia Zanella. Parcerias na Administração Pública. 8. ed. Editora Atlas: São Paulo, 2011.

ENEI, José Virgílio Lopes. Project Finance. Editora Saraiva: São Paulo, 2007.

JUSTEN FILHO, Marçal. O direito das agências reguladoras independentes. São Paulo: Dialética, 2002.

MACNEIL, Ian. The Many Futures of Contracts. California Law Review, v. 47, 1974. In. MACEDO JÚNIOR, Ronaldo Porto. Contrato previdenciário como contrato relacional. Revista de Direito do Consumidor. n. 22, abr-jun. Editora Revista dos Tribunais: 1997, p. 105-116.

MACKAAY, Ejan; ROUSSEAU, Stéphane. Le droit des societés. Analyse Economique du droit. Dalloz: Paris: 2008. p. 482-502.

MARQUES NETO, Floriano Azevedo. "Os Consórcios Públicos". *Revista de Direito do Estado*, Rio de Janeiro, v. 2, p. 289-340, abr.-jun. 2006.

MARTINS, Ricardo Marcondes. CONTRATOS ADMINISTRATIVOS. Revista Eletrônica de Direito do Estado (REDE), Salvador, Instituto Brasileiro de Direito Público, n. 17, janeiro/fevereiro/março, 2009. Disponible en la página web: <http://www.direitodoestado.com.br/rede.asp>. Acceso en: 05 de agosto de 2011.

MEIRELLES, Hely Lopes. Direito administrativo brasileiro. 31. ed. São Paulo: Malheiros, 2005.

MELLO, Celso Antônio Bandeira de. Curso de direito administrativo. 28. ed. São Paulo: Malheiros, 2011.

PINTO, Marcos Barbosa. A Função Econômica das PPPs. Revista Eletrônica de Direito Administrativo Econômico, Salvador, Instituto de Direito Público da Bahia, n. 2, maio-jun-jul, 2005. Disponible em la página web: <http://www.direitodoestado.com.br>. Acceso en 05 de agosto de 2011.

WILLIAMSON, Oliver E. The economic institutions of capitalism: firms, markets, relational contracting. Nueva York: The Free Press, 1985, p. 15-42.

Informação bibliográfica deste texto, conforme a NBR 6023:2002 da Associação Brasileira de Normas Técnicas (ABNT):

CASTRO, Rodrigo Pironti Aguirre de. La Eficiencia Económica de las Asociaciones Público-Privadas y del Financiamiento de Proyectos (*Project Finance*) como Mecanismo para el Desarrollo de Infraestructura Estatal. *In*: BACELLAR FILHO, Romeu Felipe; HACHEM, Daniel Wunder (Coord.). *Direito público no Mercosul*: intervenção estatal, direitos fundamentais e sustentabilidade: anais do VI Congresso da Associação de Direito Público do Mercosul: homenagem ao Professor Jorge Luis Salomoni. Belo Horizonte: Fórum, 2013. p. 439-449. ISBN 978-85-7700-713-4.

---

[26] Revisión de traducción y gramática: Rafael Porto Lovato e Santiago Carrillo.

MOBILIDADE URBANA E RESPONSABILIDADE SOCIAL

ROGÉRIO GESTA LEAL

1 Notas introdutórias

O presente ensaio pretende tratar da chamada política nacional de mobilidade urbana, regulada pelos termos da Lei Federal nº 12.587, de 03.01.2012, e apresentada como instrumento da política de desenvolvimento urbano de que tratam o inciso XX do art. 21 e o art. 182, ambos da Constituição Federal de 1988, em especial no que diz com sua relação com o Estatuto da Cidade.

2 A natureza condicionada da política nacional de mobilidade urbana em face do Estatuto da Cidade no Brasil

Uma primeira questão que quero colocar é a que diz com a contextualização necessária da política nacional de mobilidade urbana em face das *normas de ordem pública e interesse social que regulam o uso da propriedade urbana em prol do bem coletivo, da segurança e do bem-estar dos cidadãos, bem como do equilíbrio ambiental.*[1]

Ou seja, é importante saber em que medida estas normas condicionam a formatação de uma política nacional de mobilidade urbana, o que pretendo fazer em seguida, antes, porém, impõe-se compreender qual o papel do Estatuto da Cidade no Brasil.

É importante ter-se presente que a insegurança e o desconforto criados pelos conflitos ambientais urbanos dos últimos anos no Brasil e no mundo fizeram surgir um clamor um tanto quanto consensual pela restauração da qualidade de vida nas cidades, através da adoção de políticas públicas que levem a profundas transformações sociais.[2]

Paralelamente a isto, boa parte dos municípios brasileiros tem seu território ocupado em desacordo com a legislação urbanística — na verdade a formação do território nacional é marcada por tal historiografia. Por tais motivos, pode-se afirmar que não existe uma consciência coletiva urbanística ou ambientalista que se preocupe com as ocupações desordenadas que geram a deterioração do meio ambiente e o caos social. Assim, loteamentos clandestinos ou em área de proteção aos mananciais, favelas, condomínios em áreas rurais e invasões de terras são uma constante no cenário surreal da

---

[1] Parágrafo único, do art. 1º, do Estatuto da Cidade – Lei Federal nº 10.257, de 10.07.2001.

[2] CASÉ. *A cidade desvendada*, p. 31.

(des)ordem urbana. Notadamente, é muito grande a defasagem entre o modelo adotado pela legislação urbanística e a vida da cidade real, eis que a tônica do uso do solo e das construções nas cidades é a irregularidade.[3]

Em razão de todos estes cenários e fatores, vem sendo tão festejada a aprovação da Lei nº 10.257, de 10 de julho de 2001, denominada de Estatuto da Cidade, prometida desde a Constituição de 1988,[4] e que inovou ao inserir, pela primeira vez no país, um capítulo sobre reforma urbana no texto constitucional.

Vê-se já na dicção do art. 2º da Lei que a política urbana tem por objetivo ordenar o pleno desenvolvimento das funções sociais e da propriedade urbana, mediante as seguintes diretrizes gerais: garantia do direito a cidades sustentáveis, entendido como o direito à terra urbana, à moradia, ao saneamento ambiental, à infraestrutura urbana, ao transporte e aos serviços públicos, ao trabalho e ao lazer, para as presentes e futuras gerações.

Pela dimensão de suas disposições norteadoras, o Estatuto da Cidade adquiriu o *status* de ser o novo marco institucional na trajetória da tão apregoada reforma urbana, isto porque se preocupa com o pleno desenvolvimento das funções sociais das cidades, garantindo o direito às cidades sustentáveis. Em vários artigos e parágrafos, esse direito é especificado, propondo-se a ordenar e controlar o uso do solo de forma a evitar a deterioração das áreas urbanizadas, a poluição e a degradação ambiental.

É possível sustentar, de forma mais pontual e em sede de marcos regulatórios vigentes, que, se o legislador constituinte outorgou à Administração Pública municipal a crucial tarefa de execução da política de desenvolvimento urbano, submeteu-a às *diretrizes gerais fixadas em lei*. Em outras palavras, o Estatuto da Cidade se enquadra, dogmaticamente e salvo melhor juízo, como uma norma programática, de linhas gerais, de eficácia jurídica imediata, direta e vinculante.[5] No que tange ao município, em face de sua competência para legislar assuntos de interesse local (art. 30, CF/88), os marcos normativos desta matéria têm conteúdo específico, eis que os temas atinentes à política do desenvolvimento urbano se afeiçoam como locais.

A primeira preocupação do Estatuto é já informar que sua base regulativa se dá em termos de diretrizes gerais e, neste sentido, é muito clara quando apresenta sua finalidade precípua, a saber, a de instituir regras de ordem pública e de interesse social, regulatórias da segurança e do bem-estar dos cidadãos, juntamente com o equilíbrio ambiental.

Enquanto normativa geral, observado o critério da competência constitucional insculpida no art. 21, XX, do Texto vigente, inconfundível é a matriz generalíssima dos comandos nela prescritos, conformando tão somente diretrizes para o desenvolvimento urbano, aqui compreendidos os temas sempre polêmicos da moradia, do saneamento básico e dos transportes públicos. Significa reconhecer que compete fundamentalmente

---

[3] Discuti isso no livro *A função social da cidade e da propriedade no Brasil*.

[4] O processo de aprovação do Estatuto da Cidade foi longo e difícil, com vários anos de tramitação legislativa. Em termos de memória histórica, deveu-se ao senador Pompeu de Sousa (PMDB-DF), a elaboração e a proposta do texto matricial, em 29 de junho de 1989, do Projeto de Lei nº 181, aprovado no ano seguinte e enviado à Câmara dos Deputados, onde foi amplamente discutido por quatro comissões: de Economia, Indústria e Comércio; de Defesa do Consumidor, Meio Ambiente e Minorias; de Desenvolvimento Urbano e Interior e de Constituição e Justiça e de Redação. Decorridos onze anos, retornou ao exame da Comissão de Assuntos Sociais do Senado, que acatou parecer favorável do relator Mauro Miranda (PMDB-GO) ao substitutivo da Câmara.

[5] Neste sentido, ver o trabalho de José Afonso da Silva (*Aplicabilidade das normas constitucionais*).

às entidades federativas mais locais a regulamentação pontual destes, eis que comportam notável interesse local.

Como comando federativo que se apresenta o Estatuto, mister é que a ele se vinculem todos os demais poderes estatais nacionais, fundamentalmente os Poderes Legislativo, Executivo e Judiciário de cada Estado membro e município, em especial no tocante à produção de leis locais visando dar concretude à organização da ocupação do solo urbano com base tanto em suas demandas agregadas e reprimidas, como nas normas que ainda estão vigendo em seus territórios.[6]

Assim é que o Poder Legislativo de cada entidade federativa brasileira, quando estiver legiferando no sentido de normatizar questões atinentes à ocupação do solo urbano, deverá fazê-lo sempre com um juízo de admissibilidade prévio vinculado ao Estatuto da Cidade, aferindo se os dispositivos que está criando não estão violando as diretrizes gerais cogentes. Do mesmo modo, quando o Poder Executivo estiver gestando aquela ocupação, também deverá fazê-lo observando as disposições que orientam tal atividade, sob pena de cometer vícios de legalidade, passíveis de serem corrigidos pela via administrativa ou judiciária (tanto por ações constitucionais — ação civil pública ou ação popular —, como pela via infraconstitucional).[7]

Ou seja, quero defender aqui que as diretrizes que expõem o Estatuto da Cidade expressam verdadeiras opções políticas fundamentais do legislador e da comunidade nacional no campo da gestão do espaço urbano brasileiro, configurando, assim, a eleição de valores éticos e sociais como fundantes, por sua vez, da ideia de Estado e de Sociedade (Democráticos de Direito). Por tais motivos, estas diretrizes não expressam somente uma natureza jurídica normativa, mas também política, ideológica e social, como, de resto, o Direito e as demais normas de qualquer sistema jurídico.[8]

Na dicção de Carmem Rocha, os princípios constitucionais — e, para os fins deste ensaio, as diretrizes do Estatuto da Cidade — são os conteúdos primários diretores do sistema jurídico-normativo fundamental de um Estado e de uma Sociedade, isto porque evidenciam decisões políticas e jurídicas contidas no ordenamento constitucional, compondo as diretrizes compreendidas na principiologia informadora do sistema de Direito estabelecido por esta comunidade. Diante disto, é o princípio sediado na norma constitucional que objetiva o conteúdo do Direito a ser observado nas relações societais contemporâneas. *A norma que dita um princípio constitucional põe-se à observância do próprio Poder Público do Estado e de todos os que à sua ordem se submetem e da qual participam.*[9]

Alguns destes valores alçados à condição de bens jurídicos protegidos pelo sistema, enquanto verdadeiros direitos subjetivos públicos (incondicionados, portanto), em sede do Estatuto, regulam o uso da propriedade urbana em prol do bem coletivo, da segurança e do bem-estar dos cidadãos, bem como do equilíbrio ambiental, fatores absolutamente prioritários para se pensar qualquer tipo de ação interventiva no solo

---

[6] É mister que se lembre estarem as normas locais dependentes de uma releitura a partir do Estatuto da Cidade, para o fim de avaliar se há alguma disposição que vá de encontro às diretrizes gerais postas, o que configuraria uma situação de antinomia jurídica, passível de ser solucionada pelo critério da hierarquia da norma superior estabelecida. Neste ponto, ver nosso texto *Hermenêutica e direito*: considerações sobre a teoria do direito e os operadores jurídicos, p. 176.

[7] Por óbvio que o mesmo vale para o controle dos atos do Poder Legislativo.

[8] Ver o meu *Direito urbanístico*. Também ver o texto LEAL. *A função social da cidade e da propriedade no Brasil*.

[9] ROCHA. *Princípios constitucionais da Administração Pública*, p. 62.

urbano, cujo escopo é notadamente o interesse da maior parte quantitativa das pessoas e das suas relações com o meio em que vivem.

O dimensionamento objetivo/positivo daquelas diretrizes-princípios está devidamente alinhado, de forma exemplificativa, nos incisos do art. 2º da norma sob comento, elementos que merecem atenção, haja vista as suas configurações normativas substanciais — aqui tratadas como verdadeiros vetores axiológicos vinculantes[10] de toda e qualquer possibilidade de interpretação e aplicação das regras lá dispostas.

Uma das primeiras e grandes diretrizes-princípios que informam a ocupação do espaço urbano é a garantia do direito a cidades sustentáveis, entendido como o direito à terra urbana, à moradia, ao saneamento ambiental, à infraestrutura urbana, ao transporte e aos serviços públicos, ao trabalho e ao lazer, para as presentes e futuras gerações. Significa dizer que o âmbito de sustentabilidade das cidades precisa ser medido em face dos direitos e garantias fundamentais assegurados pela Carta Constitucional vigente e do espaço físico e social em que eles podem se dar, a saber, notadamente, no âmbito das cidades (democráticas de direito). Isto implica reconhecer que mesmo o Estatuto da Cidade, enquanto diretriz-princípios gerais da ordenação deste espaço, está totalmente vinculado à força normativa da Constituição.

Esta intenção de efetivação da cidade democrática de direito vem, a todo momento, inscrita no texto do Estatuto, estando espargido no universo de regras instituídas, todas informadas por uma concepção de cidadania e cidade orgânica, permanentemente mobilizada às ações necessárias para a consecução cotidiana das conquistas sinalizadas pelo novo marco normativo. Neste sentido, o inciso II do art. 2º da Lei estabelece como princípio de gestão a democrática, viabilizada por meio da participação da população e de associações representativas dos vários segmentos da comunidade na formulação, execução e acompanhamento de planos, programas e projetos de desenvolvimento urbano.

Ao mesmo tempo que demanda a norma como um fundamento da gestão a democracia, o faz num amplo espectro, eis que tem claro que de pouco adianta terem-se condições formais de participação neste âmbito se tal participação se centra num apertado círculo de ação dos interessados, como o da formulação de planos de ação urbanística. Sabe-se que muitas administrações públicas, após a formatação de planos estratégicos de gestão do espaço urbano, desenhados com a participação da comunidade, esvaziam-nos com a falta de execução ou execução inadequada em face das finalidades e objetivos traçados.[11]

Tamanha é a intenção explícita da norma em garantir uma descentralização do debate e da administração do espaço urbano que vai constantemente chamar à responsabilidade toda a comunidade e suas formas de representação, como é o caso do inciso III, do art. 2º, prevendo a cooperação entre os governos, a iniciativa privada e os demais setores da sociedade no processo de urbanização, em atendimento ao interesse social; como se dá também, ainda em nível de diretrizes-princípios, na disposição

---

[10] Abordei este tema de forma mais aprofundada no livro *Perspectivas hermenêuticas dos direitos humanos e fundamentais no Brasil*.

[11] Neste sentido, ver o trabalho de Otília Arantes, Ermínia Maricato e Carlos Vainer (*O pensamento único das cidades*: desmanchando consensos). Podemos denominar esta situação como fenômeno de cooptação ideológica e política dos espaços de participação social na administração do interesse público, eis que determinados agentes públicos podem aparelhar o Estado administrador para fins muito mais corporativos e privados do que públicos, não dando exequibilidade à vontade comunitária.

do inciso XIII, do mesmo art. 2º, prevendo audiência do Poder Público municipal e da população interessada nos processos de implantação de empreendimentos ou atividades com efeitos potencialmente negativos sobre o meio ambiente natural ou construído, o conforto ou a segurança da população.

Ao lado da preocupação com a gestão compartilhada do solo urbano e da cidade, em sede de diretrizes ainda se tem uma atenção destacada com a ordenação e o controle do uso do solo, de forma a evitar abusos e excessos historicamente cometidos pelas práticas predatórias de ocupação deste espaço, envolvendo, em especial: a utilização inadequada dos imóveis urbanos; a proximidade de usos incompatíveis ou inconvenientes; o parcelamento do solo, a edificação ou o uso excessivos ou inadequados em relação à infraestrutura urbana; a instalação de empreendimentos ou atividades que possam funcionar como polos geradores de tráfego, sem a previsão da infraestrutura correspondente; a retenção especulativa de imóvel urbano, que resulte na sua subutilização ou não utilização; a deterioração das áreas urbanizadas; a poluição e a degradação ambiental.

Por óbvio que esta diretriz remete, inexoravelmente, à capacidade de organização e planejamento do Estado, consorciado com a sociedade, para projetar e executar políticas de gestão urbana informadas por tais elementos e fatores, eis que só assim para dar conta dos desafios decorrentes do caos urbano já instalado no território nacional. Na verdade, pois, com poder de polícia intensificado, o Estado amplia suas possibilidades de coordenação eficaz das demandas da cidade em face das circunstâncias que a caracterizam. Inocorrendo planejamento e políticas de gestão, as diretrizes referidas não têm sentido ou função.

Aí é que entra, então, a chamada política nacional de mobilidade urbana, enquanto estratégia operacional de dar concretude às diretrizes de ocupação do solo urbano voltadas à função social da cidade, visando, em especial, *contribuir para o acesso universal à cidade, o fomento e a concretização das condições que contribuam para a efetivação dos princípios, objetivos e diretrizes da política de desenvolvimento urbano, por meio do planejamento e da gestão democrática do Sistema Nacional de Mobilidade Urbana.*[12]

3 A participação social no âmbito da mobilidade urbana no Brasil

Pelos termos do seu art. 5º, essa Lei demarca — em consonância com o Estatuto da Cidade — seus princípios reguladores, a saber: acessibilidade universal; desenvolvimento sustentável das cidades, nas dimensões socioeconômicas e ambientais; equidade no acesso dos cidadãos ao transporte público coletivo; eficiência, eficácia e efetividade na prestação dos serviços de transporte urbano; gestão democrática e controle social do planejamento e avaliação da Política Nacional de Mobilidade Urbana; segurança nos deslocamentos das pessoas; justa distribuição dos benefícios e ônus decorrentes do uso dos diferentes modos e serviços; equidade no uso do espaço público de circulação, vias e logradouros; e eficiência, eficácia e efetividade na circulação urbana.

---

[12] Art. 2º da Lei nº 12.587/12. Este Sistema Nacional é compreendido *como conjunto organizado e coordenado dos modos de transporte, de serviços e de infraestruturas que garante os deslocamentos de pessoas e cargas no território do Município* (art. 3º, da mesma Lei).

Já no que diz com diretrizes e objetivos os quais vão nortear também o sistema nacional de mobilidade e as políticas respectivas, destaco no particular os seguintes: integração com a política de desenvolvimento urbano e respectivas políticas setoriais de habitação, saneamento básico, planejamento e gestão do uso do solo no âmbito dos entes federativos; mitigação dos custos ambientais, sociais e econômicos dos deslocamentos de pessoas e cargas na cidade; reduzir as desigualdades e promover a inclusão social; promover o desenvolvimento sustentável com a mitigação dos custos ambientais e socioeconômicos dos deslocamentos de pessoas e cargas nas cidades; consolidar a gestão democrática como instrumento e garantia da construção contínua do aprimoramento da mobilidade urbana.[13]

Ora, da leitura destes dispositivos, resta clara a obrigatoriedade de promoção por parte do Estado e dos concessionários de serviços públicos envolvendo a mobilidade referida, a obrigação em construir ferramentas e instrumentos de participação da cidadania na gestão dos seus objetivos, isto porque já o art. 175, da Carta Política, dispõe incumbir ao Poder Público, na forma da lei, diretamente ou sob regime de concessão ou permissão, sempre através de licitação, a prestação de serviços públicos. Em seguida, no seu parágrafo único, determina que a lei reguladora desta matéria deverá dispor, entre outras coisas, dos direitos dos usuários (inciso II).

Da mesma forma ocorre com a legislação infraconstitucional que versa sobre a matéria, na medida em que determina que a fiscalização destes serviços seja realizada pelo poder concedente com a cooperação dos usuários (arts. 3º[14] e 30,[15] da Lei nº 8.987/95), cabendo ainda ao Poder Público autorizar a transferência não só da concessão, mas ainda do controle acionário da empresa concessionária (art. 27 da Lei nº 8.987/95) — aliás, lei esta que vincula as ações de mobilidade urbana, nos termos do art. 14 da Lei nº 12.587/12.

Em verdade, esta Lei nº 8.987/95 ampliou normativamente as possibilidades de participação efetiva do usuário do serviço público no âmbito de sua concessão ou permissão, fazendo corresponder aos direitos de certidão, petição, reclamação e sugestão (incisos II, IV, V e VI do art. 7º desse diploma) os deveres listados no seu art. 29, incisos I, VI, VII e XII.

De outro lado, a normativa estabeleceu o sensato prazo de 30 dias para cientificação dos usuários das providências tomadas, em decorrência de suas manifestações e reclames quanto aos serviços prestados de forma indevida, o que amplia o espectro do controle social, haja vista que as medidas tomadas pela Administração e pelo Concessionário ou Permissionário para corrigir os problemas apontados precisam ser publicizadas, potencializando ainda mais o direito subjetivo público do usuário em obter serviços adequados, bem como vinculando a continuidade do serviço à realidade e qualidade da resposta enunciada.

---

[13] Arts. 6º e 7º da Lei.

[14] Disciplina o art. 3º que *as concessões e permissões sujeitar-se-ão à fiscalização pelo poder concedente responsável pela delegação, com a cooperação dos usuários.*

[15] Assim está redigido este art. 30: *No exercício da fiscalização, o poder concedente terá acesso aos dados relativos à administração, contabilidade, recursos técnicos, econômicos e financeiros da concessionária. Parágrafo único. A fiscalização do serviço será feita por intermédio de órgão técnico do poder concedente ou por entidade com ele conveniada, e, periodicamente, conforme previsto em norma regulamentar, por comissão composta de representantes do poder concedente, da concessionária e dos usuários.*

É preciso destacar que o desrespeito aos interesses do usuário, em face de sua amplitude e indisponibilidade, pode e deve gerar reclamações, ações populares e outros remédios jurisdicionais, candentemente marcados pela natureza comsumeirista do bem jurídico tutelado, previsto no art. 6º, X, da Lei nº 8.078/90. Ao largo de tal enquadramento normativo, são igualmente exigíveis pelos consumidores usuários todos os direitos que os contratos preverem, nos termos do art. 23, VI, da Lei nº 8.987, por tais razões, é imprescindível haver a mais ampla publicidade de seus termos, sob pena de se inviabilizarem tais direitos.

O parágrafo único, do art. 30 (anteriormente referido), instituiu duas simultâneas e não excludentes formas de fiscalização do serviço público concedido. A primeira, feita através de um órgão interno da administração ou terceirizadamente (a exemplo de uma auditoria externa), decorrendo a escolha discricionária de cada administração. A segunda, por uma comissão colegiada, com representantes da concessionária, dos usuários e do poder concedente. Esta comissão não se classifica como órgão público típico, podendo o próprio Poder Executivo, através de regulamentação por decreto, determinar a forma de constituição, escolha dos membros, atuação, reunião e deliberação deste órgão.[16]

Como crítica negativa que se possa fazer a estes dispositivos de controle social do serviço, pode-se dizer que a norma sob comento não exige que seja a comissão colegiada paritária, podendo a Administração optar pela preponderância de seus representantes, voto minerva para o Presidente, eventual destituição de membros dos consumidores que não estejam atendendo aos interesses destes, etc., matéria que deverá ser avaliada em cada caso concreto.

Por outro lado, nada impede que essa comissão tenha o poder de exigir e analisar as prestações de contas previstas nos incisos XIII e XIV do art. 23, do mesmo diploma legal, bem como aplicar sanções, desde que não seja excluída a competência do poder concedente para tanto, em razão da própria natureza da concessão e da letra do inc. II do art. 29.

É ainda possível e mesmo recomendável, para os efeitos de dar maior efetividade aos princípios diretivos do Estatuto da Cidade e mesmo da nova lei de mobilidade urbana, a criação de associações de usuários, com atuação paralela e complementar, que devem ser estimuladas pelo poder concedente em atenção ao inc. XII do artigo 29. A independência dessas associações evita distorções na atuação da comissão prevista no seu art. 30, já que aqui os usuários poderão ser minoria.

Por outro lado, o conceito de fiscalização trazido por este art. 30 deve ser extendido à dimensão não só curativa de problemas na prestação dos serviços, mas também e fundamentalmente preventiva, haja vista que ela deve ser permanente, tanto para evitar os problemas que não deseja, como para oportunizar um espaço permanente de participação qualitativa ao atendimento das demandas que buscam os serviços alcançar, revitalizando-os em níveis de eficácia social maximizada. Tal concepção por certo vem ao encontro dos interesses comunitários que dão causa e sentido à prestação dos serviços públicos, com legitimidade renovada pela inclusão e ação social dos seus usuários na conformação conceitual e de respostas às suas necessidades.

No que tange ao contrato público que vai regular a concessão ou permissão de serviço público, também a inserção do paradigma de controle social, com a elevação

---

[16] Por óbvio que, caso haja remuneração de seus membros, imprescindível será a expedição de lei.

de *status* dos órgãos com representação de usuários, e a expressa previsão nos contratos de seus direitos, perquiridos pelos termos da Lei nº 8.987, sofre condicionamentos diretos, tais como a ausência de exclusividade e a liberdade de escolha do usuário.

Podemos dizer inclusive que, apesar de possuir dois signatários a relação jurídica contratual na espécie, presente está um terceiro sujeito, que é o usuário, haja vista que ele pode ser representado pelas associações ou, em razão da possibilidade do exercício de direitos com base no Código de Defesa do Consumidor, ou Ação Popular, individualmente, ou pelo Ministério Público. Os limites subjetivos previstos no art. 55, VII, da Lei nº 8.666, foram extravasados pelo reconhecimento legal de que os que aportam recursos para a manutenção da concessão, constituindo sua razão de existência, não podem ser excluídos de uma relação contratual que lhes afeta.

Como quer Fernando Weiss,[17] a outorga da concessão não é mais meramente um ato de império, devendo ser enfocada por outro viés. Trata-se de atuação continuada de gestão de serviços públicos, na qual o principal interessado tem participação permanente. A relação dos usuários com ambas as partes é legal, precedente à assinatura do contrato de concessão. Seus direitos decorrem da Constituição Federal, da lei, e dos termos do edital e contrato. Não é estranho a um contrato quem possui direitos e deveres dele decorrentes, podendo exigir seu cumprimento adequado.

Não estou defendendo aqui a constituição de um poder paralelo no âmbito das relações de prestação de serviço público e mesmo à mobilidade urbana, agregando a elas um outro poder de império que é o usuário ou suas representações, mas tão somente sustentando a tese de que é a própria dicção constitucional contemporânea no país que está apontando para uma nova configuração de relação pública e espaço público, aqui entendido como cenário de diálogo e interlocução democrático, entre todos os que constituem tal espaço ou relação, sem qualquer discriminação ou preconceito, oportunizando que a ação pública esteja fundada em políticas públicas resultantes de um processo/procedimento comunicativo voltado ao entendimento entre estes sujeitos sociais (o que não é sinônimo de unanimidade, mas de consensualidade fundada em razões e justificações públicas).

Ora, é a própria Lei da mobilidade urbana que sinaliza isto:

> Art. 14. São direitos dos usuários do Sistema Nacional de Mobilidade Urbana, sem prejuízo dos previstos nas Leis nºs 8.078, de 11 de setembro de 1990, e 8.987, de 13 de fevereiro de 1995: [...]
>
> II - participar do planejamento, da fiscalização e da avaliação da política local de mobilidade urbana.
>
> Art. 15. A participação da sociedade civil no planejamento, fiscalização e avaliação da Política Nacional de Mobilidade Urbana deverá ser assegurada pelos seguintes instrumentos:
>
> I - órgãos colegiados com a participação de representantes do Poder Executivo, da sociedade civil e dos operadores dos serviços;
>
> II - ouvidorias nas instituições responsáveis pela gestão do Sistema Nacional de Mobilidade Urbana ou nos órgãos com atribuições análogas;
>
> III - audiências e consultas públicas; e
>
> IV - procedimentos sistemáticos de comunicação, de avaliação da satisfação dos cidadãos e dos usuários e de prestação de contas públicas.

---

[17] WEISS. Lei das concessões: o monopólio nos transportes rodoviários e outros aspectos. *Revista Jurídica*, p. 22.

Atente-se para o fato de que se apresenta como atribuição dos órgãos gestores da mobilidade urbana incumbidos respectivamente do planejamento e gestão do sistema de mobilidade urbana, entre outras coisas, garantir os direitos e observar as responsabilidades dos usuários (art. 22). Isto significa, como já defendi alhures, a adoção de uma forma de gestão pública comunicativa compartilhada, na qual se exige um mínimo de condições subjetivas e objetivas dos seus interlocutores, sob pena de as falas enunciadas e trocadas serem coatadas por circunstâncias exógenas e endógenas à comunicação, tais como as insuficiências formativas e de discernimento dos usuários dos serviços públicos, associada com o alto grau de profissionalismo e burocratismo dos concessionários ou mesmo dos tecnoburocratas que instrumentalizaram ideológica e operacionalmente os aparelhos estatais.[18]

Onde se fizer ausente a capacidade de manifestação da vontade do cidadão/usuário como artífice da mobilidade urbana, em face de sua insipiência política e administrativa material e subjetiva, falecendo-lhe forças e perspectivas sobre os termos e possibilidades de gestão que circunvizinham seu cotidiano, só reforça a situação de anomia societal no âmbito do poder institucionalizado e de seu exercício. Decorrência disto é que, mesmo naquelas circunstâncias em que há uma previsão formal de participação política — como no caso dos temas de que estou tratando —, ela não é exercitada material e eficazmente por estar marcada pela manipulação e esvaziamento provocado pela ausência daquelas condições mínimas necessárias à comunicação e ao entendimento.

Não basta, pois, confiar cegamente na tese — por vezes romântica — de que a formação inexorável de redes e de novíssimos movimentos sociais (como o de usuários do serviço público no âmbito da mobilidade urbana) vai permitir agrupar recursos, capacidades e experiências de várias pessoas e grupos e dar-lhes uma expressão coerente de que, uma vez unificada, poderão constituir-se em uma forma de compensar as desigualdades de recursos e a pobreza política que os atinge.[19]

Este desafio não se restringe a uma instância/momento espacial ou temporal de comunicação ou mobilização política, linguística e cívica, mas precisa contar com um pressuposto epistemológico envolvendo a mobilidade política de que estou falando, a saber: o de que são sempre as efetivas circunstâncias sociais (e suas variáveis econômicas, culturais e políticas) que vão indicar quais os procedimentos deliberativos e comunicativos que haverão de operar para os fins de constituição de um entendimento materialmente igualitário e inclusivo, voltado à participação do usuário de serviços públicos na gestão da mobilidade urbana, tanto por suas representações tradicionais, como pelas formas livres (ordenadas ou não) de manifestação coletiva que as caracterizam.[20]

---

[18] Tratei deste tema em meu livro *Estado, Administração pública e Sociedade: novos paradigmas*. Quero dizer que é preciso estar atento às armadilhas da racionalidade estratégica e instrumental que informam determinados comportamentos pragmáticos de políticos de plantão e profissionais, criando um universo enclausurado de expedientes, rotinas e prerrogativas excludentes de quaisquer neófitos que pretendam se aproximar dos temas cujas competências já estão dimensionadas pela ordem jurídica e política vigente, afastando todo aquele que não reza pela mesma cartilha ou não é iniciado no universo linguístico que lhes é próprio.

[19] Como quer, por exemplo, CASTELS. *La sociedad de redes*, p. 119 *et seq*. Este autor trabalha mais com a perspectiva de redes verticais de poder, produção e comunicação, deixando a descoberto uma avaliação sobre a necessidade de se horizontalizarem tais ações políticas.

[20] Estou dizendo que, desde os movimentos organizados em torno de marcos jurídicos e lícitos existentes, voltados à pacificação das relações sociais buscando vias igualmente tradicionais de veiculação dos seus interesses, até os movimentos tidos como ilícitos ou vinculados à força física ilegítima, como o movimento dos sem-terra, todos são hábeis para tensionar e provocar reflexões e interlocuções envolvendo esta matéria.

E qual a função do Estado e do Direito neste particular?

Jürgen Habermas[21] defendeu a tese de que, ao longo do terceiro quartel do século passado, o Estado Social na Europa e em outros países da OCDE (Organização para a Cooperação e Desenvolvimento Econômico) compensou, em grande parte, as consequências indesejadas de um sistema econômico altamente produtivo porém desequilibrador das relações sociais. Neste cenário, entende o autor que o capitalismo não impediu, antes possibilitou, que se cumprisse a promessa republicana da inclusão igualitária de todos os cidadãos, contando, entre outras coisas, com uma nova dicção normativa institucional-constitucional.

> De fato, o Estado constitucional democrático garante a igualdade também no sentido de que todos devem ter a mesma oportunidade de fazer uso de seus direitos. John Rawls, hoje o teórico mais influente do liberalismo político, fala nesse sentido do "fair value" de direitos repartidos com paridade. Em vista dos desabrigados, que se multiplicam em silêncio sob nossos olhos, vem à memória a frase de Anatole France: não é suficiente que todos tenham o mesmo direito de "dormir sob as pontes". Quando compreendemos o texto de nossas Constituições nesse sentido material da realização de uma sociedade socialmente justa, a idéia da autolegislação, segundo a qual os destinatários das leis devem ser entendidos ao mesmo tempo como seus autores, ganha a dimensão política de uma sociedade que atua sobre si mesma.[22]

Ocorre que este modelo de Estado Social (e Nacional), no contexto modificado da economia e da sociedade mundiais, chega aos limites de sua eficiência, põe-se em xeque com essa forma organizacional da economia e dos mercados, submetendo-se à domesticação política de um capitalismo global desenfreado, o que gera o funcionamento ficcional da democracia representativa e seus mecanismos de operação política. Daí mais um motivo para que se explorem à exaustão as possibilidades de participação social efetiva — fomentada inclusive pelo Estado, com ferramentas funcionais — na administração dos interesses urbanos e sua mobilidade sustentável.

Referências

ARANTES, Otília; MARICATO, Ermínia; VAINER, Carlos. *O pensamento único das cidades*: desmanchando consensos. Petrópolis: Vozes, 2000.

CASÉ, Paulo. *A cidade desvendada*. Rio de Janeiro: Ediouro, 2000.

CASTELS, Manuel. *La sociedad de redes*. Madrid: Paidós, 2001.

HABERMAS, Jürgen. Nos limites do Estado. *Folha de S. Paulo*, jul. 1999. Caderno MAIS!, p. 5-4.

LEAL, Rogério Gesta. *A função social da cidade e da propriedade no Brasil*. Porto Alegre: Livraria do Advogado, 2001.

LEAL, Rogério Gesta. *Direito urbanístico*. Rio de Janeiro: Renovar, 2004.

LEAL, Rogério Gesta. *Estado, Administração Pública e sociedade*: novos paradigmas. Porto Alegre: Livraria do Advogado, 2006.

---

[21] HABERMAS. Nos limites do Estado. *Folha de S. Paulo*, p. 5-4.
[22] HABERMAS. Nos limites do Estado. *Folha de S. Paulo*, p. 4.

LEAL, Rogério Gesta. *Hermenêutica e direito*: considerações sobre a teoria do direito e os operadores jurídicos. Santa Cruz do Sul: EDUNISC, 2004.

LEAL, Rogério Gesta. *Perspectivas hermenêuticas dos direitos humanos e fundamentais no Brasil*. Porto Alegre: Livraria do Advogado, 2000.

ROCHA, Cármen Lúcia Antunes. *Princípios constitucionais da Administração Pública*. Belo Horizonte: Del Rey, 1994. p. 62.

SILVA, José Afonso da. *Aplicabilidade das normas constitucionais*. São Paulo: Malheiros, 1998.

WEISS, Fernando Lemme. Lei das concessões: o monopólio nos transportes rodoviários e outros aspectos. *Revista Jurídica*, Porto Alegre, n. 235, maio 1997.

Informação bibliográfica deste texto, conforme a NBR 6023:2002 da Associação Brasileira de Normas Técnicas (ABNT):

LEAL, Rogério Gesta. Mobilidade urbana e responsabilidade social. *In*: BACELLAR FILHO, Romeu Felipe; HACHEM, Daniel Wunder (Coord.). *Direito público no Mercosul*: intervenção estatal, direitos fundamentais e sustentabilidade: anais do VI Congresso da Associação de Direito Público do Mercosul: homenagem ao Professor Jorge Luis Salomoni. Belo Horizonte: Fórum, 2013. p. 451-461. ISBN 978-85-7700-713-4.

PARTE IV

ARTIGOS VENCEDORES
DO PRÊMIO JORGE LUIS SALOMONI

CONTROLE JUDICIAL DO DIREITO À SAÚDE E A CONSTRUÇÃO DO CONCEITO DE DEMOCRACIA DELIBERATIVA COMO PRINCÍPIO INTERPRETATIVO

SAULO LINDORFER PIVETTA

1 Introdução

A positivação da saúde como direito fundamental social (art. 6º da Constituição Federal), apesar de significar um considerável avanço, não é suficiente para promover todas as alterações necessárias para a transformação da realidade sanitária brasileira. Isso porque, a despeito da inegável força normativa da Constituição,[1] diversas outras questões também devem resolvidas para que a satisfação do direito à saúde possa alcançar patamares satisfatórios.

Uma delas é o fato de que a concretização desse direito demanda a implementação, pelo Poder Público, de políticas públicas. Contudo, nem o texto constitucional nem a legislação ordinária indicam, de modo inequívoco, qual o conteúdo exato do direito à saúde que deve ser contemplado por tais políticas. Assim, torna-se cada vez mais comum a busca pelo Poder Judiciário para que este determine, em cada caso, se a prestação requerida pode ser considerada direito subjetivo do cidadão, o que autorizaria a condenação do Estado ao seu custeio. Este fenômeno geralmente é indicado pela doutrina como a "judicialização do direito à saúde".[2]

No contexto judicial brasileiro essa discussão ganhou novos contornos a partir da organização, pelo Supremo Tribunal Federal (STF), de audiência pública destinada exclusivamente a debater o problema da saúde pública no Brasil, conforme se analisará

---

[1] Sobre o contexto histórico, teórico e filosófico de formação das bases do constitucionalismo contemporâneo, cf. BARROSO. Neoconstitucionalismo e constitucionalização do direito. *In*: CLÈVE; BARROSO (Org.). *Doutrinas essenciais*: direito constitucional, p. 143-196; GARCÍA DE ENTERRÍA. Constituição como norma. *In*: CLÈVE; BARROSO (Org.). *Doutrinas essenciais*: direito constitucional, p. 73-88.

[2] O professor Luís Roberto Barroso situa a problemática da "judicialização do direito à saúde" entre dois vetores estruturantes do Estado brasileiro: o constitucionalismo e a democracia. Neste contexto de potencial conflituosidade, entre direitos fundamentais garantidos pela Constituição e o exercício da soberania popular pelos órgãos democráticos representativos (como o Poder Legislativo e o Poder Executivo), exsurge o Poder Judiciário como instância capaz de velar pela efetividade daqueles direitos sempre que violado seu conteúdo essencial. Sobre o tema, cf. BARROSO, Luís Roberto. *Da falta de efetividade à judicialização excessiva*: direito à saúde, fornecimento gratuito de medicamentos e parâmetros para a atuação estatal. Disponível em: <http://www.lrbarroso.com.br/pt/noticias/medicamentos.pdf>.

de maneira mais detalhada no corpo deste artigo (especificamente, no ponto 2.2). Com as informações colhidas na audiência, o Ministro Gilmar Ferreira Mendes redigiu voto em que o direito à saúde foi analisado pormenorizadamente, inclusive sendo delineados parâmetros que deveriam orientar a atuação jurisdicional quando estivesse em questão alguma tutela envolvendo esse direito.

O presente trabalho tem como objetivo analisar criticamente o entendimento que vem sendo firmado no STF sobre o assunto, que tem como paradigma o voto elaborado pelo Ministro Gilmar Mendes. Para alcançar a meta proposta, a primeira parte deste artigo (ponto 2) realizará uma breve análise do regime jurídico-constitucional do direito à saúde, além de apresentar descritivamente o referido voto. Na sequência (ponto 3), será utilizado o aporte doutrinário de Lucas Grosman para identificar o paradigma de controle judicial em que se encontra situado o entendimento do Corte constitucional brasileira.

Finalmente, com base principalmente nas fundamentações de Cass R. Sunstein, o ponto 4 do trabalho justificará a necessidade de se definir um princípio interpretativo da Constituição que oriente a atuação judicial nos casos relacionados ao direito à saúde. Também se buscará delinear, a partir da realidade constitucional brasileira e das construções teóricas apresentadas, alguns critérios mais claros para que se possa decidir, diante do caso concreto, se a prestação pleiteada encontra-se albergada no direito à saúde constitucional e legalmente assegurado.

2 O direito fundamental à saúde e o contemporâneo entendimento do Supremo Tribunal Federal

2.1 O regime jurídico-constitucional do direito à saúde

Na ordem jurídica pátria, a Constituição Federal de 1988 inseriu o direito à saúde no rol dos direitos sociais (art. 6º), que integra o Título II ("Dos Direitos e Garantias Fundamentais"). Mais detalhadamente, o tema é tratado nos artigos 196 a 200 (seção II do Título VIII – "Da Ordem Social").

O texto constitucional, portanto, atribuiu ao direito à saúde o *status* de *direito fundamental*, material e formalmente. A fundamentalidade formal, assevera Ingo Sarlet, é resultado (i) de sua hierarquia axiológico-normativa superior, enquanto norma positivada pela Constituição, (ii) de sua previsão entre os limites materiais à reforma constitucional (art. 60, §4º, IV, da CF), (iii) da aplicabilidade imediata e vinculatividade imposta ao Estado, em razão da norma do artigo 5º, §1º, da Constituição (ou seja, o exercício do direito à saúde independe de regulação infraconstitucional).[3]

A fundamentalidade material decorre da relevância da saúde como bem jurídico tutelado por dispositivo constitucional, que possui íntima ligação com outros direitos fundamentais e valores constitucionais, como o próprio direito à vida e a dignidade da pessoa humana. Ademais, a garantia da saúde, assim como dos demais direitos

---

[3]   O professor Clèmerson Merlin Clève reconhece, inclusive, que do art. 6º da Constituição Federal decorrem direitos prestacionais originários, ou seja, há alguns conteúdos dos direitos sociais que podem ser direta e imediatamente reclamados judicialmente, ainda que inexista legislação regulamentadora (CLÈVE. A eficácia dos direitos fundamentais sociais. *In*: BACELLAR FILHO; GABARDO; HACHEM. *Globalização, direitos fundamentais e direito administrativo*: novas perspectivas para o desenvolvimento econômico e socioambiental, p. 102).

sociais, representa medida que assegura o exercício, pelo indivíduo, das liberdades civis outorgadas pelo Estado.[4]

Por outro lado, a Constituição elegeu a saúde não apenas como direito, mas também como *dever* fundamental, conforme se depreende do *caput* do artigo 196: "a saúde é direito de todos e dever fundamental do Estado [...]". O estudo dos deveres a que se refere o artigo 196 suscita o problema das possíveis dimensões reconhecidas ao direito à saúde, tendo em vista que é a partir delas que decorrem os respectivos deveres.[5]

Sarlet argumenta que o direito à saúde é direito social que apresenta dupla dimensão, uma defensiva e outra prestacional.[6] Como direito de defesa, o direito à saúde impõe o dever de respeito, em sentido precipuamente negativo: a saúde de alguém não deve ser prejudicada, mas preservada. Enquanto direito prestacional, é determinado, notadamente ao Estado,[7] o dever de agir concretamente para garantir a saúde da população.[8] Esse agir concreto do Estado configura-se tanto no sentido de fornecimento de bens e serviços (direito a prestações em sentido estrito), como na organização de instituições e procedimentos de proteção do direito à saúde.[9]

Ainda no âmbito da dimensão defensiva do direito à saúde, Sarlet ressalta que deve ser considerado o princípio da proibição do retrocesso. De maneira simplificada, tal princípio impõe, sobretudo ao legislador infraconstitucional e à Administração Pública, que não seja desconstituído o nível de concretização que eles próprios haviam dado aos dispositivos da Constituição, ainda mais quando se considera que a eficácia e a efetividade do direito à saúde são densificadas quando existente regulamentação infraconstitucional (o que, certamente, não exclui sua aplicabilidade imediata a partir do próprio texto constitucional).[10]

Quanto à dimensão prestacional do direito à saúde, ressalte-se que o artigo 6º da Constituição já compreende uma série de direitos prestacionais originários (ou seja, que não dependem de regulamentação infraconstitucional para serem exercidos),[11] o que se

---

[4]   SARLET. Algumas considerações em torno do conteúdo, eficácia e efetividade do direito à saúde na Constituição de 1988. *Interesse Público – IP*, p. 92-93.

[5]   FIGUEIREDO. *Direito fundamental à saúde*: parâmetros para sua eficácia e efetividade, p. 86-87.

[6]   Alexy, principalmente, é responsável pela formulação inicial da proposta de classificação dos direitos fundamentais segundo a função principal que exerçam (classificação funcional). Ingo Sarlet adaptou essa classificação à realidade constitucional brasileira, fazendo a distinção entre direitos de defesa (operando limites à atuação estatal, na tutela da liberdade individual) ou direitos a prestações, em sentido amplo (direitos à proteção e os direitos à participação na organização e no procedimento) e em sentido estrito (prestações materiais). Para um estudo aprofundado, cf. SARLET. *A eficácia dos direitos fundamentais*, p. 191-241; ALEXY. *Teoria de los derechos fundamentales.*

[7]   Reconhece-se, igualmente, uma dimensão horizontal de eficácia dos direitos fundamentais, que incide sobre as relações entre particulares (SARLET, *idem*, p. 374 *et seq.*) Inclusive o próprio Supremo Tribunal Federal, no julgamento do Recurso Extraordinário nº 201.819/RJ, reconheceu que, mesmo em associações privadas, é obrigatória a observação do direito constitucional ao contraditório e à ampla defesa (art. 5º, LV, da CF) nos processos que tenham por escopo a apuração de infração cometida por algum associado.

[8]   SARLET. Algumas considerações em torno do conteúdo, eficácia e efetividade do direito à saúde na Constituição de 1988. *Interesse Público – IP*, p. 97.

[9]   MILANEZ. O direito à saúde: uma análise comparativa da intervenção judicial. *Revista de Direito Administrativo*, p. 198-199.

[10] SARLET, *op. cit.*, p. 100. Ainda, para um estudo aprofundado sobre o tema do princípio da vedação do retrocesso social, cf. SARLET. Proibição de retrocesso, dignidade da pessoa humana e direitos sociais: manifestação de um constitucionalismo dirigente possível. *In*: BONAVIDES; LIMA; BEDÊ (Coord.). *Constituição e democracia*: estudos em homenagem ao professor J. J. Gomes Canotilho, p. 292-335.

[11] FIGUEIREDO, *op. cit.*, p. 90.

conclui até mesmo em razão do princípio da vedação do retrocesso social. Infraconstitucionalmente, a Lei Federal nº 8.080/90 (Lei Orgânica da Saúde), explicita a noção ampla que possui a dimensão prestacional do direito à saúde.[12] Isso porque o art. 3º dessa lei[13] associa a saúde a diversos fatores determinantes: a alimentação, a moradia, o saneamento básico, o meio ambiente, o trabalho, a renda, a educação, o transporte, o lazer e o acesso aos bens e serviços essenciais.

Havendo, pois, determinação constitucional de que o direito à saúde seja concretizado, devem ser tomadas as providências para que tal objetivo seja alcançado. Nessa esteira, a própria Constituição elegeu as políticas públicas como instrumento privilegiado, ao definir em seu art. 196 que "A saúde é direito de todos e dever do Estado, garantido mediante *políticas sociais e econômicas* que visem à redução do risco da doença e de outros agravos e ao acesso universal igualitário às ações e serviços para sua promoção, proteção e recuperação" (grifos nossos).

Nesse dispositivo constitucional percebe-se a preocupação do constituinte em sedimentar a obrigação do Estado de implementar os meios necessários à efetivação do direito à saúde. E este direito foi assegurado não apenas em nível superficial, mas abarcando os âmbitos de promoção, proteção, recuperação e, destaque-se, prevenção. Reforçando o caráter preventivo que deveria assumir a gestão da saúde pública, o art. 198, II, da Constituição consignou como uma das diretrizes básicas do Sistema Único de Saúde o "atendimento integral, *com prioridade para as atividades preventivas*, sem prejuízo dos serviços assistenciais" (grifos nossos).

Do exposto, admite-se que o esquema teórico e dogmático em que se enquadra o direito à saúde é bastante complexo. Apesar do consenso a respeito de sua eficácia e aplicabilidade imediata, há uma específica dificuldade em se definir quais prestações materiais seriam exigíveis do Poder Público em razão da normativa constitucional e infraconstitucional. É nesse âmbito que ganha relevo a atuação judicial, haja vista que é volumosa a quantidade de demandas no Poder Judiciário envolvendo o direito à saúde, questão que será enfrentada no próximo tópico.

2.2 O entendimento do STF em relação ao direito à saúde

Proliferam, no Poder Judiciário, ações cujos autores pleiteiam prestações relacionadas ao direito à saúde. Esse fato decorre não só da dificuldade em se delimitar os limites do conteúdo desse direito, como também da atuação por vezes ineficaz do Poder Público (seja com a destinação de recursos insuficientes para as políticas sanitárias, seja com a má gestão da saúde pública).

O problema da saúde, assim, muitas vezes é colocado perante o gabinete de juízes. A tramitação processual frequentemente alcança o Supremo Tribunal Federal, colocando-se a resolução dessa intricada questão sob a batuta de seus ministros. Diante da significativa quantidade de ações, e da complexidade que as envolvia, o então presidente do STF, Ministro Gilmar Ferreira Mendes, convocou uma audiência pública, que

---

[12] SCHWARTZ. *Direito à saúde*: efetivação em uma perspectiva sistêmica, p. 41.

[13] Art. 3º A saúde tem como fatores determinantes e condicionantes, entre outros, a alimentação, a moradia, o saneamento básico, o meio ambiente, o trabalho, a renda, a educação, o transporte, o lazer e o acesso aos bens e serviços essenciais; os níveis de saúde da população expressam a organização social e econômica do País.

ocorreu nas datas de 27, 28 e 29 de abril e 04, 06 e 07 de maio de 2009. Nos seis dias de debates, foram ouvidas mais de cinquenta pessoas, desde usuários do Sistema Único de Saúde (SUS), passando por médicos, técnicos de saúde, gestores do SUS, até advogados, promotores de justiça, defensores públicos, magistrados e professores.

As ações relacionadas ao direito à saúde envolvem as mais diversas facetas que pode assumir esse direito, como a concessão de medicamentos, de próteses e de tratamentos, a construção de leitos hospitalares e de UTIs, a realização de obras de saneamento básico etc. Como não seria possível, partindo exclusivamente do texto da Constituição e dos demais dispositivos legais atinentes ao tema, definir rigorosamente quais dessas prestações estariam sob o âmbito de eficácia do direito fundamental à saúde, a audiência pública deveria prestar-se a fornecer subsídios que viabilizassem ao Poder Judiciário definir "se, como e em que medida o direito constitucional à saúde se traduz em um direito subjetivo público a prestações positivas do Estado, passível de garantia pela via judicial".[14]

Nesse contexto, consignou o Ministro Gilmar Mendes que o posicionamento definido pelo Supremo Tribunal Federal, levando em conta as informações colhidas por ocasião da audiência pública, teria o condão de erigir critérios mais bem definidos que orientariam as futuras atuações do Poder Judiciário quando estivesse em pauta alguma prestação envolvendo o direito à saúde.

Com efeito, o Ministro Gilmar Mendes lavrou voto em que foram delineadas as diversas *nuances* da questão, sedimentando-se critérios para a concessão judicial da tutela. Esse voto tem sido utilizado corriqueiramente pelo ministro para fundamentar seus posicionamentos, nos processos de sua relatoria.[15] Ainda, diversos ministros exaltaram o entendimento ali firmado, reputando-o como decisão de referência para os demais casos ligados ao direito à saúde e às políticas sanitárias.[16] Assim, dada sua relevância, na sequência o referido voto será analisado sob dois aspectos principais: a delimitação realizada acerca do direito à saúde e os critérios estabelecidos para a concessão da prestação jurisdicional.

2.2.1 Delineamento do direito à saúde

O Ministro Gilmar Mendes realiza minucioso estudo do art. 196 da Constituição, dividindo-o analiticamente em seis elementos: (i) a saúde representa direito de todos; (ii) dever do Estado; (iii) garantido mediante políticas sociais e econômicas; (iv) que visem à redução do risco de doenças e de outros agravos; (v) regido pelo princípio do acesso universal e igualitário; (vi) às ações e serviços para a sua promoção, proteção e recuperação.

O primeiro elemento ("direito de todos"), segundo o ministro, reforça a ideia de que o direito à saúde consignado na Constituição não se resume a mera norma programática — considerá-lo como tal implicaria a abolição de seu conteúdo normativo. Citando

---

[14] Agravo Retido na Suspensão de Liminar nº 47, Relator Ministro Gilmar Mendes (Presidente), Tribunal Pleno, julgado em 17.03.2010.

[15] Cite-se, como exemplo, além da Suspensão de Liminar nº 47, a Suspensão de Tutela Antecipada nº 175, Relator Ministro Gilmar Mendes (Presidente), Tribunal Pleno, julgado em 17.03.2010, e Suspensão de Segurança nº 3.724, Relator Ministro Gilmar Mendes (Presidente), Tribunal Pleno, julgado em 17.03.2010.

[16] Nesse sentido manifestaram-se os ministros Marco Aurélio, Eros Grau, Ayres Britto e Celso de Mello (cf. Suspensão de Liminar nº 47, Relator Ministro Gilmar Mendes (Presidente), Tribunal Pleno, julgado em 17.03.2010).

o Ministro Celso de Mello, o Ministro Gilmar Mendes registra que "a interpretação da norma programática não pode transformá-la em promessa constitucional inconseqüente". Assentado o caráter normativo do mandamento, prossegue o ministro afirmando que o direito à saúde congrega uma dimensão individual (a saúde de cada pessoa não pode ser desassistida pelo Estado) e uma dimensão coletiva (a generalidade das pessoas deve ter acesso às políticas sociais e econômicas de efetivação do direito à saúde).

Diante dessas considerações, o ministro define que não há um direito subjetivo absoluto a qualquer prestação jurisdicional, mas sim um direito público subjetivo a políticas públicas que promovam, protejam ou recuperem a saúde. Nesse sentido, a tutela judicial seria condicionada, *prima facie*, ao não comprometimento do Sistema Único de Saúde como um todo (ou seja, o direito subjetivo individual esbarra no momento em que sua satisfação puder causar transtorno à satisfação do direito à saúde dos demais membros da comunidade).

O segundo elemento ("dever do Estado") explicita que o Estado, em todos os níveis da federação (União, estados, Distrito Federal e municípios), está obrigado a promover as políticas públicas necessárias à concretização do direito à saúde. O art. 23, II, da Constituição estabelece competência comum dos entes da federação para zelar pela saúde. Disso decorre que há responsabilidade solidária entre todos os entes, que poderão figurar no polo passivo das ações em que forem pleiteadas prestações de saúde negadas ou não ofertadas pelo SUS. Igualmente, os recursos que financiarão as ações e serviços de saúde deverão ser provenientes dos orçamentos de todos os entes federativos, além do orçamento da seguridade social e de outras fontes (art. 195, CF).

O terceiro elemento ("garantido mediante políticas sociais e econômicas") ressalta que a concretização do direito à saúde engendra escolhas alocativas, o que deve ser realizado mediante a formulação de políticas públicas. Tais políticas, além de realizarem a distribuição de recursos escassos, permitem o constante repensar das ações e serviços de saúde, tendo em vista a evolução da medicina e os novos desafios que se colocam perante o gestor de saúde (como o aparecimento de novas moléstias, o desaparecimento de outras, o envelhecimento da população etc.).

O quarto elemento ("políticas que visem à redução do risco de doença e de outros agravos") indica a necessidade de serem adotadas atividades preventivas como medidas integrantes da política sanitária. O art. 198, II, da Constituição inclusive alça as medidas preventivas ao patamar prioritário de ação do Estado.

O quinto elemento ("políticas que visem ao acesso universal e igualitário") impõe ao Poder Público que as políticas públicas de saúde sejam formuladas de modo a alcançar a população como um todo. Ainda, a disposição constitucional é reforçada pelo o art. 7º, IV, da Lei nº 8.080/1990, segundo o qual deverá ser garantida a "igualdade da assistência à saúde, sem preconceitos ou privilégios de qualquer espécie".

O sexto elemento ("ações e serviços para a promoção, proteção e recuperação da saúde"), segundo o ministro, é central para a compreensão da efetividade do direito à saúde no Brasil. Isso porque, ressalta o Ministro Gilmar Mendes, grande parte das ações e serviços necessários à adequada satisfação das demandas sanitárias da população já se encontra prevista em políticas públicas. O problema, portanto, estaria no âmbito na inexecução das políticas pelos entes federativos, e não na inexistência de políticas públicas.

Com isso conclui o ministro que a falta de eficácia social do direito à saúde, no Brasil, não é consequência apenas de lacuna normativa. Pelo contrário, a Constituição, bem como leis ordinárias (em especial a Lei nº 8.080/1990 e a Lei nº 8.142/1990), garante uma base jurídica suficiente para a concretização do direito à saúde. A inoperância dos gestores (federais, estaduais ou municipais) é o principal motivo da não efetivação desse direito, o que tem abarrotado o Poder Judiciário com demandas sobre a questão.

A seguir será analisado como o Ministro Gilmar Mendes, a partir de sua análise sobre o direito à saúde, define os critérios que devem orientar os magistrados na solução destes casos. Ressalte-se que os argumentos apresentados foram utilizados pelo próprio ministro para fundamentar sua decisão.

2.2.2 Critérios de concessão da tutela judicial

A partir do contexto esboçado anteriormente, o ministro desenvolveu uma série de critérios para balizar a atuação judicial quando estivesse em jogo alguma pretensão envolvendo o direito à saúde. Deve-se frisar que o ministro estabeleceu tais parâmetros municiado com as informações obtidas na audiência pública realizada, fato destacado pelo membro da Corte Suprema.

Em primeiro lugar, as demandas de saúde foram repartidas em dois grandes grupos segundo o seguinte critério: existência ou não de política pública que abarque a prestação requerida. Caso exista a política pública, a solução apontada é simples: a Administração Pública omissa deverá ser obrigada a prestar a tutela, tendo em vista que a existência de política pública confere um direito subjetivo ao indivíduo. Em caso de omissão administrativa injustificada, portanto, a determinação judicial de concessão da tutela não significa, de modo algum, interferência do Poder Judiciário em esfera alheia à sua competência.[17]

O segundo grupo de casos (aqueles não abarcados por políticas públicas) exige um refinamento maior dos critérios a serem adotados. Tais demandas são subdivididas, pelo ministro, de acordo com a causa de negativa da prestação da tutela pleiteada. São identificadas duas circunstâncias principais: (i) decisão administrativa motivada; (ii) existência de vedação legal.

Quando se tratar de não prestação devido a decisão administrativa motivada (i), dever-se-á atentar para a justificativa apresentada pelo administrador público. São basicamente duas hipóteses: a) a não concessão devido à existência de tratamento alternativo ofertado pelo SUS, comprovadamente eficiente para aquele tipo de caso; b) a não concessão pelo fato de o SUS não dispor de tratamento específico para o caso.

Na hipótese aventada em "a" (existência de tratamento alternativo eficaz), o Poder Judiciário deve orientar-se, em regra, a não conceder prestação diversa àquela oferecida pelo Sistema Único de Saúde. Isso porque a adoção de determinado tratamento médico ou medicamento pelo SUS é sinal de que ele já foi devidamente referendado pela comunidade científica, ou seja, ele mostra-se mais seguro em termos de saúde pública. Por outro lado, o SUS opta, entre os medicamentos ou tratamentos eficazes, por aquele que apresenta a melhor relação custo/benefício. Isso decorre da necessidade de o Poder Público racionalizar a distribuição dos recursos existentes, viabilizando o fornecimento da prestação a um número maior de cidadãos.

---

[17] Esse é o que o professor Luís Roberto Barroso chama de "espaço inequívoco de atuação judicial" (cf. BARROSO, *op. cit.*, p. 20).

Na segunda hipótese (SUS não dispõe de tratamento eficaz para determinado caso), dever-se-á verificar se o tratamento disponível é experimental (de eficácia ainda não comprovada cientificamente) ou se é tratamento novo, ainda não avaliado pelo SUS. Se o tratamento pleiteado pelo paciente for experimental, o Poder Judiciário não deverá conceder a tutela. Isso porque, se o sujeito deseja se submeter a tratamentos cuja eficácia ainda não tenha sido reconhecida, ele deverá inscrever-se no respectivo projeto de pesquisa médica, não sendo razoável exigir que o Estado o custeie ou forneça.

Diversamente, quando se tratar de situação em que existe tratamento cuja eficácia tenha sido chancelada pela comunidade científica, mas que ainda não tenha sido recepcionado pelo SUS, poderá ser concedida a tutela judicial. A evolução do saber médico caminha em ritmo mais acelerado que as burocracias estatais, de modo que não se pode admitir que um obstáculo burocrático represente limitação ao direito à saúde. Vários gestores públicos, de própria iniciativa, reconhecem isto e concedem determinado tratamento, ainda que o SUS não tenha realizado sua avaliação formal.

Consigne-se que o SUS baseia sua atuação na chamada "medicina com base em evidências", havendo todo um regramento legal para que determinado tratamento ou remédio passe a integrar os Protocolos Clínicos e Diretrizes Terapêuticas. Assim, muitas vezes o tratamento/medicamento leva um tempo considerável até ser devidamente aprovado e recepcionado pelo Sistema Único de Saúde. Através da atuação jurisdicional é possível minimizar as barreiras impostas pela burocracia.

Finalmente, há situações em que existe vedação legal ao fornecimento da prestação (ii). Trata-se, sobretudo, da hipótese descrita pelo art. 12 da Lei nº 6.360/1976, que dispõe sobre os procedimentos de vigilância sanitária a que se sujeitam medicamentos, drogas e insumos farmacêuticos. De acordo com tal dispositivo, "nenhum dos produtos de que trata esta Lei, inclusive os importados, poderá ser industrializado, exposto à venda ou entregue ao consumo antes de registrado no Ministério da Saúde".

Ou seja, os produtos que não tenham sido devidamente registrados na ANVISA (Agência Nacional de Vigilância Sanitária) não podem ser fornecidos à população pela Administração Pública. Esta é uma medida imprescindível à proteção da saúde pública, haja vista que o registro só é concedido depois de verificada a eficácia do medicamento. Ainda, a ANVISA também realiza a regulação econômica dos fármacos, de modo que o novo produto somente poderá ser comercializado se seu preço estiver no mesmo padrão daqueles que promovem benefícios semelhantes.

Disso se compreende que o registro na ANVISA é requisito necessário à aferição da segurança e do benefício do medicamento. Mas essa regra não é absoluta. É possível que, em razão da demora na tramitação do pedido de registro, algum cidadão possa ser privado do tratamento sob investigação. Assim, em casos excepcionais, poderá ser relativizada a vedação, concedendo-se a prestação ainda que o medicamento não tenha obtido registro. Mas, reforça o ministro, esta deve ser medida de exceção.

3 A identificação do paradigma de controle judicial

O estudo realizado até aqui teve por escopo apresentar os contornos constitucionais do direito fundamental à saúde (item 2.1), bem como descrever como o Supremo Tribunal Federal tem enfrentado as demandas que envolvem este direito (item 2.2).

A partir deste ponto, o trabalho terá como objetivo promover uma análise crítica do entendimento que tem sido consolidado naquela Corte. Para isso, serão adotadas, principalmente, as construções teóricas de Lucas S. Grosman (item 3) e de Cass R. Sunstein (item 4), conforme se verá a seguir.

3.1 Três paradigmas de controle judicial

Lucas S. Grosman, no livro *Escasez e igualdad: los derechos sociales en la Constitución*, busca delinear as situações em que o Estado tem o dever de ofertar uma prestação positiva para concretizar um direito social plasmado pela Constituição. Sua referência é o texto constitucional da Argentina, o que não diminui a fertilidade de sua obra para a análise de ambientes diversos — realizadas as devidas contextualizações, naturalmente.

O referido autor parte de uma premissa: a escassez de recursos é um fato que não pode ser negado. Contudo, essa realidade não é suficiente para se concluir que a efetivação de direitos sociais pode ser negada, indistintamente, com base em suposta reserva de caixa financeiro. Assim, Grosman desenvolve um raciocínio que permite balizar a atividade de distribuição de recursos pelo Estado — isso se mostra fundamental, notadamente para definir o âmbito legítimo de intervenção judicial nas escolhas alocativas operadas pelo Poder Executivo e pelo Poder Judiciário.

Para o presente estudo, é frutífera a distinção que o autor faz a respeito das ações judiciais que versam sobre direitos sociais (e que, por conseguinte, têm potencial para gerar decisões de cunho redistributivo). Os casos são agrupados no que Grosman chama de "paradigmas de controle judicial", que correspondem ao paradigma do abuso, paradigma da inclusão e paradigma da escassez. Cada um deles reclama uma atuação específica dos magistrados.

O paradigma do abuso compreende os casos em que o Poder Judiciário deve reprimir a atuação estatal que importe na violação de direitos individuais.[18] São exemplos de casos alocados nesse paradigma: a tortura promovida pelo Estado, a perseguição política, a censura realizada sobre os meios de comunicação, os impostos confiscatórios etc. Nessas situações a escassez não possui qualquer relevância normativa, vale dizer, o Estado não pode alegar falta de recursos como argumento válido de defesa perante o Poder Judiciário. Igualmente, os juízes não precisam se preocupar com a repercussão orçamentária que decorrerá de eventual condenação do Poder Público.

De qualquer forma, ressalte-se que, ainda que seja possível o Estado alegar que o abuso por ele cometido tenha causa na falta de recursos (por exemplo, se dispusesse de mais recursos poderia preparar e aparelhar melhor a polícia, que assim não torturaria), esta não será uma justificativa válida. Apesar de este paradigma ser de grande importância, deve-se fazer a ressalva de que não é o único (ou seja, há casos judiciais em que a escassez assume peso normativo).[19]

O segundo grupo de casos, agrupados sob o paradigma da inclusão, corresponde às situações em que o Estado já tem estruturado determinado órgão ou entidade (estruturas protetoras), dotados de recursos financeiros suficientes, que se destinam à realização de algum direito garantido pela Constituição. Nesse paradigma, a atuação judicial tem

---

[18] GROSMAN. *Escasez e igualdad*: los derechos sociales en la Constitución, p. 37.

[19] GROSMAN, *op. cit.*, p. 38.

o fim de evitar que o Poder Público exclua ilegitimamente algum indivíduo do alcance da prestação. São estruturas desse tipo: o sistema judicial, o sistema eleitoral, o sistema de educação, o sistema de seguridade social etc.[20]

Nas ações judiciais que envolvem estes casos, assim como no paradigma do abuso, não se admite seja invocada a escassez de recursos como justificativa estatal válida para a negativa de consecução da atividade (exclusão de determinado cidadão do âmbito de tutela do direito). Certamente a quantidade de recursos destinada pelo Estado ao órgão ou entidade será determinante para a sua capacidade de ação. Entretanto, para que o caso seja situado no paradigma da inclusão, o respectivo ente deve dispor de fundos suficientes para proteger os direitos que não foram devidamente tutelados. Havendo estrutura protetora e recursos dotados para a proteção do direito, não poderá o Estado valer-se do fundamento de que lhe faltou reserva financeira para justificar sua inação. Assim, os juízes poderão conceder a tutela sem com isso realizar qualquer atividade redistributiva.

O paradigma da inclusão enquadra, notadamente, os casos em que pessoas ou grupos de pessoas são excluídos de alguma estrutura estatal protetora. Mas deve-se ter o cuidado de não reduzir esse paradigma às situações em que a exclusão ocorre por motivos discriminatórios. O paradigma é mais amplo que isso. Vale dizer, não é necessário existir uma finalidade discriminatória na ação estatal para que o caso seja abarcado pelo paradigma da inclusão. Em suma, é estritamente objetivo o critério para a alocação de determinada hipótese sob o paradigma em comento (qual seja, a exclusão de determinado sujeito de uma estrutura protetora estatal, mesmo havendo capacidade para incluí-lo). Dito em outras palavras, não é relevante a presença de qualquer elemento subjetivo (dolo, negligência etc.) na conduta para caracterizar a rotulação.[21]

Se, por outro lado, a concessão de determinado benefício social excede a capacidade da estrutura protetora, o referencial analítico deve ser modificado. Assim, supera-se o paradigma da inclusão, adentrando-se no paradigma da escassez. Regra geral, as ações envolvendo direitos sociais são albergadas sob este paradigma, tendo em vista que a concessão de determinada prestação a um indivíduo pode implicar a negação desse mesmo benefício a outro (em razão da escassez de recursos disponíveis). A função dos magistrados, nesses casos, deve ser a de garantir que a distribuição de recursos operada pelos governantes não seja incompatível com as prescrições da Constituição.[22]

O paradigma da escassez situa-se nas hipóteses em que se está diante de bens escassos, ou seja, bens que não podem satisfazer todos os indivíduos que pretendem ter acesso a eles. Desse modo, não se pode dizer, *a priori*, que a não concessão de determinada tutela resulta numa atitude inconstitucional do Estado. Será verificada lesão ao texto constitucional quando a decisão distributiva dos agentes públicos mostrar-se incompatível com ele. O paradigma da escassez, portanto, não é autossuficiente: para resolver os casos sob este rótulo, é necessário recorrer aos valores consignados na própria Constituição. São esses valores que dão conteúdo ao paradigma da escassez.[23]

---

[20] GROSMAN, *op. cit.*
[21] GROSMAN, *op. cit.*, p. 39.
[22] GROSMAN, *op. cit.*, p. 40.
[23] GROSMAN, *op. cit.*

É justamente a necessidade de se valer de um elemento externo o traço que distingue o paradigma da escassez dos demais paradigmas. Nos paradigmas do abuso e da inclusão, as escolhas alocativas estão fora de pauta. A simples conduta abusiva ou excludente é determinante para balizar a atuação judicial. Nos casos sob o paradigma da escassez, é necessário definir um critério adicional, a partir da Constituição. É justamente sob a perspectiva de um parâmetro constitucionalmente fundamentado que se pode definir se a distribuição de recursos realizada pelo Estado foi constitucional.[24]

Para realizar uma primeira análise da decisão do Supremo Tribunal Federal bastam as informações trazidas até aqui. Posteriormente a essa aproximação inicial, o presente trabalho realizará um desdobramento maior, de modo a desenvolver uma reflexão que colabore com a identificação dos parâmetros, a partir da Constituição Federal de 1988, que possam auxiliar o Poder Judiciário a decidir as ações de saúde que estejam sob o paradigma da escassez.

3.2 Os paradigmas de controle judicial e o entendimento do STF

O arcabouço teórico apresentado no tópico anterior pode ser usado como parâmetro de avaliação do hodierno posicionamento do Supremo Tribunal Federal em relação ao direito à saúde. Convém ressaltar, preambularmente, que os casos envolvendo esse direito podem ser enquadrados em qualquer dos três paradigmas apresentados anteriormente.

Por exemplo, é possível entender que o tratamento oferecido à população em diversos hospitais públicos é de natureza degradante, o que viola uma garantia individual plasmada no art. 5º, inciso III, da Constituição.[25] Esses casos seriam enquadrados no paradigma do abuso, legitimando a intervenção do Poder Judiciário para determinar que o Estado adote as medidas necessárias para que essa conduta abusiva seja cessada.[26]

De outro lado, considerando a situação hipotética em que o Ministério da Saúde adote um critério de distribuição de medicamentos que privilegie as regiões Sul e Sudeste, acarretando carência deste remédio nas demais regiões do país, estar-se-á diante de caso pertencente ao paradigma da inclusão. Não é lícito ao Estado excluir determinados indivíduos, ou grupos de indivíduos, do âmbito de alcance das estruturas protetoras (criadas pelo próprio Estado para promover direitos dos cidadãos).

---

[24] Lucas Grosman adota a noção de "igualdade estrutural de oportunidades" como critério para avaliar se a escolha distributiva do governo foi ou não constitucional (o autor fundamenta a escolha desse critério com base na própria Constituição argentina; não se trata, portanto, de eleição arbitrária, mas devidamente fundamentada). Superficialmente, por este critério a escolha alocativa feita pelo Estado será constitucional quando contribuir para que a estrutura social seja modificada, permitindo que as pessoas possam disputar em pé de igualdade (ou o mais próximo disso) as oportunidades de satisfação de seus desejos pessoais. Para uma análise aprofundada, cf. GROSMAN, *op. cit.*, p. 65-94.

[25] Art. 5º [...] III - ninguém será submetido a tortura nem a tratamento desumano ou degradante.

[26] De forma pioneira, a concepção de que o art. 5º, III, da CF configuraria norma atinente ao direito à saúde foi apresentada pelo Professor Doutor Romeu Felipe Bacellar Filho, Titular de Direito Administrativo da Universidade Federal do Paraná. Tal dispositivo geralmente é utilizado na esfera penal, em referência ao crime de tortura (Lei nº 9.455/97), ou em relação à execução penal (quando se argumenta que determinado presídio não apresenta condições dignas para o cumprimento da pena privativa de liberdade). Por ocasião do concurso para provimento do cargo de Professor Titular de Direito Administrativo da UFPR, em 08 de junho de 2010, durante a prova didática e de defesa da produção intelectual, o Professor Bacellar Filho refletiu sobre a vedação, imposta à Administração Pública, de que seja dispensado aos usuários dos serviços públicos de saúde tratamento que pudesse configurar-se como desumano ou degradante (violando, assim, o art. 5º, III, da CF).

Neste caso, a atuação judicial determinaria ao Poder Público que os critérios fossem modificados, eliminando-se a exclusão de determinadas regiões.

Ateste-se, de qualquer forma, que em ambos os casos exemplificativos apresentados a escassez de recursos não é normativamente relevante, vale dizer, não pode o Estado justificar o abuso ou a exclusão em suposta incapacidade financeira. Isso porque não se está diante de bens escassos, mas sim de condutas inconstitucionais do Poder Público (seja na destinação de recursos insuficientes ao hospital, seja na adoção de critérios desproporcionais para realizar a distribuição de medicamentos). Ainda que, para melhorar a estrutura do hospital público sejam necessários recursos financeiros, o Estado não poderá alegar a escassez como motivo do tratamento degradante oferecido em sua rede hospitalar (ele deverá remanejar os recursos, e não se escusar na falta deles).

Diversamente, o paradigma da escassez está presente quando, por exemplo, determinado cidadão, portador de doença rara, ajuíza ação demandando que o Estado custeie integralmente seu tratamento, que deveria ser realizado em outro país ao custo de elevada soma em dinheiro. Nesse caso, ainda que haja uma estrutura protetora criada pelo Estado (hospitais públicos e política de medicamentos, por exemplo), os recursos ordinários por ela recebidos não são capazes de abranger o tratamento necessário para a doença daquele paciente. Assim, a escassez de recursos adquire relevância normativa, porquanto a concessão dessa tutela pelo Estado implicaria a retirada de recursos de outra esfera também protegida pelo Poder Público. Para definir se a conduta omissiva do Estado (negativa do tratamento) é inconstitucional, o magistrado deverá fundamentar sua decisão em algum elemento externo ao próprio caso (ou seja, não basta a mera conduta em si), mas ainda assim a partir da Constituição.

Retomando a posição do Supremo Tribunal Federal, a primeira grande divisão realizada para agrupar os casos foi a partir da existência, ou não, de política pública para a prestação requerida. Em caso positivo (existência de política pública), bastaria ao Poder Judiciário determinar que a política fosse efetivamente implantada. Considerando o aporte teórico utilizado, tais casos seriam incluídos no paradigma da inclusão: se o próprio Estado se comprometeu a efetivar o direito, criando para isso não só uma estrutura protetora, mas também uma política pública específica, a prestação pleiteada não poderá ser negada por suposta falta de recursos. Nesses casos, entendeu o Supremo, a alegação de escassez não é relevante para a decisão.

O segundo grupo de casos, aqueles não abarcados por políticas públicas, foi subdivido pelo Ministro Gilmar Mendes em (i) negativa de prestação motivada administrativamente e (ii) existência de vedação legal à atuação do Poder Público.

Na primeira situação (negativa de prestação motivada), o STF entendeu que deve ser privilegiado o tratamento oferecido pelo Sistema Único de Saúde, de modo que, se o autor da ação pleiteia tratamento diverso sem demonstrar que aquele ofertado pelo SUS é ineficiente para seu caso, a tutela judicial não deve ser deferida. Assim, o Supremo presta deferência às escolhas realizadas pelos Poderes Executivo e Legislativo, restando claro que a atuação do Estado não foi nem abusiva nem excludente (o que ensejaria uma atuação judicial).

Semelhante é o entendimento que se aplica quando a não prestação da tutela de saúde decorre de existência de vedação legal (como, por exemplo, a impossibilidade de a Administração Pública fornecer medicamentos não registrados na ANVISA). Também nessa hipótese o Supremo Tribunal Federal entendeu que não há abuso nem exclusão na conduta do Estado, de modo que deverá ser prestada deferência ao Poder Legislativo (que definiu a vedação mediante lei) e à Administração Pública (que se recusa a fornecer o medicamento, respaldada em determinação legal).

Note-se que o STF entende que, se o medicamento não tiver sido autorizado em razão de entraves burocráticos (como a demora na tramitação do pedido de registro), o Poder Judiciário poderá conceder a tutela. Não se trata de intervenção indevida, tendo em vista que, como a Administração Pública ainda não se manifestou a respeito da eficácia do remédio, o Poder Judiciário não pode prestar deferência à sua escolha (pelo registro ou não). Assim, é lícito ao magistrado avaliar se é caso de concessão da tutela.

Situação diversa é quando o registro não é concedido em razão de motivos escusos (como, por exemplo, perseguição política ao fornecedor do medicamento). Nessas situações, se comprovado, estar-se-á diante do paradigma do abuso, quando uma atuação arbitrária do Estado veda o exercício das liberdades do indivíduo — na hipótese, a possibilidade de acesso ao medicamento.

Para esses casos, parece não haver críticas ao entendimento esposado pelo Supremo Tribunal Federal. Deveras, os ministros demonstraram real preocupação com o problema da saúde pública brasileira (fato evidenciado até mesmo com a convocação de uma audiência pública para debater o tema), esclarecendo que as decisões distributivas realizadas pelos gestores merecem, ao menos em princípio, ser respeitadas (ou seja, foi bem delineado o âmbito de legitimidade de intervenção do Poder Judiciário).

Lacunar foi a abordagem realizada pelo Tribunal em relação aos casos em que o Sistema Único de Saúde não oferece tratamento eficaz para determinada doença. Nessa situação, o STF entendeu que a tutela judicial não será concedida se o tratamento pleiteado for de natureza experimental (novamente prestando deferência à escolha do legislador infraconstitucional, que estruturou o SUS a partir da chamada "medicina com base em evidências").

O ponto fulcral a ser analisado é quanto aos tratamentos reconhecidos pela comunidade científica, mas que não são oferecidos pelo SUS. Nesses casos, o Supremo Tribunal Federal entendeu ser possível a concessão da tutela judicial, mas não foram estabelecidos parâmetros para tanto. Isso permite que sejam avaliados da mesma forma tratamentos simples e complexos, que exigem o dispêndio de uma quantidade significativa de recursos. Vale dizer, a não delimitação de um critério que funcione de parâmetro para avaliar a constitucionalidade da negativa de prestação do tratamento pelo Estado faz com que os diversos casos envolvendo o direito à saúde sejam enquadrados no paradigma da inclusão, quando, em verdade, vários deles deveriam ser situados no paradigma da escassez.

A indicação topológica do caso (se situado no paradigma da inclusão ou da escassez) não tem repercussão meramente teórica ou conceitual. Muito pelo contrário. Compreender, ainda que implicitamente, que uma situação se enquadra no paradigma da inclusão significa que a conduta (omissão de fornecimento da prestação) deverá ser avaliada em si, mostrando-se irrelevante o problema da escassez. Situando quase a totalidade dos casos no paradigma da inclusão, o STF tem utilizado a mesma fundamentação para conceder a tutela judicial de saúde, seja na hipótese de determinar que o Estado promova melhorias gerais em hospital público que se encontra em situação precária,[27] seja na hipótese em que é deferido tratamento no valor de R$920.000,000 (novecentos e vinte mil reais) anuais a uma única pessoa.[28]

Em ambos os casos o Tribunal entendeu que a omissão do Estado, ao não realizar adequada manutenção do hospital ou não fornecer determinado medicamento, era por si só inconstitucional, ensejando a condenação do Poder Público sem que fosse debatida a consequência distributiva que poderia haver em ambos os casos. Considerando as lições de Lucas Grosman, é de se admitir que a decisão que impõe a realização de melhorias em hospital público que se encontra em situação precária realmente esteja localizada no paradigma da inclusão (ou mesmo do abuso, a depender das condições do hospital).

É possível afirmar, sem grande esforço, que a omissão estatal nesse caso gera danos contínuos à saúde pública. Ainda, é de se presumir que o município que construa um hospital deve destinar recursos suficientes para a sua adequada manutenção. Ou seja, existe a estrutura protetora e existe (ou deveria existir) dotação orçamentária para a prestação da tutela. Nessa situação, portanto, não se admite a alegação da escassez como fundamento de justificação do Estado para sua omissão. Este simples fato (existência de hospital em situação precária) parece suficiente para se determinar que o Poder Judiciário adote as medidas necessárias para cessar o problema.

Contudo, essa hipótese não parece ser idêntica àquela em que o Estado é condenado a fornecer tratamento de saúde caríssimo a uma única pessoa. E, ressalve-se desde já, isso não quer dizer que a tutela judicial não deveria ter sido concedida. Apenas está-se dizendo que ambos os casos não deveriam ser tratados da mesma forma, como de fato foram. Com efeito, ao conceder uma tutela judicial dessa natureza (medicamento de alto custo), o problema da escassez não pode ser olvidado. E, situando o caso no paradigma da escassez, a postura dos ministros deveria ser diversa: não bastaria a mera conduta estatal em si (a não concessão do medicamento), sendo necessário que o Tribunal definisse algum parâmetro externo (constitucionalmente referendado) que autorizasse a intervenção judicial. Na sequência do trabalho este debate será aprofundado.

4 O direito à saúde e a busca por um princípio de interpretação da Constituição

4.1 A necessidade de definição de um princípio interpretativo

O Professor Marcelo da Costa Pinto Neves já alertou para a possibilidade de atuação muitas vezes aleatória do Supremo Tribunal Federal. De acordo com o doutrinador, o problema "reside no fato de que a decisão e os argumentos utilizados para fundamentá-la tendem a limitar-se ao caso concreto *sub judice*, mas não oferecem critérios para que se reduza o 'valor surpresa' das decisões de futuros casos".[29]

No caso do direito à saúde esta é uma questão emblemática. Isso porque não é suficiente a alegação de que o direito à saúde está sendo violado. Nos casos que envolvem uma redefinição de prioridades de investimento estatal (rotulados sob o paradigma

---

[27] Suspensão de Liminar nº 47. Relator Ministro Gilmar Mendes (Presidente). Tribunal Pleno, julgado em 17.03.2010.

[28] Suspensão de Tutela Antecipada nº 361. Relator Ministro Cezar Peluso (Presidente). Tribunal Pleno, julgado em 23.06.2010.

[29] NEVES. *Entre Hidra e Hércules*: princípios e regras constitucionais como diferença paradoxal do sistema jurídico, p. 198.

da escassez), é necessário que esteja claro o critério que norteia o Poder Judiciário para definir que a conduta questionada é inconstitucional. Em outras palavras, com um critério mais rigoroso é possível determinar com maior clareza qual o conteúdo, a extensão do direito à saúde. Isso tornaria a intervenção judicial mais legítima e coerente. E, caso o critério seja considerado ilegítimo, o debate com a sociedade poderá ser realizado de modo mais transparente.

A ausência de um parâmetro faz com que, diante de casos que envolvam situações de escassez (como as ações que demandam medicamentos de alto custo), os ministros promovam ponderações *ad hoc*, como aponta Marcelo Neves.[30] Vale dizer, como não há definição quanto aos critérios de atuação, o Tribunal sopesa princípios de maneira casuística, valendo-se de maneira nem sempre precisa da técnica de ponderação ensinada, notadamente, por Alexy.[31] Ou seja, por vezes guiados por particularismos, e principalmente em situações que envolvem potenciais efeitos imediatos (como o são, via de regra, os casos envolvendo a saúde em geral, e o fornecimento de medicamentos, em especial), os magistrados decidem cada caso de maneira específica, sustentando sua posição em uma suposta ponderação de valores.

O principal efeito deletério ocasionado por essa postura é o de não se definir a extensão do direito à saúde assegurado constitucionalmente. Disso decorrem dois problemas mais notórios: (i) atuação titubeante do Poder Judiciário, nos diversos níveis de jurisdição, em relação às possibilidades de concretização judicial desse direito; e (ii) ausência de critérios mínimos orientadores da Administração Pública no momento de formulação das políticas sanitárias.

Quanto ao primeiro problema (i), é de se notar que diversos ministros exaltaram o entendimento firmado pelo Ministro Gilmar Mendes, reputando-o como norteador dos demais órgãos judiciais nos casos envolvendo o direito à saúde. Ocorre que, a partir das reflexões e dos argumentos aduzidos no voto supra-analisado, um vasto leque de questões permanece não respondido, justamente por não se ter estabelecido um critério que permitisse avaliar, de maneira mais coerente, a possibilidade de concreção judicial do direito à saúde.

Ademais, e esse é outro dado a ser destacado, os fundamentos daquela decisão voltam-se, quase exclusivamente, às questões envolvendo a concessão, via judicial, de medicamentos e tratamentos de saúde individuais. Ora, evidentemente os problemas sanitários não se resumem a esses pontos. Como exemplo, veja-se que é reconhecido pelos ministros que as medidas preventivas devem ser prioritárias nas políticas públicas (*vide* item 2.2.1 deste trabalho), mas na sequência não se discute como isso deve ser implementado pelo Poder Público, nem quais parâmetros devem guiar os magistrados para sopesar eventual embate entre medidas preventivas e medidas curativas.

Diante desse quadro, verifica-se uma enorme pluralidade de posições adotadas pelos diversos órgãos do Poder Judiciário. Se por um lado é pacífica (e praticamente

---

[30] NEVES, *op. cit.*, p. 200-201.

[31] O próprio Ministro Gilmar Mendes cita, na decisão aqui analisada (SL nº 47), as lições de Robert Alexy a respeito da técnica de ponderação. Contudo, em razão do objetivo do presente trabalho, não será possível aprofundar esta problemática, razão pela qual remete-se ao estudo feito pelo próprio Marcelo Neves a respeito da utilização, pelo Supremo Tribunal Federal, da técnica de ponderação: NEVES, *op. cit.*, p. 196-218. Ainda, para uma investigação aprofundada sobre o tema, cf. ALEXY. *Teoria de los derechos fundamentales* e ALEXY. *La construcción de los derechos fundamentales*.

unânime) a possibilidade de concessão judicial de medicamentos, há grande controvérsia quanta à intervenção em outros âmbitos relativos à saúde, como, por exemplo, a determinação de que o Estado promova melhorias em hospitais públicos. Da mesma forma que o STF já decidiu pela viabilidade da condenação do Poder Público à construção de novos leitos hospitalares,[32] nos demais órgãos essa possibilidade está longe de ser tranquila.[33] Por que está incluído no direito à saúde o fornecimento de medicamentos pelo Poder Público, mas não está o atendimento digno em hospitais da rede pública? Esse contraste de posições decorre justamente da ausência de um critério norteador da atuação judicial na área da saúde.

O outro problema aventado (ausência de critérios mínimos orientadores da Administração Pública na formulação das políticas sanitárias) também decorre da ausência de uma postura mais uniforme por parte do Poder Judiciário. Não se alega, com isso, que são os magistrados que devem comandar as decisões políticas dos administradores. Contudo, dentro do arcabouço institucional brasileiro, a Justiça tem um papel relevante na definição do conteúdo da Constituição, sobretudo o Supremo Tribunal Federal. Tanto é assim que o próprio STF já consolidou a possibilidade de intervenção em políticas públicas quando a atuação da Administração não é suficiente para concretizar os ditames constitucionais.[34]

Na área do direito à saúde essa questão se torna relevante. Por se tratar de direito social que demanda uma série de prestações estatais para ser efetivado (conforme demonstrado no ponto 2.1 deste trabalho), nota-se uma grande dificuldade em se determinar quais dessas prestações seriam abrangidas pelo direito à saúde. Apesar de o legislador e o administrador buscarem implementar medidas de satisfação das necessidades da população, ainda assim o tema se mostra controvertido, razão pela qual é enorme o volume de ações judiciais sobre a matéria.

Desse modo, se o STF admite a possibilidade de intervenção judicial quando o Estado não promove as políticas públicas necessárias, é imperioso que o próprio Poder Judiciário tenha claro o liame que separa o adimplemento do inadimplemento do seu dever de concretização do direito à saúde. Se o assunto estivesse satisfatoriamente pacificado, o próprio administrador público saberia os contornos que obrigatoriamente devem alcançar as políticas sanitárias.

Os principais atores na efetivação do direito à saúde devem ser o legislador e o administrador público, haja vista que lidam de maneira incondicionada com os problemas sociais, e não apenas mediante provocação. Entretanto, diante do cenário complexo da realidade brasileira, que ainda apresenta índices precários de satisfação desse direito, a atuação do Poder Judiciário mostra-se indispensável para que os demais Poderes assumam o compromisso de efetivar a Constituição, quando estes se mostrarem omissos. Tal obrigação encontra-se inclusive determinada pelo texto constitucional.[35]

---

[32] Como, por exemplo, no Agravo de Instrumento nº 734.487, Relatora Ministra Ellen Gracie, Segunda Turma, julgado em 03.08.2010.

[33] Como, por exemplo, o seguinte julgado do Tribunal de Justiça do Paraná: "O Poder Judiciário não pode invadir a área de atuação do Poder Executivo, determinando a realização de atos administrativos na condução de hospital, inclusive com contratação de pessoal especializado e equipamentos necessários, porque se assim fora, implicaria em se afastar da sua missão de julgar, para de forma exorbitante, passar a administrar" (TJPR. 5ª C. Cível. AI nº 0615341-1, Paranaguá. Rel.: Des. Rosene Arão de Cristo Pereira. Unânime. J. 24.08.2010).

[34] Por exemplo, no Recurso Extraordinário nº 607381, Relator Ministro Luiz Fux, Primeira Turma, julgado em 31.05.2011.

[35] Sobre a temática das omissões do Estado em matéria de direitos fundamentais, cf. HACHEM. *Mandado de injunção e direitos fundamentais.*

Como alerta Grosman, se os tribunais não definem um critério para sua atuação nos casos do paradigma da escassez, desemboca-se em um vácuo de justiciabilidade, quando nem os demais órgãos judiciais nem os administradores têm ciência dos limites alcançados pelo respectivo direito social. Nesse contexto, segundo o doutrinador, o Poder Judiciário acaba por adotar, ainda que implicitamente, o critério da "ordem de chegada", quando o acesso ao direito assegurado pela Constituição depende da habilidade de cada indivíduo de acessar os tribunais em tempo oportuno.[36]

4.2 Construindo um critério de delimitação do direito à saúde

4.2.1 Fixação de um princípio interpretativo: a democracia deliberativa

Como exposto anteriormente, é imperioso que se estabeleçam parâmetros que orientem a atuação dos tribunais na concessão de tutelas que perpassem o direito à saúde. Certamente este não é o espaço para se esgotar a matéria, que exige um árduo esforço argumentativo. Contudo, em modestas páginas é possível contribuir para o debate a partir de algumas ideias que serão a seguir apresentadas. E nesse intento é proveitosa a obra de Cass R. Sunstein, notadamente o livro *A Constituição parcial*.

Uma lição inicial de Sunstein é quanto ao método de se interpretar a Constituição. Ressalta o autor que qualquer sistema de interpretação deve levar em conta três elementos básicos: texto, estrutura e história.[37]

O texto da Constituição jamais pode ser desprezado na atividade interpretativa. Mas isso não se trata de mero dogma; pelo contrário, exigir-se que os magistrados permaneçam adstritos ao texto constitucional representa importante mecanismo de contenção de eventuais decisões arbitrárias. Os próprios dispositivos inseridos na Carta Magna impõem limites às possibilidades de interpretação. Contudo, ressalta o próprio Sunstein, sua redação frequentemente mostra-se aberta o suficiente para inviabilizar a extração de uma orientação inequívoca. Assim, é necessária a construção de princípios interpretativos que permitam delimitar o alcance da Constituição.[38]

A estrutura constitucional pode auxiliar na construção de um princípio interpretativo. Vale dizer, os dispositivos insertos na Carta não devem ser lidos isoladamente, mas sim à luz uns dos outros. Isso contribui para a coerência e a racionalidade do Direito Constitucional. Mas a leitura estrutural também apresenta limites, principalmente na medida em que é possível a existência de dispositivos conflitantes dentro da mesma Constituição.[39]

Cientes das possibilidades e dos limites do texto e da estrutura constitucionais, Sunstein admite como sendo razoável voltar os olhos à própria história em que o intérprete se encontra inserido. Ou seja, quando as lacunas textuais e estruturais da Constituição dificultam sua interpretação, parece adequado considerar o entendimento histórico que pode ser atribuído ao texto. Certamente há limites à utilização da história nos estudos do direito constitucional, quer dizer, o intérprete da Constituição não está adstrito ao que pensava o constituinte originário; pelo contrário, a história se mostra útil

---

[36] GROSMAN, *op. cit.*, p. 63.
[37] SUNSTEIN. *A Constituição parcial*, p. 150.
[38] SUNSTEIN, *op. cit.*, p. 151.
[39] SUNSTEIN, *op. cit.*, p. 152.

somente na medida em que possa contribuir para o aperfeiçoamento da operatividade da democracia constitucional, considerando os tempos atuais.[40]

De qualquer forma — e talvez aqui resida o cerne da lição apresentada —, a utilização desses elementos não exaure a atividade interpretativa. O intérprete, ao utilizá-los, certamente partirá de dimensões valorativas próprias. Contudo, as suas valorações deverão ser justificadas com base em princípios interpretativos substantivos (que não se fundamentam apenas no texto da Constituição, exigindo uma fundamentação política). Nas palavras de Sunstein:

> A busca por justificações não será completamente desregrada ou inatingível; não seria meramente "o que o juiz pensa". Sempre haverá (por boas razões) um compromisso proeminente de fidelidade ao texto, estrutura e história, e esses disciplinarão a investigação. Porém, a disciplina não é uma camisa de força. Pessoas razoáveis divergirão, e, para solucionar tais diferenças que restam, os princípios interpretativos devem ter outra fonte.[41]

A partir disso, resta claro que não há como se amparar exclusivamente no texto, na estrutura e na história para definir princípios interpretativos. Estes requerem uma defesa com argumentos substantivos, que invariavelmente terão natureza política — não há neutralidade na interpretação da Constituição. Sunstein então propõe, justificadamente, que os princípios interpretativos devem ser provenientes do compromisso geral com o funcionamento adequado da democracia deliberativa (o que ele faz a partir do texto, da estrutura e da história da Constituição norte-americana).[42] Contudo, apesar dos pontos de partida diferentes, é possível aproveitar as lições do autor norte-americano, com as devidas contextualizações.[43]

De maneira sintética, a democracia deliberativa é calcada na valorização da deliberação política, que deve ser empreendida pelos cidadãos. E, de forma geral, os direitos são estabelecidos como precondições para o fortalecimento do processo deliberativo (ainda que, por diversas vezes, os direitos sejam resultado da deliberação política). Da valorização da deliberação política, afirma Sunstein, decorrem três compromissos complementares: a cidadania, o acordo como ideal regulatório e a igualdade política.[44] Como neste momento não seria possível discorrer aprofundadamente sobre cada um deles, serão ressaltados aqueles elementos que parecem úteis ao desenvolvimento de um princípio interpretativo adequado à realidade constitucional brasileira.

É possível utilizar a noção de democracia deliberativa como fonte de princípios interpretativos da Constituição Federal de 1988. Há vários dispositivos que plasmam, no texto constitucional, a relevância do elemento democrático na construção da sociedade brasileira.[45] Como afirma a Professora Eneida Desiree Salgado, a Constituição de

---

[40] SUNSTEIN, *op. cit.*, p. 152-153.

[41] SUNSTEIN, *op. cit.*, p. 153-154.

[42] Importante deixar claro que outros autores propõem critérios diversos (nem sempre conflitantes) para delimitar os limites de intervenção judicial na atividade interpretativa da Constituição, o que é realizado, por esses pensadores, também com bons argumentos. Como exemplo, citem-se: VELASCO ARROYO. *Teoría discursiva del derecho*; FERRERES COMELLA. *Justicia constitucional y democracia*; DORF; TRIBE. *Hermenêutica constitucional*; ELY. *Democracia e desconfiança*.

[43] SUNSTEIN, *op. cit.*, p. 169 *et seq.*

[44] SUNSTEIN, *op. cit.*, p. 172.

[45] Desde o preâmbulo, passando pelo art. 1º, *caput* e §1º, até o art. 198, II (que determina a gestão democrática como uma das diretrizes do Sistema Único de Saúde). Isso para ficar em apenas poucos exemplos.

1988 estabeleceu um verdadeiro projeto democrático para o Brasil. E, como ressalta a autora, não se trata de mera democracia formal, ou seja, a Constituição determina a democratização do próprio Estado brasileiro, que deverá diminuir, de forma progressiva, a distância entre governantes e governados.[46]

A democratização da esfera pública operada pela Constituição relaciona-se com a própria história do Brasil. Depois de vários anos sob regime ditatorial, a ordem, no final da década de 1980, era a de ampliar todas as possibilidades de participação popular na gestão da coisa pública brasileira. Não apenas democracia formal, mas sim democracia material, sob o viés de democracia deliberativa, ou seja, os próprios cidadãos inseridos nas estruturas de decisão do Estado.[47]

A partir de uma rápida leitura do contexto político-constitucional brasileiro é possível admitir a democracia deliberativa como vetor, como princípio interpretativo da Constituição Federal. Significa dizer, quando as disposições constitucionais não puderem ser interpretadas a partir de sua própria redação, é admissível recorrer à ideia de democracia deliberativa para que seja extraído o conteúdo da Constituição.

A escolha da democracia deliberativa como princípio interpretativo não é simplesmente dogmática. Há fundamentos substantivos para isso, sobretudo para a interpretação do alcance dos direitos sociais consignados no texto constitucional, entre os quais figura o direito à saúde. Essa espécie de direito, como já apresentado no tópico 2.1 deste trabalho, tem um conteúdo de difícil delimitação, havendo grande controvérsia no meio judicial para se definir até que ponto é lícito ao Poder Judiciário determinar que alguma prestação deve ou não ser garantida pelo Estado. Diante dessa complexidade, o compromisso geral com a democracia estabelecido pela Constituição funciona como critério de atuação do magistrado.

Note-se que o direito à saúde representa não somente um resultado do exercício da democracia (ao ser inserido no texto constitucional pelo constituinte originário), mas também uma verdadeira precondição para o seu adequado funcionamento. Essa é uma primeira aproximação do princípio interpretativo proposto: o direito à saúde deve alcançar, ao menos, um patamar que garanta aos cidadãos tomar parte nos processos decisórios do Estado. O direito à saúde, sob esse viés, é verdadeiro pré-requisito para a viabilização da cidadania (o primeiro pilar da deliberação política apresentado por Sunstein).

Conectada à ideia de cidadania está a disponibilização, pelo Poder Público, de condições que assegurem a igualdade política (segundo pilar da deliberação política). Sunstein aponta a igualdade política como uma *oposição ao sistema de castas*, ou seja, as políticas de Estado devem ser voltadas à equalização da sociedade como um todo, o que, aliás, está expressamente registrado na Constituição Federal de 1988 como objetivo fundamental da República (art. 3º, III).[48]

---

[46] SALGADO. *Constituição e democracia*: tijolo por tijolo em um desenho (quase) lógico: vinte anos de construção do projeto democrático brasileiro, p. 247. Ainda sobre o tema, cf. CLÈVE. *Temas de direito constitucional* (e de teoria do direito, p. 16 *et seq*.

[47] BONAVIDES. *Teoria constitucional da democracia participativa*: por um direito constitucional de luta e resistência, por uma nova hermenêutica, por uma repolitização da legitimidade, p. 18-24.

[48] Art. 3º [...] III - erradicar a pobreza e a marginalização e reduzir as desigualdades sociais e regionais;

4.2.2 A concessão da tutela judicial a partir do princípio da democracia deliberativa

Dessas ideias é possível extrair algumas linhas que orientem a determinação do conteúdo do direito à saúde ante o caso concreto. Para viabilizar que os cidadãos participem das instâncias deliberativas do Estado, é necessário que lhes seja, primeiramente, assegurado o acesso às políticas públicas existentes. Neste ponto, verifica-se que o posicionamento do STF mostra-se adequado, pois reconhece a existência de direito subjetivo público à prestação quando esta for prevista por política estatal — e a execução adequada da política mostra-se imprescindível para garantir um nível razoável de cidadania (precondição para que o indivíduo possa ter efetivo acesso aos mecanismos democráticos da sociedade).

Mas a compreensão deste ponto (existência de políticas públicas) não pode ser resumida às prestações individuais, quando o debate rotineiramente desemboca na possibilidade de concessão de medicamentos ou tratamentos médicos a determinadas pessoas. Vale dizer, a intervenção jurisdicional também pode ocorrer quando estiver em questão o âmbito coletivo do direito à saúde, como, por exemplo, a determinação de construção de hospital público quando a quantidade de leitos mostrar-se insuficiente (ou seja, quando, apesar de existente a política pública, esta não pode ser executada em razão da falta de estrutura física adequada). Como isso não ficou claro no voto prolatado pelo Ministro Gilmar Mendes, analisado anteriormente, a jurisprudência ainda se mostra titubeante para conceder esse tipo de tutela (como no Agravo de Instrumento nº 0615341-1, julgado pelo Tribunal de Justiça do Paraná). Ora, um hospital público bem equipado está notadamente mais apto a fornecer tratamentos adequados aos cidadãos.

A existência de uma rede hospitalar satisfatória também evita a formação de sistemas de castas dentro da comunidade, na medida em que será assegurado a qualquer cidadão, independentemente de sua classe social, o acesso a cuidados médicos essenciais. Ou seja, ao deferir medidas dessa natureza, o Poder Judiciário pode colaborar com o fortalecimento da igualdade política. Deve-se afastar, portanto, a concepção de que reside principalmente no âmbito de discricionariedade da Administração Pública a decisão pela construção ou estruturação dos hospitais públicos. Uma leitura atenta da Constituição, a partir da perspectiva ora apresentada, revela que deve o Poder Judiciário determinar que o Poder Executivo adote as medidas necessárias à concretização do direito à saúde.

Essa mesma análise pode ser realizada em relação às medidas preventivas, especialmente aquelas ligadas ao saneamento básico. A Organização Mundial de Saúde alerta sobre a relevância do saneamento para a saúde pública em diversas de suas publicações.[49] Há estudos significativos que revelam que cada real gasto com saneamento básico importa numa economia de quatro a cinco reais com saúde pública. Ainda, há indicações de que 68% das internações em hospitais públicos decorrem de problemas ligados ao precário saneamento.[50] Ademais, como já afirmado acima, a própria Constituição Federal definiu que as medidas preventivas devem ser prioritárias no sistema brasileiro de saúde pública (art. 198, II, da CF).

---

[49] Veja-se estudo completo em: <http://www.who.int/water_sanitation_health/publications/2011/dwq_guidelines/en/index.html>.

[50] Trata-se de estudo do próprio Governo Federal. Disponível em: <http://www.snis.gov.br/PaginaCarrega.php?EWRErterterTERTer=19>.

Verifica-se, portanto, que os investimentos realizados em atividades preventivas geram benefícios superiores àqueles empregados em atividades curativas, já que promovem maior qualidade de vida (pois evitam que a população seja contaminada) a um custo bastante inferior. Isso sem contar a opção constitucional pela prioridade em ações de prevenção. Assim, esse tipo de medida sanitária mostra-se com enorme potencial inclusivo, quer dizer, viabiliza que parcela significativa da comunidade tenha seu direito à saúde efetivado, o que implica maiores possibilidades de participação democrática. Desse modo, as demandas judiciais que tenham por objeto impor uma obrigação ao Estado para a adoção de medidas preventivas deverão ser deferidas, como regra geral. Entretanto, o voto do Ministro Gilmar Mendes não enfrentou essa questão, a despeito de sua relevância.

O critério delineado como princípio interpretativo da Constituição — de fortalecimento da democracia deliberativa — mostra-se igualmente útil no deslinde de ações que pleiteiam medicamentos e tratamentos não fornecidos pelo Poder Público. Para que a concessão judicial seja admitida, vislumbram-se cinco requisitos (a partir do voto do Ministro Gilmar Mendes): (i) comprovação científica da eficácia do remédio/tratamento; (ii) adequação do remédio/tratamento para a pessoa do requerente; (iii) inexistência de outro medicamento/tratamento igualmente eficaz, constante das políticas estatais; (iv) o medicamento/tratamento tenha sido prescrito por médico credenciado no SUS; (v) o requerente não disponha de condições financeiras para arcar com o medicamento/tratamento sem comprometer seu sustento e o de sua família. Contudo, apesar de o próprio STF admitir tais requisitos, o Tribunal não tem se mostrado rigoroso ao analisá-los.

A deferência a esses critérios é imperiosa, justamente para que o acesso ao direito à saúde não fique adstrito ao critério da "ordem de chegada" ao tribunal, como alertado por Grosman. O princípio interpretativo de fortalecimento da democracia deliberativa impõe que as políticas sanitárias tenham um viés largamente coletivo, haja vista que o objetivo deve ser o de assegurar a cidadania a todas as pessoas. A concessão indiscriminada de medicamentos pelo Poder Judiciário pode orientar o administrador público a estabelecer como prioridade o cumprimento de todos os mandados judiciais, com prejuízo de outros investimentos na área da saúde e de outros direitos sociais.

A partir disso, verifica-se que as decisões sobre a concessão de medicamentos fazem uma análise rasa do preenchimento dos requisitos (estipulados pelo próprio Tribunal). Como exemplo, veja-se a já citada Suspensão de Antecipação de Tutela nº 361, caso em que fora concedida a tutela para condenar o Estado da Bahia a fornecer medicamento cujo custo anual girava em torno de R$920.000,00. Inicialmente, o pedido liminar foi negado pelo juízo federal de 1º grau, que alegou não ter sido demonstrada "a inexistência ou indisponibilidade de outro tratamento adequado ao controle da patologia da qual a parte autora é portadora, bem assim a comprovação da eficácia e segurança da droga para as demais formas de manifestação da referida patologia".

Ora, verifica-se que ao menos dois requisitos não restaram pacificados (inexistência de outro medicamento eficaz, fornecido pela rede pública; adequação do tratamento ao requerente). Contudo, essa situação foi simplesmente desconsiderada pelo Tribunal Regional Federal da 1ª Região, que concedeu a tutela liminarmente (liminar que foi mantida pelo STF). Ou seja, antes mesmo de se questionar o problema do valor do tratamento, havia outros requisitos que demandavam uma atuação mais acurada do Poder Judiciário.

Apesar da importância das políticas preventivas, o viés individual do direito à saúde também merece proteção destacada para a promoção da democracia deliberativa. Contudo, os critérios para a concessão judicial de tutelas dessa natureza não podem ser aleatórios, sob pena de se orientar demasiadamente as políticas públicas para o aspecto curativo do direito à saúde, em prejuízo do aspecto preventivo.

A partir do exposto, e visando contribuir com o debate acerca da problemática ora enfrentada, a seguir serão sugeridos critérios para que o Poder Judiciário possa deferir a concessão de medicamentos ou tratamentos não previstos pelas políticas públicas existentes.

Inicialmente, constitui-se ônus do requerente provar que se encontram presentes os cinco critérios apresentados (inexistência de tratamento eficiente ofertado pelo SUS; prescrição por médico do SUS do tratamento pleiteado; eficiência do tratamento pleiteado; adequação do tratamento para o caso do requerente; incapacidade financeira do paciente). Somente depois de comprovada a presença desses requisitos é que se torna lícita a análise do valor do tratamento. Como parâmetro objetivo de avaliação, sugere-se que, nas situações em que efetivamente for demonstrado o preenchimento daquelas condições, deverão ser deferidos os tratamentos cujo valor seja igual ou inferior ao tratamento mais caro disponibilizado pelo SUS.[51]

Valendo-se do aporte teórico de Grosman, tais casos estariam inseridos dentro do paradigma da inclusão, ou seja, neles não seria admitido ao Estado alegar insuficiência de recursos para negar a prestação. Isso porque, considerando que o Poder Público dispõe de política de distribuição de medicamentos de alto custo, é de se concluir que o Estado é capaz de suportar financeiramente tratamentos excepcionais (não previstos pela política) que estejam dentro do mesmo patamar de preço dos tratamentos ordinários (previstos pela política de distribuição de medicamentos de alto custo).

Quando o valor do tratamento pleiteado ultrapassar o valor do tratamento mais caro fornecido pelo SUS, entra-se, então, no paradigma da escassez, admitindo-se que a insuficiência de recursos financeiros seja alegada pelo Poder Público. A comprovação, pelo requerente, de que os cinco critérios arrolados acima foram satisfeitos garante ao indivíduo uma presunção relativa de titularidade do direito subjetivo ao tratamento pleiteado. Essa presunção de titularidade é necessária, haja vista a relevância da tutela da saúde para que o sujeito possa tomar parte nos processos decisórios do Estado e, com isso, fortalecer o projeto democrático estabelecido constitucionalmente. Contudo, essa presunção poderá ser afastada pelo Estado, desde que este comprove materialmente insuficiência de recursos para arcar com o tratamento requerido judicialmente.

Portanto, comprovados os requisitos para a concessão da tutela (ônus probatório do requerente), e verificado que o tratamento pedido ultrapassa o patamar usualmente suportado pelo Poder Público, ocorrerá uma inversão do ônus da prova, cabendo agora ao próprio Estado demonstrar que ele não poderá arcar com os valores necessários ao custeio da tutela sem que os demais serviços de saúde sejam prejudicados. Ressalte-se que não se admite alegação genérica de que o custo do tratamento ocasionará lesão à ordem, à economia e à saúde pública. É necessário demonstrar concretamente a impossibilidade de cumprimento da medida.

Com esse método de enfrentamento do problema, acredita-se que esteja reforçando o projeto de democracia deliberativa estabelecido pela Constituição Federal,

---

[51] Frise-se que o SUS dispõe de programa de dispensação de medicamentos de alto custo, denominado Componente Especializado da Assistência Farmacêutica (regulamentado pela Portaria MS/GM nº 2.981/2009).

porquanto são delineados critérios de concessão de prestações de direito à saúde, tanto nos âmbitos curativo e preventivo, como nos aspectos individual e coletivo. Ainda, busca-se demonstrar a relevância das atividades preventivas e das medidas de saúde coletiva, sem que seja descartada a atenção à saúde individual.

5 Conclusão

A complexidade do tema tratado neste artigo exige que doutrina e operadores do direito estejam em constante debate. De qualquer forma, é necessário avançar os termos em que se dá a discussão. Ou seja, se até pouco tempo atrás ainda se questionava a possibilidade de tutela judicial do direito à saúde, hoje essa é uma questão pacificada. Contemporaneamente, talvez, o problema central a ser enfrentado seja a dificuldade de delimitação dos contornos que esse direito adquire na realidade concreta.

Em razão disso, o presente trabalho buscou apresentar algumas reflexões que podem ser úteis na tarefa de se identificar qual a postura que deve adotar o magistrado (ou outro intérprete da Constituição) quando se deparar com um caso que envolva o direito à saúde. Assim, através da definição do paradigma de controle judicial é possível balizar que tipo de fundamentação será exigido para que a disputa seja resolvida, principalmente no que tange à relevância normativa da escassez de recursos (irrelevante para os casos sob o paradigma do abuso e da inclusão, relevante para os casos sob o paradigma da escassez).

Ademais, nos casos rotulados sob o paradigma da escassez, exige-se a adoção de um princípio interpretativo que permita compreender se foram constitucionais as opções distributivas realizadas pelos Poderes Legislativo e Executivo. No específico caso do direito à saúde, o presente trabalho buscou delinear a linha divisória dos casos que deveriam ser analisados à luz do paradigma da inclusão e daqueles que devem receber o tratamento típico dos casos incluídos no paradigma da escassez. Ainda, para as situações enquadradas nesta última hipótese (paradigma da escassez), defendeu-se a utilização da ideia de democracia deliberativa como princípio interpretativo da Constituição.

A partir dessas concepções, pode-se analisar criticamente a posição que vem sendo adotada pelo STF nas ações que requerem prestações ligadas à saúde, sobretudo porque tais demandas são rotineiramente enquadradas sob o paradigma da inclusão e porque não foi estabelecido, pela Suprema Corte brasileira, um princípio interpretativo que conduza a uma compreensão clara do conteúdo do direito à saúde.

Certamente é possível opor diversas críticas às propostas ora apresentadas para a superação dos problemas ligados a esse direito. Contudo, este é um caminho que precisa ser trilhado, de modo que a Constituição de 1988 não se resuma nem a mera carta compromissória, nem se transforme num livro em branco, que admita qualquer inscrição que nele se queira fazer.

Referências

ALEXY, Robert. *La construcción de los derechos fundamentales*. Buenos Aires: Ad hoc, 2010.

ALEXY, Robert. *Teoria de los derechos fundamentales*. Traducción Ernesto Garzón Valdés. Madrid: Centro de Estúdios Constitucionales, 1997.

BARROSO, Luís Roberto. *Da falta de efetividade à judicialização excessiva*: direito à saúde, fornecimento gratuito de medicamentos e parâmetros para a atuação estatal. Disponível em: <http://www.lrbarroso.com.br/pt/noticias/medicamentos.pdf>.

BARROSO, Luís Roberto. Neoconstitucionalismo e constitucionalização do direito. *In*: BARROSO, Luís Roberto; CLÈVE, Clèmerson Merlin (Org.). *Doutrinas essenciais*: direito constitucional. São Paulo: Revista dos Tribunais, 2011. v. 1, p. 143-196.

BONAVIDES, Paulo. *Teoria constitucional da democracia participativa*: por um direito constitucional de luta e resistência, por uma nova hermenêutica, por uma repolitização da legitimidade. 2. ed. São Paulo: Malheiros, 2003.

CLÈVE, Clèmerson Merlin. A eficácia dos direitos fundamentais sociais. *In*: BACELLAR FILHO, Romeu Felipe; GABARDO, Emerson; HACHEM, Daniel Wunder. *Globalização, direitos fundamentais e direito administrativo*: novas perspectivas para o desenvolvimento econômico e socioambiental. Belo Horizonte: Fórum, 2011. p. 95-108.

CLÈVE, Clèmerson Merlin. *Temas de direito constitucional* (e de teoria do direito). São Paulo: Acadêmica, 1993.

DORF, Michael; TRIBE, Lawrence. *Hermenêutica constitucional*. Belo Horizonte: Del Rey, 2007.

ELY, John Hart. *Democracia e desconfiança*. São Paulo: Martins Fontes, 2010.

FERRERES COMELLA, Víctor. *Justicia constitucional y democracia*. Madrid: Centro de Estudios Politicos y Constitucionales, 1997.

FIGUEIREDO, Mariana Filchtiner. *Direito fundamental à saúde*: parâmetros para sua eficácia e efetividade. Porto Alegre: Livraria do Advogado, 2007.

GARCÍA DE ENTERRÍA, Eduardo. Constituição como norma. *In*: BARROSO, Luís Roberto; CLÈVE, Clèmerson Merlin (Org.). *Doutrinas essenciais*: direito constitucional. São Paulo: Revista dos Tribunais, 2011. v. 1, p. 73-88.

GROSMAN, Lucas Sebastián. *Escasez e igualdad*: los derechos sociales en la Constitución. Buenos Aires: Libraria, 2008.

MILANEZ, Daniela. O direito à saúde: uma análise comparativa da intervenção judicial. *Revista de Direito Administrativo*, Rio de Janeiro, v. 237, p. 197-221, jul./set. 2004.

NEVES, Marcelo da Costa Pinto. *Entre Hidra e Hércules*: princípios e regras constitucionais como diferença paradoxal do sistema jurídico. Brasília: Ed.UnB, 2010.

SALGADO, Eneida Desiree. *Constituição e democracia*: tijolo por tijolo em um desenho (quase) lógico: vinte anos de construção do projeto democrático brasileiro. Belo Horizonte: Fórum, 2007.

SARLET, Ingo Wolfgang. *A eficácia dos direitos fundamentais*. 8. ed. rev. e atual. Porto Alegre: Livraria do Advogado, 2007.

SARLET, Ingo Wolfgang. Algumas considerações em torno do conteúdo, eficácia e efetividade do direito à saúde na Constituição de 1988. *Interesse Público – IP*, Sapucaia do Sul, ano 3, n. 12, p. 91-107, out./dez. 2001.

SARLET, Ingo Wolfgang. Proibição de retrocesso, dignidade da pessoa humana e direitos sociais: manifestação de um constitucionalismo dirigente possível. *In*: BONAVIDES, Paulo; LIMA, Francisco G. M. de; BEDÊ, Faya (Coord.). *Constituição e democracia*: estudos em homenagem ao professor J. J. Gomes Canotilho. São Paulo: Malheiros, 2006. p. 292-335.

SCHWARTZ, Germano André Doederlein. *Direito à saúde*: efetivação em uma perspectiva sistêmica. Porto Alegre: Livraria do Advogado, 2001.

SUNSTEIN, Cass R. *A Constituição parcial*. Tradução Manassés Teixeira Martins e Rafael Triginelli. Belo Horizonte: Del Rey, 2008.

VELASCO ARROYO, Juan Carlos. *Teoría discursiva del derecho*. Madrid: Centro de Estudios Politicos y Constitucionales, 2000.

WUNDER, Daniel Hachem. *Mandado de injunção e direitos fundamentais*. Belo Horizonte: Fórum, 2012.

Informação bibliográfica deste texto, conforme a NBR 6023:2002 da Associação Brasileira de Normas Técnicas (ABNT):

PIVETTA, Saulo Lindorfer. Controle judicial do direito à saúde e a construção do conceito de democracia deliberativa como princípio interpretativo. *In*: BACELLAR FILHO, Romeu Felipe; HACHEM, Daniel Wunder (Coord.). *Direito público no Mercosul*: intervenção estatal, direitos fundamentais e sustentabilidade: anais do VI Congresso da Associação de Direito Público do Mercosul: homenagem ao Professor Jorge Luis Salomoni. Belo Horizonte: Fórum, 2013. p. 465-488. ISBN 978-85-7700-713-4.

GLOBALIZACIÓN JURÍDICA: LA AUTONOMÍA ESTATAL EN EL MARCO DE LA ECONOMÍA DE MERCADO. REFERENCIA ESPECÍFICA A LA REGULACIÓN DE LAS COMPRAS PÚBLICAS

SUSANA GALERA RODRIGO

1 Derecho Global: la función de las organizaciones internacionales y las áreas de integración en la armonización jurídica

En las últimas décadas han aparecido nuevos términos que designan recientes realidades que tienen en común el elemento internacional: así, se habla de *Globalización*, para designar una situación económica internacionalizada en la que se presenta una interdependencia funcional de las distintas fases del proceso económico que se desarrollan en distintos países.[1] Por otra parte, se refiere la *Gobernanza Global*[2] aludiendo a las nuevas formas y niveles donde se ejerce poder público, y a los actores a través de los que se expresa. En paralelo se viene identificando un *Derecho Global — Global Law —*[3] como la envolvente institucional y organizativa en la que tienen lugar dichos procesos.

En su estadio actual de conformación, el Derecho Global está integrado por ordenamientos *sectoriales* que nacen en Tratados y organizaciones internacionales — multilaterales o de integración. Sin embargo, éste no es ya un Derecho Internacional clásico que haya de ser sometido a los clásicos procedimientos de ratificación parlamentaria y vertido a los ordenamientos nacionales, sino que conforma una realidad jurídica distinta: los Tratados constitutivos crean órganos e instituciones con las atribuciones, según los casos, de crear ordenamiento derivado y parcialmente aplicarlo desarrollando cierta actividad administrativa, de supervisar su aplicación en los territorios nacionales y de resolver los conflictos que se planteen en su aplicación. Así, la actividad administrativa de aplicación no descansa ya exclusivamente en los Estados, sino que da lugar a una actividad administrativa en la organización internacional que se desenvuelve

---

[1] Vid. Las concreciones conceptuales en los primeros capítulos de Fernández Rozas, J.C., *Sistema de Derecho Económico Internacional*, Cívitas-Thomson, Pamplona 2010.

[2] Kennedy, D., "The Mystery of Global Governance", in *Ruling the World? Constitutionalism,International Law and Global Governance*, Dunoff and Trachtman (eds), 2009.

[3] Cassese, S., El Derecho Global. Justicia y Democracia más allá del Estado, ed. Global Law Press, Sevilla 2011.

según lo previsto en los textos que la rigen pero en la que también son reconocibles principios generales de Derecho Administrativo — acceso al expediente, motivación, contradicción... Este ordenamiento forma parte de lo que se viene denominando *Global Administrative Law*,[4] *Derecho Administrativo Global*.

Uno de los sectores que de forma más intensa ha contribuido a la conformación de un Derecho Global es el económico, que junto a los ámbitos de los derechos humanos y el medio ambiente se presenta como vector determinante de la globalización jurídica. Desde una perspectiva económica, es obvio que la comunidad internacional ha optado generalizadamente por un modelo basado en el mercado, la liberalización de los factores de producción y la libre competencia.[5] Entre las primeras manifestaciones jurídicas de este modelo económico aparece la creación del GATT en 1947, que tuvo por objetivo central la liberalización progresiva del comercio mundial de mercancías. Esta organización, es bien sabido, amplió después sus objetivos de liberalización, reforzó sus estructuras institucionales y dio lugar a la creación de una nueva organización, la OMC,[6] en la que ahora se integra.

La apuesta por el modelo de economía de mercado es aún más intensa en las Áreas de Integración Regional, donde los compromisos de liberalización de los factores entre sus miembros es un *prius* para la consecución del objetivo final de estas áreas, el Mercado Común — artículo 1º, apartado 1) del Tratado de Asunción y artículo 26.2 TFUE.[7] En ambas Áreas de integración, la consecución del Mercado Común se apoya inicialmente en la liberalización de los intercambios de mercancías; en una segunda fase, se acomete la liberalización de los servicios y demás factores de producción y es cuando la armonización de las normas de contratación pública se impone de forma ineludible.

2 El caso de la contratación pública

La regulación de la contratación pública ha experimentado un cambio sustancial en su función instrumental. Inicialmente, el régimen de contratación pública se justificaba en base a objetivos de transparencia en la gestión pública, en la administración de presupuestos públicos y la igualdad de trato. Después, el acento se ha desplazado a su función instrumental para preservar la libre competencia de los mercados, dada la posición preeminente del comprador público en el consumo total de bienes y servicios.[8]

---

[4] Que integra, también otras formas recientes de acción administrtaiva como la conexión en red entre administraciones. Vid. por todos, el número monográfico de la revista de "Law and Contemporary Problems v. 68, 2004 y Harlow, C., "Global Administrative Law: The Quest for Principles and Values", *European Journal of Internacional law,* v. 17, n. 1, 2006.

[5] Cuestión distinta es que sobre esta base de funcionamiento económico, y a través de las correspondientes políticas públicas, se configuren modelos de sociedad que tienden bien al Estado social bien al Estado de corte neoliberal bien a un tipo *sui generis* como es el caso chino.

[6] Una visión jurídica de la OMC en el contexto global en Jackson, J.H., *Soberanía, la OMC y los fundamentos cambiantes del Derecho Internacional,* Madrid 2009.

[7] Vid. Molina del Pozo, C.F., *Evolución histórica y jurídica de los procesos de integración en la Unión Europea y el MERCOSUR,* Buenos Aires, 2011.

[8] En términos generales, el gasto en adquisiciones puede representar entre el 10% y el 20% del PIB y no menos del 50%, o incluso más, del total del gasto público.

2.1 Armonizaciones en ámbitos multilaterales

Estos datos explican la existencia de textos armonizados que constituyen una importantísima contribución al Derecho Global, y no sólo por el volumen de los intercambios económicos cubiertos por estos textos, sino por la densidad regulatoria de estas normas, esto es, porque contienen normas de procedimiento tan detalladas que resultan insólitas entre la producción normativa de las organizaciones supraestatales. De esta forma, se ha procedido a la armonización no sólo en el nivel de principios generales sino también en el de las técnicas específicas — procedimentales, de actividad administrativa y de resolución de conflictos — que desarrollan normativamente aquéllos principios y objetivos. En consecuencia, los márgenes a la autonomía nacional — o regional — para la implementación de estas normas son mucho más estrechos si los comparamos con la situación de aplicación de otras normativas y acuerdos internacionales.

2.1.1 Uncitral

En el ámbito de Naciones Unidas, la Comisión para el Derecho Mercantil Internacional (CNUDMI) ha adoptado sucesivos textos de contratación pública, el primero de ellos en 1993. Un año después, adoptó la denominada "Ley Modelo" (*Ley Modelo* de la CNUDMI sobre la contratación de *Bienes, Obras y Servicios* de 1994),[9] que perseguía servir de modelo a los países para evaluar y modernizar su régimen y prácticas de la contratación pública o para establecer un régimen legal en la materia. La Ley Modelo contienen los rasgos mínimos esenciales de un régimen moderno de contratación pública destinado a alcanzar, entre otros, los siguientes objetivos: la máxima economía y eficiencia en la contratación pública; promover la remoción de barreras nacionales para fomentar el comercio internacional; promover la competencia entre proveedores y asegurar un trato justo e igualitario de todos ellos; promover la transparencia de los procedimientos de contratación y la confianza del público en el proceso de contratación.

La Ley Modelo atiende a los procedimientos y condiciones que se aplican para la selección del contratista y la adjudicación del contrato, pero nada dispone respecto a las cuestiones relativas a la fase de cumplimiento y de ejecución. No incorpora — como en el caso de otros textos internacionales como el de la OMC o el de la UE — compromisos concretos, sino que los posibilita al ofrecer distintas alternativa en las regulaciones sobre los que usualmente recaen dichos compromisos.

Para la contratación de *bienes y obras* en circunstancias normales, se prescribe el recurso a la *licitación*, cuyos rasgos característicos son: la convocatoria no restrictiva de proveedores; la especificación y descripción completa en el pliego de condiciones del objeto del contrato; la revelación completa a los concurrentes de los criterios de valoración, comparación y selección de ofertas; la estricta prohibición de toda negociación entre la entidad adjudicadores y los proveedores sobre el contenido de sus ofertas; la apertura pública de las ofertas al término del plazo de presentación. La Ley establece adicionalmente la modalidad de "licitación en dos etapas", así como la "licitación restringida" aplicable a supuestos excepcionales.

---

[9] Disponible en: <http://www.uncitral.org/uncitral/es/uncitral_texts/procurement_infrastructure/1994Model.html>.

Para la contratación de *servicios* en circunstancias normales, se establece el denominado *"método principal"*, que considera las calificaciones y experiencia de los proveedores en el proceso de evaluación. La regla general es que la convocatoria no ha de ser restrictiva, así como la revelación por adelantado en la solicitud de propuestas de los criterios para su valoración y del procedimiento de selección previsto, que habrá de ser alguno de los tres que la ley ofrece para ello.

Otros contenidos comunes a las tres modalidades de contratos son los siguientes:
- establecimiento de criterios a aplicar por la entidad adjudicadora para determinar la idoneidad de los proveedores;
- enunciar como regla general la no discriminación de los proveedores extranjeros, no obstante la posibilidad de restringir la participación extranjera en determinados sectores vitales de su capacidad industrial, restricciones que deberán establecerse en las normas nacionales de contratación;
- posibilidad de recurrir a la técnica del "margen de preferencia" en favor de proveedores y contratistas locales;[10]
- reconocimiento del derecho de los proveedores y contratistas a recurrir contra las decisiones de la entidad adjudicadora, sin perjuicio de las restricciones a este recurso respecto a determinadas decisiones discrecionales del poder adjudicador (por ej., selección del método de contratación).

Esta Ley marco ha sido recientemente sustituida por la *Ley Modelo* de la CNUDMI sobre la *Contratación Pública* de 2011,0[11] que sin modificar los principios fundamentales y los procedimientos básicos de la anterior, introduce reformas en dos aspectos: por una parte, pretende encajar las técnicas comerciales más recientes como la contratación pública electrónica y los acuerdos marco y por otra parte refuerza los mecanismos y normas de transparencia para promover la competencia y la objetividad.

2.1.2 OMC: el Acuerdo de Compras Públicas ACP[12]

La Organización Mundial del Comercio — OMC/WTO — es una de las organizaciones internacionales más recientes, pues se creó en 1995. Sin embargo, como es bien conocido, tiene su antecedente en el GATT de 1947, que tenía como objeto inicial la liberalización progresiva del comercio de mercancías que se llevaba a cabo a través de las sucesivas negociaciones comerciales, o Rondas, entre sus socios. Si bien las primeras rondas se centraron principalmente en las reducciones arancelarias, posteriormente las negociaciones pasaron a incluir otras cuestiones como las medidas antidumping y no arancelarias. El punto de inflexión, por lo que aquí se está tratando, está constituido por la Ronda Uruguay (1986-1994), que además de dar lugar a la creación de la OMC

---

[10] De esta posibilidad, así como de la anterior, hace uso la Ley de Licitaciones de 1993 del Brasil (vid. Infra).

[11] Disponible en: <http://www.uncitral.org/uncitral/uncitral_texts/procurement_infrastructure/2011Model.html>. Esta Ley Modelo tiene en cuenta expresamente el Acuerdo sobre contratación Pública de la OMC, las Directivas de la Unión europea sobre contratación pública y recursos judiciales, y la Convención de las Naciones Unidas sobre la Corrupción.

[12] Son miembros de este acuerdo los siguientes: Armenia, Canadá, Unión Europea con respecto a sus 27 Estados miembros, Corea, Estados Unidos, Hong Kong, Islandia, Israel, Japón, Liechtenstein, Noruega , Singapur, Suiza, Taipei Chino. China tiene el estatus de Observador, y está en proceso de negociar su adhesión. En América Latina, tiene estatus de Observador: Argentina, Chile, Colombia, Panamá. El texto del acuerdo está disponible en: <http://www.wto.org/spanish/docs_s/legal_s/gpr-94_01_s.htm>.

supuso la adopción de acuerdos que armonizarían disposiciones de alto contenido procedimental en materias relacionadas con los intercambios comerciales y ya no sólo de bienes sino también de servicios. Algunos de estos acuerdos — y particularmente el relativo a los Obstáculos Técnicos al Comercio, Valor en Aduana, Origen y Procedimientos de Importación — resultan un *prius* ineludible para eventuales compromisos sobre contratos públicos; en particular, el Acuerdo sobre Compras Públicas — ACP — adoptado en el marco de la OMC remite en algunas de sus disposiciones a los acuerdos específicos adoptados en estas materias.

El Acuerdo sobre Contratación Pública de la OMC de 1994 persigue un doble objetivo: por una parte, evitar que las "leyes, reglamentos, procedimientos y prácticas relativos a la contratación pública" creen tratos discriminatorios para proveedores, productos y servicios extranjeros; por otra parte, establecer "procedimientos internacionales de notificación, consulta, vigilancia y solución de diferencias" en materia de contratación pública. A lo largo de XXIV artículos ciertamente extensos, el Acuerdo establece, entre otras, las siguientes determinaciones:

- su ámbito de aplicación, especificándose en anexos las entidades y categorías de servicios incluidas;
- el principio de trato nacional y no discriminación;
- reglas de valoración, de origen y especificaciones técnicas;
- procedimientos de licitación (público, selectivo y restringido) y de calificación de proveedores;
- publicidad (contenido de los anuncios) e información de procedimientos;
- procedimientos de selección; plazos de licitación y entrega; contenidos de los pliegos; presentación, recepción y apertura de ofertas y adjudicación de contratos;
- la prohibición absoluta de compensaciones;
- procedimientos de impugnación — nacionales e internacionales;
- tratamiento específico para países en desarrollo.

El ACP no se aplica automáticamente a todos los contratos públicos de las Partes: su ámbito de aplicación para cada uno de ellos se fija en los anexos del Acuerdo, especificando las entidades de la Administración central y subcentral, y las empresas de servicios públicos que cada Parte compromete en la aplicación del ACP. Todas las Partes en el ACP, menos Canadá, ofrecen algún acceso a la contratación en el sector de servicios públicos. Ahora bien, la cobertura no es uniforme y el grado de apertura de la contratación en ese sector a la competencia del exterior varía de un país a otro, contemplándose además múltiples excepciones, de carácter específico o general. Recientemente — marzo 2012 — el Comité de Contratación Pública adoptó el Acuerdo sobre Contratación Pública revisado[13] finalizando así una larga negociación iniciada en 1997. Esta revisión supone, por una parte, una notable ampliación de su ámbito de aplicación, tanto por las entidades sujetas como por los productos y servicios contratados a los que se les aplica; por otra parte, adecúa los procedimientos a los actuales medios electrónicos de contratación y relación con las Administraciones Públicas.

---

[13] Disponible em: <http://docsonline.wto.org/DDFDocuments/v/PLURI/GPA/113.doc>. Con este Acuerdo se cubre un valor de comercio de compras públicas estimado en 500 billones de euros anuales, lo que supone un incremento de 100 billones respecto al anterior.

2.2 Armonizaciones en organizaciones de integración regional

Como se dijo, en las áreas de integración regional que tienen como objetivo último la constitución de un Mercado Común mediante la liberalización de los factores de producción en los intercambios de sus participantes, las instituciones comunes inician sus trabajos priorizando la liberalización de mercancías. Después, aparecen los servicios como siguiente fase de liberalización, y es ahí cuando la armonización de procedimientos de selección de contratistas y adjudicación de contratos y la consecuente remoción de barreras procedimentales y administrativas se incorpora en la agenda normativa de las instituciones comunes. Así ocurrió en el proceso llevado a a cabo en la Unión Europea, y así puede vislumbrarse en la experiencia del Mercosur.

2.2.1 La Unión Europea

En la regulación de la contratación pública en la UE se pueden distinguir tres etapas.[14] La primera de ellas da lugar a la aprobación de las tres Directivas de los años 70, relativas a la armonización de los procedimientos de contratación de obras, suministros y servicios por las entidades adjudicadoras. Las Directivas tienen una conexión directa con la libre prestación de servicios y de establecimiento, y se aplica a los trabajadores no asalariados, estos es, a personas físicas y sociedades que presten su servicio o estén establecidos mediante agencia o sucursales en un Estado miembro distinto al de su nacionalidad. La aplicación de estas Directivas dio lugar a una alta conflictividad que se manifiesta en la cuantiosa jurisprudencia que precisó el alcance de sus determinaciones y que se explica en el carácter generalista y no detallado de sus preceptos y el amplio margen que dejaba a los Estados en determinados aspectos clave de la selección de contratistas o de recurso a los procedimientos excepcionales de contratación.

En una segunda fase, la regulación comunitaria se hace más densa, se incorporan los criterios jurisprudenciales en una revisión de las anteriores directivas y se materializa también un cambio de técnica normativa. El resultado de esta revisión, es la fusión de las anteriores (cuatro) Directivas comunitarias actuales en dos actos legislativos: la Directiva *clásica*,[15] aplicable a los contratos de obras, suministro y servicios en el sector público, y la Directiva[16] aplicable a los "sectores especiales" del agua, la energía, los transportes y los servicios postales.[17] A éstas hay que añadir, por una parte, las Directivas

---

[14] Sobre esta evolución en detalle vid. Ordoñez Solís, D., *La contratación pública en la Unión Europea*, Ed. Aranzadi, Pamplona 2002.

[15] Directiva 2004/18/CE.

[16] Directiva 2004/17/CE. La referencia a los "sectores especiales" requiere una breve explicación. Desde su vigencia, habían estado excluidos del ámbito de aplicación de las Directivas de contratación pública amplios sectores que tradicionalmente constituían servicios públicos prestados en régimen de monopolio estatal, y que de forma progresiva habrían de someterse también al régimen de competencia del mercado interior. Dichos sectores — agua, energía, transportes, telecomunicaciones, presentaban dos elementos comunes: 1. la influencia de las autoridades nacionales en las entidades prestadoras, mediante su participación en el capital y la representación en sus órganos de administración, gestión o supervisión; 2. el carácter cerrado de los mercados en los que actúan, debido a la concesión por las autoridades nacionales de derechos especiales o exclusivos para el suministro, la puesta a disposición, o la explotación de redes para la prestación de servicios, la explotación de una zona geográfica dada con un fin determinado, la puesta en disposición o la explotación de redes públicas de telecomunicaciones o la prestación de servicios públicos de telecomunicaciones.

[17] La Directiva se aplica a cualquier poder adjudicador o empresa pública que ejerza sus actividades en uno de los ámbitos siguientes: el gas, la electricidad, el agua, los servicios de transporte, los servicios postales, la extracción de combustibles o la puesta a disposición de puertos o aeropuerto.

en materia de Recursos[18] y, por otra parte y con carácter específico, el régimen aplicable a los ámbitos de defensa y seguridad.[19]

La estrategia de perfeccionamiento del Mercado Interior con el horizonte de 1992 alcanzó también a los denominados sectores excluidos, adoptándose la primera norma de armonización en 1990,[20] que estableció un nivel mínimo de transparencia en la licitación y formalización de los contratos en estos sectores, si bien con significativas exclusiones en su ámbito de aplicación; el resultado de la armonización en estos ámbitos no fue inicialmente comparable al establecido en las Directivas clásicas de contratos.

Una tercera etapa se inicia recientemente, con la tramitación de una doble iniciativa normativa. En primer lugar, se revisa el régimen de contratación pública en el interior de la UE, persiguiendo un triple objetivo: simplificar y flexibilizar las normas y los procedimientos, lo que incluye un mayor recurso a la negociación y la generalización de la vía electrónica reduciendo la carga administrativa; favorecer el acceso de las PYMEs a los contratos públicos; e incentivar el recurso a las cláusulas sociales y ambientales. Una segundo iniciativa en tramitación, ciertamente novedosa, es la regulación aplicable a proveedores de productos y de servicios que no forman parte de la UE en relación con la adjudicación de contratos de obras, suministros y servicios por poderes adjudicadores europeo: es una norma *defensiva*, que se justifica al constatar la UE la no correspondencia en sus socios comerciales del grado de apertura de la contratación pública,[21] y que "aclara los compromisos internacionales de la UE para las adjudicadoras europeas de forma jurídicamente vinculante".[22]

Cabe por último subrayar que, por primera vez, se va a armonizar el régimen del contrato de Concesión,[23] que se aplicará a las concesiones de obras públicas, las concesiones de obras y las concesiones de servicios que superen determinados umbrales. La Directiva incluye una definición más precisa de contrato de concesión que hace referencia al concepto de riesgo operacional, concretando qué tipos de riesgo se consideran operacionales y en qué consiste el riesgo significativo. También proporciona referencias respecto a la duración máxima de las concesiones, normas de publicidad, criterios de selección y adjudicación y ejecución de las concesiones.

---

[18] Directivas 89/665/CEE y 92/13/CEE, que armonizan, respectivamente, los procedimientos de recursos en contratos de obras, suministros y servicios y en los denominados sectores excluidos (agua, energía, transportes y servicios postales).

[19] Directiva 2009/81/CE.

[20] Directiva 90/531/CEE del Consejo, de 17 de septiembre de 1990, relativa a los procedimientos de formalización de contratos en los sectores del agua, de la energía, de los transportes y de las telecomunicaciones.

[21] Así, considera que los licitadores adheridos al sistema de la OMC tienen acceso a contratos públicos de la UE por valor de 352.000 millones de Euros, mientras que EEUU ofrece a los licitadores extranjeros contratos por valor de 178.000 millones y de 27.000 millones en el caso de Japón. Las principales barreras que se oponen a los proveedores europeos afectan al ámbito de la construcción, el transporte público, la producción de electricidad, los dispositivos médicos y los productos farmacéuticos. Fuente COM(2012) 124 final.

[22] Así, para contratos por encima de los cinco millones de euros, la Comisión europea podrá determinar que se descarten ofertas de contratos que no estén cubiertos por acuerdos internacionales vigentes.

[23] Propuesta de Directiva relativa a la adjudicación de los contratos de concesión, COM(2011) 897 final, actualmente en tramitación. La legislación de la UE no restringe la libertad de los poderes y entidades adjudicadores a la hora de desempeñar los cometidos de interés público que son de su competencia con sus propios recursos, pero si deciden recurrir a una entidad externa para desempeñar tales cometidos, se sujetarán a esta normativa con el objetivo de dar a todos los operadores económicos de la UE acceso efectivo al mercado.

2.2.2 El Mercosur

En el ámbito del Mercosur se han adoptado ya aquéllas regulaciones que, inicialmente al servicio de la circulación de mercancías, resultan previas y necesarias para una ulterior norma armonizadora de la contratación pública. Así, desde una perspectiva externa, ha conformado un ordenamiento aduanero propio y, desde una perspectiva interna, ha establecido las reglas esenciales para prevenir obstáculos a la libre circulación de mercancías. Naturalmente, esta adaptación ha tenido en cuenta los compromisos internacionales del Mercosur y sus miembros: adoptándose directamente algunos de los Acuerdos de la OMC: el de Valoración en Aduana,[24] el Antidumping y el de subvenciones y medidas compensatorias[25] y el de Obstáculos Técnicos al Comercio.[26] Particularmente relevante, por su proyección institucional, es el Protocolo de Olivos de 2002, que sustituye al hasta entonces vigente mecanismo de solución de diferencias, creando el Tribunal de Examen Permanente.

Por lo que se refiere a la contratación pública, en el Tratado de Asunción se incluyó ya el Protocolo de contrataciones públicas del Mercosur, y fue objeto de una ulterior modificación importante en 2006. El Protocolo se aplica a las contrataciones públicas de bienes y servicios que celebren las entidades federales y subfederales, — excluidos las entidades y bienes, servicios y obras públicas que se relacionan en Anexo —, que superen determinados umbrales y excluidas también las contrataciones sujetas al régimen de delegaciones en prestadores privados.

Se establecen como principios generales el trato de nación más favorecida y de trato nacional, se especifican las regulaciones esenciales para propiciar dicho principio (sistemas de calificación o supuestos de contratación directa) y algunas pocas reglas procedimentales. Así, grosso modo establece dos únicos procedimientos para la contratación, la licitación pública — que no regula más allá del nivel de principios generales — y la contratación directa — cuyos ocho supuestos detalla en el artículo 18. Asimismo, establece los requisitos de publicidad e información, el contenido de los pliegos de licitación, así como el proceso de apertura de ofertas y adjudicación de contratos — con preferencia de adjudicación a proveedores de la zona respecto a las ofertas extrazona.

En términos generales, se trata de un texto que deja un considerable margen de concreción de sus determinaciones a la normativa estatal — cuya adopción, ciertamente, ha de notificarse a los órganos del Mercosur. Si consideramos las exigencias de un proceso de integración, y el peso del "comprador público" en el total de los intercambios, no resulta arriesgado prever un próximo texto más detallado en cuanto a criterios y procedimientos de selección y adjudicación que prevenga las tentaciones proteccionistas de los Estados parte, mucho más cuando el relanzamiento del comercio de servicios se encuentra en la agenda del Mercosur. Por otra parte, el Protocolo de contrataciones contiene dos regulaciones que tienen difícil acomodo con lo establecido en el marco internacional: por una parte, en tanto penaliza a los Estados Parte del Mercosur que admitan la ofertas de proveedores ajenos a la región (artículo 7) y en segundo lugar, en tanto admite las "compensaciones" en forma de contratos accesorios (artículo 8), una acción expresamente excluida en el acuerdo OMC-2012 (artículo IV.6). Actualmente,

---

[24] Decisión 13/2007.

[25] Decisiones 13/2002 y 14/2002, respectivamente.

[26] Decisión 05/96 del MERCOSUR. El Grupo Mercado Común (GMC) puede promulgar Reglamentos técnicos MERCOSUR en forma de resoluciones: acordadas éstas, y antes de su adopción, se comunican a la OMC.

este Protocolo está en proceso de revisión por el Grupo de contrataciones Públicas del Mercosur en virtud de la Decisión del CMC Nº 23/10.[27]

Dada la estrecha conexión entre el régimen armonizado de contratación pública y las compras públicas de servicios, no puede dejar de mencionarse aquí el Protocolo de Montevideo sobre el Comercio de Servicios en el Mercosur,[28] que entró en vigor en diciembre de 2005 y que tiene como objetivo aplicar las disposiciones sobre servicios establecidas por el Tratado de Asunción. El objetivo es alcanzar la liberalización de los servicios entre los socios del Mercosur progresivamente que deberá ser efectiva en diciembre de 2015.[29] Abarca la prestación de servicios, con o sin establecimiento permanente, basado en los principios de nación más favorecida, acceso a los mercados y trato nacional. Sin embargo, excluye expresamente aplicar dichos principios al régimen de contratación pública, remitiendo a las disciplinas comunes que en este específico ámbito se establezcan en el Mercosur.

3 El Brasil

3.1 El Brasil en el contexto global

Brasil ocupa actualmente una posición central en el contexto mundial, tanto si consideramos la situación fáctica como jurídica. Desde una perspectiva fáctica, y por lo que aquí se está considerando, interesa mostrar los datos que ponen de manifiesto las relaciones económicas de Brasil con sus principales socios comerciales.

SOCIOS COMERCIALES DE BRASIL: EXPORTACIONES, IMPORTACIONES E INVERSIÓN EXTRANJERA DIRECTA. (%). 2007. FUENTE OMC

		EXPORT/IMPORT		INVERS.DIR*.	
AMERICA	43.3/34.9				
EEUU		15.8/15.7		19.2 (2º)	
Argentina		9.0/8.6		0.3	
Venezuela		2.9/s.d.		s.d.	
Chile		2.7/2.9		0.8	—
México		2.7/1.6		2.6	
EUROPA	26.9/24.6				
CE-25		24.9/22.1			
Paises Bajos		5.5/s.d.		21.3 (1º)	
Alemania		4.5/7.2		4.8	—
Italia		2.8/2.8		1.5	
España		2.2/1.5		6.0	
ASIA	16.1/26.1				
China		6.7/10.5		s.d.	
Japón		2.7/3.8		3.1	—
Islas Caiman		s.d		7.2 (3º)	

* Inversiones Directa: media del período 2003-2007.

---

[27] Prorrogadas las negociaciones en virtud de Decisión Nº 09/2011.

[28] Disponible en: <http://www.mercosur.int/innovaportal/v/2921/1/secretaria/decisiones_1997>.

[29] Un diagnóstico de la situación actual puede deducirse de la Decisión 054/2010 sobre la Profundización en la Liberalización en Servicios. El Protocolo se desarrolla por sucesivas Decisiones del Consejo del Mercado Común, aprobando Listas de Compromisos Específicos respecto de servicios concretos, en las que se establecen las eventuales limitaciones de acceso a los mercados y del tratamiento nacional.

El Brasil ha participado en varios casos en el marco de solución de diferencias de la OMC; en particular, desde su creación, ha sido reclamante en 23 asuntos. En el período 2004-2008 su participación ha sido la siguiente:

ASUNTO DE LA DIFERENCIA	DEMANDADO/ RECLAMANTE
El Brasil como demandado	Brasil/CCEE WT/DS332
Medidas sobre los neumáticos recauchutados procedentes de las CE	
Medidas antidumping sobre determinadas resinas de tereftalato de polietileno	Brasil/Argent. WT/DS355
El Brasil como reclamante	
EE.UU. – Subvenciones a la agricultura	EEUU/Brasil WT/DS365
Comunidades Europeas – Clasificación aduanera de los trozos de pollo deshuesados congelados	CCEE/Brasil WT/DS269
Estados Unidos –Subvenciones al algodón americano (*upland*)	EEUU/Brasil WT/DS267
CE – Subvenciones a la exportación de azúcar	CCEE/Brasil WT/DS266
Impuesto especial de equiparación aplicado por Florida a los productos de naranja y pomelo Elaborados	EEUU/Brasil WT/DS250

Fuente: OMC, WT/TPR/S/212, p. 23.

Desde una perspectiva jurídica, la regulación económica brasileña ha experimentado cambios constantes en los últimos años, cambios que en gran parte incorporan acuerdos y compromisos asumidos en el contexto internacional, sumándose así al grupo de países que aplican Derecho globalizado. La participación en la aplicación de estándares regulatorios globales en Brasil viene en gran parte motivada en el estatus de parte de la OMC y, en particular, en la asunción de los acuerdos resultantes de la Ronda Uruguay. Así, Brasil aplica los acuerdos OMC que más impacto han tenido en la armonización del Derecho del comercio internacional: el Acuerdo principal y normas derivadas en materia de Valor en Aduana,[30] en Derechos Antidumping, Salvaguardias, Medidas Sanitarias y Fitosanitarias,[31] Obstáculos Técnicos al Comercio.[32] Por otra parte, Brasil es actor central del Mercosur que, a su vez y como se refirió, incorporó para el área algunos de los Acuerdos de la OMC, además de celebrar un número importante de acuerdos bilaterales con terceros países.

3.2 Brasil en el contexto de la contratación pública

La Constitución brasileña constituye el primer marco normativo en materia de contratación pública, al establecer las bases del régimen contractual. Así, el artículo 37

---

[30] Vid. con carácter recopilatorio la Instrucción Normativa SRF 327 de 9 de mayo de 2003.

[31] Estos tres últimos acuerdos fueron incorporados por Decreto 1355 de 30 de diciembre 1994.

[32] Incorporado por Decreto Legislativo Nº 30, de 15 diciembre 1994. Sobre el particular resulta pertinente referir la Guía de Buenas Prácticas de Reglamentación formulados por el CONMETRO — Consejo Nacional de Metrología, Normalización y Calidad Industrial — sobre el modo de elaborar, revisar, revocar y divulgar los reglamentos técnicos.

establece la reserva de ley para la regulación de la contratación pública de obras, servicios y ventas públicas, que deberán contratarse a través de procedimientos de licitación que garanticen la igualdad de condiciones para todos los licitadores, con cláusulas que establezcan las condiciones técnicas y económicas necesarias para garantizar el cumplimiento de las obligaciones, y con previsión expresa de las eventuales excepciones. Por otra parte, el artículo 175 de la Constitución prescribe que el otorgamiento de concesiones y licencias para la prestación de servicios públicos debe realizarse a través de licitación.

Estas previsiones constitucionales se desarrollan en la correspondiente legislación que, sin perjuicio de eventuales modificaciones, está constituida básicamente por dos grupos normativos: en primer lugar, y con carácter general, la Ley de Licitaciones,[33] es aplicable a todos los organismos y fundaciones federales, estatales y municipales, así como a todas las empresas públicas, incluidas las que cuentan con participación privada; por otra parte, un régimen aplicable a subsectores tecnológicos específicos.[34] Recientemente, se ha aprobado un régimen diferenciado de contratación en relación con los grandes eventos deportivos, y sus infraestructuras, que encara el Brasil los próximos años.[35]

La Ley exige que se informe previamente a todos los licitadores de las condiciones del contrato y de los procedimientos de licitación pertinentes, así como de las decisiones relativas a la adjudicación de contratos. El Sistema de Servicios Generales (SIASG) es utilizado por todos los organismos públicos del Gobierno central a excepción del Ministerio Público y el de Defensa; el SIASG contiene un sistema unificado para el registro previo de los proveedores que se realiza en línea, y que permite la participación en cualquier procedimiento de licitación.[36]

Los factores determinantes en la selección de proveedores son el precio más bajo, la mejor oferta técnica y la mejor oferta técnica y de precio. Un reforma constitucional revocó el principio general de preferencia por proveedores o empresas nacionales, quedando ahora dicha preferencia reducida bien a determinados sectores (tecnología de la información y productos conexos), bien a determinadas situaciones (empates), bien a las características de los licitadores (Pymes y microempresas).[37]

Para poder acceder a los contratos públicos, los proveedores deben estar establecidos o representados legalmente en el Brasil. Y salvo que se trate de operaciones financiadas por instituciones financieras internacionales, que están abiertas a la licitación internacional y se rigen por las normas de la institución financiera de que se trate.

La Ley de Licitaciones prevé hasta seis modalidades de licitación, tres supuestos generales en los que es posible obviar el requisito de la licitación, así como veintiuna situaciones excepcionales detalladas que justifican la contratación directa. En 2007, el 38% de las actividades de contratación de la administración federal no requerían licitaciones, y el 29% de los contratos públicos fueron adjudicados mediante licitación abierta.[38]

---

[33] Ley Nº 8.666/1993, modificada por Ley Nº 8.883/94, Ley Nº 9.648/1998, Ley Nº 9.854/1999, Ley Nº 10.520/2002.

[34] Ley Nº 8.248/1991 y Ley Nº 10.176/2001, para adquisiciones de equipos de telecomunicaciones, productos electrónicos digitales, ordenadores, soporte lógico y servicios conexos.

[35] Ley 12.462/11; vid. Cammarosano, M., Neves Dal Pozo, A., Valim, R., *Regime Diferenciado de Contratações Públicas – RDC (Lei nº 12.462/11; Decreto nº 7.581/11): aspectos fundamentais*, 2ª edição, Fórum, 2012.

[36] Vid.: <http://www.comprasnet.gov.br>. El Sistema se integra en el Ministerio de Planificación, Presupuesto y Gestión.

[37] Ley Complementaria Nº 123/2006, General de Microempresas y pequeñas empresas. Estas preferencias están previstas en la Ley Modelo UNCITRAL (vid. supra).

[38] Fuente: WT/TPR/S/212, p. 100.

El Brasil no se ha adherido al Acuerdo OMC de Contratación Pública. Sin embargo, otros acuerdos internacionales que le vinculan presentan conexión con esta materia. Por una parte, el Acuerdo OMC sobre servicios — AGS.[39] Por otra parte, Brasil ha firmado 14 acuerdos bilaterales sobre inversión, y negociado dos protocolos del Mercosur, si bien ninguno de estos acuerdos está en vigor.[40]

4 Conclusión

La rápida expansión económica de Brasil en los últimos años le ha situado entre los principales actores económicos mundiales, intensificando su presencia exterior y la diversificación de sus relaciones comerciales, como ilustran los datos aportados en los epígrafes precedentes. Por otra parte, y según lo expuesto, la regulación de la contratación pública ha dejado de estar, al menos en parte, al arbitrio de la política normativa nacional. Por el contrario, existe un estándar armonizado implantado en los países con mayor protagonismo en el escenario económico global, armonización que ampliará notablemente su ámbito de aplicación cuando se materialice la prevista adhesión de China al acuerdo OMC-ACP. Dado que la dinámica internacional está en gran parte basada en la reciprocidad, si consideramos los datos anteriores no resulta arriesgado predecir un cambio en el régimen de contratación pública en el Brasil, en el sentido de proceder a una mayor apertura. Por su parte, y dentro del MERCOSUR, es previsible que la regulación común se intensifique a medida que dicha área avance en el proceso de integración: serán las propias empresas quienes previsiblemente lo reclamarán, una vez se consolide el recientemente iniciado mercado de servicios en el Área.

Trascendiendo el particular caso de la contratación pública, es un hecho que tanto el Brasil como el Mercosur participan de ese ordenamiento armonizado que venimos refiriendo como Derecho Global, un ordenamiento que, entre otros aspectos, redunda en la seguridad jurídica y extiende valores jurídicos consolidados por la tradición del Estado de Derecho. No puedo estar de acuerdo con la extendida opinión que contempla la globalización como una suerte de gobierno de multinacionales sin alma con exclusión del poder público. Ni tampoco con las que, desde foros académicos, la identifican insistentemente con una pérdida de soberanía nacional y la destrucción de los valores tradicionales del Estado de Derecho.

El contexto institucional y decisorio ha cambiado, es cierto, pero los agentes principales siguen siendo los Estados, aunque ciertamente han perdido su monopolio. Ese contexto en modo alguno es un contexto ajurídico, sino que por el contrario es productor de normas jurídicas que, dato esencial, se insertan en un ordenamiento en el que son plenamente reconocibles los valores y principios jurídicos fundamentales de la tradición del Estado Derecho; otra cosa es que las técnicas a través de las que se articulen dichos valores y principios sean técnicas novedosas, como corresponde a los ordenamientos evolutivos y no petrificados — *ubi societas, ubi ius*.[41]

---

[39] Que aunque expresamente excluye la contratación pública de las disposiciones fundamentales del AGCS sobre acceso al mercado, establece (artículo XIII:2) un mandato de negociación multilateral sobre la contratación de servicios.

[40] Al suscitarse en el Congreso dudas de constitucionalidad en relación con algunos de sus contenidos: el propio alcance del término "inversión", los tratos preferenciales o el compromiso de pago de justiprecios expropiatorios nominados en moneda convertible, entre otros aspectos WT/TPR/S/212, p. 21.

[41] Vid. Zagrebelsky, G. *El Derecho Dúctil*, Trotta 2003.

Se ha referido aquí el sector económico como productor de un subordenamiento que se integraría en el Derecho Global. Otros sectores muy significativos, donde quizá sean más reconocibles los valores y principios de nuestra cultura y tradición jurídicas, son el medio ambiente y los derechos humanos. Pero esto ya sería, como es lógico, objeto de otra reflexión.

Referencias bibliograficas

Bandeira de Mello, Celso A., *Curso de Direito Administrativo*, 28ª ed., São Paulo, Malheiros, 2011.

Cammarosano, M., Neves Dal Pozo, A., Valim, R., *Regime Diferenciado de Contratações Públicas – RDC (Lei nº 12.462/11; Decreto nº 7.581/11): aspectos fundamentais*, 2ª ed. Ed. Fórum, 2012.

Cassese, S., *El Derecho Global. Justicia y Democracia más allá del Estado*, ed. Global Law Press, Sevilla 2011.

Diz, Jamile B. M., *Mercosur: origen, fundamento, normas y perspectivas*, Ed. Juruá, 2011.

Fernández Rozas, J.C., *Sistema de Derecho Económico Internacional*, Cívitas-Thomson, Pamplona 2010.

Grau, Eros R., *A ordem económica na Constituiçao de 1988*, São Paulo, Malheiros 2008, 13ª ed.

Harlow, C., "Global Administrative Law: The Quest for Principles and Values", *European Journal of Internacional law*, v. 17, N. 1, 2006.

Jackson, J.H., *Soberanía, la OMC y los fundamentos cambiantes del Derecho Internacional*, Madrid 2009.

Kennedy, D., "The Mystery of Global Governance", in *Ruling the World? Constitutionalism,International Law and Global Governance*, Dunoff and Trachtman (eds), 2009.

Molina del Pozo, C.F., *Evolución histórica y jurídica de los procesos de integración en la Unión Europea y el MERCOSUR*, Buenos Aires, 2011.

Organización Mundial del Comercio, Órgano de examen de las Políticas Comerciales, *Informe de la Secretaría: Brasil*. WT/TPR/S/212, 2 febrero 2009.

Ordoñez Solís, D., *La contratación pública en la Unión Europea*, Ed. Aranzadi, Pamplona 2002.

VVAA, *Law and Contemporary Problems*, v. 68, 2004.

Zagrebelsky, Gustavo. *El Derecho Dúctil*, Trotta 2003.

Informação bibliográfica deste texto, conforme a NBR 6023:2002 da Associação Brasileira de Normas Técnicas (ABNT):

GALERA RODRIGO, Susana. Globalización Jurídica: la Autonomía Estatal en el Marco de la Economía de Mercado. Referencia Específica a la Regulación de las Compras Públicas. *In*: BACELLAR FILHO, Romeu Felipe; HACHEM, Daniel Wunder (Coord.). *Direito público no Mercosul*: intervenção estatal, direitos fundamentais e sustentabilidade: anais do VI Congresso da Associação de Direito Público do Mercosul: homenagem ao Professor Jorge Luis Salomoni. Belo Horizonte: Fórum, 2013. p. 489-501. ISBN 978-85-7700-713-4.

PARTE V

RESUMOS EXPANDIDOS DAS COMUNICAÇÕES CIENTÍFICAS APRESENTADAS

SUSTENTABILIDADE E RESPONSABILIDADE CIVIL DO ESTADO POR OMISSÃO

ANDRÉ LUIZ ARNT RAMOS

Resumo: O presente trabalho, em vista das divergências a respeito da responsabilidade do Estado por omissão, propôs-se a traçar, de forma sintética, diretrizes à resolução das incessáveis discussões frequentemente acríticas perpetuadas pela doutrina. Objetivou analisar, do ponto de vista normativo, a possibilidade de se responsabilizar objetivamente o Poder Público por danos oriundos ou corroborados por sua omissão na fiscalização ambiental. Procurou demonstrar, a partir de rasante passagem pela formulação da atual concepção de interesse público e da concretização de valores perenes que norteiam quaisquer ordenamentos jurídicos democráticos, que a socialização do dano acima caracterizado é pressuposto de existência da democracia, por integrar a ideia de Estado responsável. Afirmou a relevância multidimensional da sustentabilidade, elevada ao patamar de princípio-síntese pelo constituinte originário. Considerou as limitações à integral responsabilização do Estado por atos omissivos na esfera ambiental e decretou o caráter objetivo da responsabilidade da Administração Pública por atos e omissões que afetem aspectos concernentes ao mínimo existencial ambiental. Reconheceu, a partir de análise crítica das principais vertentes doutrinárias e posicionamentos jurisprudenciais que enfrentam a temática — inclusive no que diz respeito à dimensão ético-social da sustentabilidade —, a incidência de responsabilidade subjetiva com presunção de culpa nos casos que transcendem estes aspectos fundamentais ao bem viver.

Palavras-chave: Responsabilidade objetiva. Sustentabilidade. Meio ambiente. Omissão da Administração Pública. Democracia.

Abstract: This article has had the purpose facing the dual controversy concerning the responsibility of the State for omissions, as well as presenting a possible solution for the frequent discussions that deal with the matter. It represents an effort towards analyzing from the normative perspective the viability of making the State objectively responsible for environmental damage caused by its omission in inspecting environmental hazardous activities. By contemplating aspects of the formulation of the current concept of Public Interest and of the sedimentation of axiological constants that conduct every legal system, it infers that the distribution of the referred damage is *condition sine qua non* for democracy. Sustainability's multidimensional relevance has been affirmed upon the fact that it has been elected as a Constitutional principle. The State's absolute response has been held unsustainable, due to several structural and political barriers. Therefore the objective responsibility of the State should prevail only when the matter concerns minimal environmental conditions indispensable to the consecution of a good living. Upon the critical analysis of the best doctrine and of recent precedents — concerning among others the ethical and social dimensions of sustainability —, the incidence of State's subjective responsibility should overcrow whenever those fundamental aspects of good life are not at stake.

Key words: Sustainability. Objective responsibility. Environment. State's omission. Democracy.

Resumo expandido

A ideia de democracia abarca valores que se traduzem, entre outros, nas ideias de *segurança dos direitos humanos*, de *responsabilidade dos titulares do Poder* e de *controle judicial da constitucionalidade dos atos do poder*.

A sustentabilidade multidimensional, seguindo a tendência jusfilosófica contemporânea, marca as constituições do pós-guerra, pois sintetiza o conteúdo dos demais valores norteadores de regimes que assumem matriz democrática.

Este valor foi erigido ao patamar de pressuposto estrutural do Estado de Direito pátrio, porque "só a sustentabilidade, entendida como valor constitucional supremo, garante a expansão sistemática das dignidades e a preponderância da responsabilidade antecipatória".[1]

Finda a transição revolucionária do séc. XVII, vê-se o nascimento da noção de responsabilidade do Estado. Atenuada a turbulência revolucionária e em vista da não concretização dos ideais liberais, formulou-se nova concepção de interesse público a partir da solidariedade social. Daí exsurge a ideia de supremacia deste interesse, que visa à sustentabilidade social.

Cresce, então, o plexo de deveres da administração. Aumentam seus poderes e as possibilidades de se *responsabilizar* o Estado por *danos* causados aos particulares por omissão em seu dever de agir/fiscalizar ou por abuso em seu direito de intervir.

Caberia, então, à Administração Pública satisfazer integralmente o direito fundamental ao meio ambiente ecologicamente equilibrado. O núcleo sindicável deste direito, porém, concerne, apenas, a aspectos de seu mínimo existencial. Isto é: os elementos deste direito tidos como essenciais à vida humana.

Sendo submisso ao Direito e, portanto, responsável pelos danos que gera por ações ou omissões lícitas ou ilícitas, cabe, ao Estado, cumprir seu dever de fiscalizar e proteger o meio ambiente, sob pena de ter que compensar os lesados pelas externalidades de sua atuação.

A doutrina postula a *responsabilidade objetiva* do Estado por ação danosa, ainda que lícita, nas hipóteses de responsabilização do Estado por danos decorrentes de ações danosas realizadas no âmbito da administração direta ou indireta.

Diverge, no entanto, quanto à responsabilidade objetiva do Estado por omissão na fiscalização ambiental. Defende-se, de um lado, a responsabilidade subjetiva, fundada

---

[1] FREITAS. *Sustentabilidade*: direito ao futuro, p. 122-123.

na *faute du service* e, de outro, a responsabilidade objetiva, a partir da aplicação do princípio da sustentabilidade.

Ambos os posicionamentos apresentam falhas e mostram-se mutualmente complementares, suscitando a formulação de uma terceira via, de caráter sintético. A desproporção entre as possibilidades técnico-jurídicas, econômicas e estruturais do cidadão e do Poder Público justifica maior abertura ao exercício do direito de pleitear o atendimento a garantias fundamentais constitucionais, inclusive com recepção da responsabilidade objetiva do Estado quando se pleiteia respeito ao mínimo existencial ambiental, corolário do mínimo existencial da dignidade humana.

A responsabilidade objetiva preventiva, portanto, deve prevalecer quando estiverem em jogo as condições mínimas de existência digna das presentes e futuras gerações. Aplicando-se, subsidiariamente, a responsabilidade, a qual abarca a presunção de culpa e, consequentemente, a inversão do ônus da prova em favor do administrado.

A jurisprudência, apesar das controvérsias, vem atendendo ao propósito de combater inércias ou omissões do Poder Público lesivas aos administrados.

Desta forma, vislumbra-se a possibilidade de concretização de um direito administrativo voltado à realização das potencialidades individuais dos cidadãos; tendente ao bem viver destes enquanto partícipes da comunidade. Isto é: guiado, de fato, pelo interesse público.

Referências

BANDEIRA DE MELLO, Celso Antônio. *Curso de direito administrativo*. 29. ed. rev. e atual. São Paulo: Malheiros, 2011.

BARCELLOS, Ana Paula de. *A eficácia jurídica dos princípios constitucionais*: o princípio da dignidade da pessoa humana. 3. ed. rev. e atual. São Paulo: Renovar, 2011.

DERANI, Cristiane. *Direito ambiental econômico*. 3. ed. 2. tiragem. São Paulo: Saraiva, 2008.

FREITAS, Juarez. *Sustentabilidade*: direito ao futuro. Belo Horizonte: Fórum, 2011.

GABARDO, Emerson; HACHEM, Daniel Wunder. O suposto caráter autoritário da supremacia do interesse público e das origens do direito administrativo: uma crítica da crítica. *In*: DI PIETRO, Maria Sylvia Zanella; RIBEIRO, Carlos Vinícius Alves (Org.). *Supremacia do interesse público e outros temas relevantes do direito administrativo*. São Paulo: Atlas, 2010. p. 13-66.

GRIMM, Dieter. *Constitucionalismo y derechos fundamentales*. Madrid: Trotta, 2006.

RAO, Vicente. Fundamentos jurídicos dos ideais democráticos. *In*: FÓRUM ROBERTO SIMONSEN. *A doutrina democrática e a realidade nacional*. São Paulo: Fórum Roberto Simonsen, 1964. p. 79-104.

ZAGREBELSKY, Gustavo. *El derecho dúctil*: ley, derechos, justicia. Madrid: Trotta, 1999.

ZOCKUN, Carolina Zancaner. Responsabilidade do estado na omissão da fiscalização ambiental. *In*: FREITAS, Juarez (Org.). *Responsabilidade civil do estado*. São Paulo: Malheiros, 2006. p. 70-88.

Informação bibliográfica deste texto, conforme a NBR 6023:2002 da Associação Brasileira de Normas Técnicas (ABNT):

RAMOS, André Luiz Arnt. Sustentabilidade e responsabilidade civil do estado por omissão. *In*: BACELLAR FILHO, Romeu Felipe; HACHEM, Daniel Wunder (Coord.). *Direito público no Mercosul*: intervenção estatal, direitos fundamentais e sustentabilidade: anais do VI Congresso da Associação de Direito Público do Mercosul: homenagem ao Professor Jorge Luis Salomoni. Belo Horizonte: Fórum, 2013. p. 505-507. ISBN 978-85-7700-713-4.

RESPONSABILIDADE PENAL DAS PESSOAS JURÍDICAS NOS CRIMES AMBIENTAIS

ANNYELLEN DESIRRÈ CABRAL MENON

Resumo: O presente estudo tem por objetivo compor uma análise crítica sobre a interpretação dada ao artigo 225, §3º, da Constituição Federativa do Brasil, bem como à Lei nº 9.605, de 12 de fevereiro de 1998, no que diz respeito à responsabilidade penal das pessoas jurídicas nos crimes ambientais. Etimologicamente, responsabilidade significa a capacidade de assumir as consequências dos atos ou das omissões, que pressupõe a ocorrência de uma infração. A origem da responsabilidade está diretamente ligada ao livre arbítrio da sociedade possibilitando escolhas. Tal possibilidade vem a ser a responsabilidade que temos pelo que fazemos em detrimento das leis estabelecidas em nosso Estado. Este trabalho parte do pressuposto de que a Carta Magna não deu origem à responsabilidade penal das pessoas jurídicas, pois a adequada interpretação do dispositivo nos leva à conclusão de que as condutas são praticadas pelas pessoas físicas, as quais sofrem a responsabilidade penal, e as atividades são realizadas pelas pessoas jurídicas, as quais sofrem a responsabilidade administrativa, e ambas responderão da mesma forma na esfera cível. Tal entendimento também engloba o posicionamento da doutrina majoritária penalista, o qual dispõe sobre a impossibilidade de aplicação da responsabilidade penal a uma pessoa jurídica, visto que não possui capacidade natural, tampouco a capacidade de culpabilidade. O fato de aplicar uma pena a pessoa jurídica apenas resguarda o real infrator de cumprir uma pena de fato, pois não podemos esquecer que por trás de toda pessoa jurídica há uma pessoa física que comanda todas as suas ações.

Palavras-chave: Responsabilidade penal. Pessoa jurídica. Crimes ambientais.

Abstract: This study aims to write a review on the interpretation of Article 225, §3 of the Constitution of Brazil, and the Law. 9605, to February 12, 1998, regarding the criminal liability of legal entities in the environmental crimes. Etymologically, accountability means the ability to accept the consequences of the acts or omissions, which assumes the occurrence of an infraction. The origin of responsibility is directly linked to the discretion of the company providing choices. Such a possibility has to be the responsibility we have for what we do over the established laws in our state. This paper assumes that the Constitution did not give rise to criminal liability of legal persons, for the proper interpretation of the device leads us to conclude that the behavior are practiced by individuals, which suffer criminal liability and activities are held by legal entities, which suffer the administrative responsibility and both respond the same way in the civil sphere. This understanding also includes the placement of the majority doctrine penologist, which has about the impossibility of applying criminal liability to a legal entity, since it does not have natural ability, nor the ability of guilt. The fact that a penalty apply only to the entity keeps the actual offender serving a sentence, since we can not forget that behind every person there is a legal person that controls all your actions.

Key words: Criminal liability. Corporations. Environmental crimes.

Resumo expandido

A responsabilidade penal da pessoa jurídica tem sua origem dentro do ordenamento jurídico brasileiro com o artigo 225, §3º, da Constituição Federal.[1] A Lei dos Crimes Ambientes, que é a Lei nº 9.605, de 12 de fevereiro de 1998, em seu artigo terceiro,[2] veio regulamentar, como lei infraconstitucional, o disposto na Constituição Federal, onde afirma que a responsabilidade penal da pessoa jurídica é um dos temas mais polêmicos em matéria de crimes ambientais, visto que não existe um entendimento sedimentado. Apesar da previsão constitucional e infraconstitucional a respeito da responsabilidade penal das pessoas jurídicas, existem três correntes sobre a sua aplicabilidade ou inaplicabilidade, as quais veremos a seguir.

A teoria da ficção é o posicionamento majoritário da nossa doutrina. Tal teoria dispõe sobre a inadmissibilidade da responsabilidade penal das pessoas jurídicas — *societas delinquere non potest* —, a qual se originou com Feuerbach e Savigny, estatuindo que as pessoas jurídicas têm uma natureza fictícia, faltando assim a capacidade de atuar. Neste sentido, René Ariel Dotti afirma que:

> A máxima *societas delinquere non potest* se mantém invariável nos sistemas penais positivos de um modo geral. O poder de decisão entre o fazer e o não fazer alguma coisa, que constitui base psicológica e racional da conduta lícita ou ilícita, é um atributo inerente às pessoas naturais. Somente a ação humana, conceituada como atividade dirigida a um fim, pode ser considerada como suporte causal do delito.[3]

As pessoas jurídicas são puras abstrações legais, não dispondo assim de capacidade de conduta, pois não agem com consciência e vontade, e, por consequência, sem dolo ou culpa, inexistindo a possibilidade de praticar crimes. Não agem também com culpabilidade, pois não há a possibilidade de imputabilidade, ou seja, inexiste

---

[1] Art. 225, §3º da CF – As condutas e atividades consideradas lesivas ao meio ambiente sujeitarão os infratores, pessoas físicas ou jurídicas, a sanções penais e administrativas, independentemente da obrigação de reparar os danos causados.

[2] Art. 3º da Lei nº 9.605/1998 – As pessoas jurídicas serão responsabilizadas administrativa, civil e penalmente conforme o disposto nesta Lei, nos casos em que a infração seja cometida por decisão de seu representante legal ou contratual, ou de seu órgão colegiado, no interesse ou benefício da sua entidade. Parágrafo único. A responsabilidade das pessoas jurídicas não exclui a das pessoas físicas, autoras, co-autoras, ou partícipes do mesmo fato.

[3] DOTTI. *Curso de direito penal*: parte geral, p. 378.

a capacidade mental de entender o teor do fato, consciência da ilicitude. Luís Paulo Sirvinskas assevera que:

> A lei ambiental, além de criar tipos penais protetivos ao meio ambiente, procurou responsabilizar também a pessoa jurídica. Como já foi dito, o maior degradador é o industrial, o empresário ou o comerciante, ou seja, o presidente, o diretor, o administrador, o membro do conselho e o órgão técnico, o auditor, o gerente, o preposto ou o mandatário da pessoa jurídica. Normalmente o centro de decisões de uma grande empresa situa-se em outro país, fazendo-se com que a punição se torne ineficaz, pois não há como responsabilizar, via de regra, o autor do delito. Isso não ocorrerá se admitir a responsabilidade penal da pessoa jurídica.[4]

De modo geral, o verdadeiro criminoso é a pessoa jurídica que visa ao lucro como finalidade essencial, não se importando com os danos causados à sociedade, entretanto, não só a empresa responde por um ilícito, mas também os funcionários. Neste sentido, Cezar Roberto Bitencourt afirma que:

> Quando se identificar e se puder individualizar quem são os autores físicos dos fatos praticados em nome de uma pessoa jurídica, tidos como criminosos, aí sim deverão ser responsabilizados penalmente. Em não sendo assim, corre-se o risco de termos de nos contentar com uma pura penalização formal das pessoas jurídicas, que, ante a dificuldade probatória e operacional, esgotaria a real atividade judiciária, em mais uma comprovação simbólica do Direito Penal.[5]

O legislador da nossa Constituição Federal, quando editou tal norma, estava num momento extremamente garantista e necessitava proteger amplamente o meio ambiente, sendo este o motivo da incorporação equivocada da responsabilidade penal da pessoa jurídica em nosso ordenamento. Em vista disso, o Direito Penal não pode abrir mão de suas conquistas históricas e suas garantias fundamentais.

Conclusão

Não se pode desprezar o fato de que por trás de toda pessoa jurídica existe uma pessoa física no comando, equiparando-se a um "ventríloquo", onde o diretor, gerente, preposto, mandatário da pessoa jurídica controla todos os movimentos do "boneco", ou seja, a pessoa jurídica.

Reprimir-se-ia o "boneco" ao invés do "ventríloquo" que está ali apenas para manipular, fazendo com que o som da sua voz e suas vontades pareçam sair por uma fonte diversa da real, proporcionando ao real infrator que apenas mude de "boneco", continuando com o seu teatro em que toda a sociedade aplaude de pé a impunidade generalizada das pessoas jurídicas.

---

[4] SIRVINSKAS. *Tutela penal ao meio ambiente*: breves considerações atinentes à Lei nº 9.605/98, p. 54.

[5] BITENCOURT. *Tratado de direito penal*: parte geral, p. 276.

Referências

BITENCOURT, Cezar Roberto. *Tratado de direito penal*: parte geral. 16. ed. São Paulo: Saraiva, 2011. v. 1.

DOTTI, René Ariel. *Curso de direito penal*: parte geral. 3. ed. São Paulo: Revista dos Tribunais, 2010.

SIRVINSKAS, Luís Paulo. *Tutela penal ao meio ambiente*: breves considerações atinentes à Lei nº 9.605/98. 3. ed. São Paulo: Saraiva, 2004.

Informação bibliográfica deste texto, conforme a NBR 6023:2002 da Associação Brasileira de Normas Técnicas (ABNT):

MENON, Annyellen Desirrè Cabral. Responsabilidade penal das pessoas jurídicas nos crimes ambientais. *In*: BACELLAR FILHO, Romeu Felipe; HACHEM, Daniel Wunder (Coord.). *Direito público no Mercosul*: intervenção estatal, direitos fundamentais e sustentabilidade: anais do VI Congresso da Associação de Direito Público do Mercosul: homenagem ao Professor Jorge Luis Salomoni. Belo Horizonte: Fórum, 2013. p. 509-512. ISBN 978-85-7700-713-4.

ADMINISTRAÇÃO PÚBLICA E O TERCEIRO SETOR: ANÁLISE A PARTIR DAS ORGANIZAÇÕES SOCIAIS DE SAÚDE DE SÃO PAULO

CAROLINE DA ROCHA FRANCO

SAULO LINDORFER PIVETTA

Resumo: O presente trabalho tem por escopo investigar a concretização de direitos fundamentais a partir dos modelos burocrático e gerencial de Administração Pública. O elemento central de diferenciação destes modelos é quanto ao nível de controle: enquanto que na Administração burocrática realiza-se um controle de fins e meios, na Administração gerencial tem-se uma gestão pautada basicamente por resultados, numa suposta tentativa de tornar mais eficiente a realização das atividades típicas de Estado, a partir de um viés neoliberal. Desde meados da década de 1990, tenta-se, no Brasil, implementar mecanismos gerenciais na condução da esfera administrativa, e um desses instrumentos foi materializado com a Lei nº 9.637/98, que dispõe sobre a qualificação das chamadas "Organizações Sociais" — através das quais o Estado transferiria a entidades privadas a efetivação de diversas finalidades públicas. Neste trabalho, a partir do amparo teórico apresentado, analisa-se a experiência do Estado de São Paulo, em que uma série de hospitais públicos tiveram suas administrações transferidas a Organizações Sociais de Saúde. Ocorre que, em pesquisa desenvolvida pelo Tribunal de Contas do Estado de São Paulo, demonstrou-se que os hospitais geridos pelas OS não se mostraram mais "eficientes", haja vista que em tais entes os níveis de satisfação do direito à saúde são inferiores se comparados com os níveis obtidos pelos hospitais sob a tutela da Administração direta. Assim, verifica-se que é extremamente frágil a ideia de que o chamado modelo gerencial seria mais eficiente que o modelo burocrático.

Palavras-chave: Administração Pública burocrática e gerencial. Organizações sociais. Princípio da eficiência administrativa.

Abstract: This paper aims to investigate the concretization of fundamental rights from the bureaucratic and managerial models of Public Administration. The central element of differentiation of these models is the level of control: while the bureaucratic administration carried out a control means and ends, management administration guided primarily by the consecution of results, in an alleged attempt to make more efficient typical states activities, from a neoliberal bias. Since the mid-1990s, some governments attempts to, in Brazil, implement management mechanisms in the conduct of the administrative sphere, and one of these instruments was materialized with the Federal Law No. 9.637/98, which statues the qualification of so-called "Social Organizations" — through which the state would transfer to private entities the realization of various public purposes. In this work, from the presented theoretical support, we analyze the experience of São Paulo, where a series of public hospitals had their administrations transferred to Social Organizations Health. Turns out that, in research carried out by the Counts Court of the State São Paulo, showed that the hospitals managed by the OS did not show more "efficient", considering that in these the satisfaction levels of the right to health are lower compared to levels obtained by the Hospital under the tutelage of bureaucratic administration. Thus, it is extremely fragile that the idea that the this model of administration is less efficient than the managerial one.

Key words: Public Administration bureaucratic and managerial. Social organizations. Principle of administrative efficiency.

Resumo expandido

1 Introdução

Acompanhar o desempenho dos parceiros privados no exercício de serviços públicos de titularidade do Estado é de essencial relevância, posto que tal cooperação deve estar em consonância com o interesse público. Neste sentido, o presente trabalho analisa a prestação dos serviços realizada pelas Organizações Sociais de Saúde no Estado de São Paulo.

2 A Administração Pública e o movimento gerencialista

A Constituição Federal de 1988 estruturou a Administração Pública de maneira bastante detalhada — algo inédito até então, demarcando severamente a esfera de discricionariedade administrativa.

O alargamento do espectro de incidência do princípio da legalidade alcança também os *meios* de ação do Estado, que também são controlados pelo Direito. Com isso, estrutura-se o chamado modelo burocrático de Administração público, cujo fundamento de validade preza pelo controle de *meios* e *fins*.[1]

Contudo, no bojo do neoliberalismo, os chamados *gerencialistas* passam a criticar a estrutura administrativa burocrática, que seria muito cara e ineficiente. A meta, então, seria retrair o Estado e atribuir à iniciativa privada o papel principal na tarefa de distribuição de todo o produto social. O agir da máquina estatal, a partir de então, seria balizado pelo alcance de resultados, principalmente através da transferência destas responsabilidades aos particulares.[2]

---

[1] SCHIER, Adriana da Costa Ricardo. *A participação popular na Administração Pública*. Rio de Janeiro: Renovar, 2002. p. 89-96.

[2] GABARDO, Emerson. *Princípio Constitucional da eficiência administrativa*. São Paulo: Dialética. 2002. p. 58.

3 O gerencialismo e as "organizações sociais de saúde"

Foi neste contexto de defesa da Administração Pública *gerencial* que foi aprovada a Lei nº 9.637/98, a qual dispõe sobre a qualificação de determinados entes privados como "organizações sociais" (OS). Através dessas OS o Estado transfere a entidades de direito privado a execução de atividades ligadas, por exemplo, à saúde e à educação.

Com o intuito de estudar a relação entre o Estado e os parceiros privados na área da saúde, recentemente o Tribunal de Contas do Estado de São Paulo realizou pesquisa comparativa entre seis estabelecimentos hospitalares estaduais, com modelos de gerência diferentes, entre Administração direta (AD) e Organização Social de Saúde (OSS), mas de mesmo porte e semelhante complexidade.[3]

É de se conferir destaque ao fato de que, no modelo paulista de gestão de OSS, o Estado cede os prédios hospitalares, equipamentos e materiais existentes, permanecendo estes sob sua titularidade.

A forma de gestão realizada pela OSS no desempenhar das atividades do hospital é autônoma e flexível, ou seja, sem necessidade de processo licitatório, de plano de carreiras etc. No entanto, não corresponde essencialmente a regime jurídico de Direito privado, posto que segue exigências determinadas pelo contrato de gestão, as quais são delimitadas pelo regime de Direito público.[4]

Na pesquisa realizada pelo TCE-SP se buscou mensuração por meio do resultado econômico (e não somente dos custos) para aferir a eficiência das entidades. Assim, o trabalho foi desenvolvido no intuito de evidenciar as diferenças e semelhanças existentes entre os hospitais geridos por organização social e pela Administração direta, na oferta de serviços públicos aos cidadãos.

Os resultados obtidos evidenciam o mito da eficiência da iniciativa privada perante o setor público. Em vários pontos os hospitais geridos pela Administração Pública superaram em qualidade os serviços prestados pelas OSS. Por exemplo, a taxa de mortalidade geral é menor nos hospitais da AD.

Inclusive se constata pelo estudo que, na realidade, a AD é mais eficiente quanto aos resultados econômicos, já que se concluiu no trabalho que "Tanto os hospitais da AD como os das OSS apresentam prejuízo econômico, contudo, computados os gastos tributários, é menor para os da AD".

4 Conclusão

Constata-se o discurso pró-Administração gerencial deve ser analisado com cautela, posto que os dados relativos a este modelo de gestão, ao menos no que tange à saúde, levam a conclusões diversas das pregadas pelo modelo neoliberal.

Destarte, possibilitar a criação de novas OSS para gestão de serviços públicos relativos à saúde é ineficiente,[5] pois traz prejuízos na medida em que reduz as

---

[3] A metodologia de pesquisa, bem como o trabalho integral e seu resultado podem ser acessados em: <http://www4.tce.sp.gov.br/sites/default/files/2011-10-03-Comparacao_de_hospitais_estaduais_paulistas-estudo_compara.pdf>.

[4] Pertinente ao tema a ADI nº 1923, em que se discute se os princípios constitucionais dirigidos à Administração Pública são aplicados às OS.

[5] No entanto, ainda assim os estados insistem em incrementar suas legislações no sentido da perpetuação deste modelo, conforme ocorre no estado do Paraná, com a LC nº 140/2011.

possibilidades de controle e não assegura níveis mais adequados de satisfação de direitos fundamentais.

Informação bibliográfica deste texto, conforme a NBR 6023:2002 da Associação Brasileira de Normas Técnicas (ABNT):

FRANCO, Caroline da Rocha; PIVETTA, Saulo Lindorfer. Administração Pública e o Terceiro Setor: análise a partir das Organizações Sociais de Saúde de São Paulo. *In*: BACELLAR FILHO, Romeu Felipe; HACHEM, Daniel Wunder (Coord.). *Direito público no Mercosul*: intervenção estatal, direitos fundamentais e sustentabilidade: anais do VI Congresso da Associação de Direito Público do Mercosul: homenagem ao Professor Jorge Luis Salomoni. Belo Horizonte: Fórum, 2013. p. 513-516. ISBN 978-85-7700-713-4.

O COMBATE À IMPROBIDADE ADMINISTRATIVA E SUA RELAÇÃO COM OS PRINCÍPIOS SUPRACONSTITUCIONAIS

CÍNTIA VEIGA DE OLIVEIRA SANTOS
TALITA FERREIRA ALVES MACHADO

Resumo: A prática de atos de improbidade não configura novidade em nenhuma sociedade. Na atual fase de pós-modernidade jurídica, abriu-se espaço ao universalismo a fim de se possibilitar a integração global. Em 2008, o internacionalismo passou a figurar na realidade brasileira com o reconhecimento do valor supralegal dos tratados internacionais de direitos humanos. A observação dos princípios supraconstitucionais tornou-se necessária em todos os ramos do Direito. Na temática em apreço, combate à improbidade administrativa, não é diferente. Isso porque há um ciclo vicioso de má gestão pública que impede a realização dos direitos fundamentais. O conceito de improbidade administrativa remete ao princípio da moralidade administrativa. Ao mesmo tempo, caminha junto à corrupção, fenômeno mundialmente observado, que compromete a integridade das instituições, a sociedade, a ordem moral e a justiça. A globalização favorece a improbidade administrativa. Essa, por sua vez, beneficia o crime organizado. Os atos de improbidade administrativa transcendem as fronteiras dos países e exigem a cooperação entre Estados a fim de que sejam eficazmente combatidos. A improbidade administrativa afeta diretamente os princípios supraconstitucionais, pois impede a efetivação das prestações sociais e o atendimento das necessidades básicas da população. O combate à improbidade administrativa contribui para a estabilidade das nações e para o desenvolvimento dos povos. A prática da improbidade administrativa afronta os princípios supraconstitucionais da moralidade e da dignidade da pessoa humana. Conferir efetividade máxima a esses princípios permite concretizar os direitos fundamentais dos indivíduos, de maneira a enriquecer a democracia e se avançar no exercício da cidadania.

Palavras-chave: Improbidade administrativa. Globalização. Corrupção. Princípios supraconstitucionais. Moralidade administrativa. Dignidade da pessoa humana. Direitos fundamentais.

Abstract: The practice of improbity acts does not convey any news to any kind of society. In the present post-modern juridical phase, space was open for universalism, in order to enable global integration. In 2008, internationalism became a fact in the Brazilian reality, with the recognition of the supra-legal value of international treaties for human rights. The compliance with the supra-constitutional principles became necessary for all branches of Law. On this theme, the combat to administrative improbity is not different. This, because there is a vicious cycle of bad management of public affairs, which bars the realization of fundamental rights. The concept of administrative improbity calls for the principle of administrative morality. Also, it goes along with corruption, a worldwidely observed phenomenon, which hurts the integrity of institutions, the society, the moral order and Justice. The globalization favors administrative improbity. In turn, the latter benefits the organized crime. The administrative improbity transcends the frontiers of countries and demand the cooperation among States in order to effectively combat them. The administrative improbity directly affects the supra-constitutional principles, because they obstruct the accomplishment of social acts and the compliance with the population basic needs. The combat to administrative improbity contributes to the stability of nations and development of their people. The administrative improbity offends the supra-constitutional principles of morality and dignity of the human being. To give these principles the maximum support, will result in supporting the fundamental rights of individuals, so as to enrich democracy and give citizenship a step ahead.

Key words: Administrative malpractice. Globalization. Corruption. Supra-constitutional principles. Administrative morality. Human being dignity. Fundamental rights.

Resumo expandido

Introdução

A convivência dos administrados com a prática de improbidade administrativa pelos agentes políticos não é um problema novo. Historicamente, os povos conviviam com a irresponsabilidade do chefe do Estado e de Governo, até que, com a evolução das conquistas relativas aos direitos fundamentais, surgiram mecanismos de defesa dispostos aos cidadãos, a fim de protegê-los contra o *modus operandi* na forma de os administradores conduzirem a administração pública.

Com a atual fase de pós-modernidade jurídica, afasta-se de cena o imperialismo da lei, dos contratos e da formalidade, para abrir espaço ao universalismo, como forma de integração global e convivência dos povos.

Nesse âmbito, em 03 de dezembro de 2008, o internacionalismo passou a fazer parte da realidade brasileira, quando o Pleno do STF reconheceu o valor supralegal dos tratados internacionais de Direitos Humanos.

Consagrou-se, pois, um nível superior à Constituição, formado pelos princípios supraconstitucionais, tendo havido, por consequência, a atualização das diversas fontes do Direito, ante o grau hierárquico destes princípios.

Como corolário, esses princípios passaram a ter de ser observados em todos os ramos do Direito, inclusive na presente questão, que é o combate à improbidade administrativa, ou seja, ao ciclo vicioso de má gestão pública impeditiva da realização dos direitos fundamentais.

Improbidade administrativa e princípios supraconstitucionais

O conceito de improbidade administrativa se relaciona à ideia de honestidade na Administração Pública e, por assim ser, remete ao princípio da moralidade administrativa.

O princípio da moralidade foi incluído na Constituição da República Federativa do Brasil de 1988, no art. 37, *caput*, quando desde há muito já se falava em improbidade.

Referido princípio permitiu reavivar o significado axiológico do direito, pois trouxe consigo valores como a razoabilidade, a boa-fé, a economicidade, entre outros.

A temática da improbidade envolve a preocupação com a ética na Administração Pública, aliada ao combate à corrupção e à impunidade no setor público.

Ao completar vinte anos de sua entrada em vigor, a Lei de Improbidade Administrativa reacende as discussões acerca da temática de que trata. Aliás, o enfrentamento da improbidade será sempre atual e estará nos anseios de qualquer sociedade.

Com efeito, a corrupção não é fenômeno que se restringe ao Brasil, mas que afeta todo o mundo, comprometendo a integridade das instituições, a sociedade, a ordem moral e a própria justiça.

A intensificação das transações comerciais internacionais e o aumento do fluxo de capital entre as nações contribuem para a proliferação dos atos de improbidade administrativa.

Inexistem dúvidas de que o crime organizado é favorecido pela improbidade administrativa, bem como de que, em determinadas hipóteses, esse atos transcendem as fronteiras de um certo país, exigindo a cooperação entre Estados a fim de que sejam eficazmente combatidos.

A improbidade administrativa afeta diretamente os princípios supraconstitucionais, pois impede a efetivação das prestações sociais e o atendimento das necessidades básicas da população.

O combate à improbidade administrativa revela o anseio de se efetivar o controle e a punição dos agentes ímprobos, bem como de se superarem as limitações do controle estatal e de se desenvolverem mecanismos que possibilitem manter a administração adstrita à legalidade e à moralidade, viabilizando a concretização dos direitos fundamentais.

Conclusão

O combate à improbidade administrativa beneficia as instituições democráticas, a economia e a moral social, dele sendo corolários a estabilidade das nações e o desenvolvimento dos povos.

Com efeito, a improbidade constitui afronta aos princípios supraconstitucionais, sendo que, na temática ora sob discussão, de relevância supraconstitucional são os princípios da moralidade e da dignidade da pessoa humana.

Conferir efetividade máxima a referidos princípios permite concretizar os direitos fundamentais dos indivíduos, aí compreendidos seus direitos individuais e coletivos, bem como sociais e políticos.

Nesse passo, o combate à improbidade administrativa é meio de se enriquecer a democracia e de se avançar no exercício da cidadania.

Referências

DI PIETRO, Maria Sylvia Zanella. *Direito administrativo*. 24. ed. São Paulo: Atlas, 2011.

GAJARDONI, Fernando da Fonseca *et al. Comentários à Lei de Improbidade Administrativa*. São Paulo: Revista dos Tribunais, 2010.

GOMES, Luiz Flávio; MAZZUOLI, Valério de Oliveira. *Direito supraconstitucional*: do absolutismo ao Estado constitucional e humanista de direito. São Paulo: Revista dos Tribunais, 2010. v. 5.

MATTOS, Mauro Roberto Gomes de. *O limite da improbidade administrativa*: comentários à Lei nº 8.429/92. 5. ed. Rio de Janeiro: Forense, 2010.

SIMÃO NETO, Calil. *Improbidade administrativa*: teoria e prática. Leme: J. H. Mizuno, 2011. De acordo com a Lei nº 12.120, de 15 de dezembro de 2009, com a Lei complementar nº 135, de 04 junho de 2010 (Ficha Limpa).

Informação bibliográfica deste texto, conforme a NBR 6023:2002 da Associação Brasileira de Normas Técnicas (ABNT):

SANTOS, Cíntia Veiga de Oliveira; MACHADO, Talita Ferreira Alves. O combate à improbidade administrativa e sua relação com os princípios supraconstitucionais. *In*: BACELLAR FILHO, Romeu Felipe; HACHEM, Daniel Wunder (Coord.). *Direito público no Mercosul*: intervenção estatal, direitos fundamentais e sustentabilidade: anais do VI Congresso da Associação de Direito Público do Mercosul: homenagem ao Professor Jorge Luis Salomoni. Belo Horizonte: Fórum, 2013. p. 517-520. ISBN 978-85-7700-713-4.

O PAPEL DO DIREITO INTERNACIONAL AMBIENTAL NA GARANTIA DE UM MEIO AMBIENTE SADIO E EQUILIBRADO

DIOGO ANDREOLA SERRAGLIO

Resumo: Este artigo objetiva verificar o papel desempenhado pelo Direito Internacional Ambiental na sociedade contemporânea, com enfoque na busca de um meio ambiente equilibrado para a sua população. O trabalho apresentará, desta feita, a estrita relação existente entre ambos os ramos desta ciência através da garantia de um ambiente equilibrado e sadio que resguarde as garantias fundamentais da pessoa humana.

Palavras-chave: Direito Internacional Ambiental. Direitos Humanos. Meio ambiente equilibrado.

Abstract: This paper aims to verify the role played by the international environmental law in the international society, particularly in the pursuit of a healthy environment for its population. Then, the work will show the close relationship between both branches of this science by the warranty of a balanced and healthy environment, which is able to protect the fundamental guarantees of human being.

Key words: International environmental law. Human Rights. Healthy environment.

Resumo expandido

Introdução

Verifica-se que a preocupação com a degradação do meio ambiente mostra-se como uma das grandes prioridades da agenda internacional contemporânea. Convém notar, assim, a estrita relação entre a proteção ambiental e a defesa dos Direitos Humanos, correlação esta observada na busca do reconhecimento de instrumentos garantidores de um ambiente sadio.

I A proteção dos direitos humanos através da garantia de um meio ambiente saudável

Muito embora a sistematização da proteção ambiental e da proteção dos Direitos Humanos tenha se dado de forma diferenciada, certifica-se a sua aproximação pelo fato de que ambas inquietam-se com o futuro da espécie humana.[1]

Oportuno se torna mencionar, inicialmente, a relativização da soberania estatal ao se abordar estes dois temas. Observa-se que a internacionalização dos Direitos Humanos e da proteção ambiental ocorreram, respectivamente, da conscientização dos governos diante da necessidade de se enquadrar aos princípios da Declaração Universal de 1948, bem como da poluição transfronteiriça que desconhece a existência de fronteiras políticas entre as nações. Assim, torna-se inadmissível cogitar a possibilidade de se pensar nesses direitos como se individuais fossem: "não é possível desenvolver e proteger as liberdades individuais sem proteger os direitos sociais ou proteger os direitos sociais sem garantir uma qualidade de vida adequada".[2] Em síntese, reconhece-se que a proteção do meio ambiente deve estar em conformidade com as normas destinadas à tutela dos Direitos Humanos, e vice-versa, pois, além da devastação ambiental acarretar graves danos no ecossistema da Terra, esta se encontra diretamente ligada à manutenção e à qualidade de vida.

Verdade seja, a indivisibilidade dos Direitos Humanos, proclamada durante a Conferência Mundial de Direitos Humanos, realizada na cidade de Viena, em 1993, destacou a necessidade de implementação de medidas protetoras às coletividades humanas, nas quais se insere a defesa do meio ambiente, promovendo a globalização das questões concernentes aos direitos da pessoa humana.

Impõe-se registrar, portanto, que a proteção dos Direitos Humanos na esfera ambiental depende da utilização racional dos recursos naturais, possível por meio da intervenção normativa, a qual promove a diminuição dos riscos gerados pelo desenvolvimento tecnológico, viabilizando um ambiente sadio para a sociedade presente e futura. Em realidade, se a intervenção humana ao meio ambiente não fosse freada pelo conjunto normativo elaborado nas últimas décadas, fica evidente a destruição das condições mínimas para a manutenção da vida em nosso planeta:

> Pela primeira vez na história das espécies, o desaparecimento em massa de várias formas de vida na Terra não será o resultado de eventos físicos, de perturbações nos ecossistemas derivados de fenômenos de causa natural. Diferentemente das cinco grandes extinções que ocorreram nos últimos 420 milhões de anos, a sexta será essencialmente creditada na conta de um agente biológico: o homem.[3]

Relevante sublinhar, outrossim, que tanto os tratados de Direitos Humanos quanto aqueles que versam sobre a proteção ambiental se destinam ao homem e ao seu direito à vida. O Direito Internacional Ambiental atesta "princípios de caráter global que hão de aplicar-se no território dos Estados independentemente de qualquer efeito

---

[1] TRINDADE. *Direitos humanos e meio-ambiente*: paralelo dos sistemas de proteção internacional, p. 23-24.

[2] BOITEUX (Coord.). *Filosofia e direitos humanos*: estudos em homenagem ao Professor Fábio Konder Comparato, p. 37.

[3] ELDREDGE, Niles. *Revista Ciência e Tecnologia*, São Paulo, abr. 2008, p. 60 *apud* BOITEUX (Coord.). *Filosofia e direitos humanos*: estudos em homenagem ao professor Fábio Konder Comparato, p. 38.

transfronteiriço, e hão de reger zonas que não se encontram sob qualquer competência territorial nacional,"[4] perseguindo objetivos de comum interesse à humanidade. Convém notar, neste passo, que a vida humana mostra-se como o principal fundamento da proteção ambiental. Isto é, "a vida humana pertence a uma categoria de valores de dimensão puramente qualitativa e indivisível, servindo de fundamento dos demais valores".[5] Por isso, a combinação destes dois direitos mostra-se como pressuposto para a continuidade da vida do ser humano, uma vez que o equilíbrio ambiental é essencial para o desenvolvimento das garantias fundamentais do homem, as quais inexistiriam diante de um ambiente degradado que não promovesse uma qualidade de vida sadia.[6]

Por tudo exposto, observa-se que

> [...] a proteção do meio ambiente não é "luxo de intelectuais" ou modismo momentâneo de pessoas engajadas. Dela depende a vida das futuras gerações. O amor pela humanidade, por sua vez, é um dever ético que não admite exigência de um comportamento recíproco, mas cumpre função social importante: atuar como fator de permanente aperfeiçoamento da justiça.[7]

Considerações finais

Por tudo isso, a aproximação dos mecanismos que promovem a proteção ao meio ambiente às legislações que versam sobre os Direitos Humanos mostra-se como fator relevante para a efetivação da tutela aos direitos coletivos, os quais garantem a existência da qualidade de vida sadia.[8] Ou seja, assume-se, a responsabilidade de proteger não somente o meio ambiente, mas também a qualidade de vida da pessoa humana, visto que ambos os temas encontram-se intimamente ligados ao direito à vida e emergem de um recente processo de internacionalização e globalização.

Referências

BOITEUX, Elza (Coord.). *Filosofia e direitos humanos*: estudos em homenagem ao Professor Fábio Konder Comparato. Salvador: Podivm, 2009.

SANTILLI, Juliana. Direito ao ambiente sadio: jurisprudência nacional e internacional. *Revista Internacional de Direito e Cidadania*, n. 4, p. 135-149, jun. 2009.

TRINDADE, Antônio Augusto Cançado. *Direitos humanos e meio-ambiente*: paralelo dos sistemas de proteção internacional. Porto Alegre: Sergio Antonio Fabris, 1993.

Informação bibliográfica deste texto, conforme a NBR 6023:2002 da Associação Brasileira de Normas Técnicas (ABNT):

SERRAGLIO, Diogo Andreola. O papel do direito internacional ambiental na garantia de um meio ambiente sadio e equilibrado. *In*: BACELLAR FILHO, Romeu Felipe; HACHEM, Daniel Wunder (Coord.). *Direito público no Mercosul*: intervenção estatal, direitos fundamentais e sustentabilidade: anais do VI Congresso da Associação de Direito Público do Mercosul: homenagem ao Professor Jorge Luis Salomoni. Belo Horizonte: Fórum, 2013. p. 521-523. ISBN 978-85-7700-713-4.

---

[4] TRINDADE. *Direitos humanos e meio-ambiente*: paralelo dos sistemas de proteção internacional, p. 47.

[5] BOITEUX (Coord.). *Filosofia e direitos humanos*: estudos em homenagem ao Professor Fábio Konder Comparato, p. 41.

[6] *Ibidem*, p. 40-41.

[7] *Ibidem*, p. 48.

[8] *Ibidem*, p. 148.

POLÍTICA PÚBLICA DE REDUÇÃO DE DANOS NO TRATAMENTO DE USUÁRIO DE DROGAS: A CONCILIAÇÃO ENTRE A INTERVENÇÃO ESTATAL E A AUTONOMIA DO INDIVÍDUO

FÁBIO DE OLIVEIRA MACHADO

Resumo: A questão das drogas é um fenômeno de preocupação sociopolítica e de saúde pública. No Brasil, o modelo norte-americano da justiça retributiva foi substituído pelo modelo da justiça restaurativa. A questão das drogas deixou de ser uma ameaça à sociedade e passou a ser um problema social, cujo objetivo central é a ressocialização do indivíduo. Para a efetividade desse novo modelo, fundamental a adoção de políticas públicas de redução de danos. Necessária também a conciliação da intervenção estatal com a autonomia do indivíduo. A Lei nº 11.343/06 distinguiu usuário e traficante e adotou uma visão interdisciplinar, bem como o conceito de justiça restaurativa. A justiça restaurativa respeita a autonomia e a liberdade do indivíduo, de forma que a atuação do Estado deve se pautar na tolerância. Na conciliação entre Estado e indivíduo, a identificação dos fatores de risco para o uso de drogas, bem como dos fatores de proteção ganha destaque. A cooperação entre as redes sociais e o Estado se concretiza por uma responsabilidade compartilhada. A temática transcende as fronteiras entre os países e entre as áreas do conhecimento, sendo necessária a integração de competências e de redes sociais. O objetivo final é o de prevenir o uso das drogas, repreender o tráfico ilícito e reinserir na sociedade os usuários ou dependentes, tudo por meio de políticas públicas adequadas.

Palavras-chave: Política pública. Redução de danos. Intervenção estatal. Autonomia do indivíduo. Drogas.

Abstract: The discussion about drugs is a phenomenon that involves sociopolitical concern and public health. In Brazil, the north-american model of retributive justice was changed by the restorative justice model. The issue about drugs is no more a threat. It is a social problem whose objective is the re-socialization of the person. To achieve the goals of this model, it is indispensable to adopt public policy of harm reduction. Also is necessary the conciliation between state intervention and the autonomy of the individual. The law 11.343/06 has distinguished the user and the drugs dealer and has also adopted an interdisciplinary view and the concept of restorative justice. The restorative justice respects the autonomy and the liberty of the individual. This way, the state performance must observe the tolerance. In the conciliation between State and individual, emerges the identification of the risk factors related to the use of drugs, as well as the protection factors. The cooperation between the social networks and the State materializes through a shared responsibility. This theme transcends the boundaries between the countries and also between the areas of expertise, so that is necessary a range of skills and networks. The final objective is to prevent the use of drugs, to reprove the illegal drug trafficking and also re-socialize the users of drugs, everything through efficient public policy.

Key words: Public policy. Harm reduction. State intervention. Autonomy of the individual. Drugs.

Resumo expandido

Introdução

A questão das drogas é um fenômeno de preocupação sociopolítica e de saúde pública, que afeta não só o sistema social como o sistema governamental.

No Brasil, aplicava-se o modelo norte-americano da justiça retributiva, tendo como objetivo criar uma "guerra contras as drogas".

No entanto, referido modelo mostrou-se ineficaz e, com as novas tendências mundiais, o governo modificou sua atuação no enfrentamento às drogas, adotando o modelo da justiça restaurativa.

Na concretização desse modelo, fundamental a adoção de uma política pública adequada e eficaz de redução de danos.

Para tanto, necessária a conciliação da intervenção estatal com a autonomia do indivíduo. Além disso, relevante a participação da sociedade, observando-se uma responsabilidade compartilhada, que se concretiza também pela participação das redes sociais, tudo no objetivo de se minimizarem os riscos trazidos pelos usos lícito e ilícito de drogas.

Política pública de redução de danos no tratamento de usuários de drogas: a conciliação entre a intervenção estatal e a autonomia do indivíduo

A substituição da justiça retributiva pela justiça restaurativa no âmbito do tratamento dispensado ao usuário de drogas fez com que o objetivo central da política pública sob comento passasse a ser a ressocialização do indivíduo.

A questão das drogas deixou de ser vista como uma ameaça à sociedade e passou a ser reconhecida como um problema social, a ser tratado com políticas públicas específicas.

O Estado, ao cortar os laços com a justiça retributiva, permite o surgimento de novas ideias para o enfrentamento das drogas, proporcionando a distinção entre traficante, para o qual ainda há a aplicação da justiça retributiva, e usuário, para quem se destinam políticas de atenção, reinserção e redução de danos.

Em 2006, o Estado promulga a nova Lei sobre Drogas (Lei nº 11.343/06), promovendo consideráveis alterações no ordenamento jurídico vigente, a exemplo da distinção entre usuário e traficante e da adoção de uma visão interdisciplinar, bem como do conceito de justiça restaurativa.

A justiça restaurativa leva em conta o respeito aos direitos fundamentais da pessoa humana, notadamente com relação à sua autonomia e liberdade.

Em consonância com as tendências criminológicas modernas, o Estado atua de forma a respeitar a liberdade do indivíduo, manifestando tolerância.

Na conciliação da intervenção estatal com a autonomia do indivíduo, revela-se primordial a identificação de fatores de risco para o uso de drogas, bem como fatores de proteção nesse âmbito.

Da mesma forma, integrar Estado e sociedade, por meio de uma responsabilidade compartilhada, é tarefa importante na identificação de responsabilidades e limitações. Daí emerge a cooperação entre seguimentos diversos da comunidade — redes sociais — e do Estado.

De fato, a temática transcende fronteiras, sejam essas as existentes entre os países, sejam as existentes entre as diferentes áreas do conhecimento.

A transdisciplinaridade da matéria faz com que seja necessário o compartilhamento de conhecimento e de informações entre especialistas dos mais variados setores.

A integração de competências e de redes sociais no combate ao fenômeno das drogas deve considerar a necessidade de se prevenir o uso das drogas, repreender o tráfico ilícito e reinserir na sociedade os usuários ou dependentes.

Conclusão

A possibilidade de ressocialização do indivíduo usuário ou dependente de drogas depende da existência de uma política pública adequada de redução de danos.

A concepção de justiça retributiva, pagar o mal com o mal, inspirada no modelo norte-americano, está superada enquanto instrumento de enfrentamento do fenômeno drogas.

No cenário atual, desponta como modelo a ser seguido a justiça restaurativa, baseada no respeito à autonomia do indivíduo, por meio da redução de danos.

Nesse contexto, necessária a conciliação entre a intervenção estatal e a autonomia do indivíduo, com vistas à minimização dos riscos decorrentes do uso de drogas lícitas e ilícitas.

De fundamental importância que Estado e sociedade, notadamente pelas redes sociais, atuem em consonância com a responsabilidade compartilhada que lhes foi conferida pelas novas tendências mundiais acerca da temática.

Referências

BUCCI, Maria Paula Dallari. *Direito administrativo e políticas públicas*. São Paulo: Saraiva, 2002.

DUARTE, Paulina do Carmo Arruda Vieira; ANDRADE, Arthur Guerra de (Org.). *Integração de competência no desempenho da atividade judiciária com usuários e dependentes de drogas*. Brasília: Ministério da Justiça, Secretaria Nacional de Políticas sobre Drogas, 2011.

GOMES, Luiz Flávio *et al* (Coord.). *Lei de Drogas comentada*: artigo por artigo: Lei nº 11.343, de 23.08.2006. São Paulo: Revista dos Tribunais, 2008.

REGHELIN, Elisangela Melo. *Redução de danos*: prevenção ou estímulo ao uso indevido de drogas injetáveis. São Paulo: Revista dos Tribunais, 2002.

Informação bibliográfica deste texto, conforme a NBR 6023:2002 da Associação Brasileira de Normas Técnicas (ABNT):

MACHADO, Fábio de Oliveira. Política Pública de Redução de Danos no Tratamento de Usuário de Drogas: a Conciliação entre a Intervenção Estatal e a Autonomia do Indivíduo. *In*: BACELLAR FILHO, Romeu Felipe; HACHEM, Daniel Wunder (Coord.). *Direito público no Mercosul*: intervenção estatal, direitos fundamentais e sustentabilidade: anais do VI Congresso da Associação de Direito Público do Mercosul: homenagem ao Professor Jorge Luis Salomoni. Belo Horizonte: Fórum, 2013. p. 525-528. ISBN 978-85-7700-713-4.

DESENVOLVIMENTO ECONÔMICO, REGULAÇÃO E CONTROLE JUDICIAL DOS CONTRATOS DE CONCESSÃO DE SERVIÇO PÚBLICO

FELIPE TADEU RIBEIRO MORETTINI

Resumo: Direito e economia devem ser vistos como um todo indiviso, pois os fatos econômicos dependem diretamente das instituições, dos conjuntos de regras que os regem. Neste contexto, o desenvolvimento econômico como processo de modificação de ordem qualitativa e quantitativa que leva à mudança radical da estrutura econômica e da sociedade significa desenvolvimento das instituições, necessariamente daquelas garantidoras dos contratos celebrados pela Administração. O Poder Judiciário integra esse conjunto de instituições, de modo que interfere diretamente no desenvolvimento econômico, gerando maiores custos de transação. Esta interferência gera um campo de incertezas em relação ao cumprimento dos contratos de concessão de serviço público celebrados, principal fonte de investimentos em infraestrutura e que podem ser objeto de demandas judicias devido ao rompimento de seu equilíbrio econômico-financeiro, onde o juiz pode adotar uma posição de ativismo judicial ou de deferência judicial. Assim, uma análise jurisprudencial objetiva que torne a posição do Poder Judiciário quanto à questão da revisão contratual mais previsível diminuiria os custos de transação que impactam a relação no contrato de concessão de serviço público, atraindo mais investimento pelo agente econômico privado, gerando, portanto, crescimento econômico. Além disto, considerando a regulação como atuação normativa da Administração, esta previsibilidade do Poder Judiciário levaria a sua maior adaptação quanto às questões técnicas, organizadoras do espaço econômico.

Palavras-chave: Direito e economia. Desenvolvimento econômico. Regulação. Controle judicial. Contratos de Concessão.

Abstract: Law and economics must be seen in a whole system way, because economic facts directly depend of institutions and their rules. This context lead us to a point of view in which economic development as a qualitative and quantitative transformation process of economic and social structures means institutions development, mainly of those that assure the contracts made by Government. Judiciary integrates this institutional system and directly steps in economic development, which generates increase in transational costs. This interference creates more uncertainty about assuring the service public's concession contract made by Government, mainly source of investments in infrastructure, because their economic-financial balance may be contested in a judicial litigation where the judge can adopt an ativism position or a non-interference position. Therefore a direct jurisprudential analysis that clears the Judiciary position about contractual interference would decrease the service public's concession contract transaction costs, attracting more private investments and contributing to economic growth. Besides, if we consider regulation as a rulement activity of the Government, this increase in the Judiciary predictability would lead the State to a better adaptation about technical issues that organize the economic space.

Key words: Law and economics. Economic development. Regulation. Judiciary interference. Concession contract. Public service.

Resumo expandido

1 Introdução

O desenvolvimento econômico como processo de modificação de ordem qualitativa e quantitativa condutora de uma mudança radical da estrutura econômica e social[1] passa necessariamente pela afirmação das instituições garantidoras dos contratos celebrados pela Administração.

Neste contexto, a análise da jurisprudência relativa à possibilidade e ao modo de intervenção do Poder Judiciário quanto aos contratos de concessão de serviço público, principalmente no tocante à discricionariedade técnica da regulação, pode gerar uma maior previsibilidade, diminuindo os custos de transação e atraindo maiores investimentos privados, gerando maior crescimento, parte do desenvolvimento.

2 Desenvolvimento

Direito e economia devem ser vistos como um todo indiviso, pois os fatos econômicos dependem diretamente das instituições, dos conjuntos de regras que os regem.[2] O Direito é determinante para minimizar o impacto dos custos de transação nas relações econômicas, facilitando as trocas de bens por meio dos contratos.[3]

Desta noção, a nova economia institucional busca o melhor funcionamento do mercado pela diminuição dos custos de transação, objetivo principal do estudo das instituições,[4] onde desenvolvimento econômico significa desenvolvimento das instituições.[5]

Instituições, no caso, referem-se tanto ao Estado quanto aos contratos celebrados por agentes econômicos, que devem ser garantidos por ele. E contrato seria o contrato

---

[1] NUSDEO. *Curso de economia*: introdução ao direito econômico, p. 349.
[2] NUSDEO. *Curso de economia*: introdução ao direito econômico, p. 30
[3] PINHEIRO; SADDI. *Uma introdução teórica*: direito, economia e mercados, p. 14.
[4] SALOMÃO FILHO. Regulação e desenvolvimento. *In*: SALOMÃO FILHO. *Regulação e desenvolvimento*, p. 30.
[5] NORTH. *Institutions, institutional change and economic performance*.

de concessão de serviço público, cujo valor instrumental é de extrema importância na realização das escolhas políticas do Estado, principalmente as voltadas ao desenvolvimento.[6]

Estes contratos têm investimentos vultosos e são de longa duração, sendo os chamados custos de transação,[7] que seriam "o custo gerado por uma transação em uma troca no mercado aberto",[8] determinantes para as decisões econômicas.

Sob a perspectiva do desenvolvimento econômico, os sistemas judiciais podem afetar tais custos negativamente. Os agentes econômicos privados só irão fazer investimentos de longo prazo se estiverem seguros de que os contratos de concessão serão garantidos pelo Estado na forma acordada.[9]

Com efeito, situações de imprevisibilidade resultam na discussão dos contratos de concessão de serviços públicos no Poder Judiciário, que supre seus espaços alterando-lhe o conteúdo.

A análise das decisões judicias deve levar em conta o embate teórico entre o ativismo judicial e a deferência judicial nesta supressão de espaços, sendo a verificação estatística do posicionamento do Poder Judiciário de extrema importância para orientar o planejamento do investimento pelo agente econômico.

Além disto, a análise também deve levar em consideração a questão relativa ao critério do controle judicial da discricionariedade técnica da Administração, entendida no sentido de critério de auxílio na valoração do juízo de oportunidade e conveniência, comum aos contratos de concessão de serviço público.[10]

Neste sentido, a regulação do setor econômico no qual o contrato é celebrado, regulação entendida em sua vertente de exercício de poder normativo pela Administração,[11] pode ser falha, já que a definição dos parâmetros técnicos aplicáveis à matéria regulada foi insuficiente.

3 Conclusão

A análise jurisprudencial objetiva que torne a posição do Poder Judiciário quanto à questão da revisão contratual mais previsível diminuiria os custos de transação que impactam a relação no contrato de concessão de serviço público, atraindo mais investimento do setor privado e gerando, portanto, desenvolvimento econômico.

Considerando a regulação como atuação normativa da Administração, esta previsibilidade do Poder Judiciário levaria à maior adaptação quanto às questões técnicas organizadoras do espaço econômico.

Referências

ALMEIDA, F. D. M. Teoria da regulação. *In: Direito administrativo econômico*. São Paulo: Atlas, 2011. p. 1024.

---

[6] GUIMARÃES. *Concessão de serviço público*, p. 58.

[7] COASE. The problem of social cost. *Journal of Law and Economics*, p. 15.

[8] "the cost of carrying out a transaction by means of an exchange on the open market".

[9] PINHEIRO. *Judiciário e economia no Brasil*, p. 41-42.

[10] CAVALLI. O controle da discricionariedade administrativa e a discricionariedade técnica. *Revista de Direito Administrativo da FGV Rio*, p. 75.

[11] ALMEIDA. Teoria da regulação. *In: Direito administrativo econômico*, p. 1024.

CAVALLI, C. O controle da discricionariedade administrativa e a discricionariedade técnica. *Revista de Direito Administrativo da FGV Rio*, 251, p. 75, maio/ago. 2009.

COASE, R. The problem of social cost. *Journal of Law and Economics*, 3, p. 1-44, 1961.

GUIMARÃES, F. V. *Concessão de serviço público*. São Paulo: Saraiva, 2012. p. 58.

NORTH, D. *Institutions, institutional change and economic performance*. Cambridge: Cambridge University Press, 1990.

NUSDEO, F. *Curso de Economia*: introdução ao direito econômico. 3. ed. São Paulo: Revista dos Tribunais, 2001.

PINHEIRO, Armando Castelar; SADDI, Jairo. *Uma introdução teórica*: direito, economia e mercados. Rio de Janeiro: Elsevier, 2005. p. 14.

PINHEIRO, A. C. *Judiciário e economia no Brasil*. São Paulo: Sumaré, 2000. p. 41-42.

SALOMÃO FILHO, C. Regulação e desenvolvimento. *In*: SALOMÃO FILHO, C. *Regulação e desenvolvimento*. São Paulo: Malheiros, 2002. Cap. 3.

WANG, D. W. L.; DE PALMA, J. B.; COLOMBO, D. G. Revisão judicial dos atos das agências reguladoras: uma análise da jurisprudência brasileira. *In*: *Direito econômico regulatório*. São Paulo: Saraiva, 2010. p. 274-283. Cap. 7.

Informação bibliográfica deste texto, conforme a NBR 6023:2002 da Associação Brasileira de Normas Técnicas (ABNT):

MORETTINI, Felipe Tadeu Ribeiro. Desenvolvimento econômico, regulação e controle judicial dos contratos de concessão de serviço público. *In*: BACELLAR FILHO, Romeu Felipe; HACHEM, Daniel Wunder (Coord.). *Direito público no Mercosul*: intervenção estatal, direitos fundamentais e sustentabilidade: anais do VI Congresso da Associação de Direito Público do Mercosul: homenagem ao Professor Jorge Luis Salomoni. Belo Horizonte: Fórum, 2013. p. 529-532. ISBN 978-85-7700-713-4.

ENERGIAS RENOVÁVEIS NO BRASIL E NA ITÁLIA: DIREITO PÚBLICO COMPARADO ENTRE SUSTENTABILIDADE E NECESSIDADE

GUILHERME AMINTAS PAZINATO DA SILVA

Resumo: Direito comparado. Método comparativo que visa a conduzir o pensamento jurídico a descobrir, por meio de um procedimento ordenado, metódico e progressivo de confronto, as semelhanças, as divergências e suas causas, buscando revelar as relações existentes entre os diferentes ordenamentos jurídicos. O presente estudo foi fundamentado na comparação entre o Direito Público brasileiro e o italiano. Devido ao relevante interesse público, a energia conta com arcabouço jurídico exclusivo. No presente há exigência de inclusão das energias renováveis na matriz energética. Diferem a implementação de políticas públicas de energias renováveis brasileira e italiana (europeia). No Brasil, a base é hídrica e a planificação unificada, na Europa, térmica e difusa. Fundamental para o sucesso na implementação de política energética sustentável e, especificamente, de renovabilidade, a superestrutura brasileira caminhou a uma racionalidade centralizada. A Europa (e com ela a Itália) busca uma racionalidade econômica descentralizada. Em ambos os modelos são encontradas assimetrias regionais. A Corte Constitucional italiana decidiu que a implementação da geração renovável fosse vinculada a um plano nacional. Neste mesmo país houve um referendo e, pela segunda vez, a negativa da população à geração elétrica proveniente do átomo. No Brasil tivemos no Paraná, na década de 1990, a maciça participação popular na negação a política pública de privatização no caso COPEL. As necessidades energéticas humanas crescem acima dos percentuais econômicos. A energia, em todo o globo terrestre, é básica para o desenvolvimento humano, criação de empregos, estabelecimento de serviços públicos e, principalmente, de direitos.

Palavras-chave: Direito Comparado. Energias renováveis. Brasil e Itália. Energia sustentável. Planejamento energético. Economia verde. Regulação jurídica da geração. Educação ambiental. Cultura e consumo de energia.

Abstract: Comparative Law. Comparative method that aims to drive the legal thinking to discover, through an orderly procedure, methodical and progressive confrontation, the similarities, differences and their causes, seeking to reveal the relationships between the different jurisdictions. This study was based on comparison between Brazilian and Italian Public Law. Due to the public interest, the energy has unique legal framework. At present there is demand for inclusion of renewables in the energy matrix. Differ from the implementation of public policies for renewable energy in Brazil and Italy (Europe). In Brazil, the base is water planning and unified Europe, and thermal diffuse. Fundamental to the successful implementation of sustainable energy policy and, specifically, renewability, the superstructure Brazilian walked to a rationality centered. Europe (and with it Italy) seeks a decentralized economic rationality. In both models are found regional variations. The Italian Constitutional Court decided that the implementation of renewable generation was linked to a national plan. In this same country there was a referendum and for the second time, the negative population in generating electricity from the atom. In Brazil we had in Paraná, in the 90s, the massive denial of popular participation in public policy of privatization in the case Copel. The human energy needs grow over economic percentage. The energy around the globe, is basic to human development, job creation, establishment of public services and especially rights.

Key words: Comparative Law. Renewable energy. Brazil and Italy. Sustainable energy. Energy Planning. Green economy. Legal regulation of generation. Environmental education. Culture and power consumption.

Resumo expandido

Introdução

O Direito Comparado pode ser definido como a ciência que se vale do método comparativo e visa a conduzir o pensamento jurídico a descobrir, por meio de um procedimento ordenado, metódico e progressivo de confronto, as semelhanças, divergências e causas das relações existentes entre os diferentes ordenamentos jurídicos.[1]

Para permitir que os interessados cheguem a eventuais conclusões, o método, segundo De Vergottini,[2] pode ser:
a) Quantitativo;
b) Casuística;
c) Histórico.

Assim, o conhecimento é alcançado ao "revelar" em macrocomparação, um mundo de sistemas jurídicos em que se aproximam "semelhanças"e "diferenças".[3]

Aplicação: energias renováveis no Brasil

Há interesse público envolvido nas questões energéticas, o Estado planeja e regulamenta sua produção, circulação, consumo e comercialização. No Brasil, após o apagão de 2001, a necessidade de planejamento centralizado — indicativo para o

---

[1] CONSTANTINESCO. *Introduzione al diritto comparato.*

[2] DE VERGOTTINI. *Diritto costituzionale coparato.*

[3] CONSTANTINESCO. *Introduzione al diritto comparato.*

privado e obrigatório para as entidades públicas (art. 174, CF/88) ficou evidente. Foi criada a Empresa de Pesquisa Energética (EPE) (Lei nº 10.847), que "tem por finalidade prestar serviços na área de estudos e pesquisas destinadas a subsidiar o planejamento do setor energético, tais como energia elétrica, petróleo e gás natural e seus derivados, carvão mineral, fontes energéticas renováveis e eficiência energética, dentre outras".[4]

As reformas orientaram o mercado com os seguintes princípios: a) segurança no suprimento; b) confiabilidade no sistema; c) preços módicos; e d) incentivo à renovabilidade.

Energias renováveis: Itália

Esta nação está envolvida desde a origem na concepção de uma nova Europa. Na questão energética o Tratado de Lisboa, que fundou a atual União Europeia, trouxe regulamento básico para a ação comunitária. Está expressamente declarado que a competência é compartilhada entre os Estados-membros no domínio da energia (art. 4). E, sobre energia, no Título XXI:

> Art. 194:
> 1. No âmbito do estabelecimento ou do funcionamento do mercado interno e tendo em conta a exigência de preservação e melhoria do ambiente, a política da União no domínio da energia tem por objetivos, num espírito de solidariedade entre os Estados-Membros:
> a) Assegurar o funcionamento do mercado da energia;
> b) Assegurar a segurança do aprovisionamento energético da União;
> c) Promover a eficiência energética e as economias de energia, bem como o desenvolvimento de energias novas e renováveis; e
> d) Promover a interconexão das redes de energia.

Devem, o Parlamento Europeu e o Conselho, tomar todas as medidas consideradas necessárias, em conformidade com o procedimento legislativo ordinário. Ao esclarecer o conteúdo normativo do princípio da subsidiariedade e o significado de sua competência compartilhada entre diferentes níveis de governo, a regra também afirma que estas medidas "não prejudicam o direito de um Estado-Membro determinar as condições de utilização seus recursos energéticos, a sua escolha entre diferentes fontes energéticas e a estrutura geral do seu fornecimento de energia".

Neste sentido, a Corte Constitucional Italiana decidiu pela limitação às autonomias regionais para os procedimentos de instalação renováveis.

Conclusão

Os objetivos dos sistemas são muito próximos em seus princípios fundantes. As questões energéticas possuem um grande apelo de participação popular, como a questão atômica na Itália e o caso COPEL no Paraná. O planejamento centralizado é o grande diferencial entre os sistemas brasileiro e italiano. Isto pode ser decisivo para o sucesso da política de sustentabilidade.

---

[4] Disponível em: <http://www.planalto.gov.br/ccivil_03/_Ato2004-2006/2004/Lei/L10.847.htm>. Acesso em: 31 mar. 2012.

Referências

CARROZZA Paolo; DI GIOVINE, Alfonso; FERRARI, Giuseppe. *Diritto constituzionale comparato*. Bari: Laterza, 2010.

CONSTANTINESCO, Léontin Jean. *Introduzione al diritto comparato*. Torino: G. Giappichelli, 1996.

CONSTANTINESCO, Léontin Jean. *Scienza e metodo del diritto comparato*. Torino: Giappichelli, 1996.

CORTE Costituzionale Italiana. Disponível em: <http://www.cortecostituzionale.it/giurisprudenza/>. Acesso em: 13 maio 2012.

DE VERGOTTINI, Giuseppe. *Diritto costituzionale coparato*. Padova: CEDAM, 2011.

GAMBARO, Antonio; SACCO, Rodolfo. *Sistema giuridici comparati*. Torino: UTET, 2008. (Col. Trattato di Diritto Comparato).

WALD, Arnoldo. Le droit comparé au Brésil. *Revue Internationale de Droit Comparé*, v. 51, n. 4, p. 805-839, Oct./ Déc. 1999. Disponível em: <http://www.persee.fr/web/revues/home/prescript/article/ridc_0035-3337_1999_num_51_4_18182>. Acesso em: 13 maio 2012.

Informação bibliográfica deste texto, conforme a NBR 6023:2002 da Associação Brasileira de Normas Técnicas (ABNT):

SILVA, Guilherme Amintas Pazinato da. Energias renováveis no Brasil e na Itália: Direito Público comparado entre sustentabilidade e necessidade. *In*: BACELLAR FILHO, Romeu Felipe; HACHEM, Daniel Wunder (Coord.). *Direito público no Mercosul*: intervenção estatal, direitos fundamentais e sustentabilidade: anais do VI Congresso da Associação de Direito Público do Mercosul: homenagem ao Professor Jorge Luis Salomoni. Belo Horizonte: Fórum, 2013. p. 533-536. ISBN 978-85-7700-713-4.

O PODER DE INGERÊNCIA DO TRIBUNAL PENAL INTERNACIONAL EM PAÍSES NÃO SIGNATÁRIOS DO ESTATUTO DE ROMA EM VIRTUDE DA PROTEÇÃO DOS DIREITOS HUMANOS

GUSTAVO BUSSMANN FERREIRA

Resumo: O presente artigo tem o fito de analisar a possibilidade de o Tribunal Penal Internacional afrontar a soberania dos países causadores de ofensas aos Direitos Humanos, entendidos sob o viés universalista — sem que, com isso, deixem-se de lado os direitos de personalidade e as raízes culturais dos Estados da comunidade internacional.

Palavras-chave: Ingerência. Direitos Humanos. Universalismo. Relativismo. Agressão. Direito Costumeiro.

Abstract: This article have the intention of analyze the possibility of the ICC to afront the sovereignty of countries wich offend human rights. This rights, understood in an universalist perspective, and also, respecting cultural rights and the personality of the states in a international scenario.

Key words: Intervention. Human Rights. Universalism. Relativism. Agression. Customary Law.

Resumo expandido

O Direito possui inúmeras formas e aplicações nos Estados, e isto pode ser verificado diante da miríade de interpretações que há nos países e Constituições. Quando transpostas para o âmbito internacional, as questões envolvendo o reconhecimento e a aplicação de direitos tomam proporções ainda maiores. Proporções estas que podem ser verificadas nos muitos impasses com que se deparam os juristas, bem como nos juízos divergentes prolatados por juízes ao redor do mundo — e é nestes fatores que repousa imensa dificuldade de estabelecimento de parâmetros e diretrizes.

Os Direitos Fundamentais do cidadão, por exemplo, podem ser compreendidos de diversas formas. Para os fins deste artigo, entender-se-ão como os constitucionalmente considerados, afastando-se as concepções que os entendem como sinônimos dos

Direitos Humanos ou dos Direitos do Homem e do Cidadão. A partir disto, pode-se considerá-los como dotados de variação tempo-espacial, pelo que serão ponderados e analisados quando subsumidos aos casos em que se fazem necessários.

Os Direitos Humanos, por sua vez, serão entendidos a partir de uma gama mais abrangente, não havendo regra a respeito de sua positivação. Serão compreendidos como aqueles básicos de todos os cidadãos, pelo que se exige respeito por parte de todos os seres humanos, pois são inerentes a toda e qualquer pessoa. Esta ideia de Direitos Humanos, todavia, traz à tona uma questão de extrema importância para o Direito, pois não há consenso sobre a quem cabe a definição destes.

A partir disto, e para a defesa destes direitos, percebendo-se a impunidade que assolava diversos ofensores dos Direitos Fundamentais e Humanos, no fim do último século a criação de um Tribunal Penal Internacional começou a ganhar contornos de realidade. No ano de 1998, deu-se início às assinaturas do Tratado de Roma, que em 2002 instituiu a criação de referido Tribunal, com possibilidade de jurisdição sobre os seus Estados parte, nos termos de seu artigo 12 (crimes cometidos em seus territórios ou por cidadãos deles provenientes).

Não obstante a flagrante necessidade da criação de um tribunal com estas características, que já havia sido demonstrada, por exemplo, pela instituição de tribunais *ad hoc* como os de Nuremberg, Ruanda e Iugoslávia, podem-se perceber certas limitações à eficácia da proteção de Direitos Fundamentais e Humanos imposta pelo artigo supracitado, uma vez que em países não signatários violações continuam a acontecer e restar impunes.[1]

Tendo em vista esta limitação territorial da atuação do TPI, verifica-se que diversos países, conscienciosos de suas condutas em desacordo com o internacionalmente esperado, e de suas ofensas aos Direitos Humanos, deixaram de ratificar o Tratado de Roma para evitar as sanções previstas. Também, há que se perceber a submissão do TPI a jogos políticos, uma vez que o Conselho de Segurança da ONU possui poder de veto a investigações e é composto também por Estados não signatários do Estatuto de Roma.

Ainda, o que muito se percebe é a justificação de condutas em desacordo com os Direitos Humanos com base nas Constituições de cada país e na inexistência de alguns Direitos Fundamentais nestes Estados — ou seja, o fato de serem estes direitos dotados de um caráter cambiante acaba por afastá-los ainda mais de algumas realidades. As formas de interpretação dos Direitos Fundamentais podem ser analisadas por meio de duas correntes doutrinárias (universalista e relativista), as quais serão estudadas a seguir. Todavia, apesar das diferenças que se encontrarão nestes estudos, não é sensato que se entendam aceitáveis noções muito discrepantes na aplicação destes direitos, mais ainda se forem ofensivos a direitos básicos dos cidadãos, tendo em vista a globalização e a troca de informações que se percebe atualmente.

No mesmo sentido, muito se discute sobre a aplicação de direitos ocidentalizados à força quando de intervenções externas em casos com este perfil, bem como de um direito adaptado aos interesses de países mais desenvolvidos e com maior poder no âmbito internacional.

---

[1] Claro exemplo são as mulheres vítimas de crimes sexuais, que apesar de acontecerem em larga escala são os menos punidos, tendo em vista a dificuldade de denúncia e falta de leis específicas eficientes. "Segundo o Fundo das Nações Unidas para a População (UNFPA), uma em cada cinco mulheres foi violada ou vítima de uma tentativa de violação ao longo da vida ('Situação da População Mundial, 2005')".

Em prol dos Direitos Humanos, há que se defender, destarte, a atuação do Tribunal Penal Internacional, a despeito da existência da controvérsia sobre os Direitos Fundamentais. Esta necessidade fica ainda mais evidente se conceituados os Direitos Humanos como decorrentes do primado da dignidade da pessoa humana, inerente a todos os cidadãos. Isto posto, serão os direitos fundamentais minorados quando passarem a conflitar com os direitos humanos e culturais na esfera internacional e quando houver a possibilidade de uma ação/sanção por parte do Tribunal Penal Internacional.

Referências

AGAMBEN, Giogio. *Homo Sacer*: o poder soberano e a vida nua. Belo Horizonte: Ed. UFMG, 2004.

ARENDT, Hannah. *Origens do totalitarismo*. São Paulo: Companhia das Letras, 2000.

BASSIOUNI, M. Cherif. *Crimes against humanity in Internacional Criminal Law*. 2nd ed. [S.l.: s.n.], 1999.

TRINDADE, Antonio Augusto Cançado. *A proteção internacional dos direitos humanos*. São Paulo: Saraiva, 1991. p. 12 *et seq.*

PIOVESAN, Flávia. *Direitos humanos e justiça internacional*. São Paulo: Saraiva, 2006. p. 11.

ROMANÓ, Cristina. Nas entranhas do horror. *Isto É*, 1552, 30 jun. 1999.

VIOLÊNCIA contra as mulheres e as raparigas: alto comissariado das Nações Unidas para os direitos humanos. Disponível em: <http://www.unric.org/pt/actualidade/9385>. Acesso em: 07 jun. 2011.

Informação bibliográfica deste texto, conforme a NBR 6023:2002 da Associação Brasileira de Normas Técnicas (ABNT):

FERREIRA, Gustavo Bussmann. O poder de ingerência do Tribunal Penal Internacional em países não signatários do Estatuto de Roma em Virtude da Proteção dos Direitos Humanos. *In*: BACELLAR FILHO, Romeu Felipe; HACHEM, Daniel Wunder (Coord.). *Direito público no Mercosul*: intervenção estatal, direitos fundamentais e sustentabilidade: anais do VI Congresso da Associação de Direito Público do Mercosul: homenagem ao Professor Jorge Luis Salomoni. Belo Horizonte: Fórum, 2013. p. 537-539. ISBN 978-85-7700-713-4.

AS IMPLICAÇÕES DA EXPROPRIAÇÃO DA PETROLÍFERA YPF NA ARGENTINA

TATYANA SCHEILA FRIEDRICH

ROSICLER SANTOS

Resumo: A Argentina iniciou recentemente o processo de expropriação de 51% das ações da empresa petrolífera espanhola YPF S/A, administrada pela Repsol, que detém seu controle acionário majoritário. Justificou-se o ato na alegação de que a empresa Repsol cometera uma série de irregularidades no território argentino, tendo sido a responsável pela queda da produção de petróleo e pelo aumento das importações de hidrocarbonetos, devido à falta de investimentos por parte da petroleira. O projeto de lei que declara o patrimônio da YPF como de utilidade pública e sujeito à expropriação tramita no Congresso Nacional argentino e conta com inúmeros simpatizantes e expressivo apoio da população. Entretanto, as repercussões do ato são bastante complexas, tanto jurídica quanto economicamente. Na comunidade internacional não é um bom negócio romper as regras do jogo, pois isso gera uma insegurança jurídica muito grande, pelo não cumprimento dos contratos. Por outro lado, certamente haverá reflexos em toda a economia do país expropriante, uma vez que a primeira reação é o corte nos investimentos diretos estrangeiros (IDE) — uma fonte de recursos que nenhum país do mundo pode desprezar.

Palavras-chave: Expropriação. Petrolífera. Direito Internacional.

Abstract: Argentina has recently started the process of expropriation of 51% of the assets of the Spanish Oil Company YPF, administered by Repsol, which holds its majority ownership. The act was justified on the grounds that the company Repsol had committed a series of irregularities in the Argentine territory, having been responsible for the decline in oil production and for the rising of oil imports, due to lack of investment. The bill states that the assets of YPF has public utility and it is now subject to Argentine National Congress National analysis. It has an overwhelming support of the population. However, the repercussions of the act are quite complex, both legally and economically.

In the international community is not a good deal to break the rules because it creates legal uncertainty, as it means breaches of contracts. On the other hand, there will be repercussions on the entire economy of the expropriating country, since the first reaction is the cut in foreign direct investment (FDI) — a resource that no country can undervalue.

Key words: Expropriation. Petroleum company. Internacional Law.

Resumo expandido

No dia 16 de abril de 2012, a presidenta da Argentina, Cristina Kirchner, anunciou a expropriação de 51% das ações da empresa petrolífera espanhola YPF S/A, administrada pela Repsol, que detém seu controle acionário majoritário. Justificou-se o ato na alegação de que a empresa Repsol cometera uma série de irregularidades no território argentino, tendo sido a responsável pela queda da produção de petróleo e pelo aumento das importações de hidrocarbonetos, que teria dobrado em 2011, em relação a 2010, devido à falta de investimentos por parte da petroleira. O projeto de lei que declara o patrimônio da YPF como de utilidade pública e sujeito à expropriação tramita agora pelo Congresso Nacional argentino e conta com inúmeros simpatizantes e expressivo apoio da população. A complexidade do caso gera, sem dúvida, várias implicações, nos campos político, econômico e jurídico.

A curto prazo, a medida, que tem cunho político — uma vez que as nacionalizações são sempre de caráter político e não econômico,[1] beneficia a própria Presidenta Cristina e a força aliada. A Argentina há alguns anos passa por uma crise econômica e social, que nos últimos meses se agravou e ameaça fugir do controle. Portanto, uma medida expropriatória, passando para as mãos do Estado ações pertencentes a um grupo estrangeiro sempre agrada a população do país expropriante que, diante de uma crise, procura encontrar responsáveis. Assim, a expropriação da YPF vem ao encontro dos anseios do governo e da população argentina.

Mas a medida importa também outro lado, a longo prazo, que pode vir a representar uma ação negativa. Na comunidade internacional não é um bom negócio romper as regras do jogo, isto traz uma insegurança jurídica muito grande, o que pode vir a se refletir em toda a economia do país expropriante, pois a primeira reação é o corte nos investimentos diretos estrangeiros (IDE), e nenhum país do mundo pode desprezar esta fonte de recursos, sobretudo quando o nível de poupança está baixo. O IDE, querendo ou não, é uma das principais fontes de financiamento de que um Estado dispõe.[2] Desse modo, a medida expropriatória, anunciada pela Presidenta Cristina Kirchner representará um custo muito alto à Argentina no futuro, uma vez que afastará os investidores.[3] Essa decisão é muito ruim para a Espanha, mas também o é para a Argentina. E sinaliza de modo muito preocupante para a falta de segurança jurídica, a qual é fundamental para atrair investimentos.

---

[1] Sobre as modalidades de expropriação, cf. MEDINA ORTEGA. Nacionalizaciones y acuerdos globales de indemnización. *Revista de Administración Pública*. p. 89 *et seq.*; BROWNLIE. *Princípios de direito internacional público*, p. 556 *et seq.*

[2] PERRONE. La inversión extranjera y los procesos de integración: una pieza más del difícil proceso de desarrollo. *In*: BARRAL; PIMENTEL; CORREA. *Direito, desenvolvimento e sistema multilateral de comércio*, p. 352.

[3] Os fluxos de IDE para a Venezuela, em 2008, por exemplo, diminuíram no setor dos hidrocarbonetos ante o risco de nacionalizações ameaçadas de serem levadas a efeito pelo governo de Hugo Cháves (cf. Relatório sobre Investimento Direto Estrangeiro na América Latina e Caribe, 2008. Disponível em: <http://www.cepal.org>).

Outra questão importante que se deve chamar a atenção é para manifestações equivocadas que se veem em momentos como este. Ou seja, quando um governo toma medidas expropriatórias contra uma propriedade de estrangeiros, como é o caso das nacionalizações, não está em causa a soberania do país, não é isto que se discute. Expropriar é um direito que qualquer Estado possui e é garantido não só pelas leis internas do país expropriante, mas também, e sobretudo, pelo direito internacional. O que se discute nesses casos é o valor da indenização a ser paga, jamais a soberania do país.[4] Portanto, não há dúvidas quanto ao ato soberano tomado pelo governo argentino.

Outro ponto a ser analisado é o foro de discussão e o marco jurídico a ser aplicado. Em caso de nacionalização, o foro para dirimir controvérsias é geralmente uma Corte internacional, porque já nos próprios contratos firmados com o Estado costuma-se eleger um tribunal internacional.[5] E no caso da nacionalização Argentina provavelmente a questão será discutida no Centro Internacional de Resolução de Diferendos sobre Investimentos (CIRDI), órgão pertencente ao Grupo Banco Mundial, uma vez que a Argentina ratificou a Convenção de Washington e aceitou a jurisdição do CIRDI para a resolução de conflitos sobre investimentos. Quanto ao marco jurídico, existe um Tratado Bilateral de Investimento (TBI) entre Argentina e Espanha e é sob a égide deste Tratado que se resolverá o conflito. Mas convém que se esclareça que em casos de nacionalizações o direito internacional público geralmente se impõe; são as regras do direito internacional que costumam esclarecer a questão e determinar o *quantum* a ser pago de indenização.

Por último, deve-se atentar para o fato de que o projeto de lei encaminhado ao Congresso Nacional argentino declara como de interesse nacional todo o setor dos hidrocarbonetos. Isto quer dizer que a Petrobras não está imune a um ato expropriatório semelhante. Por outro lado, convém observar que a medida anunciada pela Presidenta Cristina Kirchner visa apenas e tão somente às ações de propriedade da Repsol, sendo que as demais ações da YPF pertencem a nacionais argentinos. Assim, a medida expropriatória vislumbra-se discriminatória do ponto de vista dos sócios da Repsol e em relação aos demais operadores dos hidrocarbonetos na Argentina. E, nesse caso, a medida pode vir a ser declarada ilícita, sob a perspectiva do direito internacional.

Referências

BROWNLIE, Ian. *Princípios de direito internacional público*. Introdução à edição em língua portuguesa de Antonio Augusto Cançado Trindade; tradução de Maria Manuela Farrajota *et al*. Lisboa: Fundação Calouste Gulbenkian, 1997.

LACERDA, Antônio Corrêa; OLIVEIRA, Alexandre. Influxos de investimento direto estrangeiro (IDE) no Brasil: uma análise da desnacionalização da estrutura produtiva nos anos 2000. Disponível em: <http://www.pucsp.br/eitt/downloads/vii_ciclo_debates_2009/microsoft_word_-_VIICiclo2009_ArtLacerda-Alexandre_23.04.09.pdf>. Acesso em: 06 dez. 2009.

MEDINA ORTEGA, Manuel. Nacionalizaciones y acuerdos globales de indemnización. *Revista de Administración Pública*, Madrid, p. 79-120, 1963.

---

[4]   BROWNLIE. *Princípios de direito internacional público*: introdução à edição em língua portuguesa de Antonio Augusto Cançado Trindade, p. 558.

[5]   Para melhor análise da questão, cf. a obra de RAMINA. Direito internacional dos investimentos: solução de controvérsias entre Estados e empresas transnacionais, *passim*.

PERRONE, Nicolas Marcelo. La inversión extranjera y los procesos de integración. Una pieza más del difícil proceso de desarrollo. *In*: BARRAL, Welber; PIMENTEL, Luiz Otávio; CORREA, Carlos M. *Direito, desenvolvimento e sistema multilateral de comércio*. Florianópolis: Fundação Boiteux, 2008.

QUADROS, Fausto de. *A proteção da propriedade privada pelo direito internacional público*. Coimbra: Almedina, 1998.

RAMINA, Larissa. *Direito internacional dos investimentos*: solução de controvérsias entre Estados e empresas transnacionais. Curitiba: Juruá, 2009.

CEPAL. Disponível em: <http://www.cepal.org/>.

Informação bibliográfica deste texto, conforme a NBR 6023:2002 da Associação Brasileira de Normas Técnicas (ABNT):

FRIEDRICH, Tatyana Scheila; SANTOS, Rosicler. As implicações da expropriação da petrolífera YPF na Argentina. *In*: BACELLAR FILHO, Romeu Felipe; HACHEM, Daniel Wunder (Coord.). *Direito público no Mercosul*: intervenção estatal, direitos fundamentais e sustentabilidade: anais do VI Congresso da Associação de Direito Público do Mercosul: homenagem ao Professor Jorge Luis Salomoni. Belo Horizonte: Fórum, 2013. p. 541-544. ISBN 978-85-7700-713-4.

POR UM NOVO GESTO DE LEITURA DA RELAÇÃO ENTRE OS PODERES CONSTITUÍDOS

ULISSES DA SILVA GOMES

Resumo: A Constituição Federal Brasileira de 1988, apesar de definir a independência e autonomia dos três poderes, criou mecanismos nos quais se percebe uma interpenetração de suas atribuições. É possível, portanto, uma visão interdisciplinar desse novo quadro que prevê uma nova atuação do Poder Judiciário assim como uma nova relação entre os poderes. Com o presente projeto, pretendemos construir uma proposta de trabalho de análise do discurso jurídico utilizando-se dos conceitos oriundos dos desdobramentos, no Brasil, da Análise de Discurso de linha francesa, uma disciplina constituída nos interstícios da Linguística, da Psicanálise e do Marxismo. Tal proposta objetiva verificar como o discurso jurídico apresenta evidências da atual ressignificação das relações entre o Poder Judiciário, o Legislativo e com o Executivo. Estudiosos brasileiros já têm atentado para uma nova dimensão da atuação do Judiciário, classificada como judicialização da política. No Brasil, os sociólogos vêm se debruçando sobre a atuação do Supremo Tribunal Federal (STF) nas Ações de Controle de Constitucionalidade e na atuação dos Juizados Especiais, que estariam ampliando os canais da democracia participativa numa articulação entre o espaço de representação e a afirmação da cidadania. Diante disso, pretende-se efetuar uma análise do discurso jurídico brasileiro, tendo como *corpora* os textos constitucionais, legislativos e de decisões do STF, tomando como condição de produção relevante na análise pretendida a Constituição Federal de 1988.

Palavras-chave: Constituição Federal Brasileira de 1988. Administração Pública. Separação de Poderes. Judicialização da política. Análise do Discurso.

Abstract: The 1988's Constitution of the Federative Republic of Brazil, despite defining the three branches of government's independency and autonomy, developed a mechanism where their duties are interpenetrated. An interdisciplinary look of this framework — with a new role of the Judicial Branch and a new relation among the branches — is therefore possible. With this project, we intend to develop a suggestion of research on judicial discourse analysis using the concepts of the Brazilian heir of the French line of Discourse Analysis; a discipline among Linguistics, Psychoanalysis and the Marxism. We intend to verify how the judicial discourse presents evidences of the current relation among the branches of government. In Brazil the new performance of the Judicial Branch has been called "Politics Judialization". Brazilian sociologists have studied the role of the Supremo Tribunal Federal (STF) in constitutional litigations and in small claims tribunals, which would expand the participatory democracy by gathering representation and citizenship affirmation. Therefore, we intend to make an analysis of judicial discourse using texts from the Constitution, from law and also from STF's sentences after the 1988's Constitution.

Key words: The 1988's Constitution of the Federative Republic of Brazil. Public Administration. Division of powers. Politics Judicialization. Discourse Analysis.

Resumo expandido

A Constituição Federal brasileira de 1988 (a "Constituição cidadã") definiu, em seu art. 2º, como autônomos e independentes, os três poderes da União. Além disso, ampliou o papel do Poder Judiciário, que passou a atuar de maneira a garantir o exercício, pelos cidadãos, dos direitos previstos. Trata-se de uma ampliação do controle normativo que tem sido classificada, no Brasil, por sociólogos como Werneck Vianna,[1] como "judicialização da política" ou "jurisdição constitucional", que seria um "mecanismo de defesa da Constituição e de concretização das suas normas asseguradoras de direitos".[2] Há, portanto, uma nova atuação do Judiciário e, aliado a isso, o estabelecimento de uma nova relação entre os Poderes. Essa mudança pode ser percebida expressamente no texto constitucional, no texto legislativo e mesmo em decisões proferidas pelo Supremo Tribunal Federal.

Todavia, o que se pretende no presente trabalho é uma análise do discurso jurídico brasileiro utilizando-se os conceitos oriundos dos desdobramentos, no Brasil, da Análise do Discurso de linha francesa (AD). Por esse viés, procurar-se-á não só indicar o que há de explícito nesses textos e que aponta para esse novo paradigma, mas também o que se encontra no seu não dito, em uma ausência necessária que traz evidências dessa nova relação entre os Poderes; conforme esclarecido por Orlandi,[3] a AD leva em consideração o homem e a sua história, buscando descentrar a noção de sujeito e relativizar a autonomia da linguagem, relacionando a língua com os sujeitos que a falam e com as situações em que produzem o dizer. O próprio da língua aparece, segundo Pêcheux,[4] atravessado por uma divisão entre dois espaços: o da manipulação de significações estabilizadas e o de transformação de sentido "escapando a qualquer norma estabelecida a priori".

É esse gesto de leitura, buscando o descentramento do sujeito, que permite levantar questões, por exemplo, sobre a disciplina constitucional do mandado de injunção, que

---

[1] WERNECK VIANNA, Luiz et al. *A judicialização da política e das relações sociais no Brasil*. Rio de Janeiro: Revan, 1999.

[2] CITTADINO, Gisele. Judicialização da política, constitucionalismo democrático e separação de poderes. *In*: VIANNA, Luiz Werneck (Org.). *A democracia e os três poderes no Brasil*. Belo Horizonte: Ed. UFMG; Rio de Janeiro: IUPERJ/FAPERJ, 2002. p. 18.

[3] ORLANDI, Eni P. *Análise de discurso*: princípios e procedimentos. 8. ed. Campinas: Pontes, 2009.

[4] PÊCHEUX, Michel. *O discurso*: estrutura ou acontecimento. Tradução Eni P. Orlandi. 3. ed. Campinas: Pontes, 2002.

será concedido "sempre que a falta de norma regulamentadora torne inviável o exercício dos direitos e liberdades constitucionais e das prerrogativas inerentes à nacionalidade, à soberania e à cidadania" (art. 5º, LXXI). Aqui o Poder Judiciário é tomado como o tampão de uma falta: aquela falta referida por Freud,[5] que remete a um "sentimento oceânico", como se em algum momento houvesse existido uma grande completude. Será a atuação do Judiciário possível e suficiente para suprir essa falta?

Vê-se então que, apesar de a relação entre os poderes ser ritualizada, a partir da análise do *corpus* pelo viés da AD, é possível perceber que o ritual está sujeito à falha e que nessa falha é possível constituir outros gestos de sentido. Irrompe o questionamento dessa relação posta, mediada pelas atuais condições de produção, como se vê no seguinte enunciado: "Não sei. Talvez a quadra seja sinalizadora da necessidade de fecharmos o Brasil para balanço".[6]

Qual sentido está aqui posto quando se usa uma metáfora do campo comercial, negocial para a relação entre os Poderes?

A análise do discurso jurídico, portanto, valendo-se da Constituição Federal brasileira de 1988 como condição de produção, permitirá, parafraseando Orlandi,[7] compreender melhor o que está sendo dito a partir da explicitação do modo como os sentidos estão sendo produzidos, atravessando-se o imaginário que condiciona os sujeitos em suas discursividades. Busca-se o sentido além de uma suposta estabilidade; ou seja, é justamente onde ocorre a falha, o equívoco, onde irrompe o inesperado, que se encontram as pistas do sentido. Tal movimento é importante para a compreensão da nova relação que se estabelece entre os Poderes e do reflexo disso na administração pública.

Informação bibliográfica deste texto, conforme a NBR 6023:2002 da Associação Brasileira de Normas Técnicas (ABNT):

GOMES, Ulisses da Silva. Por um novo gesto de leitura da relação entre os poderes constituídos. *In*: BACELLAR FILHO, Romeu Felipe; HACHEM, Daniel Wunder (Coord.). *Direito público no Mercosul*: intervenção estatal, direitos fundamentais e sustentabilidade: anais do VI Congresso da Associação de Direito Público do Mercosul: homenagem ao Professor Jorge Luis Salomoni. Belo Horizonte: Fórum, 2013. p. 545-547. ISBN 978-85-7700-713-4.

---

[5]   FREUD, S. O mal-estar na civilização. *In*: FREUD, S. *Obras psicológicas completas*. Rio de Janeiro: Imago, [s.d.].

[6]   BRASIL. Tribunal Superior Eleitoral. Embargos de Declaração no Recurso Ordinário nº 2.098/RO. Relator: Min. Arnaldo Versiani. 03 nov. 2009. *Diário da Justiça Eletrônico*, p. 15,. 07 dez. 2009. Seção I. Disponível em: <http://www.tse.gov.br/sadJudDiarioDeJusticaConsulta/>. Acesso em: jan. 2010.

[7]   *Op. cit.*

SOBRE OS COORDENADORES

Romeu Felipe Bacellar Filho
Professor Titular de Direito Administrativo da Universidade Federal do Paraná e da Pontifícia Universidade Católica do Paraná. Doutor em Direito do Estado pela Universidade Federal do Paraná. Professor Visitante do Instituto Nacional de Administração Pública da Espanha, da Universidade Notarial de Buenos Aires, da Universidade de Belgrano e da Universidade Católica de Salta, na Argentina. Presidente do Instituto de Direito Romeu Felipe Bacellar. Ex-Presidente da Associação Ibero-Americana de Direito Administrativo, da Associação de Direito Público do Mercosul, do Instituto Brasileiro de Direito Administrativo e do Instituto Paranaense de Direito Administrativo. Membro da Associação Argentina de Direito Administrativo, da Associação Peruana de Direito Administrativo, do Instituto Chileno de Direito Administrativo e do Instituto Ibero-Americano de Direito Constitucional. Membro fundador e membro do Conselho Diretivo da Rede Docente Eurolatinoamericana de Direito Administrativo. Membro da Académie Internationale de Droit Comparé. Membro Catedrático da Academia Brasileira de Direito Constitucional. Coordenador do Núcleo de Pesquisa em Direito Público do Mercosul (NUPESUL) do Programa de Pós-Graduação em Direito da Universidade Federal do Paraná. Diretor Acadêmico do Núcleo de Investigações Constitucionais em Teorias da Justiça, Democracia e Intervenção (NINC) da Universidade Federal do Paraná. Membro do Instituto dos Advogados do Brasil e do Instituto dos Advogados do Paraná. Conselheiro Federal da Ordem dos Advogados do Brasil. Diretor-Geral da *A&C – Revista de Direito Administrativo & Constitucional*. Advogado em Curitiba.

Daniel Wunder Hachem
Professor do Departamento de Direito Público da Universidade Federal do Paraná. Doutorando e Mestre em Direito do Estado pela Universidade Federal do Paraná. Professor de Direito Administrativo e Direito Constitucional da UniBrasil. Membro fundador e Coordenador Executivo da Rede Docente Eurolatinoamericana de Direito Administrativo. Coordenador do Curso de Especialização em Direito Administrativo do Instituto de Direito Romeu Felipe Bacellar. Membro do Núcleo de Investigações Constitucionais em Teorias da Justiça, Democracia e Intervenção (NINC) da Universidade Federal do Paraná. Editor Acadêmico da *A&C – Revista de Direito Administrativo & Constitucional*. Advogado em Curitiba.

SOBRE OS AUTORES DE ARTIGOS

Adriana da Costa Ricardo Schier
Doutora e Mestre em Direito do Estado pela Universidade Federal do Paraná. Professora de Direito Administrativo da UniBrasil. Professora do Instituto de Direito Romeu Felipe Bacellar. Membro do Conselho Diretivo da *A&C – Revista de Direito Administrativo & Constitucional*. Diretora Acadêmica do Instituto Paranaense de Direito Administrativo. Advogada em Curitiba.

Alfonso Buteler
Abogado (Facultad de Derecho y Ciencias Sociales de la Universidad Nacional de Córdoba, Argentina). Premio Cuadro de Honor a los mejores promedios. Magíster Derecho Administrativo (Universidad Austral). Doctor en Derecho y Ciencias Sociales (UNC). Docente de Derecho Administrativo (Facultad de Derecho, UNC) y de Derecho Procesal Público (Universidad Empresarial Siglo 21). Miembro del Instituto de Derecho Administrativo de la Facultad de Derecho y Ciencias Sociales (UNC). Miembro del Instituto de Derecho Administrativo de la Escuela de Derecho de la UES21. Autor de numerosas publicaciones en obras colectivas y revistas especializadas sobre la materia.

Ana Cláudia Finger
Mestre em Direito do Estado pela UFPR. Professora de Direito Administrativo da UniBrasil e da Universidade Positivo. Professora do Instituto de Direito Romeu Felipe Bacellar. Professora do Curso de Pós-Graduação da Escola Superior do Ministério Público do Estado do Mato Grosso. Membro do Instituto Paranaense de Direito Administrativo. Editora Acadêmica da *A&C – Revista de Direito Administrativo & Constitucional*. Advogada em Curitiba.

Augusto Durán Martínez
Catedrático de Derecho Administrativo en la Facultad de Derecho de la Universidad de la República y en la Facultad de Derecho de la Universidad Católica del Uruguay. Catedrático de Procesos Constitucionales en la Facultad de Derecho del Instituto Universitario CLAEH. Catedrático de Derecho Público en el Instituto Universitario Politécnico del Uruguay. Profesor Visitante de la Facultad de Derecho de la Universidad Nacional de Córdoba. Director del Departamento de Derecho Administrativo y Decano Emérito de la Facultad de Derecho de la Universidad Católica del Uruguay. Miembro del Instituto de Derecho Administrativo de la Facultad de Derecho de la Universidad de la República. Miembro del Foro Iberoamericano de Derecho Administrativo. Miembro de la Asociación de Derecho Público del Mercosur (integrante de la Comisión Directiva desde el año 2012). Miembro Adherente de la Asociación Argentina de Derecho Administrativo. Miembro titular del Instituto de Derecho Administrativo de la Universidad Notarial Argentina. Director de Estudios de Derecho Administrativo de LA LEY Uruguay.

Carlos Ari Sundfeld
Professor da Escola de Direito de São Paulo da Fundação Getulio Vargas (graduação, mestrado e especialização) e da Faculdade de Direito da PUC-SP (graduação, mestrado e doutorado). Doutor e Mestre em Direito pela PUC-SP. Presidente da Sociedade Brasileira de Direito Público (SBDP). Advogado em São Paulo.

Caroline da Rocha Franco
Mestranda em Políticas Públicas pelo Programa de Pós-graduação em Políticas Públicas da UFPR. Bacharel em Direito pela UFPR. Membro do Núcleo de Investigações Constitucionais em Teorias da Justiça, Democracia e Intervenção (NINC) da Universidade Federal do Paraná. Advogada.

Celso Antônio Bandeira de Mello
Professor Titular de Direito Administrativo da PUC-SP e professor emérito da mesma Universidade, da qual foi Vice-Reitor para Assuntos Acadêmicos. Professor Honorário da Faculdade de Direito de Mendoza (Argentina) e da Faculdade de Direito do *Colegio Mayor* de Rosário (Colômbia). Membro correspondente da Associação Argentina de Direito Administrativo, membro honorário do *Instituto de Derecho Administrativo* da Faculdade de Direito da Universidade da República Oriental do Uruguai, da *Asociación Mexicana de Derecho Administrativo* e da *Asociación Internacional de Derecho Administrativo*. Professor Extraordinário da Universidade Notarial Argentina e membro titular de seu *Instituto de Derecho Administrativo*. Professor Titular Visitante da Universidade de Belgrano – Faculdade de Direito e Ciências Sociais (Argentina). É um dos fundadores do Instituto Brasileiro de Direito Administrativo. Presidente do Instituto de Direito Administrativo Paulista.

Clóvis Beznos
Doutor e Mestre em Direito do Estado pela Pontifícia Universidade Católica de São Paulo. Professor de Direito Administrativo da Faculdade de Direito da Pontifícia Universidade Católica de São Paulo nos cursos de graduação e pós-graduação. Ex-Presidente do Instituto Brasileiro de Direito Administrativo. Conselheiro do Instituto de Direito Administrativo Paulista. Membro Associado do Instituto dos Advogados de São Paulo. Diretor de Cursos do Instituto Brasileiro de Direito do Estado. Advogado em São Paulo.

Cristiane Schwanka
Doutoranda em Direito Econômico e Socioambiental na PUCPR. Mestre em Direitos Fundamentais e Democracia pela UniBrasil. Advogada.

Daniel Ferreira
Doutor e Mestre em Direito do Estado (Direito Administrativo) pela PUC-SP. Professor Titular de Direito Administrativo da Faculdade de Direito de Curitiba e Membro do Corpo Docente Permanente do Programa de Mestrado em Direito Empresarial e Cidadania, também do UNICURITIBA. Líder do Grupo de Pesquisa "Atividade Empresarial e Administração Pública", devidamente registrado perante o CNPq.

Domingo Juan Sesin
Presidente del Tribunal Superior de Justicia de Córdoba. Abogado, Notario y Doctor en Derecho y Ciencias Sociales por la Universidad Nacional de Córdoba. Miembro de la Academia Nacional de Derecho y Ciencias Sociales de Córdoba. Profesor Titular por concurso de Derecho Procesal Administrativo en la Facultad de Derecho y Ciencias Sociales de la Universidad Nacional de Córdoba. Presidente de la Asociación Argentina de Derecho Administrativo.

Edgar Guimarães
Doutorando e Mestre em Direito Administrativo pela PUC-SP. Professor de Licitações em cursos de pós-graduação. Professor do Curso de Especialização em Direito Administrativo do Instituto de Direito Romeu Felipe Bacellar. Consultor Jurídico do Tribunal de Contas do Estado do Paraná. Advogado.

Emerson Gabardo
Doutor e Mestre em Direito do Estado pela Universidade Federal do Paraná. Professor de Direito Administrativo da Universidade Federal do Paraná. Coordenador Adjunto e Professor do Programa de Mestrado e Doutorado em Direito da Pontifícia Universidade Católica do

Paraná. Professor da Pós-Graduação do Instituto de Direito Romeu Felipe Bacellar. Membro do Conselho Fundador do Centro Didattico Euro-Americano sulle Politiche Costituzionali da Università del Salento (Itália). Membro do Conselho Editorial da Editora Fórum. Membro do Núcleo de Investigações Constitucionais em Teorias da Justiça, Democracia e Intervenção (NINC) do Programa de Pós-Graduação em Direito da Universidade Federal do Paraná. Membro do Instituto Paranaense de Direito Administrativo. Membro do Conselho Consultivo da *A&C – Revista de Direito Administrativo & Constitucional*. Advogado em Curitiba.

Eneida Desiree Salgado
Doutora e Mestre em Direito do Estado pela Universidade Federal do Paraná. Professora Adjunta de Direito Constitucional e de Direito Eleitoral da Universidade Federal do Paraná. Professora do Programa de Pós-Graduação (Mestrado e Doutorado) em Políticas Públicas da UFPR. Estágio de pós-doutoramento em curso junto ao Instituto de Investigaciones Jurídicas da Universidade Nacional Autónoma do México. Professora do Curso de Graduação e do Mestrado em Direitos Fundamentais e Democracia da Unibrasil. Professora do Curso de Especialização em Direito Administrativo do Instituto de Direito Romeu Felipe Bacellar. Vice-Líder do Núcleo de Investigações Constitucionais em Teorias da Justiça, Democracia e Intervenção (NINC) da Universidade Federal do Paraná.

Irmgard Elena Lepenies
Profesora Titular, por concurso, de Derecho Administrativo de la Facultad de Ciencias Jurídicas y Sociales de la Universidad Nacional del Litoral. Co-Directora de la Carrera de Especialización en Derecho Administrativo de la Facultad de Ciencias Jurídicas y Sociales de la Universidad Nacional del Litoral. Presidenta de la Asociación de Derecho Público del Mercosur. Ex-Presidenta de la Asociación Argentina de Derecho Administrativo. Miembro del Consejo Directivo de la Red Docente Eurolatinoamericana de Derecho Administrativo. Fue Fiscal de Estado de la Provincia de Santa Fe, Secretaria Técnica de la Corte Suprema de Justicia de la Provincia de Santa Fe y Juez de Cámara de Apelaciones en lo Civil y Comercial de la Provincia de Santa Fe. Abogada, egresada de la Facultad de Ciencias Jurídicas y Sociales de la Universidad Nacional del Litoral.

José Luis Said
Abogado (Universidad Nacional de Tucumán), Profesor de Ciencias Jurídicas (Universidad Nacional de Salta). Magistrado y Funcionario en los Poderes Judiciales de las provincias de Salta y de Tierra del Fuego y de la Ciudad Autónoma de Buenos Aires, desde 1984 hasta la fecha. Profesor Adjunto Regular, por concurso de antecedentes y oposición, de Derecho Administrativo, Facultad de Derecho de la Universidad de Buenos Aires (UBA). Profesor de Derecho Administrativo Sancionador en la Maestría en Derecho Administrativo de la UBA. Ex profesor de Derecho Penal, de Derecho Constitucional y de Epistemología de las Ciencias en diversas universidades de Argentina. Miembro fundador de la Asociación de Derecho Público del Mercosur. Fue miembro del comité ejecutivo de la Asociación Argentina de Derecho Administrativo; Director de Cursos y, finalmente, Director de la Revista de la Asociación. Ha publicado artículos de la especialidad y participado en obras colectivas; y disertado en su país y en el extranjero.

Juan Pablo Cajarville Peluffo
Doctor en Derecho y Ciencias Sociales por la Universidad de la República – Facultad de Derecho y Ciencias Sociales. Catedrático de Derecho Administrativo, desde noviembre de 1986, y desde entonces Director del Instituto de Derecho Administrativo en varios períodos, en la Facultad de Derecho de la Universidad de la República (Uruguay) hasta el 1º de marzo de 2008 en que cesó por renuncia. Ex-Director, conjuntamente con los Profs. Dres. José A. Cagnoni y Gustavo Rodríguez Villalba, de la *Revista de Derecho Público*, Montevideo, Uruguay. Miembro Adherente de la Asociación Argentina de Derecho Administrativo. Miembro Titular del Instituto de Derecho Administrativo de la Universidad Notarial Argentina. Autor de varios libros y numerosas colaboraciones en obras colectivas y revistas de su especialidad.

Juarez Freitas
Presidente do Instituto Brasileiro de Altos Estudos de Direito Público. Professor Titular do Mestrado e Doutorado em Direito da PUCRS. Professor de Direito Administrativo da UFRGS. Pós-Doutorado em Direito na Universidade Estatal de Milão. *Visiting Scholar* nas Universidades de Oxford e Columbia. Membro do Conselho Nato do Instituto Brasileiro de Direito Administrativo. Presidente do Instituto de Direito Administrativo do Rio Grande do Sul. Advogado, consultor e parecerista.

Justo José Reyna
Profesor de Derecho Administrativo de la Facultad de Derecho de la Universidad Nacional del Litoral. Co-Director de la Carrera de Posgrado en Derecho Administrativo de la Universidad Nacional del Litoral. Decano de la Escuela de Abogados de la Provincia de Santa Fe. Docente invitado en diversas Carreras de Especialización en Derecho. Director de la *Revista de la Asociación Argentina de Derecho Administrativo*. Miembro del Consejo Ejecutivo de la Asociación Argentina de Derecho Administrativo. Miembro fundador y Director Ejecutivo de la Red Docente Eurolatinoamericana de Derecho Administrativo.

Liandro Domingos
Especialista em Direito Administrativo pela PUC-SP e em Direito Tributário pela UNAMA. Advogado em São Paulo.

Ligia Maria Silva Melo de Casimiro
Mestre em Direito do Estado pela Pontifícia Universidade Católica de São Paulo. Especialista e Bacharel em Direito Constitucional pela Universidade de Fortaleza (UNIFOR). Professora da Faculdade Paraíso (FAP), em Juazeiro do Norte-CE, de graduação e pós-graduação. Professora do Curso de Especialização em Direito Administrativo do Instituto de Direito Romeu Felipe Bacellar. Advogada.

Luciane Moessa de Souza
Doutora em Direito, Estado e Sociedade pela UFSC. Mestre em Direito do Estado pela UFPR. Professora de Direito Constitucional da Escola da Magistratura do Estado do Rio de Janeiro. Procuradora do Banco Central do Brasil.

Luciano Elias Reis
Mestre em Direito Econômico pela PUCPR. Especialista em Direito Administrativo e Processo Civil, ambos pelo Instituto de Direito Romeu Felipe Bacellar. Professor do UNICURITIBA e da Universidade Tuiuti do Paraná. Advogado.

Luiz Alberto Blanchet
Doutor e Mestre em Direito do Estado pela Universidade Federal do Paraná. Professor Titular de Direito Administrativo nos cursos de graduação, mestrado e doutorado da Pontifícia Universidade Católica do Paraná. Membro Catedrático da Academia Brasileira de Direito Constitucional (ABDCONST). Sócio do Instituto dos Advogados do Paraná (IAP). Advogado em Curitiba.

Marcia Carla Pereira Ribeiro
Doutora e Mestre em Direito pela Universidade Federal do Paraná. Professora Titular da Pontifícia Universidade Católica do Paraná. Professora Associada da Universidade Federal do Paraná. Foi professora visitante em estágio de pós-doutoramento na Escola de Direito de São Paulo da Fundação Getulio Vargas e pesquisadora convidada da Université de Montréal. Pós-Doutorado pela Faculdade de Direito da Universidade de Lisboa. Consultora da Fundação Araucária de Apoio ao Desenvolvimento Científico e Tecnológico do Paraná. Pesquisadora de Produtividade da Fundação Araucária (2012/2013). Coordenadora do Programa de Pós-Graduação em Direito da PUCPR. Ex-Presidente da Associação Paranaense de Direito e Economia (ADEPAR, 2009-2011)

e da Associação Brasileira de Direito e Economia (ABDE, 2010-2011). Procuradora do Estado do Paraná e ex-Procuradora-Geral do Estado do Paraná. Advogada.

Michele Carducci
Professor Ordinario (Titular) de Direito Constitucional Comparado da Università del Salento (Itália). Professor visitante de Direito Constitucional Econômico da Pontifícia Universidade Católica do Paraná.

Nelton Miguel Friedrich
Advogado. Diretor da Itaipu Binacional. Coordenador do Programa "Cultivando Água Boa", da Itaipu Binacional.

Pablo Angel Gutiérrez Colantuono
Abogado egresado de la Universidad de Belgrano. Especialista en Derecho Administrativo y Administración Pública por la Universidad de Buenos Aires. Director de la Especialización en Derecho Administrativo y Profesor Adjunto Regular de Derecho Administrativo en la Universidad Nacional de Comahue. Profesor Permanente y Visitante en diversas carreras de posgrado y maestrías en Derecho Administrativo de la República Argentina y del extranjero. Vocal del Comité Ejecutivo de la Asociación Argentina de Derecho Administrativo.

Rafael Valim
Mestre e Doutorando em Direito Administrativo pela Pontifícia Universidade Católica de São Paulo. Especialista em Direito Constitucional pela Universidade Castilla-La Mancha (Espanha). Professor do Curso de Especialização em Direito Administrativo da PUC-SP. Professor Convidado do Mestrado em Direito Administrativo da Economia da Universidade Nacional de Cuyo (Argentina). Professor Convidado do Curso de Especialização em Direito Administrativo da Universidade de Comahue (Argentina). Diretor da *Revista Brasileira de Infraestrutura – RBINF*. Diretor-Executivo do Instituto Brasileiro de Estudos Jurídicos da Infraestrutura (IBEJI). Membro do Instituto de Direito Administrativo Paulista (IDAP) e da Associação Argentina de Direito Administrativo (AADA). Advogado em São Paulo.

Regina Maria Macedo Nery Ferrari
Doutora em Direito do Estado pela Universidade Federal do Paraná. Mestre em Direito do Estado pela Pontifícia Universidade Católica de São Paulo. Professora de Direito Constitucional da Universidade Federal do Paraná e da Universidade Tuiuti do Paraná. Coordenadora-Geral e Professora do Instituto de Direito Romeu Felipe Bacellar. Membro do Instituto Brasileiro de Direito Constitucional, do Instituto Brasileiro de Direito Administrativo e do Instituto Paranaense de Direito Administrativo. Membro do Conselho Editorial da *A&C – Revista de Direito Administrativo & Constitucional*. Procuradora aposentada da Universidade Federal do Paraná. Advogada em Curitiba.

Renato Cardoso de Almeida Andrade
Professor do Curso de Especialização em Direito Administrativo do Instituto de Direito Romeu Felipe Bacellar. Bacharel em Direito pela Universidade Federal do Paraná. Conselheiro estadual da Ordem dos Advogados do Brasil – Seção do Paraná. Foi Juiz Membro do Tribunal Regional Eleitoral do Paraná. Advogado.

Rodrigo Pironti Aguirre de Castro
Doutorando e Mestre em Direito Econômico e Socioambiental na Pontifícia Universidade Católica do Paraná. Especialista em Direito Administrativo pelo Instituto de Direito Romeu Felipe Bacellar e em Direito Empresarial pela Pontifícia Universidade Católica do Paraná. Presidente da Comissão de Gestão Pública da Ordem dos Advogados do Brasil – Seção do Paraná. Vice-Presidente do Foro Mundial de Jovens Administrativistas (Sede México). Membro do Instituto de Jovens

Juristas Ibero-Americanos. Membro do Instituto Paranaense de Direito Administrativo (IPDA). Professor convidado da Universidade de La Plata (Argentina), da Universidade de San Nicolas de Hidalgo (México), da Escuela de Gestión Pública Gallega (Espanha) e do "Centro Studi Giuridici Latinoamericani" (Itália). Professor de graduação na Universidade Tuiuti do Paraná. Autor e coordenador de várias obras jurídicas.

Rogério Gesta Leal
Desembargador do Tribunal de Justiça do Estado do Rio Grande do Sul. Doutor em Direito. Professor Titular da Universidade de Santa Cruz do Sul (UNISC). Professor da UNOESC. Professor Visitante da Università Túlio Ascarelli – Roma Trè, Universidad de La Coruña (Espanha) e Universidad de Buenos Aires. Professor da Escola Nacional de Formação e Aperfeiçoamento da Magistratura (ENFAM). Membro da Rede de Direitos Fundamentais (REDIR), do Conselho Nacional de Justiça (CNJ), Brasília. Coordenador Científico do Núcleo de Pesquisa Judiciária, da Escola Nacional de Formação e Aperfeiçoamento da Magistratura (ENFAM), Brasília. Membro do Conselho Científico do Observatório da Justiça Brasileira. Coordenador da Rede de Observatórios do Direito à Verdade, Memória e Justiça nas Universidades Brasileiras – Secretaria de Direitos Humanos da Presidência da República.

Saulo Lindorfer Pivetta
Mestrando em Direito do Estado pelo Programa de Pós-Graduação em Direito da Universidade Federal do Paraná. Bacharel em Direito pela Universidade Federal do Paraná. Membro do Núcleo de Investigações Constitucionais em Teorias da Justiça, Democracia e Intervenção (NINC) da Universidade Federal do Paraná. Analista de controle do Tribunal de Contas do Estado do Paraná. Advogado em Curitiba.

Susana Galera Rodrigo
Profesora Titular de Derecho Administrativo de la Universidad Rey Juan Carlos (Madrid).

Tarso Cabral Violin
Professor de Direito Administrativo na Universidade Positivo. Mestre em Direito do Estado pela Universidade Federal do Paraná. Membro da Comissão de Estudos Constitucionais e da Comissão de Gestão Pública e Assuntos da Administração da Ordem dos Advogados do Brasil – Seção do Paraná. Advogado em Curitiba. Autor do livro *Terceiro setor e as parcerias com a Administração Pública: uma análise crítica* (2. ed., Fórum, 2010) e blogueiro (http://blogdotarso.com).

Tatyana Scheila Friedrich
Professora Adjunta de Direito Internacional da UFPR. Doutora e Mestre em Direito do Estado pela UFPR.

Thiago Marrara
Professor de Direito Administrativo, Urbanístico e Ambiental da Universidade de São Paulo (USP-FDRP). Doutor pela Ludwig Maximilians Universität de Munique (LMU). Mestre e Bacharel em Direito pela Universidade de São Paulo. Foi aluno e bolsista do Instituto Universitário de Estudos Europeus de Turim e da Universidade de Bolonha, na Itália; da Rede de Estudos Urbanos de Helsinque, Finlândia, e do Instituto de Federalismo da Universidade de Friburgo, Suíça. Advogado consultor.

Weida Zancaner
Mestre e Especialista em Direito do Estado pela Pontifícia Universidade Católica de São Paulo. Professora de Direito Administrativo e Fundamentos de Direito Público da Pontifícia Universidade Católica de São Paulo. 2ª Vice-Presidente do Instituto de Direito Administrativo.

SOBRE OS AUTORES DE RESUMOS EXPANDIDOS

André Luiz Arnt Ramos
Estudante do Curso de Direito da Universidade Federal do Paraná.

Annyellen Desirrè Cabral Menon
Estudante do Curso de Direito na Faculdade de Foz do Iguaçu (FAFIG).

Cíntia Veiga de Oliveira Santos
Assistente jurídico do Tribunal de Justiça do Estado de São Paulo.

Diogo Andreola Serraglio
Mestrando em Direito Socioambiental pela Pontifícia Universidade Católica do Paraná. Advogado.

Fábio de Oliveira Machado
Bacharel em Direito pelo Centro Universitário Unifieo (FIEO). Advogado. Professor Tutor do Curso de Extensão Universitária – Integração de Competências no Desempenho da Atividade Judiciária com Usuários e Dependentes de Drogas, ministrado em parceria com as Faculdades de Direito e de Medicina da Universidade de São Paulo (USP), Conselho Nacional de Justiça, Secretaria Nacional de Políticas sobre Drogas e Ministério da Justiça.

Felipe Tadeu Ribeiro Morettini
Mestrando em Direito Econômico e Socioambiental pela Pontifícia Universidade Católica do Paraná. Especialista em Direito Administrativo pela Universidade Estadual de Londrina. Procurador Federal na Procuradoria Seccional Federal de Londrina.

Guilherme Amintas Pazinato da Silva
Doutorando e Mestre em Direito do Estado pela Universidade Federal do Paraná. Especialista em Direito Tributário e Processo Tributário pela Pontifícia Universidade Católica do Paraná. Professor do Instituto de Direito Romeu Felipe Bacellar. Presidente da Associação Brasileira de Direito Público Comparado. Advogado da Itaipu Binacional, membro do seu Comitê de Energias Renováveis e coordenador do Comitê Interno de Reclamações.

Gustavo Bussmann Ferreira
Advogado. Professor assistente da equipe de Direito Internacional Penal do Unicuritiba (Curitiba, Paraná), para a competição da International Criminal Court em Haia (Holanda).

Rosicler Santos
Advogada e Mestra em Direito Internacional pela Universidade de Coimbra.

Talita Ferreira Alves Machado
Mestranda em Direito Penal, Medicina Forense e Criminologia na Faculdade de Direito da Universidade de São Paulo. Assistente jurídico do Tribunal de Justiça do Estado de São Paulo.

Ulisses da Silva Gomes
Bacharel em Direito e Especialista em História do Brasil pela Universidade Federal Fluminense. Estudante de Graduação em Letras Inglês-Literaturas na Universidade do Estado do Rio de Janeiro. Analista Judiciário do Tribunal de Justiça do Estado do Rio de Janeiro.

Esta obra foi composta em fonte Palatino Linotype, corpo 10
e impressa em papel Offset 75g (miolo) e Supremo 250g (capa)
pela Digital Page. São Paulo/SP, julho de 2013.